沖縄県

〈収録内容〉

■平成30年度は、弊社ホームページで公開しております。
本ページの下方に掲載しておりますQRコードよりアクセスし、データをダウンロードしてご利用ください。

2023 年度 ………………………………… 数・英・理・社・国

2022 年度 ………………………………… 数・英・理・社・国

2021 年度 ………………………………… 数・英・理・社・国

2020 年度 ………………………………… 数・英・理・社・国

※国語の大問二は、問題に使用された作品の著作権者が二次使用の許可を出していないため、一部を掲載しておりません。

2019 年度 ………………………………… 数・英・理・社・国

平成 30 年度 ………………………………… 数・英・理・社

JN007777

解答用紙・音声データ配信ページへスマホでアクセス! ⇒

※データのダウンロードは 2024 年 3 月末日まで。
※データへのアクセスには、右記のパスワードの入力が必要となります。 ⇒ 683572
※リスニング問題については最終ページをご覧ください。

本書の特長

POINT 1　解答は全問を掲載、解説は全問に対応！

POINT 2　英語の長文は全訳を掲載！

POINT 3　リスニング音声の台本、英文の和訳を完全掲載！

POINT 4　出題傾向が一目でわかる「年度別出題分類表」は、約 10 年分を掲載！

実戦力がつく入試過去問題集

- ▶ 問題 …………… 実際の入試問題を見やすく再編集。
- ▶ 解答用紙 …… 実戦対応仕様で収録。
- ▶ 解答解説 …… 重要事項が太字で示された、詳しくわかりやすい解説。
  ※採点に便利な配点も掲載。

合格への対策、実力錬成のための内容が充実

- ▶ 各科目の出題傾向の分析、最新年度の出題状況の確認で、入試対策を強化！
- ▶ その他、志願状況、公立高校難易度一覧など、学習意欲を高める要素が満載！

解答用紙ダウンロード　解答用紙はプリントアウトしてご利用いただけます。弊社ＨＰの商品詳細ページよりダウンロードしてください。トビラのＱＲコードからアクセス可。

リスニング音声ダウンロード　英語のリスニング問題については、弊社オリジナル作成により音声を再現。弊社ＨＰの商品詳細ページで全収録年度分を配信対応しております。トビラのＱＲコードからアクセス可。

famima PRINT　原本とほぼ同じサイズの解答用紙は、全国のファミリーマートに設置しているマルチコピー機のファミマプリントで購入いただけます。※一部の店舗で取り扱いがない場合がございます。詳細はファミマプリント（http://fp.famima.com/）をご確認ください。

UD FONT　見やすく読みまちがえにくいユニバーサルデザインフォントを採用しています。

2023年度/沖縄県公立高校一般入学志願状況（全日制）

学校名／学科・コース等		定員	一般入学定員	志願者数	志願倍率
辺土名	普通	40	40	12	0.30
	自然環境	40	34	21	0.62
北山	普通	80	66	53	0.80
	理数	40	31	14	0.45
本部	進学・情報	40	24	3	0.13
	スポーツ・保育福祉	40	33	6	0.18
名護	普通	240	180	193	1.07
	フロンティア	80	48	36	0.75
宜野座	普通	120	116	80	0.69
石川	普通	160	144	89	0.62
前原	文理	240	180	233	1.29
	英語	40	32	22	0.69
	総合スポーツ	40	30	51	1.70
具志川	普通	240	180	202	1.12
与勝	普通	160	78	68	0.87
読谷	普通	320	240	262	1.09
嘉手納	ドリームデザイン	185	175	124	0.71
	キャリアアップ	15	15	12	0.80
美里	普通	200	194	166	0.86
コザ	普通	360	288	342	1.19
球陽	理数	200	73	88	1.21
	国際英語	80	48	47	0.98
北中城	普通	280	240	242	1.01
北谷	普通	280	266	227	0.85
普天間	普通	360	288	313	1.09
宜野湾	情報処理	40	38	47	1.24
	スポーツ・健康	40	35	48	1.37
	普通	160	129	145	1.12
西原	健康科学	40	30	36	1.20
	文理	200	170	197	1.16
	特別進学	80	70	71	1.01
陽明	総合学	240	217	223	1.03
浦添	普通	360	270	291	1.08
那覇国際	普通	320	240	247	1.03
	国際	40	24	24	1.00
那覇	普通	400	300	317	1.06
首里	普通	360	270	285	1.06
	染織デザイン	40	28	21	0.75
首里東	普通	240	231	178	0.77
真和志	普通	120	118	76	0.64
	クリエイティブアーツ	40	34	43	1.26
	みらい福祉	40	39	18	0.46
小禄	普通	280	210	246	1.17
	情報ビジネス	40	30	49	1.63
	芸術教養	40	30	37	1.23
那覇西	普通	240	180	208	1.16
	国際人文	80	48	57	1.19
	体育	40	16	31	1.94

学校名／学科・コース等		定員	一般入学定員	志願者数	志願倍率
久米島	普通	80	68	31	0.46
	園芸	40	36	11	0.31
豊見城	特進	40	38	39	1.03
	普通	280	224	289	1.29
豊見城南	普通	120	115	94	0.82
	特進	40	40	20	0.50
開邦	学術探究	200	78	91	1.17
	音楽	20	8	6	0.75
	美術	20	8	9	1.13
南風原	普通総合	200	195	121	0.62
	郷土文化	40	30	19	0.63
	教養ビジネス	80	80	38	0.48
知念	普通	320	256	293	1.14
糸満	普通	320	240	247	1.03
向陽	普通	80	60	63	1.05
	理数	80	48	35	0.73
	国際文	80	48	46	0.96
宮古	普通	160	128	146	1.14
	文理探究	80	56	53	0.95
八重山	普通	240	197	184	0.93
北部農林	熱帯農業	40	39	24	0.62
	園芸工学	40	40	12	0.30
	食品科学	40	29	28	0.97
	林業緑地	40	40	21	0.53
	生活科学	40	34	18	0.53
中部農林	熱帯資源	40	31	46	1.48
	食品科学	40	32	38	1.19
	園芸科学	40	38	33	0.87
	造園	40	40	41	1.03
	福祉	40	39	29	0.74
南部農林	食料生産	40	39	36	0.92
	生物資源	40	37	30	0.81
	食品加工	40	38	46	1.21
	環境創造	40	40	42	1.05
	生活デザイン	40	40	32	0.80
宮古総合実業	生物生産	40	37	26	0.70
	フードクリエイト	20	19	8	0.42
	環境クリエイト	20	18	14	0.78
	生活福祉	40	37	28	0.76
	海洋科学	40	39	11	0.28
	商業	40	34	30	0.88
八重山農林	アグリフード	40	36	42	1.17
	グリーンライフ	40	40	30	0.75
	フードプロデュース	40	38	20	0.53
	ライフスキル	40	38	32	0.84

学校名／学科・コース等		定員	一般入学定員	志願者数	志願倍率
名護商工	機械	20	17	10	0.59
	電気	20	15	14	0.93
	建築	40	35	36	1.03
	総合情報	40	34	45	1.32
	商業	40	31	30	0.97
	地域産業	40	35	37	1.06
美里工業	機械	80	73	48	0.66
	電気	80	68	69	1.01
	建築	40	37	33	0.89
	設備工業	40	38	37	0.97
	調理	40	27	23	0.85
美来工科	機械システム	80	75	51	0.68
	自動車工学	40	34	43	1.26
	電子システム	80	76	45	0.59
	土木工学	40	40	26	0.65
	ITシステム	40	28	53	1.89
	コンピュータデザイン	40	27	48	1.78
浦添工業	情報技術	80	80	54	0.68
	建築	40	39	27	0.69
	インテリア	40	38	33	0.87
	デザイン	80	58	56	0.97
	調理	40	28	38	1.36
那覇工業	機械	40	38	30	0.79
	自動車	40	40	42	1.05
	電気	80	79	42	0.53
	グラフィックアーツ	40	35	28	0.80
	服飾デザイン	40	38	14	0.37
沖縄工業	電子機械	80	68	73	1.07
	情報電子	80	57	65	1.14
	建築	40	26	36	1.38
	土木	40	38	23	0.61
	工業化学	40	38	30	0.79
	生活情報	40	31	35	1.13
南部工業	機械	40	38	37	0.97
	電気	40	40	16	0.40
	建築デザイン	20	19	22	1.16
	設備工学	20	20	2	0.10
宮古工業	自動車機械システム	40	39	19	0.49
	電気情報	40	36	38	1.06
	生活情報	40	39	22	0.56

学校名／学科・コース等		定員	一般入学定員	志願者数	志願倍率
八重山商工	機械	20	17	16	0.94
	電気	20	17	16	0.94
	情報技術	40	35	44	1.26
	会計システム	30	28	10	0.36
	情報ビジネス	30	24	20	0.83
	観光	20	18	11	0.61
具志川商業	リゾート観光	40	33	38	1.15
	オフィスビジネス	40	31	36	1.16
	ビジネスマルチメディア	40	35	35	1.00
	情報システム	80	70	70	1.00
中部商業	総合ビジネス	120	119	82	0.69
	情報ビジネス	80	78	35	0.45
	国際ビジネス	40	40	11	0.28
	生涯スポーツ	40	35	14	0.40
浦添商業	企業システム	160	145	114	0.79
	国際観光	80	73	35	0.48
	ITビジネス	40	29	27	0.93
那覇商業	商業	200	134	157	1.17
	情報処理	80	49	68	1.39
	国際経済	40	24	29	1.21
南部商業	流通クリエイト	40	37	27	0.73
	オフィスクリエイト	40	35	24	0.69
	デジタルクリエイト	40	40	31	0.78
	観光クリエイト	40	36	27	0.75
沖縄水産	海洋技術	40	26	48	1.85
	海洋サイエンス	40	32	48	1.50
	総合学	160	119	149	1.25

（注）「一般入学定員」は，定員から推薦入学と連携・併設型入学の内定者を除いた数。

沖縄県公立高校難易度一覧

目安となる偏差値	公立高校名
72 ~ 70	
69 ~ 67	
66 ~ 64	開邦(学術探究)
63 ~ 61	
60 ~ 58	球陽(理数) 那覇国際
57 ~ 55	向陽(理数) 球陽(国際英語), 那覇国際(国際)
54 ~ 51	向陽, 首里, 宮古(文理探究) 普天間 向陽(国際文) 名護(フロンティア), 那覇
50 ~ 47	浦添 開邦(音楽/美術), 名護, 那覇西(国際人文) コザ, 那覇西, 北山(理数)
46 ~ 43	小禄(普/情報ビジネス/芸術教養), 読谷 具志川, 知念 糸満, 那覇商業(情報処理/国際経済)
42 ~ 38	沖縄工業(電子機械/情報電子/建築/土木/工業化学), 北中城, 首里(染織デザイン), 宮古, 八重山, 陽明(総合) 浦添工業(調理), 首里東, 豊見城(特進), 豊見城南(特進), 美里工業(調理) 浦添商業(企業システム/国際観光/ITビジネス), 北谷, 那覇商業(商業), 西原(健康科学/文理/特別進学) 浦添工業(情報技術/建築/インテリア/デザイン), 宜野湾(情報処理/スポーツ・健康/普), 中部商業(総合ビジネス/情報ビジネス/国際ビジネス/生涯スポーツ), 名護商工(商業/地域産業), 那覇工業(グラ機械/自動車/電気/フィックアーツ/服飾デザイン), 前原(文理/英語/総合スポーツ), 宮古工業(自動車機械システム/電気情報/生活情報), 宮古総合実業(商業), 美来工科(機械システム/自動車工学/電子システム/土木工学/ITシステム/コンピュータデザイン), 本部(進学・情報/スポーツ・保育福祉), 八重山商工(情報ビジネス/観光) 石川, 沖縄工業(生活情報), 沖縄水産(海洋技術/海洋サイエンス/総合), 嘉手納(ドリームデザイン/キャリアアップ), 具志川商業(リゾート観光/オフィスビジネス/ビジネスマルチメディア/情報システム), 久米島(普/園芸), 豊見城, 豊見城南, 名護商工(機械/電気/建築/総合情報), 那覇西(体育), 南部商業(流通クリエイト/オフィスクリエイト/デジタルクリエイト/観光クリエイト), 北山, 真和志(普/クリエイティブアーツ/みらい福祉), 美里, 八重山商工(機械/電気/情報技術/会計システム), 与勝
37 ~	宜野座, 中部農林(熱帯資源/食品科学/園芸科学/造園/福祉), 南部工業(機械/電気/建築デザイン/設備工学), 南部農林(食料生産/生物資源/食品加工/環境創造/生活デザイン), 南風原(普通総合/郷土文化/教養ビジネス), 辺土名(普/自然環境), 北部農林(熱帯農業/園芸工学/食品科学/林業緑地/生活科学), 美里工業(機械/電気/建築/設備工業), 宮古総合実業(生物生産/フードクリエイト/生活福祉/環境クリエイト/海洋科学), 八重山農林(アグリフード/グリーンライフ/フードプロデュース/ライフスキル)

＊( )内は学科・コースを示します。特に示していないものは普通科(普通・一般コース), または全学科(全コース)を表します。

＊データが不足している高校, または学科・コースなどにつきましては掲載していない場合があります。

＊公立高校の入学者は,「学力検査の得点」のほかに,「調査書点」や「面接点」などが大きく加味されて選抜されます。上記の内容は想定した目安ですので, ご注意ください。

＊公立高校入学者の選抜方法や制度は変更される場合があります。また, 統廃合による閉校や学校名の変更, 学科の変更などが行われる場合もあります。教育委員会などの関係機関が発表する最新の情報を確認してください。

数学　出題傾向の分析と合格への対策

出題傾向とその内容

〈最新年度の出題状況〉

今年度の出題数は，大問が11題，小問数にして41問と例年並みであった。量的にはここ数年とあまり変わらない出題数であり，中学数学全領域からの出題で，基礎の確認問題となっている。

出題内容は，大問1が数・式，平方根から6問の基本的計算問題，大問2は方程式，式の展開，因数分解，円の性質，データの活用などから基本的小問群9問，大問3はデータの活用，箱ひげ図，大問4は場合の数，確率，大問5は一次関数のグラフの利用，大問6は式の計算の利用，大問7は作図，大問8は図形と関数・グラフの融合問題，大問9は合同の証明と角度・線分比の計量問題，大問10は空間図形の総合問題で，線分の長さ・体積，最短の長さの計量問題，大問11は規則性の問題であった。

〈出題傾向〉

問題の出題数は，ここ数年，大問数で10題，小問数で40問前後が定着している。

出題内容・形式も，ここ数年，定着している。大問1は数・式，平方根から6問の基本的計算問題，大問2は中学数学全領域から基礎的な数学能力を問う小問群が10問前後出題されている。大問1，大問2は確実に得点したい。大問3は確率，データの活用，式による証明，方程式の応用，大問4は作図や図形の証明，大問5以降は，関数のグラフの利用，方程式の応用，図形と関数・グラフ，場合の数と確率，平面図形・空間図形の総合問題，規則性の問題から大問6題が出題されている。

問題のレベルは，そのほとんどが基礎力で十分に対応できるが，出題範囲が広く出題数も多いので計算の速さと正確さが求められる。また，大問11のように，数学的思考力が要求される問題もある。例年，同様の出題が見られるので，過去問をしっかりと学習しておきたい。

来年度の予想と対策

ここ数年，基礎・基本力を見る問題が多く，出題傾向もほとんど変わっていないので，来年度も同様な出題になると思われる。出題範囲は中学数学全域にわたり，出題数も本年度とほぼ同じ数になるだろう。

まず，教科書を中心に，中学数学全域の基礎知識を確実に身につけておこう。苦手な分野を残しておかないことが大切である。問題数が多いので，教科書の問題などを何度も反復練習して計算の速さと正確さを身につけておこう。また，出題傾向や問題数があまり変わらないと思われるので，過去の問題を使って時間配分なども気をつけて勉強しておこう。

出題傾向が同じなので，日頃から過去出題の類題などは気をつけて，着実に速く解けるよう勉強を積み重ねておこう。

⇨学習のポイント

- 授業や学校の教材を中心に全分野の基礎力をしっかり身につけよう。
- 毎年，出題数が多く，いろいろな分野から出題されている。解答時間も意識した学習を，日頃から心がけよう。

年度別出題内容の分析表 数学

※　　は出題範囲縮小の影響がみられた内容

出題内容			26年	27年	28年	29年	30年	2019年	2020年	2021年	2022年	2023年
数と式		数の性質		○			○	○	○		○	
		数・式の計算	○	○	○	○	○	○	○	○	○	○
		因数分解	○	○	○	○	○	○	○	○	○	○
		平方根	○	○	○	○	○	○	○	○	○	○
方程式・不等式		一次方程式	○	○	○	○	○	○	○	○	○	○
		二次方程式	○	○	○	○	○	○	○	○	○	○
		不等式		○			○			○	○	
		方程式の応用	○	○	○	○			○	○		
関数		一次関数	○	○	○	○	○	○	○	○	○	○
		関数 $y=ax^2$	○	○	○	○	○	○		○	○	○
		比例関数			○			○	○			
		関数とグラフ	○	○	○	○	○	○	○	○	○	○
		グラフの作成										
図形	平面図形	角度	○	○	○	○	○	○	○	○	○	○
		合同・相似	○	○	○	○	○	○	○	○	○	○
		三平方の定理	○		○	○	○		○			
		円の性質	○		○	○	○	○	○	○	○	○
	空間図形	合同・相似			○	○	○	○	○	○		○
		三平方の定理			○			○				○
		切断	○			○	○		○	○		
	計量	長さ	○	○	○	○	○	○	○	○	○	○
		面積	○	○	○	○	○	○	○	○	○	○
		体積	○	○	○	○	○	○	○	○	○	○
		証明	○	○	○	○	○	○	○	○	○	○
		作図	○	○	○	○	○	○	○	○	○	○
		動点		○			○		○	○		
データの活用		場合の数	○	○	○		○		○	○	○	○
		確率	○	○	○	○	○	○	○	○	○	○
		資料の散らばり・代表値(箱ひげ図を含む)	○	○	○	○	○	○	○	○	○	○
		標本調査			○	○	○		○			
融合問題		図形と関数・グラフ	○	○	○	○	○	○	○	○	○	○
		図形と確率	○									
		関数・グラフと確率		○						○		
		その他										
その他			○	○	○	○	○	○	○	○	○	○

―沖縄県公立高校―

英語 出題傾向の分析と合格への対策

出題傾向とその内容

〈最新年度の出題状況〉

本年度の大問数は11であった。構成は，大問1～3が聞き取り検査，大問4，5，6が文法問題(語句補充，語形変化，語い・語形変化並べ替え)，大問7が適文の挿入，大問8，9が会話文・資料読解，大問10が長文読解，大問11が英作文となっていた。

聞き取り検査は，絵を見て答える問題，最後の文に対する応答として適切なものを選択する問題，やや長い英文を聞いて内容に合った文や絵を選択する問題が出題された。聞き取り検査の配点は60点満点中9点。

文法問題では，さまざまな分野の知識が求められた。記号選択問題が中心だが，大問5は動詞・助動詞・形容詞を適切な形に変えて書く語いに関する問題だった。

読解問題も記号選択が高い割合を占めた。語句を解釈する問題，文や語句を補充する問題，本文の内容に一致するものを選ぶ問題，会話の内容をまとめた表現を選ぶ問題など，読み取り力を確かめる問題が中心だった。

全体として，レベルは基本的ながら，総合的な学力が求められる出題である。

〈出題傾向〉

出題内容は年によってわずかに変化しているものの，大まかな構成は同様である。大問数が11と多いが，それぞれの分量が少なく，特に読解問題の本文が短めなので，全体としての分量は標準的である。

来年度の予想と対策

来年度も，英語の基礎力を総合的に判断することを目的とした，本年と同じような傾向の出題となることが予想される。したがって対策としては，正確な基礎知識を身につけることが最も重要である。

リスニングは，設問に関わる部分を正確に聴き取る練習をしておくこと。また，(文法問題や短文問題も含め)熟語・会話表現がよく問われる。

次ページの分析表からわかるように，多くの文法事項が扱われている。

長文読解については，日頃から教科書を繰り返し読み，まとまった内容の文章に慣れることから始めるのがよい。

英作文は頭で考えるだけではなく，実際に自分の手で書くことが必要である。今年度は，配点が60点満点中10点で，大問10の小問として1題(4点)と大問11の英作文の独立問題(6点)となった。今後も英作文が重要視される可能性があるので準備しておきたい。

⇨学習のポイント

・語句や熟語の知識が求められる出題が多い。教科書に載っている単熟語をきちんと頭に入れよう。
・文法問題の配点が比較的高い。語句選択・並べ換え・語形変化問題を重点的に学習すること。
・短いものでよいので，英文の流れをつかむ訓練をしておこう。

年度別出題内容の分析表　英語

※　　は出題範囲縮小の影響がみられた内容

		出題内容	26年	27年	28年	29年	30年	2019年	2020年	2021年	2022年	2023年
設問形式	リスニング	絵・図・表・グラフなどを用いた問題	○	○	○	○	○	○	○	○	○	○
		適文の挿入	○	○	○	○	○	○	○	○	○	○
		英語の質問に答える問題	○	○	○	○	○	○		○	○	○
		英語によるメモ・要約文の完成										
		日本語で答える問題					○	○				
		書き取り										
	語い	単語の発音										
		文の区切り・強勢										
		語句の問題			○	○			○	○	○	○
	読解	語句補充・選択（読解）	○	○	○	○	○	○	○	○	○	○
		文の挿入・文の並べ換え	○	○	○	○	○	○	○	○	○	○
		語句の解釈・指示語	○	○	○		○	○		○	○	○
		英問英答（選択・記述）	○	○		○	○	○	○	○		○
		日本語で答える問題					○	○				
		内容真偽	○	○		○	○	○	○	○	○	○
		絵・図・表・グラフなどを用いた問題				○	○	○	○	○	○	○
		広告・メール・メモ・手紙・要約文などを用いた問題	○	○	○	○	○	○		○		
	文法	語句補充・選択（文法）	○	○	○		○	○	○	○	○	○
		語形変化	○	○	○	○	○	○	○	○	○	○
		語句の並べ換え	○	○	○	○	○	○	○	○	○	○
		言い換え・書き換え		○								○
		英文和訳										
		和文英訳										
		自由・条件英作文	○	○	○	○	○	○	○	○	○	○
文法事項		現在・過去・未来と進行形	○	○	○	○	○	○	○	○	○	○
		助動詞	○	○	○	○	○		○	○	○	○
		名詞・冠詞・代名詞					○	○	○	○	○	○
		形容詞・副詞	○				○	○	○	○	○	○
		不定詞	○	○	○	○	○	○	○	○	○	○
		動名詞	○	○	○	○	○	○	○	○	○	○
		文の構造（目的語と補語）										○
		比較	○	○	○	○	○	○	○	○	○	○
		受け身	○	○	○	○	○	○	○	○	○	○
		現在完了	○	○	○	○	○	○	○	○	○	○
		付加疑問文										
		間接疑問文		○	○	○						
		前置詞		○			○					
		接続詞	○	○		○	○		○			
		分詞の形容詞的用法	○	○	○	○	○	○	○	○	○	○
		関係代名詞	○	○	○	○	○	○	○		○	○
		感嘆文										
		仮定法										○

理科　出題傾向の分析と合格への対策

出題傾向とその内容

〈最新年度の出題状況〉

出題数は大問8題，小問数は40問程度であった。物理・化学・生物・地学の各領域から大問が2題ずつで，小問集合の形式はなく，大問ごとに各学習単元の内容から出題された。

〈出題傾向〉

出題内容は，実験や観察を通して基礎知識を問う問題が多い。解答方法は選択式や用語記入が中心であるが，計算によって求めた数値の直接記入や，化学式などの記入も出題されている。また，実験や観察の過程やその理由などを問う問題も見られ，傾向として，原理や公式，法則の丸暗記だけでは対応が難しい問題もある。しかし，内容は基本的なレベルのものが多く，落とし穴のあるような設問は見られないので，いかにミスをしないかにかかっている。

物理的領域　光，水圧についての出題であった。実験は難しいものではないが，細かな内容について工夫がされている。教科書で学習した原理や法則をしっかりと理解しているかを問われる。実験の設定を読むことに時間をとられるので，慣れていないとあわてることになるので気をつけたい。また，会話形式の設問は読むだけで時間がかかるので，注意が必要である。

化学的領域　化学変化と熱，物質とその性質について出題された。教科書にもある実験の手順と結果を示して考察させている。化学式や化学反応式の直接記入は，落ち着いてていねいに書くことが求められる。長めの文章による選択肢は，それぞれにポイントになる文言があるので注意しよう。

生物的領域　遺伝，自然界のつり合いについて出題された。問題文を熟読すれば解くことは難しくない。与えられた資料の中から，必要な情報を見つけられる力を試されていると言えるだろう。遺伝に関しての出題でも会話文が使われているが，その分量に驚かないようにしておきたい。

地学的領域　雲のでき方，天体について出題された。図や表を読みとりながら考えさせる問題になっている。与えられた資料や模式図，関係図の中に重要なヒントが示されているので，見落とさないように注意したい。選択肢が惑わされやすい表現になっているものがある。

来年度の予想と対策

例年，教科書の内容からの出題で，基礎力を問う問題がバランスよく出題され，この傾向は今後も続くものと考えられる。また，分類表からわかるように，1分野，2分野の各単元から幅広く出題されているので，どの単元もおろそかにできない。問題数が比較的多いので，時間配分に注意して取り組まなければならない。できる問題から確実に解いていきたい。難易度はさほど高くないが，幅広い知識を取り入れ，定着させる必要がある。さほど難しい計算は出題されないが，比例的な考えや，単位の換算などが正しくできるように練習をしておきたい。教科書の図説などもよく理解すること。

レベルの高いテキスト，問題集を使うよりも，基本～標準的な教材と教科書を中心に，基礎的な力を養うことに力を注ぐことが得策であろう。

⇨学習のポイント

・教科書に載っているような重要実験・重要語句は，必ず完全に理解できるように努めよう。
・標準的な問題演習を繰り返し行おう。

年度別出題内容の分析表　理科

※★印は大問の中心となった単元／　　は出題範囲縮小の影響がみられた内容

分野	学年	出題内容	26年	27年	28年	29年	30年	2019年	2020年	2021年	2022年	2023年
第一分野	第1学年	身のまわりの物質とその性質			○					★		★
		気体の発生とその性質	○		★	○	★		○	○	○	○
		水溶液	★			○		★	○		○	○
		状態変化									★	
		力のはたらき（2力のつり合いを含む）	○	○	○				★			
		光と音		★			★	★		★		★
	第2学年	物質の成り立ち	○						○	○		○
		化学変化，酸化と還元，発熱・吸熱反応	○	★	★	★		○	○	○		★
		化学変化と物質の質量	○	○			○	★	○	○		
		電流（電力，熱量，静電気，放電，放射線を含む）	○		★	★			★		★	
		電流と磁界	★									
	第3学年	水溶液とイオン，原子の成り立ちとイオン			○	○			○			
		酸・アルカリとイオン，中和と塩		★	○						★	
		化学変化と電池，金属イオン			○		★					
		力のつり合いと合成・分解（水圧，浮力を含む）		★	○	○	○		○			★
		力と物体の運動（慣性の法則を含む）	○				★			★	○	
		力学的エネルギー，仕事とエネルギー	○			★	○	★			★	
		エネルギーとその変換，エネルギー資源			○			○				
第二分野	第1学年	生物の観察と分類のしかた								○		
		植物の特徴と分類		★			○	○	○		○	
		動物の特徴と分類			★			○			○	○
		身近な地形や地層，岩石の観察							○			
		火山活動と火成岩		○			○		○			
		地震と地球内部のはたらき	★		★			★		★		
		地層の重なりと過去の様子		★		★			★			
	第2学年	生物と細胞（顕微鏡観察のしかたを含む）			○					★		
		植物の体のつくりとはたらき		○		★	★			○	○	○
		動物の体のつくりとはたらき	★			★		★	★	○	★	
		気象要素の観測，大気圧と圧力		★	○		★	○		★		★
		天気の変化		○				○			★	
		日本の気象						★		○		
	第3学年	生物の成長と生殖		★	★				○	○		
		遺伝の規則性と遺伝子		○	○		★	○			○	★
		生物の種類の多様性と進化			○						○	
		天体の動きと地球の自転・公転	★		○	○	★		○		○	○
		太陽系と恒星，月や金星の運動と見え方			★	★			★		○	★
		自然界のつり合い	○						○			★
自然の環境調査と環境保全，自然災害			○						★			
科学技術の発展，様々な物質とその利用												
探究の過程を重視した出題			○	○	○	○	○	○	○	○	○	○

― 沖縄県公立高校 ―

社会 出題傾向の分析と合格への対策

出題傾向とその内容

〈最新年度の出題状況〉

本年度の出題数は例年と大きくは変わらず，大問6題，小問43題である。解答形式は語句記入・記号選択がバランスよく出題されている。短文の記述問題が5題出題されている。大問数は，日本・世界地理2題，歴史2題，公民2題となっており，小問数は各分野のバランスがとれていると言える。各設問は細かい知識を問うものではなく，基礎・基本の定着と，資料活用能力や情報活用能力を試す総合的な問題が出題の中心となっている。

地理的分野では，略地図・雨温図・表・地形図などを読み取り，諸地域の特色・産業・気候などを考える出題となっている。歴史的分野では，年表・写真などをもとに，日本の歴史を総合的に問う内容となっている。公民的分野では，基本的人権・地方自治・選挙制度・裁判・国際社会・経済に関する基礎的な知識が問われている。

〈出題傾向〉

地理的分野では，地図やグラフなどを用いて，日本や世界の諸地域の特色，自然や産業などを問う問題が出題されている。

歴史的分野では，各時代の重要事項を通して，政治や文化，国際関係などが出題されている。

公民的分野では，図・グラフ，会話文などを用いて，政治のしくみや日本の経済，社会保障に関する出題がされている。また，経済一般の出題も見られた。

来年度の予想と対策

来年度も出題数，出題内容ともに大きな変化はないだろう。また，沖縄県に関する問題は教科書以外の沖縄県に関する歴史的重要事項をおさえておきたい。

地理的分野では，地形図や地図，グラフなどを用いた問題が多数出題されるので，それらを読み取る力を身につけるようにしよう。また，日本・世界とも，各県・各地域の自然，産業，気候などには注意しておこう。

歴史的分野では，絵・写真等資料に沿った出題形式が来年度も続くと思われるので，政治・外交・社会・文化について総合的に理解しておこう。また，教科書や資料集の重要な写真や図も注意して考察しておくとよい。

公民的分野では，政治経済，社会保障などの基礎知識は押さえておこう。また，時事問題が出題されることもあるので，日頃から新聞やテレビやインターネットの報道やトピックに注意し，重要な情報に関心をもちそれを分析するようにしたい。

⇨学習のポイント

・地理では各種資料・地形図の読み取りを深めよう！
・歴史ではテーマごとに通史としての理解を深めよう！
・公民では政治経済に注目して知識と報道を結び付けて理解しよう！

年度別出題内容の分析表　社会

※[網掛け]は出題範囲縮小の影響がみられた内容

出題内容			26年	27年	28年	29年	30年	2019年	2020年	2021年	2022年	2023年
地理的分野	日本	地形図の見方		○	○	○	○	○	○	○	○	○
		日本の国土・地形・気候	○	○	○	○	○	○	○	○	○	○
		人口・都市			○			○		○	○	○
		農林水産業	○	○	○	○	○	○	○	○	○	○
		工業				○	○		○		○	○
		交通・通信	○					○				
		資源・エネルギー	○				○	○		○	○	○
		貿易									○	○
	世界	人々のくらし・宗教							○	○	○	○
		地形・気候	○	○	○	○	○	○	○	○	○	○
		人口・都市	○		○			○			○	
		産業	○	○	○	○	○	○	○	○	○	○
		交通・貿易	○			○		○	○	○	○	○
		資源・エネルギー				○	○	○	○			○
	地理総合											
歴史的分野	日本史―時代別	旧石器時代から弥生時代		○	○			○	○		○	
		古墳時代から平安時代	○	○	○	○	○	○	○	○	○	○
		鎌倉・室町時代	○		○	○	○	○	○	○	○	○
		安土桃山・江戸時代	○	○	○	○	○	○	○	○	○	○
		明治時代から現代	○	○	○	○	○	○	○	○	○	○
	日本史―テーマ別	政治・法律	○	○	○	○	○	○	○	○	○	○
		経済・社会・技術	○	○	○	○	○	○	○	○	○	○
		文化・宗教・教育	○	○	○	○	○	○	○	○	○	○
		外交	○	○	○	○	○	○	○	○	○	○
	世界史	政治・社会・経済史	○	○	○	○	○	○	○	○	○	
		文化史										
		世界史総合										
	歴史総合											
公民的分野	憲法・基本的人権		○		○	○	○	○	○	○	○	○
	国の政治の仕組み・裁判		○		○	○	○	○	○	○	○	○
	民主主義											
	地方自治			○	○	○	○	○		○		○
	国民生活・社会保障		○	○	○	○	○	○	○	○	○	
	経済一般		○	○	○	○	○	○	○	○	○	○
	財政・消費生活		○	○	○	○	○	○	○	○	○	○
	公害・環境問題			○						○	○	
	国際社会との関わり			○	○	○	○	○	○		○	○
時事問題				○	○	○	○	○			○	
その他				○	○		○	○	○		○	

―沖縄県公立高校―

国語　出題傾向の分析と合格への対策

出題傾向とその内容

〈最新年度の出題状況〉

本年度は小説・論説文，古文・漢文，作文を含む会話・資料の読解の5題構成であった。

小説は，登場人物の心情理解が主で，発言・様子から読み取る問題だった。漢字の読み書きもあった。

論説文は，2つの文章が示され，大意を把握する読解問題だった。

古文は，仮名遣いを含め，本文全体の内容を問うもので，漢文は，形式や内容の読み取りの問題が出た。

会話と資料では，演説(スピーチ)の内容や発言の役割を問う問題だった。作文は，資料や会話文を読み，それぞれのキャッチコピーから読み取れる意図や，どちらが良いかなどの考えを150～180字以内でまとめる問題だった。

〈出題傾向〉

読解問題は，内容に関するものが中心。内容の整理や脱語・脱文補充などの問いが見られる。小説では，登場人物の心情読解に関するものが多い。現代文も古文も，文章全体の主題や大意などをからめた出題が必ずあり，全体の内容を正しく読み取る力が求められている。

古文・漢文は，読解だけでなく，歴史的仮名遣いや書き下し文など，基礎力もためされる。

知識問題は，読解問題中の小問として出題される。漢字の読みと書き取りが必出で，それ以外には熟語，文法，画数，敬語，慣用句，文学史など，幅広く出題されることがある。

作文も読解問題中の小問に含まれる。文章にそったテーマが与えられている。

来年度の予想と対策

来年度も，さまざまな文章による読解問題が中心になると予想される。

文学的文章，説明的文章，古文，漢文だけでなく，討論形式の文章や，韻文など，あらゆる形式の読解に取り組んでおきたい。本年度は出題のなかった聞き取りも，対策をしておくとよいだろう。

知識問題は，漢字の読みと書き取りをはじめ，筆順や画数，語句の意味，熟語，慣用句など幅広く出題されている。文法も，文節から品詞，活用，敬語など，まんべんなくおさえておこう。また，辞書に関する出題も過去に見られるので，辞書の基本的な使い方も身につけたい。

古文・漢文に関しては，歴史的仮名遣い，書き下し文など基礎からおさらいしておこう。

課題作文も，来年度も出題されると思われる。指示された内容に沿って時間内に書けるよう，練習しておくことが大切である。指定された字数制限内で，いかに明確な論理で記述できるかがポイントである。日頃から，本や新聞，テレビで取り上げられるニュースに対して，自分の意見をまとめる練習をしておこう。

幅広いジャンルからの出題なので，教科書の内容をまんべんなく学習しておきたい。

⇨**学習のポイント**

- さまざまな文章の読解問題にふれよう。
- 漢字や文法，語句に関する問題に数多く取り組もう。
- テーマを設定した作文の練習をしよう。

年度別出題内容の分析表　国語

※　　は出題範囲縮小の影響がみられた内容

		出題内容	26年	27年	28年	29年	30年	2019年	2020年	2021年	2022年	2023年
内容の分類	読解	主題・表題	○	○	○	○	○			○	○	○
		大意・要旨	○	○	○	○	○	○	○	○	○	○
		情景・心情	○	○	○	○	○	○	○	○	○	○
		内容吟味	○	○	○	○	○	○	○	○	○	○
		文脈把握	○	○	○	○	○	○	○	○	○	○
		段落・文章構成		○	○	○						
		指示語の問題	○	○			○					○
		接続語の問題	○	○	○				○			○
		脱文・脱語補充	○	○	○	○	○	○	○	○	○	○
	漢字・語句	漢字の読み書き	○	○	○	○	○	○	○		○	○
		筆順・画数・部首	○					○		○		
		語句の意味	○	○						○	○	○
		同義語・対義語				○	○					
		熟語				○				○	○	○
		ことわざ・慣用句					○	○	○	○	○	○
		仮名遣い	○	○	○	○	○	○	○	○	○	○
	表現	短文作成										
		作文(自由・課題)	○	○	○	○	○	○	○	○	○	○
		その他										
	文法	文と文節				○						
		品詞・用法			○		○	○	○	○	○	○
		敬語・その他					○	○				
	古文の口語訳											
	表現技法・形式		○		○	○	○	○	○	○	○	○
	文学史			○								
	書写		○		○	○						○
問題文の種類	散文	論説文・説明文		○	○	○	○	○	○	○	○	○
		記録文・報告文										
		小説・物語・伝記	○	○	○	○	○	○	○	○	○	○
		随筆・紀行・日記										
	韻文	詩										
		和歌(短歌)			○							
		俳句・川柳										
	古文		○	○		○	○	○	○	○	○	○
	漢文・漢詩		○	○	○	○	○	○	○	○	○	○
	会話・議論・発表		○	○	○	○	○	○	○	○	○	○
	聞き取り											

—沖縄県公立高校—

不安という人なつっこい怪物。

曽我部恵一｜ミュージシャン

曽我部恵一

'90年代初頭よりサニーデイ・サービスのヴォーカリスト／ギタリストとして活動を始める。2004年，自主レーベルROSE RECORDSを設立し，インディペンデント／DIYを基軸とした活動を開始する。以後，サニーデイ・サービス／ソロと並行し，プロデュース・楽曲提供・映画音楽・CM音楽・執筆・俳優など，形態にとらわれない表現を続ける。

受験を前に不安を抱えている人も多いのではないでしょうか。今回はミュージシャンであり，3人の子どもたちを育てるシングルファーザーでもある曽我部恵一さんにご自身のお子さんに対して思うことをまじえながら，“不安”について思うことを聞いた。

── 子どもの人生を途中まで一緒に生きてやろうっていうのが，何だかおこがましいような気がしてしまう。

子どもが志望校に受かったらそれは喜ばしいことだし，落ちたら落ちたで仕方がない。基本的に僕は子どもにこの学校に行ってほしいとか調べたことがない。長女が高校や大学を受験した時は，彼女自身が行きたい学校を選んで，自分で申し込んで，受かったからそこに通った。子どもに「こういう生き方が幸せなんだよ」っていうのを教えようとは全く思わないし，勝手につかむっていうか，勝手に探すだろうなと思っているかな。

僕は子どもより自分の方が大事。子どもに興味が無いんじゃないかと言われたら，本当に無いのかもしれない。子どもと仲良いし，好きだけど，やっぱり自分の幸せの方が大事。自分の方が大事っていうのは，あなたの人生の面倒は見られないですよって意味でね。あなたの人生はあなたにしか生きられない。自分の人生って，設計して実際動かせるのは自分しかいないから，自分のことを責任持ってやるのがみんなにとっての幸せなんだと思う。

うちの子にはこの学校に入ってもらわないと困るんですって言っても，だいたい親は途中で死ぬから子どもの将来って最後まで見られないでしょう。顔を合わせている時，あのご飯がうまかったとか，風呂入るねとか，こんなテレビやってたよ，とかっていう表面的な会話はしても，子どもの性格とか一緒にいない時の子どもの表情とか本当はちゃんとは知らないんじゃないかな。子どもの人生を途中まで一緒に生きてやろうっていうのが，何だかおこがましいような気がしてしまう。

── 不安も自分の能力の一部だって思う。

一生懸命何かをやってる人，僕らみたいな芸能をやっている人もそうだけど，みんな常に不安を抱えて生きていると思う。僕も自分のコンサートの前はすごく不安だし，それが解消されることはない。もっと自分に自信を持てるように練習して不安を軽減させようとするけど，無くなるということは絶対にない。アマチュアの時はなんとなくライブをやって，なんとなく人前で歌っていたから，不安はなかったけど，今はすごく不安。それは，お金をもらっているからというプロフェッショナルな気持ちや，お客さんを満足させないとというエンターテイナーとしての意地なのだろうけど，本質的な部分は“このステージに立つほど自分の能力があるのだろうか”っていう不安だから，そこは受験をする中学生と同じかもしれない。これは不安を抱えながらぶつかるしかない。それで，ぶつかってみた結果，ライブがイマイチだった時は，僕は今でも人生終わったなって気持ちになる。だから，不安を抱えている人に対して不安を解消するための言葉を僕はかけることができない。受験生の中には高校受験に失敗したら人生終わると思ってる人もいるだろうし，僕は一つのステージを失敗したら人生終わると思ってる。物理的に終わらなくても，その人の中では終わる。それに対して「人生終わらないよ」っていうのは勝手すぎる意見。僕たちの中では一回の失敗でそれは終わっちゃうんだ。でも，失敗しても相変わらずまた明日はあるし，明後日もある。生きていかなきゃいけない。失敗を繰り返していくことで，人生は続くってことがわかってくる。子どもたちの中には，そこで人生を本当に終わらそうっていう人が出てくるかもしれないけど，それは大間違い。同じような失敗は生きてるうちに何度もあって，大人になっている人は失敗を忘れたり，見ないようにしたりするのをただ単に繰り返して生きてるだけなんだと思う。失敗したからこそできるものがあるから，僕は失敗するっていうことは良いことだと思う。挫折が多い方が絶対良い。若い頃に挫折とか苦い経験っていうのはもう財産だから。

例えば，「雨が降ってきたから，カフェに入った。そしたら偶然友達と会って嬉しかった」。これって，雨が降る，晴れるとか，天気みたいなもうどうしようもないことに身を委ねて，自然に乗っかっていったら，結局はいい出来事があったということ。僕は，無理せずにそういう風に生きていきたいなと思う。失敗しても，それが何かにつながっていくから，失敗したことをねじ曲げて成功に持っていく必要はないんじゃないかな。

不安を感じてそれに打ち勝つ自信がないのなら，逃げたらいい。無理して努力することが一番すごいとも思わない。人間，普通に生きると70年とか80年とか生きるわけで，逃げてもどこかで絶対勝負しなきゃいけない瞬間っていうのがあるから，その時にちゃんと勝負すればいいんじゃないかな。受験がどうなるか，受かるだろうか，落ちるだろうか，その不安を抱えている人は，少なからず，勝負に立ち向かっていってるから不安を抱えているわけで。それは素晴らしいこと。不安っていうのは自分の中の形のない何かで自分の中の一つの要素だから，不安も自分の能力の一部だって思う。不安を抱えたまま勝負に挑むのもいいし，努力して不安を軽減させて挑むのもいい。または，不安が大きいから勝負をやめてもいいし，あくまでも全部自分の中のものだから。そう思えば，わけのわからない不安に押しつぶされるってことはないんじゃないかな。

MEMO

大切なことはメモしておこうネ！

ダウンロードコンテンツのご利用方法

※弊社 HP 内の各書籍ページより，解答用紙などのデータダウンロードが可能です。

※巻頭「収録内容」ページの下部 QR コードを読み取ると，書籍ページにアクセスが出来ます。（ Step 4 からスタート）

Step 1 東京学参 HP（https://www.gakusan.co.jp/）にアクセス

Step 2 下へスクロール『フリーワード検索』に書籍名を入力

Step 3 検索結果から購入された書籍の表紙画像をクリックし，書籍ページにアクセス

Step 4 書籍ページ内の表紙画像下にある『ダウンロードページ』を

クリックし，ダウンロードページにアクセス

Step 5 巻頭「収録内容」ページの下部に記載されている

パスワードを入力し，『送信』をクリック

解答用紙・+αデータ配信ページへスマホでアクセス！ ⇒

※データのダウンロードは 2024 年 3 月末日まで。

※データへのアクセスには、右記のパスワードの入力が必要となります。 ⇒ ●●●●●●

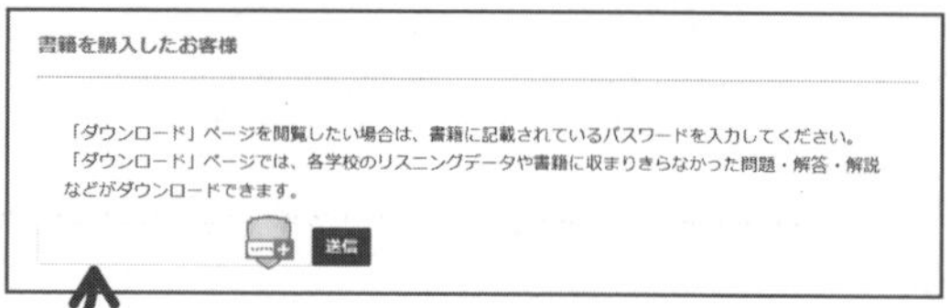

Step 6 使用したいコンテンツをクリック

※ PC ではマウス操作で保存が可能です。

沖縄県公立高等学校

2023年度

入 試 問 題

●くわしい解説……59ページ

＜数学＞

時間 50分 満点 60点

【注意】 1 答えは，最も簡単な形で表し，すべて別紙の解答用紙に記入しなさい。
2 答えは，それ以上約分できない形にしなさい。
3 答えに$\sqrt{}$が含まれるときは，$\sqrt{}$の中をできるだけ小さい自然数にしなさい。
4 答えが比のときは，最も簡単な整数の比にしなさい。
5 「やめ」の合図で，すぐに鉛筆を置きなさい。

【1】 次の計算をしなさい。

⑴ $-5-(-7)$

⑵ $(-12)\div\dfrac{4}{3}$

⑶ $7-5\times(-2)$

⑷ $\sqrt{12}+\sqrt{27}$

⑸ $(-3a)^2\times(-2b)$

⑹ $3(5x+2y)-4(3x-y)$

【2】 次の□に**最も適する**数や式または記号を答えなさい。

⑴ 一次方程式$5x-6=2x+3$の解は，$x=$□である。

⑵ 連立方程式$\begin{cases}2x+y=5\\x-2y=5\end{cases}$の解は，$x=$□，$y=$□である。

⑶ $(x+3)(x-3)$を展開して整理すると，□である。

⑷ $x^2+2x-15$を因数分解すると，□である。

⑸ 二次方程式$2x^2+5x+1=0$の解は，$x=$□である。

⑹ $\sqrt{5}<n<\sqrt{11}$となるような自然数nの値は，$n=$□である。

⑺ 右の図1のように円Oの周上に，5点A，B，C，D，Eがあるとき，$\angle x=$□° である。

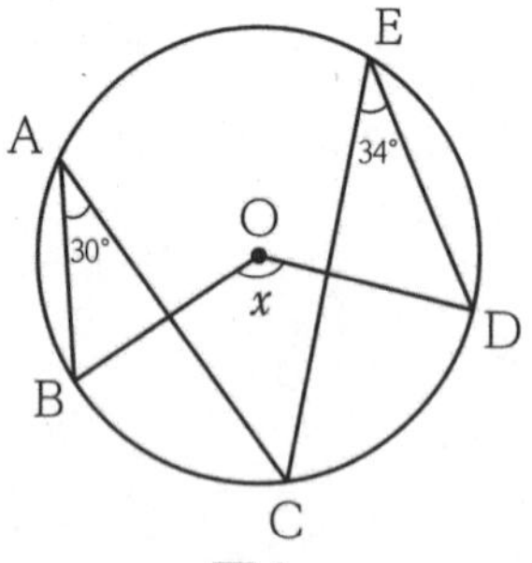

図1

(8)　1個120円のメロンパンが10%値上がりした。このメロンパンを3個買うとき，代金は ☐ 円である。

ただし，消費税は考えないものとする。

(9)　右の図2のグラフは，あるクラスの生徒20人にクイズを6問出し，クイズに正解した問題数と人数の関係を表したものである。20人がクイズに正解した問題数について次のア～ウの代表値を求めたとき，その値が最も大きいものは ☐ である。次のア～ウのうちから1つ選び，記号で答えなさい。

ア　平均値

イ　中央値

ウ　最頻値

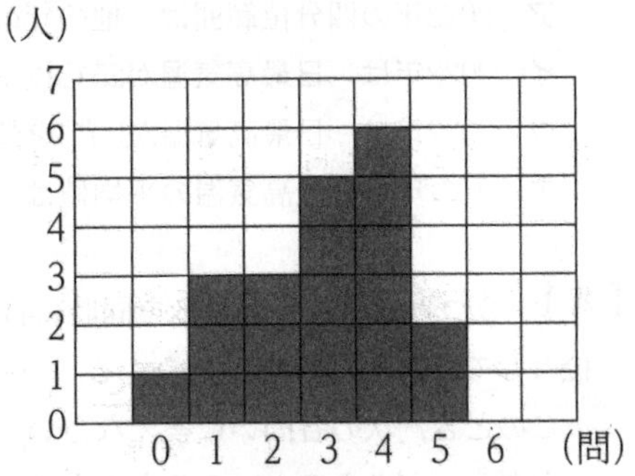

図2

【3】 那覇市に住む太郎さんは，2019年から2022年までの4年間について那覇市の気温のデータを調べてみた。下の表は，それぞれの年の5月の31日間について，日最高気温のデータをまとめたもので，図はそのデータをもとに箱ひげ図に表したものである。

このとき，次の各問いに答えなさい。

ただし，日最高気温とは，1日の中での最高気温のことである。

表　那覇市の5月の日最高気温（℃）

	2019年	2020年	2021年	2022年
平均値	27.0	27.6	28.6	25.7
最大値	30.3	30.7	31.1	29.9
第3四分位数	28.1	29.4	30.3	27.4
中央値	26.7	28.1	29.3	26.0
第1四分位数	25.7	26.6	27.0	24.4
最小値	24.6	22.7	23.9	20.1

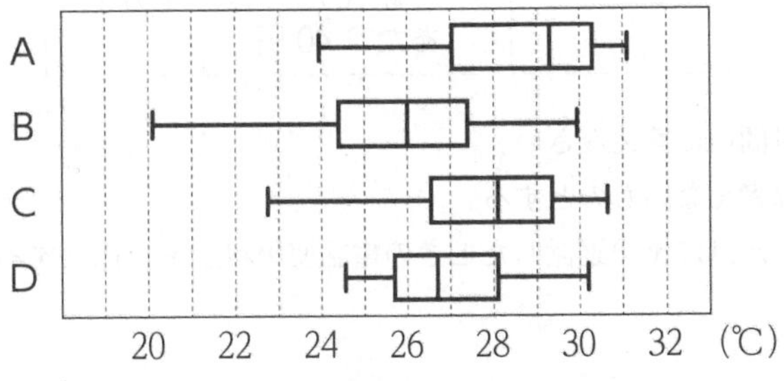

図

問1　2022年5月の日最高気温を表す箱ひげ図を上の図のA～Dのうちから1つ選び，記号で答えなさい。

問２　2020年５月の日最高気温の範囲を求めなさい。

問３　那覇市の５月の日最高気温について，前のページの**表**および**図**から読み取れるものを，次のア～エのうちから**1つ選び**，記号で答えなさい。

ア　2022年の四分位範囲は，他の年の四分位範囲と比べて最も大きい。

イ　2022年は，日最高気温が25℃以下の日数が７日以上あった。

ウ　2022年は，日最高気温が30℃を超えた日があった。

エ　どの年も日最高気温の平均値は，中央値よりも小さい。

【４】　２つのさいころＡ，Ｂを同時に投げる。Ａの出た目の数を十の位，Ｂの出た目の数を一の位として２けたの整数 n をつくる。

このとき，次の各問いに答えなさい。

ただし，どちらのさいころも１から６までの目の出方は，同様に確からしいものとする。

問１　整数 n は全部で何通りできるか求めなさい。

問２　$n \geqq 55$ となる確率を求めなさい。

問３　整数 n が３の倍数となる確率を求めなさい。

【５】　ある電話会社には，１か月の電話使用料金について，次のようなＡ，Ｂ，Ｃの３種類の料金プランがある。

ただし，１か月の電話使用料金は基本料金と通話料金の合計金額とする。

	Ａプラン	Ｂプラン	Ｃプラン
基本料金	0円	2000円	2960円
通話料金	・１分間あたり 50円	・通話時間の合計が60分までは０円 ・通話時間の合計が60分を超えた分は，１分間あたり40円	・どれだけ通話しても０円

このとき，次の各問いに答えなさい。

ただし，消費税は考えないものとする。

問１　Ａプランで１か月に x 分通話したときの電話使用料金を y 円とするとき，y を x の式で表しなさい。

問２　次のページの図はＢプランで１か月に x 分通話したときの電話使用料金を y 円として x と y の関係をグラフに表したものである。Ｂプランで１か月に80分通話したときの電話使用料金を求めなさい。

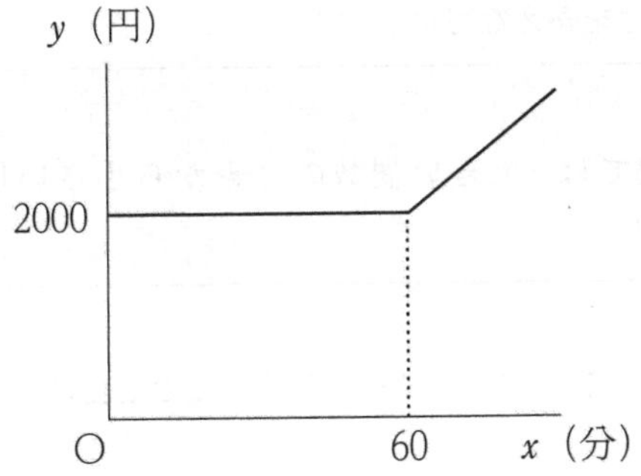

図

問３　花子さんは，「私にとっては３種類の料金プランのうちＢプランであると電話使用料金が最も安くなります。」と話している。花子さんの１か月の通話時間は何分から何分までの間と考えられるか，答えなさい。

【６】 結奈さんと琉斗さんは，連続する２つの奇数では，大きい奇数の２乗から小さい奇数の２乗をひいた数がどんな数になるか調べた。

１，３のとき　$3^2-1^2=9-1=8$

３，５のとき　$5^2-3^2=25-9=16$

５，７のとき　$7^2-5^2=49-25=24$

結奈さんは，これらの結果から次のことを予想した。

＜結奈さんの予想＞
連続する２つの奇数では，大きい奇数の２乗から小さい奇数の２乗をひいた数は８の倍数になる。

上記の＜結奈さんの予想＞がいつでも成り立つことは，次のように証明できる。

（証明）　n を整数とすると，連続する２つの奇数は

$$2n+1,\ 2n+3$$

と表せる。大きい奇数の２乗から小さい奇数の２乗をひいた数は

$$(2n+3)^2-(2n+1)^2$$
$$=4n^2+12n+9-(4n^2+4n+1)$$
$$=8n+8$$
$$=8(n+1)$$

$n+1$ は整数だから，$8(n+1)$ は８の倍数である。

したがって，連続する２つの奇数では，大きい奇数の２乗から小さい奇数の２乗をひいた数は８の倍数になる。

次の各問いに答えなさい。

問１　二人は，「連続する２つの奇数」を「連続する２つの偶数」に変えたとき，どんな数になるかを調べることにした。琉斗さんは，いくつか計算した結果から次のことを予想した。

□ にあてはまることばを答えなさい。

<琉斗さんの予想>
連続する２つの偶数では，大きい偶数の２乗から小さい偶数の２乗をひいた数は □ になる。

問２　問１の<琉斗さんの予想>がいつでも成り立つことを証明しなさい。

【７】 右の図のような∠B＝70°の△ABCがある。辺AC上に∠ABP＝35°となるような点Pを定規とコンパスを使って作図しなさい。

ただし，**点を示す記号Pをかき入れ，作図に用いた線は消さずに残しておくこと。**

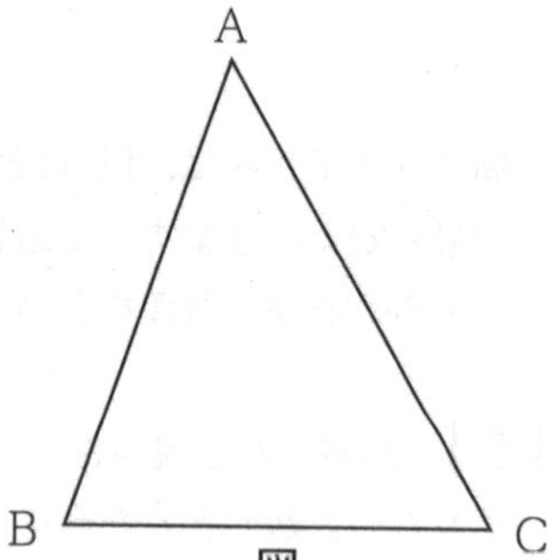

図

【８】 右の図のように，関数 $y=ax^2$ のグラフ上に２点A，Bがあり，x 座標はそれぞれ－２，１である。

また，この関数は，x の値が－２から１まで増加するときの変化の割合は２である。

このとき，次の各問いに答えなさい。

問１　a の値は次のように求めることができる。

下の ① ，② にあてはまる数や式を答えなさい。

関数 $y=ax^2$ について
$x=-2$ のとき，$y=$ ① である。
$x=1$ のとき，$y=a$ である。
よって，変化の割合が２であることから，
a の値は ② である。

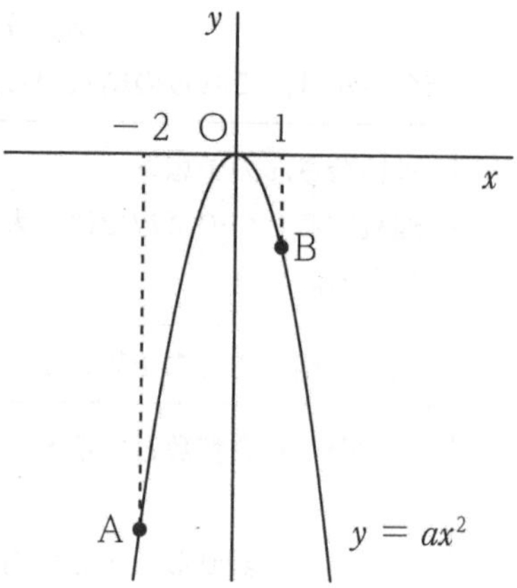

図

問２　２点A，Bを通る直線の式を求めなさい。

問３　△OABの面積を求めなさい。

問４　関数 $y=ax^2$ のグラフ上に x 座標が t である点Pをとると，△PABの面積と△OABの面積が等しくなった。

このとき，点Pの座標を求めなさい。

ただし，点Pは原点Oと異なり，$-2 \leqq t \leqq 1$ とする。

【9】 図のように，△OABがあり，辺OA上に点Cをとる。点Cを通り，辺ABに平行な直線と辺OBとの交点を点Dとする。また，下の図のような点Eをとり，線分EOと辺AB，線分CDとの交点をそれぞれ点P，点Qとし，線分EDと辺ABとの交点を点Rとする。

このとき，RP＝RD，∠OQD＝110°，∠BDR＝70°であった。次の各問いに答えなさい。

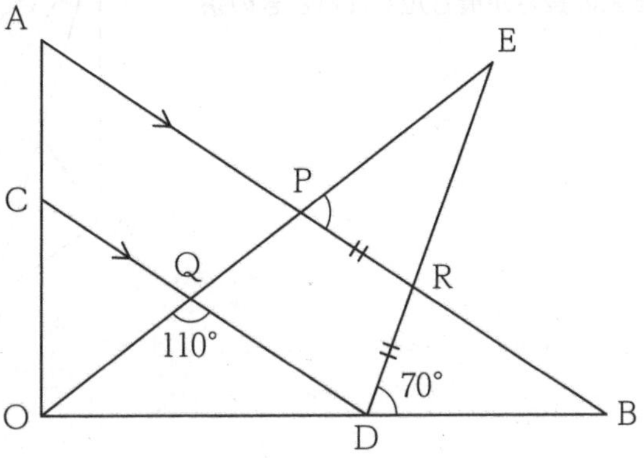

図

問１　∠EPRを求めなさい。

問２　△REPと△RBDが合同であることを証明しなさい。

問３　OA：OC＝$\sqrt{3}$：１のとき，OQ：QEを求めなさい。

【10】 右の図１の四角すいOABCDにおいて，面ABCDは

AB＝AD＝$\sqrt{3}$㎝，BC＝CD＝２㎝

の四角形である。

また，辺OAは面ABCDと垂直で，OA＝３㎝，∠OBC＝90°である。

このとき，次の各問いに答えなさい。

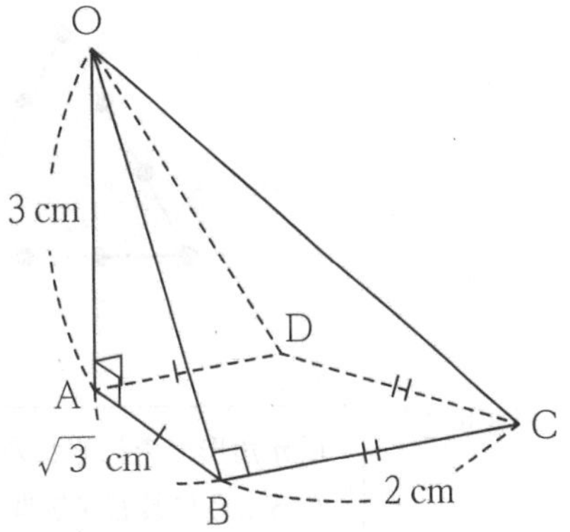

図１

問１　辺OBの長さを求めなさい。

問２　四角すいOABCDにおいて，△OBCや△OACで三平方の定理を利用することにより，AC＝$\sqrt{7}$㎝であることが分かった。

このことによって，分かることがらとして**正しくない**ものを，次のア～エのうちから**1つ選び**，記号で答えなさい。

ア　∠ABC＝90°である。

イ　線分ACは，３点A，B，Cを通る円の直径である。

ウ　四角形ABCDは台形である。

エ　点Dは，３点A，B，Cを通る円の周上にある。

問３　四角すいOABCDの体積を求めなさい。

問４　右の図２のように，前のページの図１の四角すいOABCDの表面に，点Aから辺OBを通って点Cまで糸をかける。かける糸の長さが最も短くなるときの糸の長さを求めなさい。

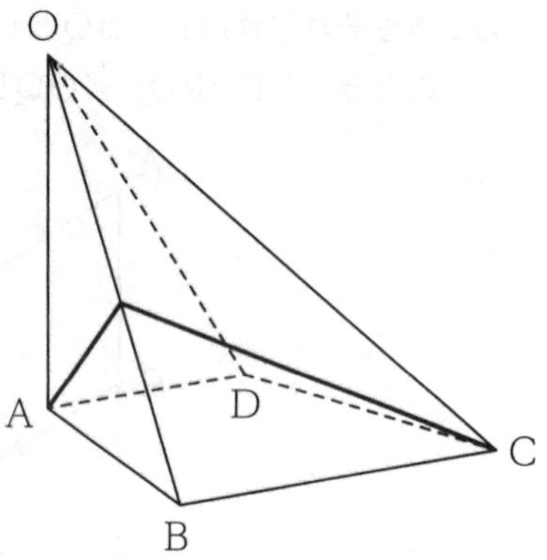

図２

【11】　正 n 角形のそれぞれの辺上に頂点から頂点までに，ある規則にしたがって碁石を並べる。このとき，次のページの各問いに答えなさい。
　ただし，n は３以上の自然数とする。

〔規則①〕

正 n 角形のそれぞれの辺上に頂点から頂点までを n 等分するように碁石を等間隔に並べる。

図１は〔規則①〕にしたがって，正三角形と正四角形の辺上に碁石を並べたものである。

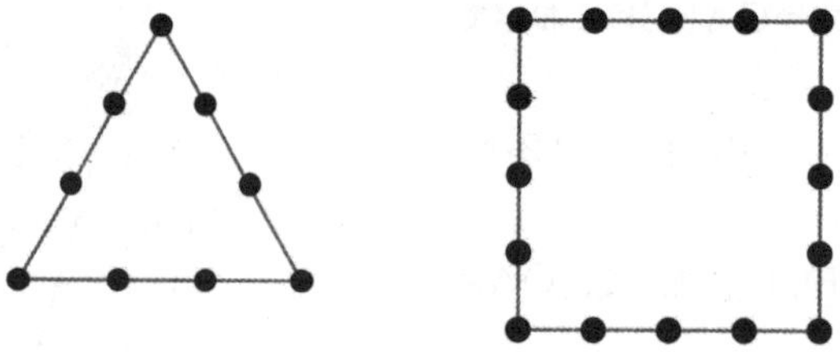
図１

〔規則②〕

正 n 角形のそれぞれの辺上に頂点から頂点までの碁石の個数が，ちょうど n 個となるように碁石を等間隔に並べる。

図２は〔規則②〕にしたがって，正三角形と正四角形の辺上に碁石を並べたものである。

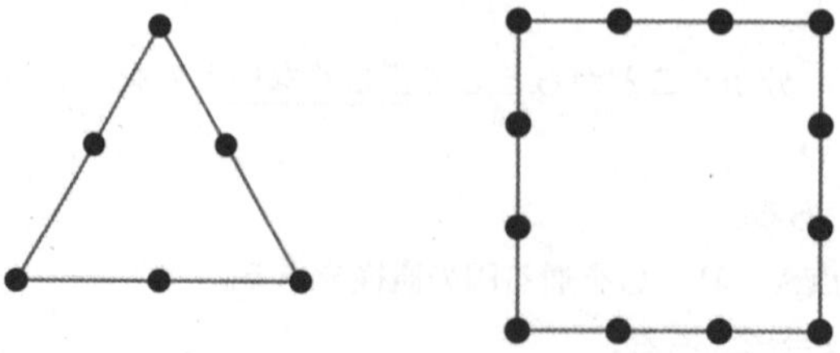
図２

問１　〔規則①〕にしたがって，正五角形の辺上に碁石を並べるときに必要な碁石の個数を求めなさい。

問２　〔規則①〕にしたがって，正 n 角形の辺上に碁石を並べるときに必要な碁石の個数を n を使った式で表しなさい。

問３　〔規則②〕にしたがって碁石を並べるときに必要な碁石の個数を調べる。必要な碁石の個数は，正三角形で６個，正四角形で12個である。必要な碁石の個数が870個となるのは正何角形であるか答えなさい。

<英語>

時間 50分 満点 60点

【1】 大問1は英文を聞いて答える問題です。それぞれの問いについて英文と質問が読まれます。質問の答えとして最も適切なものを次の**ア**～**エ**のうちから1つ選び，その記号を書きなさい。英文と質問はそれぞれ1度だけ読まれます。

問1 ア イ ウ エ

問2 ア イ ウ エ

問3 ア イ ウ エ

【2】 大問2は会話を聞いて答える問題です。それぞれの会話の最後の文に対する応答として最も適切なものを次の**ア**～**エ**のうちから1つ選び，その記号を書きなさい。なお，会話の英文はそれぞれ1度だけ読まれます。選択肢**ア**～**エ**の英文は読まれません。

問1 **ア** I was watching the soccer game, too.
イ Let's play soccer together.
ウ I was playing the piano.
エ I like to watch soccer too.

問２　ア　Twice a week.　イ　I have never practiced.
　　　ウ　I don’t like swimming.　エ　For seven years.

問３　ア　I am waiting for the bus, too.
　　　イ　I am on the bus.
　　　ウ　I will buy tickets for both of us.
　　　エ　I don’t like to watch movies.

【３】　大問３は中学３年生のレナ（Rena）と留学生のジャック（Jack）の会話を聞いて答える問題です。２人の会話を聞き，それに関する質問の答えとして最も適切なものを次のア～エのうちからそれぞれ１つずつ選び，その記号を書きなさい。なお，会話は１度だけ読まれます。

問１　What does Jack like about Japan?
　　　ア　He likes Japanese comic books.
　　　イ　He likes traveling.
　　　ウ　He likes Japanese animals.
　　　エ　He likes studying Japanese history.

問２　Which is **NOT** true about Rena’s plan?

ア　イ　ウ　エ

問３　What are Rena and Jack talking about?
　　　ア　About vacations.　イ　About their school.
　　　ウ　About animals in Okinawa.　エ　About their futures.

【４】　次の会話文について，（　）に入る最も適切なものを次のア～カのうちから１つ選び，その記号を書きなさい。ただし，文頭にくる文字も小文字になっています。

A: （ ① ） was your speaking test in English class? It was difficult for me.

B: I did OK. Did you prepare well?

A: Yes, but I should study harder next time.

B: Well, I have a good idea. I have a friend （ ② ） speaks English very well. He （ ③ ） English in Australia when he was little.

A: Ah, I know him.

ア　studied	イ　has studied	ウ　who	エ　whose
オ　which	カ　how		

【5】 次の各問いの会話文について，(　)に入る１語を下の語群から選び，自然な会話になるように適切な形に変えて１語で書きなさい。ただし，語群の単語はそれぞれ１度しか使えません。

問１ A: I visited Hokkaido last month for the first time.
B: Rcally? I have never (　　) there.

問２ A: It was very hot yesterday.
B: Yes, it was but today is (　　) than yesterday.

問３ A: Did you know that French is (　　) in Canada?
B: Really? I had no idea.

問４ A: I saw a man who won ¥100,000 on the quiz show yesterday.
B: Wow! If I had that money I (　　) buy a new smartphone.

語群：can　hot　speak　be

【6】 次の各問いの会話文について，(　)内のア～オの語を正しく並べ替えて意味が通る文を完成させ，その並べ替えた順に記号をすべて書きなさい。

問１ A: I have a question about this math problem.
B: Oh, you should ask Yuji. He (ア is　イ very　ウ math　エ at　オ good).

問２ A: It is (ア for　イ to　ウ write　エ difficult　オ me) English messages. I speak better.
B: That's true. You speak English well.

問３ A: Do you think Nana will come? She lives far from here.
B: I'm not sure, but I think she (ア because　イ come　ウ it's　エ won't　オ raining).

【7】 次の会話文は，あるTシャツショップを訪れた客と店員の会話です。２人の会話が自然につながるように，①～③に入る文として最も適切なものを，次のア～オから１つ選び，その記号を書きなさい。

A: May I help you?
B: ①
A: That's wonderful! ②
B: He likes blue, so can I see that blue one?
A: ③ What do you think?
B: I like it! Thank you very much. I hope he'll like it, too.

ア What is his favorite color?
イ I have a problem.
ウ Yes, I want to get a T-shirt for Father's Day.
エ No, I can't find it.
オ OK. Here you are.

【8】 第一中学校の２年生は職業体験（work experience）へ行くことになっています。各体験場所での予定表が配られ，マサ（Masa）とカイ（Kai）はどの体験場所を選ぶか考えているところです。以下の資料と２人の会話を参考に，各問いに答えなさい。

Daiichi Junior High School's Work Experience Plan

Dates：November 18th-November 20th

Tell your teacher your *choice by November 4th.

Sakura *Nursery School

7:30　Clean the children's classroom
8:00　Play with the children
9:30　Take the children to the park
11:30　Lunch

Sunshine Restaurant

9:00　Clean the floor and tables
10:00　Welcome customers and take orders
11:00　Wash the dishes
12:00　Lunch

South Fire Station

8:30　Go running on the road
9:30　Practice climbing buildings
10:30　Practice using *fire extinguishers
12:00　Lunch

City Library

8:00　Clean the floor and desks
9:00　Return books to the shelves
10:30　Read books to children
12:00　Lunch

＊choice 選択　＊Nursery School 保育園　＊fire extinguisher 消火器

Masa：Hey, Kai, have you decided which place you want to go?
Kai　：Why don't we go to the same place?　How about the South Fire Station?　I like to run and I want to become a firefighter.
Masa：Really?　I don't like running.　I am interested in（ ① ）, but I am worried about reading books well to the children.
Kai　：I see.　You are really shy.
Masa：What should I do?
Kai　：You should go and talk to our teacher.　Maybe she can help you.
Masa：OK.

問１　この職業体験は何月に何日間行われますか。次のア～エのうちから１つ選び，その記号を書きなさい。

ア　10月の２日間　イ　11月の２日間　ウ　10月の３日間　エ　11月の３日間

問2 空欄（①）に入るマサが最初に興味を持った場所はどこですか。次のア～エのうちから1つ選び，その記号を書きなさい。

ア Sakura Nursery School　イ Sunshine Restaurant
ウ South Fire Station　エ City Library

問3 次のア～オのうち，予定表及び会話文の内容と一致するものを2つ選び，その記号を書きなさい。

ア Both Masa and Kai want to be firefighters.
イ Both Masa and Kai need help from their teacher.
ウ Students who choose the Sakura Nursery School have lunch the earliest.
エ Students who choose the Sunshine Restaurant can learn how to cook.
オ Students who choose the South Fire Station will go running outside.

【9】 次の文章は，中学校の ALT のナターシャ (Natasha) 先生と，英語教師のサキナ (Sakina) 先生の会話です。英文を読み，各問いに答えなさい。

Natasha : Look outside the window, Sakina. There is a rainbow. I feel lucky!

Sakina : Yes, I do, too. It's beautiful! But I heard a story from my grandmother about ① rainbows in the old days in Okinawa. She said they were believed to be big red snakes and drank all the water in the sky, so a *[1]drought happened after that. Maybe, a rainbow was a bad sign and *[2]negative to them.

Natasha : Really? That's interesting. In my country, a rainbow is a good sign. It usually has a meaning of hope. Do you know Charlie Chaplin? He is a famous comedian and a movie actor. He said, "You'll never find a rainbow if you're looking down." (ア)

Sakina : Wow, I like that!

Natasha : It means that you should always be *[3]positive. There are a lot of positive *[4]images about the rainbow.

Sakina : Yes! I have just *[5]searched rainbows on the internet, and I found so many other positive ideas about them! Some people say, "You are my rainbow on a cloudy day," to people they love.

Natasha : That's so cute. I want to be someone's rainbow on a cloudy day. Then, I can make them happy when they are sad. (イ)

Sakina : Me, too. Oh, I also like this idea, "Your true colors are beautiful like a rainbow." I think it means that everyone is different and special.

Natasha : Many people feel happy when they think of a rainbow. (ウ)

Sakina : Hmm, let me see. This *[6]article is talking about how many colors are in a rainbow. It's interesting! Natasha, you are from America, right? How many colors do you see in a rainbow?

Natasha : Let me count. Red, Orange, Yellow, Green, Blue, Purple. Why do you ask?　Is it different for you?

Sakina　: Yes!　In Japan, we see one more color than you do!　This article says that different cultures see different numbers of colors in the rainbow. Wow, in some countries, such as ＊[7]Indonesia, people see only four colors, and some people in Africa see eight colors!　(エ)

Natasha : I didn't know that!　It's very interesting.　Do we learn that when we are children?

Sakina　: Yes.　The article says every culture teaches different ideas about rainbows.

＊[1]drought　干ばつ　＊[2]negative　悲観的な　＊[3]positive　前向きな　＊[4]image　イメージ
＊[5]search　検索する　＊[6]article　記事　＊[7]Indonesia　インドネシア

問1　下線部①について，昔の沖縄の人々にとって虹とはどのようなものでしたか。次のア～エのうちから1つ選び，その記号を書きなさい。

ア　People thought a rainbow had six colors.
イ　People thought "big red snakes" actually drank all the water in the sky.
ウ　Most people thought a rainbow was beautiful.
エ　People thought a rainbow was a bad sign.

問2　次のグラフはSakinaが見つけた記事に記載されているグラフです。本文及びグラフを参考に次の各問いに答えなさい。

(1)　Natashaの出身地を表すのは，グラフ中のア，イ，ウのうちどれですか。1つ選んでその記号を書きなさい。

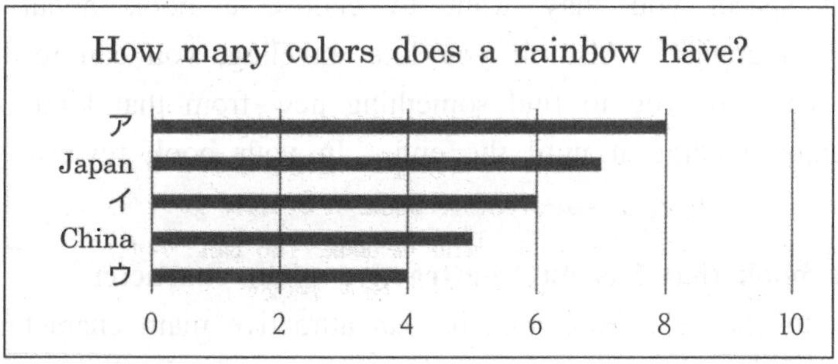

(2)　本文及びグラフの内容に一致している文として適切なものを，次のア～エのうちから1つ選び，その記号を書きなさい。

ア　People in China see more colors than Japanese.
イ　Some people in Africa see the most colors in rainbow.
ウ　People have the same image about rainbows all over the world.
エ　People in Indonesia think a rainbow has more than seven colors.

問3　次の英文が入る最も適切な箇所を，本文中の（ア）～（エ）のうちから1つ選び，記号で答えなさい。

Have you found any other interesting information about rainbows?

問4　２人の会話をまとめた表現として最も適切なものを，次のア～エのうちから１つ選び，その記号を書きなさい。

ア　Bad images about rainbows
イ　The big red snakes in the sky
ウ　Colors of the rainbows
エ　Different ideas and images about rainbows

【10】 次の文章は，サマンサ（Samantha）先生が書いた図書館便りの一部です。英文を読み，各問いに答えなさい。

Library News == Summer Special ==

Hello, students! Summer vacation is finally coming. Don't forget to write a *1 book review during summer vacation. I heard some of you don't know how to choose a book for your book review. I'm happy to help you find a good ① one anytime!

Here are some ideas for choosing a book:

1. Choose a book on your interests

You can choose a book on your *2 interests. For example, if you are interested in space, you may want to choose a book about space or an astronaut's *3 biography. Also, if you like traveling, you can read an adventure book. It is easy for you to find something new from that kind of book. You can really enjoy reading it until the end. In your book review, you can write (②).

2. Choose a book that has an *4 attractive main character

It is good to choose a book that has an attractive main character. If you can *5 sympathize with the main character in the story, the book is easy to read. It would be easy for you to include your own experiences in your book review.

3. Choose a book that was made into a movie

You can choose a book that was made into a movie. Do you really like reading books? If not, watch the movie first and understand the story. Then read the book. When a book is made into a movie, the story sometimes changes. ③ If you find any changes, you can write about the differences between the book and the movie in your book review.

"Eating is *6 nutrition for your body. ④ Reading is nutrition for your mind." Grow your *7 knowledge by reading many books. You can find many interesting books in our school library. I look forward to reading your book reviews!

*1 book review　読書感想文　*2 interests　興味　*3 biography　伝記　*4 attractive　魅力的な
*5 sympathize　共感する　*6 nutrition　栄養　*7 knowledge　知識

問1　下線部①の one が指す語を次のア～エのうちから1つ選び，その記号を書きなさい。

ア　book　　イ　summer vacation
ウ　book review　　エ　school library

問2　空欄②に入れる語句として最も適切なものを次のア～エのうちから1つ選び，その記号を書きなさい。

ア　why you didn't choose this book
イ　what you have learned from the facts you read
ウ　how important astronauts are to you
エ　when you watched the movie about space

問3　下線部③を言いかえたものを次のア～エのうちから1つ選び，その記号を書きなさい。

ア　If you understand the story,
イ　If your book review is made into a movie,
ウ　If the story of the movie is different from the book,
エ　If you like the movie better than the book,

問4　次の(1)～(3)はサキ（Saki），ライアン（Ryan），アイ（Ai）の3名が，図書館便りを読んで，それぞれで選んだ本の説明です。どのアイデアを参考にして見つけたものか，下のア～ウのうちからそれぞれ1つずつ選び，その記号を書きなさい。

(1)　Saki : I chose *Sad Love Story* for my book review. I watched the movie of this last summer and was moved by the story so much. Now I am interested to know if the book is the same as the movie.

(2)　Ryan : I decided to choose *Go, Tsuyoshi!* written by Sakuragi Takashi. Mr. Sakuragi is one of my favorite authors and I felt like Tsuyoshi, a main character in the story. I think I can write about what I would do if I were Tsuyoshi in my book review.

(3)　Ai : I think I will write about *My Wonderful Story.* It is written by Asakura Mariko. She is a famous volleyball player. I play volleyball in junior high school. Her story gives me hope for my future.

ア　the first idea　　イ　the second idea　　ウ　the third idea

問5　下線部④の文の意味を説明している英文を次のア～エのうちから1つ選び，その記号を書きなさい。

ア　Reading books helps you eat well.
イ　When you choose a book, you will become hungry.
ウ　Both eating and reading make your body strong.
エ　If you read many books, you will learn many things.

問６　リッキー（Ricky）は，サマンサ（Samantha）先生の図書館便りを読んで次のように話しています。あなたなら，リッキーがどのアイデアを参考にすると良いと思いますか。あとの［条件］に従って「参考にすべきアイデア」を選び，「その理由」を20語程度の英語で書きなさい。

Ricky

I need your help! I still can't decide on my book. I like baseball, animals and Japanese history. Which idea will be helpful for me?

you

［条件］

⑴　「参考にすべきアイデア」を図書館便りに書かれているものから１つ選ぶこと（解答用紙のいずれかに○をつける）。

⑵　そう思う理由を英文で述べること。

⑶　次の【英作文を書く際の注意事項】を参考とすること。

【英作文を書く際の注意事項】

①　主語と動詞を含む文で書くこと。

②　短縮形は１語と数える。ただし，ピリオド，コンマなどの符号は語として数えない。

③　解答は，解答用紙の各下線上に１語ずつ書くこと。

【例】　No,　I　don't　like　it!

【11】　英語の授業で，次のテーマについて意見交換をすることになりました。ALT のナオミ・ブラウン（Ms. Naomi Brown）先生が以下のように発言し，意見交換が始まりました。

You've had school lunch in elementary and junior high schools. What a great school culture! I think we should have school lunch for high school students, too.

＜問い＞　ナオミ・ブラウン先生の考えに対し，賛成または反対の立場で，自分の考えを20語以上30語程度の英文で述べなさい。ただし，以下の［条件］に従って書くこと。

［条件］

⑴　賛成か反対かの立場を明確にする（agree，disagree どちらかに○をつける）こと。

⑵　選んだ立場を説明する理由を２つ挙げること。
　　まとまりのある内容にするため，"First, ～ "，"Second, ～ " 等の表現を使用すること。

⑶　上記大問【10】問６の【英作文を書く際の注意事項】を参照すること。

＜理科＞

時間　50分　　満点　60点

【1】 図1は雲のでき方を模式的に示したものである。また，図2のグラフは温度と空気1 m^3 あたりの飽和水蒸気量の関係を表したものであり，A～Cはそれぞれ温度と水蒸気量のちがう空気の状態を示している。次の問いに答えなさい。

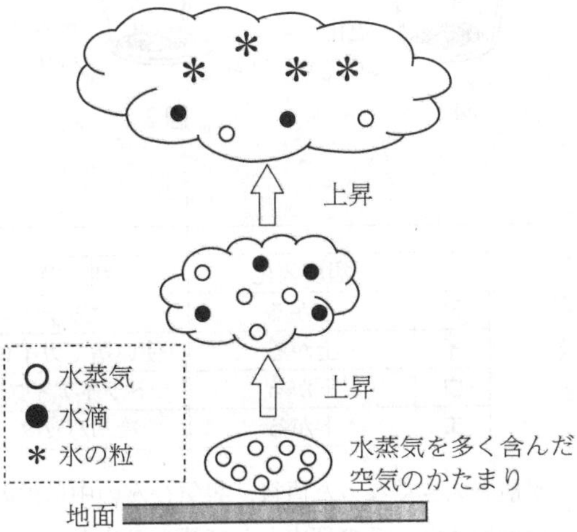

図1

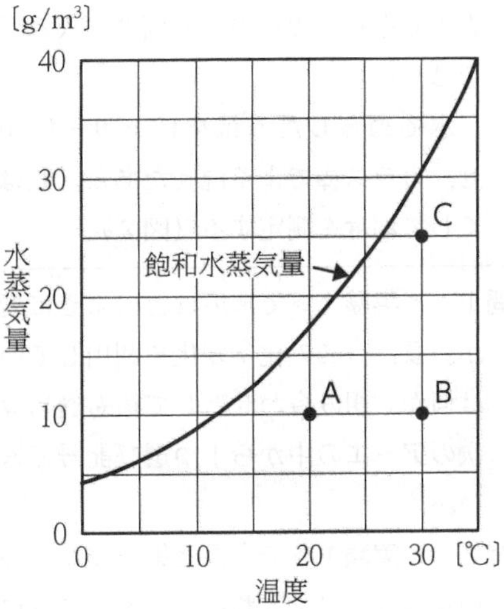

図2

問1　雲のでき方を説明した次の文を完成させなさい。ただし①，②については，それぞれ［　］の中から選び答えなさい。また，(③) に当てはまる最も適当な語句を答えなさい。

> 図1のように，水蒸気を多く含んだ空気のかたまりが上昇すると，周りの気圧のほうが①［ **高い・低い** ］ため，膨張して温度が②［ **上が・下が** ］る。空気のかたまりの温度が（　③　）よりも低い温度になると，空気に含みきれなくなった水蒸気が水滴や氷の粒となり。これらが集まって雲となる。

問2　空気のかたまりが上昇するしくみの説明として，誤っているものを次のア～エの中から1つ選び記号で答えなさい。

ア　太陽の光が地面をあたため，その地面に空気のかたまりがあたためられて上昇する。

イ　夜間，海岸付近の陸地で気圧が低くなり，空気のかたまりが上昇する。

ウ　あたたかい空気のかたまり（暖気）と冷たい空気のかたまり（寒気）がぶつかると，あたたかい空気のかたまりが上昇する。

エ　空気のかたまりが山の斜面にぶつかって上昇する。

問3　図2において，湿度が最も低いものはどれか。A～Cの中から1つ選び記号で答えなさい。

問4　図2において，50 m^3 の空気の状態がBのとき，この空気はあと何g水蒸気を含むことができるか答えなさい。

【2】 化学変化と熱の関係を調べるための実験を行った。次の問いに答えなさい。

＜実験1＞

集気びんに鉄粉5 g，活性炭粉末2 g，食塩水数滴を入れ，ガラス棒でかき混ぜながら温度を測定する（図1）。

＜実験2＞

水酸化バリウム3 gと塩化アンモニウム1 gをビーカーの底の両端に入れ温度をはかる。

水でぬらしたろ紙をビーカーにかぶせ，ガラス棒でよく混ぜたあと，しばらくして温度を測定する（図2）。

図1

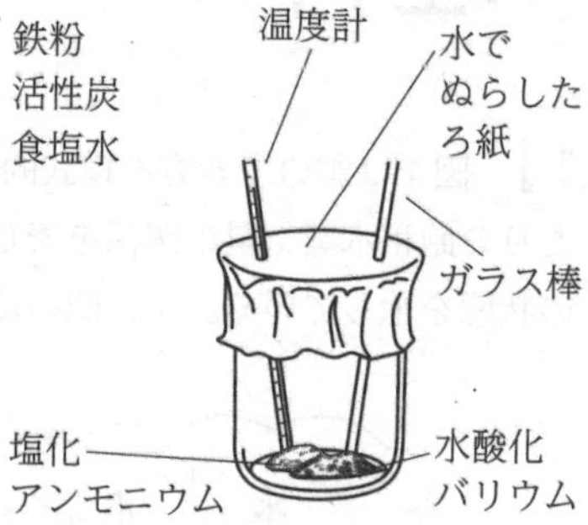

図2

問1 ＜実験1＞で温度はどのように変化するか。また，この化学変化を利用しているものは何か。組み合わせとして最も適当なものを次のア～エの中から1つ選び記号で答えなさい。

	温度変化	利用例
ア	上がる	マッチ
イ	上がる	使い捨てカイロ
ウ	下がる	ドライアイス
エ	下がる	冷却パック

問2 ＜実験1＞で室温と集気びん内の温度差が最も大きくなった直後，集気びんの中に火のついたロウソクを入れると，すぐにロウソクの火が消えた。その理由として最も適当なものを次のア～エの中から1つ選び記号で答えなさい。

ア 集気びん内で水素が発生していたため

イ 集気びん内で二酸化炭素が発生していたため

ウ 集気びん内の酸素が使われていたため

エ 集気びん内の窒素が使われていたため

問3 ＜実験2＞で反応前の温度は25.0℃だったが，反応後は9.0℃になった。この反応について述べた次の文の（①）に当てはまる語句として適当なものを □ 内のア，イから1つ選び記号で答えなさい。また，（②）に当てはまる最も適当な語句を答えなさい。

この化学変化（化学反応）は熱を（ ① ）ので，（ ② ）反応である。

ア 周囲に出している
イ 周囲からうばっている

問4 ＜実験2＞の反応では気体が発生する。この気体の化学式を答えなさい。ただし，化学式はアルファベットの大文字，小文字，数字を書く位置や大きさに気を付けて書きなさい。

問5 ＜実験2＞で，水でぬらしたろ紙を用いる理由として，最も適当なものを次のア～エの中から1つ選び記号で答えなさい。

ア 空気が反応に影響することを防ぐため

イ ビーカーを冷やすため

ウ 気体の発生に水分が必要なため

エ 発生する気体を吸着するため

【3】　ミズキさんとカエデさんは，メダカの飼育と繁殖《はんしょく》について話し合っている。２人の会話を読み，次のページの問いに答えなさい。

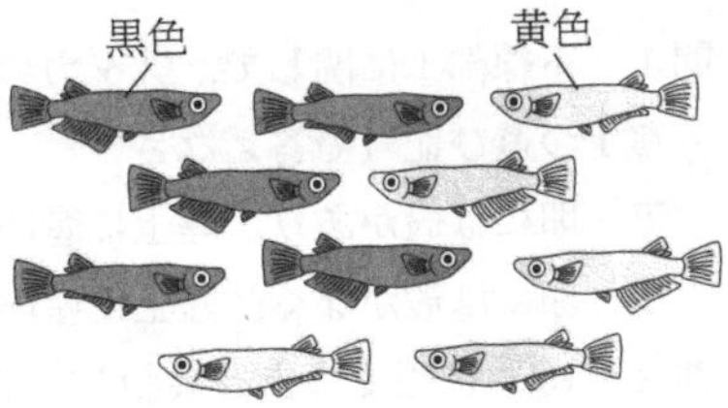

ミズキ：カエデさん，見て，メダカをもらってきたんだ。

カエデ：すごい。10匹ももらったんだね。しかも黒色のメダカと黄色のメダカがいるね。

ミズキ：このメダカを飼育して，繁殖させて，文化祭で展示したいと思っているんだけど，カエデさんはメダカの飼育の仕方，知ってる？

カエデ：小学校の理科の授業でメダカについて習ったときに，クラスで飼ったことがあるよ。その時は，水槽《そう》に砂利《じゃり》を敷《し》いて，水草を入れて，餌《えさ》やりや水替えをして飼育したよ。春から秋にかけて①**メダカが産卵**して，卵が産みつけられている水草を見つけたら，親とは別の水槽に移して稚魚を育てたよ。稚魚は３か月くらいで産卵できるようになったよ。

ミズキ：カエデさんは，メダカの飼育と繁殖の経験があるんだね。相談して良かった。それでね，個人的には黒色のメダカと黄色のメダカを同じくらいの割合で増やしたいと思っているんだ。

カエデ：そうなんだね。うまくいくといいね。

～３か月後，ミズキさんはカエデさんにメダカについてまた相談しました～

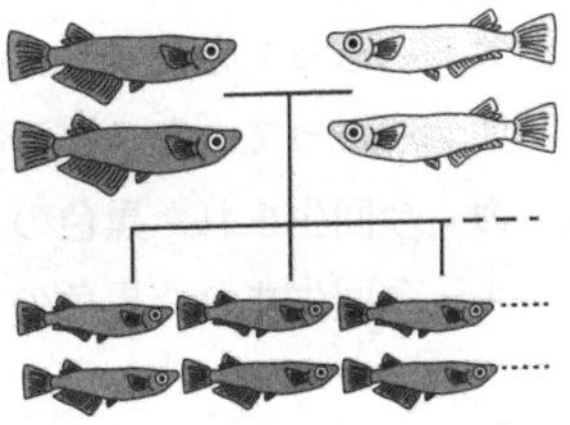

ミズキ：カエデさん，聞いてよ。黒色のメダカと黄色のメダカを同じくらいの割合で増やしたかったのに，生まれたメダカは黒色だけになってしまったんだ。

カエデ：どんなふうにしたらそうなってしまったの？

ミズキ：黒色の雄《おす》２匹と黄色の雌《めす》２匹で繁殖させたんだ。

カエデ：それって，（　②　）からじゃないかな。

ミズキ：そうかもしれない！この前，理科の授業で同じようなことを，エンドウの種子の丸としわの話で習ったよ。つまり，黒色が（　③　）形質だってことだよね。

カエデ：きっとそうだよ。そういえば，参考書にメダカの話が載っていた気がするよ。確かめてみようよ。

～２人は参考書を開いて確かめました～

ミズキ：本当だ！「黒色と黄色のメダカの場合，黒色になるか黄色になるかは，一組の遺伝子によって決まっていて，黒色が（　③　）形質」だって。だから，④**今回生まれたメダカ**は黒色だけだったんだね。

カエデ：そういうことなら，次は，今回生まれたメダカの雄は（　⑤　）と，今回生まれたメダカの雌は（　⑥　）と繁殖させれば，生まれる子は黒色と黄色が同じ割合になるんじゃないかな。

ミズキ：カエデさん，アドバイスありがとう。今年の文化祭に間に合うかはわからないけど，やってみるね。

問１　下線部①に関して，メダカの卵や産卵の特徴として最も適当なものを，次の**ア**～**エ**の中から１つ選び記号で答えなさい。

ア　卵には殻があり，陸上に産卵する　　**イ**　卵には殻があり，水中に産卵する
ウ　卵には殻がなく，陸上に産卵する　　**エ**　卵には殻がなく，水中に産卵する

問２　（②）に当てはまる会話として最も適当なものを，次の**ア**～**エ**の中から１つ選び記号で答えなさい。

ア　雄の遺伝子のほうが子に伝わる量が多い
イ　黄色の形質は，かくれている
ウ　雌の遺伝子のほうが子に伝わる量が多い
エ　黒色の形質のほうが環境に強くて，生き残りやすい

問３　（③）に当てはまる適当な語句を答えなさい。

問４　黒色と黄色のメダカにおける，黒色のメダカになる遺伝子をＡ，黄色のメダカになる遺伝子をａとすると，下線部④の今回生まれたメダカはどのような遺伝子の組み合わせになるか答えなさい。

問５　（⑤），（⑥）に当てはまるメダカとして最も適当なものを，次の**ア**～**キ**の中からそれぞれ１つ選び記号で答えなさい。

ア　もらってきたすべての黒色の雄
イ　もらってきたすべての黒色の雌
ウ　もらってきたすべての黄色の雄
エ　もらってきたすべての黄色の雌
オ　もらってきたメダカのうち，ミズキさんが繁殖で用いた黒色の雄
カ　今回生まれた黒色のメダカのうちの雄
キ　今回生まれた黒色のメダカのうちの雌

【４】　リカさんのクラスは，理科の授業で光の進み方について調べるための実験を行った。先生とリカさんの会話を読み，次のページの問いに答えなさい。

<実験>　半円形レンズに入射した光が進む道すじを調べる。

<準備>

①　**図１**のように，実験に使う半円形レンズより大きい円を紙にかき，円の中心で垂直に交わる線（縦軸，横軸）をかく。さらに，中心から円周に向かって30°ごとの線をかく。

②　**図２**のように，半円形レンズの直線部分（境界面）と横

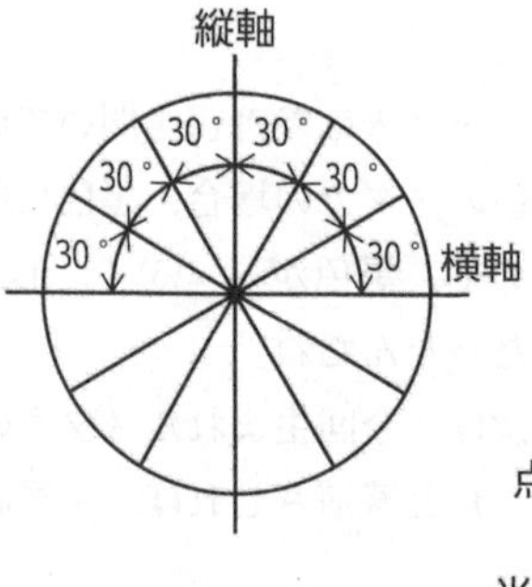

図１

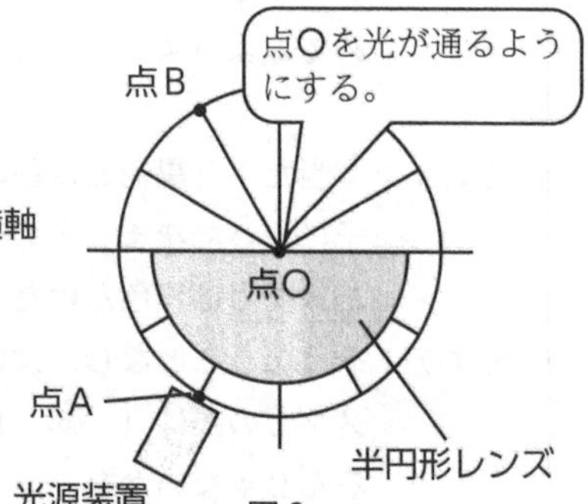

図２

軸を重ね，その直線部分の中点（点**O**）が円の中心と重なるように置く。

③　円周上の点**A**に，光源装置を点**O**に向けて置く。ただし，点**A**，点**B**は①で引いた30°ごとの線上にあるものとする。

先生：では，光が進む道すじを観察してみましょう。光はどのように進んでいますか？

リカ：光が半円形レンズの中を進み，境界面の点**O**に当たった後，光の進む道すじが２本見えます。片方は反射して半円形レンズ側に，もう片方は屈折して空気側に進んでいます。

先生：次に，光源装置を点**O**に向けたまま，光源装置の位置を円周に沿って移動させて，入射角を大きくしてみましょう。

リカ：あれ？半円形レンズを空気側に通りぬける光がなくなりました。

先生：はい。入射角が一定以上大きくなると，半円形レンズから空気中へ進む光はなくなり，すべての光が境界面で反射します。この現象を（　①　）といいます。

先生：次に，光源装置を点**B**に移動させて，空気から半円形レンズに光が入射する様子を観察します。光源装置を点**B**に移動させましょう。

リカ：光が点**O**に当たった後，光の進む道すじが２本見えます。片方は反射した光，もう片方は屈折した光ですね。

先生：それでは，光源装置を点**O**に向けたまま，円周に沿って光源装置を動かして入射角を変化させてみましょう。半円形レンズで屈折した光の進み方に注目して観察してください。

問１　光源装置が点**A**にあるとき，光の入射角は何度か。**整数で**答えなさい。

問２　光源装置が点**A**にあるときの光の道すじとして最も適当なものを，次の**ア**～**エ**の中から１つ選び記号で答えなさい。

ア

イ
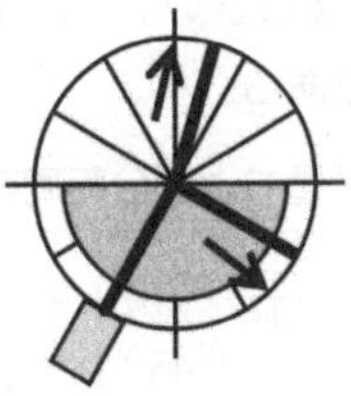
ウ

エ

問３　会話文中の（①）に当てはまる語句を答えなさい。

問４　次のページの**図３**に示すように，光源装置を点**B**に移動させ，光源装置を点**O**に向けたまま円周に沿って移動させ，入射角を０°以上90°未満の範囲で変化させた。このときの光の進み方として**適当でないもの**を，後の**ア**～**エ**の中から１つ選び，記号で答えなさい。

ア　入射角を大きくすると，屈折角も大きくなった。

イ　光源装置を点Bに置いたとき，屈折した光の屈折角は入射角よりも小さかった。

ウ　入射角を大きくすると，屈折せずに光がすべて反射した。

エ　入射角を0°にすると，光は空気と半円形レンズの境界面で曲がらずに直進した。

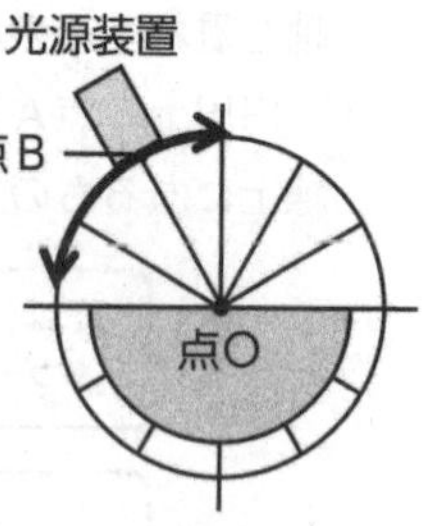

図3

リカさんは，半円形レンズを通して向こう側の物体を見ると，物体の位置や大きさが変わって見えることに気が付いた。そこで，次の＜追加実験＞を行った。

> ＜追加実験＞図4のように，リカさんから見て棒の中心が点Oと一直線上になるように四角形の棒を置き，半円形レンズを通して見る。
>
> ＜結果＞図5のように，リカさんの目と同じ高さにある棒の端の点Cが少し外側の点C’にあるように見え，半円形レンズを通して見た棒は実際より太く見えた。

問5　棒の端の点Cから出て，半円形レンズを通って目に入るまでに通った光の道すじを，解答用紙の図に，定規を用いて作図しなさい。ただし，図4中の点線は，リカさんの目の位置と点C，点C’，点Oをそれぞれ結んだ線であり。作図の際に利用してよい。

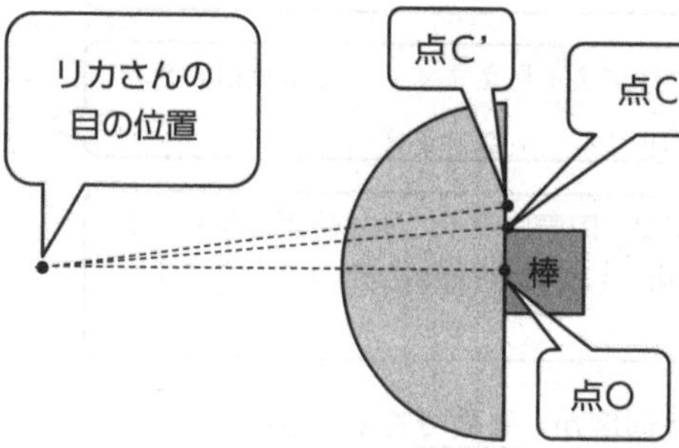

図4　上から見た棒とリカさんの目の位置

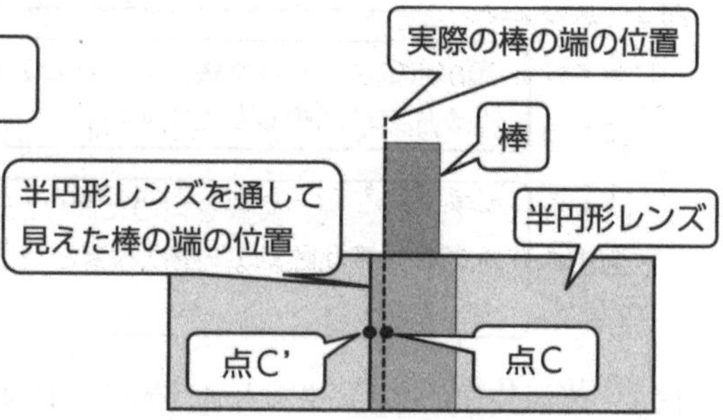

図5　リカさんから見た棒の見え方

【5】　太陽と恒星について，次のページの問いに答えなさい。

〔Ⅰ〕　表1は太陽系の惑星の特徴をまとめたものである。

表1　太陽系の惑星の特徴（地球の直径・質量および公転周期を1としている）

	地球	ア	イ	ウ	エ	オ	カ	キ
直径（地球＝1）	1.00	11.21	0.38	4.01	9.45	0.95	3.88	0.53
質量（地球＝1）	1.00	317.83	0.06	14.54	95.16	0.82	17.15	0.11
公転周期（地球＝1）	1.00	11.86	0.24	84.25	29.53	0.62	165.23	1.88
平均密度〔g/cm^3〕	5.51	1.33	5.43	1.27	0.69	5.24	1.64	3.93

問１　前のページの表１において，水星・土星を表しているものをア～キの中からそれぞれ１つ選び記号で答えなさい。

問２　表１の惑星は，図１のようにＡのグループとＢのグループに分類することができる。Ｂのグループを何というか。漢字で答えなさい。

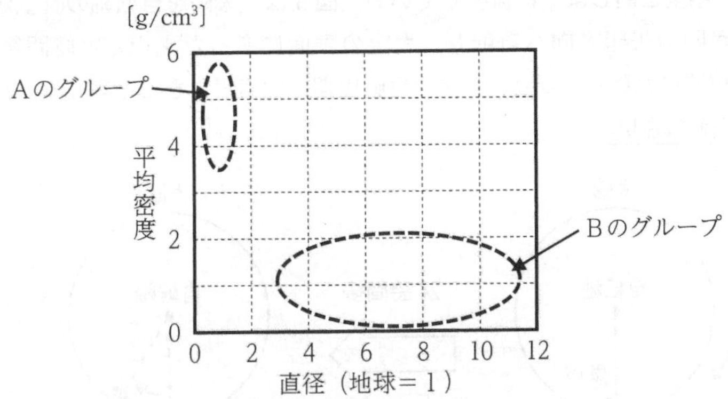

図１　惑星の直径と平均密度の関係図

問３　次の文は，ＡのグループとＢのグループの特徴をまとめたものである。（①），（②）に当てはまる語句を答えなさい。また，③については，［　］の中から選び答えなさい。

- 図１のＡのグループの惑星は，Ｂのグループに比べると小型の天体で，表面は（　①　），中心部は金属でできているため平均密度が大きい。
- 図１のＢのグループの惑星は，主に水素と（　②　）でできた大気をもち，平均密度が小さい。
- ＡのグループとＢのグループの公転周期を比べると，③［ Ａ ・ Ｂ ］のグループのほうが短い。

〔Ⅱ〕　図２は，地球が太陽の周りを公転している様子を表した模式図である。

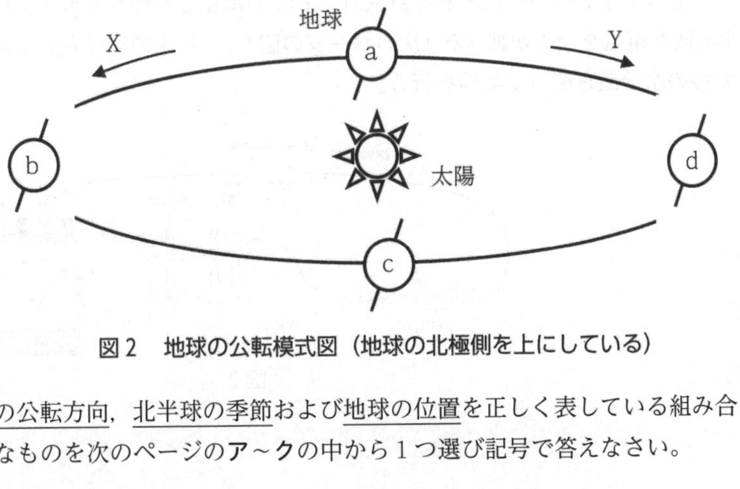

図２　地球の公転模式図（地球の北極側を上にしている）

問４　地球の公転方向，北半球の季節および地球の位置を正しく表している組み合わせとして，最も適当なものを次のページのア～クの中から１つ選び記号で答えなさい。

	ア	イ	ウ	エ	オ	カ	キ	ク
公転方向	X	X	X	X	Y	Y	Y	Y
北半球の季節	春	夏	秋	冬	秋	冬	春	夏
地球の位置	a	a	b	b	c	c	d	d

問5　太陽は，惑星と同じように自転している。**図3**は，太陽を自転軸の真上から見た模式図である。太陽が図の矢印方向へ自転し，太陽の表面にあった黒点が24時間後，元の場所から12.5°ずれた位置に移動した場合，太陽の自転周期は約何日になるか答えなさい。ただし，**小数第1位まで答えなさい。**

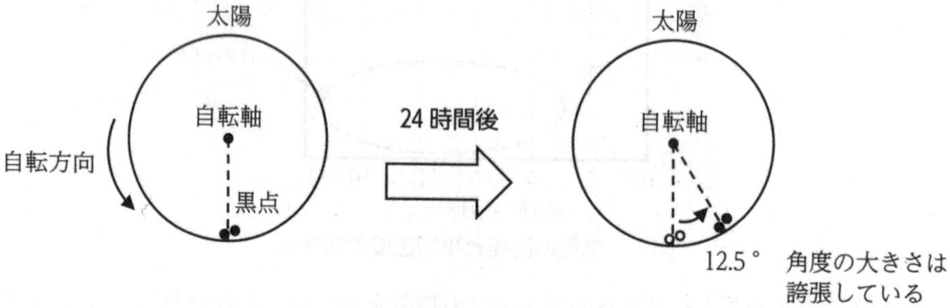

図3　太陽を自転軸の真上から見た模式図

【6】　レイさんは理科クラブの先生から５種類の白い粉末Ａ～Ｅを渡され，実験を通して粉末を区別するよう課題が出された。後の問いに答えなさい。

＜試料＞　粉末Ａ～Ｅ［食塩，砂糖，重曹（炭酸水素ナトリウム），石灰石（炭酸カルシウム），かたくり粉（デンプン）のいずれかをすりつぶしたものである。］

＜実験１＞　①と②の実験を行う。

①　粉末Ａ～Ｅ１ｇを燃焼さじにそれぞれとり，ガスバーナーで加熱する（**図１**）。

②　粉末Ａ～Ｅ５ｇをビーカーにそれぞれ入れ，20℃の水25ｇを加えてガラス棒でかき混ぜた後，水溶液が電気を通すか調べる（次のページの**図２**）。粉末の溶け残りがあった場合はろ過した後の水溶液を使って実験を行う。

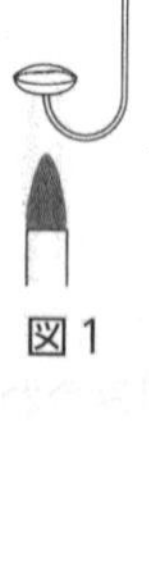

図１

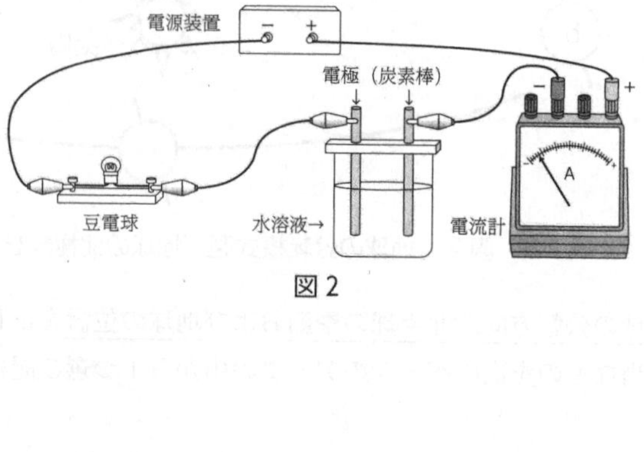

図２

＜結果＞

	A	B	C	D	E
①	燃えて黒い炭ができ，甘いにおいがした	変化がないように見えた	燃えて黒い炭ができた	変化がないように見えた	変化がないように見えた
②	すべて溶けたが，水溶液は電気を通さなかった	溶け残りがあったが，ろ過した水溶液は電気を通した	ほとんど溶け残り，ろ過した水溶液は電気を通さなかった	すべて溶け，水溶液は電気を通した	ほとんど溶け残り，ろ過した水溶液は電気を通さなかった

＜考察＞

＜結果＞の①から，粉末AとCは（　**あ**　）という元素が含まれていると考えられ，有機物である砂糖またはかたくり粉のどちらかであることがわかった。また，燃えたときのにおいと＜結果＞の②で粉末AとCを確定できた。

＜結果＞の②から，粉末B，Dは水溶液中に（　**い**　）が存在する電解質とわかったが，それ以上はわからなかった。粉末B，D，Eを区別するために，他の実験も行う必要がある。

問1　＜実験1＞の①の下線部『ガスバーナーで加熱する』を行う際，次の**ア**～**オ**の操作を並べかえて正しい手順にしたとき，**4番目**に行う操作として最も適当なものを**ア**～**オ**の中から1つ選び記号で答えなさい。

ア　元栓を開けた後にコックを開く

イ　空気調節ねじをゆるめて炎の色を調節する

ウ　空気調節ねじ，ガス調節ねじがしまっているか確認する

エ　ガス調節ねじをゆるめて火をつける

オ　ガス調節ねじを回して炎の大きさを調節する

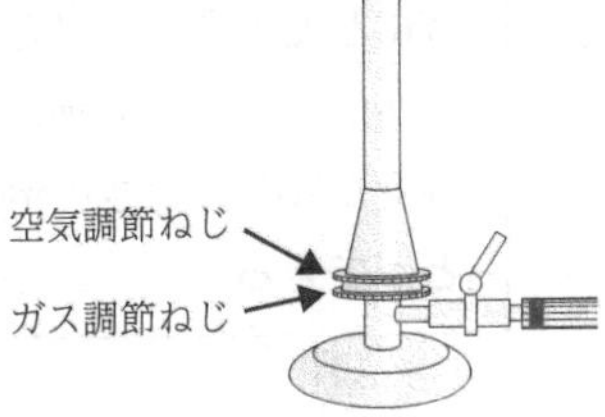

問2　＜考察＞の文中にある（**あ**），（**い**）に当てはまる最も適当な語句をそれぞれ答えなさい。

＜実験1＞で区別することができなかった粉末B，D，Eを区別するため，残る3種類の物質の性質を調べた上で，次のような追加の実験を行った。

＜試料＞　粉末B，D，E［食塩，重曹（炭酸水素ナトリウム），石灰石（炭酸カルシウム）のいずれかをすりつぶしたものである。］

＜実験2＞　③と④の実験を行う。

③　粉末B，D，E 2gを試験管にそれぞれ入れ，うすい塩酸10mLを加える。

④　粉末B，D，E 5gをビーカーにそれぞれ入れ，20℃の水25gを加えてガラス棒でかき混ぜて溶かした後，水溶液にリトマス紙を浸して色の変化を調べる。粉末の溶け残りがあった場合はろ過した後の水溶液を使って実験をする。

＜結果＞

	B	D	E
③	気体が発生した	変化なし	気体が発生した
④	赤→青へ変化した	変化なし	変化なし

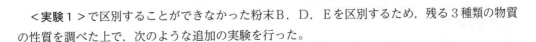

問３　＜実験２＞の＜結果＞について，③の粉末ＢとＥで発生した気体は石灰水に通すと，どちらも白く濁る。発生した気体として最も適当なものを次の**ア**～**オ**の中から１つ選び記号で答えなさい。

ア　水素　**イ**　酸素　**ウ**　窒素　**エ**　二酸化炭素　**オ**　アンモニア

問４　＜実験２＞を行ったので，粉末をすべて区別することができた。粉末Ａ～Ｅの物質名の組み合わせとして最も適当なものを次の**ア**～**カ**の中から１つ選び記号で答えなさい。

	A	B	C	D	E
ア	砂糖	重曹	かたくり粉	石灰石	食塩
イ	砂糖	食塩	かたくり粉	石灰石	重曹
ウ	砂糖	重曹	かたくり粉	食塩	石灰石
エ	かたくり粉	石灰石	砂糖	食塩	重曹
オ	かたくり粉	重曹	砂糖	食塩	石灰石
カ	かたくり粉	石灰石	砂糖	重曹	食塩

問５　下の文は，＜実験２＞を行わなくても＜実験１＞の結果だけで粉末を区別することができる方法を説明したものである。（　）に共通して当てはまる最も適当な語句を答えなさい。

物質が一定量の水に溶ける量には限度があり，物質がそれ以上溶けることのできなくなった状態を（　　　）しているという。ある物質を本100ｇに溶かして（　　　）水溶液にしたとき，溶けた物質の質量〔ｇ〕の値を溶解度という。

溶解度は物質の種類と温度によって決まっているので，それぞれの粉末について，水の温度が20℃のときの溶解度を調べ，＜結果＞の②と比べると粉末Ｂ，Ｄ，Ｅを区別することができる。

【７】　リュウさんは理科の授業で生態系について学んだあと，ノートに振り返りを記録した。〔**振り返り１**〕，〔**振り返り２**〕を参考にして，後の問いに答えなさい。

〔**振り返り１**〕

ある生態系で，食べる・食べられるの関係にある植物，草食動物，肉食動物を，数量の多いものから順に積み上げていくと，つり合いが保たれている状態の数量の関係は，図１のようなピラミッドの形で表すことができることがわかった。

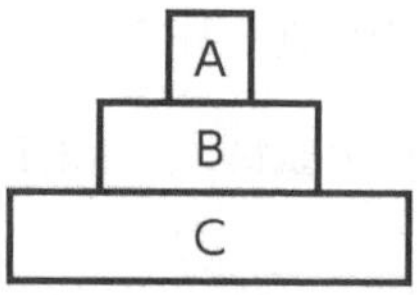

図１

※　図１において，生物の数量が多いものは，長方形の横幅を大きく表している。

問１　生態系の中で，生物どうしは食べる・食べられるの関係でつながっている。このような関係を何というか。最も適当な語句を**漢字４字**で答えなさい。

問２　図１において，肉食動物はどれか。最も適当なものを図１の**Ａ**～**Ｃ**の中から１つ選び記号で答えなさい。

問３　次のページの文は，図１の**Ｃ**の生物で行われていることについて，リュウさんがまとめたものである。（①），（②）に当てはまる語句の組み合わせとして，最も適当なものを次のページの**ア**～**エ**の中から１つ選び記号で答えなさい。

図１のＣの生物は，光がじゅうぶんに当たるとき，（　①　）を行っており，放出する（　②　）の量よりも吸収する（　②　）の量のほうが多くなる。

	（　①　）	（　②　）
ア	光合成のみ	酸素
イ	光合成のみ	二酸化炭素
ウ	光合成と呼吸	酸素
エ	光合成と呼吸	二酸化炭素

〔振り返り２〕

図１の生態系で，何らかの原因でＢの生物が減少すると（図２），図３→図４→図５の順に数量が変化し，時間の経過により，再び図１のようなつり合いが保たれている状態にもどる。

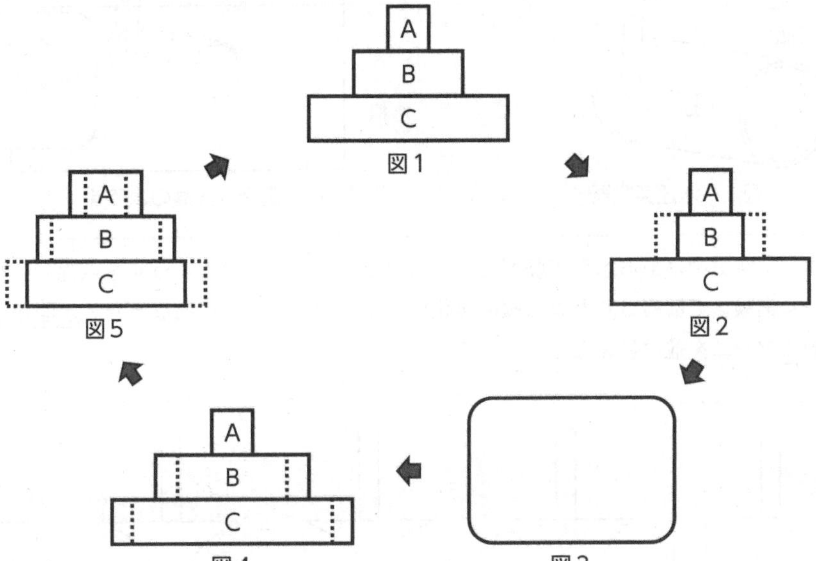

図１　図２　図３　図４　図５

※　〔振り返り２〕における，図２，図４および図５の点線は，つり合いが保たれている図１の状態の数量を表している。

問４　〔振り返り２〕について，次の問いに答えなさい。

(1)　図３は，図２からＢの数量が回復しつつある状態である（右図）。ＡとＣの数量はどのように表すことができるか。解答用紙の図に実線で描きなさい。ただし，ＡとＣの数量は，長方形の横幅を変えることによって表し，縦の長さは変えないこと。また，解答用紙の図の点線は，つり合いが保たれている図１の状態と同じ数量を表している。

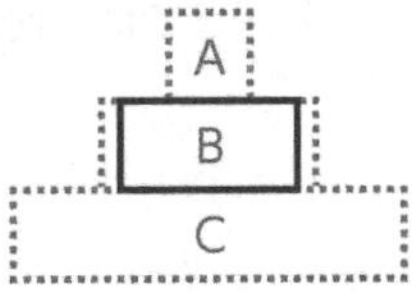

(2)　ＡとＣの数量が(1)で答えた図になる理由を説明しなさい。

【8】 ユイさんは海に潜ったとき，自分の身長程度の深さまで潜ると耳の中が痛くなってしまい，それ以上深く潜ることができなかった。なぜそうなるかを調べてみると，

・水の中にある物体は，あらゆる方向から水圧を受ける。

・外からの水圧によって鼓膜が変形し，耳の中が痛くなる。

ということが分かった。そこで，水圧についての実験を行い，耳の中が痛くなる原因を調べた。後の問いに答えなさい。

＜実験＞

① 透明な円筒の両側に薄いゴム膜を張った水圧実験器を準備する。（図１）

② 円筒を水平にした状態で水を入れた水槽の中に沈め，水面からの深さとゴム膜のようすを真横から観察する。（図２）

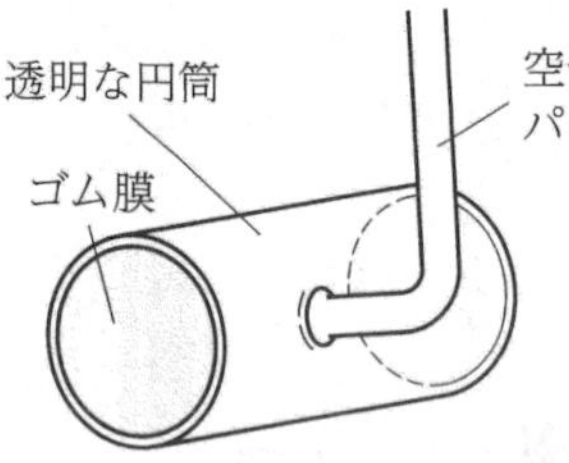

図１ 水圧実験器

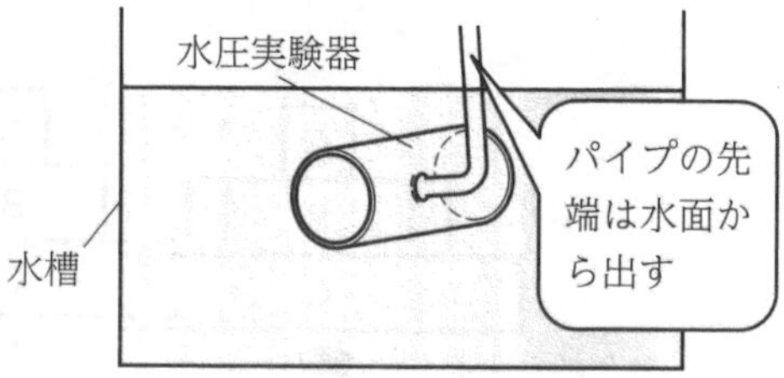

図２ 実験のようす

問１ 図３は空気中にある水圧実験器を横から見たときのゴム膜のようすを点線で示したものである。＜実験＞で観察されたゴム膜の変化は，次のア～エのようになった。水面からの深さの浅い順にア～エを並べ替えなさい。

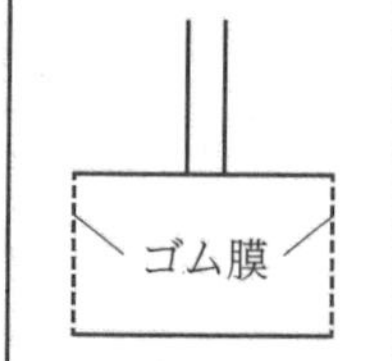

図３

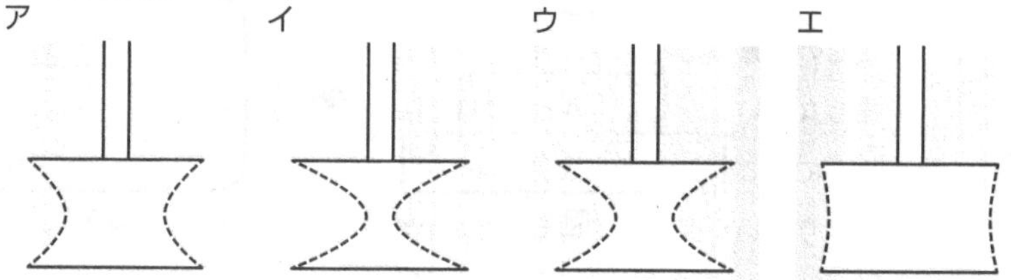

問２ 水面からの深さと水圧との関係を調べたところ，図４のようになることが分かった。ユイさんの身長と同じ160cmの深さでは，何Paの水圧が加わるか答えなさい。

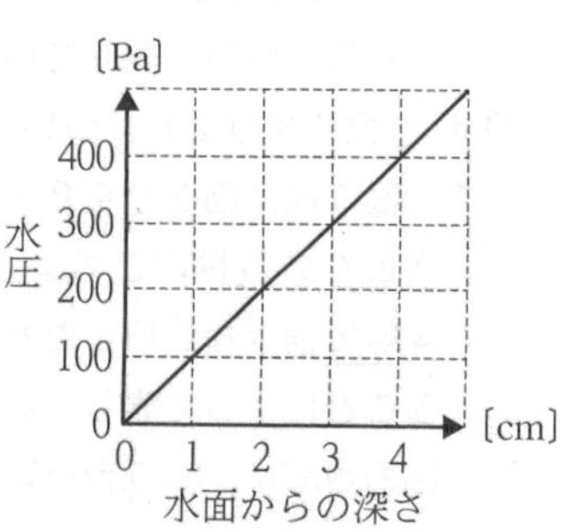

図４

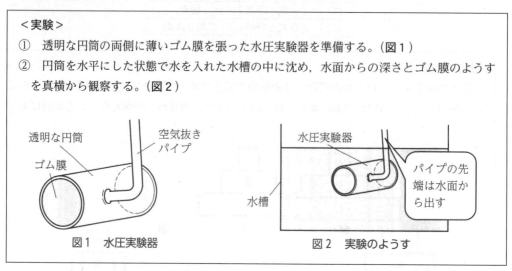

問3　水槽の底につかないように，立方体の物体全体を水中に沈めた。物体の面にはたらく水圧を，正しく表しているのはどれか。最も適当なものを次の**ア**～**エ**の中から１つ選び記号で答えなさい。ただし，**矢印の長さは水圧の大きさに比例**しているものとする。

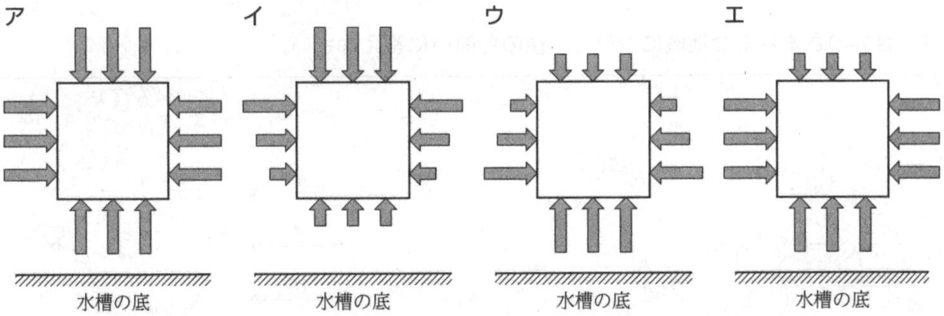

問4　水中の物体に対し，上向きにはたらく力の名称を答えなさい。

問5　ユイさんが今まで以上に深く潜る場合は，鼓膜が痛くならないように「耳抜き」をすると良いことが分かった。耳抜きとは，鼻をつまみながら鼻から空気を押し出すようにすることである。耳抜きをすると空気は鼻の奥から耳の鼓膜の内側に押し出され，それによって鼓膜の変形が元に戻り，痛みがやわらぐと考えられている。

水圧実験器による実験と次の鼓膜周辺の略図（図５）を参考に，**鼓膜の内側**と**鼓膜の外側**に注目し，鼓膜の変形が元に戻る理由を説明しなさい。書き出しは，「鼓膜の内側の気圧」とすること。

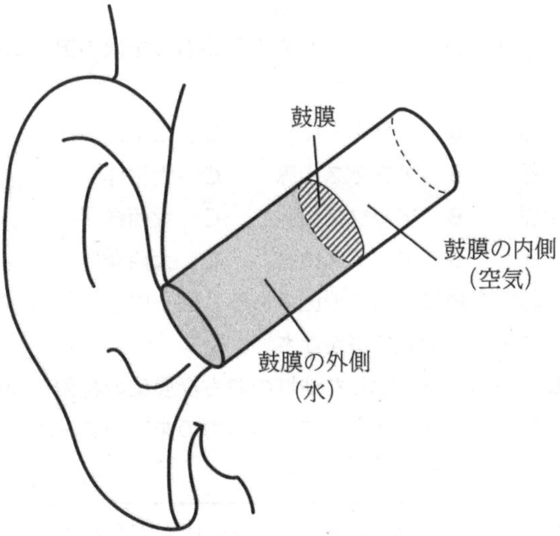

図５　鼓膜周辺の構造の略図

<社会>　時間　50分　満点　60点

【1】 世界のさまざまな地域について，後の各問いに答えなさい。

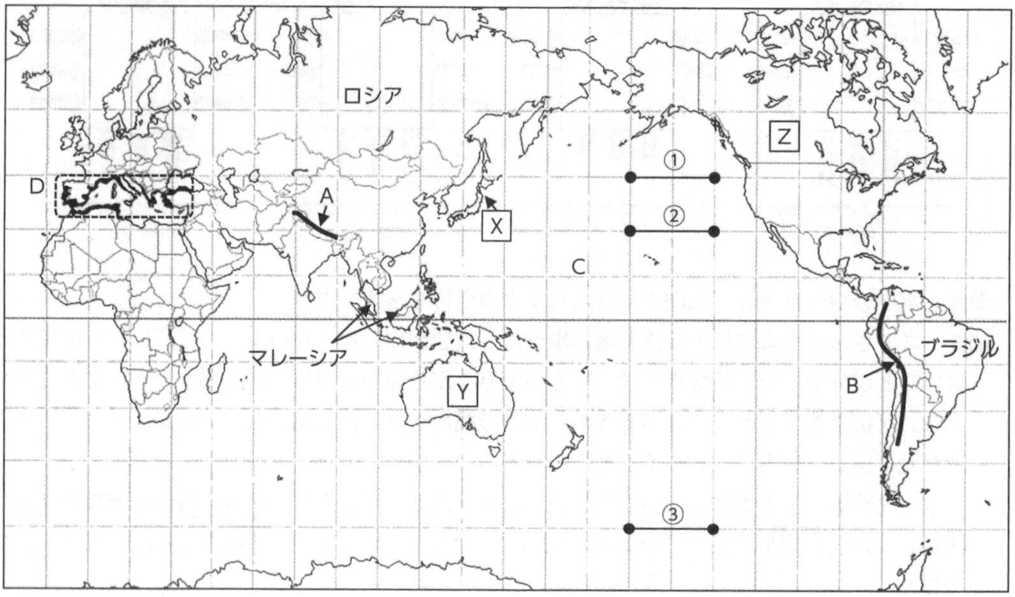

図1

問1　図1中A～Cの名称の組み合わせとして正しいものを次の**ア**～**エ**のうちから1つ選び，記号で答えなさい。

ア　A　アンデス山脈　B　ロッキー山脈　C　太平洋
イ　A　ヒマラヤ山脈　B　アンデス山脈　C　太平洋
ウ　A　ヒマラヤ山脈　B　アルプス山脈　C　大西洋
エ　A　アルプス山脈　B　アンデス山脈　C　大西洋

問2　図1は緯線と経線が直角に交わる地図である。図1中①～③のうち実際の距離が最も長くなるのはどれかを1つ選び，記号で答えなさい。

問3　次の文は図1 D内の黒塗りで示した地域のおもな農業の特徴について述べたものである。空欄①・②に入る語句の組み合わせとして正しいものを次の**ア**～**エ**のうちから1つ選び，記号で答えなさい。

> （　①　）気候を生かして，夏はオレンジやオリーブなどを栽培し，冬には（　②　）などを栽培する農業。

ア　①　夏に雨が多く降り，冬に乾燥する　②　コーヒー
イ　①　夏に乾燥し，冬に雨が多く降る　②　小麦
ウ　①　夏に乾燥し，冬に雨が多く降る　②　カカオ
エ　①　夏に雨が多く降り，冬に乾燥する　②　小麦

問４　次の図２は前のページの図１中のＸ・Ｙ・Ｚのそれぞれの国のおもな輸出相手国を示すものである。図２中のａ・ｂにあてはまる国を答えなさい。

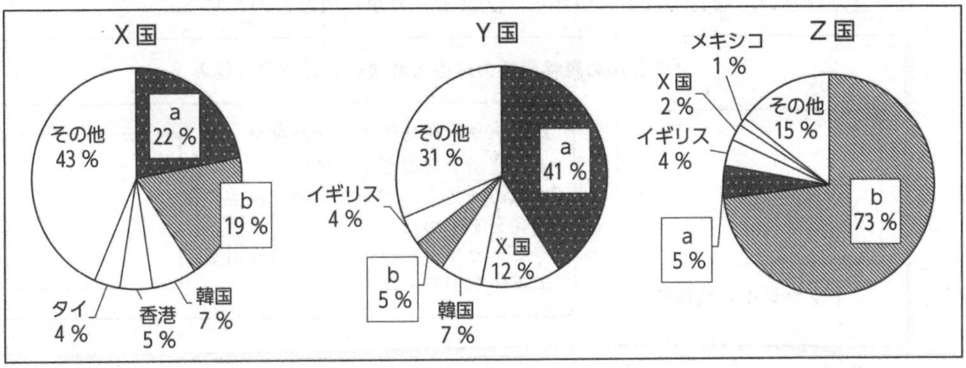

図２　2020年の輸出額　　総務省統計局「世界の統計2022」より作成

問５　次の図３中の あ はロシアと周辺諸国を結ぶ施設を示している。この施設を説明する文の空欄①・②に入る語句として正しい組み合わせを次のア～エのうちから１つ選び，記号で答えなさい。

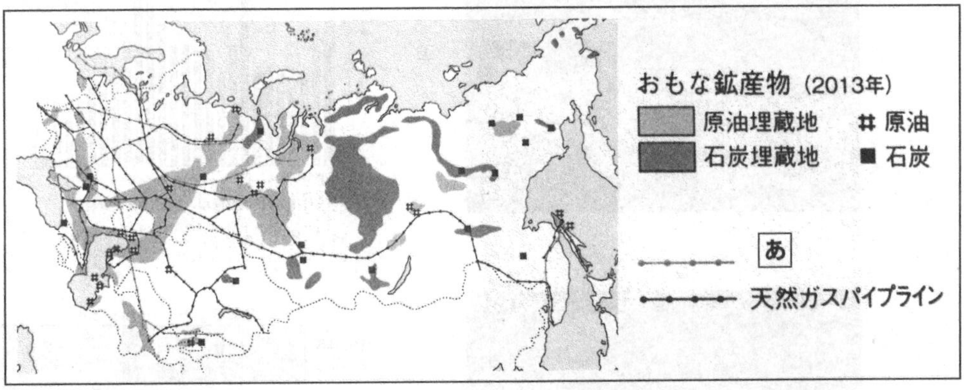

図３

（　①　）を長距離輸送するためのもので，大量輸送が可能で輸送費用が抑えられるため，主に（　②　）に利用される。

ア　①　石炭　　②　EU諸国への輸出　　　イ　①　石油　　②　EU諸国からの輸入

ウ　①　木材　　②　国内の大都市への供給　　エ　①　石油　　②　EU諸国への輸出

問６　マレーシアの特徴として最も適当なものを次のア～エのうちから１つ選び，記号で答えなさい。

ア　古くから住んでいる人々のほかに，中国などから移り住んだ人々も生活している。

イ　偏西風の影響を受け，一年中高温で雨が多い気候である。

ウ　かつて欧米の植民地だった影響から国民の大部分はキリスト教を信仰している。

エ　小麦栽培が盛んで，小麦粉を加工したパンを主食とする地域である。

問7 さくらさんは，ブラジルの森林破壊について調べ，発表用のポスターをつくることになった。図4はその一部である。(1)(2)に入るものとして，最も適当なものを**それぞれ1つ選び**，記号で答えなさい。なお(1)は**ア**～**ウ**から，(2)は**エ**～**カ**から選ぶものとする。

ブラジルの森林伐採の理由と解決にむけた取り組み

(1)

↑ブラジルの熱帯林

Q．森林を伐採するのはなぜ？
A．経済を発展させるため
・鉱山開発，大規模な牧場や農地の開発をすすめた。
→モノカルチャー経済から抜け出し，工業化もすすんだ。

(2)

図4

(1)に入る写真

ア

イ

ウ

(2)に入る資料

エ

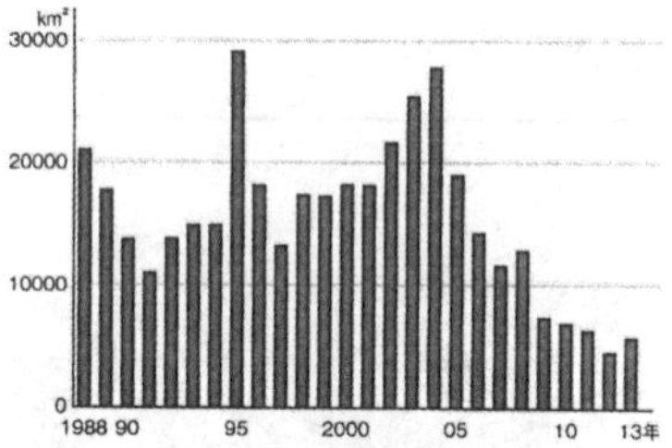

アマゾンの森林伐採《ばっさい》面積の推移〈INPE 資料〉

オ

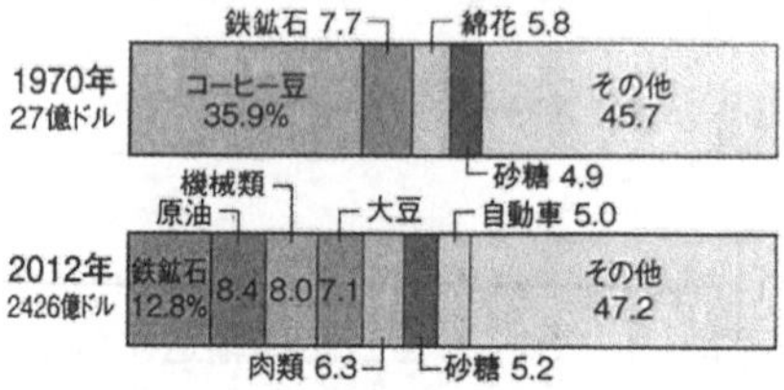

ブラジルの輸出品の変化〈UN Comtrade，ほか〉

カ

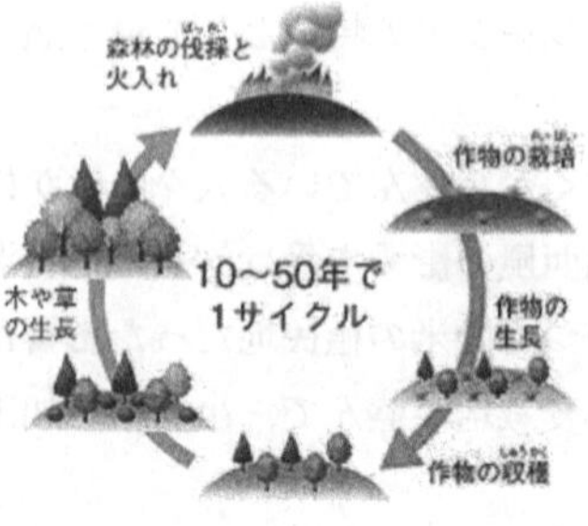

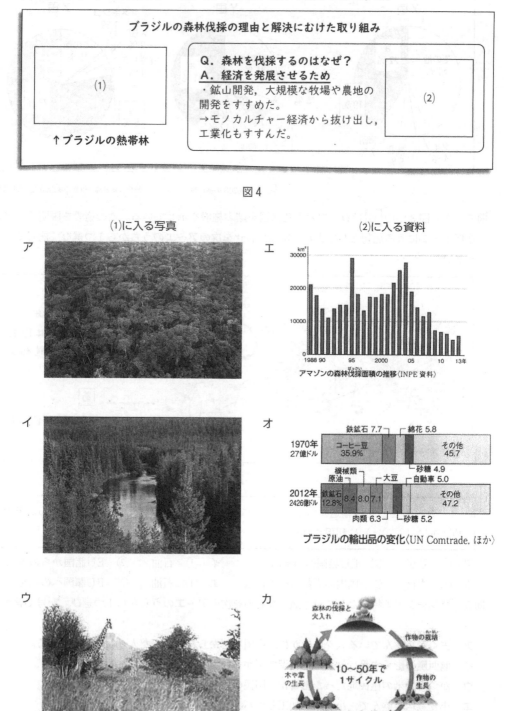

【２】 日本のさまざまな地域について，後の各問いに答えなさい。

問１　次の図１中 A の地域には火山の噴出物によってできた台地が分布している。このような台地を何というか，答えなさい。

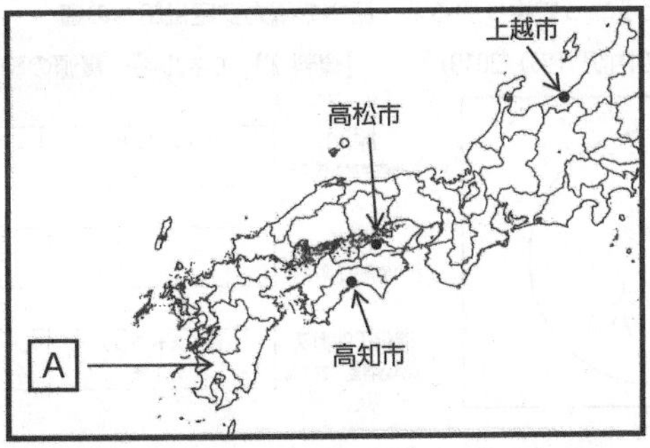

図１

問２　次の図２の雨温図は，高松市・高知市・上越市のいずれかのものである。上越市の雨温図として適当なものを**ア**～**ウ**のうちから１つ選び，記号で答えなさい。

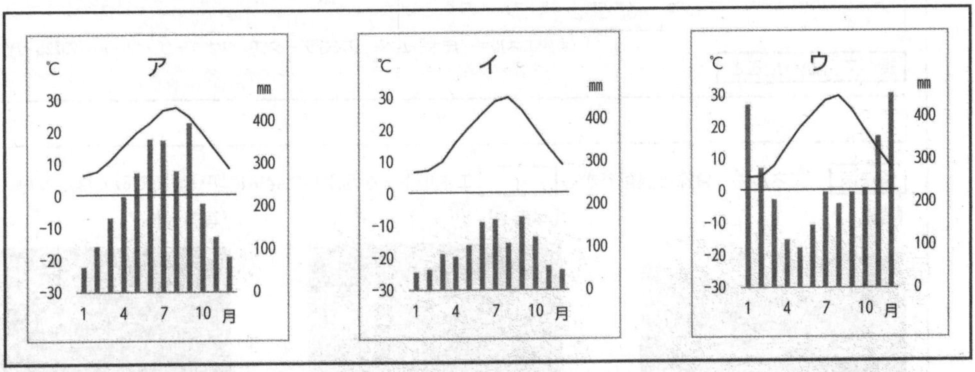

図２

（気象庁資料より作成）

問３　次の図３は沖縄県，宮崎県，愛媛県，岡山県の人口（2020），産業別人口割合（2017），農業産出額（2019），製造品出荷額（2019），65歳以上人口割合（2019）を示したものである。宮崎県にあたるものを図３中の**ア**～**エ**のうちから１つ選び，記号で答えなさい。

県名	人口（千人）	産業別人口割合（%）			農業産出額（億円）	主な産出物（億円）			製造品出荷額（億円）	65歳以上人口割合（%）
		第1次産業	第2次産業	第3次産業		野菜	果実	畜産		
ア	1,468	4.0	15.4	80.7	977	146	60	459	4,990	22.2
イ	1,335	7.9	23.7	68.5	1,207	190	527	249	43,303	33.0
ウ	1,889	4.3	27.2	68.5	1,417	205	249	581	77,397	30.3
エ	1,072	10.4	21.1	68.6	3,396	661	123	2,209	16,523	32.3

図３

（「データで見る県勢2022」 より作成）

問４　はじめさんは，夏の電力不足のニュースを見て，日本の発電事情について調べることにした。はじめさんのレポートを見て，後の問いに答えなさい。

テーマ　電力不足をどうやって乗り切る？～日本の電力安定供給への道～

【資料１】日本の発電量の内訳（%）(2019)

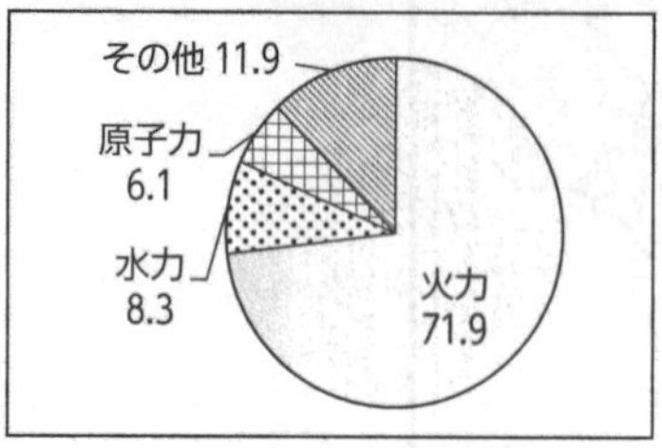

【資料２】エネルギー資源の輸入相手国と海外依存度（2020)

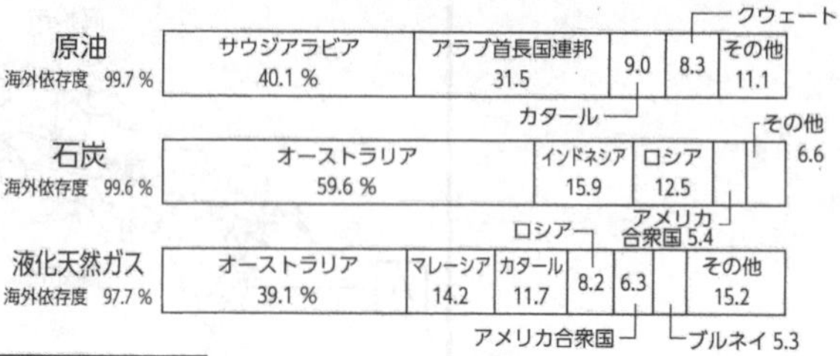

【資料３】主要国のエネルギー自給率＊1

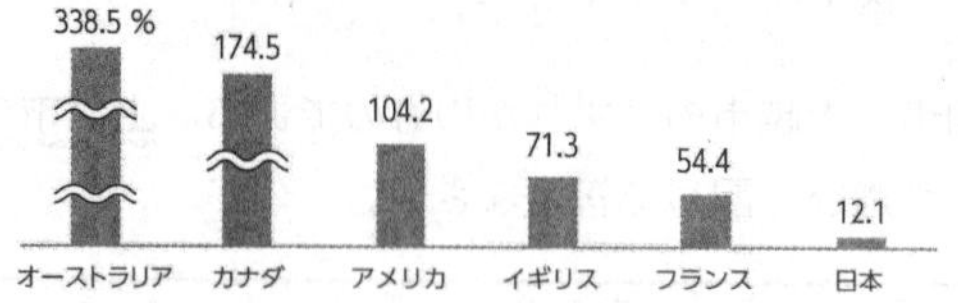

＊１　**エネルギー自給率**：国民生活や経済活動に必要な一次エネルギーのうち，自国内で産出・確保できる比率

（資源エネルギー庁ホームページ及びデータブックオブ・ザ・ワールド2022より作成）

調べて分かったこと

X

解決策　エネルギー資源を自給できる　Y　エネルギーを活用した発電に切り替えてみてはどうか。

【写真１】

九州にある発電所は，地中から噴出する天然の蒸気を利用している。

【写真２】

山陰にある発電所は海岸沿いに設置されている。

【写真３】

九州にある発電所は沿岸にパネルを設置している。

【資料４】発電別 CO_2 排出量　(g・CO_2/kWh)

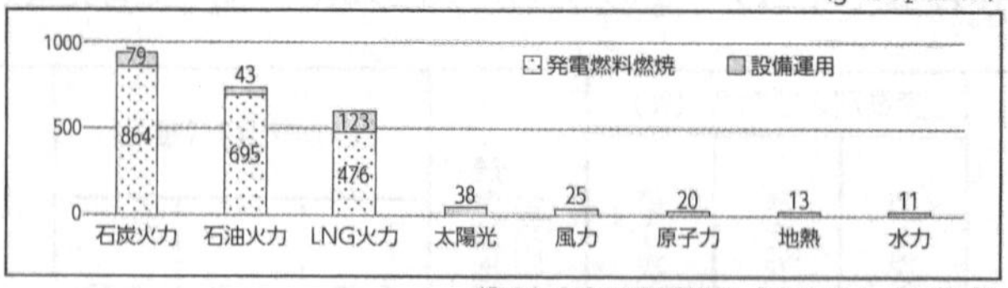

（「電力中央研究所報告（2010. 8）」より作成）

良い点

課題点：発電費用がかかる。設置できる場所が限られる。
自然状況に左右され，電力供給が不安定である。

まとめ　日本で行われている発電には，それぞれ良い点と課題点がある。お互いの課題を補いつつ，電力の安定供給に向け，どのようなバランスを取っていくかが大切だと思った。

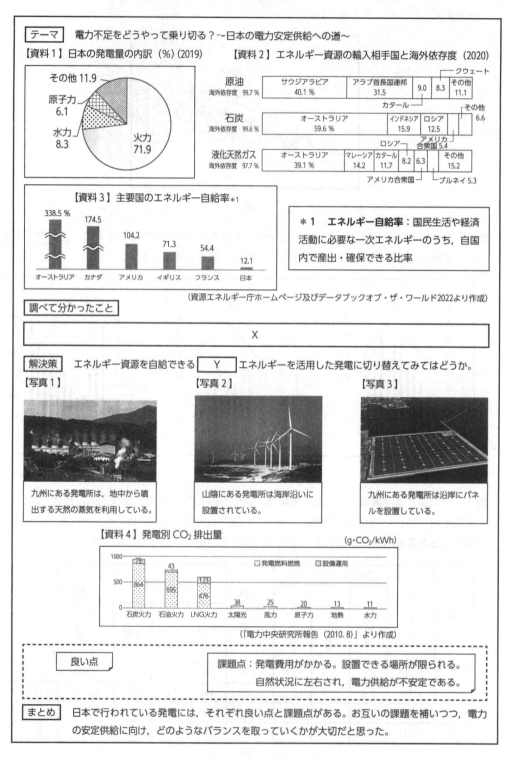

(1)　はじめさんは，最初に日本の発電事情について調べた前のページの【資料１】～【資料３】から，分かったことを X にまとめた。【資料１】～【資料３】から読み取れることとして適当なものを次のア～エのうちから**２つ選び**，記号で答えなさい。

ア　日本の発電量の約７割を火力発電が占めており，原子力発電が２番目に多い。

イ　エネルギー資源の多くを海外からの輸入に頼っており，原油は西アジアの国々などから輸入している。

ウ　日本のエネルギー自給率は主要国に比べ，低くなっている。

エ　資源が豊富なオーストラリアのエネルギー自給率は，カナダより低い。

(2)　レポート中の Y にあてはまる前のページの【写真１】～【写真３】のような化石燃料を使わず，くり返し利用できる自然の力をエネルギー源とするものを何エネルギーというか，あてはまる語句を**漢字４字**で答えなさい。

(3)　はじめさんは調べている中で【写真１】～【写真３】の発電にも良い点と課題点があることが分かった。**良い点について前のページの【資料４】を活用しながら「環境」という語を用いて**説明しなさい。

・良い点は，資源を自給できることや（　　　　　　　　　　　　）。

問５　次の文は**図４**の地形図から分かる土地の様子や利用について述べたものである。空欄①～③に入る語句の組み合わせとして最もふさわしいものを次の**ア**～**エ**のうちから１つ選び，記号で答えなさい。

・A付近と比べて標高の（　①　）B付近は（　②　）として利用されている。
・図４の東側半分にみられる平地は（　③　）である。

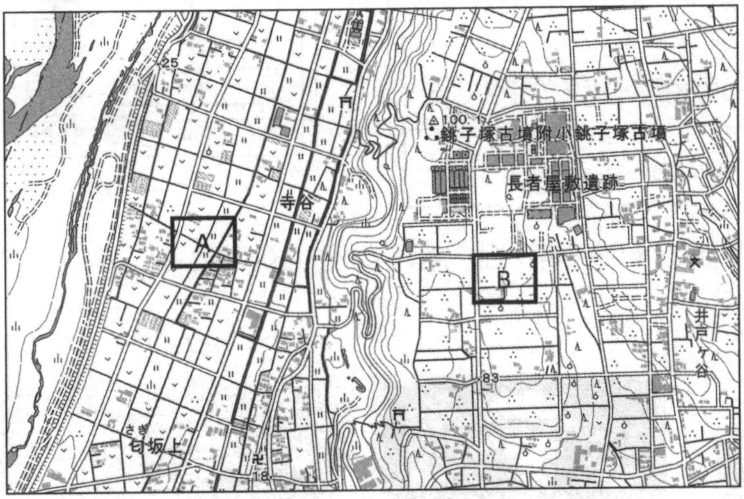

図４　　（国土地理院地図　磐田市周辺）

ア	①　低い	②　水田	③　扇状地
イ	①　低い	②　水田	③　台地
ウ	①　高い	②　茶畑	③　扇状地
エ	①　高い	②　茶畑	③　台地

【3】 三郎さんは，古代から近世の間の「政権や政策が変わるとき」について調べたことを，カードA～Dにまとめた。これらについて，後の各問いに答えなさい。

A 大化の改新	B 武家政権の誕生	C 琉球王国の成立	D 江戸幕府の改革
X らが Y 氏を倒して，新しい国家のしくみをつくる改革を行った。	平清盛が武士として初めて太政大臣となり，平氏滅亡後は源頼朝が征夷大将軍に任じられた。	尚氏が三つの勢力に分かれていた琉球を統一し，首里を都として，政治を始めた。	財政などの建て直しのため，享保の改革・寛政の改革・天保の改革が行われた。

問1 カードAの X と Y にあてはまる語句の組み合わせとして正しいものを，次のア～エのうちから1つ選び，記号で答えなさい。

ア X 中大兄皇子（天智天皇） Y 藤原
イ X 中大兄皇子（天智天皇） Y 蘇我
ウ X 大海人皇子（天武天皇） Y 藤原
エ X 大海人皇子（天武天皇） Y 蘇我

問2 カードBについて，次の問いに答えなさい。

(1) 武家の中でも，平氏（平清盛）が政治の実権を握ることができたのはなぜか。図1から読み取れることをもとに，天皇との関係に着目して，その理由について次の文を完成させなさい。

武士団の中でも（　　　　　　　　）である平氏が有力な存在となり，平清盛は（　　　　　　　　）政治の実権を握った。

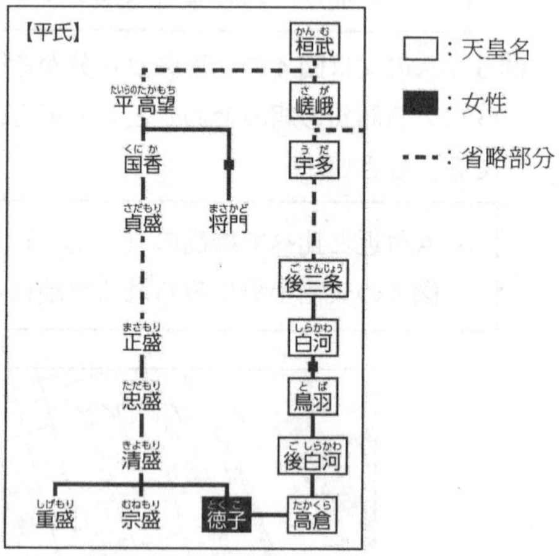

図1 天皇家・平氏の系図

(2) この時期につくられたものとして適当なものを，次のア～エのうちから1つ選び，記号で答えなさい。

ア

イ

ウ

エ

問3　**カードC**に関連して，三郎さんが15世紀の琉球王国の特徴として「中継貿易で栄えた」ことを主張する際に，用いる資料として適当なものを，次の**A群**・**B群**の**ア**～**ウ**のうちから，それぞれ1つずつ選び，記号で答えなさい。

A群

ア

琉球人の繁栄を祈り且つ琉球人とアメリカ人とが常に友人たらんことを望む（中略）ペルリ（ペリー）提督挨拶

イ

琉球国は南海の景勝の地にあり，朝鮮の優れた文化を集め，中国や日本とは親密な関係にある（部分要約）

ウ

日本より安南国（現在のベトナム）にいたる船である。右　慶長十年（部分要約）

B群

ア

イ

ウ

問4　**カードD**に関して，天保の改革と同じ時期に起こった出来事の説明として正しいものを，次の**ア**～**エ**のうちから1つ選び，記号で答えなさい。

ア　皇帝フビライのもと元軍が日本へ襲来したが，幕府軍は武士を率いてこれを退けた。

イ　明が，貿易の条件として倭寇の取り締まりを求めたので，幕府はこれに応じた。

ウ　ヨーロッパで羅針盤が実用化され，日本にもスペイン船などが来航するようになった。

エ　アヘン戦争における清の敗北を知った幕府は，外国船に対する方針をゆるめた。

問5　**カードA**～**D**に関して，次の各問いに答えなさい。

(1)　**資料1**は，**カードA**～**D**のいずれかの時期によまれた歌である。その時期として適当なものを**カードA**～**D**のうちから1つ選び，記号で答えなさい。

(2)　**資料2**は，**カードA**～**D**をもとにした三郎さんのまとめである。これをもとに**資料1**の作者は「政権や政策の変化」を「好意的に受け止めた」または「否定的に受け止めた」，のどちらにあてはまるか，適切なものを解答欄に○で囲みなさい。

> 白河の清きに魚の住みかねて
> もとのにごりの田沼恋しき

資料1

> 《まとめ》
> 政治や政策の変化を好意的に受け止めた人々もいれば，否定的に受け止めた人々もいた。その違いがなぜ生まれるのか疑問に思ったので，次はそれについて調べたい。

資料2

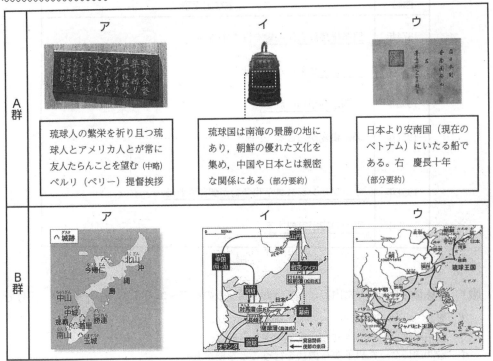

【4】 次の図1は，太郎さんが近現代について興味を持った出来事を年代順に並べたものである。これに関する次の各問いに答えなさい。

西暦	主な出来事
1874年	①民撰議院設立建白書を提出する
1885年	②渋沢栄一が東京瓦斯《ガス》会社を設立する
1895年	③下関条約が結ばれる
1931年	満州事変がおこる…………
	↕ ⓧ
1951年	④サンフランシスコ平和条約が調印される…………
1995年	⑤平和の礎《いしじ》が完成する

図1

問1 下線部①を説明した内容として最も適当なものを**ア**～**エ**のうちから1つ選び，記号で答えなさい。

ア 憲法に基づく政治を守ることを要求した。

イ 満20歳になった男子から徴兵を行うことを要求した。

ウ 国民が選んだ議員が作る国会の早期開設を要求した。

エ 税を米ではなく，現金で納めることを要求した。

問2 太郎さんは下線部②の人物とともに，**津田梅子と北里柴三郎の**2人が新紙幣（2024年発行予定）の図柄になることを知った。この2人の説明として最も適当なものを，次の**ア**～**エ**のうちから**それぞれ1つずつ選び**，記号で答えなさい。

ア 出兵した弟を思い，「あゝをとうと（弟）よ君を泣く　君死にたまふことなかれ」の詩をよんだ。

イ 留学先のアメリカから帰国後，女子英学塾をつくり，女子教育に生涯をささげた。

ウ 足尾銅山の鉱毒被害に対し初の公害反対運動を行い，被害者救済に努めた。

エ ペスト菌や破傷風の血清療法を発見し，世界的に評価された。

問3 下線部③に関する説明として**誤っているもの**を，次の**ア**～**エ**のうちから1つ選び，記号で答えなさい。

ア 日本は，台湾・澎湖《ほうこ》列島を獲得した

イ 日本は，清に対し朝鮮の独立を認めさせた。

ウ 日本は遼東《りょうとう》半島を獲得したが，三国干渉が起こったため，清に返還した。

エ 日本は賠償金を得られなかったため，国内で暴動が起こった。

問4 図1のⓧの期間に起こった日本の出来事について，次のページの**ア**～**ウ**を年代の古い順に並べ，記号で答えなさい。

ア

長崎に落とされた原子爆弾

イ

初めての女性国会議員

ウ

国際連盟を脱退

問５　下線部④の条約調印により，「日本」と「沖縄や小笠原諸島など」は，それぞれどのような立場となったか。解答欄の書き出しに沿って説明しなさい。

問６　下線部⑤に関連して，表１から読み取れることについて述べたＡ・Ｂの文を読み，その正誤の組み合わせとして正しいものを，次の**ア**～**エ**のうちから１つ選び，記号で答えなさい。

Ａ：刻銘された数は，1995年以降から変わることなく現在に引き継がれている。

Ｂ：国籍や都道府県を問わず沖縄戦などで亡くなった人の名前が刻まれている。

	A	B
ア	正	正
イ	正	誤
ウ	誤	誤
エ	誤	正

表１

出身地		令和３年度刻銘者総数	令和４年度刻銘者総数
日本	沖縄県	149,584	149,611
	県外都道府県	77,458	77,485
外国	米国・英国	14,092	14,092
	台湾・北朝鮮・大韓民国	498	498
合　計		241,632	241,686

「平和の礎」刻銘者数一覧（2022（令和４）年６月現在）

（沖縄県ホームページより作成）

【５】　みさきさんのクラスでは，公民分野で学習した内容からテーマを決め，各班で調べ学習に取り組んだ。次の表１は，各班のテーマや調べたことに関する一覧である。後の各問いに答えなさい。

表１　【各班のテーマ・調べたこと】

班	テーマ	調べたこと
A	基本的人権	社会権と新しい人権
B	地方自治	地方公共団体のしくみ
C	選挙制度	日本の選挙制度と課題
D	裁判所	司法権と司法制度改革

問1 A班は「社会権と新しい人権」について調べました。次の問いに答えなさい。

(1) レポート1に関連して，労働者の権利の組み合わせとして正しいものを次のア～エのうちから1つ選び，記号で答えなさい。

≪レポート1≫

社会権…人間らしい生活が保障される権利

具体的には ①生存権

②教育を受ける権利

③勤労の権利

④労働基本権

a 労働者が賃金などについて使用者と話し合うことができる。

b 労働者が労働条件の改善を求めてストライキを行うことができる。

c 労働者が使用者と対等に交渉するために労働組合を作ることができる。

ア a 団体交渉権 b 団体行動権 c 団結権

イ a 団結権 b 団体交渉権 c 団体行動権

ウ a 団体行動権 b 団体交渉権 c 団結権

エ a 団結権 b 団体行動権 c 団体交渉権

(2) レポート2に関連して，新しい人権に関する説明として適当でないものを次のア～エのうちから1つ選び，記号で答えなさい。

≪レポート2≫

新しい人権…社会の変化によって必要とされる権利

具体的には ①環境権

②プライバシーの権利

③知る権利

④自己決定権

ア 新しい人権は，主に日本国憲法第13条の幸福追求権を根拠としている。

イ 国民の知る権利を保障するために個人情報保護法などの法律が定められている。

ウ 自分の顔などを勝手に撮影されたり，その写真等を公表されたりしない権利を肖像権という。

エ 環境権は高度経済成長の時期に発生した公害問題などをきっかけに主張されるようになった。

問2 B班は「地方公共団体のしくみ」について調べました。図1を見て後の問いに答えなさい。

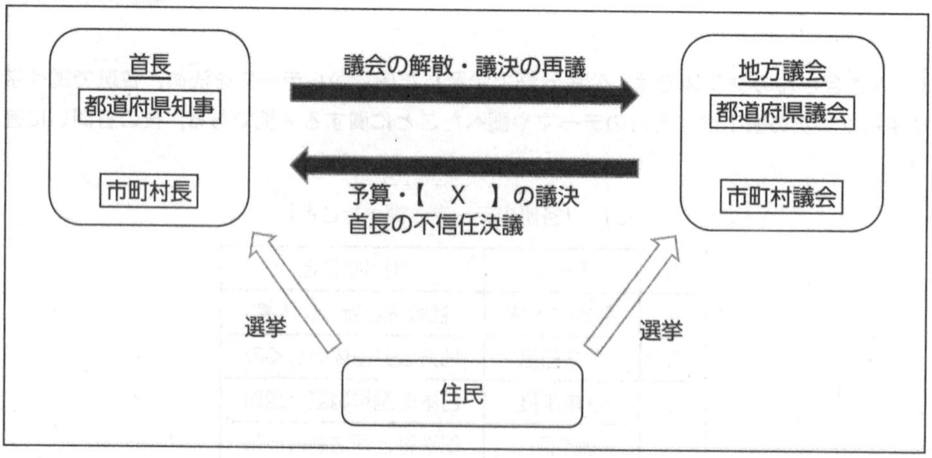

図1 地方公共団体のしくみ

(1)　前のページの図１の【Ｘ】は地方公共団体が独自に国の法律の範囲で制定する法令の一種で，その地方公共団体にだけ適用されるものです。【Ｘ】にあてはまる語句を答えなさい。

(2)　地方自治に関する説明として**適当でないもの**を，次の**ア**～**エ**のうちから１つ選び，記号で答えなさい。

ア　地域の重要な課題について，住民の意見を反映させる手段として住民投票が行われることがある。

イ　地方公共団体の首長は，議会に議決のやり直しを求めることや，議会を解散することができる。

ウ　国の内閣総理大臣は国会が指名するのと同様に，地方公共団体の首長は地方議会によって選ばれる。

エ　地方公共団体が自主的に徴収できる財源を自主財源と呼ぶが多くの地方公共団体では事業を行うにあたって，自主財源だけでは十分ではない。

問３　Ｃ班は「日本の選挙制度と課題」について調べました。次の問いに答えなさい。

(1)　日本の選挙制度についての説明として**適当でないもの**を，次の**ア**～**エ**のうちから１つ選び，記号で答えなさい。

ア　現在の衆議院議員選挙は小選挙区制と比例代表制を組み合わせた小選挙区比例代表並立制を採用している。

イ　小選挙区制では選挙区ごとに１名しか当選しないため，大きな政党が有利となり，当選に反映されない票（死票）が少なくなる。

ウ　政党に投票する比例代表制ではさまざまな国民の意見は反映されるが，多くの政党が乱立して政治が不安定になるおそれがある。

エ　日本では2015年に公職選挙法改正によって，選挙権年齢が満20歳以上から満18歳以上に引き下げられた。

(2)　日本では主に国政選挙において，「一票の格差」が課題の一つとなっている。この課題について**図２**を参考にし，【Ｙ】，【Ｚ】の説明の正誤の組み合わせとして正しいものを，次の**ア**～**エ**のうちから１つ選び，記号で答えなさい。

	選挙区	
	Ａ県	Ｂ県
選出議員数	１人	１人
有権者数	10万人	20万人

図２

【　Ｙ　】　図２ではＡ県の有権者の一票がＢ県に比べると価値が重い。一票の格差の問題は日本国憲法が規定する法の下の平等と深く関わりがある。

【　Ｚ　】　図２ではＢ県の有権者の一票がＡ県に比べると価値が重い。一票の格差が問題とされ，選挙の無効を求める裁判もある。

	Ｙ	Ｚ
ア	誤	誤
イ	誤	正
ウ	正	誤
エ	正	正

問４　D班は「司法権と司法制度改革」について調べました。次の問いに答えなさい。

(1)　裁判をより身近で公正なものとするために司法制度改革が進められている。その改革を説明した【A】～【C】について，あてはまる語句としての正しい組み合わせを，次のア～エのうちから１つ選び，記号で答えなさい。

【　A　】…刑事裁判の第一審で，抽選で選ばれた国民が裁判官と一緒に被告人の有罪・無罪や刑の内容を決める制度。

【　B　】…弁護士などの専門家が少ない地域でも，だれもが司法に関するサービスを受けられるように設置された。

【　C　】…捜査が適正に行われたかを確かめられるように録画･録音等が一部義務化された。

ア　A　日本司法支援センター（法テラス）　　B　裁判員制度　　C　取り調べの可視化

イ　A　裁判員制度　　B　取り調べの可視化　　C　日本司法支援センター（法テラス）

ウ　A　日本司法支援センター（法テラス）　B　取り調べの可視化　　C　裁判員制度

エ　A　裁判員制度　　B　日本司法支援センター（法テラス）　C　取り調べの可視化

(2)　日本では一つの事件について３回まで裁判が受けられる三審制がとられています。３回まで受けられるようにした理由を，空欄にあてはまるよう簡潔に説明しなさい。

「より慎重に［　　　　　　　　］を防ぐために」

【６】　次の会話文を読んで，各問いに答えなさい。

K太：地域紛争やテロ行為のニュースは，本当に怖いね。
国連があるのに，防ぐことはできないのかな。

A美：国連の a 安全保障理事会は，常任理事国が１か国でも［ X ］権を使って反対すると議決できないから，簡単ではないんじゃない？

K太：そっか。国連があれば何でもすぐに解決するってわけじゃないんだね。
わたし達は，紛争と全く関係がない日本に住んでいて良かったよ。

先生：全く関係がないわけじゃないよ。
例えば，日本も隣国との間に b 領土問題があるよね。これを機会に，世界で起きた戦争や内戦を自分事として考えてみる必要があるね。

A美：先生，最近， c 物の値段が上がっていることも戦争と関係があるんですか？

先生：A美さん，いいところに目をつけたね。全ての原因がそうとは断言できないけれど，紛争で穀物や原油などが不足して，値段が上がっているとも言えるね。

K太：日本はかなりの d 円安になっているとニュースで聞きましたが，これも物の値段が高くなっている原因の１つですか？

先生：そうだね。輸入に頼る日本経済は，国際情勢の影響を大きく受けるね。
これと一緒に e 労働問題も考えていくと日本経済の課題が見えてくるよ。

問１　下線部aの説明文として適当なものを，後のア～エのうちから１つ選び，記号で答えなさい。

ア　アメリカ・イギリス・ドイツ・フランス・中国の常任理事国と，非常任理事国で構成される。

イ　非常任理事国10か国は国連総会で選出され，任期は２年である。

ウ　国連教育科学文化機関（UNESCO）や世界保健機関（WHO）の重要事項の最終議決権も持っている。

エ　主権国家である加盟国は，国連総会や安全保障理事会の決定に従う義務はない。

問２　文中の X に当てはまる語句を答えなさい。

問３　下線部**b**に関連して，現在，日本が領土問題を抱えている地域とその相手国の組み合わせとして正しいものを，次の**ア**～**エ**のうちから１つ選び，記号で答えなさい。

	竹島	北方領土
ア	中国	北朝鮮
イ	北朝鮮	ロシア
ウ	韓国	北朝鮮
エ	韓国	ロシア

問４　下線部**c**に関連して，物の値段（物価）の変動に関する説明文として**適当でないもの**を次の**ア**～**エ**のうちから１つ選び，記号で答えなさい。

ア　インフレーションが続くと，次第に供給が需要を上回り，景気が回復する。

イ　好景気で，物価が上がり続ける状態をインフレーションという。

ウ　不景気になると，物価が下がり続けるデフレーションが起きる。

エ　デフレーションが続くと，次第に供給が減り，需要との均衡が取れて，景気が回復する。

問５　下線部**d**に関連して説明した(1)(2)の正誤の組み合わせとして正しいものを，次の**ア**～**エ**のうちから１つ選び，記号で答えなさい。

(1)　１ドル＝100円が，１ドル＝90円になると円安という。
(2)　円安は，輸出が中心の企業には有利にある。

	(1)	(2)
ア	正	正
イ	正	誤
ウ	誤	正
エ	誤	誤

問６　下線部**e**に関連して，正社員（正規雇用者）と非正規雇用者を比較した次のページの**図１**・**図２**を参考に各問いに答えなさい。

(1)　**図１**は，正社員と非正規雇用者数の変化について調べたものである。図中の**A**・**B**どちらが非正規雇用者数を示しているか，**A**・**B**のうちから適当なものを選び，記号で答えなさい。

(2)　非正規雇用の形態に関連した次の文章の（**Y**）・（**Z**）に当てはまる適当な文を答えなさい。

非正規雇用の形態は，企業にとっては業績に応じて（　**Y**　）という面があり，厳しい企業間競争に対応するため，**図１**のように雇用の在り方を見直す企業が増えている。
しかし，非正規雇用の労働者にとっては，雇用の不安定さや**図２**のように正社員と比較すると（　**Z**　）など，さまざまな問題がある。

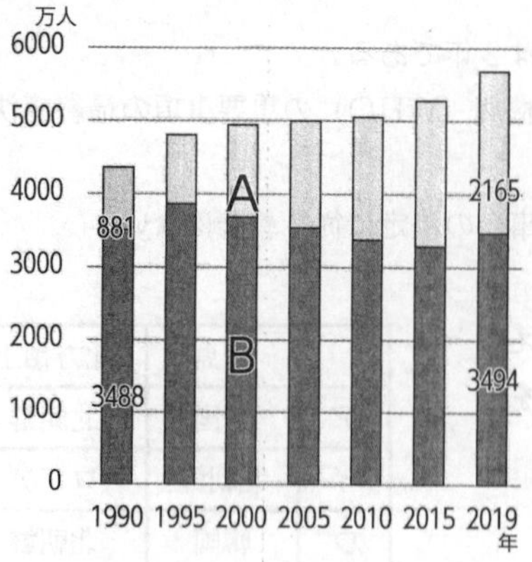

図１　形態別雇用者数の変化（労働力調査）
※図１・２中のAとBは，同じ雇用形態を指している

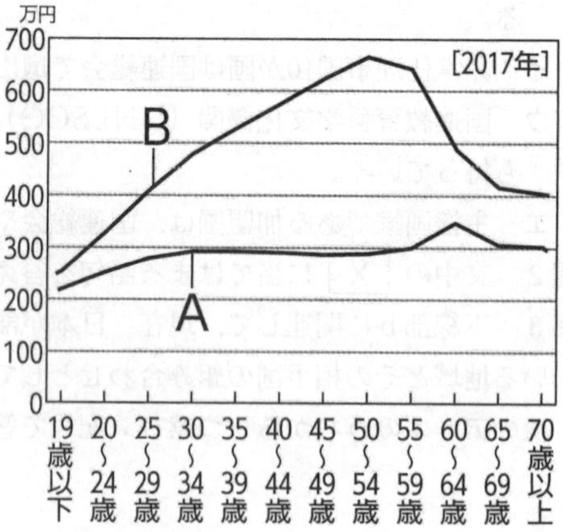

図２　「年齢別平均年収（賃金構造基本統計調査）」

〈条件1〉二段落構成で、一五〇字以上一八〇字以内の文章にすること。

〈条件2〉原稿用紙の適切な使い方に従い、漢字や仮名遣い、句読点や記号などは適切に用いること。

〈条件3〉第一段落ではそれぞれのキャッチコピーの意図について読み取れることを、注目した語句を示して書くこと。

〈条件4〉第二段落ではどちらのキャッチコピーが良いと思うかを明記し、選んだ理由を具体的に書くこと。

（なお、どちらを選んだかで、採点に差がつくことはない。）

注意点

解答する際、次のことに注意すること。

・題名や氏名は書かず、本文から始めること。

・キャッチコピー全文の引用はせずに、Aは……、Bは……のように表現すること。

ないところがあるってことね。どんな演説をしたらいいのかが見えてきた。私、頑張るね。」

問1　美穂さんは、傍線部①「自分の話ばかりしている」という指摘を受けて、自分の演説に内容を追加することにした。追加する内容として最も適当なものを、**【話し合い】**の流れを踏まえて次の**ア**～**エ**のうちから一つ選び記号で答えなさい。

ア　この学校の良い点や問題点を指摘する内容。
イ　これまで苦労した経験から学んだ内容。
ウ　他の学校の良い事例を紹介する内容。
エ　どんな学校にしていきたいかという内容。

問2　傍線部②「なぜかとっても理解しやすかった」について、花菜さんが理解しやすいと感じた理由として何が考えられるか。**適当でないもの**を、次の**ア**～**エ**のうちから一つ選び記号で答えなさい。

ア　伝える相手を明確に意識して、一貫した主張になるように話していること。
イ　問いかけたり呼びかけたりする話し方で、聞き手が共感しやすいように話していること。
ウ　複数の観点から意見を述べ、よりよいものを選びながら話していること。
エ　広く大きい問題から、身近な問題についての順番になるように話していること。

問3　傍線部③の花菜さんの発言は、話し合いを進めるうえでどのような意図があるか。最も適当なものを、次の**ア**～**エ**のうちから一つ選び記号で答えなさい。

ア　相手の意見に共感し、自分の意見と合わせてまとめる意図。
イ　他の意見と比較して、共通点や相違点を明確に整理する意図。
ウ　相手の発言を掘り下げて、その発言の意味を明確にする意図。
エ　相手と反対の意見を述べ、話し合いの内容をより深める意図。

問4　空欄 □ に入る鉄也さんの発言として最も適当なものを、次の**ア**～**エ**のうちから一つ選び記号で答えなさい。

ア　目指したい学校像は述べられているけれど、それを実現するための具体的な事柄が述べられていないっていうことが言いたいんだね。
イ　社会問題を引き合いに出しているけれど、うちの学校とどんな関係があるのかが分からないっていうことが言いたいんだね。
ウ　生徒みんなの協力を求めているけれど、私たち一人ひとりにできることは限られているっていうことが言いたいんだね。
エ　全体的に明るいイメージを打ち出しているけれど、必ずしも「元気」や「笑顔」が必要だとは限らないっていうことが言いたいんだね。

問5　生徒会長選挙に向けて、ある二人の候補者がそれぞれキャッチコピーを考えた。**A**と**B**それぞれのキャッチコピーからどのような意図が読みとれるか。また、あなたなら**A**と**B**のどちらが良いと思うか。選んだ理由を含めて、次の〈条件1〉～〈条件4〉に従って書きなさい。

※後の 注意点 を参考にして答えること。

A　この学校は私が輝かせる

B　あなたの思いに寄り添います

【資料1】過去の候補者Ⅰによる演説動画の原稿

みなさんこんにちは。私は現在、所属する部活動で部長を務めています。私が部長として心がけていることは、一日一日の積み重ねを大事にすることです。毎日の練習をただ繰り返すのではなく、部員一人ひとりが目的意識を持って活動し、毎日少しずつでも成長するように声かけすることを大事にしています。その成果が現れたためか、最近の県大会では三位に入賞することができました。他にも、今まで何度も学級委員長を務めたり、地域の子ども会でリーダーを任されたりしました。生徒会長になった際にも、きっとこれらの経験を生かせるはずです。どうぞ、私に清き一票をよろしくお願いします。

美穂「どうだった。」

鉄也「候補者Ⅰは自分の経験をうまくアピールしているね。この人になら生徒会長を任せても大丈夫だって気持ちにさせられるな。」

美穂「確かに。県大会での実績やこれまでのリーダーとしての経験があって、なんだかすごそうね。」

幸太郎「だけど……僕はなんだか候補者Ⅰは①自分の話ばかりしている印象を受けるんだよなあ。」

鉄也「候補者Ⅰは、豊富な経験を生かしてどんな学校にしたいんだろう。」

花菜「そうだね。生徒会長としてどんな学校にしていきたいのかっていう全体像が見えないね。」

美穂「それが入っていると、投票する人はより選びやすくなるってことね。じゃあ次は、候補者Ⅱの動画を再生するね。」

【資料2】過去の候補者Ⅱによる演説動画の原稿

みなさんこんにちは。さて、みなさん。ここ最近、新型コロナウイルスの影響で学校はもちろん、社会全体が暗いムードに包まれていませんか。そこで私は、私たち若い世代にできることは何かを考えてみました。その結果、まずは学校生活から明るくしていこうと思いました。そのためには皆さんの協力が絶対に必要です。まずはこの学校から明るい雰囲気作りを始めてみませんか。私たちの青春を元気で笑顔あふれるものにしましょう。是非、私に生徒会長をやらせてください。みなさんのご協力、どうぞよろしくお願いします。

花菜「私は候補者Ⅰと比べて、候補者Ⅱの方が良い内容だと思ったわ。聞いていて②なぜかとっても理解しやすかった。この人が生徒会長だったら、協力したいなって気持ちになったよ。」

幸太郎「そうかな……。明るく元気があふれる学校にしたいって思いは確かに伝わるんだけど……、なんだかよく分からなかった。」

花菜「熱い思いが伝わるだけでは、演説として何かが足りないってことね。でも、何が足りないんだろう……。よく分からなかったって言ってたけれど、③それってどういうこと。」

幸太郎「うーん、笑顔があふれるって良いことだとは思うけど……。『元気』とか『笑顔』ってどうしたらなれるんだろう。」

鉄也「なるほど。つまり、それって候補者Ⅱの演説内容は［　　　　　　］。」

花菜「あ、そう言われればそうかも。現実的にどんな取り組みを実行するのかが聞きたいな。」

美穂「なるほどね。みんなありがとう。どちらも良いところと足り

【資料】

作家・井伏鱒二《いぶせますじ》は、多くの漢詩を翻訳した。次は、「勧ムレ酒ヲ」の訳詩である。

コノサカヅキヲ受ケテクレ
ドウゾナミナミツガシテオクレ
ハナニ①アラシノタトヘモアルゾ
「サヨナラ」ダケガ人生ダ

（『厄除《やくよ》け詩集』による。）

問1　この漢詩の形式を漢字四字で答えなさい。

問2　【資料】の傍線部①にあたる言葉を、漢詩の中から抜き出して答えなさい。

問3　次の会話は、漢詩の【現代語訳】と【資料】を読み比べ、生徒たちが話し合ったものである。これを読み、後の問いに答えなさい。

A　ほとんどカタカナで書かれている詩なんて今まで読んだことがなかったから驚いたな。

B　そうね。でも、よく読んでみると、なんだか親しみやすい感じがするわ。

C　【資料】は文末の語句を「〜クレ」、「アルゾ」など、［ Ⅰ ］を使って書いていることで、難しいイメージの漢詩がぐっと身近に感じられるね。

D　それに、短歌や俳句のリズムと同じように［ Ⅱ ］音と［ Ⅲ ］音の組み合わせになっているところも、親しみやすい理由なのかもね。

（1）空欄［ Ⅰ ］に当てはまる語句を、次のア〜エのうちから一つ選び記号で答えなさい。

ア　話し言葉　　イ　書き言葉
ウ　丁寧語　　エ　謙譲語

（2）空欄［ Ⅱ ］、［ Ⅲ ］に入る数字をそれぞれ答えなさい。ただし、順序は問わない。

問4　【資料】の訳詩の特徴を説明したものとして最も適当なものを、次のア〜エのうちから一つ選び記号で答えなさい。

ア　二句目を「ドウゾ〜オクレ」と表現することで、この詩の作者の身分が低いことを象徴している。

イ　四句目で「『サヨナラ』ダケガ」と誇張することで、人生には別れがつきものであることを印象づけている。

ウ　全体的に歴史的仮名遣いを多用することで、この詩が日本古来のものであることを感じさせる。

エ　全体をカタカナ表記にすることで、この詩の情景が日本人にとってなじみの薄い世界観であることを表している。

【五】　生徒会長選挙に立候補した美穂さんは、候補者演説の内容を考えるために三人の友人に集まってもらった。次の【話し合い】は、過去の候補者演説の動画と原稿である【資料1】、【資料2】を参考にし、より良い演説に向けて話し合っている場面である。これを読んで後の問いに答えなさい。

【話し合い】

美穂　「みんな集まってくれてありがとう。早速だけど、候補者Ⅰと候補者Ⅱの演説で何か気がつくことがあれば教えて。まずは候補者Ⅰの動画から再生するね。」

らきをも確やかに、音曲をも文字にさはさはと当たり、舞をも手を定めて、大事にして稽古すべし。
（確実にし、歌唱は一字一字をはっきり発音し、型をしっかり身につけて、注意深く）

（『風姿花伝』による。設問の都合上、一部改変してある。）

（注）※1　幽玄…ここでは、少年の可憐《かれん》さに象徴される美しさ。
※2　児の中楽…少年の演じる能。　※3　花…能芸の魅力。

問1　二重傍線部a「心」の字を次のように行書体で書いた時と比べてどのような特徴があるか。最も適当なものを、次のア～エのうちから一つ選び記号で答えなさい。楷書体で書いた時と比べてどのような特徴があるか。

ア　点画が連続しなめらかである。
イ　点画が連続し角張っている。
ウ　点画が明確で直線的である。
エ　点画が明確で丸みがある。

問2　二重傍線部b「おほかた」を、現代仮名遣いに直し、ひらがなで書きなさい。

問3　傍線部①「二つの便り」とあるが、二つの組み合わせとして正しいものを、次のア～エのうちから一つ選び記号で答えなさい。
ア　声と能　イ　姿と児　ウ　姿と声　エ　声と花

問4　傍線部②「細かなる物まねなどはせさすべからず」とあるが、それはなぜか。その理由として最も適当なものを、次のア～エのうちから一つ選び記号で答えなさい。
ア　細かい物まねはもっと幼い子がやるものだから。
イ　物まねは格別上手な子だけがするべきだから。
ウ　隠れていた欠点が目立ってしまうことになるから。
エ　将来、能が上手にならないおそれがあるから。

問5　次の文章は、本文の内容をまとめたものである。空欄 Ⅰ 、 Ⅱ に当てはまる語句を、本文中よりそれぞれ抜き出して答えなさい。

> 十二、三歳の頃の「 Ⅰ 」は本当のものではなく、一時的なものだから、そこで生涯の能のよしあしが決まるわけではない。だから、この頃は動作や歌唱、舞などの「 Ⅱ 」をしっかり稽古することが大事である。

【四】　次の漢詩および次のページの【資料】を読んで後の問いに答えなさい。

勧ムレ酒ヲ　于武陵《うぶりょう》

勧ムレ君ニ※1金《きん》屈《くつ》卮《し》
満酌不《ず》レ須《もちヰ》レ辞スルヲ
花発《ひらイテ》多ク二風雨一
人生足ル二別離一

【書き下し文】
君に勧む金屈卮
満酌辞するを須ゐず
花発いて風雨多く
人生別離足る

【現代語訳】
君にすすめよう、この黄金の杯を
杯になみなみとつがれた酒を遠慮する必要はない
花が咲くと風雨にさらされることが多くなるように
人生というものは別れが多いものだ

（『唐詩選』による。）

（注）※1　金屈卮…曲がった取っ手のついた黄金製の杯。

くなったということ。

エ　衣食住に関わるものが、グローバルな枠組みの中で、購入しやすくなったということ。

問5　【文章1】傍線部②「疲弊しはじめた」とあるが、その理由として最も適当なものを、次のア～エのうちから一つ選び記号で答えなさい。

ア　海外で作られたものを、大量に安く購入することに申し訳なさを感じているから。

イ　様々な理由で買ってしまったものを、捨てきれずにうんざりしているから。

ウ　流行に合わせて買ったものが、時代遅れになることに焦りを感じているから。

エ　分業体制で作られたものが、価値の低いものとして扱われることに心を痛めていから。

問6　【文章2】空欄 Ⅲ に当てはまる接続表現として最も適当なものを、次のア～エのうちから一つ選び記号で答えなさい。

ア　あるいは　　イ　しかし

ウ　つまり　　エ　だから

問7　【文章2】傍線部③「ストーリー」とあるが、これと同じ意味で使われている言葉を、【文章1】より二字で抜き出しなさい。

問8　エシカルな消費者になるために必要なことを、【文章1】【文章2】を関連させながら、「大量生産」、「影響」という語句を用いて、「～ことが必要である。」に続く形で、三十五字以上五十字以内で答えなさい。

【三】　次の文章を読んで後の問いに答えなさい。

> 室町時代に古典芸能の一つである能を大成させた世阿弥《ぜあみ》は、その奥義《おうぎ》を子孫に伝えるため、『風姿花伝《ふうしかでん》』という本を著した。その中で、能役者の人生を子供から老人に至るまでの七段階に分け、それぞれの年代に応じた稽古の在り方を説いている。次の文は十二、三歳の頃について述べたものである。

この年の頃よりは、はや《もう、》、やうやう《だんだん》声も調子にかかり《音階に合うようになり、》、能もa心づく《わかってくる》頃なれば、次第次第に《順序を追って》物数を《数々の能を》も教ふべし《教えてもよろしい。》。

まづ、童形《とうぎやう》なれば《愛らしい子供の姿なのでどう演じても》、何としたるも幽玄《いうげん》なり《美しい。》。※1 声も立つ《引き立つ》頃なり。①二つの便り《利点》あれば、悪《わろ》き事は隠れ、よき事はいよいよ《いっそう》花めけり《花やかにひきたつのだ。》。

bおほかた《原則的には、》、児《ちご》※2の申楽《さるがく》に、さのみに《あまり》②細かなる物まねなどはせさす《させては》べからず《ならない。》。当座も似合はず《その場の見た目に》、能も上がらぬ《上達しない》相なり《結果を招く。》。ただし《（その子が）》、堪能《かんのう》になりぬれば《格別上手であるならば、》、何としたるも《どのように演じても》よかるべし《よいであろう。》。児といひ、声といひ、しかも上手ならば、何かは悪かるべき《何をやっても悪いはずがあるまい。》。

さりながら《しかしながら、》、この花※3はまことの《真実》花にはあらず。ただ時分《じぶん》の《一時的な》花なり。されば《そのため、》、この時分の《時期の》稽古、すべてすべて易《やす》きなり《容易に達成できる。》。さるほどに《したがって、》、一期《いちご》の《生涯の》能の定めにはなるまじきなり《よしあしを決定することにはなり得ないだろう。》。

この頃の稽古、易き所を花に当てて《花やかに見せて、》、わざをば《技術を》大事にすべし。はた《動作は》

る。そんな経験を持つ人は少なくないだろう。

（仲村和代　藤田さつき『大量廃棄社会』による。
設問の都合上、一部改変してある。）

【文章２】

あなたは、普段買い物をする時、どんな理由で買う商品を決めていますか？

「安いから」「まとめ買いはお得だから」と、つい必要のないTシャツや下着を何枚も買う。「バーゲンだから」「流行《はや》っているから」と買う予定のなかった服も買ってしまう。

そんなことはありませんか？　何を隠そう、私自身も、以前はそんな買い物をしていました。けれど、そうやって買った安い服は結局すぐダメになってしまったり、ほつれてしまいました。また、流行の服は、シーズンが変われば袖を通すことがなくなり、結局処分することになりました。一言で言うと、あまり大切にはしなかったのです。

でもよく考えてみると、以前は「買いたくて買う」というよりも、雑誌の情報や広告にあおられて「買わされていた」部分も大きかったように思います。

もちろん、おしゃれや買い物はいつでも楽しみたいもの。流行は意識していたいし、少しでもお得な買い物をしたいと思うのは当然です。

[Ⅲ]何かを買う時に、一息おいて、「ちょっと待って」と自分に問いかけてみることもとても大切です。「なぜこれを買うの？」「本当に必要かな？」「この商品は、どんな環境で作られたんだろう？」と。

それが、「エシカル」※1の第一歩です。この洋服を買うことで、どんな影響があるんだろう？　作っている人たちにどんな結果が及ぶのかな、と考えてみる。この姿勢は「消費者としての目を磨くこと」につながります。「影響をしっかりと考える」ことの中に「エシカル」はあります。

そのように吟味して買ったものは、自分とものの間に特別なつながりが生まれます。③ストーリーと言ってもいいかもしれません。きっと大切に使いたくなると思います。

（末吉里花『はじめてのエシカル』による。設問の都合上、一部改変してある。）

（注）※1　エシカル…倫理的な、道徳的な、を意味する語。

問１　【文章１】中の[　]で囲まれた「立ちゆく」について、次の問いに答えなさい。

（１）品詞名を次の**ア**〜**エ**のうちから一つ選び記号で答えなさい。

ア　名詞　**イ**　副詞　**ウ**　形容詞　**エ**　動詞

（２）「〜なくなり」に続くように、適当な形に直しなさい。

問２　【文章１】空欄[Ⅰ]には、二重傍線部「服も、食べ物も、自分たちの手で作り、消費されていた」という意味を表す四字熟語が入る。漢字で答えなさい。

問３　【文章１】空欄[Ⅱ]に入る語句を本文中より**三字**で抜き出しなさい。

問４　【文章１】傍線部①「作り手の「顔」が失われていった」とあるが、その説明として最も適当なものを、後の**ア**〜**エ**のうちから一つ選び記号で答えなさい。

ア　日用品を作る人たちの知名度が、産業化以前に比べて、急激に下がったということ。

イ　服や食べ物を作る人たちが、世界規模の分業体制の中で、青ざめているということ。

ウ　身の回りの商品が、どのような過程で作られたかが、見えにくだった。一針ひとはり、丁寧に施された刺繍《ししゅう》は素朴で愛らしく、今でも手芸の一つとして親しまれている。だが、元はといえば、古くなった布を何枚も重ね合わせ、丈夫にするための工夫だった。

かつて、布は貴重品。庶民たちは、着物がすり切れて着られなくなっても、継ぎ合わせて別のものに生まれ変わらせ、ボロボロになるまで使い続けていた。為政者の側か、農民に貴重な木綿の使用を禁じ、麻しか身につけることができなかったため、繊維の荒い麻を一針ひとはり埋めることで、なんとか温かさを確保していた、という事情もあるようだ。

ものが豊富ではなかった時代は、そんな風に、服も、食べ物も、自分たちの手で作り、消費されていた。無駄にする余裕はなく、ものの寿命を全《まっと》うするまで丁寧に使われた。

それは美化するにはあまりにも厳しい暮らしでもあった。天候不順による凶作や災害などの事態がひとたび起きれば、暮らしはたちまち立ちゆくなくなり、命を落とす人も少なくなかった。

産業化が進むと、Ⅰの生活は少しずつ形を変え、服や食べ物の製造の過程は大規模になり、分業化されていった。その恩恵は非常に大きい、と私は思う。先進国では、文字どおり有り余るほどの食べ物が流通している。万が一、天候不順などの問題が起きても、グローバルな枠組みの中で補うことが可能になった。高価だった衣料品の価格もどんどん下がり、安くて丈夫でおしゃれな商品が当たり前のように手に入るようになった。

一方で、私たちの手に届く商品からは、①作り手の「顔」が失われていった。自分たちの衣食住に関わるものが、どこで、誰の手で、どのように作られているのかがわからなくなってきた。さらに発展が進むと、製造の場は外国にも広がり、世界規模の分業体制が作り上げられた。作り手の姿はますます見えなくなっていった。消費しきれないほどの商品が作られ、捨てられていくが、私たちはどこで、どのくらいのものが、どのように捨てられているかについて、ほとんど目にすることなしに、暮らしていくことができる。

この世界規模の分業体制は、多様な選択肢の中から「買う」という行為を通して「選ぶことができる側」と、安い製品を作るために安い賃金しか支払われず、それでもその労働をすることでしか生活が成り立たないという、「選ぶことができない側」が、対になることで成り立っている。Ⅱの人が「安い」と思える価格で、たくさんの選択肢を用意するためには、誰かが安い労働力を提供する必要があるからだ。

（中略）

大量生産の商品は、顔の見える誰かが作った服に比べれば、価値が低いもののように扱われている。もしかしたら、生産に関わっている本人も、何万もある工程の一つを担っただけの商品に対する愛着は薄いのかもしれない。生産にかかわる人たちも、消費する側も、「簡単に捨ててよい」という感覚になってしまう。

移り変わる流行に合わせて、服を簡単に取りかえられる生活は、私たちを豊かにしたのだろうか。

最近、たくさんのものに囲まれた暮らしに対して、②疲弊しはじめたという声も聞くようになった。「買う」という行為は、人をハイにしてくれる。「ほしいものが手に入った」だけではなく、「他より安く手に入った」「お得感がある」「他の人と差別化できる」「とりあえず在庫を確保して安心する」など、理由はいろいろとある。だが、家に帰ってその蓄積と向き合うと、「なぜこんなに買ってしまったのだろう」と罪悪感が募り、捨てきれずにあふれたものを前に、げんなりす

問2　二重傍線部bの「反旗を翻《ひるがえ》す」と似た意味を表す熟語として最も適当なものを、次のア～エのうちから一つ選び記号で答えなさい。

ア　従順　イ　抵抗　ウ　降伏　エ　協調

問3　傍線部①「そういう考え」とあるが、どういう考えか。「～という考え」に続く形で、本文中より十一字で抜き出しなさい。

問4　傍線部②「僕と蔦子は、おっかなびっくりリリーの後に続くのが常だった」のはなぜか。その理由として最も適当なものを、次のア～エのうちから一つ選び記号で答えなさい。

ア　田舎では夏に外で遊ぶことはほとんどなく、リリーの新しいやり方に合わせるしかなかったから。

イ　都会で生まれ育っているのに、リリーは穂高の自然や地形、昔の遊びについてとても詳しかったから。

ウ　田舎で生まれ育っている僕と蔦子の方がひ弱で、屋外での遊び方をほとんど知らなかったから。

エ　田舎の子供は都会の遊び方に対して臆病になり、特に未体験の遊びには慎重になるものだから。

問5　傍線部③「それでも、と僕は思う」とあるが、この時の僕の思いを表現したものとして最も適当なものを、次のア～エのうちから一つ選び記号で答えなさい。

ア　リリーが心配でたまらずできるかぎりそばにいたい。

イ　リリーがあまりにもやんちゃすぎて付き合いきれない。

ウ　リリーと蔦子の間にどうしても入りたくてしょうがない。

エ　リリーと蔦子と僕の三人で過ごす夏が何よりも大事だ。

問6　傍線部④「ある雨上がりの午後」の出来事について、僕はどのように捉えているか。最も適当なものを、次のア～エのうちから一つ選び記号で答えなさい。

ア　リリーのわがままや突発的な行動に嫌気がさしたが、悲しみを分かち合うために仕方なくついていった。

イ　虹を捕まえることは無理だとわかっていたが、リリーの夢を壊さないために道案内するしかなかった。

ウ　僕や蔦子を巻き込むことに反発しながらも、虹が消えたことで落ち込むリリーが心配でしかたなかった。

エ　虹を捕まえることはできなかったが、リリーと蔦子と過ごす夏の一瞬を体中で鮮やかに感じていた。

問7　次の文章は、本文の内容を説明したものである。空欄［Ⅰ］～［Ⅲ］に当てはまる適当な語句を、本文中よりそれぞれ抜き出しなさい。

> 僕と蔦子とリリーの三人が、豊かな自然の中で夏を満喫し、夢のような休暇を過ごす様子が［Ⅰ］の視点を中心に描かれている。楽しい日々の一方で、時折独りぼっちで空を見上げているリリーは淋しげな雰囲気を漂わせていた。
>
> ある日、三人は虹を捕まえに出かけたが、たどり着く前に虹は消えており、僕はリリーを［Ⅱ］ための言葉をかけるしかなかった。
>
> 経験を共有し、［Ⅲ］を実感したあの夏の日を回想している。

【二】　次の【文章1】、【文章2】を読んで後の問いに答えなさい。

【文章1】

東北地方の農村では古くから、「刺《さ》し子《こ》」と呼ばれる民芸がさかん小さい背中にぎゅっとしがみつきたくなった。小学生にもなっていない僕にリリーを慰めることなどできなかったけれど、独りぼっちのリリーは見ていると涙がこぼれそうなほど淋《さび》しげな雰囲気を漂わせていた。

まだ、僕もリリーも蔦子も、幼稚園児の頃だ。④ある雨上がりの午後、昼寝から目を覚ますと、遠くの空に虹がかかっていた。

「すごい、すごい、あれ見て！」

リリーは寝ぼけ眼で、けれど興奮した声で虹を指さして言った。まぶたが、ぷっくりと腫れ上がっていた。

「きれいだね」

蔦子がぼんやりとした声で答えた。

「あれにつかまって、みんなでターザンごっこしよう！　リュウ君、菊ちゃんに、ロープかりてきて」

リリーは目をキラキラと輝かせて言った。

「無理だって」

僕は言った。科学の絵本を読むのが好きだった僕は、その頃すでに、虹が蝶々やカブトムシやクワガタのようには捕まえられないことを知っていた。それでも、リリーは納得しなかった。

「行くの」

そう言うと、さっさと勝手口※2から外に飛び出し、自転車にまたがって猛スピードで走り出した。仕方なく、僕と蔦子も慌ててリリーを追いかけた。僕だけが、補助の取れない自転車で。

リリーは、山の方へ向けてどんどん自転車を走らせた。穂高は盆地で、お椀のように周囲を高い山に囲まれている。だから、恋路旅館のある中心地からは基本的にどこへ行くにも途中から坂道になった。山に向かう道には、大人達の死角になる場所がたくさんある。変質者が出るという情報も、常に絶えなかった。僕らが子供達だけで行くことを許されていたのはせいぜい穂高神社までだ。けれどリリーは当然のように穂高神社の鳥居の脇を素通りし、そのまま踏切を越えて自転車を走らせた。

けれど、見晴らしのいい場所までたどり着いた時には、リリーがロープをかけてそこでターザンごっこをするための虹は、もうどこにも見あたらなかった。

「虹、風に飛ばされちゃったんだよ」

僕は、なんとかリリーを慰めたくて適当なことを言った。蔦子がリリーの隣で、なぜか涙を浮かべていた。リリーは、じーっと空を睨《にら》みつけていた。

僕は幾度となくこの時のことを思い出す。ドリームにあった広いベッドで三人ごちゃ混ぜになって昼寝をしていた時の、少し湿っぽいタオルケットの感じや、天井に広がるシミ、雨が上がった後のきっぱりと晴れ渡った空の青、はっきりと大きくコンパスで描いた弧のような巨大な虹。上り坂で自転車を漕《こ》いだ時の太ももの突っ張り具合や、リリーの着ていた黄色いブラウス。高台に吹いていた爽やかな風の匂いや、青々と茂っていた田畑の緑、ビデオの早送りのように、瞬時に姿を変える真っ白い雲。

きっとあの時、僕は生きていることを実感していたんだと思う。

（小川糸『ファミリーツリー』による。設問の都合上、一部改変してある。）

（注）※1　穂高…長野県西部、安曇野《あずみの》市北西部。
※2　勝手口…台所の出入口。

問1　二重傍線部aのカタカナは漢字に直し、cの漢字は読みをひらがなで書きなさい。（丁寧に書くこと）

a　ボウケン　　c　縁側

＜国語＞

時間　五〇分　満点　六〇点

【一】　次の文章を読んで後の問いに答えなさい。

※1穂高《ほたか》で生まれ育った「僕」と一つ違いの姉・蔦子《つたこ》、毎年東京からたった一人で新幹線に乗ってやってくる親戚のリリーの三人は、夏の間いつも一緒に過ごしていた。「僕」はひいおばあさんの菊ちゃんの経営する「恋路旅館」に家族全員で住んでいたが、夏の間は子ども達専用の部屋「ドリーム」が与えられ、毎晩そこで寝泊まりした。旅館にはスバルおじさんをはじめいろいろな人が家族のように暮らしていた。

リリーと過ごす夏。

それは、一瞬一瞬がきらめきの連続で、毎日がaボウケンだった。

リリーは、なぜだか自然の中で遊びを見つける天才だった。そういう意味では、田舎で生まれ育った僕や蔦子の方がよほどひ弱で、逆に道具やゲームに頼った家の中での遊び方しか知らなかった。昔から穂高に暮らしている者にとって、自然はあるのが当たり前だったのだ。僕らの両親もどちらかというと①そういう考えの一派で、豊かな自然を有り難《がた》く思うよりは、少しでも開発して都会に近付きたいと考えていた。

池の表面に石を投げて遊んだり、川に入ってメダカやカニを捕ったり、花の蜜を吸ったり、向日葵《ひまわり》の種を囓《かじ》ったり、すべて最初にリリーがお手本を示してくれた。②僕と蔦子は、おっかなびっくりリリーの後に続くのが常だった。

恋路旅館の入り口には、巨大なクスノキが聳《そび》えている。その木に誰よりも高く登れたのもリリーだった。木登りも昆虫の捕まえ方も、全部リリーが先輩だった。

僕はというと、川遊びをすれば、リリーが手で捕まえた魚をパンツの中に入れられ悲鳴を上げた。木登りをしても、枝に足をかけたまではいいものの、その後下りられなくなって半べそをかき、結局スバルおじさんに助けてもらった。駆けっこをしても、いつもリリーの背中を見ながら走っていた。

リリー、待ってよー。

僕は、そう言いながらいつだってリリーを追いかけていたような気がする。そんな僕らを、蔦子は穏やかな眼差しを向け静かな表情で見つめていた。やんちゃなリリーも、蔦子を標的にすることは滅多になく、悪戯《いたずら》の対象は、決まってのろまな僕に絞られていた。

それでも、僕が常にやられっぱなしだったかというとそうではない。b反旗を翻《ひるがえ》すことも、もちろんあった。そんな時は、取っ組み合いの喧嘩《けんか》をした。僕も、リリーが女の子だからといって容赦《ようしゃ》はしなかった。争いが嫌いな蔦子は、よく僕らの間に入って仲裁したものだ。けれどそうなると、僕とリリー両方から詰め寄られ、最後に涙を流すのは決まって蔦子だった。

③それでも、と僕は思う。

どんなにリリーにひどい悪さをされても、僕はリリーが憎くなるどころか、ますますそばに付いていてあげなくちゃと思うようになっていった。それはきっと、空の国へと旅している時のリリーの横顔を、知っていたからかもしれない。

もうすぐ陽が沈んでしまうという夕暮れ時、ぽつんと一人c縁側に座って空を見上げるリリーは、もう二度とこっちの世界には戻って来ないのではと心配になるほど儚《はかな》かった。僕は思わず駆け寄って、その

MEMO

大切なことはメモしておこうネ！

2023年度

解 答 と 解 説

《2023年度の配点は解答用紙集に掲載してあります。》

＜数学解答＞

【1】 (1) 2　(2) -9　(3) 17　(4) $5\sqrt{3}$　(5) $-18a^2b$　(6) $3x+10y$

【2】 (1) $x=3$　(2) $x=3,\ y=-1$　(3) x^2-9　(4) $(x+5)(x-3)$
(5) $x=\dfrac{-5\pm\sqrt{17}}{4}$　(6) $n=3$　(7) $\angle x=128°$　(8) 396円　(9) ウ

【3】 問1 B　問2 8.0℃　問3 イ

【4】 問1 36通り　問2 $\dfrac{2}{9}$　問3 $\dfrac{1}{3}$

【5】 問1 $y=50x$　問2 2800円
問3 40分から84分までの間

【6】 問1 4の倍数　問2 解説参照　【7】 右図

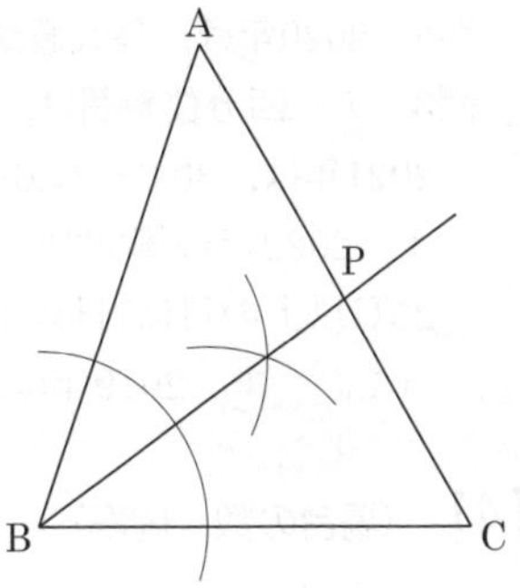

【8】 問1 ① $4a$　② -2　問2 $y=2x-4$　問3 6
問4 P$(-1,\ -2)$

【9】 問1 ∠EPR＝70°　問2 解説参照
問3 OQ：QE＝1：2

【10】 問1 $2\sqrt{3}$ cm　問2 ウ　問3 $2\sqrt{3}$ cm^3　問4 $\sqrt{13}$cm

【11】 問1 25個　問2 n^2個　問3 正三十角形

＜数学解説＞

【1】 (数・式の計算，平方根)

(1) $-5-(-7)=-5+7=2$

(2) $(-12)\div\dfrac{4}{3}=-12\times\dfrac{3}{4}=-9$

(3) $7-5\times(-2)=7+10=17$

(4) $\sqrt{12}+\sqrt{27}=\sqrt{2^2\times3}+\sqrt{3^2\times3}=2\sqrt{3}+3\sqrt{3}=5\sqrt{3}$

(5) $(-3a)^2\times(-2b)=9a^2\times(-2b)=-18a^2b$

(6) $3(5x+2y)-4(3x-y)=15x+6y-12x+4y=3x+10y$

【2】 (一次方程式，連立方程式，式の展開，因数分解，二次方程式，数の大小，円の性質と角度，割合，代表値)

(1) $5x-6=2x+3$　$5x-2x=3+6$　$3x=9$　$x=3$

(2) $2x+y=5$…①，$x-2y=5$…②とする。①×2＋②より，$5x=15$　$x=3$　これを①に代入して，$2\times3+y=5$　$y=-1$

(3) $(x+3)(x-3)=x^2-3^2=x^2-9$

(4) $x^2+2x-15=x^2+(5-3)x+5\times(-3)=(x+5)(x-3)$

(5) 解の公式より，$x=\dfrac{-5\pm\sqrt{5^2-4\times2\times1}}{2\times2}=\dfrac{-5\pm\sqrt{17}}{4}$

(6)　各辺を2乗して，$5<n^2<11$　$3^2=9$より，$n=3$

(7)　$\overset{\frown}{\mathrm{CD}}$に対する円周角は等しいから，$\angle\mathrm{CAD}=\angle\mathrm{CED}=34°$　よって，$\angle\mathrm{BAD}=30°+34°=64°$　中心角と円周角の関係から，$\angle x=2\angle\mathrm{BAD}=2\times64°=128°$

(8)　10%値上がりした価格は，$120\times(1+0.1)=120\times1.1=132$(円)だから，3個の代金は，$132\times3=396$(円)

(9)　平均値は，$(0\times1+1\times3+2\times3+3\times5+4\times6+5\times2)\div20=58\div20=2.9$(問)　中央値は，問題数の少ない方から10番目と11番目の値の平均だから，$\frac{3+3}{2}=3$(問)　最頻値は，最も多く現れる値だから，4問。よって，最も大きいものは，ウ　最頻値。

【3】 (データの活用，箱ひげ図)

問1　2022年は，最大値が29.9℃，最小値が20.1℃だから，Bが当てはまる。

問2　2020年は，最大値が30.7℃，最小値が22.7℃だから，範囲は，$30.7-22.7=8.0$(℃)

問3　ア　四分位範囲は，2019年は，$28.1-25.7=2.4$(℃)　2020年は，$29.4-26.6=2.8$(℃)　2021年は，$30.3-27.0=3.3$(℃)　2022年は，$27.4-24.4=3.0$(℃)より，2021年が最も大きい。イ　2022年の第3四分位は27.4℃より，27.4℃以上の日が少なくとも8日はあった。(よって，25℃以上の日は7日以上あった。)　ウ　2022年の最大値は29.9℃より，30℃を超えた日はなかった。　エ　2019年は，平均値の方が中央値よりも大きい。以上により，読み取れるものはイ。

【4】 (場合の数，確率)

問1　$6\times6=36$(通り)

問2　(A，B)=(5，5)，(5，6)，(6，1)，(6，2)，(6，3)，(6，4)，(6，5)，(6，6)の8通り。よって，求める確率は，$\frac{8}{36}=\frac{2}{9}$

問3　和が3の倍数になればよいので，(A，B)=(1，2)，(1，5)，(2，1)，(2，4)，(3，3)，(3，6)，(4，2)，(4，5)，(5，1)，(5，4)，(6，3)，(6，6)の12通り。よって，求める確率は，$\frac{12}{36}=\frac{1}{3}$

【5】 (一次関数のグラフの利用)

問1　比例定数は50より，$y=50x$

問2　$2000+40\times(80-60)=2000+40\times20=2800$(円)

問3　A，B，Cのプランをそれぞれグラフで表すと，右図のようになる。AとBの交点は，$50x=2000$　$x=40$(分)　BとCの交点は，$2000+40\times(x-60)=2960$　$40x-400=2960$　$40x=3360$　$x=84$(分)　よって，40分から84分までの間。

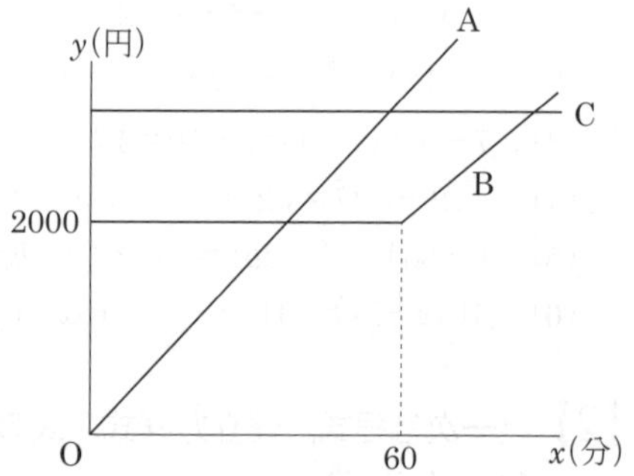

【6】 (式の計算の利用)

問1　2，4のとき，$4^2-2^2=16-4=12$　4，6のとき，$6^2-4^2=36-16=20$　6，8のとき，$8^2-6^2=28$　より，4の倍数になると予想できる。

問2　(証明)　nを整数とすると，連続する2つの整数は$2n$，$2n+2$と表せる。大きい偶数の2乗から小さい偶数の2乗をひいた数は，$(2n+2)^2-(2n)^2=4n^2+8n+4-4n^2=8n+4=4(2n+1)$　$2n+1$は整数だから，$4(2n+1)$は4の倍数である。したがって，連続する2つの偶数では，大きい偶数の2乗から小さい偶数の2乗をひいた数は4の倍数になる。

【7】（作図）

∠ABCの二等分線と辺ACとの交点をPとする。（手順）① 点Bを中心とする円をかき，辺AB，BCとの交点をそれぞれD，Eとする。② 点D，Eをそれぞれ中心とする等しい半径の円をかき，交点の1つをFとする。半直線BFをひき，辺ACとの交点をPとする。

【8】（図形と関数・グラフ，比例定数，直線の式，面積，等積変形）

問1　関数$y=ax^2$について，$x=-2$のとき，$y=a\times(-2)^2=$①$\underline{4a}$　$x=1$のとき，$y=a$　よって，変化の割合は，$\dfrac{a-4a}{1-(-2)}=\dfrac{-3a}{3}=-a=2$　よって，$a=$②$\underline{-2}$

問2　$y=-2x^2$に$x=-2$を代入して，$y=-2\times(-2)^2=-8$　よって，A$(-2,\ -8)$　$x=1$を代入して，$y=-2\times1^2=-2$　よって，B$(1,\ -2)$　直線ABの式は，傾きが，$\dfrac{-2-(-8)}{1-(-2)}=2$で，B$(1,\ -2)$を通るから，$y=2x+b$とおいて，$x=1$，$y=-2$を代入すると，$-2=2\times1+b$　$b=-4$　よって，$y=2x-4$

問3　直線ABとy軸との交点をCとすると，C$(0,\ -4)$　△OAB＝△OAC＋△OBC$=\dfrac{1}{2}\times4\times2+\dfrac{1}{2}\times4\times1=4+2=6$

問4　P$(t,\ -2t^2)$　△PAB＝△OABのとき，**平行線と面積の関係**により，OP//ABだから，直線OPの傾きは，直線ABの傾き2に等しい。直線OPの傾きは，$\dfrac{-2t^2}{t}=-2t$より，$-2t=2$　$t=-1$　よって，点Pの座標は$(-1,\ -2)$

【9】（平面図形，角の大きさ，合同の証明，線分比）

問1　平行線の同位角は等しいから，∠EPR＝∠EQD＝180°－110°＝70°

問2　（証明）（例）△REPと△RBDにおいて，仮定から，RP＝RD…①　問1から，∠EPR＝70°であるから，∠EPR＝∠BDR…②　対頂角は等しいから，∠ERP＝∠BRD…③　①，②，③より，1組の辺とその両端の角がそれぞれ等しいから，△REP≡△RBD

問3　△ODEと△OPBにおいて，∠ODE＝∠OPB＝110°…④　∠EOD＝∠BOP（共通）…⑤　④，⑤より，∠DEO＝∠PBO…⑥　問2より，RE＝RBだから，DE＝DR＋RE＝PR＋RB＝PB…⑦　④，⑥，⑦より，1組の辺とその両端の角がそれぞれ等しいから，△ODE≡△OPB　よって，OD＝OP，OE＝OB　CD//ABなので，**三角形と比の定理**により，OQ：OP＝OD：OB＝OC：OA＝$1:\sqrt{3}$　これより，OP：OE$=1:\sqrt{3}$　OQ$=a$cmとすると，OP$=\sqrt{3}$OQ$=\sqrt{3}a$(cm)　OE$=\sqrt{3}$OP$=\sqrt{3}\times\sqrt{3}a=3a$(cm)　したがって，OQ：QE$=a:(3a-a)=a:2a=1:2$

【10】（空間図形，線分の長さ，体積，表面上の最短距離）

問1　△OABで，**三平方の定理**により，$OB^2=OA^2+AB^2=3^2+(\sqrt{3})^2=12$　OB＞0より，OB$=\sqrt{12}=2\sqrt{3}$(cm)

問2　ア　$AC^2=AB^2+BC^2$が成り立つので，**三平方の定理の逆**により，△ABCは∠ABC＝90°の直角三角形である。　イ　∠ABC＝90°なので，**円周角の定理**により，線分ACは3点A，B，Cを通る円の直径である。　ウ　△ABCと△ADCは，3組の辺がそれぞれ等しいから，△ABC≡△ADC　よって，∠ADC＝∠ABC＝90°　各辺の長さから，向かい合う辺が平行にはならないから，台形ではない。　エ　∠ADC＝90°より，点Dは線分ACを直径とする円の周上にある。よって，4点A，B，C，Dは同じ円の周上にある。以上より，正しくないものは，ウ。

問3　（四角形ABCD）＝2△ABC$=2\times\left(\dfrac{1}{2}\times\sqrt{3}\times2\right)=2\sqrt{3}$(cm²)　よって，体積は，$\dfrac{1}{3}\times2\sqrt{3}\times3=2\sqrt{3}$(cm³)

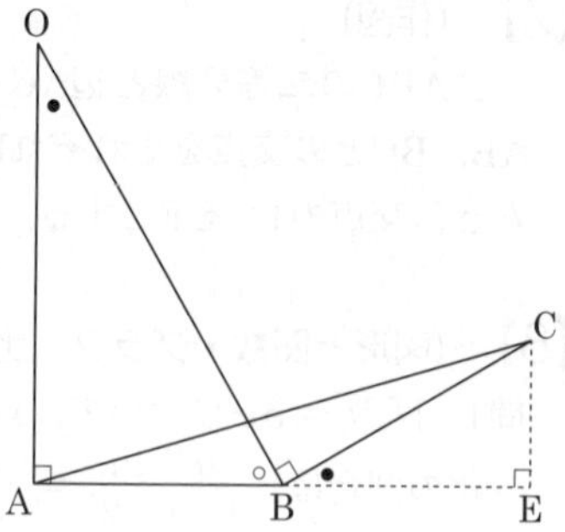

問4　図のように，側面の展開図を考えると，求める糸の長さは線分ACの長さに等しい。点Cから直線ABに垂線CEをひく。△OABと△BECにおいて，仮定から，∠OAB＝∠BEC＝90°…①　△OABで，∠BOA＝180°－(90°＋∠ABO)＝90°－∠ABO　∠ABE＝180°より，∠CBE＝180°－90°－∠ABO＝90°－∠ABO　よって，∠BOA＝∠CBE…②　①，②より，2組の角がそれぞれ等しいから，△OAB∽△BEC　よって，OA：BE＝OB：BC　3：BE＝$2\sqrt{3}$：2　$2\sqrt{3}$BE＝6　BE＝$\frac{3}{\sqrt{3}}=\frac{3\times\sqrt{3}}{\sqrt{3}\times\sqrt{3}}=\frac{3\sqrt{3}}{3}=\sqrt{3}$ (cm)　また，AB：EC＝OB：BC　$\sqrt{3}$：EC＝$2\sqrt{3}$：2　$2\sqrt{3}$EC＝$2\sqrt{3}$　EC＝1(cm)　△AECで，**三平方の定理**により，$AC^2=AE^2+EC^2=(\sqrt{3}+\sqrt{3})^2+1^2=(2\sqrt{3})^2+1^2=12+1=13$　AC＞0より，AC＝$\sqrt{13}$(cm)

【11】(規則性)

問1　1つの辺には6個ずつ碁石が並ぶから，6×5－5＝25(個)

問2　1つの辺には$(n+1)$個ずつ碁石が並ぶから，$(n+1)\times n-n=n^2+n-n=n^2$(個)

問3　正n角形のとき，1つの辺にはn個ずつ碁石が並ぶから，$n\times n-n=n^2-n$(個)の碁石が必要である。$n^2-n=870$を解いて，$n^2-n-870=0$　$(n+29)(n-30)=0$　$n=-29, 30$　$n\geqq3$より，$n=30$　よって，正三十角形。

＜英語解答＞

【1】問1　ア　問2　エ　問3　イ

【2】問1　ウ　問2　ア　問3　ウ

【3】問1　ア　問2　ウ　問3　エ

【4】①　カ　②　ウ　③　ア

【5】問1　been　問2　hotter　問3　spoken　問4　could

【6】問1　ア→イ→オ→エ→ウ　問2　エ→ア→オ→イ→ウ　問3　エ→イ→ア→ウ→オ

【7】①　ウ　②　ア　③　オ

【8】問1　エ　問2　エ　問3　ウ，オ

【9】問1　エ　問2　(1)　イ　(2)　イ　問3　ウ　問4　エ

【10】問1　ア　問2　イ　問3　ウ　問4　(1)　ウ　(2)　イ　(3)　ア　問5　エ

問6　(例)I think the (first / second / third) idea will be helpful because you are interested in baseball. If you choose a book about baseball, it is easy for you to understand the story of the book.

【11】(例)I (agree / disagree) with Ms. Naomi Brown's idea. First, you don't have to make lunch, so you can save time. Second, school lunch will be warm because it is cooked just before lunch time.

＜英語解説＞

【1】・【2】・【3】 (リスニング)

放送台本の和訳は，68ページに掲載。

【4】 (文法問題：語句補充・選択，現在・過去・未来と進行形，関係代名詞，形容詞・副詞)

(問題文と正答の訳)　A：英語の授業でのスピーキングテストは①(どう)だった？　私には難しかった。／B：私はできた。よく準備した？／A：うん，でも次はもっと勉強するつもり。／B：そうだ，私にはいい考えがある。英語をとても上手に話す(②)友人がいる。彼は小さい頃オーストラリアで英語を③(勉強した)。／A：ああ，私は彼を知っている。

①　空欄の文ではAが「英語のテスト」のことを聞いて，そのあとBが「できた(I did OK)」と答えていることから「どうだった？」と様子を聞く表現How was~?として選択肢カが適当。

②　空欄の後のspeaks~(英語を上手に話す)は空欄の前のfriendを説明していることから，空欄には主語の働きをする関係代名詞whoが入ると考えられるので選択肢ウが適当。　③　空欄の文は，「彼は小さい頃オーストラリアで英語を~」と空欄には動詞が入ると考えられる。選択肢ではアかイとなるが，空欄の文は「彼が小さい時のこと」を話しているので動詞は過去形となり，選択肢ではアが適当。

【5】 (文法問題：語句補充・選択，語形変化，現在完了，比較，受け身，動名詞)

問1　(問題文と正答訳)　A：先月初めて北海道に行きました。／B：本当？　私はそこに(行ったこと)がありません。　空欄の前の文では「北海道へ行った」とあり，そのあとI have never~となっていて，「私は北海道へ行ったことがない」と現在完了形にすると，カッコにはbeの過去分詞形beenが適当。have (never) been to~で，「~行ったことがある(行ったことがない)」という経験を表す表現になる。

問2　(問題文と正答訳)　A：昨日はとても暑かった。／B：そうだったけど，今日は昨日(より暑い)ね。　問題文では「暑い」と会話している。カッコのあとはthanであり，形容詞の比較級を用いて「昨日より暑い」とするとカッコにはhotの比較級hotterが適当。

問3　(問題文と正答訳)　A：カナダではフランス語が(話されている)ことを知っていた？／B：そうなの？ 知らなかった。　問題文のFrenchは「フランス語」であり，「カナダではフランス語が話されている」という受け身の文だと考えられ，空欄にはspeakの過去分詞形spokenが適当。

問4　(問題文と正答訳)　A：昨日のクイズ番組で10万円を獲得した人を見た。／B：うわー！ もしそのお金があれば，新しいスマートフォンを買うこと(ができる)のに。　空欄のある文はIf I had~と仮定法の文なので，カッコにはcouldが適当。現実にはないことを想定するとき，仮定法過去を使う。仮定法過去の形は，<If+主語+動詞の過去形~，主語+would／should／could+動詞の原形>となる。

【6】 (文法問題：語句の並べ換え，前置詞，不定詞，現在・過去・未来と進行形，接続詞)

問1　He (アis イvery オgood エat ウmath).　(問題文訳)　A：この数学の問題について質問がある。／B：ああ，ユウジに聞くべきだ。彼は(数学がとても得意だから)。　be good at~「~が得意だ」という表現を使っている。

問2　It is (エdifficult アfor オme イto ウwrite) English messages.　(問題文訳)　A：英語のメッセージを(書くことは私にとって難しい)。私は話すほうが得意だから。／B：そうね。

あなたは英語を上手に話すね。　It is… for 人 to～(人にとって～することは…だ)という形式の文を使う。ここでは人が意味上の主語になる。また to～は to 不定詞の用法。

問3　I'm not sure, but I think she(エwon't イcome アbecause ウit's オraining).

(問題文訳)　A：ナナは来ると思う？　彼女はここからは遠くに住んでいるけど。／B：よくわからないけど，(雨が降っているから)彼女は(来ない)と思う。　won't は will not の短縮形。

【7】　(会話文問題：文の挿入，不定詞)

ア　彼の好きな色は何ですか？(②)　イ　私には問題があります。　ウ　はい，私は父の日に T シャツを買いたいのです。(①)　エ　いいえ，私はそれを見つけることができません。　オ　わかりました。はい，どうぞ。(③)

(問題文と正答の訳)　A：お手伝いしましょうか？／B：①ウはい，父の日に T シャツを買いたいのです。／A：それは素晴らしいですね！　②ア彼の好きな色は何ですか？／B：父は青が好きなので，その青いものを見ていいですか？／A：③オわかりました。はい，どうぞ。どう思いますか？／B：いいですね！どうもありがとうございます。父も気に入ってくれるといいなあ。　各選択肢の英文の意味を検討し，会話として意味の通るように空欄に適当な英文を入れたい。

【8】　(会話文・資料読解問題：絵・図・表・グラフなどを使った問題，内容真偽，語句補充・選択，不定詞，関係代名詞，比較，現在・過去・未来と進行形，動名詞)

(全訳)

ダイイチ中学校の職場体験の計画

日にち：11月18日～11月20日

11月4日までにみなさんの選択を先生に伝えてください。

サクラ保育園 7:30 子どもたちの教室を掃除する 8:00 子どもたちと遊ぶ 9:30 子どもたちを公園へ連れてゆく 11:30　昼食	サンシャイン レストラン 9:00　床とテーブルを掃除する 10:00 お客を迎えてオーダーをとる 11:00 食器を洗う 12:00 昼食
南消防署 8:30　道路でのランニングへ行く 9:30　建物に登る練習をする 10:30 消火器を使う練習をする 12:00 昼食	市立図書館 8:00　床と机を掃除する 9:00　本を棚に戻す 10:30 子どもたちへ本を読む 12:00 昼食

マサ：ねえ，カイ，行きたい場所は決まった？

カイ：同じ場所に行かない？　南消防署はどうなか？　走るのが好きで，消防士になりたいんだ。

マサ：本当？　ぼくは走るのは好きではない。①(市立図書館)に興味はあるけれど，子どもたちに本をうまく読んであげられるか心配なんだ。

カイ：なるほど。きみは本当に恥ずかしがり屋だね。
マサ：どうすればいいのかな？
カイ：先生に話しに行った方がいいよ。先生は多分きみを助けるくれると思う。
マサ：わかった。

問1　問題にある予定表の上から2行目Dates には November 18th-November 20^{th}(11月18日～11月20日)とあり11月の3日間なので選択肢エが適当。

問2　ア　サクラ保育園　　イ　サンシャインレストラン　　ウ　南消防署　　エ　市立図書館(○)
空欄のあとの but I am～では「子どもたちに本をうまく読んであげられるか心配」とあり，予定表の City Library(市立図書館)の説明の10:30に「子どもたちへ本を読む」とあるので，選択肢エが適当

問3　ア　マサもカイも消防士になりたい。　イ　マサもカイも先生の助けが必要だ。　ウ　サクラ保育園を選んだ生徒は，一番早く昼食を食べる。(○)　エ　サンシャインレストランを選んだ生徒は，料理の方法を学ぶことができる。　オ　南消防署を選んだ生徒は外へ走りに行く。(○)
予定表では，サクラ保育園での昼食の時間(11:30)が，他の場所(12:00)より早いのでウが適当。また，予定表から，南消防署では「8:30に道路でのランニングへ行く」とあるのでオが適当。選択肢ウからオにある Students who choose～の who は主語のはたらきをする**関係代名詞**で，who～が Students を説明して「～を選択する生徒」という表現になる。

【9】　(会話文問題：絵・図・表・グラフなどを用いた問題，内容真偽，文の挿入，比較，現在完了)

(全訳)ナターシャ：窓の外を見て，サキナ。虹がある。私はラッキーな気持ち！

サキナ：　そうね，私も。美しいね！　でも，昔の沖縄での①虹について，祖母から話を聞いたことがある。大きな赤いヘビがいて，空の水をすべて飲んでしまったから，その後に干ばつが起こったと昔の人々に信じられていた，と祖母が言った。虹は悪いしるしであり，彼らにとって悲観的だったのかもしれない。

ナターシャ：本当？　面白いね。私の国では，虹は良いしるしなの。普通，希望を意味する。チャーリー・チャップリンを知っている？　彼は有名なコメディアンで，映画俳優でもある。彼は「下を見ていては，あなたは虹を見つけることは決してできないだろう」と言った。(ア)

サキナ：　わあ，私はそれが好き！

ナターシャ：あなたは常に前向きであるべきだ，という意味だね。虹には前向きなイメージがたくさんある。

サキナ：　そうだね！　インターネットで虹を検索してみたら，虹について他にとてもたくさんの前向きな考え方が見つかった。愛する人々に「あなたは曇りの日の私の虹です」と言う人々もいる。

ナターシャ：とても魅力的だね。私は曇りの日に誰かの虹になりたい。そうすれば，彼らが悲しいときでも，私は彼らを幸せにできる。(イ)

サキナ：　私も。ああ，「あなたの本当の色は，虹のように美しい」という考え方も好きなの。それは，誰もが別々で特別だという意味だと思う。

ナターシャ：多くの人々は，虹のことを考えたときに幸せを感じる。(ウ)　虹について他に興味深い情報は見つかった？

サキナ：　うーん，そうね。この記事では，虹の中に何色あるのかについて言っている。これは面白い！　ナターシャ，あなたはアメリカ出身だよね？　虹の中には何色が見える？

ナターシャ：数えさせて。赤，オレンジ，黄，緑，青，紫。なぜ聞くの？　あなたは違うの？

サキナ：　そう！　日本では，私たちはあなたが見るよりも1つ多くの色が見える！　この記事では，異なる文化では虹の色の数が異なって見えると言っている。わあ，インドネシアなど一部の国では，人々は4色しか見えず，アフリカでは8色も見える人々がいる！（エ）

ナターシャ：知らなかった！　とても興味深いね。私たちは子供の頃にそれを学ぶのかな？

サキナ：　そうね。この記事には，それぞれの文化が虹について別々の考えを教えていると言っているね。

問1　ア　人々は虹が6色だと思っていた。　イ　人々は「大きな赤いヘビ」が実際に空の水をすべて飲み干したと考えていた。　ウ　多くの人々は，虹は美しいと思っていた。　エ　人々は虹が悪いしるしだと考えていた。(○)　問題本文第2番目のサキナの発話の最後の文 Maybe, a rainbow～には，「虹は悪いしるしであり，(沖縄の人々にとって)悲観的だったのかもしれない」とあるのでエが適当。

問2　(1)　問題のグラフのタイトルは「虹には何色あるのか？」とあって，縦軸は国名で横軸は色の数が記載されている。問題本文第11番目のナターシャの発話 Let me count. 以降で自分の国のアメリカでは虹に何色あるのか数えていて，「赤，オレンジ，黄，緑，青，紫」の6色であることから，問題の表ではイが適当。　(2)　ア　中国の人々は日本人より多くの色を見る。　イ　アフリカでは，虹の色を最も多く見る人々がいる。(○)　ウ　世界中の人々が虹に対して同じイメージを持っている。　エ　インドネシアの人々は，虹には7色より多くあると考えている。　問題本文の第12番目のサキナの発話の最後の文 Wow, in some～には，「アフリカでは(虹に)8色も見る人々がいる」とあり，問題のグラフから8色(ア)が一番多くの色を見る国なので，選択肢イが適当。

問3　(問題文訳)あなたは虹に関するその他の興味深い情報を見つけたか？　問題文の意味を考え，問題本文の会話の流れにあう場所に入れたい。問題文は Have you found～と現在完了の疑問形を使った表現になっている。

問4　ア　虹に関する悪いイメージ　イ　空の大きな赤いヘビ　ウ　虹の色　エ　虹に関するさまざまな考えやイメージ(○)　問題本文では，沖縄の昔話，虹に対する悲観的なイメージや前向きなイメージ，虹という単語を使った言葉や虹の色についてと，さまざまなことが会話されているので，選択肢エが適当。

【10】　**(長文読解問題：語句の解釈・指示語，語句補充・選択，言い換え・書き換え，内容真偽，英問英答，比較，不定詞，受け身，仮定法，文の構造)**

(全訳)　図書館ニュース ══ サマースペシャル ══

生徒の皆さん，こんにちは！　夏休みがついにきました。夏休みの間に読書感想を書くことを忘れないでください。読書感想のための本の選び方がわからない人が，みなさんの中にいると聞きました。みなさんが良い①<u>もの</u>を見つけるために，いつでもお手伝いできればうれしいです！

これは本の選ぶためのいくつかのアイデア：

1.　興味のある本を選ぶ

あなたの興味にそって本を選ぶことができます。たとえば，あなたが宇宙に興味がある場合，宇宙に関する本や宇宙飛行士の伝記を選びたくなるかもしれません。また，旅行が好きなら，冒険の本を読むことができます。そのような本からは，あなたは何か新しいものを見つけやすいのです。あなたは本当に最後まで本を楽しく読めます。読書感想では，みなさんは②(<u>読んだ事実から何を</u>

学んだのか)を書くことができます。

2.　主人公が魅力的な本を選ぶ

主人公が魅力的な本を選ぶのは良いですね。物語の主人公に共感できれば，それは読みやすい本です。あなたが読書感想に自分自身の経験を含めるのは簡単です。

3.　映画化された本を選ぶ

映画化された本を選ぶことができます。あなたは本当に本を読むことが好きですか？　そうでない場合，まず映画を見て，ストーリーを理解してください。それから本を読んでください。本が映画になると，時々話が変わってしまうことがあります。③もし何か変わったことを見つけた場合，本と映画の違いについて読書感想に書くことができます。

「食べることは体の栄養になります。④読書は心の栄養になります」　たくさんの本を読むことで知識を増やしてください。私たちの学校の図書館では，たくさんの興味深い本を見つけられます。私はみなさんの読書感想を読むことを楽しみにしています！

問1　ア　本(○)　イ　夏休み　ウ　読書感想　エ　学校の図書館　下線部の前の文 I heard some～には「読書感想のための本の選び方がわからない人がいると聞いた」とあり，下線部はこの文に続くことから，good one は a book を指していると考えられるのでアが適当。

問2　ア　なぜこの本を選ばなかったのか　イ　読んだ事実から何を学んだのか(○)　ウ　宇宙飛行士はみなさんにとってどれほど重要か　エ　宇宙に関する映画を見たとき　空欄②の前の文 You can really～とその前の文 It is easy～には，「(興味のある)本から新しいものを簡単に見つけられ，最後まで本を楽しく読める」とあって空欄の文に続くのでイが適当。選択肢イの have learned～は現在完了の表現となっている。

問3　ア　もし，みなさんが話を理解するならば　イ　もし，みなさんの読書感想が映画化されるならば　ウ　もし，映画の話が本と違うならば(○)　エ　もし，みなさんが本よりも映画が好きならば　下線部の前の文 When a book～には，「本が映画になると，話が変わることがある」とあって，下線部の文は「もし何か変わったことを見つけた場合」なので，下線の部分を言い換えている文としては選択肢ウが適当。

問4　(選択肢の訳)　ア　最初のアイデア　イ　二つ目のアイデア　ウ　三つ目のアイデア

(1)　(問題文訳)　サキ：私の読書感想には Sad Love Storyを選びました。去年の夏に映画を見て，その話にとても感動しました。今，この本が映画と同じかどうか知りたくて興味があります。　ここでは映画と本との違いについての説明であり，図書館便りのアイデア3に該当するので選択肢ウが適当。問題文の第2文の was moved by～は「～に感動(moved)させられた」されたという**受け身**の表現を使っている。　(2)(問題文訳)　ライアン：ぼくはサクラギ・タカシさんが書いた Go, Tsuyoshi!　を選ぶことに決めました！　サクラギさんは私の好きな作家の一人で，物語の主人公のツヨシであるようにぼくは感じました。もし自分がツヨシだったら何をするかについて，読書感想に書けると思います。　本の主人公について読書感想を書くと決めたことから，図書館便りのアイデア2に該当するので選択肢イが適当。

(3)　(問題文訳)　アイ：私は My Wonderful Story について書こうと思います。それは，これはアサクラ・マリコさんが書きました。彼女は有名なバレーボール選手です。私は中学校でバレーボールをしています。彼女の話は私の将来へ希望を与えてくれます。　自分の興味がある本を選んだことから，図書館便りのアイデア 1 に該当するので選択肢アが適当。

問5　ア　本を読むことはよく食べることの助けになる。　イ　本を選ぶとおなかがすく。　ウ　食べることも読むことも体を強くする。　エ　多くの本を読めば，多くのことを学ぶことができる。(○)　下線部④の意味は「読書は心の栄養になる」であり，「多く読書をすることで多くの心の栄養を得られる」と考えられる。「心の栄養」とは「知識」だと言い換えると選択肢エが適当。選択肢ウの make your body strong は make A B の形で，この場合A=your body，B=strong となって「あなたの体を強くする」という表現になる。

問6 (問題文訳) リッキー：あなたの助けが必要です！ 私はまだ自分の本を決めることができません。私は野球，動物，日本の歴史が好きです。どのアイデアが役に立ちますか？ (解答例) I think the (first / second / third) idea will be helpful because you are interested in baseball. If you choose a book about baseball, it is easy for you to understand the story of the book. (下線部25語) (解答例訳) あなたは野球に興味があるので，最初のアイデアは参考になると思います。野球の本を選べば，あなたにとって本の内容が理解しやすいからです。

【11】 (自由・条件英作文)

(問題文訳) 小・中学校で給食を食べたことがありますね。なんて素晴らしい学校文化でしょう！ 高校生にも給食があるべきだと思います。 (解答例) I (agree / disagree) with Ms. Naomi Brown's idea. First, you don't have to make lunch, so you can save time. Second, school lunch will be warm because it is cooked just before lunch time. (下線部26語) (解答例訳) 私はナオミ・ブラウン先生の考えに賛成です。第一に，昼食を作る必要がないので，時間を節約できます。第二に，給食は給食時間の直前に調理されるため，温かいのです。

2023年度英語 リスニングテスト

〔放送台本〕

【1】 大問1は英文を聞いて答える問題です。それぞれの問いについて英文と質問が読まれます。質問の答えとして最も適切なものを次のア～エのうちから1つ選び，その記号を書きなさい。英文と質問はそれぞれ1度だけ読まれます。

問1 I like to eat this as a dessert.
Question: Which picture is the speaker talking about?

問2 Ken goes to school by bicycle. But, on rainy days, he takes a bus instead.
Question: How does Ken go to school when it rains?

問3 We enjoy many school events, such as sports day, the chorus contest, and the school trip. We also had a dance festival before, but not anymore. We miss it.
Question: What event do they miss?

〔英文の訳〕

問1 私はこれをデザートとして食べることが好きです。
<質問> 話をしているのはどの絵についてですか？
正解：ア

問2 ケンは学校へ自転車で通っています。しかし，雨の日には，その代わりにバスを利用します。
<質問> ケンは雨が降っている時，どのように学校へ通いますか？
正解：エ

問3　私たちは，運動会，合唱コンクール，修学旅行など，多くの学校行事を楽しんでいます。以前はダンスフェスティバルもありましたが，今はありません。私たちはそれを寂しく思います。
質問：彼らが寂しく思う行事は何ですか?
正解：イ

〔放送台本〕
【2】　大問2は会話を聞いて答える問題です。それぞれの会話の最後の文に対する応答として最も適切なものを次のア~エのうちから1つ選び，その記号を書きなさい。なお，会話の英文はそれぞれ1度だけ読まれます。選択肢ア~エの英文は読まれません。

問1　A: Did you watch the soccer game yesterday?　It was exciting.
B: No, I didn't.　What time did it start?
A: It started at 7:30.　What were you doing then?
B: (　　)

問2　A: Wow, you are a good swimmer.
B: Thank you.　I love swimming.
A: How long have you been a swimmer?
B: For seven years.
A: Oh, so long!　How often do you practice?
B: (　　)

問3　A: I'm sorry I'm late.　I'm still waiting for the bus.
B: It's OK.　I'm at the theater now.　We still have more time, so I can wait.
A: I'll be there in 15 minutes.
B: (　　)

〔英文の訳〕
問1　A：昨日のサッカーの試合を見た？　ドキドキした。
B：いいえ，見なかった。何時に始まったの？
A：7：30に始まった。その時何をしていたの？
B：(選択肢)　(ア)　私もサッカーの試合を見ていた。　(イ)　サッカーを一緒にしよう。
(ウ)　私はピアノを弾いていた(○)。　(エ)　私もサッカーを見るのが好きだ。

問2　A：うわー，あなたは泳ぎが上手ですね。
B：ありがとう。水泳が大好きです。
A：水泳をやってどれくらいですか？
B：7年です。
A：おお，そんなに長く！　どのくらいよく練習しますか？
B：(選択肢)　(ア)　週に二回。(○)　(イ)　私は練習したことがない。　(ウ)　私は水泳が好きではない。　(エ)　7年間。

問3　A：遅くなってすみません。私はまだバスを待っています。
B：大丈夫です。今劇場にいます。まだ時間はあるので，待ってます。
A：15分でそこに着くと思います。
B：(選択肢)　(ア)　私もバスを待っています。　(イ)　私はバスに乗っています。
(ウ)　私たち二人分のチケットを買います。(○)　(エ)　私は映画を見ることが好きではありません。

〔放送台本〕

【3】 大問3は中学3年生のレナ(Rena)と留学生のジャック(Jack)の会話を聞いて答える問題です。2人の会話を聞き，それに関する質問の答えとして最も適切なものを次のア~エのうちからそれぞれ1つずつ選び，その記号を書きなさい。なお，会話は1度だけ読まれます。

Jack: Hi, Rena. How are you?

Rena: Hi, Jack, I'm good. You've been here for two weeks already. How do you like your life in Japan?

Jack: I'm having a lot of fun. I have made a lot of friends, and my host family is very nice.

Rena: That's great. By the way, why did you get interested in Japan?

Jack: I love Japanese manga, so I'm interested in Japan. In the future, I want to make comic books. What is your dream?

Rena: I like animals such as lions and bears, so I want to study them in university.

Jack: That's great! Do you want to work in Okinawa after you finish studying in university?

Rena: Yes, but first, I want to work at a zoo in Australia because I can see various kinds of unique animals. Then I want to come back to Okinawa and work at an animal hospital. I want to save animals.

Jack: Wow! You have a clear future plan.

Rena: Thanks.

〔英文の訳〕

ジャック：こんにちは，レナ。元気？

レナ：　こんにちは，ジャック，元気だよ。あなたはもう2週間ここにいるのね。日本での生活はどう？

ジャック：とても楽しんでいるよ。たくさんの友達ができたし，ホストファミリーはとても親切だから。

レナ：　いいね。ところで，なぜ日本に興味を持ったの？

ジャック：日本のマンガが大好きなので，日本に興味がある。将来は漫画の本を作りたいと思っている。あなたの夢は何？

レナ：　ライオンや熊などの動物が好きなので，大学でそれら(動物)を勉強したい。

ジャック：いいね！ 大学での勉強が終わった後，沖縄で働きたい？

レナ：　そうね，でもまずはオーストラリアの動物園で働きたい，なぜならさまざまな種類の独特な動物を見ることができるから。それから沖縄に戻って動物病院で働きたい。動物を救いたいの。

ジャック：うわー！ きみははっきりとした将来の計画を持っているんだね。

レナ：　ありがとう。

問1　ジャックは日本の何が好きですか？

ア　彼は日本の漫画の本が好きです。(○)　イ　彼は旅行が好きです。　ウ　彼は日本の動物が好きです。　エ　彼は日本の歴史を勉強することが好きです。

問2　レナの計画について，どれが間違いですか？　ウ(ダイビング)

問3　レナとジャックは何について話していますか？

ア　休暇について。　イ　彼らの学校について。　ウ　沖縄の動物について。　エ　彼らの将来について。(○)

＜理科解答＞

【1】　問1　①　低い　②　下が　③　露点　問2　イ　問3　B　問4　1000g

【2】　問1　イ　問2　ウ　問3　①　イ　②　吸熱　問4　NH_3　問5　エ

【3】　問1　エ　問2　イ　問3　顕性　問4　Aa　問5　⑤　エ　⑥　ウ

【4】　問1　30度　問2　エ　問3　全反射

問4　ウ　問5　右図

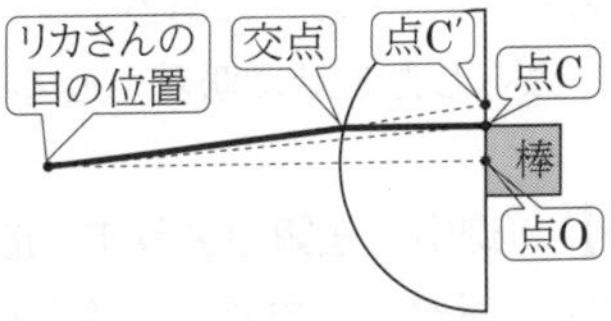

【5】　問1　水星　イ　土星　エ　問2　木星型惑星

問3　①　岩石　②　ヘリウム　③　A

問4　ア　問5　28.8日

【6】　問1　オ　問2　あ　炭素　い　イオン　問3　エ　問4　ウ　問5　飽和

【7】　問1　食物連鎖　問2　A　問3　エ　問4　(1)　右図

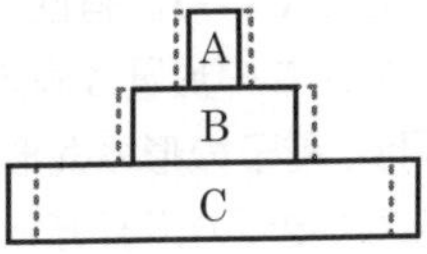

(2)　草食動物(B)が減ると，草食動物(B)を食べる肉食動物(A)は減る。草食動物(B)に食べられる(C)は増える。

【8】　問1　エ→ア→ウ→イ　問2　16000Pa

問3　ウ　問4　浮力　問5　鼓膜内側の気圧を耳抜きをして上げることにより，鼓膜の外側の水圧とつりあうため。

＜理科解説＞

【1】 (雲のでき方―飽和水蒸気量，露点，海陸風，湿度)

問1　空気を冷やしていくと，空気に含まれている水蒸気の一部が**凝結**して水滴に変わる。この時の温度を**露点**という。水蒸気を含む空気のかたまりが上昇すると，上空の気圧が低いために膨張して温度が下がる。そして，露点よりも低い温度になると，空気に含みきれなくなった水蒸気は水滴や氷の粒になり，これが集まって雲になる。

問2　空気のかたまりはあたためられると上昇するが，山の斜面に沿って上昇したりもする。海岸付近では，夜は冷えやすい陸上の気圧が高くなり，冷えにくい海上の気圧が低くなる。そのため，気圧の高い陸から気圧の低い海へ**陸風**がふく。

問3　$1m^3$の空気が含むことのできる水蒸気の最大質量を，**飽和水蒸気量**という。**湿度**は，ある温度の$1m^3$の空気に含まれる水蒸気の質量が，その温度での飽和水蒸気量に対してどれくらいの割合かを百分率で表す。図2のグラフのように，飽和水蒸気量は気温が高くなると大きくなるので，AとBを比べると温度の高い(飽和水蒸気量の大きい)Bの方が湿度は低い。また，CとBを比べると，水蒸気量の小さいBの方が湿度は低い。

問4　図2より，30℃での飽和水蒸気量は$30g/m^3$なので，Bの空気は$1m^3$あたり，$30-10=20$(g)の水蒸気をさらに含むことができる。$20(g)\times50=1000(g)$

【2】 (化学変化―発熱反応，吸熱反応，気体の性質，化学式)

問1　実験1では，鉄と酸素が結びつく反応によって熱が発生する。このとき活性炭と食塩水は反応を進める役割をする。このように，熱を周囲に出している化学変化を**発熱反応**という。

問2　酸素は物質を燃やすはたらきがあるが，酸素そのものは燃えない。集気びんの中の酸素が鉄と結びつく反応に使われてしまい，ロウソクは燃えることができずに火が消えた。水素は気体自身が空気中で燃焼し，二酸化炭素はロウソクが燃えると生じる。窒素は空気中に体積の割合で約80%含まれているが，ふつうの温度では反応しにくい安定した気体である。

問3　実験2で反応後に温度が下がったということは，この化学変化は周囲から熱をうばっている。このような反応を**吸熱反応**という。

問4　水酸化バリウムと塩化アンモニウムの反応で発生する気体はアンモニア(NH_3)で，特有の刺激臭があり，水に非常によく溶ける。また，その水溶液はアルカリ性を示す。

問5　強いにおいのあるアンモニアを吸い込まないように，水に溶けやすい性質を利用して，水でぬらしたろ紙に吸着させる。

【3】（遺伝―産卵のようす，形質，遺伝子）

問1　メダカは魚類に分類され，卵から子がかえる**卵生**である。殻のない卵を水中に産卵する。

問2　細胞の核の中にある**染色体**には，生物の形や性質などの特徴である**形質**を決める**遺伝子**が存在している。**有性生殖**では，受精によって子の細胞は両方の親から半分ずつ染色体を受けつぐので，この形質は両方の親から受けついだ遺伝子によって決まる。

問3　種子の形の丸形としわ形や，子葉の黄色と緑色などのように，どちらか一方の形質しか現れない2つの形質どうしを**対立形質**という。対立形質の遺伝子の両方が子に受けつがれた場合，子に現れる形質を**顕性形質**，子に現れない形質を**潜性形質**という。

問4　遺伝子をアルファベットで表す場合，慣例的に顕性形質は大文字で，潜性形質は小文字で表す。黒色の雄(AAまたはAa)と黄色の雌(aa)をかけ合わせたので，子のもつ遺伝子はAaまたはaaが考えられる。今回生まれたメダカは黒色だけだったことから，親の黒色の雄がもつ遺伝子はAAである。

問5　子の雄(Aa)と親の黄色の雌(aa)をかけ合わせると，子の子はAa，Aa，aa，aaとなり，黒色と黄色は同じ割合になる。また，子の雌(Aa)と親の黄色の雄(aa)をかけ合わせると，子の子は同様に黒色と黄色が同じ割合になる。

【4】（光―入射角，光の進み方，全反射）

問1　半円形レンズの直線部分(境界面)に対して点Oで垂直に交わる縦軸と入射した光がつくる角を**入射角**，反射した光がつくる角を**反射角**という。

問2　入射した点(点O)で境界面に垂直な縦軸と屈折した光のつくる角を**屈折角**という。光がガラスから空気側へ入射したとき，屈折角は入射角より大きくなる。また，光が境界面で反射するとき，同じく垂直な縦軸と反射した光がつくる角を反射角というが，入射角と反射角の大きさは等しい。これを光の**反射の法則**という。

問3　光が，ガラスなどの物体や水から空気中へ進むとき，入射角を大きくしていくと屈折した光が境界面に近づいていく。入射角が一定以上に大きくなると，境界面を通りぬける光はなくなり，全ての光が反射する。これを**全反射**という。

問4　光が空気側からガラスに入射したとき，屈折角は入射角より小さくなる。また，境界面で垂直に入射した光は，そのまま直進する。全反射は，光がガラスなどの物体や水から空気中へ進むときに起こる現象である。

問5　点Cから半円形レンズの直線部分に垂直に入った光は，そのまま進んで半円形部分から出るところで屈折してリカさんの目に入る。このとき，リカさんの目には屈折した光を逆に直進させた位置(点C´)に棒の端があるように見える。

【5】 (天体―太陽系，惑星，地球の公転，太陽の自転)

問1　**太陽系**には，太陽に最も近い惑星から順に水星，金星，地球，火星，木星，土星，天王星，海王星と8つの**惑星**があり，それらはほぼ同じ平面上で，同じ向きに太陽のまわりを**公転**している。したがって，地球とア～キを**公転周期**の短いものから順に並べて，最も短いものが水星，6番目が土星になる。

問2　惑星は，小型で主に岩石からできているために密度の大きい**地球型惑星**(水星，金星，地球，火星)と，大型で主に気体からできているために密度が小さい**木星型惑星**(木星，土星，天王星，海王星)に分けられる。

問3　Aのグループである地球型惑星は，太陽に近い位置を公転しているため，Bのグループである木星型惑星よりも公転周期が短い。

問4　地球は，北極側から見て反時計回りに**自転**しており，同じ向きに太陽のまわりを公転している。図2で，地軸の傾きから考えて，それぞれ北半球がaは春，bは夏，cは秋，dは冬の季節を示している。

問5　24時間で12.5°回転しているので，360°÷12.5°＝28.8°

【6】 (物質とその性質―ガスバーナーの使い方，有機物，イオン，気体の性質，溶解度)

問1　上下の2つのねじが閉まっているかを確認(ウ)して，元栓とコックを開き(ア)，ガス調節ねじを開いて点火する(エ)。ガス調節ねじをさらにゆるめて炎の大きさを10㎝くらいにして(オ)，ガス調節ねじを押さえながら空気調節ねじをゆるめて，青色の安定した炎にする(イ)。

問2　砂糖やデンプンを熱すると，こげて炭ができる。さらに強く熱すると炎を出して燃え，二酸化炭素と水ができる。このような炭素を含む物質を**有機物**という。また，水に溶かしたときに電流が流れる物質を**電解質**という。電解質は水に溶けて陽イオンと陰イオンに**電離**し，このイオンが移動することで，水溶液が電流を通す。

問3　二酸化炭素は石灰水を白くにごらせるので，この性質は気体の確認に利用される。水素は気体そのものが空気中で燃焼し，酸素はものを燃やすはたらきがある。窒素は普通の温度では反応しにくい安定した気体で，アンモニアは水に非常に溶けやすく，刺激臭がある。

問4　実験2の結果から，水溶液がアルカリ性のBは重曹(炭酸水素ナトリウム)，気体が発生せずに水溶液が中性のDは食塩，二酸化炭素が発生したEは石灰石(炭酸カルシウム)であることがわかる。

問5　実験1の②の結果から，20℃の水25gに溶けた量の多い順に並べると，D＞B＞Eとなる。**溶解度**は物質によって異なり，水の温度によって変化する。

【7】 (自然界のつり合い―食物連鎖，光合成と呼吸，生物の数量のつり合い)

問1　自然界における食べる，食べられるという鎖のようにつながった，生物どうしの一連の関係を**食物連鎖**という。**生態系**において，食物連鎖における生物どうしの関係は網の目のようにからみ合っており，これを**食物網**という。

問2　食物連鎖は，**光合成**を行う植物などから始まり，それを食べる草食動物，さらにそれを食べる肉食動物とつながっていく。図1では，Cが植物，Bが草食動物，Aが肉食動物にあたる。

問3　光が当たるとき，植物は二酸化炭素を吸収して酸素を出す光合成を行う。同時に，酸素を吸収して二酸化炭素を出す呼吸も行っている。光が当たっていると，呼吸で放出される二酸化炭素よりも光合成で吸収される二酸化炭素の方が多く，呼吸で使用する酸素よりも光合成で放出される酸素の方が多い。そのため，見かけのうえでは，光が当たっていると植物から二酸化炭素は放出されず，酸素だけが放出されているように見える。

問4　(1)　つり合いが保たれていた生態系で，何らかの原因である生物の数量が変化すると，食べる，食べられるの関係でつながった生物どうしの間の数量関係が変化する。　(2)　Bの数量が減少したことによって，Bに食べられていたCは増加し，Bを食べていたAは減少する。

【8】　(水中ではたらく力─水圧，水面からの深さと水圧，浮力)

問1　水中の物体にはあらゆる方向から圧力がはたらき，この圧力を**水圧**という。水圧は，水中の物体より上にある水の**重力**によって生じる力なので，深くなるほどその力は大きくなる。したがって，水面からの深さが増すにつれて，ゴム膜のへこみ方が大きくなる。

問2　図4より，水圧の大きさは水面からの深さに比例して大きくなる。したがって，160cmの深さでの水圧の大きさは，100(Pa)×160＝16000(Pa)

問3　物体の上面にはたらく下向きの水圧よりも，物体の底面にはたらく上向きの水圧の方が大きいので，矢印の長さは底面の方が長くなる。また，側面にはたらく水圧は，物体の下の方へいくほど大きくなるので，矢印の長さは底面に近づくほど長くなる。

問4　水中の物体の上面にはたらく下向きの水圧よりも，物体の底面にはたらく上向きの水圧の方が大きいので，物体には全体として上向きの力がはたらくことになる。この力を**浮力**という。

問5　鼓膜の外側からの水圧と，鼓膜の内側の気圧をつり合わせることによって，耳の奥へ向かって押されて変形した鼓膜を元にもどす。

＜社会解答＞

【1】　問1　イ　　問2　②　　問3　イ　　問4　a　中華人民共和国　　b　アメリカ合衆国
問5　エ　　問6　ア　　問7　(1)　ア　　(2)　オ

【2】　問1　シラス台地　　問2　ウ　　問3　エ　　問4　(1)　イ，ウ　　(2)　再生可能
(3)　CO_2の排出量が少なく環境にやさしいことがある　　問5　エ

【3】　問1　イ　　問2　(1)　天皇の子孫　　娘を天皇と結婚させて　　(2)　エ
問3　A群　イ　　B群　ウ　　問4　エ　　問5　(1)　D　　(2)　否定的に受け止めた

【4】　問1　ウ　　問2　　津田梅子　(イ)　　北里柴三郎　(エ)　　問3　エ
問4　ウ→ア→イ　　問5　独立を回復した　　アメリカの統治下におかれた　　問6　エ

【5】　問1　(1)　ア　　(2)　イ　　問2　(1)　条例　　(2)　ウ　　問3　(1)　イ　　(2)　ウ
問4　(1)　エ　　(2)　　審理し，間違った判決

【6】　問1　イ　　問2　拒否(権)　　問3　エ　　問4　ア　　問5　ウ　　問6　(1)　A
(2)　Y　雇用者数を調整しやすい　　Z　年収が低い

＜社会解説＞

【1】　(地理的分野－世界のさまざまな地域に関する問題)

問1　**インド北部**に位置するのが**ヒマラヤ山脈**，**南アメリカ大陸**を縦断するのが**アンデス山脈**，**日本の東**に広がるのが**太平洋**である。

問2　図1が**極地方が拡大されるメルカトル図法**で描かれていることから判断すればよい。

問3　Dの地域，冬には一定の降水量があるが夏場は乾燥する地中海性気候である。また，コーヒー・カカオは熱帯地域で作られる作物である。これらを併せて判断すればよい。

問4　a　Xは日本，Yはオーストラリア，Zはカナダである。日本の輸出相手国1位は中華人民共和国，2位はアメリカ合衆国である。

問5　あがロシアの西，すなわちヨーロッパに向けて多くつくられていること，原油採掘地域を結んでいることを併せて判断すればよい。

問6　**マレーシアには，インドや中国からの移民が多かった**ことから判断すればよい。**偏西風の影響が出るのは温帯**の特徴であることから，イの選択肢はそもそも不備がある。多民族国家であるマレーシアで最も人数が多い**マレー系の人たちはイスラム教徒**であることから，ウは誤りである。**主食は米**であることから，エは誤りである。

問7　(1)　**熱帯林，すなわちジャングル**を選べば良い。イは**タイガと呼ばれる針葉樹林帯**，ウは**サバンナ**である。　(2)　工業化の進行は輸出品目に反映されることから判断すればよい。

【2】　(地理的分野－日本のさまざまな地域に関する問題)

問1　**白っぽい火山灰**が堆積したものである。

問2　**上越市は冬に雪が多い日本海側の気候**となることから判断すればよい。

問3　**宮崎県は肉用若鶏の飼育数1位，豚の飼育数が2位**であり，**畜産業が盛ん**であることから判断すればよい。アは第3次産業が多いので観光業の盛んな沖縄県，ウは製造品出荷額が多いので倉敷の水島地区がある岡山県，残りのイは愛媛県である。

問4　(1)　日本の石油輸入相手国は中東諸国が中心であることから，イは正しい。資料3に取り上げられている国の中で，日本のエネルギー自給率は最下位であることから，ウは正しい。日本の発電量の内2位は水力発電であることから，アは誤りである。資料3から，オーストラリアのエネルギー自給率はカナダより高いことが読み取れるので，エは誤りである。　(2)　**写真1が地熱発電，写真2が風力発電，写真3が太陽光発電**であることから判断すればよい。　(3)　資料4がCO_2の排出量に関するものであることから判断すればよい。

問5　Aの北に25m，Bの北に100mの数字があり，境界には崖があることが読み取れるので①は高いとなる。B地点には記号があることから判断すればよい。B地点は高台に平地が広がっていることが読み取れるので台地であることが分かる。

【3】　(歴史的分野－古代から近世の政権・政策を切り口にした問題)

問1　**大化の改新**は，**中大兄皇子**と**中臣鎌足**が**蘇我入鹿を討ち果たした政変**である。

問2　(1)　図1から，**平氏の祖先が桓武天皇**であることが読み取れる。また，**平清盛が娘の徳子を高倉天皇の后にした**ことが読み取れる。これらを併せて説明すればよい。　(2)　平清盛から源頼朝の説明があることから，**鎌倉時代の運慶・快慶作の金剛力士像**を選べばよい。アは**古墳時代の埴輪**，イは**飛鳥時代の法隆寺**，ウは**江戸時代初期に天守閣が建てられた姫路城**である。

問3　A群　琉球王国の立ち位置が記されているイは，1458年に琉球王国尚泰久王が鋳造させた**万国津梁の鐘**である。アはペリーの書簡，ウは朱印状である。　B群　琉球王国と日本・中国・東南アジアの位置関係がつかめる地図を選べばよい。アは城(グスク)の分布，イは江戸時代に各地で行われていた貿易の様子を示したものである。

問4　**天保の改革は，1841～1843年に，老中水野忠邦が進めた**ものであることから，1840年から始まったアヘン戦争を選べばよい。アは1274年と1281年の元寇，イは1404年から始まった日明貿易，ウの羅針盤は11世紀に中国で発明され13世紀末までに世界に広がったものである。

問5　(1)　資料1は，白河藩出身の老中松平定信による寛政の改革が厳しすぎて，賄賂政治と呼ばれた田沼時代が懐かしいという狂歌であることから判断すればよい。　(2)　狂歌は，短歌の形式で皮肉や滑稽を詠むものであることから判断すればよい。

【4】 (歴史的分野－近現代のさまざまな出来事を切り口にした問題)

問1　民撰議院設立建白書は，板垣退助・後藤象二郎らが中心となってまとめた，民撰の議会設立を求めたものであり，ここから自由民権運動が始まることとなったものである。アは大正デモクラシーにおける護憲運動，イは徴兵令，エは地租改正の説明である。

問2　津田梅子は，岩倉具視遣米欧使節団に同行してアメリカに留学し，帰国後に女子英学塾(現在の津田塾大学)をつくった人である。北里柴三郎は，「近代日本医学の父」「感染症学の巨星」として知られる微生物学者・教育者である。アは与謝野晶子，ウは田中正造のことである。

問3　下関条約では清から日本に対して，賠償金2億テール(日本円で約3億1千万円)の支払いがあったことから，エは誤りである。

問4　アは1945年，イは1946年，ウは1933年である。

問5　吉田茂首相が調印したサンフランシスコ平和条約は，太平洋戦争の講和条約であることから判断すればよい。日本はアメリカからの独立を果たしたが，一方で沖縄や小笠原諸島は引き続きアメリカの統治下に置かれることとなった点を説明すればよい。

問6　総数は，令和4年度が令和3年度より54名増えていることから，Aは誤りである。さまざまな出身地の人名が刻まれていることが分かるので，Bは正しい。これらを併せて判断すればよい。

【5】 (公民的分野－基本的人権・地方自治・選挙制度・裁判所に関する問題)

問1　(1)　aは話し合うとあるので団体交渉権，bはストライキという行動を起こすとあるので団体行動権，cは労働組合を作ることができるとあるので団結権のことである。これらを併せて判断すればよい。　(2)　個人情報保護法は，個人に関するさまざまな情報を社会に対して伏せておくことができるというものなので，イは誤りである。

問2　(1)　地方公共団体が独自に法律の範囲内で制定する法令は条例である。　(2)　地方公共団体の長は地域住民の直接選挙によって選出されることから，ウは誤りである。

問3　(1)　小選挙区制では，2位以下の得票の合計が1位の得票より多くなることがあり，死票が多くなるという問題点があることから，イは誤りである。　(2)　一票の価値が高いということは，少ない得票で当選できるということ，すなわち有権者数が少ない方が一票の価値が高くなるということである。したがって，Yの内容は正しいがZの内容は誤りであることが分かる。

問4　(1)　抽選で選ばれた国民と裁判官による裁判のしくみは，裁判員制度である。法務省の管轄下に設置された，低額で司法サービスを受けられる仕組みは法テラスである。警察における取り調べの録画・録音を一部義務化したしくみは取り調べの可視化である。　(2)　三審制の考え方が，慎重な裁判によって間違った判決を出さないようにすることである点に注目して説明すればよい。

【6】 (公民的分野－国際連合・経済・労働などを切り口にした問題)

問1　国際連合の安全保障理事会の非常任理事国は任期2年で1年おきに半数が改選される。日本は2023年1月から12回目の非常任理事国となっている。ドイツではなくロシアが常任理事国であることから，アは誤りである。国際連合の専門委員会はそれぞれ独立した機関であることから，ウは誤りである。国際連合憲章第25条に，加盟国は安全保障理事会の決定を受諾し履行すること

に同意するとあることから，エは誤りである。

問2　**アメリカ・イギリス・フランス・ロシア・中国の五大国に認められた，安全保障理事会の決定を阻止できる特権**である。

問3　日本海にある竹島は韓国と，北海道の東部にある択捉島・国後島・色丹島・歯舞群島の北方領土はロシアとの間の領土問題である。

問4　供給が需要を上回ると物が売れ残るようになるので景気は後退局面となることから，アは誤りである。

問5　1ドル＝100円が1ドル＝90円になるということは，ドルに対する円の価値が高くなっていることを表すので円高である。円安になると相手国における輸出品の価格が低下することになるので，輸出品が売れやすくなる。これらを併せて判断すればよい。

問6　(1)　非正規雇用が近年増加していることから判断すればよい。　(2)　Y　非正規雇用の方が正規雇用より人員調整をしやすい点に注目すればよい。　Z　図2から，非正規雇用は年収が低いことが読み取れるはずである。

＜国語解答＞

【一】　問1　a　冒険　　c　えんがわ　　問2　イ　　問3　自然はあるのが当たり前
問4　ウ　　問5　ア　　問6 エ　　問7　Ⅰ　僕　　Ⅱ　慰める　　Ⅲ　生きていること

【二】　問1　(1)　エ　　(2)　立ちゆか　　問2　自給自足　　問3　先進国　　問4　ウ
問5　イ　　問6　イ　　問7　愛着　　問8　(例)安い大量生産の商品を購入せず，消費者として消費行為の影響をしっかりと考えて大切に使えるものを買う

【三】　問1　ア　　問2　おおかた　　問3　ウ　　問4　エ　　問5　Ⅰ　花　　Ⅱ　わざ

【四】　問1　五言絶句　　問2　風雨　　問3　(1)　ア　　(2)　Ⅱ　五　　Ⅲ　七　　問4　イ

【五】　問1　エ　　問2　ウ　　問3　ウ　　問4　ア　　問5　(例)　Aは「私が輝かせる」という表現から，候補者の強いリーダーシップが感じられ，Bは「寄り添う」という表現から，一人ひとりを支えていこうとする思いが読み取れる。

　私はBが良い。学校はいろいろな生徒がいるので，その一人ひとりの考えに寄り添い，様々な意見を集約して，誰もが楽しく生活できる場にしていくことが大切だと思うからだ。

＜国語解説＞

【一】　(小説―情景・心情，内容吟味，指示語の問題，脱文・脱語補充，漢字の読み書き，語句の意味，ことわざ・慣用句)

問1　a　「冒」は，上が「日」で下が「目」。「険」は，こざとへん。　c　「縁」は，「緑」との混同に注意。

問2　「反旗を翻す」は，**体制打倒のため**に実力行使に踏み切る決意を表明することだ。

問3　僕らの両親は僕同様に田舎で生まれ育った者だから，「自然はあるのが当たり前」という考えを持っている。

問4　傍線部②より前に「田舎で生まれ育った僕や蔦子の方がよほど**ひ弱**で，逆に**道具やゲームに頼った家の中での遊びしか知らなかった**」とあることをふまえて選択肢を選ぶ。

問5 僕の思いが傍線部③以降に描かれている。「ますます**そばに付いていてあげなくちゃ**」と考えているのだ。それはリリーが儚い様子を醸し出すからで，そんな**リリーが心配でたまらない**のである。

問6 この時の僕は幾度となく思い出している。その思い出は，「ドリームにあった……真っ白い雲」というように鮮やかに描写されている。**嗅覚や視覚，触覚といったあらゆる感覚を用いているからこそ鮮やかに描かれる**のである。

問7 Ⅰ この文章は僕が一人称で，「僕」の視点から描かれている。 Ⅱ 僕は「リリーを慰めたくて」虹は風に飛ばされたのだと言葉をかけている。「～ため」に続くように「慰める」という表記の部分を探す。傍線部④の前段落内に「小学生にもなっていない僕にリリーを慰めることなどできなかった……」とあるので，ここから抜き出せる。 Ⅲ 三人で過ごす夏の日々について，僕は「きっとあの時，**僕は生きていることを実感していた**んだと思う」と回想している。

【二】 (論説文―大意・要旨，内容吟味，文脈把握，接続語の問題，脱文・脱語補充，漢字の読み書き，熟語，品詞・用法)

問1 (1) 「立ちゆく」は自立語。動作・作用を表す。活用があり，**言い切りが「u段」**だから動詞。 (2) 「～なくなり」の「なく」は助動詞「ない」である。**助動詞「ない」の接続は未然形**だから上の動詞「立ちゆく」は未然形「立ちゆか」に活用する。

問2 自分の必要な物資を自分の所の生産品でまかなうことを「自給自足」という。

問3 Ⅱ の人は，「選ぶことができる側」の人間だ。**有り余るほどの食べ物があって，安くて丈夫でおしゃれな商品が当たり前のように手に入るのは，先進国**で行われている。

問4 傍線部①の後に「自分たちの衣食住に関わるものが，**どこで，誰の手で，どのように作られているのかがわからなくなってきた**」とあるのをふまえると選択肢が選べる。

問5 傍線部②の後に「理由はいろいろとある。だが，家に帰ってその蓄積と向き合うと，『なぜこんなに買ってしまったのだろう』と**罪悪感が募り，捨てきれずにあふれたものを前に，げんなりする**」とあるのをふまえると選択肢を選べる。

問6 Ⅲ の前では，流行は意識していたし，少しでもお得な買い物をすることを肯定しておきながら，後には「ちょっと待って」と買い物を思いとどまることを大切だとしているから，**逆接の接続詞**を入れよう。

問7 「ストーリー」は，**自分とものの間に生じる特別なつながり**だとしている。これは大量生産の商品には生まれない。それを【文章1】で「何万もある工程の一つを担っただけの商品に対する愛着は薄い」と述べているので，「愛着」が答えだ。

問8 「エシカル」になるための第一歩は，買う前に，購入により生じる影響や，どんな結果になるかを考えることだとしている。つまり**「影響をしっかりと考える」ことが必要**なのだ。そして，周囲の情報や広告にあおられないこと，**大量生産によって安くてすぐにダメになるような商品を購入しない**ことがエシカルにつながるともしている。二つのキーワードを適切に用いて，ポイントをおさえて指定字数でまとめよう。

【三】 (古文―主題・表題，文脈把握，内容吟味，脱文・脱語補充，仮名遣い，書写)

[現代語訳] この年の頃からは，もう，だんだん声も音階に合うようになり，能もわかってくる頃だから，順序を追って数々の能を教えてもよろしい。まず，愛らしい子供の姿なので，どう演じても美しい。声も引き立つ頃だ。この姿と声の二つの利点があれば，悪い所は隠れ，良い所がいっそう花やかに引きたつのだ。原則的には，少年の演じる能に，あまり細かなものまねをさせてはなら

ない。その場の見た目に合わないし，能も上達しないという結果を招く。ただし，(その子が)格別上手であるならば，どのように演じてもよいであろう。子供であるから声もよく，しかも上手であるならば，何をやっても悪いはずがあるまい。しかしながら，この花(能力)は真実の花(能力)ではない。ただ一時的な花(能力)である。そのため，この時期の稽古は，すべてすべて容易に達成できる。したがって，生涯の能のよしあしを決定することにはなり得ないだろう。この頃の稽古は，易しい所を花やかに見せて，技術を大事にするのがよい。動作は確実にし，歌唱は一字一字をはっきりと発音し，舞も型をしっかり身に付けて，注意深く稽古するのがよい。

問1　二画目～四画目において，点画の連続が起きている。

問2　語中・語尾の「は・ひ・ふ・へ・ほ」は，**現代仮名遣いにすると「ワ・イ・ウ・エ・オ」**となる。

問3　「二つ」とは，前述の「童形」と「声」のことである。

問4　傍線部②の直後に「当座も似合はず，能も上がらぬ相なり」とある。

問5　Ⅰ　文中に「この花は**まことの花にはあらず**」とある。　Ⅱ　文中に「この頃の稽古、易き所を花に当てて，わざをば大事にすべし」とある。

【四】　(漢文・詩―文脈把握，脱文・脱語補充，表現技法・形式)

問1　**四行は絶句**，八行は律詩。

問2　漢詩の該当箇所は「花発多風雨」だから，風雨が解答となる。

問3　(1)　資料の詩は**くだけた調子**で話し言葉が用いられている。　(2)　短歌は五七五七七，俳句は五七五のリズムである。この詩も「コノサカヅキヲ／受ケテクレ／ドウゾナミナミ／ツガシテオクレ／……」というように，**五音もしくは七音の組み合わせ**になっている。

問4　漢詩も詩も，**別れのない人生など無い**ことを言っている。

【五】　(会話・議論・発表―文脈把握，脱文・脱語補充，作文)

問1　美穂さんが「それが入っていると，投票する人はより選びやすくなる」と言っている。**「それ」の内容は「どんな学校にしていきたいのか」ということ**で，これが追加するべき内容となる。

問2　候補者Ⅱの演説は**一貫して**〝明るく元気があふれる学校にしたい〟という主張がなされている。冒頭から**問いかけや呼びかけする**ことで親しみやすい。また，**社会全体の新型コロナウイルスによる暗いムードの問題から，学校の明るい雰囲気作りへと順序よく話題を進め**ている。ウのように「複数の観点」はない。

問3　相手が分からないと言っていた点について，どうして分からないのか，どんな点が不明瞭なのかといった**疑問点を掘り下げよう**としている。ア「共感」，イ「比較」，エ「反対」は当てはまらない対応である。

問4　花菜さんは「現実的にどんな取り組みを実行するのかが聞きたい」のだから，**候補者Ⅱの演説には具体的な事柄が述べられていない**ということがわかる。

問5　指示に従い，第一段落はそれぞれのキャッチコピーのポイントをおさえる。Aは**強い候補者自身の意志**を感じる。リーダーシップを取っていこうという思いが強い。Bは逆に主体は生徒で，自分はそれに寄りそうという，**柔軟な姿勢**が感じられるものだ。この違いを明確に示す。そして二段落目では自分が良いと思うキャッチコピーを決め，その理由をまとめる。**今の生徒会に求めること，どんな学校生活を送りたいかなどをふまえ**て，望ましいと思った理由を簡潔にまとめよう。

MEMO

大切なことはメモしておこうネ！

沖縄県公立高等学校

2022年度

入 試 問 題

2022
年
度

●くわしい解説……61ページ

＜数学＞

時間 50分 満点 60点

【注意】 1 答えは，最も簡単な形で表し，すべて別紙の解答用紙に記入しなさい。
2 答えは，それ以上約分できない形にしなさい。
3 答えに$\sqrt{\ }$が含まれるときは，$\sqrt{\ }$の中をできるだけ小さい自然数にしなさい。
4 答えが比のときは，最も簡単な整数の比にしなさい。

【1】 次の計算をしなさい。

⑴ $4+(-8)$

⑵ $10\div\left(-\frac{5}{4}\right)$

⑶ $4+3\times(-2)$

⑷ $3\sqrt{2}+\sqrt{8}$

⑸ $2a\times(-3a)^2$

⑹ $2(x+5y)-3(-x+y)$

【2】 次の □ に**最も適する**数や式または記号を入れなさい。

⑴ 比例式$3:8=x:40$が成り立つとき，$x=$ □ である。

⑵ 次のア～オのうち，無理数であるものは， □ である。ア～オのうちから**1つ選び**，記号で答えなさい。

ア -5 イ $\sqrt{3}$ ウ $\sqrt{9}$ エ 0 オ $\frac{1}{3}$

⑶ 1本83円のペンをa本，1本102円のテープをb本買ったとき，合計金額は740円以下であった。この数量の間の関係を不等式で表すと □ である。次のア～エのうちから**1つ選び**，記号で答えなさい。

ア $83a+102b<740$ イ $102a+83b<740$

ウ $83a+102b\leqq740$ エ $102a+83b\leqq740$

⑷ 右の図において，4点A，B，C，Dが円周上にあるとき，$\angle x=$ □°である。

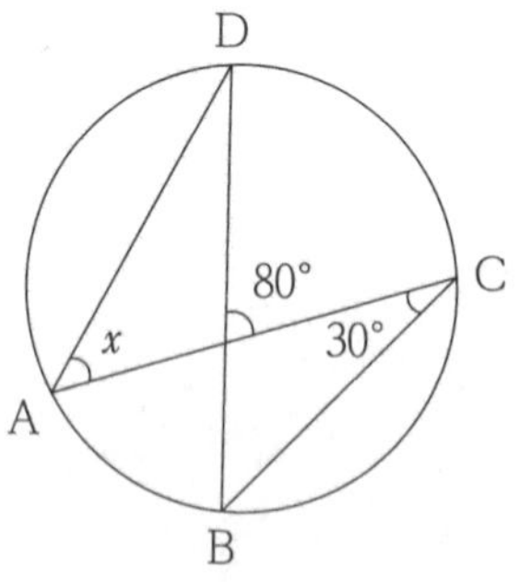

図

(5)　$(2x+y)^2$を展開して整理すると，□である。

(6)　x^2+5x-6を因数分解すると，□である。

(7)　二次方程式$x^2+3x+1=0$の解は，$x=$□である。

(8)　１箱6000円のマンゴーを買うことにする。消費税が８％であるとき，支払う金額は税込みで□円である。次の**ア**～**オ**のうちから<u>**１つ選び**</u>，記号で答えなさい。

ア　480　　**イ**　4800　　**ウ**　6480　　**エ**　6800　　**オ**　6840

(9)　クラスの生徒８人について，先月読んだ本の冊数を調べ，冊数の少ない順に並べると下のような結果になった。読んだ本の冊数の中央値は□冊である。

0	4	5	7	9	11	11	12

（単位：冊）

【３】　下の**図１**のように，袋の中に白玉３個と赤玉３個が入っている。それぞれの色の玉には1，2，3 の数字が１つずつ書かれている。また，**図２**のように数直線上を動く点Ｐがあり，最初，点Ｐは原点（０が対応する点）にある。

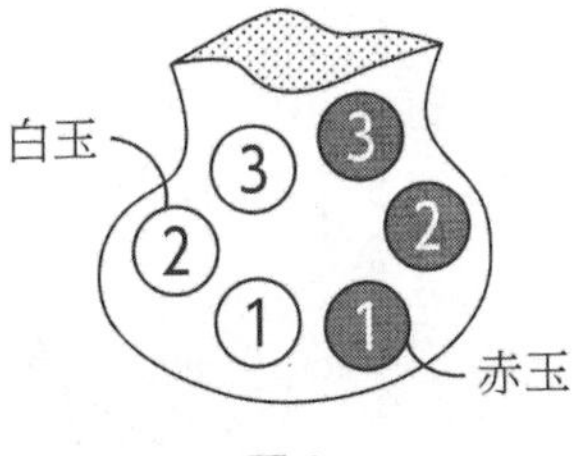

図１

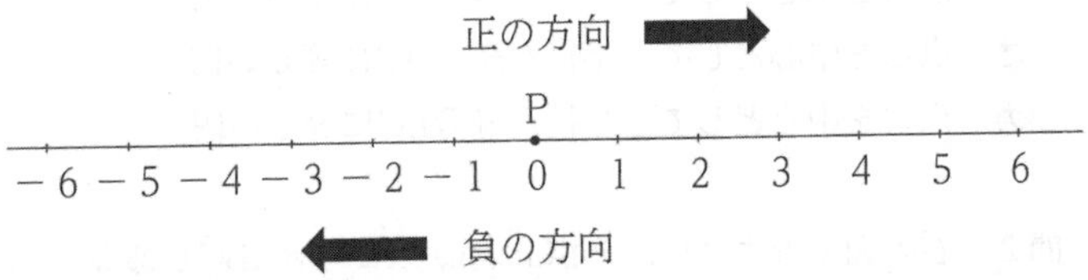

図２

袋の中の玉をよくかきまぜて１個を取り出し，下の規則にしたがって点Ｐを操作したあと，玉を袋に戻す。さらに，もう一度袋の中の玉をよくかきまぜて１個を取り出し，下の規則にしたがって点Ｐを１回目に動かした位置から操作し，その位置を最後の位置とする。

［規則］
・白玉を取り出した場合，正の方向へ玉に書かれている数字と同じ数だけ動かす。
・赤玉を取り出した場合，負の方向へ玉に書かれている数字と同じ数だけ動かす。
・２回目に取り出した玉の色と数字がどちらも１回目と同じ場合，１回目に動かした位置から動かさない。

このとき，あとの各問いに答えなさい。
ただし，どの玉を取り出すことも同様に確からしいとする。

問１　点Ｐの最後の位置が原点である玉の取り出し方は何通りあるか求めなさい。

問２　点Ｐの最後の位置が２に対応する点である確率を求めなさい。

問３　点Ｐの最後の位置が－４以上の数に対応する点である確率を求めなさい。

【４】 次の各問いに答えなさい。

問１　右の図１のように，線分ABと線分BCがある。この図に点Dをかき入れて，四角形ABCDが平行四辺形となるように，次の（手順１），（手順２）で点Dを求めた。

①，② に**最も適するもの**を，下の**ア**～**カ**のうちから**１つずつ選び**，記号で答えなさい。

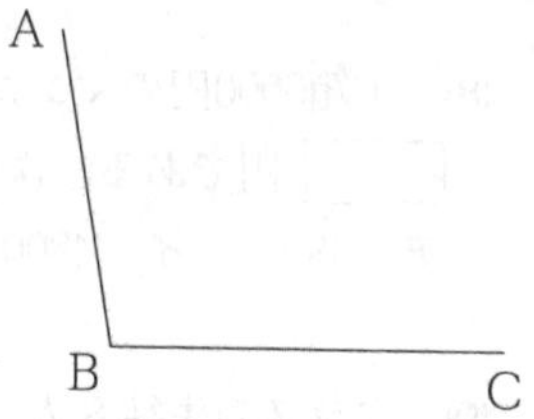

図１

【点Dを求める手順】
（手順１）　①　と　②　をかく。
（手順２）（手順１）でかいた２つの円の交点のうち，平行四辺形になる点をDとする。

ア　点Aを中心として，半径が線分ABに等しい円
イ　点Aを中心として，半径が線分BCに等しい円
ウ　点Bを中心として，半径が線分ABに等しい円
エ　点Bを中心として，半径が線分BCに等しい円
オ　点Cを中心として，半径が線分ABに等しい円
カ　点Cを中心として，半径が線分BCに等しい円

問２　右の図２のように，２点Ｐ，Ｑと三角形ABCがある。
下に示す２つの条件をともに満たす点のうち，この点と，Ｐ，Ｑを頂点とする三角形の面積が最大となるような点をＴとする。
点Ｔを定規とコンパスを使って作図しなさい。ただし，**点を示す記号Tをかき入れ，作図に用いた線は消さずに残しておくこと。**

［条件］
・２点Ｐ，Ｑから等しい距離にある。
・三角形ABCの辺上にある。

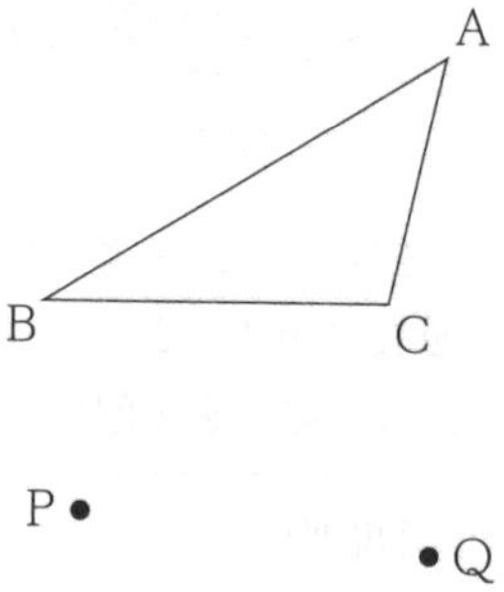

図２

【５】 与えられた条件を満たす自然数の組について，あとの各問いに答えなさい。

問１　自然数の組 m，n の求め方について，令一さんと和美さんが以下のように会話をした。
① ～ ⑤ に**最も適する**数や式を入れ，会話を完成させなさい。

［練習問題１］　$m^2+n^2=25$ を満たす自然数の組 m，n を求めなさい。
ただし，m は n より大きいとする。

和美さん：これはすぐにわかったわ。$m=$ ① ，$n=$ ② が答えね。

令一さん：私は，m と n にいろいろな数をあてはめて答えを見つけたけど，和美さんは，どのように解いたの？

和美さん：私も令一さんと同じだけど，m と n が5より小さいことに着目したわ。

> ［練習問題２］　$m^2-n^2=8$ を満たす自然数の組 m，n を求めなさい。
> ただし，m は n より大きいとする。

令一さん：これもいろいろな数をあてはめて，答えを見つければいいかな？

和美さん：ちょっと待って。それより，何か工夫して考えてみようよ。

令一さん：どのように工夫するの？

和美さん：まずは式の左辺が因数分解できるよね。右辺は２つの数の積に変形できるわ。次に左辺と右辺をそれぞれ対応させて連立方程式を作り，m と n を求めればいいんじゃない？　あっ，でも，右辺を 8×1 にすると，連立方程式の解が自然数にならないから，4×2 にするわ。

令一さん：今の話をまとめると，$m^2-n^2=8$ は， ③ $=4\times2$ に変形できたよ。これから，連立方程式を作るんだね。

和美さん：そうね。作った連立方程式の２つの式で左辺と右辺が，きちんと対応していれば，$m=$ ④ ，$n=$ ⑤ となるよ。

令一さん：和美さんの話から，数学では，これまでに学習したことを活用できる場合があることがわかるね。

問２　$m^2-n^2=24$ を満たす自然数の組 m，n のうち，<u>mの値が最大となる組</u>を求めなさい。ただし，m は n より大きいとする。

【６】　太郎さんが所属するサッカー部で，オリジナルマスクを作ることになり，かかる費用を調べたところ，A店とB店の料金は，それぞれ次の**表１**，**表２**のようになっていた。

ただし，消費税は考えないものとする。

表１　A店の料金

> 注文のとき，初期費用として50000円かかり，それに加えて，マスク１枚につき500円かかる。

表２　B店の料金

> 注文の枚数による費用は，次の通りである。ただし，初期費用はかからない。
> ・注文の枚数が49枚までのとき，マスク１枚につき1500円かかる。
> ・注文の枚数が50枚から99枚までのとき，マスク１枚につき1200円かかる。
> ・注文の枚数が100枚以上のとき，マスク１枚につき1000円かかる。
> 例えば，注文の枚数が60枚のとき，費用は1200×60＝72000（円）となる。

また，次のページの**図**は，B店でマスクを作る枚数を x 枚としたときのかかる費用を y 円として，x と y の関係をグラフに表したものである。

ただし，このグラフで，端の点を含む場合は●，含まない場合は○で表している。
このとき，次の各問いに答えなさい。

問１　Ｂ店でマスクを30枚注文したとき，かかる費用を求めなさい。

問２　Ａ店でマスクを作る枚数を x 枚としたときのかかる費用を y 円として，y を x の式で表しなさい。

問３　Ｂ店で作るときにかかる費用が，Ａ店で作るときにかかる費用よりも安くなるのは，作る枚数が何枚以下のときか求めなさい。

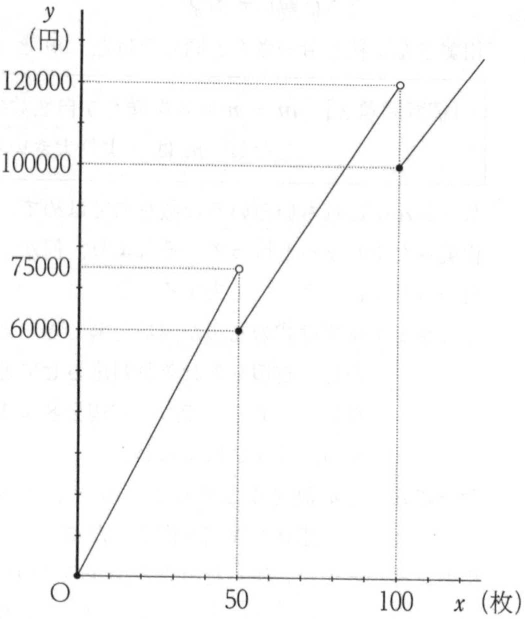

図

【７】　右の図１のように，関数 $y = ax^2$ のグラフ上に２点Ａ，Ｂがある。点Ａの x 座標を -2，点Ｂの x 座標を４とする。このとき，次の各問いに答えなさい。ただし，$a > 0$ とする。

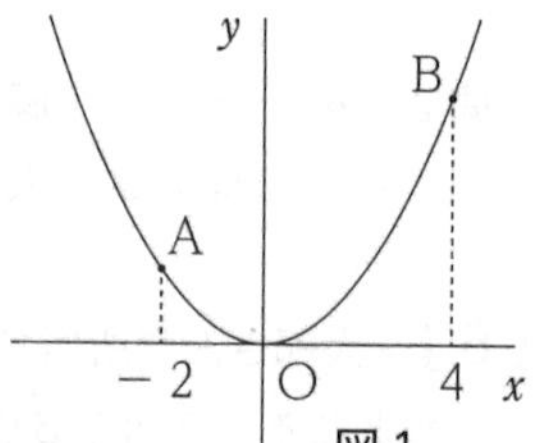

図１

問１　点Ｂの y 座標が16のとき，a の値を求めなさい。

問２　$a = \frac{1}{2}$ のとき，x の変域が $-2 \leqq x \leqq 4$ のときの y の変域を求めなさい。

問３　x の値が -2 から４まで増加するときの変化の割合を a の式で表しなさい。

問４　△OABの面積が84㎠となるとき，a の値を求めなさい。
ただし，原点Ｏから点（０，１），点（１，０）までの長さを，それぞれ１㎝とする。

【８】　右の図２のように，△ABCにおいて，辺AB上に点Ｐ，辺AC上に２点Ｑ，Ｒをとる。このとき，PQ∥BR，AQ＝３㎝，PR＝２㎝，∠BRP＝∠BRCとする。あとの各問いに答えなさい。

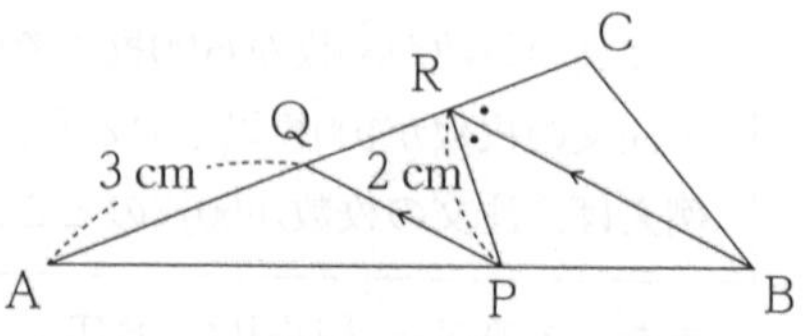

図２

問１　線分QRの長さを求めなさい。

問２　△APQ∽△ABRとなることを次のように証明した。[　　] をうめて証明を完成させなさい。ただし，証明の中に根拠となることがらを必ず書くこと。

【証明】
△APQと△ABRにおいて，
∠ [　　] は共通　…①
平行線の [　　　] は等しいから　∠AQP＝∠ARB　…②
①，②より
[　　　　　　　　　　　　] から
△APQ∽△ABR

問３　線分ABと線分PBの長さの比を求めなさい。

問４　△PRQの面積が２cm^2のとき，△ABRの面積を求めなさい。

【９】 右の図は，半径３㎝の球Aと，その球がちょうど入る円柱Bを表している。このとき，次の各問いに答えなさい。ただし，円周率はπとする。

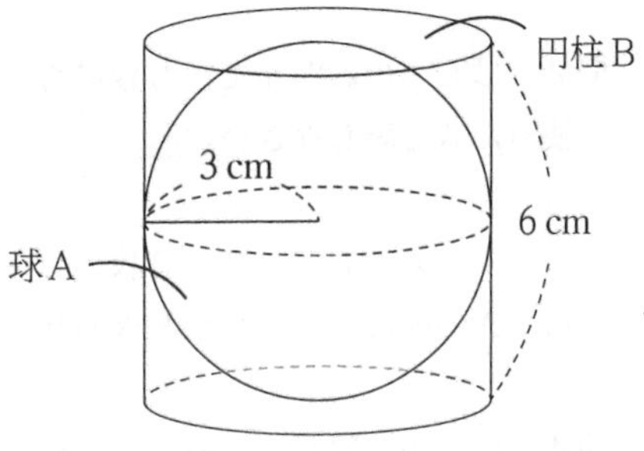

図

問１　球Aの表面積を求めなさい。

問２　球Aの体積を求めなさい。

問３　次のア～エのうちから，正しいものを１つ選び，記号で答えなさい。
ア　球Aの表面積は，円柱Bの底面積の２倍である。
イ　球Aの表面積は，円柱Bの側面積に等しい。
ウ　球Aの体積は，円柱Bの体積の$\frac{1}{3}$倍である。
エ　球Aの体積は，円柱Bの体積の半分である。

問４　体積が球Aの体積と等しく，底面が円柱Bの底面と合同である円すいを円すいCとする。円すいCの高さを求めなさい。

【10】 下のように計算方法を書いた４枚のカードA，B，C，Dがある。

A　２を足す	B　２を引く	C　２倍する	D　２乗する

この４枚のカードから３枚のカードを１枚ずつ取り出し，取り出した順にカードに書かれている計算方法で，はじめの数に次々と計算をし，計算の結果を求める。
ただし，取り出したカードはもとに戻さないものとする。
　次のページの例１のように，はじめの数が－３で，３枚のカードをA，C，Dの順に取り出したとき，計算の結果は４になる。

例1
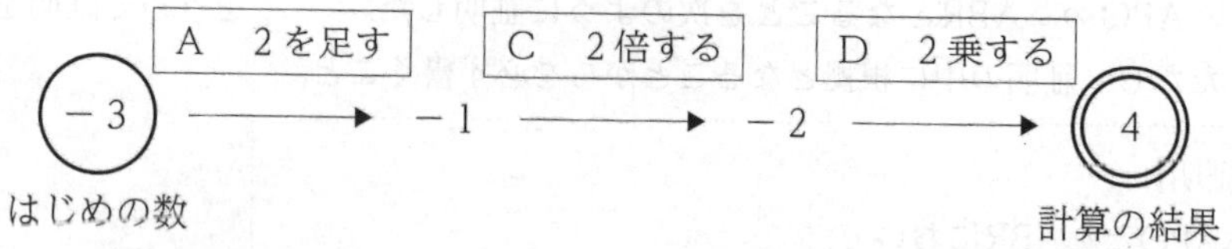

例2のように，はじめの数が5で，3枚のカードをB，D，Cの順に取り出したとき，計算の結果は18になる。

例2
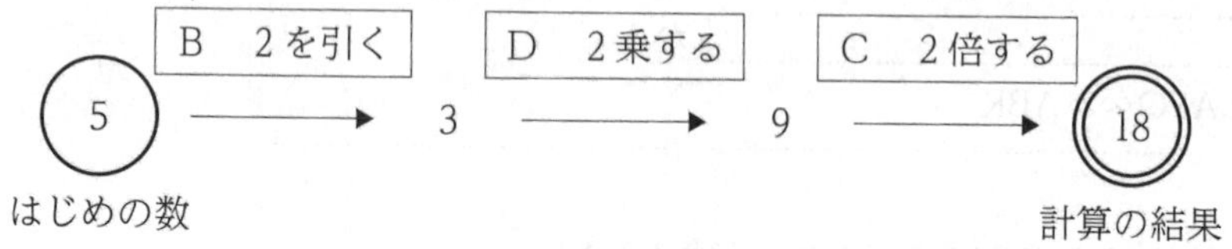

このとき，次の各問いに答えなさい。

問1　はじめの数が3で，3枚のカードをA，B，Cの順に取り出したとき，計算の結果を求めなさい。

問2　はじめの数がxで，3枚のカードをD，C，Aの順に取り出したとき，計算の結果をxを使った式で表しなさい。

問3　はじめの数がxで，3枚のカードをA，C，Dの順に取り出したときの計算の結果と，D，C，Aの順に取り出したときの計算の結果は等しかった。はじめの数xを**すべて**求めなさい。

問4　はじめの数が−4のとき，計算の結果を最も大きくするためには，4枚のカードから3枚のカードをどのような順に取り出せばよいか，その順を答えなさい。

＜英語＞

時間　50分　　満点　60点

【１】 大問１は英文を聞いて答える問題です。それぞれの問いについて英文と質問が読まれます。質問の答えとして最も適切なものを次の**ア**～**エ**のうちから１つ選び，その記号を書きなさい。英文と質問はそれぞれ１度だけ読まれます。

問１

ア

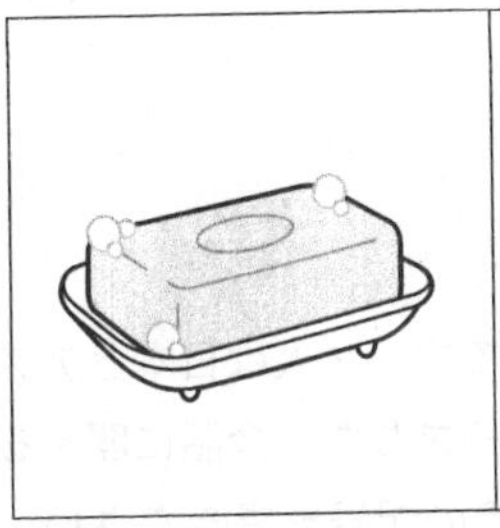

イ

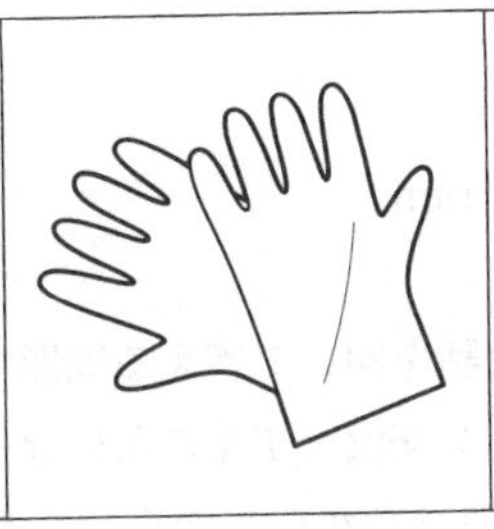

ウ

エ

問２

ア

イ

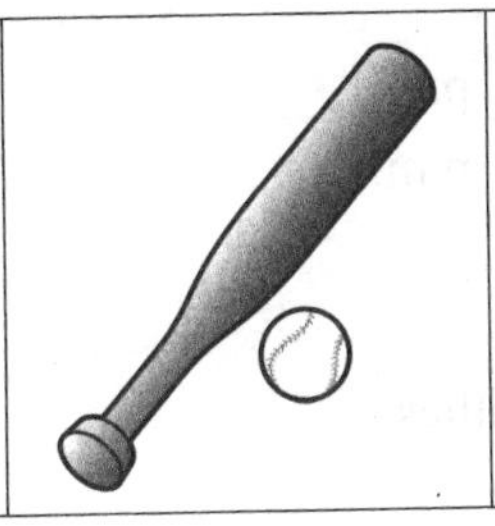

ウ

エ

問３

ア

イ

ウ

エ

【2】 大問2は会話を聞いて答える問題です。それぞれの会話の最後の文に対する応答として最も適切なものを次のア～エのうちから1つ選び，その記号を書きなさい。なお，会話の英文はそれぞれ1度だけ読まれます。選択肢ア～エの英文は読まれません。

問1　ア　OK. I hope you'll like it.　イ　OK. I'll see you tomorrow.
　　ウ　OK. I'll teach you.　エ　OK. Let's go eat something.

問2　ア　Don't be angry. You'll be fine.　イ　Don't be shy. You'll be OK.
　　ウ　Don't stop. You'll be fine.　エ　Don't worry. You'll be OK.

問3　ア　Thank you. That'll be 500 yen.
　　イ　Then, 1,000 yen please.
　　ウ　OK. The restroom is over there.
　　エ　Sorry, we don't have a green pen.

【3】 大問3は美香 (Mika) とスティーブの会話を聞いて答える問題です。2人は日本とアメリカに住む中学生で，インターネットでオンライン交流をすることになりました。会話に関する質問の答えとして最も適切なものを次のア～エのうちから1つ選び，その記号を書きなさい。なお，会話と質問はそれぞれ英語で2度読まれます。問1と問2の選択肢ア～エの英文は読まれません。

問1　ア　It's 5:30 a.m.　イ　It's 5:30 p.m.
　　ウ　It's 9:30 a.m.　エ　It's 9:30 p.m.

問2　Mika likes it because ______________.
　　ア　the skirt type is cute
　　イ　it's cheaper than everyday clothes
　　ウ　it's easy to wash it at home
　　エ　it's easy to get ready for school

問3

ア

イ

ウ

エ

【4】 次の各問いの会話文について，(　)に入る最も適切なものを次のア～エのうちから１つ選び，その記号を書きなさい。

問１ A：What did you do last weekend?
B：I went to a temple and (　　) a lot of pictures.
ア take　イ taken　ウ taking　エ took

問２ A：Did you see Mike at school yesterday?
B：I think he (　　) come to school because he was sick yesterday.
ア didn't　イ doesn't　ウ isn't　エ wasn't

問３ A：Did you see the pictures painted by the famous artist?
B：I wanted to see (　　), but I couldn't because there were many people in front of me.
ア her　イ him　ウ it　エ them

【5】 次の各問いの会話文について，(　)に入る単語を下の語群から選び，自然な会話になるように必要であれば適切な形に変えて１語で書きなさい。ただし，語群の単語はそれぞれ１度しか使えません。

問１ A：Look! There is Mt. Fuji.
B：Wow! I have never (　　) such a beautiful mountain.

問２ A：It's cold today.
B：Really? I think it's (　　) than yesterday.

問３ A：Who is the man (　　) the guitar on the bench? He is making a beautiful sound.
B：Oh, he is my brother. He loves music.

問４ A：Will it (　　) a fine day tomorrow?
B：I have no idea. Let's check the weather news.

語群：	be	warm	easy	play	see	come

【6】 次の各問いの会話文について，(　)内のア～オの語句を正しく並べ替えて意味が通る文を完成させ，その並べ替えた順に記号をすべて書きなさい。

問１ A：Do you remember (ア school festival　イ held　ウ when　エ our　オ was) last year?
B：No, I don't. Let's ask our teacher.

問２ A：Let's go shopping after school today.
B：I'm sorry I can't. My mother (ア me　イ come　ウ to　エ back　オ told) by 6 p.m.

問３ A：You have a nice camera.
B：Thanks. This (ア the camera　イ gave　ウ is　エ me　オ my father) on my birthday.

【7】 次の各問いは，それぞれある場面での会話文です。２人の会話が交互に自然につながるように次のア～ウの文を正しく並べ替え，その並べ替えた順に記号をすべて書きなさい。

問１ Did you finish your English homework for summer vacation?
ア No. The last question is very difficult.
イ Sounds good. We can go to the library.
ウ I agree. Let's try to finish it together.

問２ May I help you?
ア No problem. Can I try it on?
イ Yes. I'm looking for a black jacket.
ウ Let me see. We have only a large size.

問３ You look sad. What's wrong?
ア You're right. Thanks. I will.
イ You should go to the police and tell them about that.
ウ I have lost my bag that I bought yesterday. Everything is in it.

【8】 健 (Ken) と健の母親は夏に開催される予定の英語プログラムのパンフレット (pamphlet) を見ながら話しています。次のページのパンフレットと会話を読んで，各問いに答えなさい。

Mother : Ken, look at this pamphlet. There will be a summer English program next Sunday. You like studying English, right? I think you'll like it.
Ken : Let me see. Wow! It looks exciting. I can talk with people from different countries.
Mother : You're right. Also, you can learn some English songs and play games, too.
Ken : Sounds fun. By the way, what does "scavenger hunt" mean?
Mother : It's a game. You have to find things written on a paper. For example, if you see the words "red shirt" on the paper, you have to find a red shirt. A person wearing a red shirt is also fine. If you find all of the things on the paper first, you will be the winner.
Ken : Wow! I have never done such an activity.
Mother : Look. You can also bring some food you want to share. I can make okonomiyaki. Then everyone can enjoy eating it.
Ken : That's a good idea. I'll bring that. Can I join the program?
Mother : Of course.

ABC Summer English Program 2022

ABC School is going to have a special summer English program for junior high school students who like learning English. You can take an English conversation class, play games, and sing English songs. We believe that you will have a great time and make new friends. If you want to join our summer English program, you must send us an e-mail by July 22nd. Please look at the *1 schedule for more information.

Schedule

	Activity
Morning Class 1 10:00-10:50	Introduce yourself & play a warm-up game
Morning Class 2 11:00-11:50	English conversation class with English teachers from the UK, US, and New Zealand
Lunch 12:00-13:00	BBQ & Bingo
Afternoon Class 13:00-14:00	**Choose one activity you like.** **Scavenger Hunt**: You are a *2 hunter! Solve problems with your team members. **Singing Songs**: Let's sing some popular English songs together with a guitar.

Date: Sunday, July 24th

*3 **Fee: 3,000 yen**

★If you bring some food or drinks to share with other people, you'll get 10% OFF.

For More Information:

Please e-mail abc2525@jmail. com or call 099-117-1944.

*1 schedule：スケジュール　*2 hunter：ハンター（狩りをする人）　*3 fee：料金

問１　健と母親がこのパンフレットについて話をしているのはいつですか。次のア～エのうちから１つ選び，その記号を書きなさい。

ア　June 27th　イ　July 17th　ウ　July 24th　エ　August 1st

問２　健はこの英語プログラムに参加することに決めました。申し込むために健が必ずしなければならないことは何ですか。次のア～エのうちから１つ選び，その記号を書きなさい。

ア　Call ABC school.

イ　Send an e-mail to ABC school.

ウ　Talk to his school teacher.

エ　Visit ABC school.

問３　この英語プログラムに参加するために，健が支払うことになる金額はいくらですか。パンフレットと会話の内容を踏まえ，最も適切なものを次のア～エのうちから１つ選び，その記号を書きなさい。

ア　¥2,500　　イ　¥2,700　　ウ　¥3,000　　エ　¥3,300

問４　健は“scavenger hunt”に参加することにしました。“scavenger hunt”について書かれた以下の文のうち，パンフレットと会話の内容に一致していないものを次のア～エのうちから１つ選び，その記号を書きなさい。

ア　He will have a scavenger hunt after lunch.

イ　He will have a scavenger hunt with other students.

ウ　He will look for things written on a paper during the scavenger hunt.

エ　He will have a scavenger hunt after singing songs.

【９】 中学生の幸司 (Koji) が進路学習で仕事に関する発表を行った後，ALT のマイク (Mike) 先生と会話をしています。次の英文を読み，各問いに答えなさい。

Mike : Koji, your speech was great! How did you choose your topic?

Koji : Thank you, Mike sensei. Actually, I didn't know what to do in the future, so I decided to talk about my mother's job. My mother works as ①a social worker in my town. I realized that being a social worker is very interesting, and I learned more about it.

Mike : That's great. Can you tell me more about your mother's job?

Koji : She said that social workers help many kinds of people such as children, adults, and old people, with many kinds of problems in life. They work at different places, such as schools, hospitals, or *1nursing homes. They also help parents. Parents need a lot of help because *2raising children is very hard, so ②they need someone to give them advice about that.

Mike : That sounds like a lot of work. [I]

Koji : She said that social workers need to be good at communicating with people because they will talk with many kinds of people. An important part of this work is listening to people and helping them to find ways to solve their problems. A good social worker must be *3patient and *4flexible to do this well. My mother has these *5skills and gets joy from helping others, so she really likes her work.

Mike : Oh, that is so nice! Koji, ③I think you can work in a job that helps people too. During class, I can see how kind you are to your friends and how much you like talking to your classmates. [Ⅱ]

Koji : Yes, I think work that makes people's lives better is wonderful! In the future, I would like to support people with my work too.

Mike : Wonderful! Good luck!

*1nursing homes：高齢者介護施設　*2raising children：子育て　*3patient：我慢強い

*4flexible：柔軟性のある　*5skills：技術

問１ 下線部①について，本文の内容に一致する説明として最も適切なものを次のア～エのうちから１つ選び，その記号を書きなさい。

ア A social worker doesn't like to talk with many people at work.

イ A social worker gets support from many kinds of children and parents.

ウ A social worker supports different kinds of people who need help in their lives.

エ A social worker helps people who have no problems in life.

問２ 下線部②が指すものとして最も適切なものを次のア～エのうちから１つ選び，その記号を書きなさい。

ア children

イ parents

ウ old people

エ social workers

問３ マイク先生が下線部③のように考える理由として最も適切なものを次のア～エのうちから１つ選び，その記号を書きなさい。

ア Koji is very kind and good at talking with old people.

イ Koji is very kind and gives money to his friends.

ウ Koji is very kind and can communicate well with his friends.

エ Koji is very kind and interested in raising children.

問４ 本文中の [Ⅰ]・[Ⅱ] に入る最も適切なものを次のア～ウのうちから１つずつ選び，その記号を書きなさい。

ア Do you know how people help social workers at schools, hospitals, or nursing homes?

イ Because of your speech, have you started to think about your future?

ウ What kinds of skills are important for her job?

問５ 本文の内容と一致している文として適切なものを次のア～オのうちから２つ選び，その記号を書きなさい。

ア Koji's mother works as a social worker because she gets a lot of money.

イ Koji is interested in helping people through his work after he learned about his mother's job.

ウ Koji wants to be a doctor and support old people in the future.

エ Communication skills are necessary for social workers.

オ Being kind to children is necessary for parents and teachers.

【10】 ある日，あなたはALTの先生から以下の英字新聞の切り抜き記事(お悩み相談コーナー)をもらいました。今回のお悩み相談コーナーは，相談員キャシー（Kathy）が中学生トム（Tom）の悩みに答えています。次の英文を読み，各問いに答えなさい。

Dear Kathy, 

Hi. I'm Tom, a 15-year-old student in junior high school. I have a problem. I can't sleep well at night. I try to go to bed early, but I just can't *1fall asleep. Please help me!

Dear Tom, 

Thank you for your question. I understand that you are very worried. However, you are not the only one to have this type of problem. Some research shows that many people have a hard time sleeping at night. I have four *2tips for better sleep.

The first tip is to try to wake up and go to bed at the same time every day. For example, if you wake up at 6 a.m. and go to bed at 10 p.m. on weekdays, ①do the same on weekends. Why? It's because we all have a 24-hour clock in our bodies. You will feel great when your body knows what to do and when to do it. Many people use *3an alarm clock to wake up in the morning. If you often study or watch TV until late at night, I have a great idea for you to try. Set an alarm to know when to go to bed, too.

The second tip is to keep your bedroom cool. Your head and your body need to cool down to sleep well. This is the reason you can't fall asleep when the room is too hot. Keep the room temperature around 25℃.

The third tip is to keep your bedroom dark. It will make you feel sleepy. One hour before you go to bed, do not use computers and smartphones. This means that you should not watch TV or play games on your smartphone in bed. If you share a bedroom with your brothers or sisters and can't turn off the light at your bedtime, (②) will be helpful.

The final tip is to have *4a wind-down routine. We can't just turn off the light and sleep right away. It takes some time to *5slow down the body and feel sleepy. In the last 20 minutes before you go to bed, do something *6relaxing and remember happy memories of the day. For example, some people like taking a shower, *7stretching their bodies, or listening to quiet music. Other people remember the day's events that made them happy. Find a good way for you and do it every night.

Sleep is very important for us to be healthy and happy. Please try some of these tips. I hope they will help you sleep well, Tom!

*[1]fall asleep：眠りに落ちる　*[2]tip(s)：コツ　*[3]an alarm clock：目覚まし時計
*[4]a wind - down routine：気持ちを落ち着かせる日課　*[5]slow down：ペースを落とす
*[6]relaxing：リラックスするような　*[7]stretching ～：～を軽く動かすこと

問1　下線部①は具体的にどうすることか。次のア～エのうちから1つ選び，その記号を書きなさい。
ア　have a 24-hour clock in your body
イ　wake up at 6 a.m. and go to bed at 10 p.m.
ウ　have a hard time sleeping at night
エ　use an alarm clock to wake up in the morning

問2　(②) に入る適切な語句を次のア～エのうちから1つ選び，その記号を書きなさい。
ア　earphones
イ　a watch
ウ　a sleep mask
エ　socks

問3　以下の3名はより良い睡眠をとりたいと思っています。3名それぞれの状況を踏まえて，本文に出てくる4つのコツのうち，あなたはどれを教えてあげますか。それぞれ下のア～エのうちから最も適切なコツを1つずつ選び，その記号を書きなさい。
①　Yasu　: When I go to bed at night, the TV in my bedroom is on.
②　Toshi : I sometimes go to bed at 8 p.m. and other times at 11 p.m.
③　Sara　: When I am in bed to sleep, I often worry about the next day and feel nervous.

ア　the first tip　イ　the second tip　ウ　the third tip　エ　the final tip

問4　本文の内容と一致していない文を次のア～エのうちから1つ選び，その記号を書きなさい。
ア　There are many people who can’t sleep well at night.
イ　Kathy tells Tom that he can use an alarm for his bedtime.
ウ　When the bedroom is hot, it’s difficult to fall asleep.
エ　Kathy tells Tom to follow all the tips for better sleep.

問5　この記事にタイトルをつけるとしたら，次のどれが最もふさわしいですか。次のア～エのうちから1つ選び，その記号を書きなさい。
ア　Why Tom should sleep well at night
イ　Kathy says, “Don’t go to bed late at night!”
ウ　Kathy’s three tips for better sleep
エ　Help me, Kathy.　I can’t sleep!

問6　トムはキャシーに教えてもらったコツを実践したおかげで，夜ベッドに入るとすぐに眠れるようになりました。今は睡眠の悩みも解消して，健康で充実した学校生活を送っています。トムは，キャシーにお礼のメールを書くことにしました。トムになったつもりで，「実践したコツ」と「そのコツを実践した結果や感想」を伝えるメールを英文で書きなさい。ただし，次のページの条件を踏まえて解答すること。

〈条　件〉・英文は主語・動詞を含む文であること。
・16～32語の英語で書くこと。ただし，符号（, . ! ?“ ” 等）は語数に含めない。
・解答の仕方は，下の【記入例】に習い，各下線部に1語ずつ書くこと。
【記入例】 No, I don't like it !
・実践したコツは，キャシーに教えてもらったものから1つを選んで書くこと。
・解答欄に示された英文（メールの書き出し）に続けて書くこと。

【11】 次の問いに英文で答えなさい。ただし，設問中に示された指示や条件を踏まえて解答すること。

〈場面設定〉 あなたの学校に来ているALTのジョシュ（Josh）先生が，春休みに離島への旅行を計画しています。ジョシュ先生は，離島への移動のために，飛行機（airplane）と船（ship）のどちらを利用したらよいか迷っています。

＜問い＞ 以下の飛行機と船に関する情報をもとに，2つの移動方法のどちらかをジョシュ先生にすすめましょう。「どちらの移動方法をすすめるか」「その移動方法をすすめたい具体的な理由」がわかる英文を書きなさい。

飛行機（airplane）

①所要時間：50分
②便数：1日3便
（出発時刻：8 a.m./12 p.m./ 6 p.m.）
③運賃：12,000円

船（ship）

①所要時間：8時間
②便数：1日1便
（出発時刻：8 a.m.）
③運賃：4,000円

〈条　件〉
1 英文は主語・動詞を含む文であること。
2 英文は3文以内で書くこと。
3 どちらの移動方法をすすめたいかわかるように書くこと。
4 その移動方法をすすめたい具体的な理由を2つ書くこと。（理由はそれぞれ異なるものであること。理由は上に示した①所要時間，②便数，③運賃やイラストに示された情報にもとづくこと。）
5 解答欄に示された英文（書き出し）に続けて書くこと。

<理科>

時間　50分　　満点　60点

【１】 ある日の理科の授業の様子です。次の問いに答えなさい。
(図１～図３は次のページにあります。)

先生：今日の理科の授業は酸とアルカリの反応の実験を行います。
まず，うすい塩酸 $5\,cm^3$ を試験管に入れて，次に，ＢＴＢ溶液を数滴加え，マグネシウムリボンを入れてください。何か気づいたことはありますか。

リンさん：溶液の色が黄色になり，マグネシウムリボンの表面から $_{a}$気体が発生し，$_{b}$マグネシウムリボンが小さくなっているように見えます。

先生：それではさらに，この試験管にうすい水酸化ナトリウム水溶液を少しずつ加えていき，気づいたことを記録してください。

リンさん：わかりました。気づいたことを記録します。

〈記録〉

水酸化ナトリウム水溶液の量	少 ―――――――――→ 多			
試験管内の様子	 気体の発生がさかんで，マグネシウムリボンが小さくなる	 気体の発生が減少し，マグネシウムリボンがさらに小さくなる	 気体の発生がなくなり，マグネシウムリボンも変化しなくなる	 気体の発生がなく，マグネシウムリボンも変化しない
水溶液の色	黄色	黄色	緑色	青色

先生：水溶液中には何種類かのイオンが含まれていると考えられます。水溶液の色が黄色を示しているとき，この水溶液に含まれているイオンのうち，最も多く含まれているイオンは何だと考えられますか。

リンさん：私は［　①　］だと考えます。

先生：リンさん，反応についてのイメージがよくできていますね。
今度は，マグネシウムリボンは入れず，うすい塩酸にうすい水酸化ナトリウム水溶液を加えていったときのようすをモデルで考えてみましょう。
図１～図３を見てください。

先生　リンさん，図１，図２のモデルから，図３のモデルを考え，［　　　］に書いてみましょう。

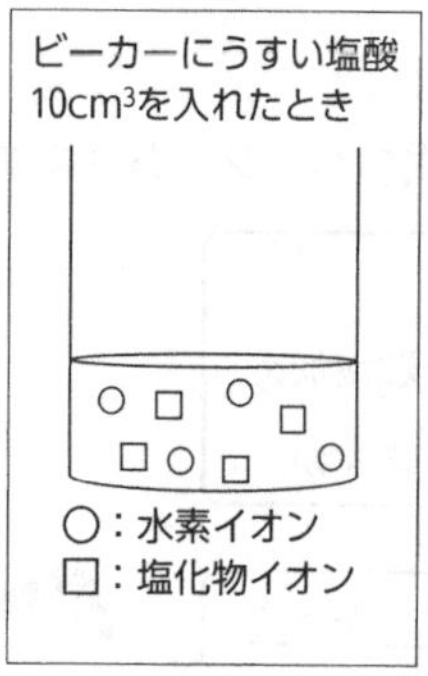

図１

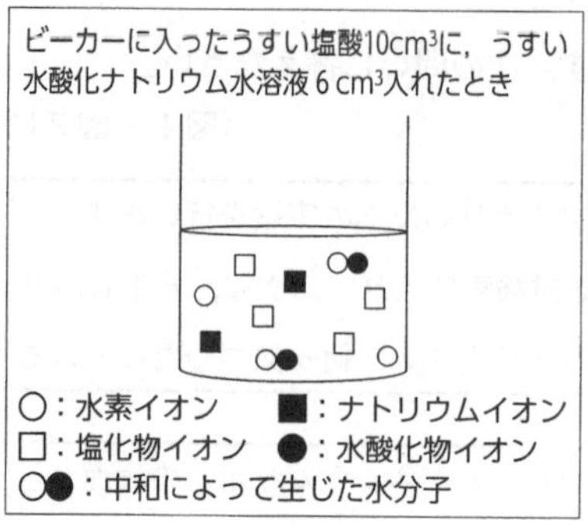

図２

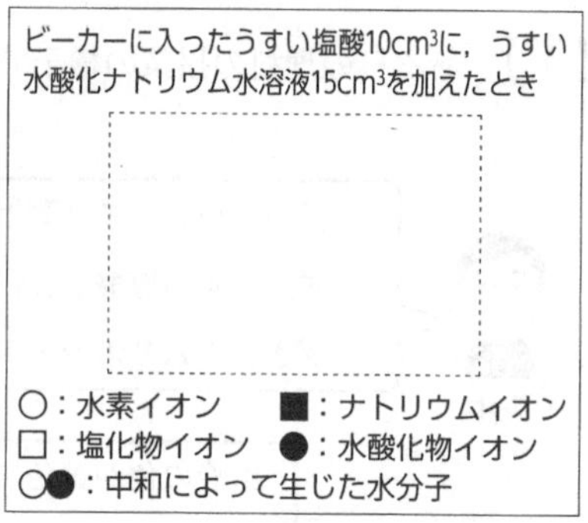

図３

問１　下線部ａの気体の性質として最も適当なものを，次の**ア**～**オ**の中から１つ選び記号で答えなさい。

ア　石灰水を白く濁らせる　　　　　**イ**　物質を燃やすはたらきがある
ウ　漂白や殺菌のはたらきがある　　**エ**　物質の中で密度がいちばん小さい
オ　水にとけやすく，水溶液はアルカリ性である

問２　下線部ｂは，マグネシウムがとけてマグネシウムイオンになる反応である。マグネシウムイオンについて，正しく説明しているものを，次の**ア**～エの中から１つ選び記号で答えなさい。

ア　マグネシウム原子が電子を２個受け取って，－の電気を帯びた陰イオンになったもの。
イ　マグネシウム原子が電子を２個失って，－の電気を帯びた陰イオンになったもの。
ウ　マグネシウム原子が電子を２個失って，＋の電気を帯びた陽イオンになったもの。
エ　マグネシウム原子が電子を２個受け取って，＋の電気を帯びた陽イオンになったもの。

問３　［①］にあてはまる最も適当なものを，次の**ア**～**オ**の中から１つ選び記号で答えなさい。

ア　水素イオン　　　　**イ**　塩化物イオン　　　**ウ**　マグネシウムイオン
エ　ナトリウムイオン　**オ**　水酸化物イオン

問４　実験で用いたうすい塩酸とうすい水酸化ナトリウム水溶液の反応について，次の化学反応式を完成させなさい。ただし，化学式は，アルファベットの大文字，小文字，数字を書く位置や大きさに気をつけて書きなさい。

$$HCl + NaOH \rightarrow \underline{\qquad\qquad} + \underline{\qquad\qquad}$$

問５　図３の［　　］に当てはまるモデルとして最も適当なものを次の**ア**～**エ**の中から，図３の［　　］のモデルのpHとして最も適当なものを次の**オ**～**キ**の中から，それぞれ１つずつ選び記号で答えなさい。

〔モデルの選択肢〕

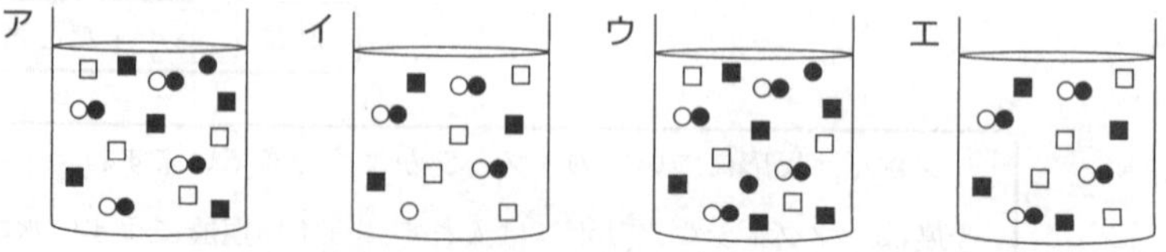

〔pHの選択肢〕　**オ**　pHは７より大きい　　**カ**　pHは７より小さい　　**キ**　pHは７である

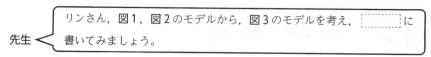

【２】 温帯低気圧と台風について，あとの問いに答えなさい。

〔Ⅰ〕 次の文および**図１**と**図２**は，温帯低気圧に関する気象台のコラムである。

「ニンガチカジマーイ」・急な風の変化に注意！

「ニンガチカジマーイ」の「ニンガチ」は旧暦の「２月」，「カジマーイ」は「風がまわる」という意味の沖縄地方の言葉です。この時期，過去に多くの海難事故が発生しているので注意が必要です。

図１と**図２**の天気図からわかるように，３月19日から20日にかけて，東シナ海から日本に接近してきた低気圧が急速に発達して，沖縄の北を通過しました。このとき，**那覇**では低気圧にともなう**前線Ａ**の通過後に，風向きが南から北寄りに変わり，風が強まりました。

強い風が吹くと，波が高まり海もしけてきます。このような急な風の変化は，漁業関係者には昔から台風に次ぐ荒れ日として恐れられています。皆さんも，釣りやキャンプなどの行楽を計画するときには，最新の気象情報を利用し，急な風の変化に備えることが重要です。

2014年3月19日21時

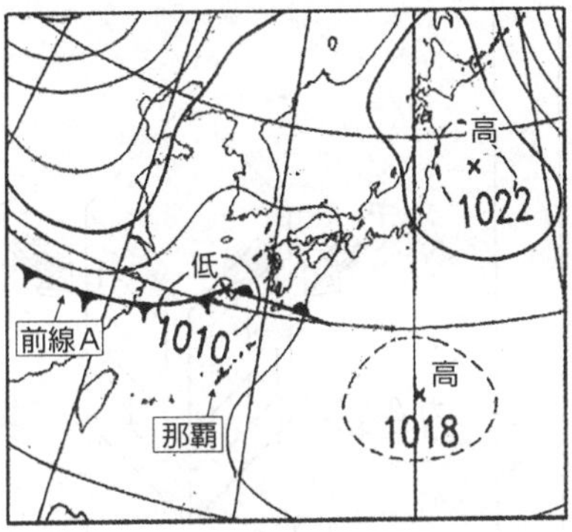

図１

2014年3月20日21時

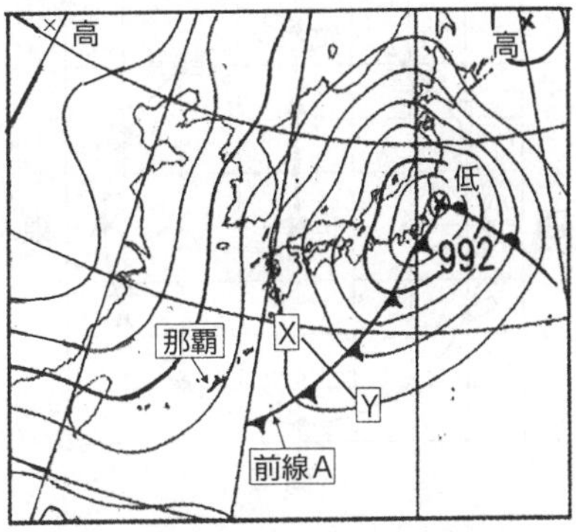

図２

※　石垣島気象台情報局2021年２月号を加工して作成
(https://www.jma-net.go.jp/ishigaki/press/info_station/data/202102.pdf)

問１　文および図中の**前線Ａ**の名称を答えなさい。

問２　**図２**中の**前線Ａ**の X－Y 断面を，模式的に表した図として，最も適当なものを次の**ア**～**エ**の中から１つ選び記号で答えなさい。ただし，図の矢印は寒気または暖気の動く方向を示している。

ア

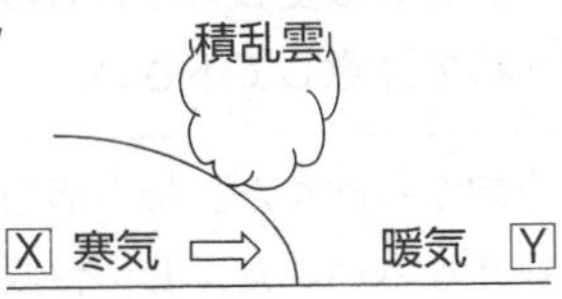

イ

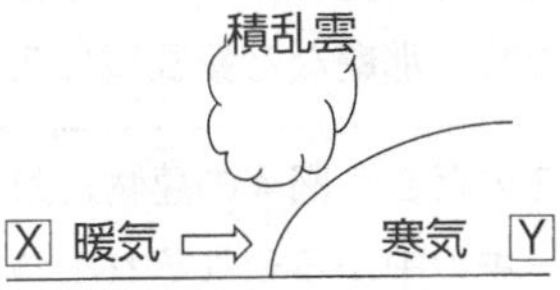

ウ

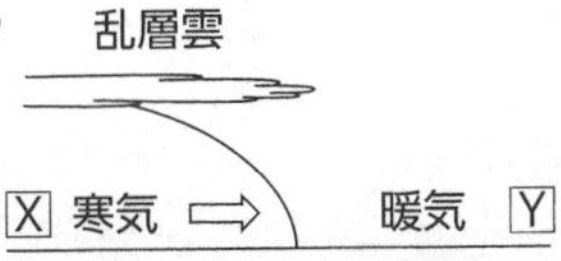

エ

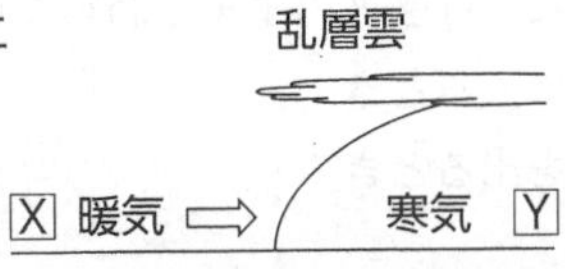

問３　**図１**の低気圧について，次のページの①，②の答えとして，最も適当な語句の組み合わせ

を次のア～エの中から１つ選び記号で答えなさい。

①どの方向へ移動しているか。②その動きは何の影響によるものか。

ア ① 西から東へ移動 ② 季節風の影響
イ ① 西から東へ移動 ② 偏西風の影響
ウ ① 東から西へ移動 ② 季節風の影響
エ ① 東から西へ移動 ② 偏西風の影響

〔Ⅱ〕 図３は，ある年の９月に那覇へ接近した台風を，模式的に表したものである。図４は，那覇市内にある建物を表している。

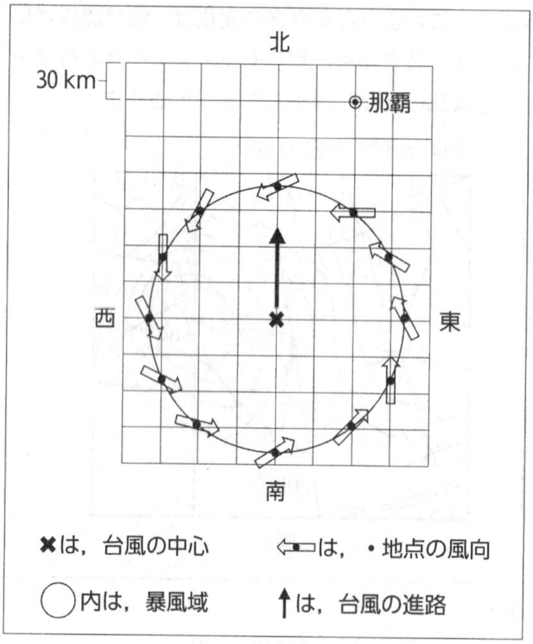

図３

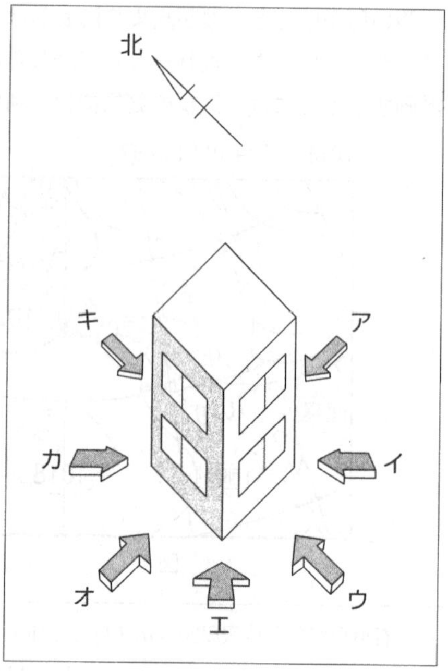

図４

問４ 台風が図３の位置にあるとき，次のような予報が発令された。那覇が暴風域に入るのは何時間後か。予報をもとに推測して答えなさい。

台風は，時速15㎞で北へ進んでおり，今後も進路や暴風域の大きさは変わらないものと見られます。そのため，那覇など暴風域に入る地域がありますので注意して下さい。

問５ 次の⑴および⑵のとき，図４の建物に対して，風はどの方向から吹くか。最も適当なものを図４中の矢印ア～キの中からそれぞれ１つずつ選び記号で答えなさい。ただし，台風の進路や暴風域の大きさなどは図３のまま変わらないものとする。

⑴ 那覇が暴風域に入るとき

⑵ 那覇が暴風域を出るとき

【3】 次の文を読み，問いに答えなさい。

2021年7月,「奄美大島，徳之島，沖縄島北部および西表島」が世界自然遺産に登録された。その地域には，そこにしか生息しない固有の生物や，絶滅のおそれのある生物，独自の（　X　）をとげた生物が生息し，それらを育む豊かな自然環境がある。**セキツイ動物**ではノグチゲラやイリオモテヤマネコが国の特別天然記念物に指定されている。

一方で，ゴミの不法投棄，密猟，**外来生物**，ロードキル（交通事故死）などの課題がある。生物多様性の保全に対して，私たち一人一人が向き合っていくべきことが改めて問われている。

問1　文中の（　X　）には,「長い年月をかけて，生物のからだの特徴（形質）などが世代を重ねる間に変化していくこと」を表す語句が入る。その語句を答えなさい。

問2　（　X　）と遺伝子について，最も適当なものを次のア～エの中から1つ選び記号で答えなさい。

ア　遺伝子は変化することなく世代を重ねて伝わるので，長い年月をかけて顕性形質（優性形質）をもつ子孫のみが現れるようになる。

イ　遺伝子は変化することなく世代を重ねて伝わるので，長い年月をかけて顕性形質（優性形質）をもつ子孫が多く現れるようになり，潜性形質（劣性形質）をもつ子孫との個体数の比は，3：1となる。

ウ　遺伝子は，まれに変化し，その変化が世代を重ねて伝わることがあるので，長い年月をかけて潜性形質（劣性形質）をもつ子孫のみが現れるようになる。

エ　遺伝子は，まれに変化し，その変化が世代を重ねて伝わることがあるので，長い年月をかけてさまざまな形質をもつ子孫が現れるようになる。

問3　次の表は，**セキツイ動物**の一般的な特徴をまとめたものである。表のA～Dには，ホニュウ類，ハチュウ類，両生類，魚類のいずれかが入る。(あ)～(う)には，下の問(1)のア～オに示されているいずれかの特徴が入る。表の中の○は，分類されたセキツイ動物の特徴に当てはまることを，×は当てはまらないことを示す。

特徴＼分類	鳥類	A	B	C	D
(あ)	○	○	○	○	○
(い)	○	×	○	○	○
(う)	×	×	○	○	○
えら呼吸をする，または子（幼生）がえら呼吸をする	×	×	×	○	○

(1)　表の**(い)に入る特徴**として，最も適当なものを次のア～オの中から1つ選び記号で答えなさい。

ア　変温動物である　　イ　恒温動物である　　ウ　背骨がある

エ　胎生である　　オ　卵生である

(2)　表のBに入る動物として，最も適当なものを次のア～エの中から1つ選び記号で答えなさい。

ア　ホニュウ類　　イ　ハチュウ類　　ウ　両生類　　エ　魚類

(3)　表のCとDは，この表の特徴だけでは動物の種類を決定することができない。CとDを区別する時に必要となる特徴は何か。最も適当なものを次のページのア～エの中から1つ選び記号で答えなさい。

ア 体表にうろこがある　イ 卵の表面にかたい殻がある

ウ 羽毛がある　エ 外とう膜がある

問4 下の<レポート>は，沖縄における外来生物である「ツルヒヨドリ」の特徴を，科学クラブの生徒が資料やインターネットなどを活用して調べたものである。**<レポート>の記述をもとに，ツルヒヨドリを分類した。**下の文中の（Y）に当てはまる分類として，最も適当なものを**ア**～**オ**の中から1つ，（Z）に当てはまる分類の根拠（理由）として，最も適当なものを**カ**～**サ**の中から1つ選び記号で答えなさい。

ツルヒヨドリは（　Y　）である。その根拠は，（　Z　）からである。

［Yの選択肢］

ア 鳥類　イ 単子葉類　ウ 種子植物　エ 裸子植物　オ シダ植物

［Zの選択肢］

カ 背骨があり，羽毛がある　キ 胚珠がむき出しになっている

ク 葉・茎・根の区別がある　ケ 子葉が1枚である

コ 折れた茎からなかまを増やす　サ 花を咲かせ，種子をつくってなかまを増やす

<レポート>　ツルヒヨドリの特徴について

1．どんなもの？

・原産地は南北アメリカの熱帯地域で，特定外来生物（飼育・栽培・運搬・販売などが原則禁止の生物）に指定されている

・つるでからみつき，他の植物をおおいながら成長して広がる

・自然環境だけでなく，農作物にも被害を及ぼす可能性がある

2．葉について

・葉の長さは4～13 cm，幅は5～10 cmで，表面にすこし光沢がある

・葉の全体の形は基本的にハート形，ふちが少しギザギザしている

・葉脈の通り方が，他の似た植物と見分けるポイントとなる

3．花について

・11月から12月にかけて小さな白い花が集まって咲く

・1月には綿毛（わたげ）のついた種子を多量につける

・種子は軽く，風で遠くまで運ばれる

4．繁殖力について

・成長が早く，一日で10 cm伸びることもある

・種子だけでなく，折れた茎からでもなかまを増やせる

参考にしたもの：環境省那覇自然環境事務所のパンフレット
沖縄県環境部自然保護課のWebサイト
（https://www.pref.okinawa.jp/site/kankyo/shizen/index.html）

【４】 図１～図３のように，重さ5.0Nの物体に軽いひもを取りつけ，定滑車や斜面を用いてひもをたるませずに地面から高さ1.8mまでゆっくりと引き上げ静止させた。ただし，ひもと滑車とのあいだおよび斜面と物体のあいだには摩擦がなく，空気抵抗もないものとする。次の問いに答えなさい。

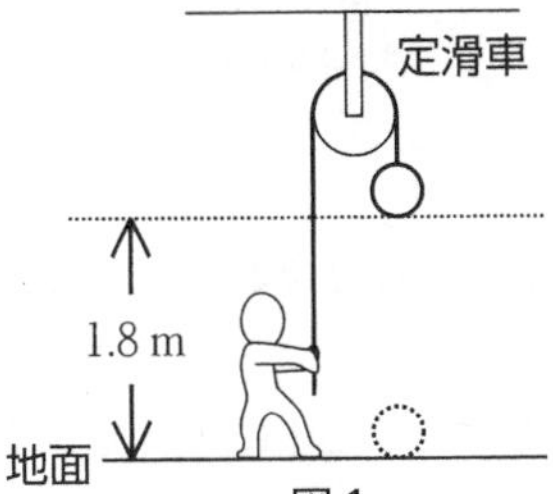

図１

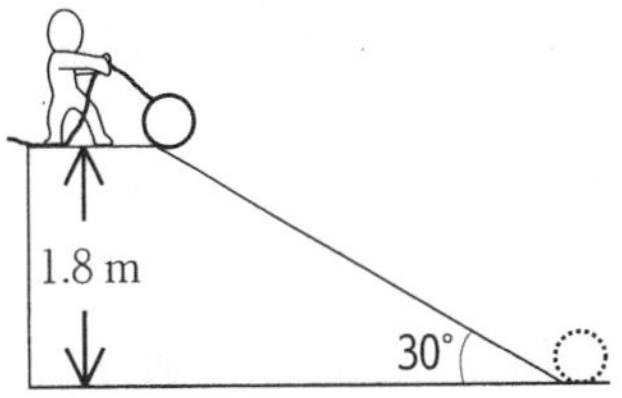

図２

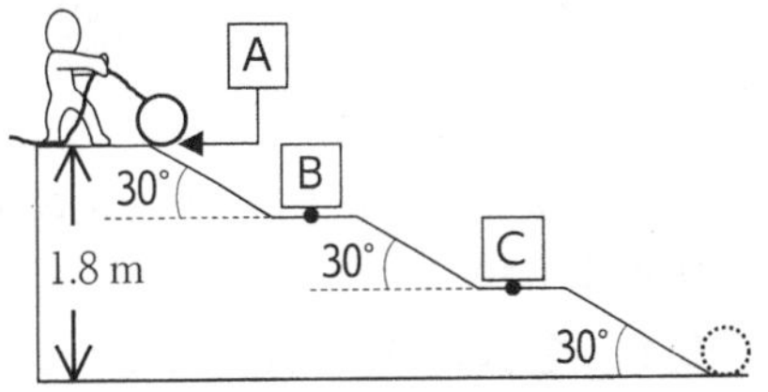

図３

問１　図１の方法で物体を引き上げたとき，ひもを引く力がした仕事を求めなさい。ただし，引き上げるのに必要な力は，物体にはたらく重力と同じ大きさとする。

問２　図１と図２の方法で物体を引き上げたとき，ひもを引く力がした仕事は同じである。このように，道具を使っても仕事の大きさが変わらないことを何というか。

問３　図１で引き上げた物体を静止させたまま，ひもと物体とのつなぎ目をはさみで切った。このあとの物体の運動について記した次の文について，(①)～(③)に当てはまる語句や数値の組み合わせとして，最も適当なものを次の**ア～カ**から１つ選び記号で答えなさい。

> 静止していた物体は，地面に対し垂直に落下した。この物体の運動を（　①　）といい，落下中は物体に対して重力が仕事をすることにより，物体の（　②　）の大きさが減少する。そして，地面からの高さ0.90mにおけるエネルギーの総和は（　③　）Jであり，地面まで落下し続けた。

	ア	イ	ウ	エ	オ	カ
①	自由落下	自由落下	自由落下	自由落下	慣性	慣性
②	位置エネルギー	位置エネルギー	力学的エネルギー	力学的エネルギー	位置エネルギー	力学的エネルギー
③	9.0	4.5	9.0	4.5	9.0	4.5

問４　図１～図３のように地面から高さ1.8mまで引き上げたあと，物体とひものつなぎ目をはさみで切った。すると物体は，**図１**では真下に，**図２**および**図３**では斜面に沿って運動し始めた。**地面に達するまでにかかる時間の関係**として正しいものを次の**ア～エ**から１つ選び記号で答えなさい。ただし，**図３＜図１**は，**図３**の実験の方が**図１**の実験よりも早く地面に達することを示す。

ア　図１＝図２＝図３　　　**イ**　図１＜図２＝図３

ウ　図１＜図２＜図３　　　**エ**　図２＜図１＜図３

問５　図３の位置Aから水平面上の点B，Cを通過して地面に達するまでについて，物体の位置と運動エネルギーの関係を表したグラフとして，最も適当なものを次のページの**ア～エ**の中から１つ選び記号で答えなさい。

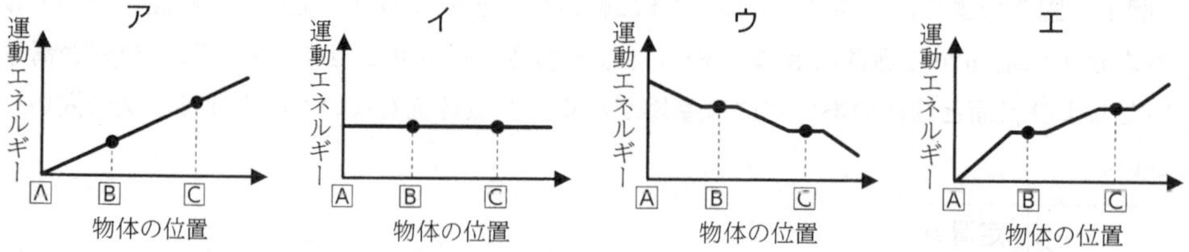

【5】 わたしたちヒトは，日々活動するエネルギーのもととして食べ物から養分をとっている。次の問いに答えなさい。

問1 養分のひとつであるデンプンは，「植物が光を受けて養分をつくるはたらき」によってつくられる。このはたらきを漢字で答えなさい。

問2 ヒトは，食物を分解し吸収されやすい物質にする消化酵素を持っている。消化酵素とその消化酵素を含む消化液，分解される物質の組み合わせとして，正しいものを次の**ア**～**カ**の中から1つ選び記号で答えなさい。

	ア	イ	ウ	エ	オ	カ
消化酵素	アミラーゼ	リパーゼ	ペプシン	アミラーゼ	リパーゼ	ペプシン
消化液	だ液	だ液	胃液	胃液	胆汁	胆汁
分解される物質	デンプン	タンパク質	脂肪	デンプン	タンパク質	脂肪

問3 下の文中の空欄（A）～（C）に当てはまる語句の組み合わせとして，正しいものを次の**ア**～**カ**の中から1つ選び記号で答えなさい。

（A）は分解されて（B）になり，小腸にある柔毛の表面から吸収された後，（C）に入る。

	ア	イ	ウ	エ	オ	カ
（A）	デンプン	デンプン	デンプン	タンパク質	タンパク質	脂肪
（B）	ブドウ糖	アミノ酸	アミノ酸	アミノ酸	ブドウ糖	脂肪酸 モノグリセリド
（C）	リンパ管	毛細血管	リンパ管	毛細血管	リンパ管	毛細血管

問4 ヒトは食べた食物をエネルギー源として利用している。ヒトが行う「酸素を使って糖などの養分からエネルギーを取り出すはたらき」を何というか。正しいものを次の**ア**～**オ**の中から1つ選び記号で答えなさい。

ア 消化　**イ** 免疫　**ウ** 分裂　**エ** 肺による呼吸　**オ** 細胞による呼吸

問5 デンプンや麦芽糖（デンプンからできる糖）の存在を調べるとき，使う薬品を次の**ア**～**オ**，その物質が存在するときの反応を次の**カ**～**コ**の中から，正しいものをそれぞれ1つ選び記号で答えなさい。

〔薬品〕 **ア** 石灰水　**イ** ヨウ素溶液　**ウ** ＢＴＢ溶液
エ ベネジクト溶液　**オ** 酢酸カーミン溶液

〔反応〕 **カ** 赤色になる　**キ** 白く濁る　**ク** 黄色からしだいに緑色に変化する
ケ 青紫色になる　**コ** 加熱すると赤褐色の沈殿ができる

【６】 手指消毒液に利用されているエタノールについて，状態変化の実験を行った。あとの問いに答えなさい。

〈実験〉

ポリエチレンの袋に液体のエタノールを少量入れて袋の中の空気を抜いた後，密閉した。これに90℃のお湯をかけると，ポリエチレンの袋はふくらんで液体のエタノールは確認できなかった。また，お湯をかける前とかけた後で袋全体の質量は変化しなかった。

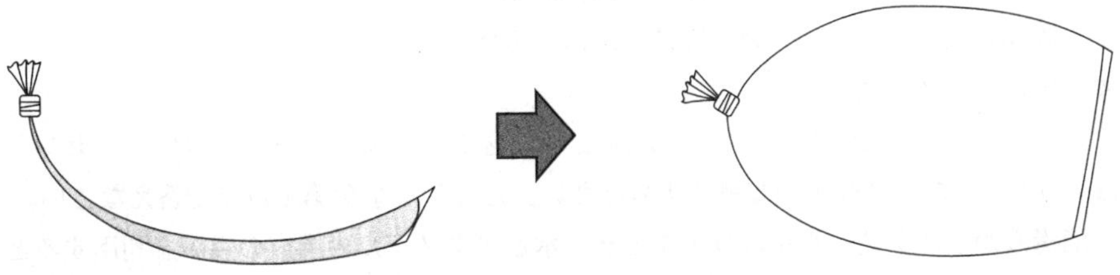

〈考察〉

お湯をかけた後，ポリエチレンの袋の中に液体のエタノールが確認できなかったことから，液体のエタノールがすべて気体に変化したと考えた。教科書で調べると，エタノール分子の状態変化を粒子のモデルで表すと次のようになることがわかった。

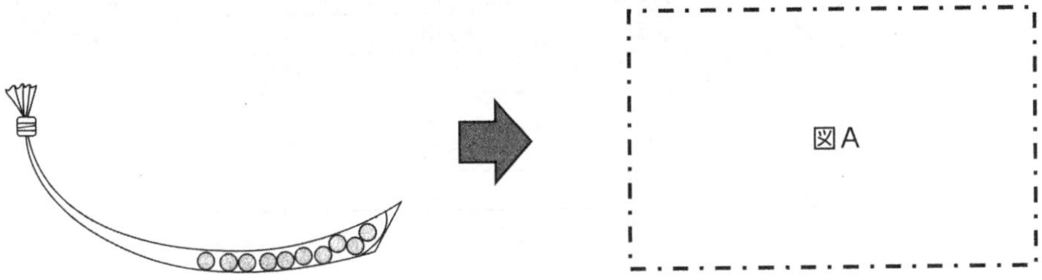

また，エタノール分子の運動は，気体と液体で比べると［　B　］ことがわかった。したがって，ポリエチレンの袋がふくらんだ理由は，気体のエタノール分子に原因があるといえる。

問１　文中の図Aに最も適当な内容を次の**ア**～**ウ**の中から１つ選び記号で答えなさい。

ア
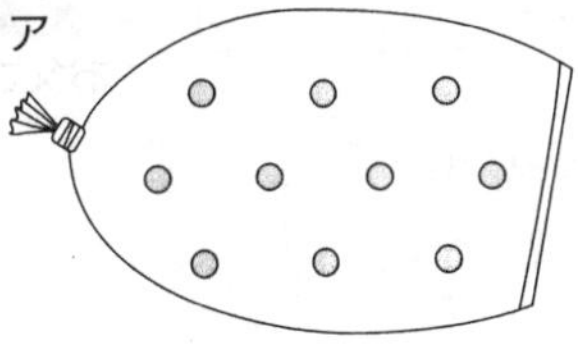
粒子の数と大きさは変わらない

イ
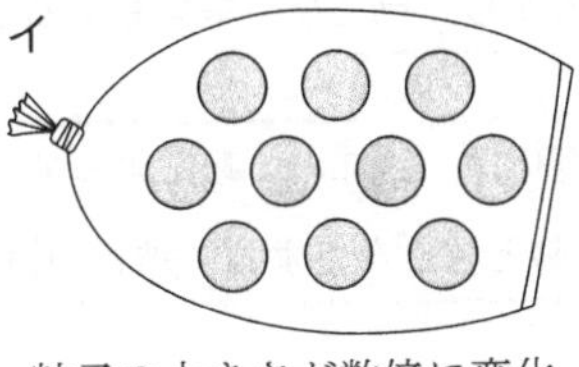
粒子の大きさが数倍に変化した

ウ
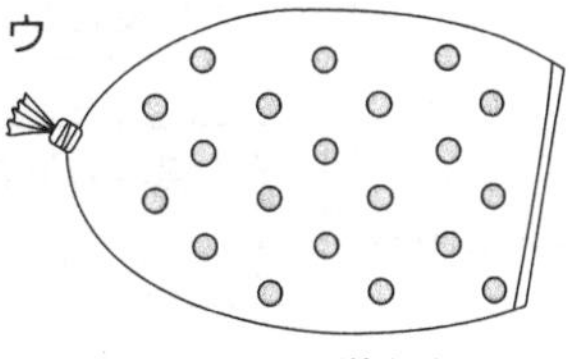
粒子の数が増えた

問２　文中の［B］に入る語句として最も適当なものを次の**ア**～**ウ**の中から１つ選び記号で答えなさい。

ア　気体のほうが緩やかになる　　**イ**　気体のほうが激しくなる　　**ウ**　どちらも変わらない

問３ 今回の実験のように，温度変化によって物質は状態変化する。エタノールの三つの状態（固体・液体・気体）において，次の⑴，⑵の分子の数の大小関係はそれぞれどうなるか，最も適当なものを次の**ア**～**キ**の中からそれぞれ１つ選び記号で答えなさい。

⑴ 同じ質量に含まれる分子の数

⑵ 同じ体積に含まれる分子の数

ア 固体＜液体＜気体　　**イ** 固体＜液体＝気体

ウ 固体＝液体＜気体　　**エ** 固体＞液体＞気体

オ 固体＞液体＝気体　　**カ** 固体＝液体＞気体

キ 固体＝液体＝気体

問４ エタノールを水でうすめた消毒液250ｇ中に含まれるエタノールの質量パーセント濃度が71.8％のとき，エタノールの質量を求めなさい。ただし，小数第１位まで答えなさい。

問５ 消毒液からエタノールを取り出すとき，水とエタノールの沸点の違いを利用すると分離することができる。この方法を何というか答えなさい。

問６ 次の表は，いろいろな物質の融点と沸点を示したものである。温度が20℃のとき，エタノールと同様に液体である物質はどれか，最も適当なものを次の**ア**～**オ**の中から１つ選び記号で答えなさい。

	物質名	融点〔℃〕	沸点〔℃〕
ア	酸素	−218	−183
イ	塩化ナトリウム	801	1413
ウ	メントール	43	217
エ	鉄	1535	2750
オ	水銀	−39	357

【７】 次の会話文を読み，次の問いに答えなさい。

ある秋の日の夕暮れ時，ジオさんは理科の先生をしているお父さんと西の空を見ていました。

ジオさん：夏休みには星座を見に行ったね。今日もさそり座が見えるかな？

お父さん：もう秋だからね。同じ時刻でも夏休みの時と比べて，星座の位置は変化しているから，見えない星座もあると思うよ。

ジオさん：その星座の位置の変化は，地球の公転によって生じる見かけの動きで，（ ① ）運動と言うんだよね。理科の授業で習ったよ。

お父さん：そうだね。地球は太陽の周りを１年かけて公転するので，a同じ時刻に見える星座の位置は日々変化して見える。だから，季節によって見える星座が違ってくるんだ。

ジオさん

あ，もうすぐ三日月が沈んじゃう…。
月は太陽の光が当たっているところだけが，明るく光っている。
つまり，月の光っている部分を見れば，太陽がある方向を知ることができるんだよね？

お父さん

その通り。それじゃあ今，太陽と地球と月がどんな位置関係にあるか，お父さんに説明できるかな？

$_b$ジオさんが図を描いて説明する。

お父さん

正解！すごいじゃないか！じゃあ…，あの月の横に見える明るい星が何か分かるかな？「よいの明星」と呼ばれる星だよ。

ジオさん

金星だね。金星も月と同じように太陽の光が当たることで光っているんだよね！あの金星を天体望遠鏡で見てみたいな。

お父さん

それはいいね！$_c$今から天体望遠鏡で金星を観察してみよう。

ジオさんとお父さんは楽しそうに天体望遠鏡で金星の観察を始めた。

問1　会話文中の（①）に入る言葉を**漢字2文字**で答えなさい。

問2　会話文中の**下線部a**について，1か月後の同じ時刻に見える星座の位置を説明したものとして，最も適当なものを次の**ア**～**エ**の中から1つ選び記号で答えなさい。

ア　東から西へ約15°移動する。　　**イ**　東から西へ約30°移動する。
ウ　西から東へ約15°移動する。　　**エ**　西から東へ約30°移動する。

問3　会話文中の**下線部b**について，**ジオさん**は授業で学んだ太陽と地球と月の位置関係を図1のように描いた。**ジオさん**が説明した「**ジオさんとお父さんが見ている三日月**」の位置として最も適当なものを，次の図1の**ア**～**ク**の中から1つ選び記号で答えなさい。

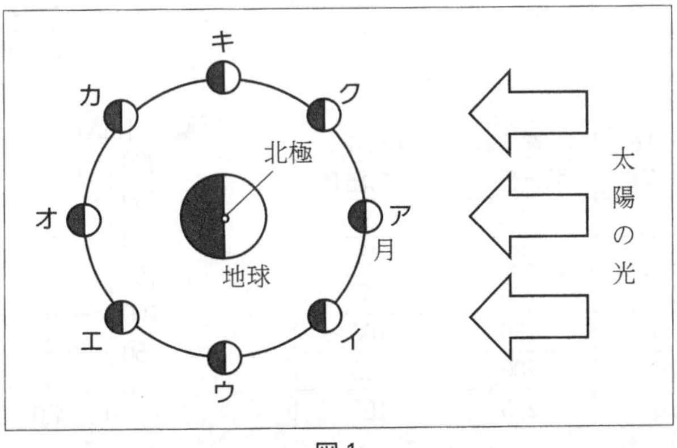

図1

問４　会話文中の**下線部ｃ**について，**「ジオさんとお父さんが見ている金星」**を天体望遠鏡で観察した時の説明として，最も適当なものを次の**ア**～**エ**の中から１つ選び記号で答えなさい。

ア　この金星は実際の夜空において東側が光って見えている。

イ　この金星は１か月前に見えた金星よりも欠けて見えている。

ウ　この金星は１か月前に見えた金星よりも小さく見えている。

エ　この金星は１か月後に真夜中でも観察できるようになる。

問５　図２のように，金星は１か月で約48°太陽の周りを公転する。これは，地球が１か月で公転する角度よりも大きい。

そのため，時間が経過すると，太陽，金星，地球の位置関係は変化し，再び同じ位置関係になる。

会話文中の**下線部ｃ**について，**「ジオさんとお父さんが見ている金星」と同じ形と大きさ**をした金星を次に観察することができる日は，およそ何ヶ月後か。最も適当なものを次の**ア**～**カ**の中から１つ選び記号で答えなさい。ただし，金星と地球の公転軌道は太陽を中心とした円と考える。

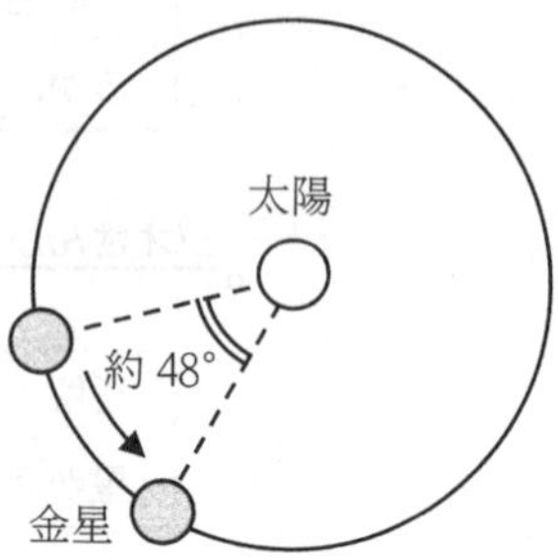

図２

ア　４か月半後　　**イ**　７か月半後　　**ウ**　11か月後

エ　12か月後　　**オ**　20か月後　　**カ**　26か月後

【８】 抵抗器を用いた実験についてあとの問いに答えなさい。

下は，理科の授業で実験した内容を太郎さんが書いたノートである。

〈実験Ⅰ〉抵抗器に加わる電圧を変化させたとき，電圧と電流の関係を調べる。

〈方法Ⅰ〉図１のように電気抵抗の大きさが20Ωの抵抗器Ａを電源装置に接続し，電圧を調整して電圧計と電流計のそれぞれが示す値を読みとり表に記録し，グラフをかく。

次に電気抵抗の大きさが30Ωの抵抗器Ｂについても同様な実験を行う。

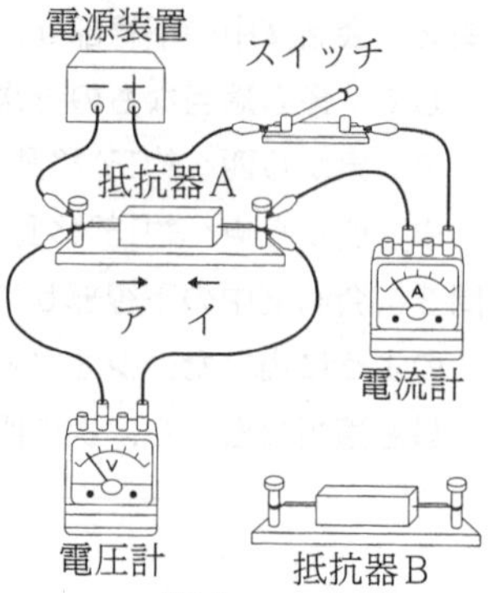

図１

〈結果Ⅰ〉

電圧計の値［V］	電流計の値［mA］	
	抵抗器Ａ	抵抗器Ｂ
0	0	0
1.0	50	33
2.0	100	67
3.0	150	100
4.0	200	133
5.0	250	167

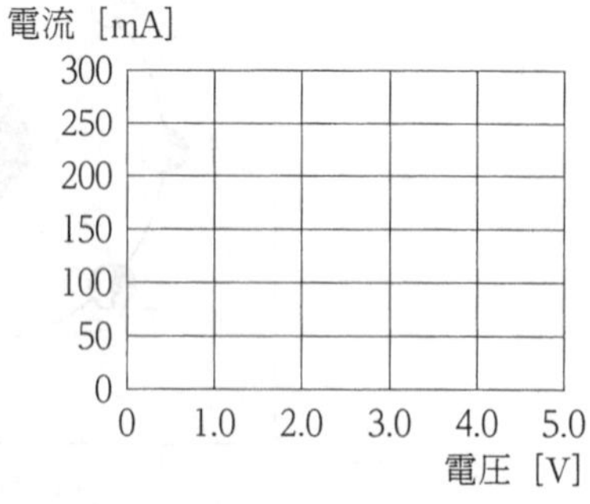

〈実験Ⅱ〉抵抗器を直列に接続し，抵抗器に加わる電圧を変化させたとき，電圧と電流の関係を調べる。

〈方法Ⅱ〉図2のように電気抵抗の大きさが20Ωの抵抗器Aと，30Ωの抵抗器Bを直列に接続し，電源装置の電圧を調整して電圧計と電流計のそれぞれが示す値を読みとり表に記録する。

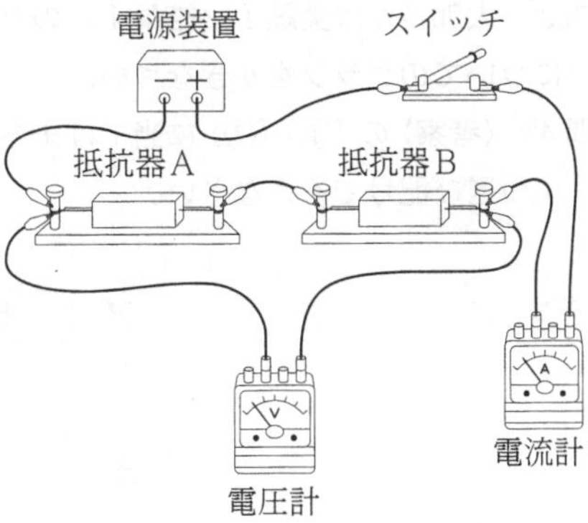

図2

〈結果Ⅱ〉

電圧計の値 [V]	電流計の値 [mA]
0	0
1.0	20
2.0	40
3.0	60
4.0	80
5.0	100

〈考察〉

○実験Ⅰの結果より，回路を流れる**電流の大きさ**は，抵抗器にかかる**電圧**に（　①　）。

○実験Ⅰと実験Ⅱの結果より，**抵抗器を直列に接続**したとき，**回路全体の電気抵抗の大きさ**は，各抵抗器の電気抵抗の大きさより（　②　）。

〈探究活動〉**3つの抵抗器を直列に接続**したとき，回路全体の電気抵抗の大きさと各抵抗器の電気抵抗の大きさにはどのような関係があるか？

〈方法〉電気抵抗の大きさが20Ωの抵抗器Aと，30Ωの抵抗器B，50Ωの抵抗器Cを直列に接続し，電源装置の電圧を調整して電圧計と電流計のそれぞれが示す値を読みとる。

〈結果〉

電圧計の値 [V]	電流計の値 [mA]
0	0
1.0	10
2.0	20
3.0	30
4.0	40
5.0	50

〈わかったこと〉

結果より，回路全体の電気抵抗は（　③　）Ωなので，回路全体の電気抵抗は，各抵抗器の電気抵抗の（　④　）と等しいことがわかった。

問1　次の文は**電子の移動**についてまとめたものである。（a）には当てはまる符号を，（b）には**図1のア，イ**のうち当てはまる記号を答えなさい。

図1の抵抗器Aに電流が流れているとき，（　a　）の電気をもった電子が，抵抗器Aの中を（　b　）の向きに移動している。

問2　金属などのように**電気抵抗が小さく電流を通しやすい物質**を何というか。**漢字2文字**で答えなさい。

問3 太郎さんは**実験Ⅰ〈結果Ⅰ〉**のグラフを書き忘れた。**抵抗器Aに加わる電圧と電流の関係についてのグラフ**をかきなさい。

問4 **〈考察〉**の（①）（②）に当てはまる語句として最も適当な組み合わせを次の**ア～エ**の中から1つ選び記号で答えなさい。

	（ ① ）	（ ② ）
ア	比例する	大きくなる
イ	比例する	小さくなる
ウ	反比例する	大きくなる
エ	反比例する	小さくなる

問5 **探究活動〈わかったこと〉**の（③）には当てはまる値を，（④）には当てはまる**漢字1文字**を答えなさい。

＜社会＞

時間　50分　満点　60点

【１】 世界のさまざまな国・地域について，次の各問いに答えよ。

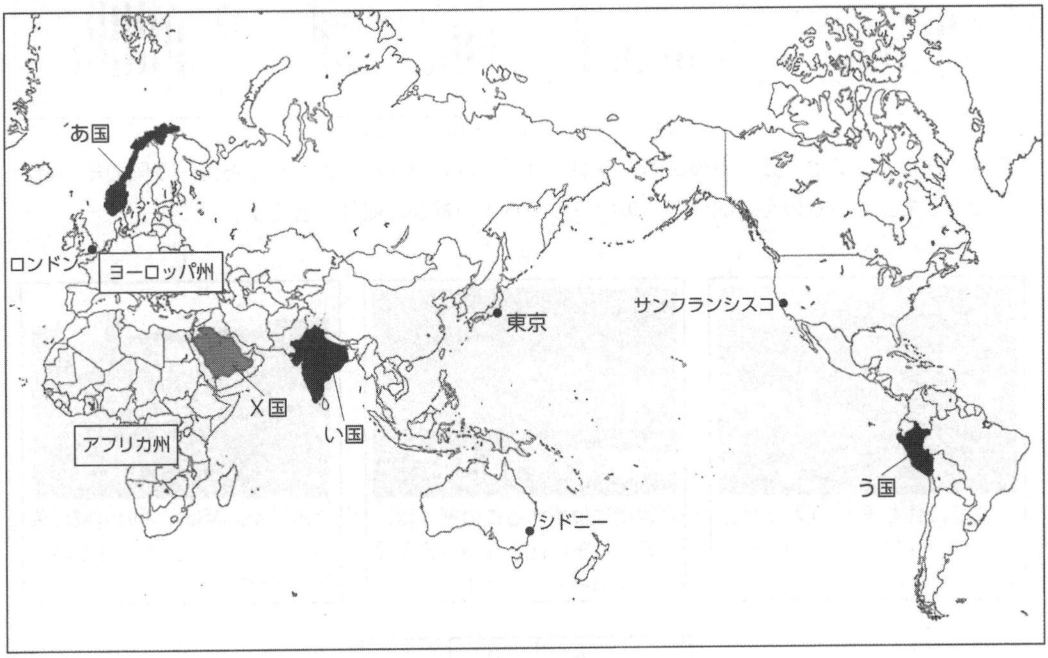

図１

問１　図１中の**ロンドン・東京・シドニー・サンフランシスコ**のそれぞれの都市が，2022年１月１日を迎えた順番として正しいものを，次の**ア**～**エ**のうちから１つ選び，記号で答えよ。

ア　ロンドン→東京→シドニー→サンフランシスコ

イ　シドニー→サンフランシスコ→ロンドン→東京

ウ　サンフランシスコ→シドニー→東京→ロンドン

エ　シドニー→東京→ロンドン→サンフランシスコ

問２　図２を参考に，**東京**から見た**サンフランシスコ**の方位として適当なものを，次の**ア**～**エ**のうちから１つ選び，記号で答えよ。

ア　東　　**イ**　北東　　**ウ**　西　　**エ**　北西

図２

問3 **シドニー**の雨温図として適当なものを，次の**図3**の**ア**～**エ**のうちから１つ選び，記号で答えよ。

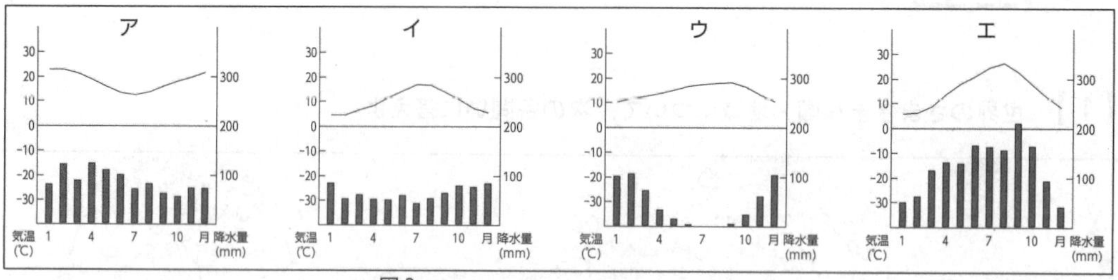

図３『新編 新しい社会 地図』(東京書籍) より作成

問4 次の**A**～**C**は，**図１**中の**あ国**～**う国**の写真と説明である。**A**～**C**と**あ国**～**う国**の組み合わせとして正しいものを，次の**ア**～**エ**のうちから１つ選び，記号で答えよ。

A

この国に住む多くの人々は，「聖なる川」で体を清め，祈りをささげます。

B

高緯度に位置するこの国では，１日中太陽の沈まない現象が見られる地域もあります。

C

アルパカの毛は，この地域に暮らす人々にとって欠かせない衣服の素材です。

	A	B	C
ア	あ国	い国	う国
イ	い国	う国	あ国
ウ	う国	あ国	い国
エ	い国	あ国	う国

問5 **図１**中の**X国**の大多数の人々が信仰する宗教の特徴として**誤っているもの**を，次の**ア**～**エ**のうちから１つ選び，記号で答えよ。

ア １日５回，聖地メッカに向けて祈りをささげる。

イ 豚肉以外の肉は食べない。

ウ １年のうち約１か月間，日中の断食を行う。

エ 食事には左手を使わない。

問6 **ヨーロッパ州**に関連して，ＥＵ（ヨーロッパ連合）の説明文として正しいものを，あとの**ア**～**エ**のうちから２つ選び，記号で答えよ。

ア 多くの加盟国間では，国境の行き来が自由になったため，ＥＵ域内のどこでも働くことができるようになった。

イ すべての加盟国が共通通貨ユーロを導入しているため，両替をせずに買い物ができる。

ウ 加盟国間は関税がかからないため，ＥＵ域内の農作物や工業製品の貿易がさかんになった。

エ　ＥＵ域内では，西ヨーロッパと東ヨーロッパの国々の間にみられた経済格差は解消した。

問７　**アフリカ州**に関連して，次の文はアフリカ諸国の国境線の成り立ちを説明したものである。文中（Ｙ）に当てはまる語句を**漢字３字**で答えよ。

> アフリカ大陸では，ヨーロッパ諸国の（　Ｙ　）として分割された時に，民族のまとまりを無視して引かれた境界線が独立後の国境となったところも多く，今も民族紛争の一因となっている。

問８　下の**図４**は，ある国の工業製品の世界生産に占める割合を示したグラフである。ある国の説明として正しいものを，次の**ア**～**エ**のうちから１つ選び，記号で答えよ。

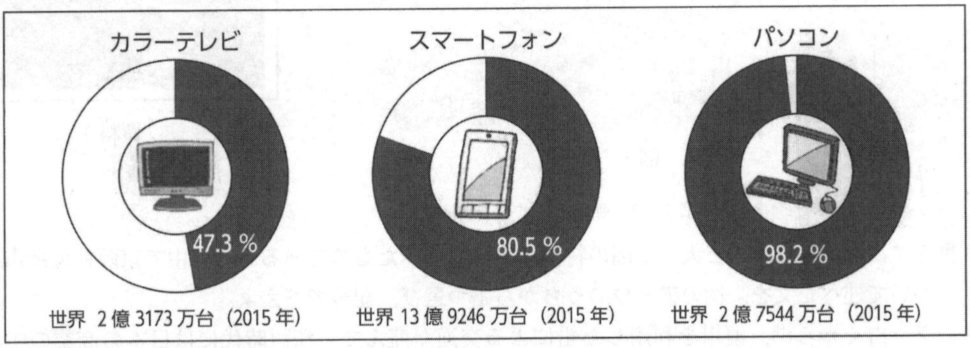

図４『データブック オブ・ザ・ワールド2021年版』(二宮書店) より作成

ア　世界一の面積を誇るこの国は，かつてはソビエト連邦の一員として，世界の政治や経済に大きな影響を与えていた。

イ　極東の島国であるこの国は，太平洋ベルトと呼ばれる帯状の工業地域を中心に，軽工業から重化学工業，そして先端技術産業によって発展してきた。

ウ　世界最大の人口をかかえるこの国は，1970年代末から進められていた「一人っ子政策」の結果，現在では急速な高齢化が進んでいる。

エ　この国には言葉や出身国の違う人々が世界中から集まり，ジャズやミュージカルなど新しい文化が生まれた。

【２】 日本のさまざまな地域について，あとの各問いに答えよ。

問１　次のページの**図１**は，ある生徒が津波発生時の安全な避難について，長崎市で調査した際に使用したものである。また**資料１**は，その調査の際に，ある避難場所で撮影した写真である。どこで撮影した写真か，**図１**の中の［A］～［D］のうちから１つ選び，記号で答えよ。

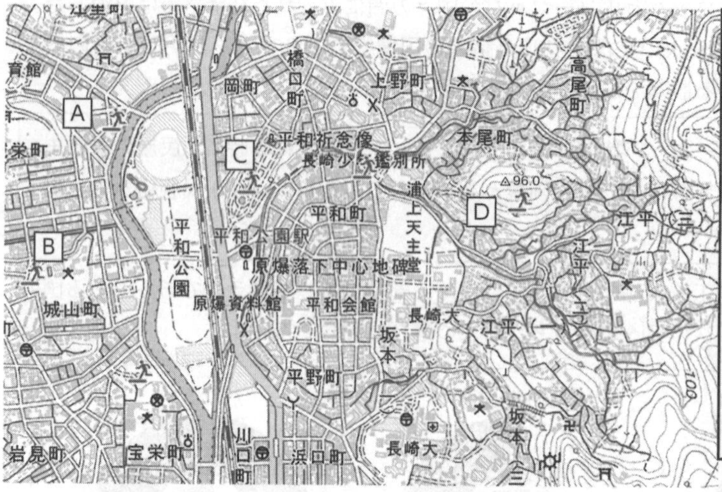

図1

資料1

国土地理院発行長崎市周辺 1：25000地形図より作成（一部改変）

問2　次の文は日本の三大都市圏の特徴について述べたものである。その中で京阪神大都市圏について述べた文を，次の**ア**～**ウ**のうちから１つ選び，記号で答えよ。

ア　古くから湖，河川を利用した船による交通が盛んで，江戸時代には日本の商業の中心であった。高度経済成長期には，中心部の住宅地不足を補うため，周辺の山をけずりニュータウン建設が進められた。

イ　中心部には，中央官庁や大企業の本社が集中し，鉄道路線に沿って，周辺の県まで住宅地が拡大している。圏内には５つの政令指定都市がある。

ウ　他の２つの大都市圏の間に位置し，新幹線や高速道路で結ばれている。圏内に出荷額が日本最大の工業地帯を含んでいる。

問3　**表１**は，関東地方の都県別大学数である。**図２**は，それをもとに主題図を作成しようとしたものである。東京都や埼玉県の例にならって**群馬県の部分（県名，数字も書くこと）を**，解答欄の地図上に表記せよ。

表1

都県名	大学数（校）
茨城県	10
栃木県	9
群馬県	14
埼玉県	28
千葉県	27
東京都	143
神奈川県	31

文部科学省
令和２年度「学校基本調査」より作成

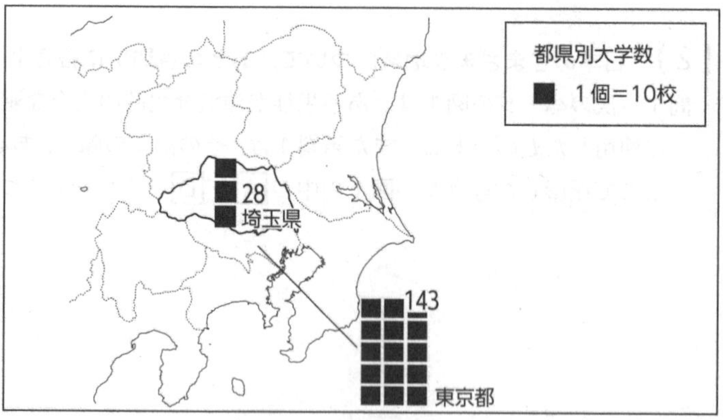

図2

問４　次の図３のア～ウは，「1934～36年の平均」，「1970年」，「2019年」いずれかの，日本の輸入品における輸入額の割合である。ア～ウを年代の古い順に記号で並べよ。

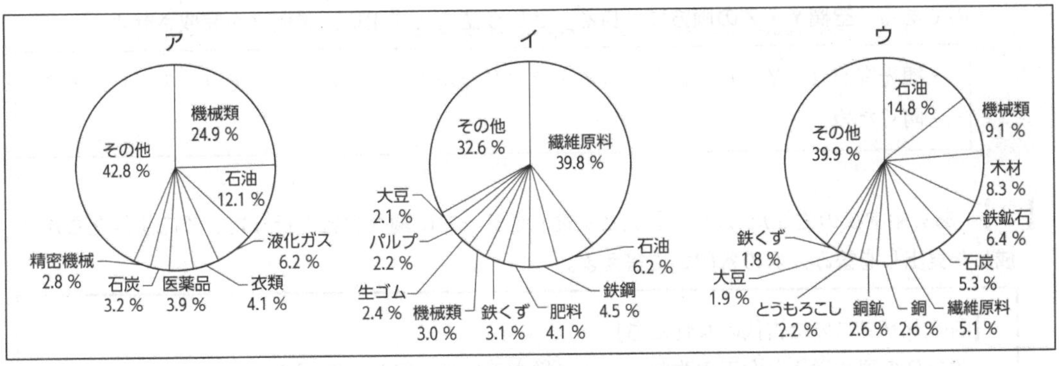

図３『日本のすがた2021』「日本国勢図会」ジュニア版より

問５　ある生徒が，日本各地の「地域の特徴を生かした観光業」をテーマに調べ学習を行っている。資料２は，発表に向けて作成したスライドの一部である。これを見て次の問いに答えよ。

資料２

(1)　資料２中の[1]に関連して，この島々の海岸部の河口や湿地などには，[2]の写真のような樹木群がみられる。この樹木群の総称を答えよ。

(2)　資料２中の[3]に関連して，[X]に使う写真として，適当なものを，次のア～エから１つ選び，記号で答えよ。

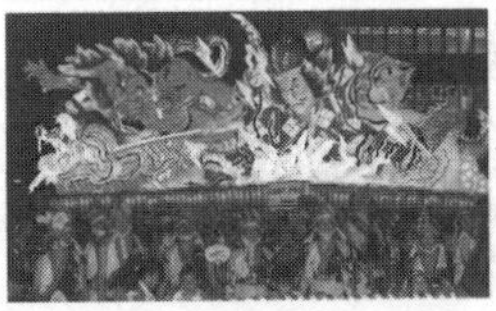
ア

イ

ウ

エ

(3) 資料2の[4]，[5]に関連して，波線部の高架木道や観察（展望）デッキは，エコツーリズムの観点から設置されたものである。次の文はこれらが設置された理由について説明したものである。空欄Y・Zの両方に「自然」という語を必ず用い，説明文を完成させよ。

> ・観光客が（ Y ）ことができるようにしながら，観光客によって（ Z ）ことを防ぐため。

【3】 ある中学校の生徒たちが，「歴史と女性」をテーマに調べ学習を行った。その生徒たちが作成した見出しを読み，次の各問いに答えよ。

【国のトップにいた古代の女性たち】 ・30余りの国を従えた女王卑弥呼a　　・推古天皇b の目指した国づくり
【文化を担《にな》った女性たち】 ・女性たちの活躍が光る平安時代c！　　・琉球の女性歌人d，力強い愛をよむ
【ドラマや映画で描かれる中世e の“強い女性”】 ・北条政子f，御家人たちへ頼朝公のご恩を叫ぶ！
【キリスト教宣教師g は見た！　戦国時代から安土桃山時代の女性たち】 ・“日本では，妻が夫に高い利子を付けてお金を貸しつけることもある”
【江戸時代の働く女性たち】 ・“綿織物の生産は私たちにおまかせ！”h

問1 下線部aに関連して，図1は卑弥呼と同時期の集落の遺跡，図2はその遺跡から見つかった人骨である。図1から読み取れることをA群のア～ウのうちから，図2から読み取れることをB群のカ～クのうちからそれぞれ1つずつ選んで記号で答え，そこから判断できる弥生時代の社会の変化について当てはまる言葉を[C]に答えよ。（図1，図2は次のページにあります。）

【A群】

ア 集落が柵や濠（堀）に囲まれている。
イ 集落内の広場には川が流れている。
ウ 集落には仏教寺院が建てられている。

【B群】

カ 人骨とともに銅鐸も納められている。
キ 人骨は古墳に埋葬されている。
ク 人骨には頭部がない。

> 以上2つのことから，弥生時代になると，[C]が多く起こるようになった。

図1「吉野ケ里遺跡の集落」

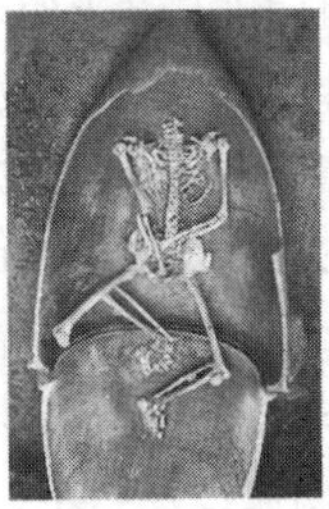

図2「人骨」

(いずれも佐賀県提供)

問2　下線部bに関連して，この天皇のもとで，聖徳太子が制定した役人の心得の内容として適当なものを，次のア～エのうちから1つ選び，記号で答えよ。

ア　一に曰《いわ》く，和をもって貴《たっと》しとなし，さからうことなきを，宗《むね》となせ

イ　この世をば　わが世とぞ思ふ　望月《もちづき》の欠けたることも　なしと思へば

ウ　広ク会議ヲ興《おこ》シ，万《ばん》機《き》公論《こうろん》ニ決スベシ

エ　諸国の守護の職務は，国内の御家人を京都の警備にあたらせること

問3　下線部cに関連して，平安時代の文化の説明として適当なものを，次のア～エのうちから1つ選び，記号で答えよ。

ア　まじないなどに使われたとされる土偶は，女性の形をしているものが多い。

イ　日本語の音を漢字で表して記された『万葉集』には，女性歌人の和歌も収められている。

ウ　漢字を書きくずした「かな文字」が生まれ，それを使った女性による文学がさかんになった。

エ　出雲の阿国が，歌舞伎踊り（阿国歌舞伎）を創始した。

問4　下線部dに関連して，**資料1**は，琉球の女性歌人恩納ナビの作とされる，8・8・8・6の30音で表された琉球独自の文学である。この文学の名称として適当なものを，次のア～エのうちから1つ選び，記号で答えよ。

恩納岳《うんなだき》あがた　里《さとぅ》が生《う》まり島《じま》　森《むい》ん押《う》し除《ぬ》きてぃ　くがたなさな [意味] 私の愛する人は恩納岳の向こう側。人をへだてるじゃまな森（山）など押しのけて彼の住む村もろとも，こちらに引き寄せよう

資料1

ア　川柳　　イ　琉歌　　ウ　狂歌　　エ　組踊

問5　下線部eに関連して，鎌倉時代や室町時代の政治や社会の説明として適当でないものを，次のア～エのうちから1つ選び，記号で答えよ。

ア　鎌倉や京都に，幕府とよばれる武家政権が成立した。

イ　貨幣の流通が進み，市では宋銭や明銭などの中国の銅銭が使われた。

ウ　新田開発や備中鍬などの農具の使用により，米の生産量が増えた。

エ　農民が，自分たちで地域を運営する惣（惣村）ができた。

問6　下線部fに関連して，鎌倉時代の女性についての説明として適当なものを，あとのア～エのうちから1つ選び，記号で答えよ。

ア　6歳以上の女子には，男子の3分の2の面積の口分田が与えられた。

イ　女性も領地の相続権を持っており，地頭になる女性もいた。

ウ 守護は1年おきに鎌倉と領地を行き来し，守護の妻や子は鎌倉の屋敷に住まわされた。

エ 庶民の間で教育がさかんになり，寺子屋で学ぶ女性もいた。

問7 下線部gに関連して，次の**ア**～**ウ**を年代の古い順に記号で並べよ。

ア 九州のキリシタン大名が，ローマ教皇に使節を送った。

イ フランシスコ＝ザビエルが鹿児島に来て，キリスト教の布教を始めた。

ウ バスコ＝ダ＝ガマがインドに到達し，アジアへの航路が開かれた。

問8 下線部hに関連して，図3は，江戸時代の綿織物の生産過程を描いたものである。このように，働き手が作業場に集まり，分業で製品を大量に仕上げる生産のしくみを何というか。漢字6字で答えよ。

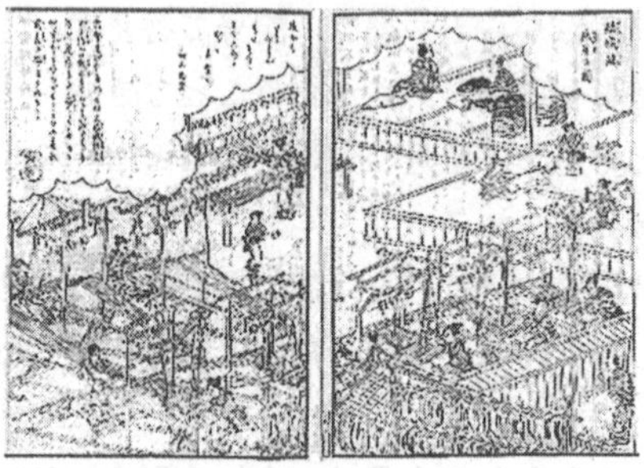

図3

『尾張名所図会』(国立国会図書館デジタルコレクション)より

【4】 日本の世界遺産に関連する資料1～6を見て，次の各問いに答えよ。

資料1 大浦天主堂

資料2 富岡製糸場

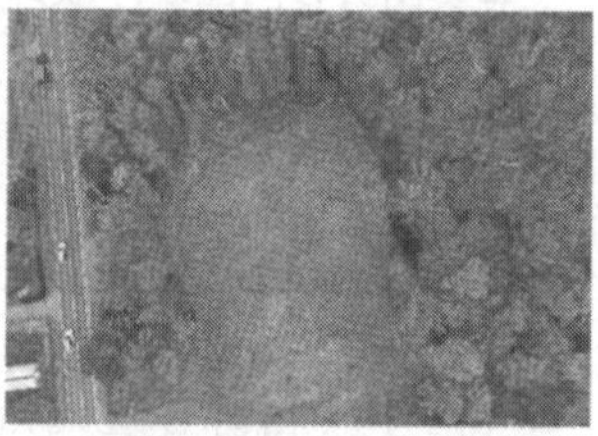

資料3 キウス周堤墓

資料4 石見銀山

資料5 原爆ドーム

資料6 首里城

問1 資料1のある長崎は，古くから海外と交流がさかんな土地である。江戸幕府は1858年に日米修好通商条約を結ぶと，開港した横浜などの5港で，外国人居留地での自由貿易を認めた。次のページの図1は，当時の貿易品目を示すグラフである。図1中のXに入る品目を漢字2字で答えよ。

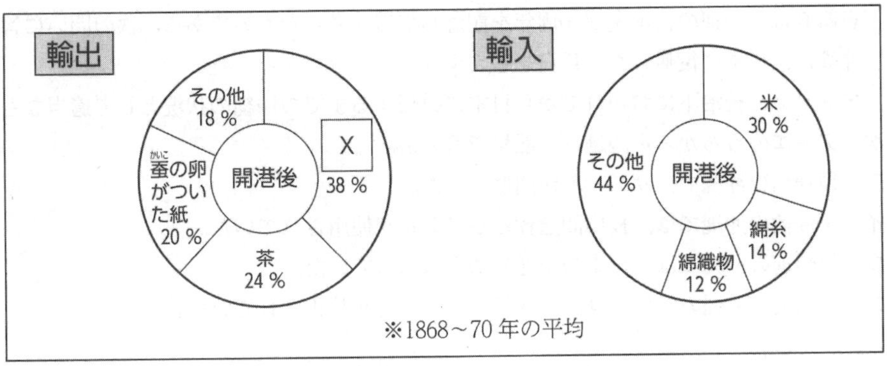

図1　開港後の貿易品目（『中学生の歴史』帝国書院より作成）

問2　資料2が建てられた頃，明治政府は欧米諸国に劣らない強い国をつくるために，富国強兵の政策を進めた。その説明として適当なものを，次の**ア**～**エ**のうちから1つ選び，記号で答えよ。

ア　欧米の進んだ技術や機械を取り入れ，各地に官営工場（官営模範工場）を建設した。

イ　1872年に学制が発布されると，全国各地に小学校がつくられ，授業料は政府が全て負担した。

ウ　1873年に徴兵令が出されると，20歳以上の男子は，例外なく兵役の義務を負うこととなった。

エ　安定した税収を得るために，地租の税率を地価の10%とする地租改正を実施した。

問3　資料3のキウスをはじめ，北海道の札幌や小樽などの地名は，この地に古くから住んでいる人々（民族）の言葉がもとになっていることが多い。この人々（民族）の名称を**カタカナ3字**で答えよ。

問4　資料4から産出された銀は，アジアやヨーロッパ諸国の経済に大きな影響を与えたといわれる。地域的な事象が世界に影響を与えることは，グローバル化の進展した近現代ほど明らかで，1929年，「ある国」の株価大暴落をきっかけに世界恐慌となった。「ある国」とはどこの国か。適当なものを，次の**ア**～**エ**のうちから1つ選び，記号で答えよ。

ア　イギリス　　**イ**　ドイツ　　**ウ**　ロシア　　**エ**　アメリカ

問5　資料5は，1945年8月6日に投下された原子爆弾で，奇跡的に倒壊をまぬがれた建物である。この建物のある都道府県はどこか。**図2**中の**ア**～**エ**のうちから1つ選び，記号で答えよ。

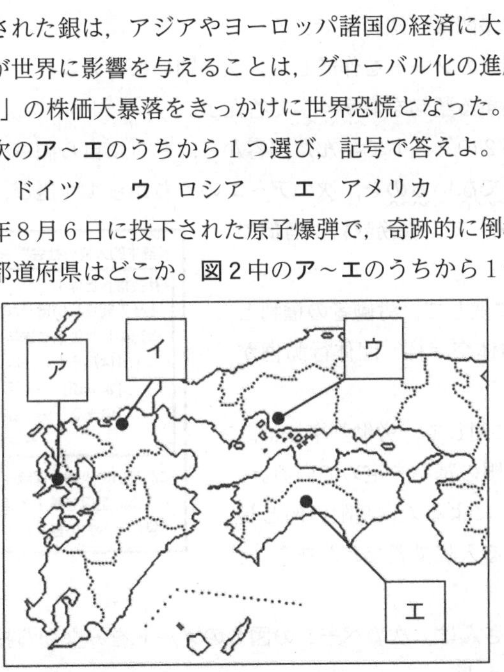

図2

問6 資料6は，沖縄の日本復帰20周年を記念して復元されたものである。次の問いに答えよ。

⑴ 沖縄が，日本に復帰した**年月日**を答えよ。

⑵ アメリカの統治下におかれてから日本に復帰するまでの沖縄の状況として適当なものを，次の**ア**～**エ**のうちから1つ選び，記号で答えよ。

ア 復帰前の沖縄で，サミットが開催された。

イ 復帰前の沖縄では，長い間通貨としてドルが使用されていた。

ウ 復帰前の沖縄では，日本の交通方法を採用していた。

エ 復帰前の沖縄の学校では，日本語による教育が禁止されていた。

【5】 生徒たちが，政治分野の学習を終え，ノートを振り返りながら復習に取り組んでいる場面である。次の各問いに答えよ。

問1 金城さんは，**図1のノート**で学んだ内容を振り返り，まとめの文を作成した。その文として**誤っているもの**を，次の**ア**～**エ**のうちから1つ選び，記号で答えよ。

ア 国の最高の法は「憲法」であり，「法律」，「命令，規則，条例など」の順に構成されている。

イ 上に位置する法ほど力が強く，下の法が上の法に反する場合は無効となる。

ウ 法の支配とは，法によって政治権力を制限して国民の自由と権利を保障するという考え方である。

エ 日本において，国の法律を定めることができる唯一の立法機関は，法務省である。

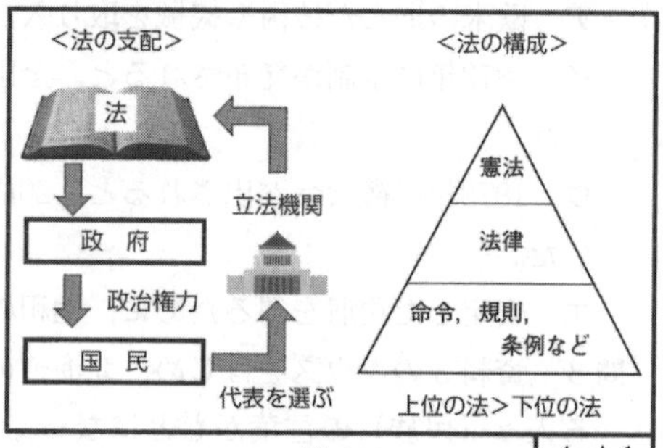

図1

問2 大城さんは，**図2のノート**を作成した。次の問いに答えよ。

⑴ 空欄（X）に適する語句を**漢字4字**で答えよ。

⑵ 大城さんは，**図2のノート**で学んだ内容から，さらに自ら調べ，まとめた文を作成した。その文として**適当でないもの**を，次の**ア**～**エ**のうちから1つ選び，記号で答えよ。

ア 「まなぶ」に関して，義務教育は有償である。

イ 「はたらく」に関して，労働者の権利として団結権，団体交渉権，団体行動権が保障されている。

ウ 「はたらく」に関して，労働基準法は，労働条件の最低限の基準を定めている。

エ 「公共の福祉」による人権制限の例として，感染症による入院措置などがある。

<基本的人権～社会権～>

「社会権」とは？

➡人間らしい豊かな生活を送るための権利

☆充実した生活を送るうえで必要なこと

・「はたらく」…収入を得て生活を安定させる

・「まなぶ」…生活に必要な知識などを身に付ける

・「いきる」…「健康で文化的な（ X ）の生活」を営む（憲法第25条）

<お互いの人権を保障するために大切なこと>

・人権の濫用を禁止する

・常に「公共の福祉」のためにこれを利用する責任を負ふ

ノート2

図2

問3 宮城さんと玉城さんは，次のページの**図3のノート**をみながら授業を振り返っている。次のページの問いに答えよ。

⑴　次の説明文**ア**～**エ**は，二人が日本とアメリカの立法と行政について話した内容である。説明として適切なものを，**ア**～**エ**のうちから**すべて**選び，記号で答えよ。

ア　「日本もアメリカも，国会や連邦議会の議員が国民による選挙で選ばれていることがわかるね。」

イ　「アメリカの大統領は，連邦議会を通さずに，大統領選挙人を通じて国民が選んでいることがわかるね。」

ウ　「カード１には，『毎年１回，1月から180日間の会期で通常国会（常会）が開かれる』も入るね。」

エ　「カード２には，『法律案を作成し，国会に提出する』も入るね。」

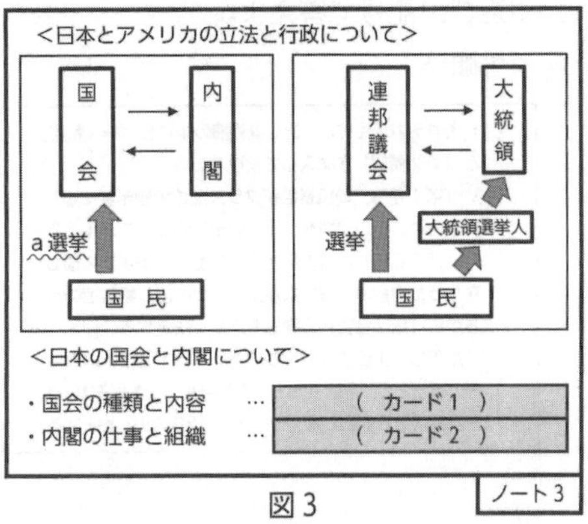

図３

⑵　**図３**中の波線部**a**に関連して，次の**図４**は，二人が，国会議員２名のホームページを比較した内容である。その内容からわかったことを，次のような文にまとめた。文中の空欄（**Y**）には，「衆議院」か「参議院」のどちらかが入る。解答欄に示したどちらかに○をつけよ。その上で，空欄（**Z**）には**選択した議院の「任期」と「特徴」に必ず触れて**，文を完成させよ。（ただし，両議員ともに，個人的な事情による辞職はないものとする。）

国会議員
新垣　清海
<経歴>（2022年3月現在）
比例代表選出　／　同一議院当選回数4回
所属政党：〇〇党
１期目：2012年～2014年
２期目：2014年～2017年
３期目：2017年～2021年（任期満了）
４期目：2021年～現在

国会議員
上原　琉平
<経歴>（2022年3月現在）
比例代表選出　／　同一議院当選回数4回
所属政党：▲▲党
１期目：2001年～2007年（任期満了）
２期目：2007年～2013年（任期満了）
３期目：2013年～2019年（任期満了）
４期目：2019年～現在

図４

<ホームページの内容を比較してわかったこと>

新垣清海さんは，（　**Y**　）議員である。なぜなら，**図４**をみると，（　**Z**　）ことがわかるからである。

⑶　二人は，地元沖縄に関する新聞記事を調べて，メモにまとめた。沖縄に関する説明として**適当でないもの**を，次の**ア**～**エ**のうちから１つ選び，記号で答えよ。

ア　沖縄県には，日本国内のアメリカ軍専用施設面積の約60％が存在している。

イ　沖縄県の条例において，戦没者追悼と平和を祈る日として「慰霊の日」が制定されている。

ウ　日米地位協定見直しとアメリカ軍基地の整理縮小を問う住民投票が実施されたことがある。

エ　沖縄県は，広く世界に目を向けた幅広い視点に立って国際平和の創造に貢献するため，「沖縄平和賞」を創設した。

問４　山城さんは，図５のノートで問われている内容に取り組んでいる。次に示す手順を踏まえて出し物を決定する場合，このクラスの出し物として適当なものを，次のア～エのうちから１つ選び，記号で答えよ。

＜手順＞

（1）それぞれの生徒が，出し物候補の中から「第１希望」と「第２希望」を記入して投票する。
（2）「第１希望」の投票数がクラス全体の過半数に達した場合は，その候補をクラスの出し物として決定する。
（3）「第１希望」の投票数がクラス全体の過半数に達しなかった場合は，投票数が上位２つの出し物候補のうちから「第２希望」の票も考慮して決定する。
　ただし，上位２つに投じられた「第１希望」の票はそのままとし，下位２つの「第２希望」の票を振り分け，合計投票数で多数になったものをクラスの出し物とする。

＜「多数決」で決めよう！＞

○クラスで「文化祭」の出し物を決めよう！（１クラス35名）

出し物候補：「バザー」，「お化け屋敷」，「舞台ダンス」，「金魚すくい」

＜第１希望の意思表示＞

出し物候補	バザー	お化け屋敷	舞台ダンス	金魚すくい	合計
投票数	12人	10人	7人	6人	35人

＜第２希望の意思表示（抜粋）＞

第１希望の記入	舞台ダンス			金魚すくい			合計
第２希望としての記入	バザー	お化け屋敷	金魚すくい	バザー	お化け屋敷	舞台ダンス	
	2人	4人	1人	1人	4人	1人	13人

ノート４

図５

ア　バザー　　　　イ　お化け屋敷
ウ　舞台ダンス　　エ　金魚すくい

【６】　以下は，ある授業における先生と生徒の会話文である。これを読み，次のページの問いに答えよ。

先生：今日は，最近ニュースなどで話題になっているＳＤＧｓについて考えてみましょう。
秋子：ＳＤＧｓって「持続可能な開発目標」のことですよね。私も注目しています。
先生：さすが秋子さん。よく勉強していますね。2015年に，国連で採択されたもので「誰ひとり取り残さない」ことが理念にあげられ，2030年までに達成すべき17の目標と169のターゲットが設定されました。次のページの図１を見て下さい。
秋子：私は$_{a}$目標３の「すべての人に健康と福祉を」に興味があります。
真次：先生，僕は$_{b}$目標８の「働きがいも経済成長も」と，$_{c}$目標12の「つくる責任，つかう責任」について探究してみたいです。
先生：素晴らしい考えですね。これからの時代に求められる，$_{d}$環境に配慮した生活を心がけ，循環型社会に対応した行動をしたいね。
良太：僕は［　　　Ｘ　　　］
先生：素晴らしい！良太さん。環境への配慮を心がけた行動だね。
良太：先生！　僕の夢は，ＳＤＧｓに取り組んでいる企業に就職して，社会貢献する事です！
先生：良太さん。素敵な夢ですね。最近はＳＤＧｓに取り組んでいる企業が増えてきています。みなさんも良太さんのように，$_{e}$さまざまな産業の中から，就職先を選ぶひとつの視点として，ＳＤＧｓを考えてみてもいいですね。

図1

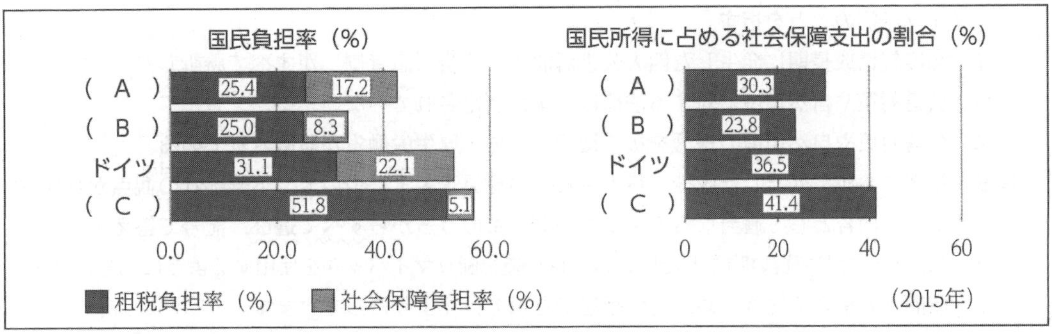

図2　国民負担率と社会保障支出の割合（財務省資料より）

問1　下線部aに関連して，**図2**は，社会保障における各国の「国民負担率」と「国民所得に占める社会保障支出の割合」を示したものである。**図2**中の**A**～**C**には**アメリカ**，**日本**，**スウェーデン**のいずれかが入る。その組み合わせとして適当なものを，次の**ア**～**エ**のうちから1つ選び，記号で答えよ。

	A	B	C
ア	アメリカ	日本	スウェーデン
イ	日本	スウェーデン	アメリカ
ウ	スウェーデン	日本	アメリカ
エ	日本	アメリカ	スウェーデン

問2　下線部bに関連して，次の問いに答えよ。

⑴　近年の日本における外国人労働者についての説明文として適当なものを，次の**ア**～**エ**のうちから1つ選び，記号で答えよ。

ア　外国人労働者が減少しており，日本の受け入れ体制の縮小が求められている。

イ　外国人労働者が減少しているのは，日本人労働者が増加しているためである。

ウ　外国人労働者が増加する傾向にあり，日本の受け入れ体制の整備が求められている。

エ　外国人労働者が増加する傾向にあり，その産業別就業内訳をみると金融業が多い。

⑵　経済成長に関する用語で，経済活動を図る指標として，1年間に，国内で新たに生産された財やサービスの付加価値の合計を何というか答えよ。

問３　下線部ｃに関連して，企業の社会的責任（ＣＳＲ）の例として適当でないものを，次のア～エのうちから１つ選び，記号で答えよ。

ア　災害等で，被災者救援のためにボランティア活動をおこなう。

イ　消費者への配慮から，商品の安全性よりも低価格で提供することを重視する。

ウ　過剰在庫を削減するとともに，余った食品をフードバンクに寄付する。

エ　地域文化財の保護のために，保全・修復活動を支援する。

問４　下線部ｄに関連して，日本では高度経済成長期に，工場からの煙や排水などを原因とする公害が社会問題となった。公害問題に関する説明として適当なものを，次のア～エのうちから１つ選び，記号で答えよ。

ア　高度経済成長期に発生した四大公害とは，水俣病，四日市ぜんそく，川崎ぜんそく，イタイイタイ病のことを指す。

イ　高度経済成長期に発生した四大公害訴訟は，原告（患者側）がすべて勝訴した。

ウ　公害対策や自然環境に対する法律は，まだ制定されていない。

エ　公害対策や自然環境の保護を扱う機関として，厚生労働省が設置されている。

問５　授業において発言した生徒（良太さん）の意見 X について，下線部ｄの観点から述べられている内容として適当なものを，次のア～エのうちからすべて選び，記号で答えよ。

ア　スーパーなどで買い物をした時には，レジ袋を断《ことわ》りマイバッグを使用するようにしています。

イ　時間を効率よく使うため，近い距離でも車で行くようにしています。

ウ　古新聞や古紙は，まとめて資源回収に出すようにしています。

エ　飲んだ後の牛乳パックで，ペンケースを作るなど再利用するようにしています。

問６　下線部ｅに関連して，次のページの図３は，全国と沖縄県の「産業別就業者数の比率」を示したものである。この図から読み取れる内容として適当なものを，次のア～エのうちから１つ選び，記号で答えよ。

ア　沖縄県，全国ともに，製造業に従事する就業者数の割合が１番高い。

イ　沖縄県は全国に比べ，第２次産業に従事する就業者数の割合が高い。

ウ　沖縄県は全国に比べ，宿泊業・飲食サービス業に従事する就業者数の割合が高い。

エ　沖縄県は全国に比べ，医療・福祉に従事する就業者数の割合が低い。

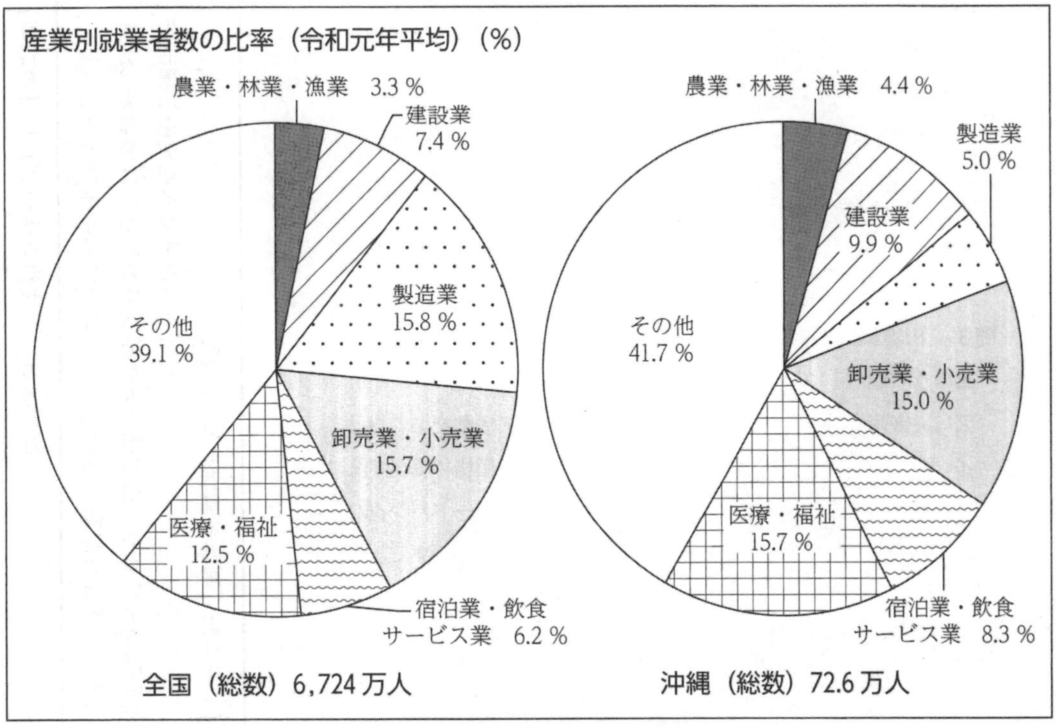

図3　令和3年沖縄県要覧（沖縄県企画部統計課）より作成

【資料6】 ユニバーサルデザインの考え方

ユニバーサルデザインとは、あらかじめ、障害の有無、年齢、性別、人種等にかかわらず多様な人々が利用しやすいよう都市や生活環境をデザインする考え方。

（内閣府「障害者基本計画」より作成）

「暴風警報　飛来物に警戒を。」

書き換えた文 ⬅

「とても強《つよ》い風《かぜ》がふきます。飛《と》んでくる物《もの》に警戒《けいかい》してください。」

（1） 傍線部を指摘された理由として最も適当なものを、**【資料3】**の①～⑥のうちから一つ選び記号で答えなさい。

（2） **【資料3】**を踏まえて、傍線部を書き直しなさい。

問5 奈歩さんたちはハザードマップ作成後、地域の高齢者とホテルに滞在している外国人観光客に協力してもらい、それぞれからアンケートをとった。**【資料4】**は高齢者へのアンケート結果の一部、**【資料5】**は外国人観光客へのアンケート結果の一部である。**二つの資料を関連させて読み取れることを、六〇字以上八〇字以内**で書きなさい。

※左の **注意点** を参考にして答えること。

注意点

解答する際、次のことに注意すること。

・**一マス目から書き始め**、**改行はせず**に書くこと。
・漢字や仮名遣い、句読点や記号などは適切に用いること。
・句読点も一字とする。
・数字や記号を使う場合は、左の（例）のように書いてもよい。

（例）

令	和	4	年	度	9	月

20	パ	ー	セ	ン	ト	20	%

【資料4】 高齢者へのアンケート
「ハザードマップの良かった点」（複数回答）

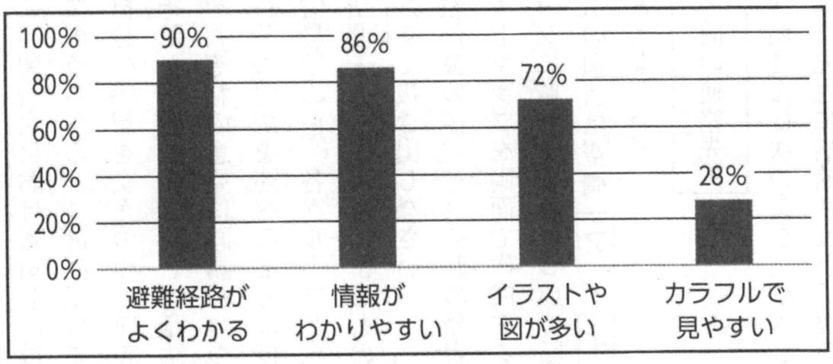

【資料5】 外国人観光客へのアンケート
「ハザードマップの良かった点」（複数回答）

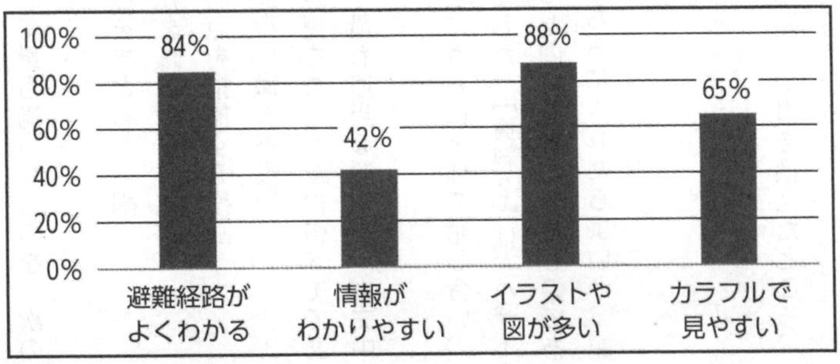

問6 **「ハザードマップ」以外**で、ユニバーサルデザインが必要だと思う場面について、次の〈条件〉に従って文章を書きなさい。次のページの**【資料6】**を参考にしてもよい。

※上の **注意点** を参考にして答えること。

〈条件1〉 **①必要だと思う場面**、**②その理由**、**③具体的な事例や手立て**の三点について書くこと。

〈条件2〉 **一四〇字以上一六〇字以内**の文章にすること。

【資料2】全体の話し合いのまとめ

台風時のハザードマップ

おもて：街の地図
・避難場所
・危険区域
・目印になる建物
・道路や川など
・ピクトグラム
・イラスト
・［ア］

うら：情報
・台風の規模
・風の強さと吹き方
・雨の強さと降り方
・停電時の準備
・避難情報のレベル
・避難時の注意点
・［イ］

☆作成時の注意点☆
両面とも「やさしい日本語」をもとに作成する！

【資料3】「やさしい日本語」の作り方

①　一つの文を短くし、簡単な構造にする。
②　外来語、略語は使わない。
③　難しい言葉は、簡単な言葉に言い換える。
④　あいまいな表現は使わない。
⑤　文末は統一する。
⑥　漢字にはふりがなをつける。

問1　この報告会における司会の役割として最も適当なものを、次の**ア**～**エ**のうちから一つ選び記号で答えなさい。
ア　自分の感想を交えつつ、発表の要点をまとめる役割。
イ　それた話題を元に戻し、議論の流れを修正する役割。
ウ　それぞれの意見に同調しつつ、矛盾点を指摘する役割。
エ　自分の感想を述べることは控え、進行に徹する役割。

問2　**【資料1】**は、各グループから出た意見をまとめた板書メモである。空欄［X］に当てはまるものとして最も適当な語句を、本文中より**六字**で抜き出しなさい。

問3　報告会の後、それぞれの発表をもとにさらに全体で話し合い、ハザードマップを両面で作成することにした。**【資料2】**は、ハザードマップに載せる項目について話し合った内容をまとめたものである。次の項目は空欄［ア］・［イ］のどちらに入れたらよいか、記号で答えなさい。

緊急時の連絡先

問4　博明さんは次の文を「やさしい日本語」で書き換えたところ、傍線部を先生に指摘された。次の問いに答えなさい。

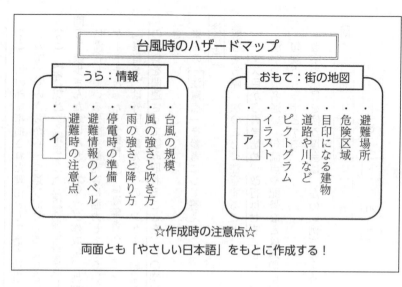

の発表です。代表の博明さん、お願いします。」

博明「私たちは、日本語も英語も十分に理解できない外国人の方が、災害発生時に適切な行動をとれるように考え出された『やさしい日本語』を使ったハザードマップを提案します。以前、外国人観光客が台風時に情報を得られなくて困ったというニュースを聞いたことがあるからです。『やさしい日本語』は子どもや高齢者、障がい者の方などにとっても、分かりやすいコミュニケーション手段の一つなので、これをもとに作成していくといいと思います。」

司会「なるほど。たしかに、外国人の方にとって日本語は漢字もひらがなも混じっているぶん、難しいですよね。『やさしい日本語』というのは初めて耳にしましたが、こちらを使うともっと多くの人に情報が伝わりやすくなりそうですね。続いてはCグループの発表です。代表の直太朗さん、どうぞ。」

直太朗「私たちはマップ以外に、台風時に必要なことや注意すべきことなどの情報を一覧表として作成することを考えました。避難場所や危険区域を示すことはもちろん大事ですが、台風の大きさ、風や雨の強さの目安や停電に備えて準備すべきことなどの説明があると、もしものことがあったとき避難の目安になり、対処しやすいと思ったからです。」

司会「ありがとうございました。前の二グループとは違った視点からの意見ですが、風や雨の強さがどんな状態になったら避難すべきかなどの目安があると、とても便利ですよね。それでは全体の話し合いに移ります。」

【資料1】板書メモ

Aグループ

イラストや図を多く載せる

・ピクトグラム
・色をたくさん使ってカラフルに

↓

見てすぐにわかる、目につきやすいもの

Bグループ

「やさしい日本語」を使用する

・外国人観光客
　難しい日本語だと情報が得られにくい

↓

外国人だけでなく、高齢者、子ども、障がい者などにもわかりやすいもの

Cグループ

情報の一覧表をつくる

・［　X　］
・風の強さ
・雨の強さ
・停電時の準備

↓

避難の目安・対処がわかるもの

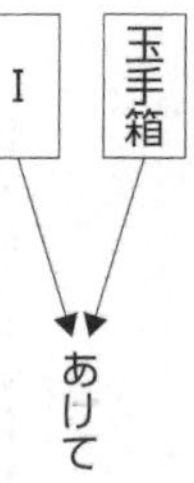

問3 【文章1】傍線部①「生あるもの、いづれも情を知らぬといふことなし」とあるが、「恩」や「情」がないことを具体的にたとえた表現を【文章1】の本文中より二字で抜き出しなさい。

問4 【文章1】傍線部②「ありがたきこと」について、その具体的な内容として最も適当なものを、次のア～エのうちから一つ選び記号で答えなさい。

ア 情の深い夫婦とはめったにないことである。
イ 箱を開けるとは思いもよらないことである。
ウ 蓬莱の山があるのはこの上ないことである。
エ 人間の身上として喜びは限りないことである。

問5 【文章2】空欄 Ⅱ に入る語句を、次のア～エのうちから一つ選び記号で答えなさい。

ア 学問　イ 鶏犬　ウ 路　エ 人

問6 【文章2】傍線部③「知《ル》レ求《ムルヲ》レ之《ヲ》。」を書き下し文に直しなさい。

問7 【文章2】傍線部④「其の放心を求むるのみ」とは具体的に何を求めるのか。【文章2】の本文中より漢字一字で抜き出しなさい。

問8 【文章2】を通して孟子が伝えたかったことは何か。最も適当なものを、次のア～エのうちから一つ選び記号で答えなさい。

ア 人が学問をするのは、本来の心を取り戻すためである。
イ 人が学問をするのは、本来の心を軽視しているためである。
ウ 人が学問をするのは、逃げた鶏や犬を捜すためである。
エ 人が学問をするのは、正しい道を踏みはずさないためである。

問9 【資料】を参考に、【文章1】と【文章2】から読み取れることとして最も適当なものを、次のア～エのうちから一つ選び記号で答えなさい。

ア 【文章1】によると「情」とは、必ず約束を守ることである。
イ 【文章1】によると「情」とは、広く万人を愛することである。
ウ 【文章2】によると「仁」とは、揺るがぬ信念を持つことである。
エ 【文章2】によると「仁」とは、元々持っている愛のことである。

【四】 奈歩さんのクラスは、総合的な学習の時間に「台風時のハザードマップ」を作成することになった。次の場面は、それぞれのグループで話し合ったものを全体に報告しているところである。これを読んで後の問いに答えなさい。

司会 「それでは各グループの発表を始めます。Aグループ代表の奈歩さんお願いします。」

奈歩 「私たちのグループは、イラストや図などを多く載せたマップがいいと思いました。なぜなら、小さい子どもや高齢者にとって、細かい字の説明や地図だけではわかりにくいからです。オリンピックでも話題になったピクトグラムは、ぱっと見ただけでわかるところがいいと思うので、ぜひ取り入れていきたいです。色もたくさん使って、カラフルで目につきやすくするといいと思います。」

司会 「ありがとうございました。ピクトグラムといえば、案内標識などをイラストで表したものですね。それなら年齢や国籍も関係なく、情報や注意が伝わりやすそうです。次に、Bグループり。さてこそ《だからこそ》、七百年の齢《よはひ》《寿命》を保ちける。あけて見るなとありしを、あけにけるこそよしなけれ《かいのないことであった。》。

A 君に逢《あ》ふ夜は浦島が玉手箱あけて悔しきわが涙かな《悔しい思いをしたように　私の涙が流れることだ。》

と、歌にも詠《よ》まれてこそ候《さうら》へ《詠まれている。》。①生《しやう》あるもの《命のあるものは、》、いづれも《どれも》情を知らぬといふことなし。いはんや《まして、》、人間の身として恩を見て《恩を受けて》恩を知らぬは、木石にたとへたり。情《情愛》深き夫婦は※1二世《にせ》の契《ちぎ》りと申すが、まことに《本当に》②ありがたきことどもかな。浦島は鶴になり、※2蓬萊《ほうらい》の山《山で》にあひをなす《遊んでいる。》。亀は、甲に三せきのいわゐをそなへ、万代《よろづよ》を経しとなり《この世のあらゆる祝い事を刻み、長生きできるようになったという。》。さてこそ《だからこそ》めでたきためし《たとえ》にも、鶴亀をこそ申し候へ《申すのである。》。ただ《ひとえに》人には情あれ、情のある人は、行く末めでたきよし《というように》申し伝へたり《申し伝えている。》。

（『御伽草子集』による。設問の都合上、一部改変してある。）

（注）※1　二世《にせ》の契《ちぎ》り…来世まで続く夫婦のかたい縁や結びつき。
※2　蓬萊《ほうらい》の山…伝説上の理想郷。仙人が住む山。

【文章2】

（漢文の書き下し文）

※1孟子日《い》はく《孟子が言うには、》、「仁は人の心なり《本来の心である。》。義は人の路なり《従うべき正しい道である。》。其《そ》の Ⅱ を舎《す》てて由《よ》らず《（ところが人々は）捨ててしまっても従わず、》、其の心を放ちて《失っても》求むるを知らず《探し求めることを知らない。》。哀しいかな《嘆かわしいことだ。》。人鶏犬の放るる有らば《人は鶏や犬が逃げ出すと、》、則《すなは》ち《すぐに》③知ル㆑求ムルヲ㆑之ヲ。放心有りて《心を失うことがあっても》求むるを知らず。学問の道は《方法は》他無し。④其の《ただ》放心を求むるのみ《だけである。》。」と。（『孟子』による。設問の都合上、一部改変してある。）

（注）※1　孟子…中国の思想家。

【資料】

「情」とは人に対する思いやりや愛情のことである。『論語』で孔子のとなえた「仁」とは、広く「愛」をさしている。それを発展させたのが孟子であり、人が生まれながらにして持っている愛情ややさしさを含む。【文章1】に出てきた「情」も、【文章2】の「仁」も人間にはなくてはならない感情である。

「人、木石にあらざれば、みな情あり」『源氏物語』
「巧言令色、鮮《すく》なし仁」（うまいことをいい、表面上愛想のいい人は、愛が少ない。）『論語』

など、「情」や「仁」を大事にしながら生きていく必要があると説いた古典のその教えは、現代に生きるわれわれにも多くの示唆を与えてくれるものである。

問1　【文章1】二重傍線部「はからひ」を、現代仮名遣いに直し、ひらがなで書きなさい。

問2　【文章1】の A の和歌には「掛詞《かけことば》」の技法が使われている。それを表した次の図の空欄 Ⅰ に入る語を、【文章1】の本文中より漢字一字で抜き出しなさい。

なさい。

問3　【文章1】の空欄 Ⅰ に入る語句を本文中より三字で抜き出しなさい。

問4　【文章1】の空欄 Ⅱ に当てはまる接続表現として最も適当なものを、次のア～エのうちから一つ選び記号で答えなさい。

ア　あるいは　　イ　しかし　　ウ　つまり　　エ　さて

問5　【文章1】の傍線部「生物の進化は、こうして起こってきたと考えられています」とあるが、その説明として最も適当なものを、次のア～エのうちから一つ選び記号で答えなさい。

ア　大きな環境の変化に直面したとき、自然界に存在する平均値に近い値の存在がその環境に適応し、やがて標準となった。

イ　大きな環境の変化に直面したとき、自然界には存在しない虚ろな存在がその環境に適応し、やがて標準となった。

ウ　大きな環境の変化に直面したとき、優れた能力を発揮するものだけがその環境に適応し、やがて標準となった。

エ　大きな環境の変化に直面したとき、平均値から大きく離れたはずれ者がその環境に適応し、やがて標準となった。

問6　次の一文は【文章2】の A ～ D のどこに入るか。最も適当な箇所を、A～Dのうちから一つ選び記号で答えなさい。

> しかし今、生き残っているのは、ホモ・サピエンスです。

問7　【資料】は、生徒が【文章1】と【文章2】の具体例を整理したものである。空欄 Ⅲ に当てはまる語句を本文中より七字で抜き出しなさい。

問8　次のA～Dは、【文章1】と【文章2】を学習した生徒によるまとめの発言の一部である。本文の内容を踏まえた発言として最も適当なものを、次のA～Dのうちから一つ選び記号で答えなさい。

A　現代の私たちの社会においても、お互いの個性を尊重し違いを大切にすることが、AI化などが進む社会の今後の大きな変化への適応にもつながるんだね。

B　現代の私たちの社会においても、みんなと同じようにできる力をしっかり磨いていくことが、社会のAI化など今後の大きな変化に備え、助け合うために必要なんだね。

C　現代の私たちの社会においても、常識やこれまでの価値観をあえて遠ざけてはずれ者になることが、社会のAI化など今後の大きな変化への適応にもつながるんだね。

D　現代の私たちの社会においても、ネアンデルタール人のように体力と知能を維持していくことが、社会のAI化など今後の大きな変化に備え、助け合うために必要なんだね。

【三】　次の【文章1】、【文章2】、【資料】を読んで後の問いに答えなさい。

【文章1】

> 浦島太郎は亀《かめ》を助けたお礼に竜宮城に招かれ、しばらく過ごしたのち、別れの時を迎えた。故郷へ帰ると、そこは荒れ果てた野原と化していた。おみやげに亀がくれた箱を開けたところ、たちまちに年をとって変わり果てた姿になってしまった。

さて《そして》、浦島は鶴《つる》になりて、虚空《こくう》《大空に》に飛び上がりける。そもそも、この浦島が《この浦島の》年を、《年齢を、》亀が《亀の》はからひとして、《取り扱いによって》箱の中にたたみ入れにけ《たたみ入れてあったのだ。》

(中略)

人間が作り出した「ものさし」も大切ですが、本当は、その「ものさし」以外にも、たくさんの価値があるということを忘れないことが大切なのです。 Ⅱ 、「違い」を大切にしていくことなのです。「ものさし」で測ることになれている大人たちは、皆さんにこう言うかもしれません。「どうしてみんなと同じようにできないの?」管理をするときには、揃《そろ》っている方が楽です。バラバラだと管理できません。そのため、大人たちは子どもたちが揃ってほしいと思うのです。しかし本当は、同じようにできないことが、大切な「違い」なのです。

【文章2】

じつは、知能を発達させてきたのは、私たちホモ・サピエンスだけではありません。人類の進化を遡《さかのぼ》ると、ホモ・サピエンス以外の人類も出現していました。ホモ・サピエンスのライバルとなったのがホモ・ネアンデルターレンシスの学名を持つネアンデルタール人です。ネアンデルタール人は、ホモ・サピエンスよりも大きくて、がっしりとした体を持っていました。 A さらに、ホモ・サピエンスよりも優れた知能を発達させていたと考えられています。ホモ・サピエンスは、ネアンデルタール人と比べると体も小さく力も弱い存在でした。脳の容量もネアンデルタール人よりも小さく、知能でも劣っていたのです。 B 私たちホモ・サピエンスはどうして生き残ることができたのでしょうか。そして、どうしてネアンデルタール人は滅んでしまったのでしょうか。ホモ・サピエンスは弱い存在でした。力が弱かったホモ・サピエンスは、「助け合う」という能力を発達させました。 C そして、足りない能力を互いに補い合いながら暮らしていったのです。そうしなければ、生きていけなかったのです。

(中略)

一方、優れた能力を持つネアンデルタール人は、集団生活をしなくても生きていくことができました。しかし、環境の変化が起こったとき、仲間と助け合うことのできなかったネアンデルタール人は、その困難を乗り越えることができなかったと考えられているのです。 D

(【文章1】【文章2】稲垣栄洋『はずれ者が進化をつくる』による。設問の都合上、一部改変してある。)

【資料】(生徒による【文章1】と【文章2】の具体例の整理)

【文章1】	【文章2】
白色のガ(オオシモフリエダシャク) ○白い木の幹に止まって身を隠す。	ネアンデルタール人 ○ホモ・サピエンスより ・大きくて、がっしりとした体 ・優れた知能を発達させていた ○集団生活をしなくても生きていくことができた。
黒色のガ(オオシモフリエダシャク) ○ススで真っ黒になった幹では目立たず、鳥に食べられなかった。	ホモ・サピエンス ○ネアンデルタール人より ・体も小さく、力も弱い ・知能でも劣っていた ○ Ⅲ ことができた。

⇒ 環境の変化による困難を乗り越えることができた。

問1　【文章1】の二重傍線部a「とにかく」について、次の問いに答えなさい。

(1)　「とにかく」の品詞名を、次のア〜エのうちから一つ選び記号で答えなさい。

ア　名詞　　イ　副詞　　ウ　形容詞　　エ　助動詞

(2)　「とにかく」と品詞の種類が異なるものを、本文中の波線部ア〜エのうちから一つ選び記号で答えなさい。

問2　【文章1】の二重傍線部b「進化」の対義語を漢字二字で書き

ジに、「ネガティブで Ⅱ なもの」という解釈を重ねることで、思い通りにいかないことに悩み、揺れ動く思春期にいる彼女たち自身の心理も暗に託されている。
また、自らに向けられたどんな言葉も耳にやわらかく聞こえるほど、互いに Ⅲ きたからこそ、Ⅳ 思いをも共有してきたという、彼女たちの特別な関係性とが重ね合わされている。

空欄 Ⅰ　ア 茜　イ 瑞穂　ウ 東子
エ 夏樹　オ 真名　カ 理香

空欄 Ⅱ　ア 未完成　イ 無責任
ウ 非常識　エ 不安定

【二】 次の【文章1】、【文章2】を読んで後の問いに答えなさい。

【文章1】

人間が複雑な自然界を理解するときに「平均値」はとても便利です。そのため、人間は平均値を大切にします。そして、aとにかく平均値と比べたがるのです。平均値を大切にすると、平均値からはずれているものが邪魔になるような気になってしまいます。みんなが平均値に近い値なのに、一つだけ平均値からアポツンと離れていると、何だかイおかしな感じがします。何より、ポツンと離れた値があることによって、大切な平均値がずれてしまっている可能性もあります。そのため、実験などではウあまりに平均値からはずれたものは、取り除いて良いということになっています。はずれ者を取り除けば、平均値はより理論的に正しくなります。値の低いはずれ者をなかったことにすれば、平均値は上がるかもしれません。こうしてときに「平均値」という、自然界には存在しない虚《うつ》ろな存在のために、はずれ者は取り除かれてしまうのです。

しかし、実際の自然界には「平均値」はありません。「ふつう」もありません。あるのは、さまざまなものが存在している「多様性」です。生物はバラバラであろうとします。そして、はずれ者に見えるような平均値から遠く離れた個体をエわざわざ生み出し続けるのです。

どうしてでしょうか。自然界には、正解がありません。ですから、生物はたくさんの解答を作り続けます。それが、 Ⅰ を生み続けるということです。条件によっては、人間から見るとはずれ者に見えるものが、優れた能力を発揮するかもしれません。かつて、それまで経験したことがないような大きな環境の変化に直面したとき、その環境に適応したのは、平均値から大きく離れたはずれ者でした。そして、やがては、「はずれ者」と呼ばれた個体が、標準になっていきます。そして、そのはずれ者がつくり出した集団の中から、さらにはずれた者が、新たな環境へと適応していきます。こうなると古い時代の平均とはまったく違った存在となります。じつは生物の進化は、こうして起こってきたと考えられています。

b進化というのは、長い歴史の中で起こることなので、残念ながら、私たちは進化を観察することはできません。しかし、「はずれ者」が進化をつくっていると思わせる例は見られます。

たとえば、オオシモフリエダシャクという白いガは、白い木の幹に止まって身を隠します。が、ときどき黒色のガが現れます。白色のガの中で、黒色のガははずれ者です。ところが、街に工場が作られ、工場の煙突から出るススによって、木の幹が真っ黒になると、目立たない黒いガだけが、鳥に食べられることなく生き残りました。そして、黒いガのグループができていったのです。

こうなるとすっかりいつものディスカッションの雰囲気だ。

（森谷明子『春や春』による。設問の都合上、一部改変してある。）

（注）※1　披講…句を披露すること。
※2　破調…五七五の定型の音数をくずすこと。

問1　二重傍線部a「打てば響く」と似た意味の慣用句として最も適当なものを、次の**ア**～**エ**のうちから一つ選び記号で答えなさい。

ア　襟《えり》を正す　**イ**　気が引ける
ウ　高《たか》をくくる　**エ**　間髪《かんはつ》を容《い》れず

問2　二重傍線部bのカタカナは漢字に直し、cの漢字は読みをひらがなで書きなさい。（丁寧に書くこと）

b　エンソウ　c　抗議

問3　空欄 A に入る語として最も適当なものを、次の**ア**～**エ**のうちから一つ選び記号で答えなさい。

ア　一刀両断　**イ**　一朝一夕　**ウ**　一心不乱　**エ**　一触即発

問4　傍線部①「徐々に表情をほころばせる」とあるが、このときの茜の心情の説明として最も適当なものを、次の**ア**～**エ**のうちから一つ選び記号で答えなさい。

ア　東子の句を受け止めて、わずかに生じた戸惑い。
イ　東子の句を受け止めて、じわじわと広がる嬉しさ。
ウ　東子の句を受け止めて、不意におとずれた驚き。
エ　東子の句を受け止めて、次第に襲ってくる不安。

問5　傍線部②と④の東子の「どきどき」はどのような気持ちを表現しているか。最も適当なものを、次の**ア**～**エ**のうちからそれぞれ一つずつ選び記号で答えなさい。

②　**ア**　創作に対する自分の才能のなさへの恐れ。
イ　久しぶりに人前で俳句を詠む緊張。
ウ　句が評価されることへの後ろめたさ。
エ　自分の句が好意的に評価された喜び。

④　**ア**　茜も自分と同じ気持ちかもしれないという期待。
イ　茜が言おうとしていることがわからない不安。
ウ　一年生が遠慮なく意見してくることへのいら立ち。
エ　会員たちの自由で奔放《ほんぽう》な解釈に対する驚き。

問6　傍線部③「穏やかな表情で返してくれる」とあるが、このとき東子は瑞穂に対してどのような気持ちを抱いたのか。最も適当なものを、次の**ア**～**エ**のうちから一つ選び記号で答えなさい。

ア　瑞穂が急な話題転換により落胆した東子に気づき、いつものように笑顔で慰めてくれたと感じた。
イ　瑞穂が自信を取り戻しつつある東子に気づき、これまでの誤解を解いてくれたと感じた。
ウ　瑞穂が一年生のやりとりで緊張がほぐれた東子に気づき、和んだ気持ちに共感してくれたと感じた。
エ　瑞穂が作句が間に合わないと焦る東子に気づき、この場を落ち着かせようとしていると感じた。

問7　次の文章は、本文の内容を説明したものである。空欄 Ⅰ ・ Ⅱ には最も適当なものを、次の選択肢のうちからそれぞれ一つずつ選び記号で答えなさい。また、空欄 Ⅲ ・ Ⅳ に当てはまる適当な語句を、本文中よりそれぞれ**七字**で抜き出しなさい。

> 茜の「友呼ぶ」と東子の「草笛や」の句を軸として、登場人物たちが俳句という共通するものを通して通じ合うさまが、 Ⅰ の視点を中心に描かれている。
> 夏の季語である「草笛」には、草笛そのものの爽やかなイメー

葉、その対比を思わせる感じが好きです」

東子は②どきどきしてきた。きっと顔が赤くなっている。東子の句を、いいと言ってくれた。創作で評価された。

だが、すぐに理香がこう発言したので、話は次に移った。

「私ね、誰の句っていうより、草笛に対して結構みんなネガティブだなあって、それが印象的だった。井野先輩の草笛は本当に聞こえているものじゃないし、私の草笛も音階が不確かで不完全燃焼な気持ちについての句だし、真名にいたってははっきり『鳴らせぬ』だよ」

夏樹がc抗議する。

「仕方ないんじゃない？　だって、みんなでためしに草笛に挑戦してみたけど、誰一人吹けなかったんだから」

この一年生トリオは強い。さっきの負けも引きずらない。東子はやっと肩の力が抜けるのを感じた。小さく笑ってみる。と、瑞穂と目が合った。③穏やかな表情で返してくれる。

「いいじゃない、それも草笛だよ。うまくいかない、あぶなっかしいもの。私たちの草笛の解釈はそういうことなんだよ。あ、あと会長が珍しく破調※2で詠んでるのも面白かった。『草笛は耳にやはらかし』と『友』の取り合わせっていいと思う」

それまで黙っていた茜が口を開いた。

「うん。『友』にはいろんな友があるよね。いろんなことを話してきた、たくさん話してもらってきた、それが『友』との言葉ならばきっとどんな言葉でも結局は耳にやわらかいんじゃないかって、そういうのも草笛に託したかった」

茜の言葉を聞いているうちに、また胸が④どきどきしてきた。茜はずっとみんなの顔を見回していて東子の方を一度も見ていないが、この言葉も東子に向けられているのではないか。

その東子の動悸《どうき》は、続けて瑞穂が言ったことでさらにたかまった。

「そうだよね、私たち覚えていられないほどたくさんしゃべってきてるんだものね」

――この人たち。

その時茜の目が東子をまっすぐに見た。

東子は何も言えずに、ただうなずいた。

そう。たくさん話してきた。これからも。時には『言葉にまとめられぬもの』があっても。

「なーんか、でも、思いが強すぎる気がしますけどねえ」

通じ合った気がした空気に水を差したのは夏樹だった。この子はいつもこうやって、ねらっているのかまったくの天然なのか、わからない発言をする。

「会長の句、好きですけど、『友』って言葉にすると重い気もします。自分が呼びかけているのが大事な人なのはわかりきってるわけでしょ。じゃ、わざわざ『友』なんて言わなくたって、その辺のニュアンスは伝わるじゃないですか」

瑞穂が手を打った。

「あ、そうか。むしろ『友』をはずした方が、その『大事な人』に広がりが出るか」

「広がりが出るって、たとえば親とかにも？」

「いや、『親』への言葉は耳にやわらかくないなあ」

六人で声を上げて笑う。瑞穂の声が、いつものように生き生きしてきた。

「もっとストレートでいいかもね。言葉にならないでもいいんだよってメッセージも、はっきり『聞かない』って句にしちゃうのはどう？」

「あ、いいかも」

〈国語〉

時間　五〇分　満点　六〇点

【一】　次の文章を読んで後の問いに答えなさい。

藤ヶ丘女子高校二年生の加藤東子《かとうはるこ》（トーコ）は、俳句甲子園に出場するため須崎茜《すざきあかね》とともに俳句同好会を立ち上げる。だが東子は、自分には作句の才能がないと感じてマネージャーになり、五人目の選手枠を最後に入会した井野瑞穂《いのみずほ》に依頼した。会員たちは全国大会に出場するも二回戦で敗退し、敗者復活戦で「草笛」の題で句を作ることになり、東子も同好会の一員として作句に参加する。

「友呼ぶ草笛は耳にやはらかし」

会長の須崎茜が自分の※1披講《ひこう》を終わらせ、井野瑞穂を見る。a打てば響くように瑞穂が続けた。

「草笛は空耳課題はかどらず」

一年生三人の披講は、誰が決めたわけでもないのに順番が一定になっている。桐生夏樹《きりゅうなつき》、北条真名《ほうじょうまな》、三田村理香《みたむらりか》。

今もその順に、テンポよく披講が行われた。

「海遠し青き匂ひの草の笛」

「草笛を鳴らせぬ子らの赤き頬《ほお》」

「草笛や十二音階定まらず」

みんな、自分らしい句を詠《よ》んでいる。夏樹は最近「の」の音を重ねるのに凝っていたし、真名は子どもを詠むのが好き、理香はきっと草笛でピアノみたいにbエンソウができないことがもどかしかったのだろう。

そんなことを思いながらも、実は、東子は最初の句を読んだ時の、きっぱりとした茜の声が耳から離れない。

――友、か。

顔を上げると五人の目とぶつかる。そうだ、東子は六番目の会員だ。

東子は口を開いた。俳句甲子園への練習が本格的になってきてから、全く作句に参加してこなかった。自分に才能がないのはすぐに思い知らされたし、東子が作句したら選手、特に瑞穂が気にしそうだったから。でも、披講するならこの順番だろう。スタメンではないけど会員であるマネージャー、いや副会長の東子。

「草笛や言葉にまとめられぬもの」

それまでノートに［A］に書きつけていた瑞穂がはっとしたように顔を上げた。その横の茜は、一瞬ぽかんとしてから、①徐々に表情をほころばせる。

魔法のようだ。

友呼ぶ草笛は耳にやはらかし。

草笛や言葉にまとめられぬもの。

茜と句をやり取りしただけで、ほかに何も話していないのに、気持ちが通じ合ったと思えた。

「言葉にまとめられぬもの、ですか」

夏樹がつぶやいたことで、茜も我に返ったようだ。ふっと息をついて会員を順に見ながら口を開いた。

「どう？　どの句が一番気になった？」

発言を促され、真名が言った。

「私、トーコ先輩の句です。『言葉にまとめられぬもの』。草笛と言

MEMO

大切なことはメモしておこうネ！

2022年度

解　答　と　解　説

《2022年度の配点は解答用紙集に掲載してあります。》

＜数学解答＞

【1】 (1)　-4　(2)　-8　(3)　-2　(4)　$5\sqrt{2}$　(5)　$18a^3$　(6)　$5x+7y$

【2】 (1)　$x=15$　(2)　イ　(3)　ウ　(4)　$\angle x=50°$　(5)　$4x^2+4xy+y^2$
(6)　$(x+6)(x-1)$　(7)　$x=\dfrac{-3\pm\sqrt{5}}{2}$　(8)　ウ　(9)　8冊

【3】 問1　6通り　問2　$\dfrac{1}{12}$　問3　$\dfrac{17}{18}$

【4】 問1　①　イ　②　オ　問2　右図

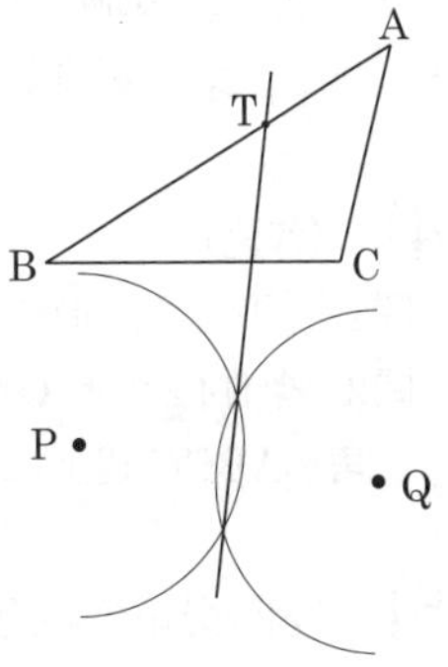

【5】 問1　①　4　②　3　③　$(m+n)(m-n)$　④　3
⑤　1　問2　$m=7$，$n=5$

【6】 問1　45000円　問2　$y=500x+50000$　問3　71枚以下

【7】 問1　$a=1$　問2　$0\leqq y\leqq 8$　問3　$2a$　問4　$a=\dfrac{7}{2}$

【8】 問1　QR＝2cm　問2　解説参照　問3　AB：PB＝5：2
問4　$\dfrac{25}{3}$cm^2

【9】 問1　36π cm^2　問2　36π cm^3　問3　イ　問4　12cm

【10】 問1　6　問2　$2x^2+2$　問3　$x=-7$，-1　問4　B，C，D

＜数学解説＞

【1】 (数・式の計算，平方根)

(1)　$4+(-8)=4-8=-4$

(2)　$10\div\left(-\dfrac{5}{4}\right)=-10\times\dfrac{4}{5}=-8$

(3)　$4+3\times(-2)=4-6=-2$

(4)　$3\sqrt{2}+\sqrt{8}=3\sqrt{2}+\sqrt{2^2\times2}=3\sqrt{2}+2\sqrt{2}=5\sqrt{2}$

(5)　$2a\times(-3a)^2=2a\times9a^2=18a^3$

(6)　$2(x+5y)-3(-x+y)=2x+10y+3x-3y=5x+7y$

【2】 (比例式，有理数と無理数，不等式，円の性質と角度，式の展開，因数分解，二次方程式，割合，データの分析)

(1)　$3:8=x:40$　$8x=120$　$x=15$

(2)　無理数は分数で表せない数である。$\sqrt{9}=3$より，無理数は，$\sqrt{3}$…イ

(3)　ペンとテープの合計金額は，$83\times a+102\times b=83a+102b$(円)　これが740円以下だから，不等号「≦」を用いて，$83a+102b\leqq740$…ウ

(4)　線分ACと線分BDとの交点をEとする。△BCEで，**内角と外角の関係**より，$\angle$CBE$=80°-30°=50°$　$\overset{\frown}{\mathrm{CD}}$に対する円周角は等しいから，$\angle x=\angle$CAD$=\angle$CBD$=50°$

(5)　$(2x+y)^2=(2x)^2+2\times2x\times y+y^2=4x^2+4xy+y^2$

(6)　$x^2+5x-6=x^2+(6-1)x+6\times(-1)=(x+6)(x-1)$

(7)　解の公式より，$x=\dfrac{-3\pm\sqrt{3^2-4\times1\times1}}{2\times1}=\dfrac{-3\pm\sqrt{5}}{2}$

(8)　$6000\times(1+0.08)=6000\times1.08=6480$(円)…ウ

(9)　中央値は，冊数の少ない方から4番目と5番目の値の平均である。よって，$\dfrac{7+9}{2}=8$(冊)

【3】 (場合の数，確率)

問1　(1回目，2回目)＝(白1，赤1)，(白2，赤2)，(白3，赤3)，(赤1，白1)，(赤2，白2)，(赤3，白3)の6通り。

問2　(1回目，2回目)＝(白2，白2)，(白3，赤1)，(赤1，白3)の3通り。玉の取り出し方の総数は，$6\times6=36$(通り)だから，求める確率は，$\dfrac{3}{36}=\dfrac{1}{12}$

問3　最後の位置が-4未満になる場合は，(1回目，2回目)＝(赤2，赤3)，(赤3，赤2)の2通り。よって，求める確率は，$1-\dfrac{2}{36}=1-\dfrac{1}{18}=\dfrac{17}{18}$

【4】 (作図)

問1　「平行四辺形の向かいあう辺は等しい」という性質を利用する。

問2　条件「2点P，Qから等しい距離にある」より，点Tは線分PQの垂直二等分線上にある。条件「三角形ABCの辺上にある」より，点Tは，線分PQの二等分線と辺ABとの交点である。

【5】 (因数分解の利用，自然数の性質)

問1　$4^2+3^2=25$より，$m=$①$\underline{4}$，$n=$②$\underline{3}$　　$m^2-n^2=$③$\underline{(m+n)(m-n)}$　$(m+n)(m-n)=4\times2$より，$m+n=4$，$m-n=2$　これを解いて，$m=$④$\underline{3}$，$n=$⑤$\underline{1}$

問2　左辺は，$m^2-n^2=(m+n)(m-n)$　右辺は，$24=24\times1$，12×2，8×3，6×4　よって，$m+n$と$m-n$の組み合わせは，$(m+n,\ m-n)=(24,\ 1)$，$\underline{(12,\ 2)}$，$(8,\ 3)$，$\underline{(6,\ 4)}$　このうち，m，nが自然数となるのは，下線をつけた場合で，このときのm，nの値は，$(m,\ n)=(7,\ 5)$，$(5,\ 1)$　したがって，mの値が最大となる組は，$(m,\ n)=(7,\ 5)$

【6】 (関数のグラフの利用)

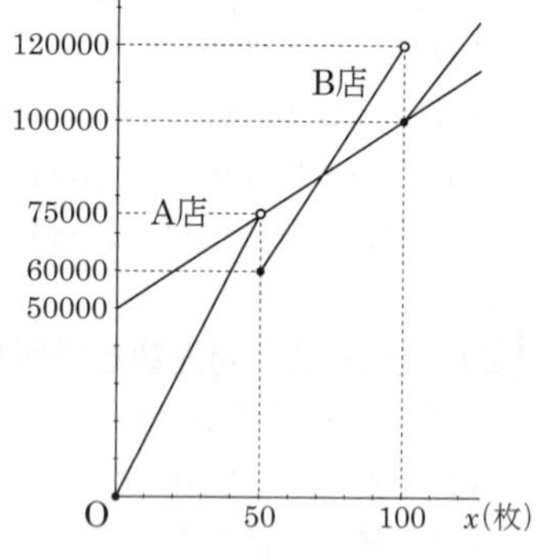

問1　$1500\times30=45000$(円)

問2　$x=0$のとき$y=50000$で，変化の割合は500だから，$y=500x+50000$…①

問3　B店についてのxとyの関係を表すグラフに，A店についてのxとyの関係を表すグラフをかき加え，2つのグラフの交点を求める。交点のx座標は$50\leqq x\leqq100$であり，このときのB店についてのyをxの式で表すと，$y=1200x$…②　①，②を連立方程式として解く。②を①に代入して，$1200x=500x+50000$　$7x=500$　$x=\dfrac{500}{7}=71.4\cdots$　よって，71枚以下。

【7】 (図形と関数・グラフ，比例定数，変域，変化の割合)

問1　B(4，16)より，$y=ax^2$に$x=4$，$y=16$を代入して，$16=a\times4^2$　$16a=16$　$a=1$

問2　$x=0$のとき$y=0$　$x=4$のとき，$y=\dfrac{1}{2}\times4^2=8$　よって，yの変域は，$0\leqq y\leqq8$

問3　xの増加量は，$4-(-2)=6$　yの増加量は，$a\times4^2-a\times(-2)^2=12a$　よって，(変化の割合)＝

$\dfrac{(y\text{の増加量})}{(x\text{の増加量})}=\dfrac{12a}{6}=2a$

問4　直線ABの式は，傾きが$2a$で，点A$(-2,\ 4a)$を通るから，$y=2ax+b$とおいて，$x=-2$，$y=4a$を代入すると，$4a=2a\times(-2)+b$　$b=8a$　$y=2ax+8a$　よって，直線ABとy軸との交点をCとすると，C$(0,\ 8a)$　△OAB＝△OAC＋△OBC$=\dfrac{1}{2}\times8a\times2+\dfrac{1}{2}\times8a\times4=24a$(cm^2)　△OAB$=84$cm^{2}のとき，$24a=84$　$a=\dfrac{7}{2}$

【8】（平面図形，線分の長さ，相似の証明，面積）

問1　PQ//BRより，平行線の同位角は等しいから，∠PQR＝∠BRC…(i)　平行線の錯角は等しいから，∠QPR＝∠BRP…(ii)　仮定より，∠BRP＝∠BRC…(iii)　(i)，(ii)，(iii)より，∠PQR＝∠QPRだから，△PQRは，PR＝QRの二等辺三角形である。よって，QR＝2cm

問2　(例)△APQと△ABRにおいて，∠Aは共通…①　平行線の同位角は等しいから，∠AQP＝∠ARB…②　①，②より，2組の角がそれぞれ等しいから，△APQ∽△ABR

問3　△APQ∽△ABRより，AP：AB＝AQ：AR＝3：(3＋2)＝3：5　よって，AB：PB＝5：(5－3)＝5：2

問4　△PRQと△APRは，底辺をそれぞれQR，ARとすると高さが等しいから，△PRQ：△APR＝QR：AR＝2：5　△PRQ$=\dfrac{2}{5}$△APR　△APRと△ABRは，底辺をそれぞれAP，ABとすると高さが等しいから，△APR：△ABR＝AP：AB＝3：5　△APR$=\dfrac{3}{5}$△ABR　よって，△PRQ$=\dfrac{2}{5}\times\dfrac{3}{5}$△ABR$=\dfrac{6}{25}$△ABR　したがって，△PRQ$=2$(cm^2)のとき，△ABR$=\dfrac{25}{6}$△PRQ$=\dfrac{25}{6}\times2=\dfrac{25}{3}$(cm^2)

【9】（空間図形，球の表面積・体積，円すいの高さ）

問1　$4\pi\times3^2=36\pi$(cm^2)

問2　$\dfrac{4}{3}\pi\times3^3=36\pi$(cm^3)

問3　円柱Bについて，底面積は，$\pi\times3^2=9\pi$(cm^2)　側面積は，$(2\pi\times3)\times6=36\pi$(cm^2)　体積は，$\pi\times3^2\times6=54\pi$(cm^3)　よって，正しいものは，イ

問4　円すいCの高さを$h$cmとする。体積は球Aの体積と等しいから，$\dfrac{1}{3}\pi\times3^2\times h=36\pi$　$h=12$(cm)

【10】（操作）

問1　3－(A　2を足す)→5－(B　2を引く)→3－(C　2倍する)→6

問2　x－(D　2乗する)→x^2－(C　2倍する)→$2x^2$－(A　2を足す)→$2x^2+2$

問3　A，C，Dの順に取り出したとき，x－(A　2を足す)→$x+2$－(C　2倍する)→$2\times(x+2)=2x+4$－(D　2乗する)→$(2x+4)^2$　計算結果が等しいから，$(2x+4)^2=2x^2+2$　$4x^2+16x+16=2x^2+2$　$2x^2+16x+14=0$　$x^2+8x+7=0$　$(x+7)(x+1)=0$　よって，$x=-7,\ -1$

問4　-4に2を足すと-2となり，もとの数より絶対値が小さくなるから，引く，かける，2乗する，の順に計算すれば，結果が最も大きくなる。よって，B，C，D

＜英語解答＞

【1】 問1 ア 問2 ウ 問3 イ

【2】 問1 イ 問2 エ 問3 ア

【3】 問1 イ 問2 エ 問3 イ

【4】 問1 エ 問2 ア 問3 エ

【5】 問1 seen 問2 warmer 問3 playing 問4 be

【6】 問1 ウ→エ→ア→オ→イ 問2 オ→ア→ウ→イ→エ 問3 ウ→ア→オ→イ→エ

【7】 問1 ア→ウ→イ 問2 イ→ウ→ア 問3 ウ→イ→ア

【8】 問1 イ 問2 イ 問3 イ 問4 エ

【9】 問1 ウ 問2 イ 問3 ウ 問4 Ⅰ ウ Ⅱ イ 問5 イ・エ

【10】 問1 イ 問2 ウ 問3 ① ウ ② ア ③ エ 問4 エ 問5 エ

問6 (例)(Dear Kathy, Hello. Thank you very much for your answer. I read it in the newspaper two weeks ago.) I have tried the third tip. When I keep my bedroom dark, the time for falling asleep becomes shorter than before. I think the third tip is the best for my case. (Thank you again. Your fan, Tom.)

【11】 (例)(Mr. Josh, I would like to give you advice for your trip.) I think you should take airplane to the island. Because the time to the island with the airplane is less than with the ship. So, you can spend more time for enjoying activities. And, the airplane flies three times every day. So, you can plan with better time.(I hope you have fun on your trip!)

＜英語解説＞

【1】・【2】・【3】 (リスニング)

放送台本の和訳は，70ページに掲載。

【4】 (文法問題：語句補充・選択，現在・過去・未来と進行形，名詞・冠詞・代名詞)

問1 A：先週末は何をしたの？ ／B：お寺に行って，たくさん写真を(撮った)。
ア takeの現在形 イ takeの過去分詞形 ウ takeのing形 エ takeの過去形(○)
話題は先週のことなので過去形のエが適当。

問2 A：昨日学校でマイクを見ましたか？／B：昨日病気だったので，彼は学校に(来なかった)と思います。 ア do notの過去形(○) イ do notの三人称単数・現在形 ウ is notの現在形 エ is notの過去形 Aの質問は過去形didで始まっているので，それに対する答えも過去形であるdidn't を使う。

問3 A：有名な芸術家が描いた絵を見ましたか？／B：(それら)見たかったのですが，目の前に人が多かったので，見ることができませんでした。 ア 彼女を イ 彼を ウ それ エ それら(○) カッコには「絵」が入ると考えられる。問題文ではpictures と複数形になっているのでエが適当。

【5】 (文法問題：語句の問題，語句補充・選択，語形変化，現在完了，比較，現在・過去・未来と進行形，分詞の形容詞的用法)

問1　A：見て！　富士山だ。／B：わあ！　こんなに美しい山は(見た)ことがない。　カッコの前は have never があり**現在完了形**なので see (見る)は過去分詞の seen が適当。

問2　A：今日は寒いです。／B：本当に？　昨日(より暖かい)と思います。　カッコの後は than なのでカッコは形容詞の比較級となりwarm は warmer とするのが適当。

問3　A：ベンチでギターを(弾く)男性は誰？　彼は美しい音を出している。／B：ああ，彼は私の兄弟。彼は音楽が大好きなんだ。　カッコの動詞の前に man があるので，man playing the guitar として「ギターを弾く男性」とするのが適当。playing〜は形容詞的用法であり man を説明する働きがある。

問4　A：明日は晴れですか？／B：わかりません。天気予報をチェックしましょう。　カッコの文は明日のことを話していて，will に続く動詞 be は原形のままの be が適当。

【6】 (文法問題：語句の並べ換え，受け身，不定詞，関係代名詞)

問1　Do you remember (ウwhen エour アschool festival オwas イheld)last year?
A：昨年，私たちの学校祭がいつ開催されたのか覚えていますか？／B：いいえ。先生に尋ねましょう。 was held は**受け身**で「開催された」。

問2　My mother (オtold アme ウto イcome エback)by 6 p.m.　A：今日は放課後買い物に行きましょう。／B：ごめんなさい，行けません。母が午後6時までに戻ってくるよう私に言いました。　**tell＋人＋to〜(不定詞)で＜人に〜するように言う＞**。

問3　This (ウis アthe camera オmy father イgave エme)on my birthday.　A：あなたはすてきなカメラを持っていますね。／B：ありがとう。これは私の誕生日に父がくれたカメラです。　camera と my の間に**関係代名詞** which が省略されていて，カッコ内の語の意味は「私の父が私にくれたカメラ」となる。

【7】 (会話文問題：文の並べ換え，助動詞，関係代名詞，現在・過去・未来と進行形)

問1　夏休みの英語の宿題は終わった？ → ア)いいえ。最後の問題はとても難しい。→ ウ)そうだね。一緒に終わらせようか。→ イ)いいね。図書館に行ってもいいね。　try to finish は **to 不定詞**で「終わらすことを試みる」となる。

問2　お手伝いしましょうか？ → イ)はい。黒いジャケットを探しています。→ ウ)そうですね。大きいサイズしかありません。→ ア)問題はありません。試着できますか？

問3　悲しそうだね。どうしたの？ → ウ)昨日買ったかばんをなくしてしまった。すべてその中に入っている。→ イ)警察に行って，それについて話をしたほうがいいよ。→ ア)そうだね。ありがとう。そうする。　I have lost〜は**現在完了形**で「〜をなくしてしまった」。

【8】 (読解問題：絵・図・表・グラフなどを使った問題，内容真偽，現在・過去・未来と進行形，過去分詞の形容詞的用法，動名詞，形容詞・副詞)

ABC夏季英語プログラム2022

ABCスクールでは，英語を学ぶのが好きな高校生のために，特別な夏季英語プログラムを開催する予定です。英語会話のクラスに参加したり，ゲームをしたり，そして英語の歌をうたったりできます。 私たちはみなさんが素晴らしい時間を過ごし，新しい友達ができると信じています。夏季英語プログラムに参加したい場合，かならず7月22日までにEメールを送ってください。詳しくはスケジュールをご覧ください。

スケジュール

	活動
午前クラス１ 10：00-10：50	自己紹介とウォーミング・アップ・ゲームをする
午前クラス２ 11：00-11：50	イギリス，アメリカとニュージーランド出身の英語教師の英語会話クラス
昼食 12：00-13：00	バーベキューとビンゴ
午後クラス 13：00-14：00	好きな活動を一つ選択してください。 ↓　スカベンジャー・ハント あなたはハンターです！チーム・メンバーと一緒に，問題を解決してください。 ↓　歌をうたう ギターと一緒に何曲か人気のある英語の歌をうたいましょう。

日にち：7月24日(日曜日)

料金：3,000円

★他の人と分けるために食べ物や飲み物を持ってくると，10%の割引になります。

詳細について：

abc2525@jmal.comにＥメールを送るか，099-117-1944に電話してください。

（全訳）　母：健，このパンフレットを見て。来週の日曜日に夏季英語プログラムがある。あなたは英語を勉強するのが好きよね？ きっと気に入ると思う。

健：見せて。わあ！　とても面白そう。いろいろな国の人と話すことができるね。

母：その通り。また，英語の歌を学べるし，ゲームもできる。

健：楽しそう。ところで，「スカベンジャー・ハント」とはどういう意味なの？

母：それはゲーム。あなたは紙に書かれたものを見つけなければならないの。たとえば，紙に「赤いシャツ」という言葉があれば，赤いシャツを見つけなければならない。赤いシャツを着ている人でも大丈夫。最初に紙にあるすべてのものを見つけると，あなたが勝者になる。

健：わあ！ そのような活動はしたことがない。

母：見て。分けたい食べ物を持って行くこともできる。私はお好み焼きを作ることができる。だから，みんなでそれを食べて楽しめるね。

健：いい考えだね。僕はそれを持っていくことにする。プログラムに参加してもいい？

母：もちろん。

問1　問題の会話文最初の母の発話第2文 There will be～には「来週の日曜日に夏季英語プログラムがある」とあり，パンフレットには夏季英語プログラムは7月24日とあるので，選択肢の中ではイ(7月17日)が適当。

問2　ア　ABCスクールに電話する。　イ　ABCスクールへEメールを送る。(○)　ウ　彼の学校の先生と話をする。　エ　ABCスクールを訪れる。　パンフレット上段の説明文の第4文 If you want～には，「夏季英語プログラムに参加する場合，7月22日までにメールを送る必要あり」とあるのでイが適当。

問3　プログラムの参加費用は3,000円。ただし，食べ物を持参すると10%割引になる。母と健の会話第7番目の母の発話 Look. You can～と第8番目の健の発話 That’s a good～から，プログラムにお好み焼きを持っていくことになったので，プログラムの参加費用は10％割引の2,700円となる。選択肢ではイが適当。

問4　ア　彼は昼食後にスカベンジャー・ハントをする。　イ　彼は他の生徒と一緒にスカベンジャー・ハントをする。　ウ　彼はスカベンジャー・ハント中に，紙に書かれたものを探す。　エ　彼は歌をうたった後，スカベンジャー・ハントをする。(○)　パンフレットと会話にはエの内容はない。選択肢ウの written on a paper は直前の語 things を説明する**過去分詞の形容詞的用法**で「紙に書かれたもの」となる。また，選択肢エの singing は**動名詞**で「歌うこと」。

【9】 (会話文問題：内容真偽，語句の解釈・指示語，文の挿入，不定詞，関係代名詞，動名詞)

マイク：幸司，あなたのスピーチは素晴らしかった！　どのようにトピックを選びましたか？

幸司　：ありがとうございます，マイク先生。実は，将来何をすればいいのかわからなかったので，母の仕事について話をすることにしました。私の母は町で①ソーシャル・ワーカーとして働いています。私はソーシャル・ワーカーになることはとても興味深いことに気が付き，そして私はそれについてさらに学びました。

マイク：それは素晴らしい。お母さんの仕事について，詳しく教えてくれますか？

幸司　：ソーシャル・ワーカーは，生活でさまざまな問題を抱えている，子供，大人，年配の人などさまざまな状況の人々を支援していると，母は言いました。ソーシャル・ワーカーは，学校，病院，または高齢者介護施設など，さまざまな場所で働いています。またソーシャル・ワーカーは親を支援しています。子育てはとても大変なので，親には多くの支援が必要です，そのため，②彼らはそれについて彼らにアドバイスしてくれる人が必要です。

マイク：それは大変な仕事のように聞こえます。Ⅰ 彼女の仕事で重要なのはどのような技術ですか？

幸司　：ソーシャル・ワーカーはいろいろな状況の人と話すので，人とのコミュニケーションが上手である必要があると，母は言いました。この仕事の重要な部分は，人々の話を聞き，彼らが問題を解決する方法を見つけるのを支援することです。これをうまく行うために，優れたソーシャル・ワーカーには我慢強さや柔軟性が必要です。私の母はこれらの技術を持っていて，他の人を支援することに喜びを感じているので，母は自分の仕事が本当に好きです。

マイク：ああ，それはとてもいいですね！　幸司，③あなたも人を支援する仕事で働くことができると，私は思います。授業中，あなたが友達にどれほど親切で，クラスメートと話すのがどれだけ好きなのかを見ることができます。Ⅱ あなたのスピーチによって，あなたは自分の将来について考え始めましたか？

幸司　：はい，人々の生活をより良くする仕事はすばらしいと思います！　将来，私も仕事で人々を支援したいと思います。

マイク：すばらしい！　幸運を祈ります！

問1　ア　ソーシャル・ワーカーは，仕事で多くの人と話すのが好きではありません。　イ　ソーシャル・ワーカーは，さまざまな状況の子供や親からサポートを受けています。　ウ　ソーシャル・ワーカーは，生活の中で支援を必要とするさまざまな状況の人々をサポートします。(○)　エ　ソーシャル・ワーカーは，生活に問題のない人々を支援します。　問題本文第4番目の幸司の発話最初の文 She said that～には「ソーシャル・ワーカーは，生活でさまざまな問題を抱えている，子供，大人，年配の人などさまざまな状況の人々を支援している」とあるのでウが適当。選択肢ウの who～は**関係代名詞**で直前の people を説明していて「生活で支援が必要な人々」となる。

問2　ア　子供たち　イ　親(○)　ウ　年配の人々　エ　ソーシャル・ワーカー　下線②のある文は「子育ては大変なので，親には多くの支援が必要。②親は子育てについてアドバイスしてくれる人が必要」という意味になるのでイが適当。

問3　ア　幸司はとても親切で年配の人々と話すのが得意だ。　イ　幸司はとても親切で，友達にお金を渡す。　ウ　幸司はとても親切で，友達とうまくコミュニケーションをとることができる。(○)　エ　幸司はとても親切で子育てに興味がある。　下線部③のあとの文 During class, I～には「幸司は授業中，友達に親切で，クラスメートと話すのが好きだ」とありここが③の発話の理由と考えられることからウが適当。選択肢アの talking は**動名詞**で「話をすること」。

問4　ア　人々が学校，病院，または高齢者介護施設でソーシャル・ワーカーをどのように支援しているか知っていますか？　イ　あなたのスピーチによって，あなたは自分の将来について考え始めましたか？（Ⅱ）　ウ　彼女の仕事で重要なのはどのような技術ですか？（Ⅰ）　空欄Ⅰの次の幸司の発話最後の文 My mother has～には「母はこれらの技術を持っている」とあり，この発話全体にソーシャル・ワーカーが持っている技術が説明されている。したがって，空欄Ⅰに入る文はウの質問が適当。また，空欄Ⅱの次の幸司の発話 Yes, I think～と以降の文では「人々の生活をより良くする仕事はすばらしい。将来，仕事で人々を支援したい」と言っているので，空欄Ⅱにはイの質問が適当。選択肢イの have you started は**現在完了形**で「すでに始めたのか？」と問いかける文になる。

問5　ア　幸司の母親は，お金をたくさん得るのでソーシャル・ワーカーとして働いています。　イ　幸司は母親の仕事を学んだ後，仕事を通して人々を支援することに興味を持っています。(○)　ウ　将来，幸司は医者になり，年配の人々を支援したいと思っています。　エ　ソーシャル・ワーカーにはコミュニケーション技術が必要です。(○)　オ　親や教師にとって，子供に優しくなることが必要です。　問題本文第2番目の幸司の発話最後の文 I realized that～には「ソーシャル・ワーカーはとても興味深いことに気が付き，それについてさらに学んだ」とあるのでイが適当。また，問題本文第6番目の幸司の発話最初の文 She said that～には，「ソーシャル・ワーカーには人との上手なコミュニケーションが必要」とあるのでエが適当。選択肢イの helping は**動名詞**で「支援すること」。

【10】（長文読解問題：語句の解釈・指示語，内容真偽，要約文，条件英作文，動名詞，不定詞）

（全訳）　キャシーさんへ，

こんにちは。15歳中学生のトムです。私には問題があります。夜によく眠れません。早く寝ようとしますが，眠れません。私を助けてください！

トムさんへ，

　ご質問ありがとうございます。とても心配していると理解します。ただし，この種の問題を抱えているのは，あなただけではありません。いくつかの研究は，多くの人々が夜寝るのに苦労していることを示しています。私にはより良い睡眠のための4つのコツがあります。

　最初のコツは，毎日同じ時間に起きて寝るようにすることです。たとえば，平日の午前6時に起きて，午後10時に寝る場合は，週末にも①同じことを行います。なぜ？　それは私たちだれもが体に24時間時計を持っているからです。何をすべきか，そしていつそれをするべきかをあなたの体が知っているとき，あなたは良い気分になるでしょう。多くの人が目覚まし時計を使って朝起きます。夜遅くまで勉強したりテレビを見たりすることが多いのなら，ぜひ試してみるべきすばらしいアイデアがあります。いつ寝るのかも知っておくために，目覚ましをセットしてください。

　2番目のコツは，寝室を涼しく保つことです。よく眠るためには，頭と体を冷やす必要があります。これが，部屋が暑すぎると眠れない原因です。部屋の温度を25℃程度に保ちましょう。

3番目のコツは，寝室を暗くすることです。これは，あなたを眠くさせるでしょう。寝る1時間前には，パソコンやスマホを使わないでください。ベッドの中ではスマートフォンでテレビを見たりゲームをしたりしてはいけないことを意味しています。兄弟や姉妹と寝室を共有していて，寝るときに電気を消せない場合は，②(アイマスク)が役立ちます。

最後のコツは，気持ちを落ち着かせる日課を用意することです。明かりを消してすぐに眠ることはできません。体のペースを落として眠くなるまでには，少し時間がかかります。寝る直前の 20分間で何かリラックスするようなことをして，その日の楽しかった記憶を思い出してください。たとえば，シャワーを浴びたり，体を軽く動かしたり，静かな音楽を聴いたりするのが好きな人もいます。他の人は，楽しくなったその日の出来事を思い出します。自分のための良い方法を見つけて，毎晩それを行ってください。

睡眠は私たちが健康で幸せであるために非常に重要です。いくつかのコツを試してください。トム，これらのコツがよく眠れるような助けになることを願っています！

問1　ア　あなたの体の中に24時間時計を持つ　イ　午前6時に起きて，午後10時に寝る(○)　ウ　夜寝るのに苦労する　エ　朝起きるために目覚まし時計を使う　下線部の意味は，「平日の午前6時に起きて午後10時に寝る場合は，週末にも同じことを行う」であるので，下線の「同じこと」とはイが適当。

問2　ア　イヤホン　イ　時計　ウ　アイマスク(○)　エ　靴下　カッコのある文の意味からすると，カッコは寝室の明かりを消すことができない場合に役立つものなのでウが適当。

問3　①　ヤス：夜寝るときは寝室のテレビがついています。三番目のコツ「寝室を暗くすること」がよいと考えられるのでウが適当。／トシ：私は時々午後8時に寝たり，別の時は午後11時に寝たりすることがあります。一番目のコツ「毎日同じ時間に起きて寝ること」がよいと考えられるのでアが適当。／サラ：寝るときは翌日が気になって緊張することが多いです。最後のコツ「気持ちを落ち着かせる日課を用意すること」がよいと考えられるのでエが適当。

問4　ア　夜はぐっすり眠れない人が多い。　イ　キャシーはトムに，寝るときに目覚ましを使うことができると伝えている。　ウ　寝室が暑いと，眠りにつくのが難しい。　エ　キャシーはトムに，より良い睡眠のためにすべてのコツに従うように伝えている。(○)　問題本文キャシーの文章の最初の段落第4文 Some research shows～には「夜にぐっすり眠れない人が多い」とあるのでアは本文の内容と一致している。同様に第2段落最後の文 Set an alarm～には，「目覚ましをセットして，いつ寝るのかを知るべき」とあるのでイは本文の内容と一致している。同様に第3段落第3文 This is the～には，「部屋が暑いと眠れない」とあるのでウは本文の内容と一致している。

問5　ア　トムが夜によく眠るべき理由　イ　キャシーは，「夜遅く寝ないでください！」と言います。　ウ　キャシーのより良い睡眠のための3つのコツ　エ　キャシー，助けて。私は眠れません！(○)　問題文の全体を通して，よく眠るためのコツが紹介されていることから，タイトルとしてはエが適当。問題本文ではコツを4つ紹介しているのでウは誤り。

問6　(解答例) Dear Kathy, Hello. Thank you very much for your answer. I read it in the newspaper two weeks ago. I have tried the third tip. When I keep my bedroom dark, the time for falling asleep becomes shorter than before. I think the third tip is the best for my case. Thank you again. Your fan, Tom (親愛なるキャシー，こんにちは，ご回答ありがとうございます。2週間前に新聞で読みました。私は3番目のコツを試しました。寝室を暗くしておくと，眠りにおちる時間が以前より短くな

ります。私の場合，3番目のコツが最適だと思います。ありがとうございます。あなたのファン，トム)

【11】 (条件英作文)

(解答例) Mr. Josh, I would like to give you advice for your trip. I think you should take airplane to the island. Because the time to the island with the airplane is less than with the ship. So, you can spend more time for enjoying activities. And, the airplane flies three times every day. So, you can plan with better time. I hope you have fun on your trip!

(ジョシュ先生，旅行のアドバイスをしたいと思います。飛行機で島に行くべきだと思います。飛行機で島に行く時間は船より短いからです。だから，先生は活動を楽しむために，より多くの時間を費やすことができます。また，飛行機は毎日3回飛んでいます。だから，先生はより良い時間で計画できます。旅行を楽しんでいただければ幸いです！)

2022年度英語　リスニングテスト

〔放送台本〕

【1】 大問1は英文を聞いて答える問題です。それぞれの問いについて英文と質問が読まれます。質問の答えとして最も適切なものを次のア～エのうちから1つ選び,その記号を書きなさい。英文と質問はそれぞれ1度だけ読まれます。では，始めます。

問1　We use this for washing our hands. It helps us clean dirty things.
Question: Which picture is the speaker talking about?

問2　Our school has many club activities. We have the baseball club, basketball club, badminton club and brass band. We also had the volleyball club but not anymore.
Question: Which club doesn't their school have?

問3　Susan was going to go to her piano lesson on Friday August 13th, but she had to cancel it because she got sick. She changed it to the next Tuesday.
Question: When is Susan going to her piano lesson?

〔英文の訳〕

問１　私たちは手を洗うためにこれを使います。それは，私たちが汚れたものをきれいにするのに役立ちます。
＜質問＞　話をしているのはどの写真についてですか？
正解：ア

問２　私たちの学校にはたくさんの部活動があります。 野球部，バスケットボール部，バドミントン部，ブラスバンド部があります。バレーボール部もありましたが，もうありません。
＜質問＞　彼らの学校にない部活動はどれですか？
正解：ウ

問３　スーザンは8月13日金曜日にピアノのレッスンに行く予定でしたが，病気になったためキャンセルしなければなりませんでした。彼女はそれを次の火曜日に変更しました。
＜質問＞　スーザンはいつピアノのレッスンに行きますか？
正解：イ

〔放送台本〕

【2】 大問2は会話を聞いて答える問題です。それぞれの会話の最後の文に対する応答として最も適切なものを次のア~エのうちから1つ選び,その記号を書きなさい。なお,会話の英文はそれぞれ1度だけ読まれます。選択肢ア~エの英文は読まれません。では，始めます。

問1 A: Do you know what time it is now?
B: It's 4 : 30.
A: It's already 4 : 30! I have to be home by 5 o'clock. I need to go now.
B: (　　)

問2 A: I'm so nervous. I don't think I can eat lunch today.
B: This is not like you. What's wrong?
A: I have to take a math test this afternoon. It is going to be very hard.
B: (　　)

問3 A: Excuse me, how much is this pen?
B: It's 500 yen. If you buy one, you get one for free, so you can choose two.
A: That's a good price. I will take this red one and blue one.
B: (　　)

〔英文の訳〕

問１ A：今何時かわかる？
B：4時30分だよ。
A：もう4時30分か！　私は5時までに家にいなければならないんだ。今すぐに行く必要がある。
B：(選択肢)
(ア)　わかった。それが気に入るといいね。　(イ)　わかった。明日会おう。(○)
(ウ)　わかった。きみに教えるよ。　(エ)　わかった。何か食べに行こう。

問２ A：とても緊張している。今日は昼食を食べられる気がしない。
B：それはきみらしくないね。どうしたの？
A：今日の午後は，数学のテストを受けなければならない。とても難しいだろう。
B：(選択肢)　(ア)　おこらないで。よくなるよ。　(イ)　恥ずかしがらないで。大丈夫だよ。
(ウ)　やめないで。よくなるよ。　(エ)　心配しないで。大丈夫だよ。(○)

問３ A：すみません，このペンはいくらですか？
B：500円です。１つ買うと１つ無料になるので，２つ選ぶことができます。
A：それはいい値段ですね。この赤いものと青いものを買います。
B：(選択肢)　(ア)　ありがとうございます。500円です。(○)
(イ)　それでは，1,000円をお願いします。
(ウ)　わかりました。トイレは向こうにあります。
(エ)　すみません，緑のペンはありません。

〔放送台本〕

【3】 大問3は美香(Mika)とスティーブの会話を聞いて答える問題です。2人は日本とアメリカに住む中学生で，インターネットでオンライン交流をすることになりました。会話に関する質問の答えとして最も適切なものを次のア～エのうちから1つ選び，その記号を書きなさい。なお，会話と質

問はそれぞれ英語で2度読まれます。問1と問2の選択肢ア～エの英文は読まれません。では，始めます。

Mika: Hello. My name is Mika.
Steve: Hi, Mika. I'm Steve. Nice to meet you.
Mika: Nice to meet you, Steve. What time is it over there?
Steve: It's 5 : 30 p.m. How about in Japan?
Mika: It's 9 : 30 a.m. There is a 16-hour difference.
Steve: Wow. Thank you for meeting me in the morning. Are you at school?
Mika: Yes. We have English class now. We are so excited to learn about American school. May I start with a question?
Steve: Sure. What is it?
Mika: I heard American junior high schools don't have school uniforms. What do you wear to school every day?
Steve: I can wear anything.
Mika: Does it take a long time for you to decide on clothes for school?
Steve: No, it takes only a few seconds. Do you like your uniform?
Mika: I like it because I don't have to choose different clothes every day and I can just put my uniform on. Look! This is a skirt type uniform and we also have a pants type.
Steve: That looks nice. Do you have a pants type, too?
Mika: Yes. I will wear it next time and show you. Will you show me some pictures of you and your friends at school next time?
Steve: Of course. It was nice talking to you.
Mika: You, too. Thank you for your time. I'll see you next time.

問1 What time is it in America when Steve is talking to Mika?
問2 Why does Mika like her school uniform?
問3 What will Mika show Steve next time?

〔英文の訳〕

M：こんにちは。私の名前は美香です。
S：こんにちは，美香。スティーブです。はじめまして。
M：はじめまして，スティーブ。そちらは何時ですか？
S：午後5時30分です。日本はどうですか？
M：午前9時30分です。16時間の差がありますね。
S：うわー。朝に会っていただき，ありがとうございます。あなたは学校にいますか？
M：はい。今，英語の授業中です。私たちはアメリカの学校について学ぶことに，とてもわくわくしています。質問を始めてもいいですか？
S：もちろん。何ですか？
M：アメリカの中学校には制服がないと聞きました。あなたは毎日学校に何を着ていきますか？
S：何でも着ることができます。
M：学校の服装を決めるのに，長い時間がかかりますか？
S：いいえ，数秒しかかかりません。あなたはあなたの制服が好きですか？

M：毎日違う服を選ぶ必要がなく，制服を着るだけでいいので気に入っています。見てください！これはスカートのタイプの制服で，ズボンのタイプもあります。
S：それはいいですね。ズボンのタイプもありますか？
M：はい。次回，着てお見せします。次回，あなたとあなたの学校の友達の写真を見せてくれませんか？
S：もちろん。話せてよかったです。
M：こちらこそ。お時間をいただきありがとうございます。次回，お会いしましょう。

問1　スティーブがミカと話しているのはアメリカで何時ですか？
　ア　午前5：30　　イ　午後5：30(○)　　ウ　午前9：30　　エ　午後9：30

問2　なぜミカは制服が好きなのですか？
　ミカは制服が好きだ，なぜなら(ア　スカートのタイプがかわいい　　イ　毎日の服よりも安い　ウ　家でそれを簡単に洗える　　エ　学校への準備が簡単にできる(○))から。

問3　ミカは次回スティーブに何を見せますか？　　イ(ズボンのタイプの制服を着た姿)

＜理科解答＞

【1】 問1　エ　　問2　ウ　　問3　イ　　問4　$HCl + NaOH \rightarrow NaCl + H_2O$
　問5　モデル　ア　　pH　オ

【2】 問1　寒冷前線　　問2　ア　　問3　イ　　問4　6時間後　　問5　(1)　ア　　(2)　エ

【3】 問1　進化　　問2　エ　　問3　(1)　オ　　(2)　イ　　(3)　ア
　問4　Y　ウ　　Z　サ

【4】 問1　9.0J　　問2　仕事の原理　　問3　ア　　問4　ウ　　問5　エ

【5】 問1　光合成　　問2　ア　　問3　エ　　問4　オ
　問5　(デンプン)　薬品　イ　　反応　ケ
　(麦芽糖)　薬品　エ　　反応　コ

【6】 問1　ア　　問2　イ　　問3　(1)　キ　　(2)　エ
　問4　179.5g　　問5　蒸留　　問6　オ

【7】 問1　年周運動　　問2　イ　　問3　ク　　問4　イ
　問5　オ

【8】 問1　a　－　　b　ア　　問2　導体　　問3　右図
　問4　ア　　問5　③　100Ω　　④　和

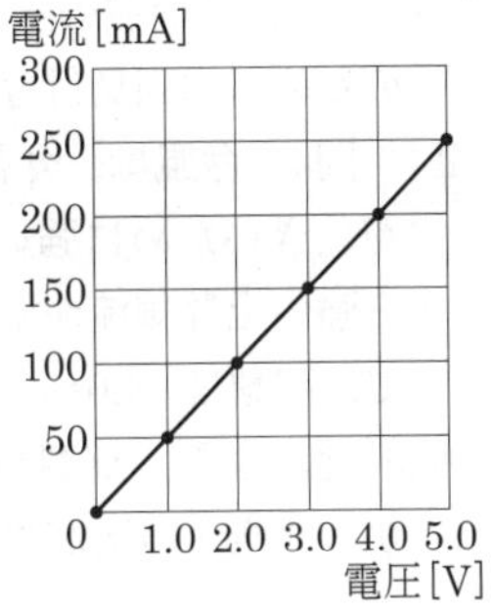

＜理科解説＞

【1】 (酸とアルカリ ― 気体の性質，イオン，化学反応式，pH)

問1　BTB溶液は酸性で黄色，中性で緑色，アルカリ性で青色を示す。マグネシウムは酸性の水溶液に入れると，水素(H_2)を発生する。アは二酸化炭素，イは酸素，ウは塩素，オはアンモニアの性質を述べている。

問2　原子は，＋の電気をもつ**陽子**と電気をもたない**中性子**からなる原子核と，－の電気をもつ**電子**からなり，＋と－の電気量が等しいので，原子全体としては電気を帯びていない。この原子が電子を失ったり受けとったりすることで，電気を帯びるようになって**イオン**になる。マグネシウム原子は，陽イオンであるマグネシウムイオン(Mg^{2+})になる。$Mg \rightarrow Mg^{2+} + 2e^-$

問3　水素イオン(H^+)は，次のようにマグネシウム原子が失った電子を受けとって，気体になる。$2H^+ + 2e^- \rightarrow H_2$　これに水酸化ナトリウム水溶液を加えると，次のように反応してイオンの数が変化する。$H^+ + Cl^- + Na^+ + OH^+ \rightarrow Na^+ + Cl^- + H_2O$　水溶液が黄色のとき，水素イオン(H^+)はまだ含まれているが，塩化物イオン(Cl^-)はいずれの反応にも関わらないのでその数は変わらない。

問4　**化学反応式**では，反応の前後(矢印の左右)で原子の種類と数は一致していなければならない。うすい塩酸(HCl)に水酸化ナトリウム水溶液($NaOH$)を加えると**中和**が起きて，酸の陰イオンとアルカリの陽イオンが結びついてできた**塩**《えん》である塩化ナトリウム($NaCl$)が生じるが，実際には塩化ナトリウムが水溶液中で**電離**している。

問5　図2より，水酸化ナトリウム水溶液6cm³を入れたときに■(ナトリウムイオン)は2個なので，15cm³では$2\times\frac{15}{6}=5$(個)　□(塩化物イオン)の数は変わらず4個である。純粋な水のpHは7(中性)で，pHの値が7より小さいときは酸性，7より大きいときはアルカリ性。●(水酸化物イオン)が含まれているので，図3の水溶液はアルカリ性である。

【2】 (天気の変化―前線，低気圧，台風)

〔Ⅰ〕　問1　気温や湿度が異なる気団が接しても，密度がちがうためすぐには混じり合わずに，境界面である前線面ができる。この前線面と地表面が接したところを**前線**という。中緯度帯で発生し，前線をともなう低気圧を**温帯低気圧**とよび，日本列島付近では温帯低気圧の南東側に**温暖前線**，南西側に**寒冷前線**ができることが多い。

問2　寒冷前線では，寒気が暖気の下にもぐりこみ，暖気をおし上げながら進んでいく。暖気が急激に上空高くにおし上げられて，強い上昇気流が生じて積乱雲が発達するため，強い雨が短時間に降り，強い風が吹くことが多い。

問3　中緯度地域の上空では，**偏西風**とよばれる西から東へ吹く風が，地球を1周している。このため日本列島付近では，低気圧も西から東へ移動して，天気の変化をもたらすことが多い。

〔Ⅱ〕　問4　**台風**は，熱帯低気圧があたたかい海上で発達したものである。中心付近は気圧の傾きが大きいために強い風が吹き，この風があたたかく湿った空気を集めるため，台風の中心から強い上昇気流が生じて雲ができ，大量の雨を降らせる。この台風は時速15kmで北へ進むので，那覇は，30(km)×3÷15(km/時間)＝6(時間)で暴風域に入る。

問5　図3より，那覇が暴風域に入るとき，東から西への風が吹き，暴風域から出るとき，南西から北東への風が吹く。

【3】 (動物・植物の分類―進化，遺伝子，セキツイ動物，種子植物)

問1　生物のからだの特徴が，長い年月をかけて世代を重ねる間に変化することを**進化**という。

問2　生物は，細胞分裂によって成長する。細胞の中の核の中にある**染色体**には，生物の形質を決める**遺伝子**が存在している。対立形質の遺伝子の両方が子に受けつがれた場合，子に現れる形質を**顕性形質**(優性形質)，子に現れない形質を**潜性形質**(劣性形質)という。

問3　(1)　表の生物はすべてセキツイ動物なので，すべてが○の(あ)は「背骨がある」で，Aのみの(い)は「卵生である」があてはまり，Aは胎生のホニュウ類であることがわかる。鳥類とホニュウ類は**恒温動物**で，それ以外は**変温動物**なので，(う)は「変温動物である」があてはまる。ハチュウ類，両生類，魚類のうち，えら呼吸をせず肺呼吸をするBはハチュウ類である。　(2)　ハチュウ類は陸上で生活し，そのため呼吸は肺で行う。子は卵がかえってうまれ，体表はうろこでおおわれている。 (3)　両生類の体表は湿った皮膚《ひふ》で，魚類はうろこでおおわれている。イは鳥類，ハチュウ類，ウは鳥類，エは無セキツイ動物の軟体動物にあてはまる。

問4　〈レポート〉の1～4より植物であることがわかり，3と4から花を咲かせて種子をつくる植物であることがわかる。カは鳥類，キは裸子植物，クはコケ植物以外の植物にあてはまり，ケは**単子葉類**である。

【4】（仕事とエネルギー―仕事，運動，力学的エネルギー，エネルギーの変換）

問1　**仕事**(J)＝物体に加えた力(N)×力の向きに移動させた距離(m)　5.0(N)×1.8(m)＝9.0(J)

問2　物体を持ち上げる仕事で，滑車やてこなどの道具を使うと必要な力を小さくすることができるが，力を加える距離は長くなる。したがって，どんな道具を使っても，仕事の大きさは変わらない。

問3　地球上にある物体には，地球がその中心の向きに物体を引く力である**重力**がはたらく。物体が重力によって垂直に落下する運動を**自由落下**という。高い位置にある物体がもっているエネルギーを**位置エネルギー**，運動している物体がもっているエネルギーを**運動エネルギー**という。運動する物体がもつ位置エネルギーと運動エネルギーはたがいに移り変わるが，位置エネルギーと運動エネルギーを合わせた総量は一定に保たれている(**力学的エネルギーの保存**)。したがって，高さ0.90mにおける位置エネルギーと運動エネルギーの総和は，高さ1.8mにおける物体がもつ位置エネルギーの大きさと等しい。

問4　図2では，物体にはたらく重力の斜面に平行で下向きの**分力**によって，1.8mより長い距離を運動して，高さ0mまで到達する。また，図3では，Bと Cの水平面では**等速直線運動**をしながら，高さ0mまで到達する。

問5　高さが減少するにつれて，物体のもつ位置エネルギーが運動エネルギーに移り変わるが，BとCの水平面では運動エネルギーは増加しない。

【5】（生物のからだのはたらき―光合成，消化と吸収，細胞の呼吸）

問1　植物が光を受けて，デンプンなどの養分をつくるはたらきを**光合成**という。光合成は，植物の細胞の中にある**葉緑体**で行われ，水と二酸化炭素から光のエネルギーを使ってデンプンなどの有機物と酸素がつくり出される。

問2　だ液や胃液など，食物を消化するはたらきをもつ消化液には，**消化酵素**が含まれている。だ液には，デンプンを麦芽糖などに分解するアミラーゼが含まれ，胃液にはタンパク質を分解するペプシンが，すい液には脂肪を脂肪酸とモノグリセリドに分解するリパーゼが含まれる。

問3　デンプンはブドウ糖にまで分解され，小腸にある**柔毛**の表面から吸収されて**毛細血管**に入る。タンパク質はアミノ酸にまで分解され，同じく柔毛の毛細血管に入る。脂肪は脂肪酸とモノグリセリドに分解されて柔毛で吸収されたあと，再び脂肪になって**リンパ管**に入る。

問4　細胞では，酸素を使って養分からエネルギーがとり出され，このとき二酸化炭素と水ができる。このような細胞の活動を**細胞による呼吸**という。肺による呼吸は，空気中から酸素を取りこみ，血液中の二酸化炭素を体外に排出するはたらきである。

問5　デンプンを含む溶液にヨウ素液を入れると，溶液の色が青紫色になる。また，麦芽糖を含む溶液にベネジクト液を入れて加熱すると，赤褐色《せきかっしょく》の沈殿ができる。石灰水は二酸化炭素の検出に，また，BTB溶液は酸性・中性・アルカリ性を調べるために用いる。酢酸カーミン溶液は細胞の核の染色に使われる。

【6】（状態変化―粒子のモデル，状態変化，濃度，蒸留，融点と沸点）

問1　液体のエタノールをあたためると，分子の運動は激しさを増し，分子と分子の間が大きく広がるため，体積は飛躍的に大きくなる。そのためポリエチレンの袋はふくらむが，エタノールの分子の数は変わらず，1つの分子の大きさも変化しない。

問2　液体のエタノールも分子は運動し，分子間の距離は広がって体積は大きくなるが，気体になるとさらに激しく運動して，分子間の距離は非常に大きく広がる。

問3　物質の**状態変化**では，固体・液体・気体という3つの状態が変わるが，物質そのものが変化するわけではなく，物質の粒子が新しくできたり，なくなったりするわけでもない。したがって，同じ質量に含まれる分子の数はどの状態でも等しい。固体→液体→気体と体積は大きくなるので，同じ体積に含まれる分子の数は，固体→液体→気体と少なくなる。

問4　250(g)×71.8÷100＝179.5(g)

問5　液体を加熱して沸騰させ，出てくる蒸気(気体)を冷やして再び液体としてとり出すことを**蒸留**という。液体の混合物を加熱したとき，**沸点**の低い物質から順に沸騰して気体に状態変化するので，物質ごとにとり出すことができる。

問6　温度が20℃のとき液体ということは，**融点**が20℃以下である。さらに，沸点が20℃以上である物質があてはまる。

【7】（天体―年周運動，月の見え方，金星の見え方）

問1　地球は**自転**しながら，太陽のまわりを1年に1回**公転**している。星座を形づくる**恒星**は実際には動いていないが，季節とともに見える星座が変わり，1年後にはまた同じ位置に見える。これは地球の公転によって生じる見かけの動きで，**年周運動**という。

問2　地球は，西から東へ1年で360°公転しているので，1日で約1°移動し，星座は1か月後には東から西へ約30°移動する。

問3　図1のそれぞれの位置で見える月は，アが新月，オが満月，キが上弦の月，ウが下弦の月。三日月は新月と上弦の月の間で見える。

問4「よいの明星」とは，夕方，西の空に輝く金星で，西側が光っている。この金星は日がたつにつれて大きくなっていくが，欠け方も大きくなっていく。

問5　12か月後に地球は360°，金星は576°公転してその角度の差は216°なので，12か月以下はあてはまらない。20か月後に地球は600°，金星は960°公転して，その角度の差は360°でちょうどもとと同じ位置関係になる。

【8】（電流―電子，導体，電流と電圧，抵抗，直列回路）

問1　導線に使われる金属の中には自由に動いている電子があり，電源装置に導線をつなぐと，この電子が電源の＋極へ向かって移動する。電流の向きは電子が移動する向きとは逆である。

問2　いっぱんに金属は**電気抵抗**が小さいので，電流を通しやすい。このように電流を通しやすい物体を導体，ガラスやゴムなどのように電気抵抗が大きくて，電流をほとんど流さない物体を不導体または絶縁体という。

問3　〈結果Ⅰ〉より，電圧の値に対する抵抗器Aの電流の値をグラフ上に点で示し，これらを直線で結ぶと，原点を通る直線のグラフになる。

問4　〈結果Ⅰ〉で，抵抗器A，Bのいずれも，電圧計の値が2倍，3倍…になると，電流計の値も2倍，3倍…になっている。また，〈結果Ⅱ〉より，電圧計の値に対する電流計の値は，〈結果Ⅰ〉の抵抗器A，Bのいずれよりも小さいので，図2の回路の電気抵抗が抵抗器A，Bのいずれよりも大きいことがわかる。

問5 〈結果〉より，10mA＝0.01Aなので，この回路全体の電気抵抗は，1.0(V)÷0.01(A)＝100(Ω)
直列回路の回路全体の電気抵抗の大きさは，各抵抗器の電気抵抗の和に等しい。

＜社会解答＞

【1】 問1　エ　問2　イ　問3　ア　問4　エ　問5　イ　問6　ア，ウ
問7　植民地　問8　ウ

【2】 問1　D　問2　ア　問3　右図　問4　イ→ウ→ア
問5　(1)　マングローブ[マングローブ林]　(2)　ウ
(3)　観光客が(Y自然を体験する)ことができるようにしながら，観光客によって，(Z自然が破壊される)ことを防ぐため。

【3】 問1　A　ア　B　ク　C　以上2つのことから弥生時代になると(戦い)が多く起こるようになった。　問2　ア
問3　ウ　問4　イ　問5　ウ　問6　イ
問7　ウ→イ→ア　問8　工場制手工業

【4】 問1　生糸　問2　ア　問3　アイヌ民族　問4　エ　問5　ウ
問6　(1)　1972年5月15日[昭和47年5月15日]　(2)　イ

【5】 問1　エ　問2　(1)　最低限度　(2)　ア　問3　(1)　ア，イ，エ
(2)　Y　衆議院　Z　(図4を見ると)任期満了が4年で，解散を経験している(ことがわかるからである。)　(3)　ア　問4　イ

【6】 問1　エ　問2　(1)　ウ　(2)　国内総生産[GDP]　問3　イ　問4　イ
問5　ア，ウ，エ　問6　ウ

＜社会解説＞

【1】 (地理的分野－世界の国・地域に関する問題)

問1 **日付変更線**は，国境を考慮して曲がっている部分はあるが，基本的に**太平洋上にある東経・西経180度**であることから考えれば良い。

問2 図2は，**中心からの距離と方位が正しく描かれる正距方位図法**の地図であることから判断すれば良い。

問3 シドニーは南半球の都市であることから，季節の巡り方が北半球に位置する日本とは逆であることから判断すれば良い。

問4 Aはインドを流れる**ガンジス川での沐浴**，Bは北欧のノルウェーで見られる**白夜**，Cはアンデス山脈に位置するペルーで見られる**アルパカ**であることから判断すれば良い。

問5 X国はサウジアラビアである。サウジアラビアの公式な宗教である**イスラム教では豚肉の食用は禁止**されていることから，イは誤りである。

問6 シェンゲン協定で人の移動の自由が，欧州連合関税法典で域内の免税が定められていることから判断すれば良い。デンマーク・スウェーデンなど8か国はユーロを導入していないことから，イは誤りである。西側諸国と比較して，旧東欧諸国は経済面で厳しい状況が残されていることから，エは誤りである。

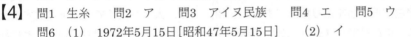

問7　香料・絹などの特産品や，石油・金などの資源を獲得するために，イギリス・アメリカなどが獲得した新たな領地のことである。

問8　アはロシア，イは日本，ウは中国，エはアメリカのことである。この中で，現在工業生産が最も盛んな国は中国であることから判断すれば良い。

【2】（地理的分野－日本のさまざまな地域に関する問題）

問1　市街地を見下ろす場所であることから判断すれば良い。A・Bは公園を，Cは鉄道を見下ろす場所であることから，誤りである。

問2　京阪神大都市圏には，**琵琶湖，天下の台所と呼ばれた商業の中心である大阪**，1962年から入居が始まったニュータウンの代表である**千里ニュータウン**があることから判断すれば良い。イは中央官庁や大企業の本社が集中していることから東京圏，ウは2つの大都市圏の間とあることから名古屋圏である。

問3　埼玉県の北西に位置するのが群馬県である。表から，大学数は14と分かる。

問4　戦前は繊維原料，高度経済成長期は石油，現在は機械類が輸入品の中心であることから判断すれば良い。

問5　(1)　熱帯・亜熱帯地域の河口汽水域に生えている，常緑の高木・低木の総称である。
(2)　温泉とあることから，湯気が見られるウを選べば良い。アは**青森のねぶた**，イは**奈良の東大寺**，エは**岐阜白川郷の合掌造り集落**である。　(3)　Yは，人々が近くで自然を体験するための設備であることに注目すれば良い。Zは，施設によって自然との境界ができていることに注目すれば良い。これらを併せて説明すれば良い。

【3】（歴史的分野－歴史と女性を切り口にした問題）

問1　A　**吉野ヶ里遺跡は，弥生時代の環濠集落**であることから判断すれば良い。図1に川は見られないことからイは誤りである。仏教寺院は飛鳥時代以降に建立されるようになることから，ウは誤りである。甕棺に納められている人骨を観察すれば頭部がないことが分かるはずである。
B　図2に銅鐸は見られないことから，カは誤りである。古墳時代は3世紀半ば以降に始まることから，キは誤りである。　C　集落を取り囲むように造られた濠は防御のため，頭部が失われているのは争いで殺されたためであることに注目して説明すれば良い。

問2　**役人の心構えをまとめた冠位十二階**の内容である。イは藤原道長が詠んだ和歌，ウは五か条の御誓文，エは御成敗式目の内容であることから，誤りである。

問3　**漢字を崩したひらがな，漢字の一部を取ったカタカナ**が作られたことで，**紫式部が源氏物語**を，**清少納言が枕草子**を著し，女流文学が盛んになったのが平安時代であることから判断すれば良い。アは縄文時代，イは奈良時代，エは安土桃山時代から江戸時代前期にかけての内容であることから，誤りである。

問4　奄美諸島・沖縄諸島・宮古諸島・八重山諸島に伝承される，八音を中心に，五音・六音・七音を標準とする定型詩のことである。アは俳句の形式で，ウは短歌の形式でそれぞれ皮肉やこっけいを詠んだものである。エは琉球の歌舞劇のことである。

問5　**新田は江戸時代に新しく開墾された土地**のことであるので，ウは誤りである。

問6　**鎌倉幕府3代執権北条泰時が作成した御成敗式目**の内容から判断すれば良い。

問7　アは1582年，イは1549年，ウは1499年のことである。

問8　機械製大工業へ移行する前段階の生産方式である，マニュファクチュアのことである。

【4】（歴史的分野－日本の世界遺産を切り口にした問題）

問1　工業が発展していない幕末の輸出品の1位は生糸であることから判断すれば良い。

問2　資本家が育っていない明治時代初めは，**1872年設立の富岡製糸場**をはじめとする官営工場の建設によって経済の礎としていたことから判断すれば良い。イは，小学校の授業料は有料であったことから誤りである。ウは，**長男や役人の子などは除外されていた**ことから誤りである。エは，**地租の税率は地価の3%**であったことから誤りである。

問3　本州や北東アジアとの交易を行い，独自の言語・文化を持った民族である。

問4　**世界恐慌は，ニューヨーク市場の株価暴落がきっかけ**であったことから判断すれば良い。

問5　原爆ドームは，広島県広島市の太田川のほとりにある広島県産業奨励館のことである。

問6　(1)　1972年1月に，**佐藤栄作内閣総理大臣**と**ニクソン大統領**がアメリカ合衆国のサクラメントで会談を行い，決定した日付である。　(2)　復帰前の沖縄では，日本語の使用は禁止されていなかったが，アメリカのドルを使用し，自動車は道路の右側を通行するなど，アメリカのルールが多数適用されていたことから判断すれば良い。

【5】（公民的分野－法の支配・基本的人権・日本とアメリカの政治などに関する問題）

問1　**日本国憲法第41条**に，**唯一の立法機関は国会**だと規定されていることから判断すれば良い。

問2　(1)　**日本国憲法第25条1項**に規定されている**生存権**の内容である。　(2)　**日本国憲法第26条2項**の規定により**義務教育は無償**であることから，アは誤りである。

問3　(1)　図3に示されている内容を確認すれば良い。国会法第10条に**常会の会期は150日間**と規定されていることから，ウは誤りである。　(2)　図4から，新垣さんは1期・2期は満了前に任期を終えていること，満了時の任期は4年であることが分かる。これは，**任期途中の解散があり，任期は4年と規定されているのは衆議院議員**である。ここに注目して説明すれば良い。

(3)　日本国内の**アメリカ軍専用施設の70%が沖縄県に集中**していることから，アは誤りである。

問4　第1希望の意思表示1位のバザーは12票で，クラス全体の35票の過半数に達していない。したがって，第2希望の意思表示の数字を確認すると，バザーは3票，お化け屋敷は8票であることが分かる。第1希望と合計すると，バザーは15票，お化け屋敷は18票となることから判断すれば良い。

【6】（公民的分野－SDGsを切り口にした問題）

問1　高福祉はスウェーデン，低福祉はアメリカであることから判断すれば良い。

問2　(1)　人口減が始まっている日本では，労働力の確保は重要な課題であり，実際外国人労働者は増えているが，その職種は限定的で，受け入れ態勢にもまだまだ問題があることから判断すれば良い。　(2)　**Gross Domestic Product**（国内総生産）のことである。

問3　商品の安全性は何よりも優先されなくてはならないので，**消費者保護のために，PL法（製造物責任法）**が制定されている。

問4　**1972年に水俣病裁判が結審**し，原告勝訴が確定したことで，四大公害裁判は全て原告勝利で確定したことから判断すれば良い。川崎ぜんそくではなく第二水俣病であることから，アは誤りである。**1967年に公害対策基本法，1993年に環境基本法**が制定されていることから，ウは誤りである。厚生労働省ではなく**環境省**が設置されていることから，エは誤りである。

問5　アは**リデュース**，ウは**リサイクル**，エは**リユース**の内容であることから判断すれば良い。

問6　宿泊業・飲食サービス業従事者は，全国が6.2%であるのに対して，沖縄は8.3%であることから判断すれば良い。沖縄は医療・福祉が1位であることから，アは誤りである。建設業・製造業が第2次産業に該当することから，イは誤りである。医療・福祉は全国が12.5％であるのに対し，沖縄は15.7％と高くなっていることから，エは誤りである。

<国語解答>

【一】 問1 エ　問2 b 演奏　c こうぎ　問3 ウ　問4 イ
問5 ② エ　④ ア　問6 ウ　問7 Ⅰ ウ　Ⅱ エ　Ⅲ たくさん話して
Ⅳ 言葉にならない

【二】 問1 (1) イ (2) イ　問2 退化　問3 多様性　問4 ウ　問5 エ
問6 B　問7 仲間と助け合う　問8 A

【三】 問1 はからい　問2 夜　問3 木石　問4 ア　問5 ウ
問6 之を求むるを知る。　問7 仁　問8 ア　問9 エ

【四】 問1 ア　問2 台風の大きさ　問3 イ　問4 (1) ③　(2) 気をつけて
問5 (例)イラストや図を用いると見やすさは出るかもしれないが，日本語がわからない外国人に必要な情報を提供するには不十分なので，別の対策が必要である。
問6 (例)私は海水浴場でユニバーサルデザインが必要だと考える。沖縄の海には日本からも海外からも多くの人が訪れる。一日中快適に過ごすためには，さまざまな案内を掲げておく必要や，工夫が要るだろう。海辺を安全に整備することはもちろん，お年寄りや小さな子どものための気晴らしの空間を作り，それを案内するための，見やすい標識も添えたい。

<国語解説>

【一】 (小説―情景・心情，内容吟味，脱文・脱語補充，漢字の読み書き，語句の意味，ことわざ・慣用句)

問1 「打てば響く」は，働きかけに対して，すぐに反応が返ってくる。「襟を正す」は，姿勢を正しくして気持ちを引き締める。「気が引ける」は，自分に弱みがあって相手に強い態度がとれない。「高をくくる」は，たいしたことはないと軽くみること。「間髪を容れず」は，間をおかず，すぐに。

問2 b 「奏」の6画目以降に注意しよう。　c 「抗」の訓読みは「あらが・う」，音読みが「コウ」。「議」はごんべんがつくことに注意したい。

問3 直後に「書きつけていた」とあり，一生懸命な様子が読み取れるので「一心不乱」が入る。

問4 「ほころばせる」は，表情をくずして，笑みをうかべることだ。「嬉しさ」という表現が含まれる選択肢が正しい。

問5 ② 傍線部の後の描写から，東子は自分が「創作で評価された」という認識を持ったことがわかる。　④ 自分と同じような考えを発言した茜の言葉を聞き，「この言葉も東子に向けられているのではないか」と感じた。つまり理解しあえているかも知れないという期待で胸が高鳴ったのだ。

問6 東子は夏樹と理香の一年生コンビのやりとりを聞いて「肩の力が抜け」て安堵し，小さく笑った。この微笑に反応した瑞穂に対しても，同じ気持ちなのだろうということを感じたのだ。

問7　Ⅰ　この本文は「東子」の視点から語られている。　Ⅱ　みんなの会話を聞いていた茜の言葉に「それも草笛だよ。うまくいかない，あぶなっかしいもの。私たちの草笛の解釈はそういうことなんだよ。」とあるので，「不安定」が正解。　Ⅲ　俳句同好会のメンバーは互いに「いろんなことを話してきた」「たくさん話してもらってきた」「たくさんしゃべってきてる」のだ。表現はいろいろあるので指定字数に合うものを抜き出す。　Ⅳ　俳句同好会のメンバーは話し合いを繰り返してきたがゆえに「言葉にならないでもいいんだよってメッセージ」を発信し合って，言葉にならない思いも共有していることを読み取る。

【二】（論説文―大意・要旨，内容吟味，文脈把握，接続語の問題，脱文・脱語補充，漢字の読み書き，熟語，品詞・用法）

問1　(1)「とにかく」は述部「比べたがるのです」を修飾している。活用しない連用修飾語は副詞。　(2)　ア「ポツンと」は擬態語であり，擬態語は副詞。イ「おかしな」は「～な」で名詞「感じ」に接続しているが，「～だ」には置き換えられないので活用しない語だとわかる。活用しない連体修飾語は連体詞。ウ「あまりに」は「外れた」を修飾している。「外れる」は用言だから「あまりに」は活用しない連用修飾語であり，副詞。エ「わざわざ」は「生み出し続けるのです」の述部を修飾している。活用しない連用修飾語は副詞。

問2　「進」の対義語は「退」。それに接尾語の「化」を同様に用いて，「退化」とする。

問3　生物がたくさんの解答を作り続けると，生物がバラバラであり続ける。このバラバラで有り続ける状態を「多様性」という。

問4　Ⅱの前「本当はその『ものさし』以外……」の言い換え・要約が，後の「『違い』を大切にしていくこと」だ。したがって接続詞は「つまり」がよい。

問5　同段落に「かつて，それまで経験したことがないような大きな環境の変化に直面したとき，その環境に適応したのは，平均値から大きく離れたはずれ者で」あり，それが「標準となっていきます」とあるのをふまえて選択肢を選ぶ。

問6　Aで，ホモ・サピエンスは，ネアンデルタール人と比べると身体的にも知能でも劣っていると述べ，Bに「どうしてホモ・サピエンスは生き残ることができたのか」という文脈で続く。両者の間には「生き残ったのは，ホモ・サピエンスである」という事実を示す一文を置く必要がある。

問7　Ⅲには，ネアンデルタール人にはできなくて，ホモ・サピエンスにはできることが入る。【文章2】に，「力が弱かったホモ・サピエンスは，『助け合う』という能力を発達させ」「仲間と助け合うことのできなかったネアンデルタール人は，その困難を乗り越えることができなかった」とあるので，七字の「仲間と助け合う」を補う。

問8　筆者は「『違い』を大切にしていくこと」「仲間と助け合うこと」の重要性を述べていることをふまえて選択肢を選ぶ。これは，今後我々が生きていく社会がAI化などの変化にさらされても大切なことだとしている。

【三】（古文・漢文―主題・表題，文脈把握，内容吟味，脱文・脱語補充，仮名遣い，表現技法・形式）

〔現代語訳　文章1〕　そして，浦島は鶴になって，大空に飛び上がった。そもそもこの浦島の年齢を，亀の取り扱いによって，箱の中にたたみ入れてあったのだ。だからこそ，七百年の寿命を保っていた。開けて中を見てはいけないと言っておいたのに，開けてしまったことはかいのないことであった。

君に会う夜は，夜が明けると，浦島が玉手箱を開けて悔しい思いをしたように，
私の涙が流れることだ。

と，歌にも詠まれている。命ある者は，みな情愛がわからないということはない。まして，人間の身として恩を受けて恩を知らないというのは木石のようなものだ。情愛の深い夫婦は来世まで続く縁だというが，本当にめったにないことである。浦島は鶴になり，蓬莱山で遊んでいる。亀は，甲羅にこの世のあらゆる祝い事を刻み，長生きできるようになったという。だからこそめでたいたとえにも，鶴亀のことを申すのである。ひとえに人間には情愛があり，情愛のある人は将来もめでたくあるようにと申し伝えている。

〔現代語訳 文章2〕 孟子が言うには，「仁は人の本来の心である。義は人の従うべき正しい道である。その道を捨ててしまっても従わず，その心を失っても探し求めることを知らない。嘆かわしいことだ。人は鶏や犬が逃げだすと，すぐに探す。心を失うことがあっても，探さない。学問の方法は他にない。ただその失った本来の心を探すだけである」と。

問1 語中・語尾の「は・ひ・ふ・へ・ほ」は，**現代仮名遣いにすると「ワ・イ・ウ・エ・オ」**となる。

問2 「あける」には**(玉手箱を)開ける，(夜が)明ける**の二つの意味がある。掛詞は同音異義語の漢字を当てはめるとわかりやすい。

問3 「人間の身として恩を見て恩を知らぬは，木石にたとへたり」から抜き出せる。

問4 「ありがたし」というのは，「有り難し」と漢字で書くことから，**めったにない**という意味だ。

問5 「其の心を放ちて」に対応させれば「其の道を舎てて」となる。

問6 レ点があるので，「知」より「求」を先に読み，「求」より「之」を先に読む。

問7 失った心とは，本来の心であることから，「仁」を導く。

問8 「学問の道は他無し。其の放心を求むるのみ。」から，学問の目的は「仁」という本来の心を取り戻すためだ。

問9 「仁」は文章2に「本来の心」とある。それは**人が生まれながらにして持っている愛情ややさしさを含むもの**である。

【四】 (会話・議論・発表―文脈把握，脱文・脱語補充，作文)

問1 司会は，発言者の内容に対して，**発言のポイントを挙げる**などしながら**感想を述べ**ている。

問2 台風時の注意すべき情報について，直太朗が「台風の大きさ，風や雨の強さの目安や停電に備えて準備すべきこと」と述べているので，「台風の大きさ」を補う。

問3 「緊急時の連絡先」は情報であるから，うらに載せるのが適切だ。

問4 (1) 「警戒」という二字熟語は**読み方が難しいと感じる人**もいる可能性がある。 (2) 「警戒」は，用心して対策をとることだ。簡単な言い方ならば「気をつける」となる。

問5 Ⅰ 読み取れることとしては，両者を比べた際の**変化や違いが大きい箇所に着目する**とよい。そこに問題点や論じるべき要素が含まれている。

問6 Ⅱ まずは**「ユニバーサルデザイン」が必要な場面を設定**しよう。多様な人々に利用されるような場所やものを思い浮かべて考えるとよい。そして，どうしてその場面で**必要だと思ったかという理由を説明**する。最後に，**具体的な方策を提案**してまとめとする。

沖縄県公立高等学校

2021年度

★★★★★★★★★★★★★★★★★★★★★★★

入　試　問　題

●くわしい解説……61ページ

2021年 沖縄県公立高校入試　出題範囲縮小内容

令和2年5月13日付け2文科初第241号「中学校等の臨時休業の実施等を踏まえた令和3年度高等学校入学者選抜等における配慮事項について（通知）」を踏まえ，出題範囲について以下通りの配慮があった。

○出題範囲から除外する学習内容

数学	「三平方の定理の活用」 「標本調査」
英語	関係代名詞のうち、主格の that、which、who、目的格の that、which の制限的用法
理科	第1分野「科学技術と人間」 第2分野「自然と人間」
社会	○公民的分野 「私たちと国際社会の諸課題」
国語	漢字を問う問題において、中学3年生で新たに学習する漢字

＜数学＞

時間　50分　　満点　60点

【注意】 1　答えは，最も簡単な形で表し，すべて別紙の解答用紙に記入しなさい。
2　答えは，それ以上約分できない形にしなさい。
3　答えに$\sqrt{}$が含まれるときは，$\sqrt{}$の中をできるだけ小さい自然数にしなさい。
4　答えが比のときは，最も簡単な整数の比にしなさい。

【1】 次の計算をしなさい。

(1)　$2+(-9)$

(2)　$\frac{7}{5}\times(-10)$

(3)　$6-4\div(-2)$

(4)　$4\sqrt{3}+\sqrt{12}$

(5)　$6ab^2\div b\times 3a$

(6)　$-(-3x+y)+2(x+y)$

【2】 次の □ に最も適する数や式または記号を入れなさい。

(1)　一次方程式 $4x+3=x-6$ の解は，$x=$ □ である。

(2)　連立方程式 $\begin{cases} 2x-3y=2 \\ x+2y=8 \end{cases}$ の解は，$x=$ □，$y=$ □ である。

(3)　$(x-3)^2$ を展開して整理すると，□ である。

(4)　x^2+2x-8 を因数分解すると，□ である。

(5)　二次方程式 $2x^2+3x-1=0$ の解は，$x=$ □ である。

(6)　右の図において，おうぎ形の面積は □ cm^2である。
ただし，円周率はπとする。

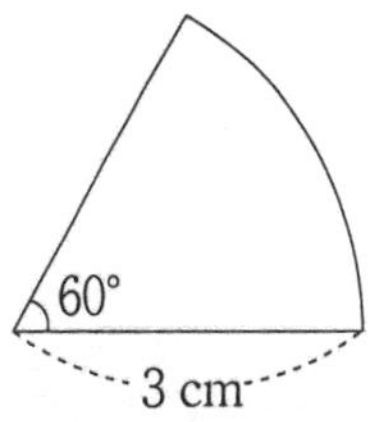

図

(7) xの4倍からyをひいた数は，7より大きい。この数量の間の関係を不等式で表すと，□ である。

(8) 右の表は，クラス30人の1日の睡眠時間を調べて，度数分布表に整理したものである。

中央値を含む階級の階級値は □ 時間である。

階級（時間）	度数（人）
以上　未満	
5 ～ 6	2
6 ～ 7	10
7 ～ 8	8
8 ～ 9	7
9 ～ 10	3
計	30

(9) 次の**ア**～**エ**で，正しいものは □ である。**ア**～**エ**のうちから1つ選び，記号で答えなさい。

ア　$\sqrt{10}$は9より大きい

イ　6の平方根は$\sqrt{6}$だけである

ウ　面積が2の正方形の1辺の長さは$\sqrt{2}$である

エ　$\sqrt{16}$は±4である

【3】 大小2つのさいころを同時に投げるとき，次の各問いに答えなさい。

ただし，さいころはどの目が出ることも同様に確からしいとする。

問1　大小2つのさいころの出た目の数が，同じである場合は何通りあるか求めなさい。

問2　大きいさいころの出た目の数をa，小さいさいころの出た目の数をbとし，そのa，bの値の組を座標とする点P$(a,\ b)$について考える。

例えば，大きいさいころの出た目の数が1，小さいさいころの出た目の数が2の場合は，点Pの座標はP(1，2)とする。

次の問いに答えなさい。

(1) 点P$(a,\ b)$が直線$y = x - 1$上の点となる確率を求めなさい。

(2) 図1のように，点A(6，0)をとる。このとき，△OAPが二等辺三角形となる確率を求めなさい。

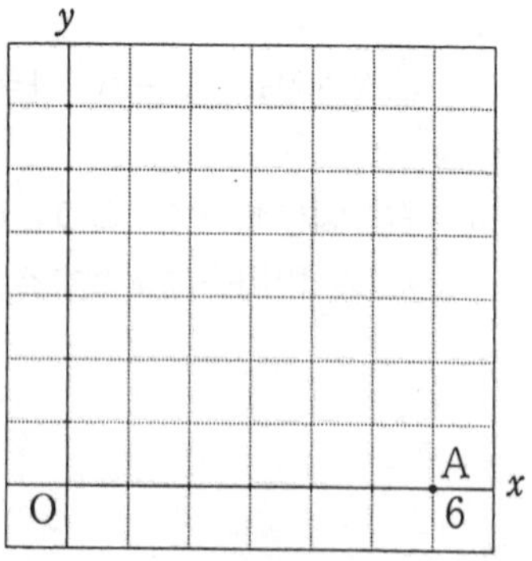

図1

【4】 次の各問いに答えなさい。

問1　図2の△ABCにおいて，辺BC上に∠BAP＝∠CAPとなる点Pを，定規とコンパスを使って作図して示しなさい。

ただし，**点を示す記号Pをかき入れ，作図に用いた線は消さずに残しておくこと。**

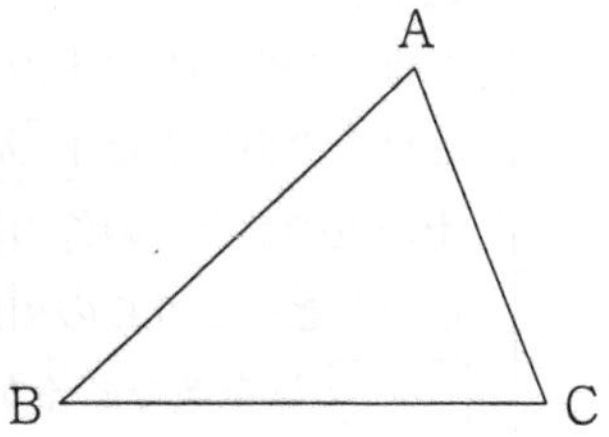

図2

問2　図3の△ABCはAB＝6㎝，AC＝4㎝であり，∠BAP＝∠CAP＝35°である。また，点Cを通り線分APに平行な直線と直線ABとの交点をDとする。

次の問いに答えなさい。

(1)　∠ACDの大きさを求めなさい。

(2)　線分ADの長さを求めなさい。

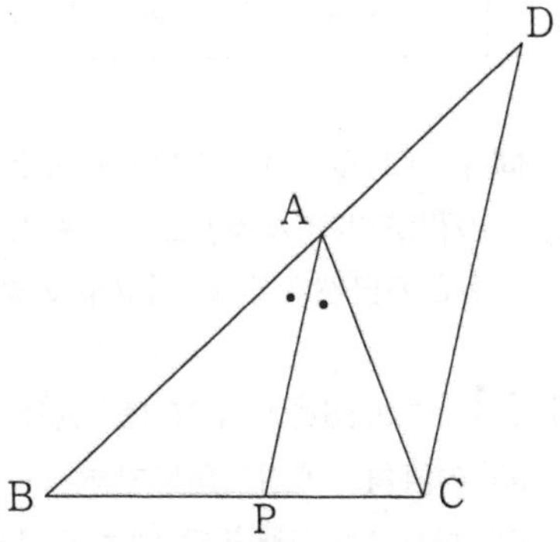

図3

【5】 2けたの自然数について，次の各問いに答えなさい。

問1　「2けたの自然数を，十の位の数と一の位の数を用いて表す」ことについて，先生とAさんは次のような【会話】をした。次の，[①]～[③]に最も適する数を入れなさい。

【会話】
先　生：2けたの自然数を，十の位の数と一の位の数を用いて表してみよう！
　　　例えば，23＝20＋[①]
　　　　　　　　＝[②]×2＋[①]と表せますね。
Aさん：はい。
先　生：では，35の場合はどうですか？
Aさん：35＝30＋[③]
　　　＝[②]×3＋[③]
先　生：そうですね。
　　　つまり，2けたの自然数は，
　　　[②]×(十の位の数)＋(一の位の数)
　　　と表されますね。

問2　「2けたの自然数と，その数の十の位の数と一の位の数を入れかえてできる数との和は，11の倍数になる」ことを次のように説明した。次の[④]～[⑥]に最も適する式を入れなさい。

> 《説明》
> 2けたの自然数の十の位の数を a，一の位の数を b とすると
> 2けたの自然数は [④]，
> 十の位の数と一の位の数を入れかえてできる数は [⑤] と表される。
> このとき，これらの和は（ [④] ）＋（ [⑤] ）＝11（ [⑥] ）
> [⑥] は整数であるから．11（ [⑥] ）は11の倍数である。
> したがって，2けたの自然数と，その数の十の位の数と一の位の数を入れかえてできる数との和は，11の倍数になる。

問3 「ある2けたの自然数Xと，その数の十の位の数と一の位の数を入れかえてできる数Yとの和が132になる」とき，もとの自然数Xとして考えられる数をすべて求めなさい。ただし，もとの自然数Xは，十の位の数が一の位の数より大きいものとする。

【6】 右の図の△ABCは，AB＝BC＝10㎝，∠B＝90°の直角二等辺三角形である。点Pは△ABCの辺上を，毎秒2㎝の速さで，AからBを通ってCまで動く。点Qは辺BC上を毎秒1㎝の速さでBからCまで動く。2点P，QがそれぞれA，Bを同時に出発してから，x 秒後の△APQの面積を y ㎠とするとき，次の各問いに答えなさい。

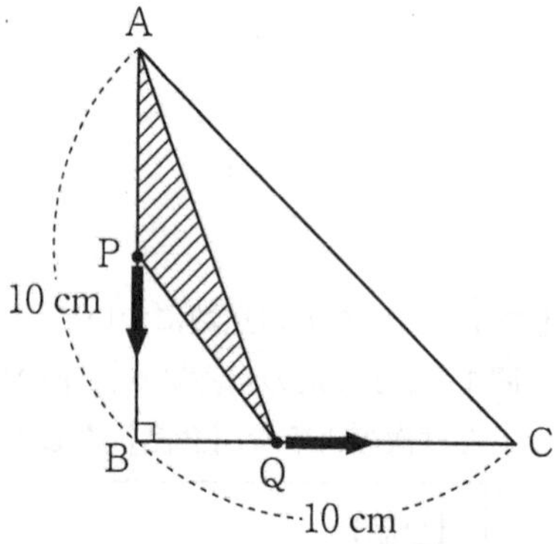

図

問1 2点P，QがそれぞれA，Bを同時に出発してから2秒後の y の値を求めなさい。

問2 点Pが辺AB上を動くとき，y を x の式で表しなさい。

問3 x と y の関係を表すグラフとして<u>最も適する</u>ものを，次のア～エのうちから<u>1つ選び</u>，記号で答えなさい。

ア

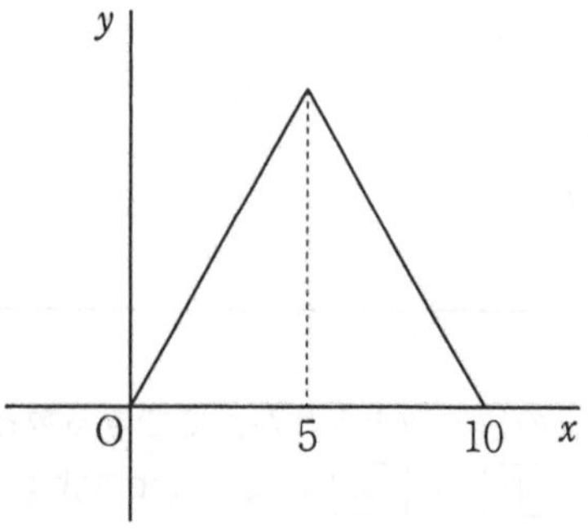

イ

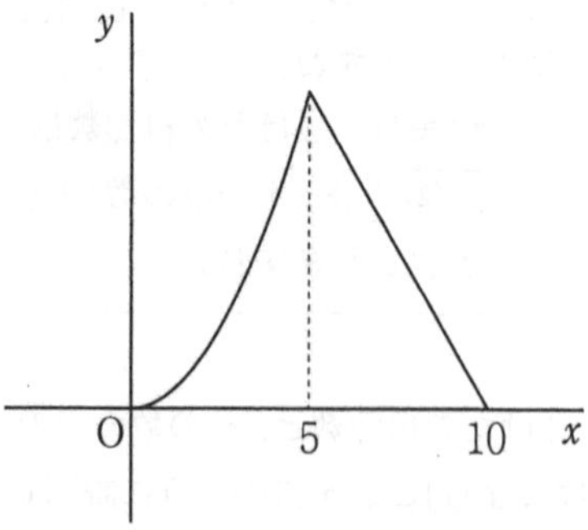

ウ

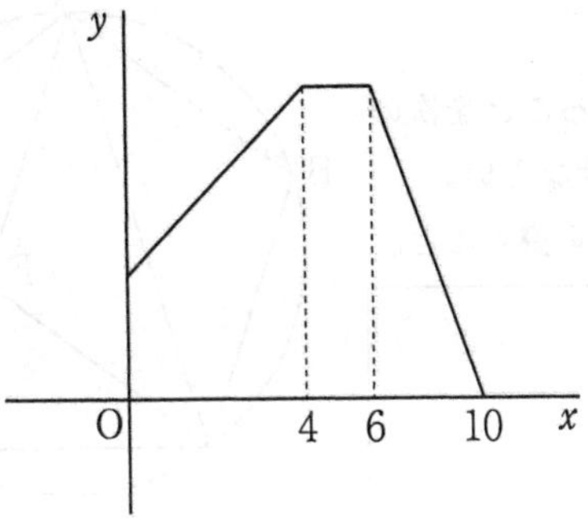

エ

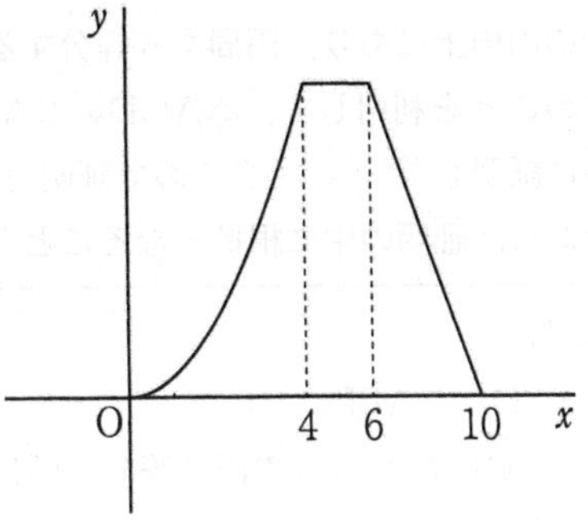

問４　△APQの面積が16㎠となるのは，２点P，QがそれぞれA，Bを同時に出発してから，何秒後と何秒後であるか求めなさい。

【７】 右の図のように，関数 $y = x^2$ のグラフ上に２点A，Bがある。

２点A，Bの x 座標がそれぞれ-4，２であるとき，次の各問いに答えなさい。

問１　点Aの y 座標を求めなさい。

問２　２点A，Bを通る直線の式を求めなさい。

問３　△OABの面積を求めなさい。

問４　図の関数 $y = x^2$ のグラフ上に x 座標が正である点Pをとる。直線APと x 軸との交点をQとすると，△OPAの面積は△OPQの面積と等しくなった。

このとき，点Pの座標を求めなさい。

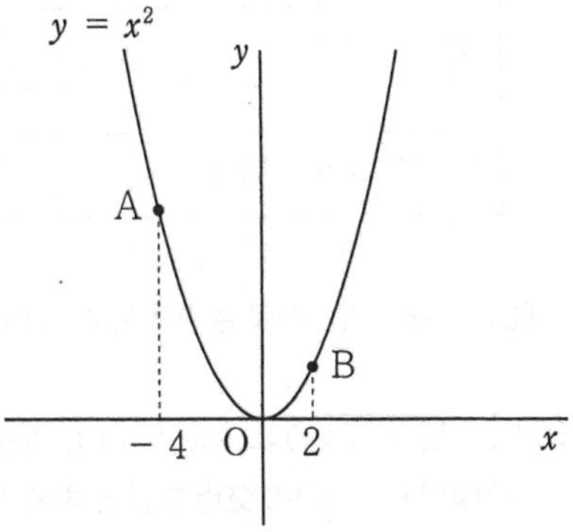

図

【８】 図１は，１辺の長さが１㎝の正五角形ABCDEである。

線分AD，CEの交点をFとするとき，次の各問いに答えなさい。

問１　∠ABCの大きさを求めなさい。

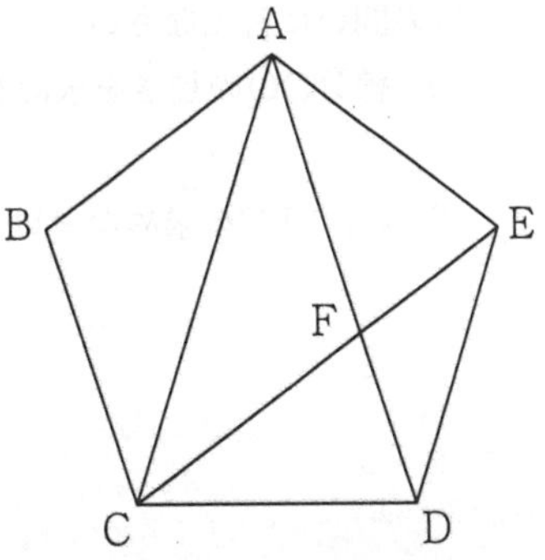

図１

問２　図２のように，図１の正五角形ABCDEの５つの頂点は１つの円周上にあり，円周を５等分する。

このことを利用して，△ACD∽△AFEとなることを次のように証明した。［　　］をうめて証明を完成させなさい。

ただし，証明の中に根拠となることがらを必ず書くこと。

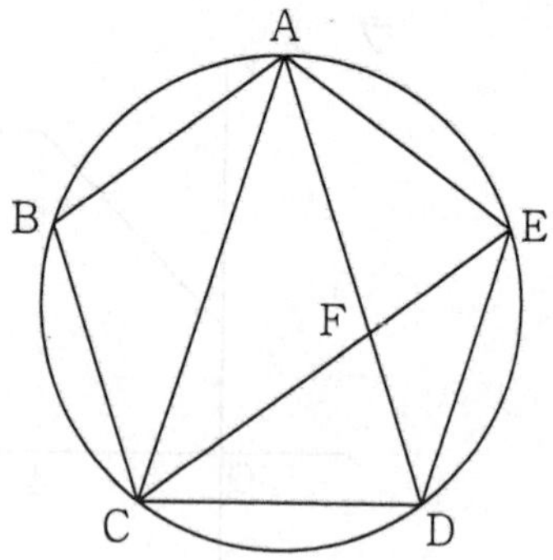

図２

【証明】

△ACDと△AFEにおいて，

$\overset{\frown}{CD}=\overset{\frown}{DE}$より，1つの円で等しい弧に対する［　　　　　］は等しいから

∠CAD＝∠FAE　　　…①

［　　　　　　　　　　　　　　　　　　　　　　　］…②

①，②より

［　　　　　　　　　　　　　　　　］から

△ACD∽△AFE

問３　線分ADの長さを求めなさい。

【９】　図１のように，頂点がO，底面が正方形ABCDの四《し》角錐《かくすい》がある。ただし，正方形ABCDの対角線AC，BDの交点をＨとすると，線分OHは底面に垂直である。

AC＝BD＝６㎝，OH＝４㎝で，辺ＯＢ，辺ＯＤの中点をそれぞれM，Nとする。

このとき，次の各問いに答えなさい。

問１　線分MNの長さを求めなさい。

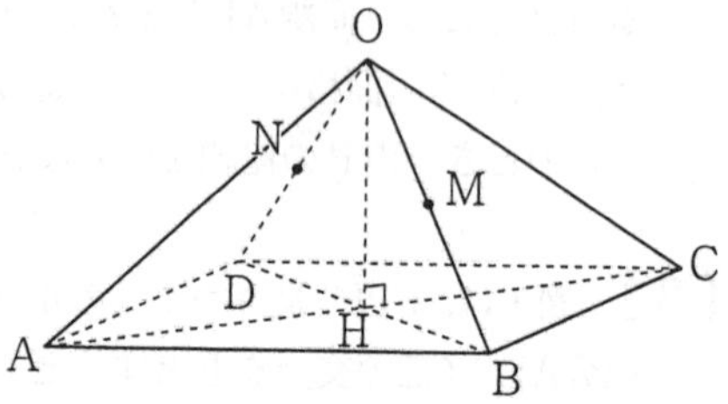

図１

問２　図２のように，図１の四角錐を３点A，M，Nを通る平面で切るとき，この平面が辺ＯC，線分ＯＨと交わる点をそれぞれＰ，Ｑとする。

次の問いに答えなさい。

⑴　線分OQの長さを求めなさい。

⑵　OP：PCを求めなさい。

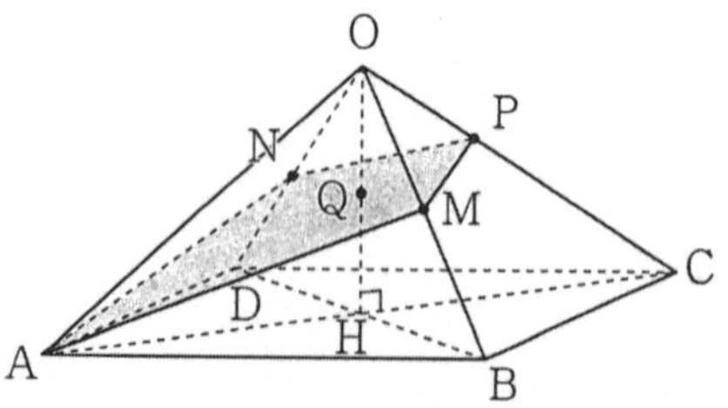

図２

(3) **図3**のように，**図2**の四角錐は2つの立体に分かれた。このとき，Oを含む立体の体積を求めなさい。

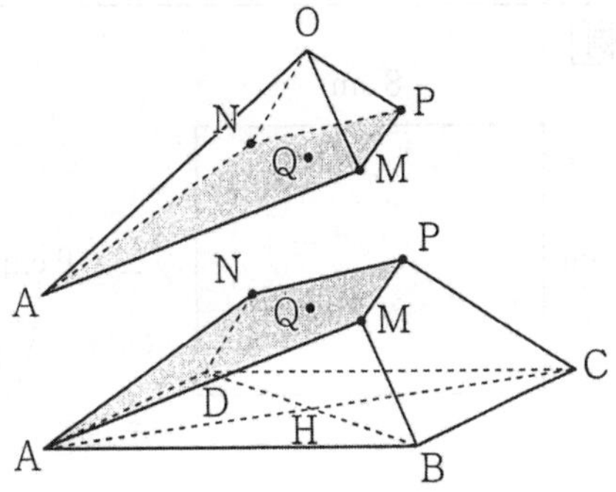

図3

【10】 Aさんは，長方形を**図1**のように<u>同じ正方形</u>で埋めつくすことについて考えてみた。

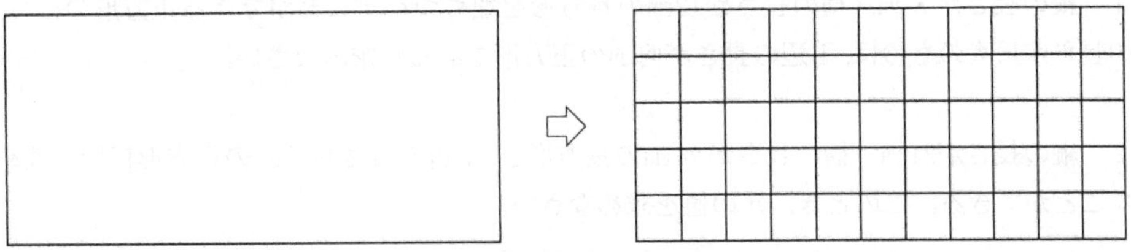

図1

例えば，縦の長さが6㎝，横の長さが8㎝の長方形は，**図2－1**のように『1辺の長さが1㎝の正方形』や**図2－2**のように『1辺の長さが2㎝の正方形』などで埋めつくすことができる。

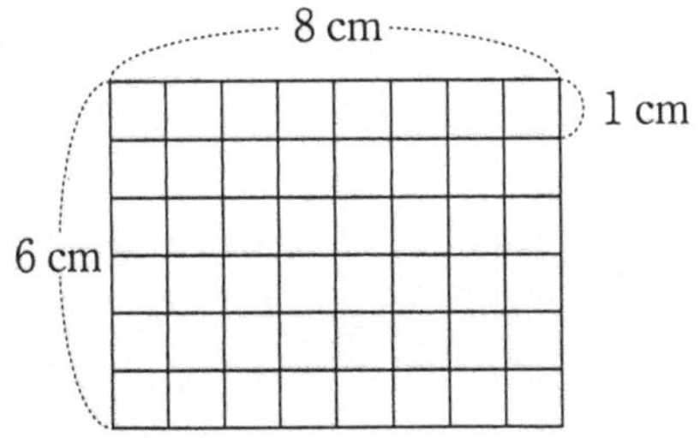

図2－1

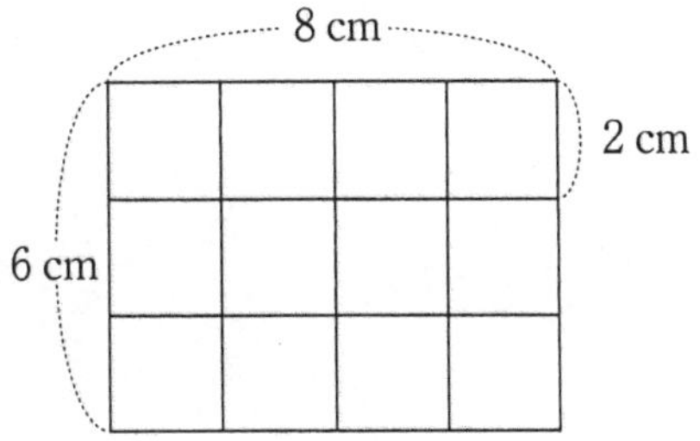

図2－2

Aさんが調べたところ，長方形を埋めつくすことができる正方形のうち，1辺の長さが最大のものは以下の手順で見つけられることがわかった。ただし，長方形の辺のうち，長い辺を長辺，短い辺を短辺と呼ぶ。

手順①　長方形から，短辺を1辺とする正方形を切り取る。 手順②　残った図形が長方形なら手順①を繰り返し，正方形なら終わりとする。

上の手順で最後に残った正方形が，はじめの長方形を埋めつくすことができる正方形のうち，1辺の長さが最大の正方形である。

次のページの［例］のように，縦の長さが6㎝，横の長さが8㎝の長方形を埋めつくすことができる正方形のうち，1辺の長さが最大のものは，1辺の長さが2㎝の正方形である。

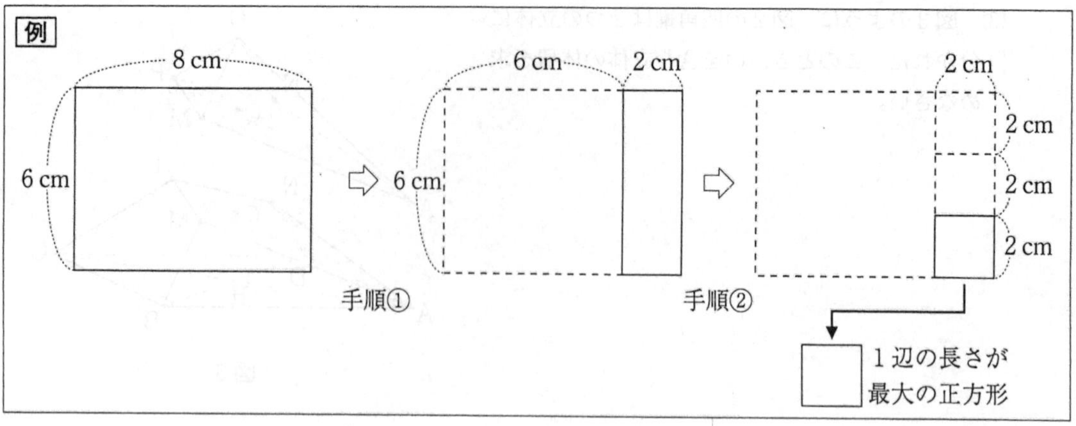

このとき，次の各問いに答えなさい。

問１　縦の長さが８cm，横の長さが12cmの長方形を埋めつくすことができる正方形のうち，１辺の長さが最大のものは，１辺の長さが何cmの正方形であるか求めなさい。

問２　縦の長さが21cm，横の長さが n cmの長方形を，１辺の長さが７cmの正方形15個で埋めつくすことができる。このとき，n の値を求めなさい。

問３　縦の長さが221cm，横の長さが299cmの長方形を埋めつくすことができる正方形のうち，１辺の長さが最大のものは，１辺の長さが何cmの正方形であるか求めなさい。

＜英語＞

時間　50分　　満点　60点

【1】 大問1は英文を聞いて答える問題です。それぞれの問いについて英文と質問が読まれます。質問の答えとして最も適切なものを**ア**～**エ**のうちから1つ選び，その記号を書きなさい。英文と質問はそれぞれ1度だけ読まれます。

問1

ア

イ

ウ

エ

問2

ア

イ

ウ

エ

問3

ア

イ

ウ

エ

【2】 大問2は会話を聞いて答える問題です。それぞれの会話の最後の文に対する応答として最も適切なものをア～エのうちから1つ選び，その記号を書きなさい。なお，会話の英文はそれぞれ1度だけ読まれます。選択肢ア～エの英文は読まれません。

問1 ア Let’s play baseball together.
イ That’ll be nice.
ウ My favorite team won.
エ Yes, it was my first time playing baseball.

問2 ア It takes ten minutes.
イ I went there by car.
ウ I was there at three o’clock.
エ At 5:00 p.m.

問3 ア Yes, I think it will be sunny.
イ Well, I thought it was raining last weekend.
ウ Oh, I really like to go hiking.
エ Yes, I do.

【3】 大問3は，アメリカからの留学生ローズとクラスメートの健太の会話を聞いて答える問題です。問1と問2については，会話に関する質問の答えとして最も適切なものをア～エのうちから1つずつ選び，その記号を書きなさい。問3は，会話の流れに合うようにア～エの絵を並べ替え，その順に記号を書きなさい。なお，会話と質問はそれぞれ英語で2度読まれます。問1と問2の選択肢ア～エの英文は読まれません。

問1 ア Practicing Japanese chess.
イ Writing Japanese words with a brush and ink.
ウ Cooking traditional Japanese food.
エ Playing soccer.

問2 ア in front of the gym
イ in front of the computer room
ウ in front of the teacher’s office
エ in front of the library

問3

ア

イ

ウ

エ

【4】 次の各問いの会話文について，(　　) に入る最も適切なものをア～エのうちから１つ選び，その記号を書きなさい。

問１　A：Thank you for your help.
　　　B：No problem. I'm so happy (　　) you.
　　　ア to help　イ help　ウ helped　エ can help

問２　A：Wow! That's a cool bike! Whose bike is that?
　　　B：It's (　　). I bought it last week.
　　　ア my　イ me　ウ mine　エ I

問３　A：Do you have any sisters?
　　　B：Yes, look at this picture! These girls dancing on the stage (　　) my sisters.
　　　ア be　イ is　ウ am　エ are

【5】 次の各問いの会話文について，(　　) に入る１語を下の語群から選び，自然な会話になるように，適切な形に変えて書きなさい。ただし，語群の単語はそれぞれ１度しか使えません。

問１　A：I have three cats. Their names are Shiro, Tama, and Mike.
　　　B：So cute! Are they the same age?
　　　A：No, Shiro is the (　　) of the three.

問２　A：What did you buy at the store?
　　　B：I got a book (　　) in English.

問３　A：Welcome to our party, Ryo!
　　　B：Hi, Bob. Thank you for (　　) me.

問４　A：I really like this band.
　　　B：Oh, I have never (　　) their music before.

語群：　long　old　hear　write　watch　invite

【6】 次の各問いの会話文について，(　　)内の語句を正しく並べ替えて意味が通る文を完成させ，その並べ替えた順に記号をすべて書きなさい。なお，(　　) 内の語句は，文頭にくる場合も小文字で示しています。

問１　A：Sam, students must clean the classroom by themselves in Japan.
　　　B：Really? I didn't know that. (ア we　イ to　ウ don't　エ clean　オ have) our classroom in America.

問２　A：I've just arrived in Kyoto. I want to see everything!
　　　B：Oh, how (ア you　イ long　ウ going to　エ stay　オ are) here?
　　　A：For seven days.

問３　A：Did you know (ア are　イ Canada　ウ and French　エ English　オ spoken in)?
　　　B：No, I didn't. That's interesting.

【7】 次の各問いは，それぞれある場面での２人の会話です。会話が交互に自然につながるようにア～ウの文を正しく並べ替え，その並べ替えた順に記号をすべて書きなさい。

問１ Have you seen that movie yet?
- ア How about going to see it together next Sunday?
- イ That sounds good. See you then.
- ウ No, but I want to.

問２ It's almost noon. I'm hungry.
- ア Shall we go there?
- イ Me, too. There is a good restaurant near here.
- ウ Yes, let's go!

問３ What are you doing, Mary?
- ア Oh, I found it. Thank you.
- イ I'm looking for my pen, Dad.
- ウ I saw it under the desk.

【8】 浩太（Kota）と浩太の母はホームステイに来ているマット（Matt）と動物園のパンフレットを見ながら週末の計画を立てています。次の会話を読んで，以下のパンフレットを参考に，各問いに答えなさい。

～ Welcome to Okinawa Zoo ～

Information

●Closed:Every Tuesday

***1 Admission**

	5 years old and under	6-12 years old	13-18 years old	19 years old and over
Daytime ☼ 8:30-18:00	Free	¥300	¥500	¥700
Nighttime ☾ 18:00-21:00		¥100	¥300	¥500

Events

●*2 Feeding Time　Elephants 10:00-10:30/14:30-15:00
Kangaroos 17:00-17:30　Lions 19:00-19:30

●Baby Animals Play Time　Monkeys 9:00-12:00　Rabbits 13:00-16:00

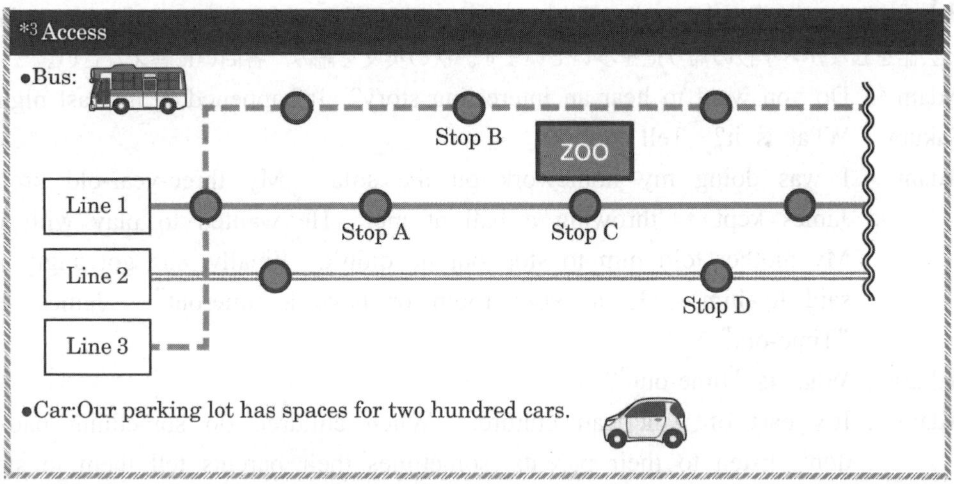

＊1 Admission：入場　　＊2 Feeding Time：エサの時間　　＊3 Access：行き方

Mother : Matt and Kota, why don't we go to the zoo this weekend?

Matt : Sounds great! I like animals.

Mother : Here is the Okinawa Zoo ＊1 pamphlet in English.

Matt : Wow, cool! I want to play with the baby animals.

Kota : Baby monkeys were born there last month. I want to play with them. Hmmm... we should go there during the daytime.

Mother : OK, let's see how to get there. Dad will use our car for work this weekend, so we will take the bus. Bus Stop C is the closest bus stop, but Line 1 is always very busy. Line 2 runs only in the afternoon, so we will take Line 3.

Kota : Let's leave the house at 9:00! It will take about 1 hour to get there. Looking forward to it.

Matt : I can't wait!

＊1 pamphlet：パンフレット

問１　この動物園の休園日はいつか，**ア**～**エ**のうちから１つ選び，その記号を書きなさい。

ア　火曜日　　**イ**　水曜日　　**ウ**　木曜日　　**エ**　金曜日

問２　お母さんと12歳の浩太と13歳のマットが会話の予定通りに動物園に行く場合，３名の入場料の合計はいくらになるか，**ア**～**エ**のうちから１つ選び，その記号を書きなさい。

ア　¥900　　**イ**　¥1,300　　**ウ**　¥1,500　　**エ**　¥1,700

問３　次の質問に対する答えとして最も適切なものを**ア**～**エ**のうちから１つ選び，その記号を書きなさい。

Which animals can they watch eating when they arrive at the zoo?

ア　monkeys　　**イ**　kangaroos　　**ウ**　elephants　　**エ**　lions

問４　３名が降りるバス停はどこか，**ア**～**エ**のうちから１つ選び，その記号を書きなさい。

ア　Stop A　　**イ**　Stop B　　**ウ**　Stop C　　**エ**　Stop D

【9】 中学3年生の桜（Sakura）は現在アメリカで短期留学をしていて，友人のアダム（Adam）と会話をしながら学校の帰り道を歩いています。次の英文を読み，各問いに答えなさい。

Adam : Do you want to hear an interesting story? It happened to me last night.

Sakura : What is it? Tell me.

Adam : I was doing my homework on the sofa. My three-year-old brother James kept *1 throwing a ball at me. He wanted to play with me. My mother told him to stop but he didn't. Finally, she got angry and said to him, "Go to your room or have a time-out". James said, "Time-out".

Sakura : What is "time-out"?

Adam : It's part of American culture. When children do something bad or don't listen to their parents, sometimes their parents tell them to stand in the corner of the room. Children must not talk during time-out. They have to be quiet, because it's time for them to think.

Sakura : Oh, how interesting. So, what happened next?

Adam : James went to the corner and stood *2 facing the wall. He was looking at the floor. He was quiet and looked sad. We didn't talk to him. After some time, our pet dog Ricky sat next to him. They stayed there together and were quiet. James still didn't say anything but *3 kindly touched Ricky's ear and softly *4pulled Ricky toward him. Ricky stayed with him until time-out was finished.

Sakura : What a great story! They *5are like close *6human friends.

Adam : Yes, they are. I think Ricky knew James needed him at that time because they always play together. Ricky often knows James's feelings.

Sakura : They are really good friends. That's nice.

Adam : Do you miss your friends in Japan?

Sakura : I sometimes do, but I can see and talk with them again when I go back. I'm looking forward to it. I hope I will make good friends here, and after I return to Japan, I can keep in touch with them on the Internet.

*1throw ～ at...：～を…に投げる　*2facing：～の方を向きながら　*3kindly：優しく
*4pulled ～ toward...：～を…へ引き寄せた　*5are like ～：～のようだ　*6human：人間の

問1 本文の内容を表す次の英文に続く表現として最も適切なものをア～エのうちから1つ選び，その記号を書きなさい。

Adam's mother got angry because...

ア James didn't stop throwing a ball at her.
イ James told Adam to stop doing his homework.
ウ James didn't listen to her.
エ James said, "Time-out".

問2　次の質問に対する答えとして最も適切なものをア～エのうちから1つ選び，その記号を書きなさい。

Where did James and Ricky stay together when James was in time-out?

ア　On the wall.　　イ　In the corner of the room.

ウ　In his bed.　　エ　On the sofa.

問3　“time-out” の際の James と Ricky の様子を表す絵をア～エのうちから1つ選び，その記号を書きなさい。

ア

イ

ウ

エ

問4　下線部の文中の it が指している内容をア～エのうちから1つ選び，その記号を書きなさい。

ア　missing friends in Japan

イ　seeing and talking with her friends

ウ　making friends in America

エ　talking with her friends on the Internet

問5　本文の内容と一致している文として適切なものをア～オのうちから2つ選び，その記号を書きなさい。

ア　Adam played with James using a ball last night.

イ　American parents sometimes tell their pet to go to its room.

ウ　Adam didn’t talk to James during time-out.

エ　Adam thought Ricky went to James because Ricky was hungry.

オ　Sakura thinks the Internet will be a good way to talk with her friends in America in the future.

【10】 中学校3年生の恵子 (Keiko) は，ニック先生 (Nick) の授業で自由研究 (project study) に取り組んでおり，自由研究の題材 (topic) をどのように決めたかについて発表することになりました。次の英文は，発表のために恵子が書いた文章です。英文を読んで，各問いに答えなさい。

In our school, all students have to do a project study. In project studies, we can study any topic. I decided my topic after an interesting experience. Now, I will tell you about it.

One day, I got a good score on an English test. I went to our ALT and said,

"Nick sensei, *high touch*!" At first, he didn't understand me. After a short time, he said, "Oh, high five!" I thought, "Did he say something different?"

That evening, I *1googled it and found an answer. *High touch* is said only in Japan. They don't use it in the UK, Nick sensei's country. They say the same thing in a different way: high five. I talked about it with my father. He said, "We use many English words, but some of them are used only in Japan. They are called Japanese English. We should use true English, not Japanese English." He told me other examples. "*Hot cake* is pancake. *Cooler* is *2air conditioner."

The next day, I went to a shopping center with my father. We happened to meet Nick and his *3wife in front of the elevator. "Nick sensei, this is my father, Hiroshi." "Hi, Hiroshi. Nice to meet you. This is my wife, Emily. Wow, you are carrying a lot of things, too. Let's take the lift." "Lift?" my father asked. "Oh, ①I mean elevator. We call elevators lifts in the UK," said Nick.

In the elevator, Emily *4explained, "I call this elevator. I'm from New York, so Nick and I sometimes say the same thing in different ways. ②I like french fries, but he calls them chips." "In Japan, we call them *fried potato*," I said. "Interesting! I didn't know that. Well, we'll get off on this floor to go to the *5car park," said Nick. "See you, we'll go to the *6parking lot," said Emily. She smiled at me.

*7On the way home, my father and I went to a restaurant. I found "*fried potato*" on the menu. I asked my father, "Nick calls this chips, Emily calls this french fries. Which is the true English?" "Both are true English. English is different in each country." "Then, it's OK to call this *fried potato*, isn't it?" I asked my father. He laughed and said, "That's a good question. I have learned something important from you, Keiko. There are many kinds of English in the world, and they are all good. ③I think you have found a good topic for your project study." I answered, "Yes, I want to know more about them."

*1googled：インターネットで検索した　*2air conditioner：エアコン　*3wife：妻（つま）
*4explained：説明した　*5car park ＝ *6parking lot：駐車場
*7On the way home,：家に帰る途中に，

問１ 下線部①～③が示すものを，次のア～エのうちから１つずつ選び，その記号を書きなさい。

ア Nick　イ Emily　ウ Keiko　エ Hiroshi

問２ 本文中の下線部"Nick and I sometimes say the same thing in different ways"の具体例として文中に示されていないものをア～エのうちから１つ選び，その記号を書きなさい。

ア high five　イ lift　ウ chips　エ parking lot

問３ 本文の内容と一致している文として適切なものを次のページのア～オのうちから２つ選び，その記号を書きなさい。

ア Every student must do a project study in Keiko's school.
イ Nick taught Keiko that "high touch" is wrong English.
ウ Keiko's father taught Keiko the meaning of "high touch".
エ Hiroshi introduced Keiko to Nick and Emily.
オ Emily smiled at Keiko after saying different words for "car park".

問４　恵子は発表の流れを整理するためにＡ～Ｄのカードを作りました。文章の流れに合うようにＡ～Ｄのカードを並べ替えたとき，最も適切な順番をア～エのうちから１つ選び，その記号を書きなさい。

A	Emily explained that Nick and she sometimes use different English words.
B	I thought *"fried potato"* could be true English after I talked with my father.
C	Nick used different words for *"high touch"*.
D	I learned some Japanese English words from my father.

ア　A→B→C→D
イ　A→D→B→C
ウ　C→D→A→B
エ　C→B→D→A

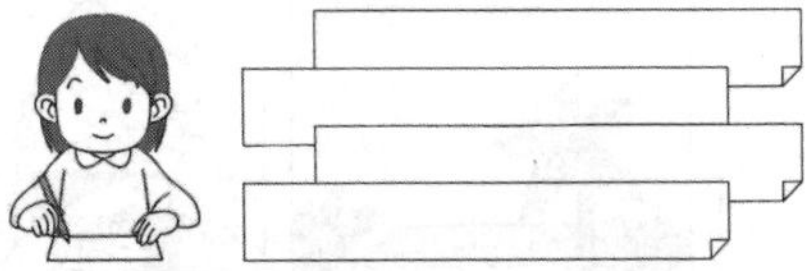

問５　恵子の発表を聞いた後，ニック先生が恵子に質問をしています。次の会話文中の（　）に入る最も適切なものをア～エのうちから１つ選び，その記号を書きなさい。

Nick : Keiko, did you decide on the topic of your project study?
Keiko : Yes, I did. It's "(　　　　　　　　　　)"
Nick : That's a good one. My ALT friends from many different countries and I can help you.

ア How do we learn true English spoken in the UK and New York?
イ What kinds of English are spoken in different countries?
ウ Why do people often use Japanese English words every day?
エ Which ALT can speak true English, Nick or Emily?

【11】 次の各問いに英文で答えなさい。ただし，英文は**主語・動詞を含む文**であること。また，設問中に示された指示や条件を踏まえて解答すること。

〈場面設定〉新しいALTのブラウン先生（Mr. Brown）があなたの学校に来ました。生徒会役員のメンバーで，先生の歓迎会について話し合いをしています。

問１　ブラウン先生について書かれた次のメモをもとに，ブラウン先生を紹介する英文を２文書きなさい。

〈メ　モ〉　年齢：25歳　　出身：カナダ　　誕生月：３月　　趣味：野球観戦

〈条　件〉・２つの文はどちらもメモにある情報について書くこと。
・２つの文は同じ内容にしないこと。

問２　ブラウン先生のことをもっとよく知るために質問を考えましょう。ブラウン先生に聞きたい質問を考え，英語で２文書きなさい。

〈条　件〉
・質問文はいずれも疑問詞（What / When / Where / Who のいずれか）で始めること。
・２つの質問文は異なる内容にすること。
・問１のメモに示された内容について質問しないこと。

問３　次の２つの観光ツアーのどちらかをブラウン先生にすすめましょう。どちらか１つのツアーを選び，あなたがそのツアーをすすめたいと思う具体的な理由を含めて英文で書きなさい。

Okinawan Nature Tour

Time : 6:00 − 12:00 (6 hours)
Price : 1,000 yen
Activities : Visiting the beach and swimming

beach

swimming

Okinawan Food Tour

Time : 13:00 − 18:00 (5 hours)
Price : 1,500 yen
Activities : shopping and cooking

farmers' market
（市場）

cooking

〈条　件〉
・どちらのツアーをすすめたいかわかるように書くこと。
・そのツアーをすすめたい理由を具体的に説明すること。
・英文は２文以内で書くこと。

Mr. Brown,

____

I hope you enjoy this tour.

＜理科＞　時間　50分　満点　60点

【１】 タマネギの根の細胞を顕微鏡で観察したところ，細胞分裂がさかんな場所があった。図１は顕微鏡で観察したときの視野のようすである。次の問いに答えなさい。

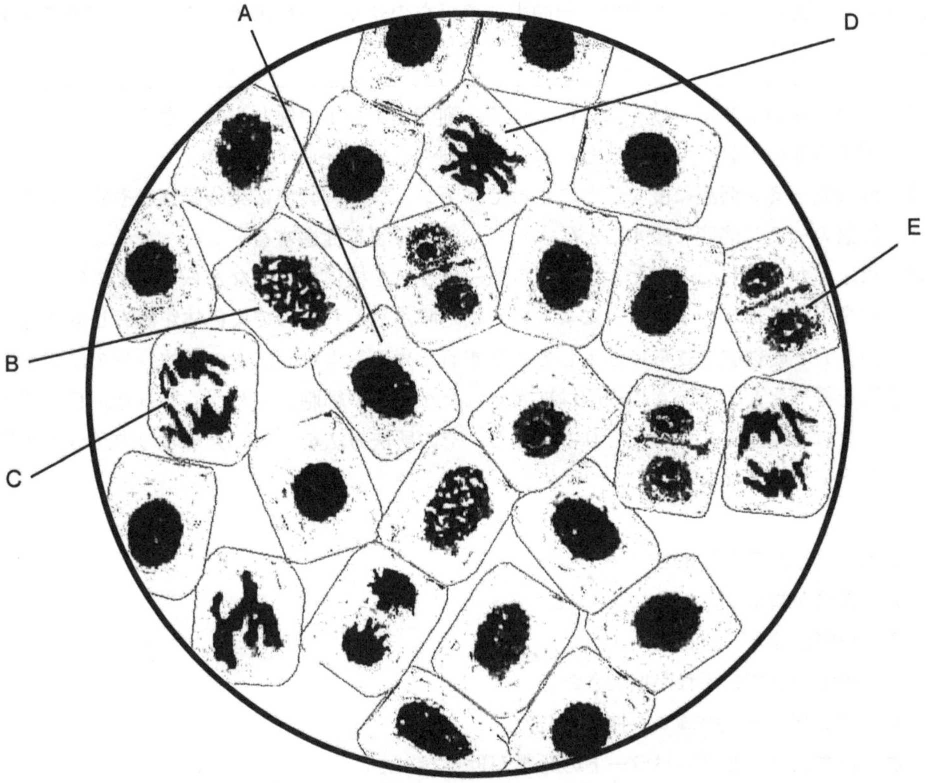

図１

問１　図１は，タマネギの根のどこを観察したものか。最も適当なものを図２のア～エの中から１つ選び記号で答えなさい。

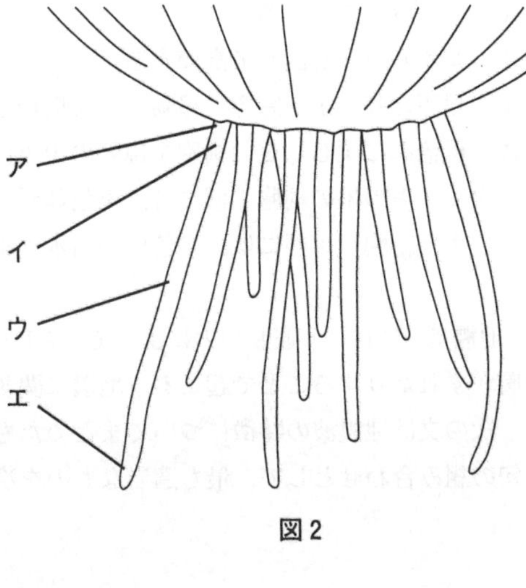

図２

問２ 図１のＡ～Ｅを細胞分裂の順に並べるとどうなるか。Ａを最初として答えなさい。

問３ タマネギの根を観察する際，次の手順でプレパラートをつくった。それぞれの手順の理由として，正しいものを次のア～カの中から１つ選び記号で答えなさい。

手順１	タマネギの根を切り取り，あたためたうすい塩酸に１分つけた後，根を取り出す。
手順２	取り出した根をスライドガラスの上にのせ，酢酸カーミン溶液を１滴落とし数分置く。
手順３	カバーガラスをかけ，その上にろ紙をのせる。ろ紙の上からカバーガラスを指で押す。

ア 根をうすい塩酸につけることによって，細胞が１つ１つ離れやすくなる。
イ 根をうすい塩酸につけることによって，細胞分裂を促進する。
ウ 酢酸カーミン溶液に浸すことによって，デンプンを青紫色に染め観察しやすくする。
エ 酢酸カーミン溶液に浸すことによって，細胞分裂を促進する。
オ 根を上から押しつぶすときには，カバーガラスを横にずらしながら押すとよい。
カ 根を上から押しつぶすことによって，細胞膜がやぶれるので染色体が観察しやすくなる。

問４ 図１のＥの細胞をさらに拡大して観察するために，より高倍率の対物レンズに変えてピント調節を行ったところ，Ａの細胞は拡大されたが，Ｅの細胞が見えなくなった。Ｅの細胞が見えなくなった原因として考えられることと，その解決方法を，次のア～オの中からそれぞれ１つ選び記号で答えなさい。

〈原因〉

高倍率にしたことにより，
ア 視野が暗くなった。
イ 視野がせまくなった。
ウ 接眼レンズの汚れが拡大された。
エ プレパラートのゴミが拡大された。
オ 対物レンズとプレパラートの距離が近くなった。

〈解決方法〉

ア 調節ねじを回して調節する。
イ しぼりを調節する。
ウ レボルバーを回して調節する。
エ 日当たりのよい窓際に移動し，反射鏡を調節する。
オ 低倍率に戻し，Ｅの細胞を視野の中央に移動させてから高倍率にする。

問５ タマネギの根の細胞１個には，染色体が16本含まれている。タマネギの胚珠の中にある卵細胞（生殖細胞）１個には，染色体が何本含まれているか答えなさい。

【２】 地震は，プレート運動の力によって，プレートの境界が急激に動いたり，プレートの内部で活断層がずれたりすることで起こる。地震に関する次の問いに答えなさい。

問１ 次の文は地震波の特徴についてまとめたものである。文中の（①）～（④）に当てはまる語句の組み合わせとして，最も適当なものを次のア～エの中から１つ選び記号で答えなさい。

地震のときには，最初に（　①　）を感じ，続いて（　②　）を感じることが多い。これは，（　②　）をもたらすＳ波よりも，（　①　）をもたらすＰ波のほうが伝わる速さが速いためである。Ｐ波は，波の伝わる方向に物質が振動する波で，図で表すと（　③　）のようになる。また，Ｓ波は，波の伝わる方向と直角方向に物質が振動する波で，図で表すと（　④　）のようになる。

図１

図２

	①	②	③	④
ア	小さなゆれ	大きなゆれ	図１	図２
イ	小さなゆれ	大きなゆれ	図２	図１
ウ	大きなゆれ	小さなゆれ	図１	図２
エ	大きなゆれ	小さなゆれ	図２	図１

問２　ある場所で発生した地震を，**Ａ地点～Ｃ地点**で観測した。下の**表１**は，**Ａ地点～Ｃ地点**の観測地点から震源までの距離，**Ａ地点～Ｃ地点**の観測地点でのＰ波およびＳ波の到着時刻，初期微動継続時間を表したものである。

表１

	震源までの距離	Ｐ波の到着時刻	Ｓ波の到着時刻	初期微動継続時間
Ａ地点	40 km	10時15分10秒	10時15分15秒	5秒
Ｂ地点	80 km	10時15分15秒	10時15分25秒	10秒
Ｃ地点	120 km	10時15分20秒	10時15分35秒	15秒

(1)　Ｐ波，Ｓ波の伝わる速さはそれぞれ何km/sか答えなさい。

(2)　地震の発生時刻は何時何分何秒か答えなさい。

問３　次のページの**図３**は，地震が発生したときに，震源に近い地震計でＰ波を感知し，コンピュータで分析した情報をもとに瞬時に各地のＳ波の到達時刻やゆれの大きさを予測して，すばやく知らせる気象庁の予報・警報システムを説明したものである。このシステムを何というか。最も適当なものを次の**ア～エ**の中から１つ選び記号で答えなさい。

ア　地震予報　　**イ**　地震注意報　　**ウ**　緊急地震観測　　**エ**　緊急地震速報

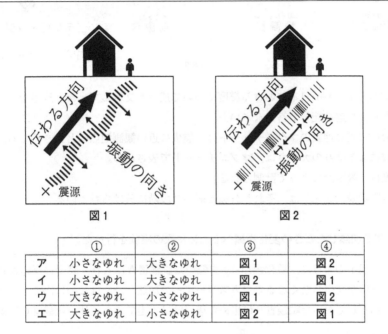

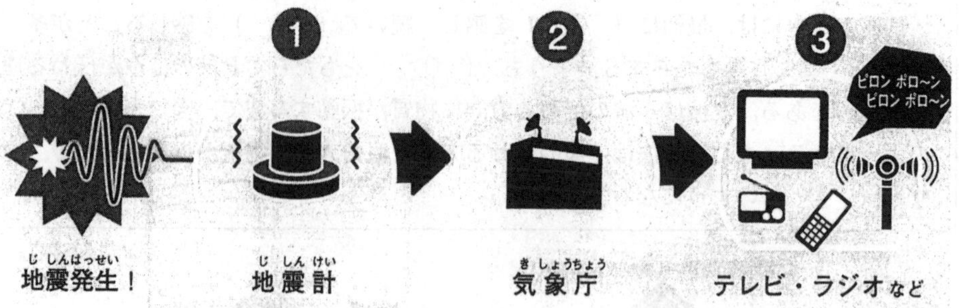

気象庁ホームページより抜粋

図 3

問 4　マグニチュードや日本における震度について述べた文として，最も適当なものを次のア～エの中から１つ選び記号で答えなさい。

ア　一般に，同じ地震のマグニチュードは，震央に近い観測地点ほど大きくなる。

イ　地震によるゆれの大きさは，マグニチュードで表される。

ウ　震度は，震度計によって計測される。

エ　震度階級表の５～７は，それぞれ強と弱の２段階に分けられている。

【３】 酸化銀を加熱したときの変化を調べるために次の実験を行った。

〈実験〉 図１のように，酸化銀1.00 g を乾いた試験管Aに入れ，完全に反応させるため，気体が発生しなくなるまでガスバーナーで加熱した。はじめに出てきた気体を水で満たしておいた試験管Bに集めた後，続けて出てきた気体を試験管Cに集めた。

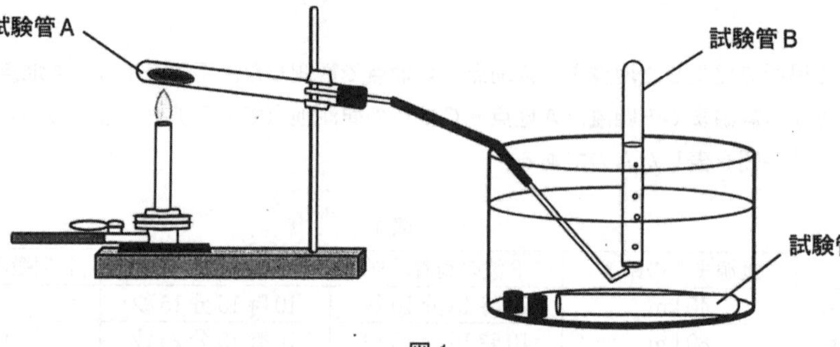

図 1

〈結果〉 酸化銀を加熱すると気体が発生し，試験管Aには酸化銀とは色の異なる物質が残った。

問 1　次の文は試験管Aに残った物質についてまとめたものである。文中の（①）～（③）に当てはまる語句の組み合わせとして，最も適当なものを次のページのア～エの中から１つ選び記号で答えなさい。

試験管Aに入れた加熱前の酸化銀は黒色であったが，加熱後試験管Aに残った物質は（　①　）であった。この物質を取り出し，みがくと光沢が出た。金づちでたたくと（　②　）。また，電気を通すか確認したところ（　③　）。

	①	②	③
ア	赤褐色	粉々になった	電気を通した
イ	赤褐色	薄く広がった	電気を通さなかった
ウ	白色	粉々になった	電気を通さなかった
エ	白色	薄く広がった	電気を通した

問2　発生した気体の性質を調べるとき，はじめに集めた**試験管B**の気体を使わず，2本目の**試験管C**の気体を調べた。その理由として最も適当なものを次の**ア**～**オ**の中から1つ選び記号で答えなさい。

ア　はじめに出てくる気体と，**試験管A**にあった固体が入ってきてしまうため。

イ　はじめに出てくる気体には，**試験管A**にあった空気が多くふくまれるため。

ウ　はじめに出てくる気体には，**試験管A**で発生した気体が多くふくまれるため。

エ　はじめに出てくる気体が，水に溶けにくいか調べるため。

オ　はじめに出てくる気体は，高温であるため。

問3　**試験管C**に集めた気体の性質として，最も適当なものを次の**ア**～**カ**の中から1つ選び記号で答えなさい。

ア　石灰水をいれてよくふると，石灰水が白くにごった。

イ　においをかぐと，刺激臭があった。

ウ　マッチの火を近づけると，音を立ててもえた。

エ　水でぬらした赤色リトマス紙を近づけると，青色になった。

オ　水を加えてよくふり，緑色のBTB溶液を入れると，黄色になった。

カ　火のついた線香を入れると，線香が炎を出して激しくもえた。

問4　**試験管A**に入れた酸化銀を加熱したときに起こる化学変化を化学反応式で書きなさい。ただし，酸化銀の化学式はAg_2Oとする。化学式は，アルファベットの大文字，小文字，数字を書く位置や大きさに気をつけて書きなさい。

$$2Ag_2O \rightarrow$$

問5　酸化銀の質量を2.00g，3.00gにかえて同様の実験を行い，**試験管A**内に残った物質の質量を**表1**にまとめた。

次に酸化銀の質量を5.00gにかえて実験を行い，反応を途中でとめ，**試験管A**に残った物質の質量をはかると4.72gであった。この中に，化学変化によって生じた物質は何g含まれるか答えなさい。

表1

酸化銀の質量〔g〕	1.00	2.00	3.00
加熱後の**試験管A**内に残った物質の質量〔g〕	0.93	1.86	2.79

【4】 光と音について，次の問いに答えなさい。

〔Ⅰ〕 凸レンズによってできる像を調べるために，図1のような光学台を準備した。

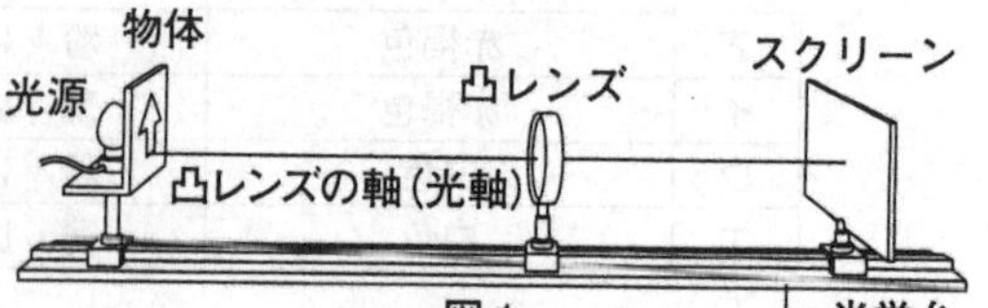

図1

問1　図2のように，物体を焦点距離の2倍となる位置に置いた。このとき，スクリーンを動かしはっきりとした像ができる位置を図2のア～エの中から1つ選び記号で答えなさい。

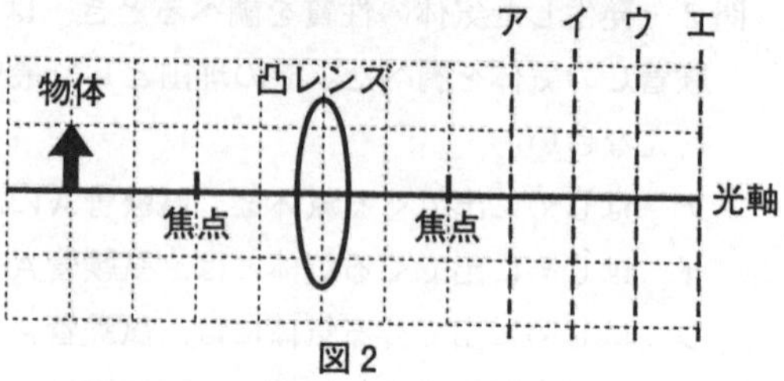

図2

問2　物体を焦点の位置に置き，物体の先端から出た光の道すじについて作図した図として，最も適当なものを次のア～エの中から1つ選び記号で答えなさい。

ア
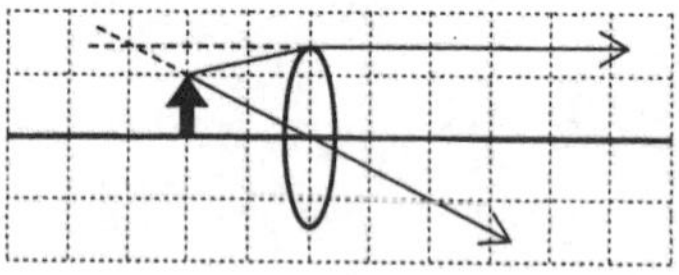

イ
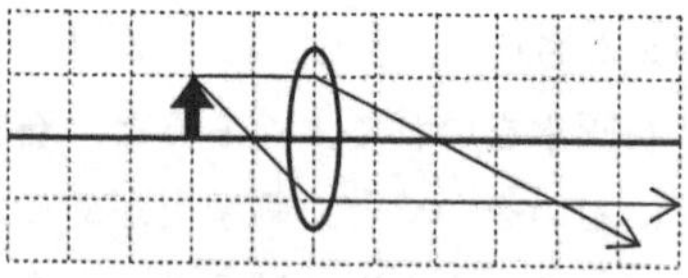

ウ
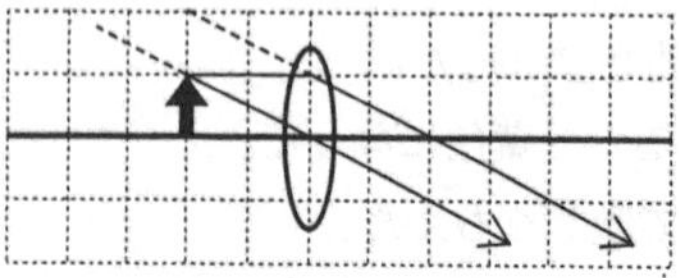

エ
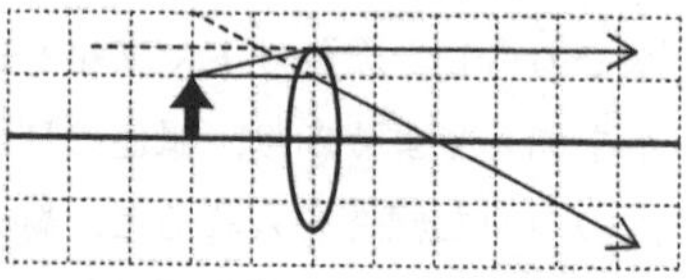

〔Ⅱ〕 モノコードとは，弦をはじくことで音が発生する装置である。モノコードを使って音の性質について調べるため，図3のように弦をはじいて発生させた音を，マイクを通してオシロスコープの画面に表示させ観察した。

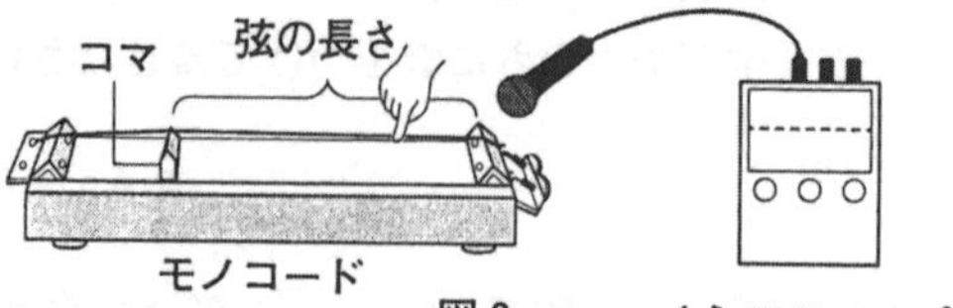

図3　　オシロスコープ

問3　弦が1秒間に振動する回数のことを何というか答えなさい。また，その単位をカタカナで答えなさい。

問4　音が発生したとき，オシロスコープの画面はどのように表示されるか。最も適当なものを次のア～エの中から1つ選び記号で答えなさい。

ア
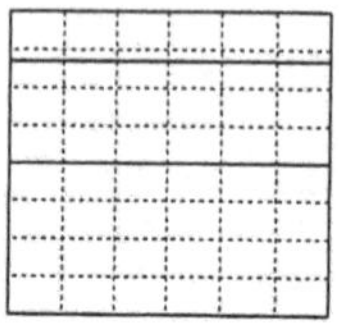

イ
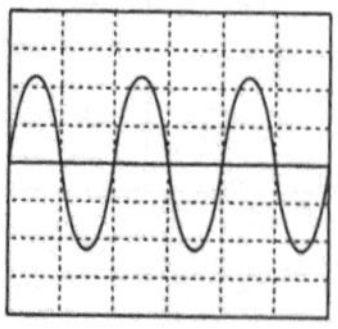

ウ
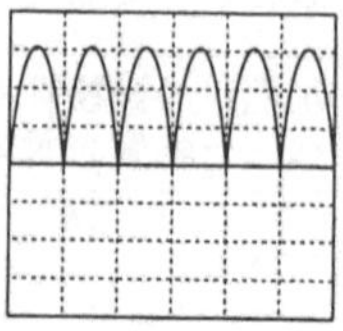

エ
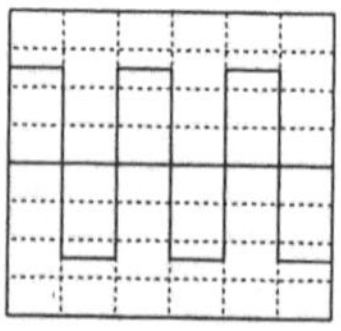

問５　図３で発生させた音よりも高い音にするための操作として，最も適当なものを次のア～エの中から１つ選び記号で答えなさい。

ア　コマを移動させ，弦の長さを長くする。
イ　弦をはじく力を強くする。
ウ　弦の中央をはじく。
エ　弦の張りを強くする。

【５】　金属球Ｘの性質を調べ，金属の種類を見分ける実験を行った。ここでの金属球Ｘとは鉄，アルミニウム，銅，亜鉛のいずれかであることが分かっている。

〈実験〉

①　電子てんびんを用い，金属球Ｘの質量をはかったところ，35ｇであった。

②　図１のように，水を50cm^3入れた器具Ａに，糸でつないだ金属球Ｘを入れて体積をはかった。

③　種類の分かっている４つの金属球（鉄，アルミニウム，銅，亜鉛）の質量と体積を金属球Ｘと同様にはかり，その測定値を●で記入すると図２のようになった。ただし，糸の体積は無視できるものとする。

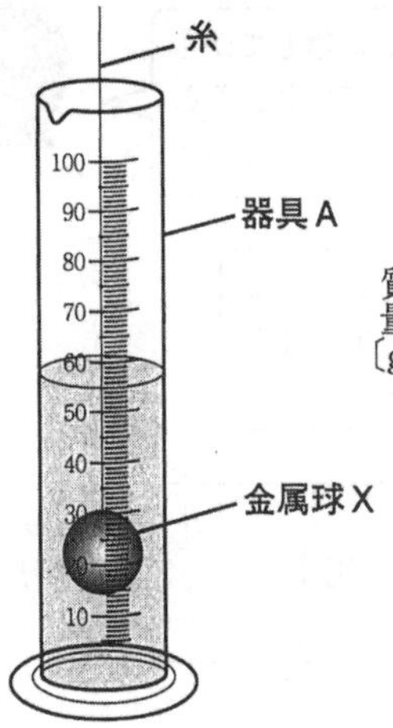

図１

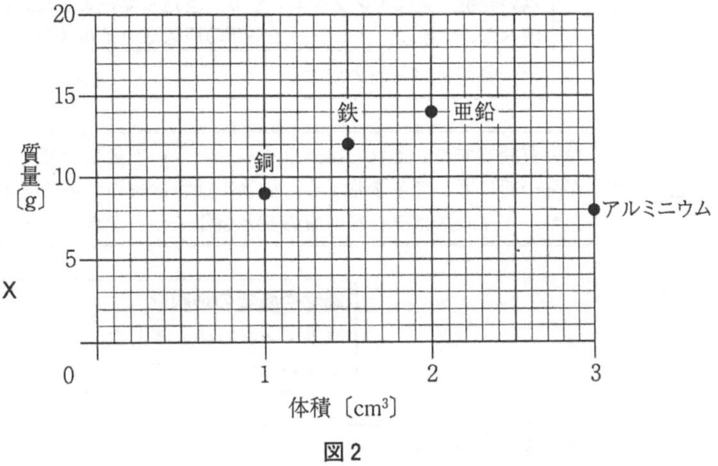

図２

問１　器具Ａの名称を答えなさい。

問２　物質１cm^3あたりの質量を何というか答えなさい。

問３　〈実験〉②において，器具Ａ内の水面が図３のようになった。金属球Ｘの物質１cm^3あたりの質量は何g/cm^3か答えなさい。

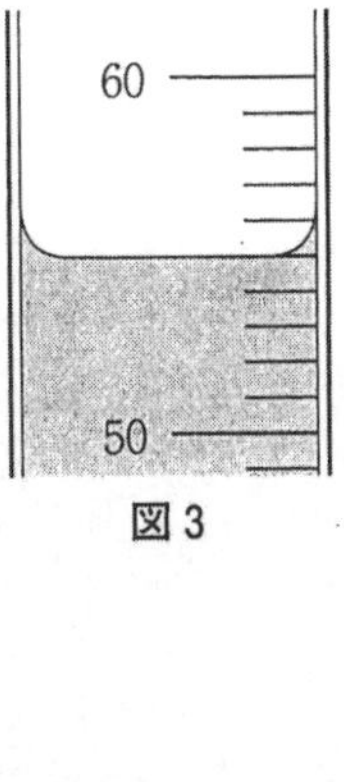

図３

問4 次の文は，実験結果をもとに考察し，まとめたものである。

> 図2より，「物質1 cm^{3}あたりの質量」の値が最も大きい金属は（ ① ），最も小さい金属は（ ② ）である。この値は，物質の種類によって決まっているため，**金属球X**は（ ③ ）と考えられる。

(1) 文中の（①），（②）に当てはまる金属の種類として，最も適当なものを次の**ア**～**エ**の中からそれぞれ1つ選び記号で答えなさい。

ア 鉄 **イ** アルミニウム **ウ** 銅 **エ** 亜鉛

(2) 文中の（③）に当てはまる金属の種類として，最も適当なものを次の**ア**～**エ**の中から1つ選び記号で答えなさい。

ア 鉄 **イ** アルミニウム **ウ** 銅 **エ** 亜鉛

【6】 ある日の放課後の会話です。次の文章（会話文）を読み，後の問いに答えなさい。

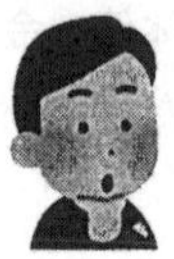

先生：りかさん，先週の科学クラブ，お休みでしたがどうしましたか？

りか：はい先生，実はインフルエンザで，寝込んでいました。回復してから調べたのですが，a**インフルエンザの原因はウイルス**なんですね。そこで，疑問に思ったのですが，ウイルスって，生物なんでしょうか？

先生：いい質問ですね。それでは，ウイルスについて動物や植物と比べながら一緒に考えてみましょう。動物や植物は細胞からできていましたね。ウイルスはタンパク質の殻と遺伝子からできています。

りか：**動物や植物の細胞**は，授業でスケッチしました。こういうつくりですよね。 図1

先生：よく描けていますね。動物や植物の細胞では，b**酸素を使って栄養分（養分）を分解し，エネルギーを取り出し**たり，また，植物ではc**光を使ってデンプンを合成**したりしますが，ウイルスはそのどちらも行いません。

りか：そうなんですね。驚きました。そういえば，ウイルスは自分自身ではふえることができないって書いてありました。どうやってふえるのですか？

先生：ウイルスの場合，他の生物の細胞に入り込み，短時間で数百から数千にふえるそうです。

えっ，そんなにふえるんですね！流行するのも納得します。
ところで，ウイルスを顕微鏡で見ることはできますか？　りか

先生　残念ながら，学校の顕微鏡ではウイルスを見ることはできません。
とても小さすぎるのです。

先生　これまで話してきたように，d<u>動物や植物とウイルスは共通するところもありますが，共通しないところもある</u>ため，生物に含めていいのか，含めない方がいいのかまだまだ議論が続いています。

先生ありがとうございました。もっと調べてみたいと思います。　りか

問1　下線部aについて，体内に侵入したウイルスや細菌などの異物を分解する血液成分はどれか。次の**ア**～**エ**の中から1つ選び記号で答えなさい。

ア　赤血球　　**イ**　白血球　　**ウ**　血小板　　**エ**　リンパ管

問2　下図A～Cは動物の細胞と植物の細胞，インフルエンザウイルスのいずれかを示す。図1に当てはまる動物の細胞と植物の細胞の組み合わせとして，最も適当なものを次の**ア**～**カ**の中から1つ選び記号で答えなさい。

	動物の細胞	植物の細胞
ア	A	B
イ	A	C
ウ	B	A
エ	B	C
オ	C	A
カ	C	B

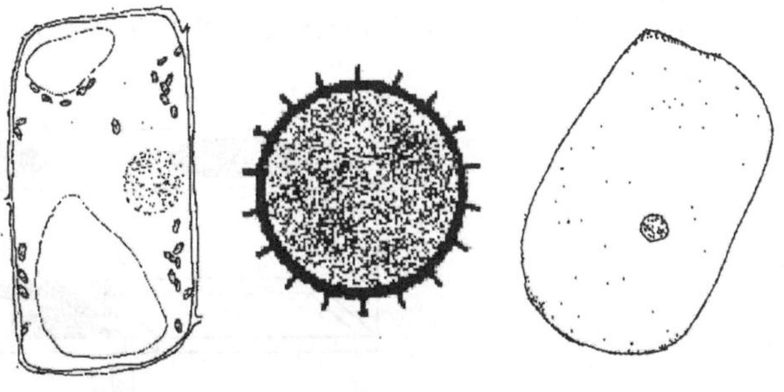

A　　B　　C

問3　下線部bの，酸素を使って栄養分（養分）を分解し，エネルギーを取り出すことに関する記述として<u>**誤りを含むもの**</u>を次の**ア**～**エ**の中から1つ選び記号で答えなさい。

ア　細胞で栄養分（養分）を分解することにより，エネルギーのほか二酸化炭素と水が発生する。

イ　ヒトでは肺胞に送られた酸素の一部が，肺胞のまわりにある毛細血管に取り込まれ，血液中の赤血球によって全身の細胞に運ばれる。

ウ　ヒトでは分解に用いる栄養分（養分）は，食物として口から取り入れられ，消化管で消化酵素により分解される。ブドウ糖は小腸の柔毛で吸収されてリンパ管に入る。

エ　ヒトでは分解に用いる栄養分（養分）のうち，小腸から吸収されたブドウ糖は，血液中の血しょうによって，肝臓を通り全身の細胞まで運ばれる。

問4　下線部cの，光を使ってデンプンを合成することに関する記述として<u>**誤りを含むもの**</u>を次のページの**ア**～**エ**の中から1つ選び記号で答えなさい。

ア 植物の葉の細胞内にある葉緑体で行われる。

イ デンプンの合成に使われる二酸化炭素は，葉の裏に多く見られる気孔から取り入れられる。

ウ デンプンの合成に使われる水は，根にある根毛などから吸収され師管を通して運ばれる。

エ 合成されたデンプンは，水に溶けやすい物質に変わって，からだ全体に運ばれる。

問５ 下線部ｄについて，りかさんは動物や植物とウイルスを比較するため下の表を作り，各項目に当てはまるものを○，当てはまらないものを×とした。表中の①～⑥について，○が入るものの組み合わせとして正しいものを，次のア～エの中から１つ選び記号で答えなさい。

ア ①，②，③，⑥

イ ①，③，④，⑥

ウ ①，②，③，④，⑥

エ ①～⑥全て

項　　目	動物	植物	ウイルス
細胞を顕微鏡で見ることができる。	①	②	×
細胞による呼吸（細胞呼吸）をおこなう。	③	④	×
光合成をおこなう。	⑤	⑥	×
なかまをふやす。	○	○	○

【７】 気象とその変化に関する実験について，次の問いに答えなさい。

〔Ⅰ〕 日本の冬の時期に吹く季節風のしくみを考えるため，図１のような実験装置をつくり，大気がどのように動くか調べた。

〈実験Ⅰ〉

Ａには水を，Ｂには乾いた砂を入れて電球であたためる。その後，線香の煙の動きを観察した。

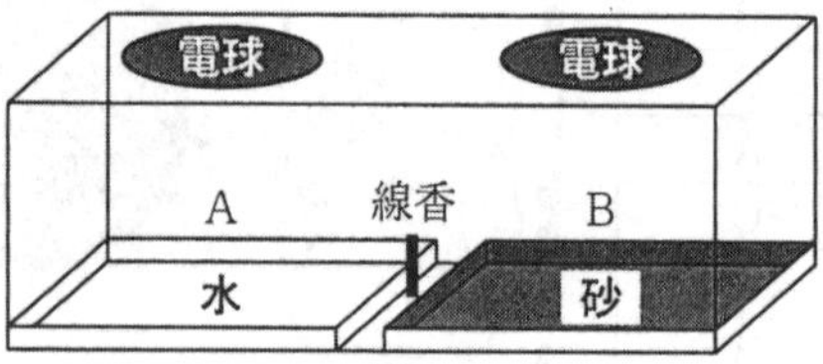

図１

問１ 次の文は〈実験Ⅰ〉の結果をまとめたものである。文中の（①），（②）に当てはまる語句の組み合わせとして，最も適当なものを次のア～エの中から１つ選び記号で答えなさい。

電球であたためてしばらくすると，容器内の低い位置で線香の煙は（　①　）の方向に向かって流れ始めた。また，電球を消してしばらくすると，線香の煙はさきほどと逆方向へ流れ始めた。

このことから，大陸と海洋のうちあたたまりやすく冷めやすいのは（　②　）であることがわかる。

	①	②
ア	ＡからＢ	海洋
イ	ＡからＢ	大陸
ウ	ＢからＡ	海洋
エ	ＢからＡ	大陸

問２　この実験からもわかるように，日本の冬の時期に吹く季節風の特徴として，最も適当なものを次の**ア**～**エ**の中から１つ選び記号で答えなさい。

ア　海洋の小笠原気団から，冷たく乾燥した風がふく。

イ　海洋の小笠原気団から，あたたかく湿った風がふく。

ウ　大陸のシベリア気団から，冷たく乾燥した風がふく。

エ　大陸のシベリア気団から，あたたかく湿った風がふく。

〔Ⅱ〕　冬に，あたたかい部屋の窓ガラスに水滴がつくしくみを考えるため，理科室で次のような実験を通して空気中の水蒸気量について調べた。

〈実験Ⅱ〉

水槽にくんでおいた室温の水を，金属製のコップに入れる。コップに少しずつ氷を入れて水温を下げていき，コップの表面がくもり始めたときの水温を測定した。このときの乾球温度計と湿球温度計が示した温度は**図２**のとおりである。また，**表１**は湿度表の一部である。

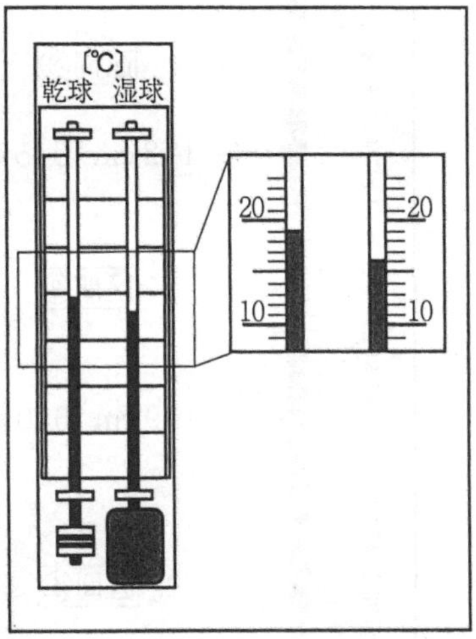

図２

表１

乾球温度計の示度〔℃〕	乾球温度計と湿球温度計との示度の差〔℃〕									
	0.0	1.0	2.0	3.0	4.0	5.0	6.0	7.0	8.0	9.0
24	100	91	83	75	68	60	53	46	39	33
23	100	91	83	75	67	59	52	45	38	31
22	100	91	82	74	66	58	50	43	36	29
21	100	91	82	73	65	57	49	42	34	27
20	100	91	81	73	64	56	48	40	32	25
19	100	90	81	72	63	54	46	38	30	23
18	100	90	80	71	62	53	44	36	28	20
17	100	90	80	70	61	51	43	34	26	18
16	100	89	79	69	59	50	41	32	23	15
15	100	89	78	68	58	48	39	30	21	12

問３　〈**実験Ⅱ**〉の下線部のように，空気中に含まれていた水蒸気が水滴となり始める温度を何というか。漢字２文字で答えなさい。

問４　実験を行ったときの理科室の湿度は何％か。**表１**を用いて答えなさい。

問５　室温が11℃，湿度が80％の部屋で，湿度が50％を下まわらないように注意しながら室温を上げていった場合，何℃まで上げることができるか。最も適当なものを次の**ア**～**カ**の中から１つ選び記号で答えなさい。ただし，下の**表２**はそれぞれの温度における飽和水蒸気量を示したものである。

ア　15℃　　**イ**　16℃　　**ウ**　17℃　　**エ**　18℃　　**オ**　19℃　　**カ**　20℃

表２

温度〔℃〕	11	12	13	14	15	16	17	18	19	20
飽和水蒸気量〔g〕	10.0	10.7	11.4	12.1	12.8	13.6	14.5	15.4	16.3	17.3

【8】 次の会話文を読み，後の問いに答えなさい。

翔太 今日の理科の授業，ボールを落とす実験楽しかったね。記録テープではなく他の方法で同じ実験できないかな。

理子 そう言えば私，最近タブレットを買ってもらったの。アプリで連続写真の機能も付いているのよ。

翔太 すごいね。あっ！ボールを落とす実験をそのアプリで撮影しても同じような実験ができるのかな？

理子 そうね。楽しそう。さっそく私の家でやってみましょう。

—理子の家にて—

翔太 まず図1のように，ある高さからボールを静止させた状態から落として，落下するようすをタブレットのアプリで撮影しよう。落下距離が分かるようにものさしを垂直に立てて，ボールの下がちょうどものさしの0cmのところに合うようにしよう。

理子 静止していた物体が真下に落ちる運動をなんて言ったかしら… 今日習ったのに，忘れちゃった。

翔太 「(　A　)」だよ。

理子 そうだったね。用意はいい？写すよ。

—撮影—

翔太 見せて。いい感じに撮れているね。タブレットのアプリを使って撮影した記録を編集して落下距離や落下時間を書き込むと，連続写真の結果は図2のようになったよ。

図1

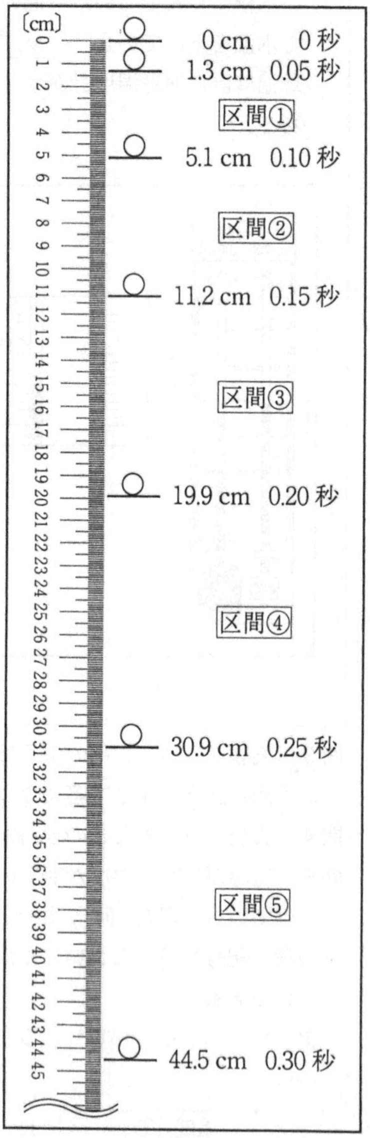

図2

理子　では，グラフを作ってみるね。今日の授業で記録テープをグラフ用紙に貼ったから，同じように棒グラフとしよう。はじめは0.05秒間に1.3cm落下しているから，グラフ用紙のここまで色を塗るといいね。（区間⑤までの作業後）a **完成したグラフ**をよく見ると今日の授業のときと同じような棒グラフになっているね。

翔太　速さは増加しているかな？計算して b **表にまとめよう**。

理子　なるほど！この実験から「速さが増加するのは（　B　）」ということがわかるね。

問1　会話文中の（A）を表す運動名を**漢字4文字**で答えなさい。

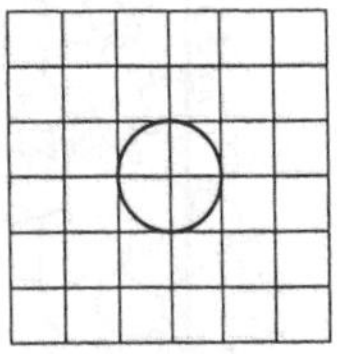

図3

問2　図3は図1で手を離した直後のボールのようすを表したものである。このとき，重さ2Nのボールにはたらく重力を解答用紙の図に力の矢印で示しなさい。ただし，力の作用点を●で示し，1目盛りは1Nとする。

問3　会話文中の下線部aの完成したグラフとして，最も適当なものを次の**ア**～**ウ**の中から1つ選び記号で答えなさい。

ア

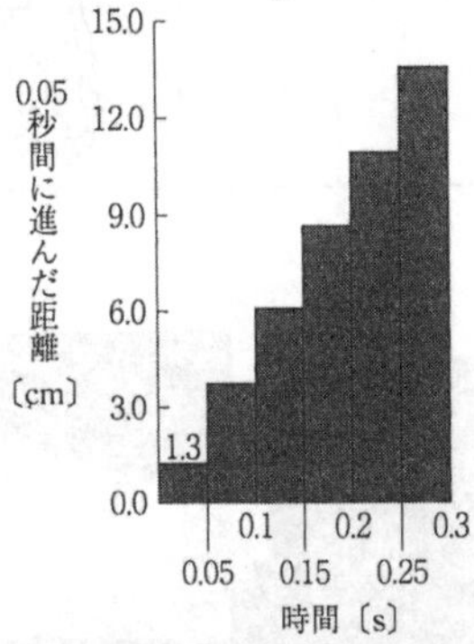

イ

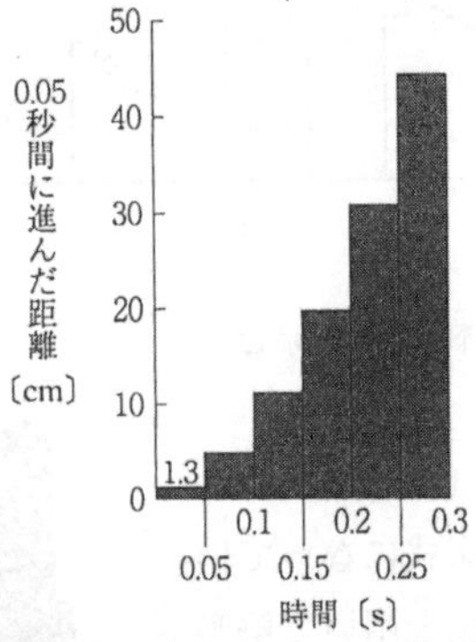

ウ

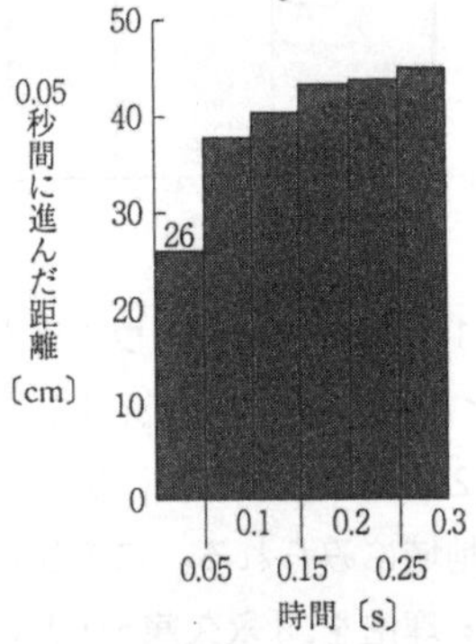

問4　会話文中の下線部bについて，下の**表1**それぞれの区間の平均の速さをまとめている途中のものである。区間①におけるボールの平均の速さ（**ア**）を求めなさい。

表1

	0秒から0.05秒の間	区間①	区間②	区間③	区間④	区間⑤
平均の速さ〔cm/s〕	26	（　ア　）				

問5　会話文中の（B）にあてはまる言葉として，最も適当なものを次の**ア**～**エ**の中から1つ選び記号で答えなさい。

ア　ボールにはたらく力がつり合うから

イ　ボールにはたらく重力が徐々に大きくなるから

ウ　ボールの運動の向きに力がはたらいているから

エ　ボールがもつ力学的エネルギーが増えているから

＜社会＞

時間　50分　　満点　60点

【1】 世界のさまざまな国または地域について，次の各問いに答えよ。

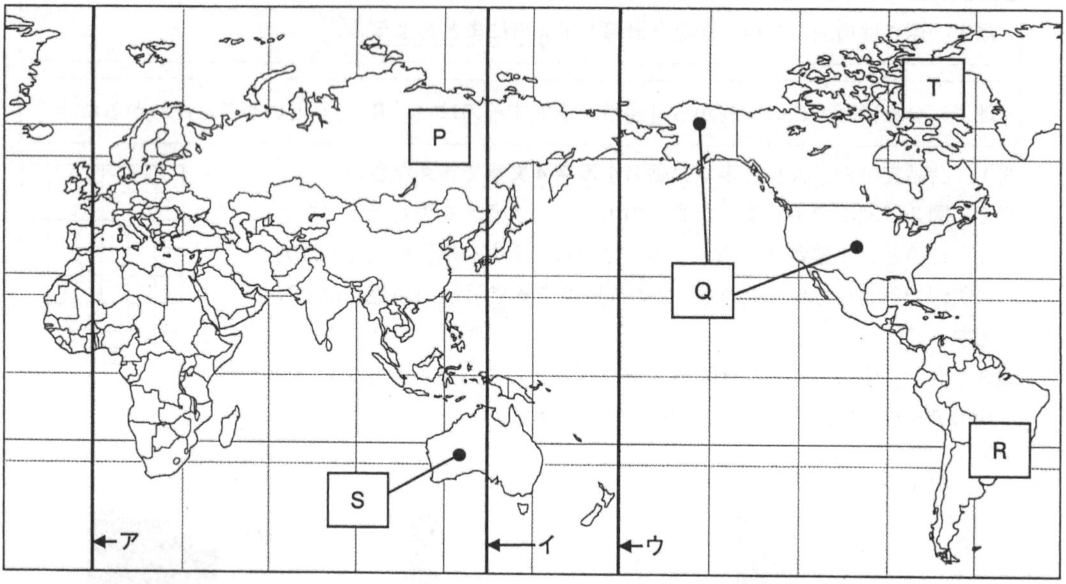

図1

問1　図1中のア～ウのうちから本初子午線を1つ選び，記号で答えよ。

問2　図2の建物は，図1中のP（シベリア）の地域にみられる。この建物が高床式になっている理由を，「永久凍土」という用語を用いて解答欄に合わせて答えよ。

図2

問3　図1中のQ国は，移民などによりさまざまな民族が暮らしている。Q国について述べた説明文として誤っているものを，次のア～エのうちから1つ選び，記号で答えよ。

ア　ヨーロッパからの移民により，先住民はもともと住んでいた土地を追われた。

イ　近年，ヒスパニックとよばれるスペイン語を話す人々の移民が増えている。

ウ　現在の人口構成の中で，アフリカ系住民の割合がもっとも高い。

エ　移民により言葉も出身国も異なる人々が世界中から集まっているため，それぞれの言語や文化が混在している。

問4　図1中のRの大陸に信者が多い宗教と最も関係のある写真を，次のページのア～ウのうちから1つ選び，記号で答えよ。

ア

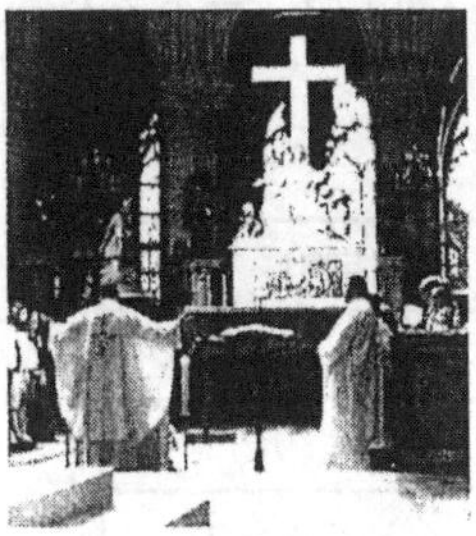

イ

ウ

問5　次の図3は図1中のS国における貿易相手国の変化について示したものであり，A～Dは日本・アメリカ合衆国・イギリス・中国のいずれかである。A・Dにあてはまる国名の組み合わせとして適当なものを，次のア～エのうちから1つ選び，記号で答えよ。

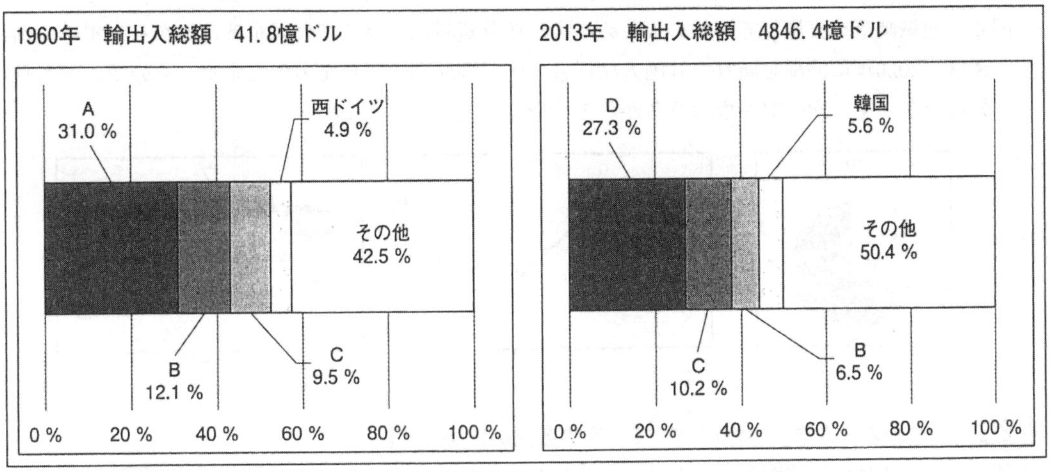

図3（国連資料ほか）

	A	D
ア	イギリス	日本
イ	イギリス	中国
ウ	アメリカ	日本
エ	アメリカ	中国

問6　図1中のTの地域は，地球温暖化の影響が懸念されている地域の1つである。地球温暖化について述べた説明文として誤っているものを，次のア～エのうちから1つ選び，記号で答えよ。

ア　地球温暖化とは，地球の気温が少しずつ高くなっていく現象のことをいう。

イ　バイオ燃料は，植物の成長過程で二酸化炭素を吸収することから，地球温暖化対策になる燃料として注目されている。

ウ　地球温暖化は，高山にある氷河や北極・南極の氷がとける現象の原因とされている。

エ　地球温暖化は，化石燃料を燃焼させると発生する硫黄酸化物や窒素酸化物が原因とされている。

問7 次の表1の作物A～Cは，なつめやし・カカオ豆・オリーブのいずれかについての生産上位国を示している。作物Aの説明文として最も適当なものを，次のア～ウのうちから1つ選び，記号で答えよ。

表1（二宮書店『地理統計要覧』2019年版より作成）

	作物A	作物B	作物C
1位	スペイン	エジプト	コートジボワール
2位	ギリシャ	イラン	ガーナ
3位	イタリア	アルジェリア	インドネシア

ア 気温が高く乾燥した地域でおもに栽培され，果実は生で食べたり，干して保存食にする。
イ 赤道付近を中心に栽培され，果実の中の種を乾燥させたものがお菓子の原料になる。
ウ 地中海沿岸地域が原産で，果実は食用やオイルにして料理に使われる。

問8 地域調査を実施して情報をまとめる際，統計資料はグラフで表現するとわかりやすい。例えば，2020年に沖縄を訪れた外国人旅行者の国・地域別の割合を表すとする。その時に最も有効なグラフを，次のア～ウのうちから1つ選び，記号で答えよ。

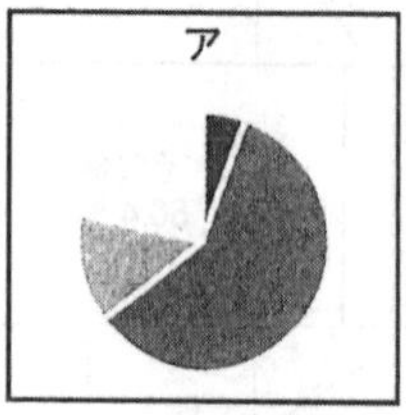

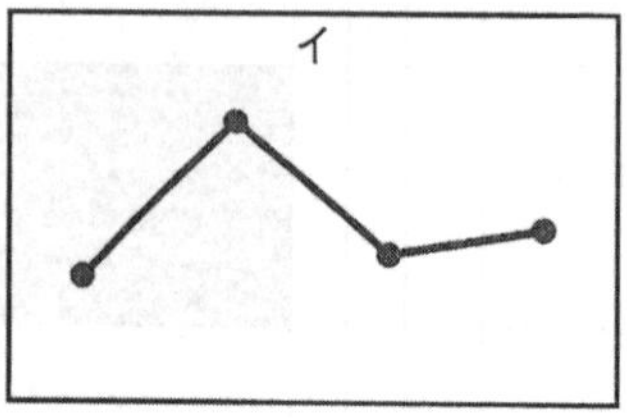

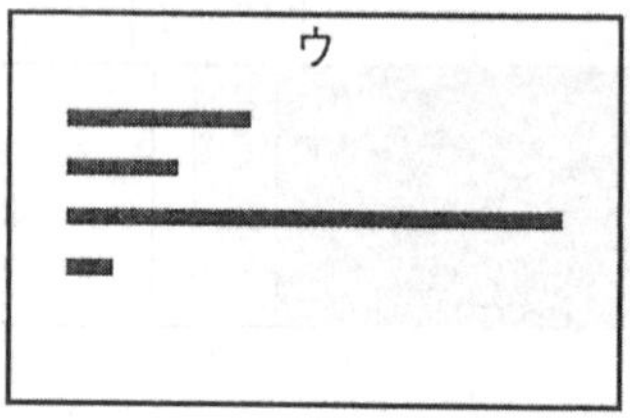

【2】 日本のさまざまな地域について，次の各問いに答えよ。

問1 日本の気候は明瞭な四季が見られることが特徴であり，その原因の一つに季節風の存在があげられる。図1中で夏の季節風の風向を示したものとして正しいものを，ア～エのうちから1つ選び，記号で答えよ。

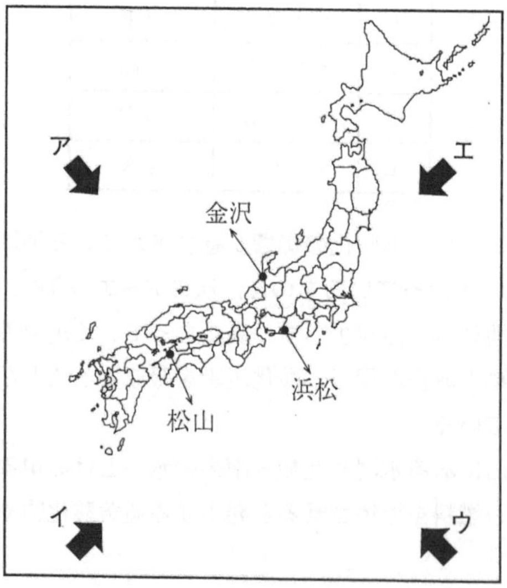

図1

問２　次の**図２**の**ア～ウ**の雨温図は**図１**中の松山・浜松・金沢のいずれかのものである。松山の雨温図にあてはまるものを，**ア～ウ**のうちから１つ選び，記号で答えよ。

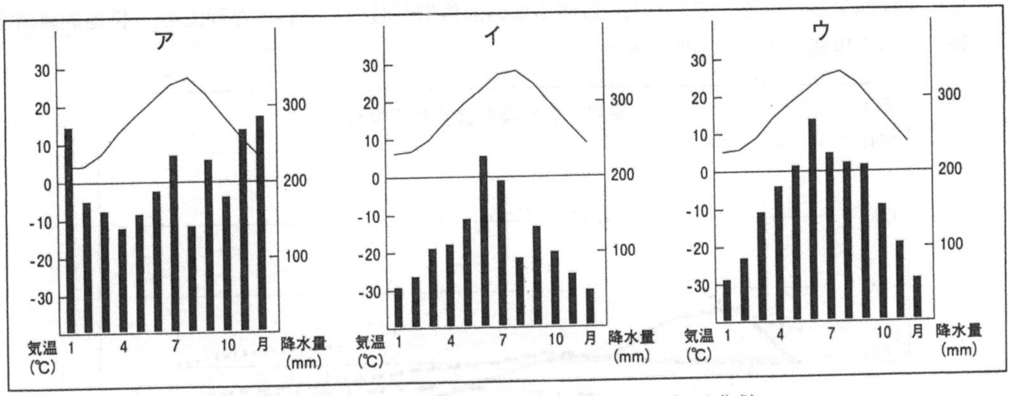

図２（二宮書店『2019データブック　オブ・ザ・ワールド』より作成）

問３　次の**ア～エ**は日本の各地（九州・北陸・関東・北海道）で行われている農業について述べた文章である。**関東地方の農業**について述べた文を，**ア～エ**のうちから１つ選び，記号で答えよ。

ア　近郊農業が多く野菜を生産する農業が発達しており，キャベツやレタス，はくさいなどの栽培が盛んである。

イ　冬場は積雪が多く，農作業が難しい。古くから日本有数の米どころであり，品種改良によって生まれた多くの銘柄が栽培されている。

ウ　農家１戸あたりの耕地面積が広く，大規模な畑作が行われている。また，農家１戸あたりの乳牛飼育頭数が多く，酪農も盛んである。

エ　平野部では野菜の促成栽培が盛んであり，牛や豚，にわとりなどを飼育する畜産は日本有数の生産額をほこる。

問４　次の**図３**の**ア～ウ**は，1920年・1980年・2015年いずれかにおける日本の人口ピラミッドである。**ア～ウ**を，年代の古い順に記号で並べよ。

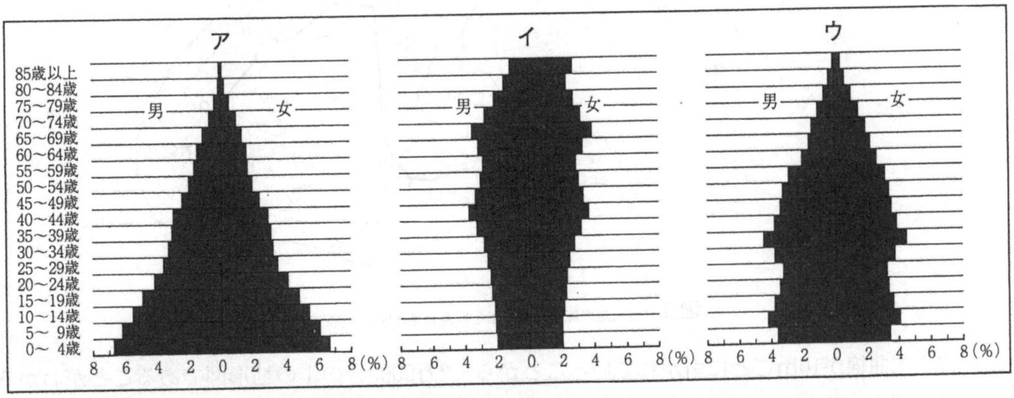

図３（総務省統計局『平成27年国勢調査』より作成）

問５ 次の**図４**は，1965年から2015年における海面養殖業・沿岸漁業・沖合漁業・遠洋漁業の漁獲量の推移を示したものであり，遠洋漁業と沖合漁業の漁獲量は，それぞれ1970年・1985年をピークに減少している。そのうち，遠洋漁業の漁獲量が減少していった理由を，「**排他的経済水域**」という用語を使って説明しなさい。

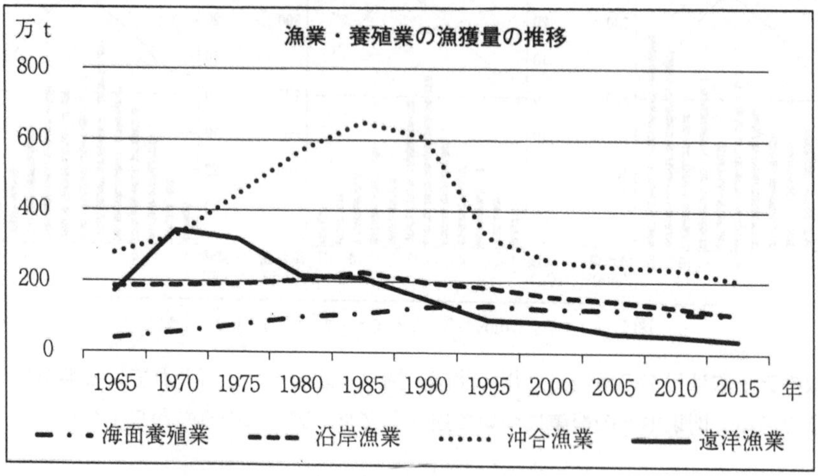

図４ （農林水産省『平成30年漁業・養殖業生産統計』より作成）

問６ 次の**図５**は沖縄県内某所の地形図である。この地形図について述べた文として**誤っているもの**を，次の**ア**～**エ**のうちから１つ選び，記号で答えよ。

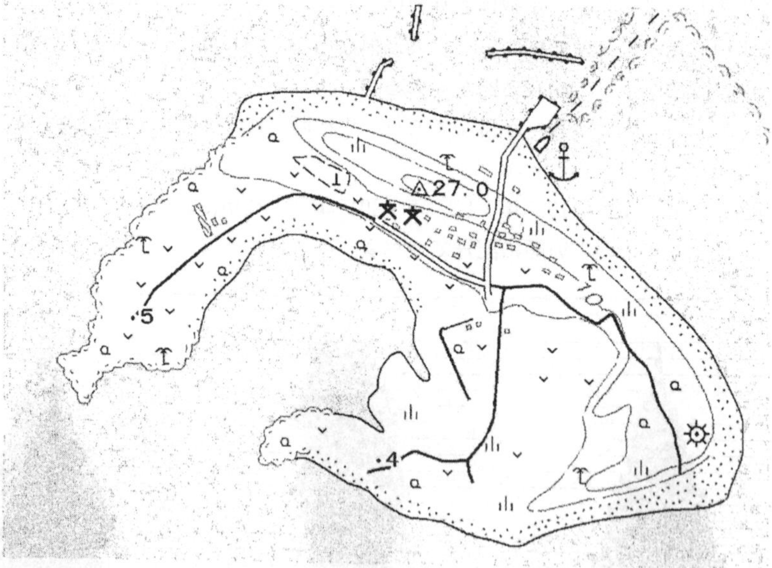

図５ （国土地理院発行地形図を拡大して作成。一部改変）

ア 主曲線が10mごとに引かれていることから，2万5000分の１の地形図であることがわかる。

イ 図中で最も高い場所は，三角点が置かれている地点（27.0m）である。

ウ 畑や果樹園が見られ，農業が島の主要産業だと考えられる。

エ 小・中学校から見ると，港は北東部に，灯台は南東部に位置している。

問7　次の図6のX～Zは，日本における火力・水力・原子力いずれかの発電所の分布を示している。X～Zはそれぞれどの発電所の分布を示したものか。正しい組み合わせを，次のア～エのうちから１つ選び，記号で答えよ。

X

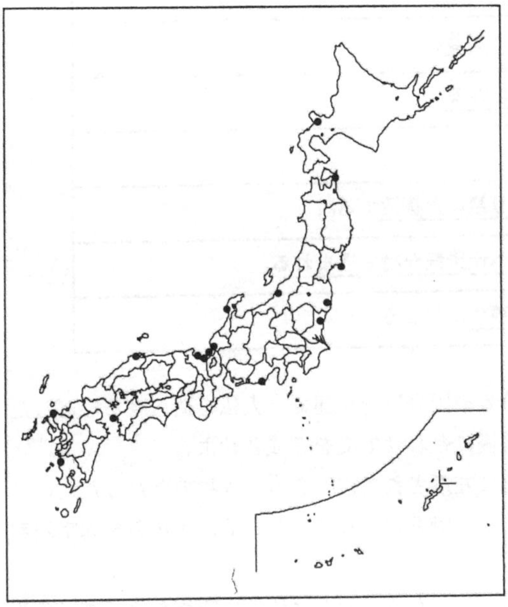

Y

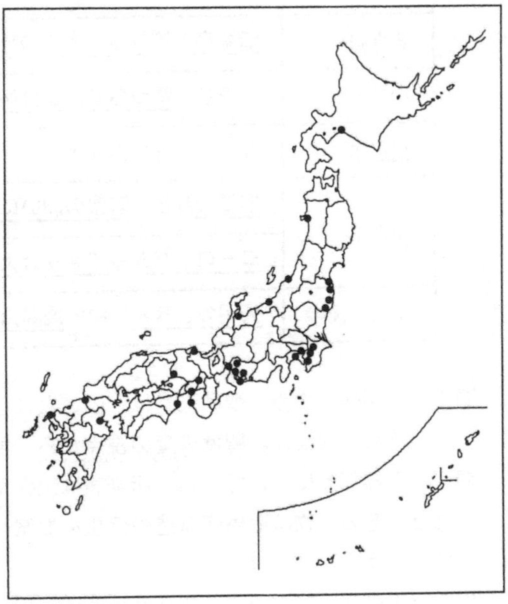

Z

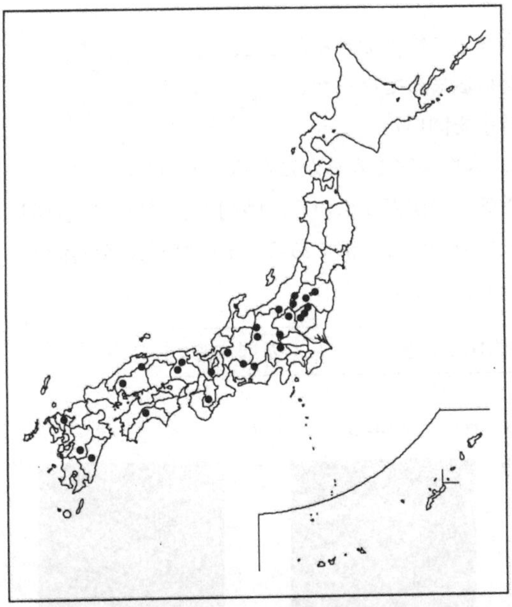

※火力発電所は最大出力150万ｋＷ以上，水力発電所は最大出力50万ｋＷ以上の発電所のみを示している。

	X	Y	Z
ア	原子力	水力	火力
イ	火力	原子力	水力
ウ	水力	火力	原子力
エ	原子力	火力	水力

図６（帝国書院『中学生の地理』より作成。統計年次は2014年）

【３】 次の表１は，８世紀から18世紀後半にかけて起こった自然災害や伝染病に関わるできごとをまとめたものである。次の各問いに答えよ。

表１

時代	できごと
８世紀	a伝染病が流行し，多くの死者が出る。
10世紀	平安京にb雷が落ち，伝染病が広がる。
c13世紀	ききんや地震が起こる。
15世紀〜	d応仁の乱後，e町衆の願いにより祭礼が復活する。
	fヨーロッパからアメリカ大陸へ伝染病が持ち込まれる。
18世紀後半	g天明のききんの中でh浅間山の噴火が起こる。

問１　下線部aの後，聖武天皇は，国ごとに国分寺や国分尼寺を建て，大仏を造らせるなどしたが，それはなぜか。聖武天皇の視点から，解答欄に合わせて文を完成させよ。

問２　下線部bについて，この伝染病は，大宰府に左遷されて亡くなった人物のたたりだといわれた。その人物は遣唐使派遣の停止を提案したことでも知られている。その人物名を漢字四字で答えよ。

問３　下線部cについて，ききんや地震が相次いだことから，人々は仏教に新たな救いを求めるようになった。この時代に成立した仏教についての説明として誤っているものを，次のア～エのうちから１つ選び，記号で答えよ。

ア　法然は，ひたすらに念仏を唱えれば，極楽浄土に往生できるとした。

イ　栄西や道元が伝えた禅宗は，主に公家の間に広まっていった。

ウ　一遍は踊り念仏を行って各地へ布教し，時宗を開いた。

エ　日蓮は，「南無妙法蓮華経」をとなえれば，人も国家も安らかになると説いた。

問４　下線部dについて，この乱をきっかけに下剋上の風潮が広がり，戦国大名が各地に登場した。資料１は，ある戦国大名によって制定された分国法の一部である。その戦国大名は誰か。次のア～エの肖像画のうちから１つ選び，記号で答えよ。

一，けんかをした者は，いかなる理由によるものでも，処罰する。

資料１（『甲州法度之次第』より　一部要約・抜粋　甲州は現在の山梨県あたり）

ア

織田信長

イ

上杉謙信

ウ

足利義満

エ

武田信玄

問５　下線部ｅについて，平安時代に始まったこの京都の祭は，応仁の乱で中断したものの，町衆によって復興され（図１），現在も守り伝えられている。しかし，2020年は新型コロナウィルス感染症の感染拡大防止のため図１のような山鉾《やまほこ》巡行は中止となった。この祭を何というか。次のア～エのうちから１つ選び，記号で答えよ。

図１

ア　ねぶた祭　　イ　だんじり祭

ウ　祇園祭　　エ　よさこい祭り

問６　下線部ｆに関連して，このような状況になったのは，ヨーロッパ人による新航路の開拓がきっかけである。新航路の開拓者の中で，スペインの援助を受け，1492年にアメリカ大陸付近の島（西インド諸島）に到達した人物は誰か。カタカナで答えよ。

問７　下線部ｇに関連して，18世紀～19世紀にかけて大きなききんが起こると，年貢を納められない百姓や貧しい人々が増え，百姓一揆や打ちこわしが多発した。その時の幕府の対策として正しい説明を，次のア～エのうちから１つ選び，記号で答えよ。

ア　徳川吉宗は，ききんに備えてジャガイモの栽培を奨励した。

イ　田沼意次は，ききんに備えて海産物（俵物）を輸入して，蔵にたくわえさせた。

ウ　松平定信は，ききんに備えて各地に米をたくわえさせた。

エ　水野忠邦は，ききんで急上昇した物価を引き下げるため，株仲間を認めて彼らに物価を調整させた。

問８　下線部ｈに関連して，同じころの1771年（明和８年・乾隆36年）４月，沖縄の八重山・宮古諸島では多くの死者を出す歴史的な大災害に見舞われた。この大災害とは何か。次のア～エのうちから１つ選び，記号で答えよ。

ア　寒波　　イ　津波　　ウ　台風　　エ　猛暑

【４】　次の表１は，2021年を起点として，ある歴史上のできごとが何年前に当たるかを示したものである。これを見て，以下の各問いに答えよ。

表１

西暦	年前	歴史上のできごと
1791年	(230)	$_a$フランスで初めての憲法が制定される。
1821年	(200)	$_b$伊能忠敬が始めた日本全図作成を，弟子たちが完成。
1871年	(150)	明治政府が廃藩置県を行う。$_c$宮古島民が台湾に漂着する事件が起きる。
1901年	(120)	$_d$戦争の賠償金を活用して造られた大規模工場が現在の福岡県で操業を開始。
1911年	(110)	$_e$辛亥革命が始まり，地方の複数の省が清からの独立を表明。
1931年	(90)	日本軍（関東軍）が柳条湖事件を起こし，$_f$中国の一部を占領。
1941年	(80)	$_g$日本軍が真珠湾を奇襲攻撃。
1951年	(70)	$_h$琉球大学が開学記念式典を行う。サンフランシスコ講和条約が調印される。

問1　下線部aについて，これは「フランス革命」の成果である。フランス革命について説明した次の文章中の空欄A・Bについて最も適当な語の組み合わせを，次のア～エのうちから１つ選び，記号で答えよ。

革命開始の年に発表された「人権宣言」は第３条で，国家の主権の源が［　A　］にあると述べている。これは啓蒙思想の代表的人物である［　B　］の考えに通じるものがある。

	A	B
ア	国民	モンテスキュー
イ	自由	ルソー
ウ	自由	モンテスキュー
エ	国民	ルソー

問2　下線部bに関連して，この人物が蝦夷地測量に出発した1800年から幕府消滅までの間に発表された作品と作者の組み合わせとして適当でないものを，右のア～エのうちから１つ選び，記号で答えよ。

	作品名	作者名
ア	『富嶽三十六景』	葛飾北斎
イ	『南総里見八犬伝』	滝沢馬琴
ウ	『学問のすゝめ』	福沢諭吉
エ	『東海道中膝栗毛』	十返舎一九

問3　下線部cについて，この島民が殺害された事件をめぐる清との交渉と並行して，明治政府は翌年，沖縄を含む地域との政治的な関係を変更した。この変更を説明した次の文章中の空欄C・Dについて最も適当な語の組み合わせを，次のア～エのうちから１つ選び，記号で答えよ。

明治政府は，［　C　］にかわって［　D　］を設置し，この地域が日本に属することを主張しようとした。

	C	D
ア	琉球藩	琉球県
イ	琉球王国	琉球藩
ウ	琉球王国	沖縄藩
エ	沖縄藩	沖縄県

問4　下線部dについての説明として，最も適当なものを，次のア～エのうちから１つ選び，記号で答えよ。

ア　イギリス製機械を導入し，女子工員が多く働く24時間操業の近代的紡績工場であった。
イ　藩主の命令で作られた，反射炉を利用する大砲製造工場であった。
ウ　フランス人技師の指導により造られた官営の製糸場であった。
エ　近接する炭鉱の石炭などを燃料に使用した官営の製鉄所であった。

問5　下線部eについて，この結果，翌年，孫文を臨時大総統として成立した国家の名称を，漢字四字で答えよ。

問6　下線部fについて，この翌年，中国の一部の地域が，日本の影響下で，「国」として独立を宣言することになる。その地域として最も適当なものを，次のページの図１中ア～エのうちから１つ選び，記号で答えよ。

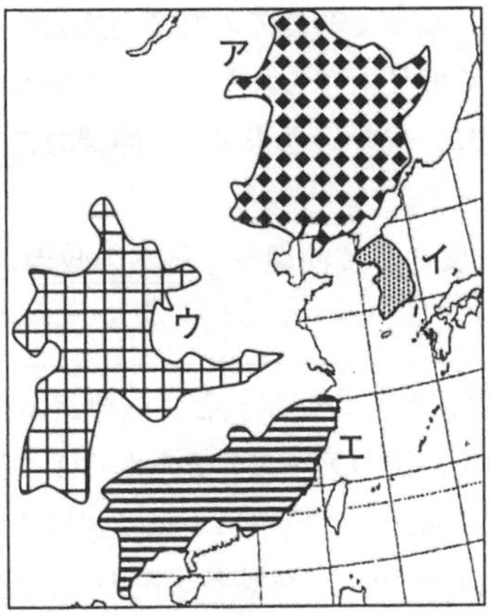

図1

問7　下線部gについて，この事件をきっかけとして日・米は戦争を始め，アメリカ側は「太平洋戦争」と呼んだ。しかし，日本が同時にマレー半島上陸作戦を行ったように，日本の戦場は「太平洋」に限られていたわけではない。このことから，この戦争は「○○○・太平洋戦争」とも呼ばれる。この空欄に入る最も適当な語を，**カタカナ3字**で答えよ。

問8　下線部hについて，図2は開学当初の様子を写したものであり，所在地は現在（西原町など）とは異なり那覇市首里であった。図3は，「琉球処分」後の明治19年に描かれた首里旧城の図であり，図2とほぼ同じ範囲を示している。二つを比べると，図3の時代から図2の状態となる間に，どのような変化があったと想像できるか。**「旧首里城の建物が」の主語を書き出しに，「沖縄戦」の語を必ず用いて**簡潔に説明せよ。

図2（開学当初の琉球大学）

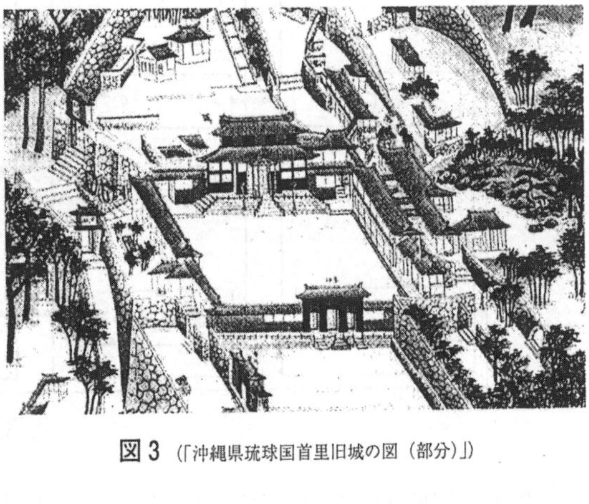

図3（「沖縄県琉球国首里旧城の図（部分）」）

【5】　翔太さんと結衣さんの会話文を読んだ後，次の各問いに答えよ。

翔太：昨日の$_{a}$日本国憲法の授業では，「国民主権・$_{b}$基本的人権の尊重・$_{c}$平和主義」を三大原則としていることがわかったね。特に基本的人権は，憲法の「国民の権利及び$_{d}$義務」で詳しく規定されていることを知ることができたね。

結衣：その授業の中で，私たちは18歳になると選挙権を持つことも学習したね。そういえば，沖縄県では2020年，令和になって初めての県議会議員の選挙が行われたっけ。

翔太：e新聞やテレビでも大きく取り上げられたね。私の姉が，父と一緒に初めて投票に行ったよ。姉が投票に行く前に，父や母と未来のf沖縄のことや私たちの暮らしについて話していたよ。

結衣：私たちも，社会を創る一員として沖縄やg日本の政治について考えていく必要があるね。

問1 下線部aに関連して，「憲法改正の発議」と「法律案の議決」の手続きの共通点や相違点の説明として最も適当なものを，次のア～エのうちから1つ選び，記号で答えよ。

ア 憲法改正の発議も法律案の議決も，投票によって国民の意思を直接問うことができる。

イ 憲法改正の発議も法律案の議決も，衆参各議院の総議員の過半数による賛成が必要である。

ウ 憲法改正の発議では衆議院の優越が認められないが，法律案の議決では認められる。

エ 憲法改正の発議では裁判所の承認が必要ないが，法律案の議決では必要である。

問2 下線部bに関連して，翔太さんは授業で「新しい人権」について学び，図1のようにノートへまとめた。図1中のA・Bに最も適する権利を，解答欄に合わせて答えよ。

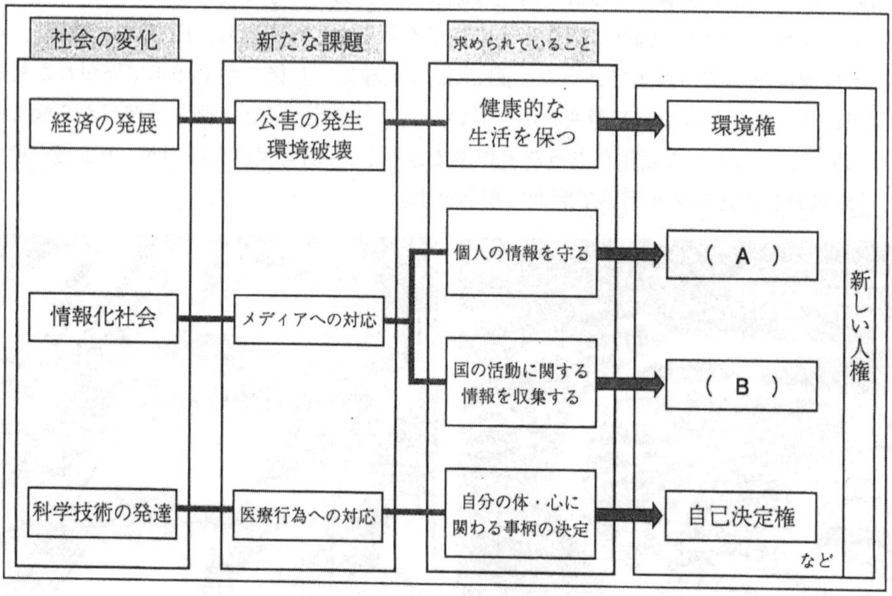

図1

問3 下線部cについて説明した(1)・(2)の正誤の組み合わせとして適当なものを，右のア～エのうちから1つ選び，記号で答えよ。

(1) 第9条は，戦争の放棄，戦力の不保持，交戦権の否認を定めている。

(2) 政府は，自衛隊について「自衛のための必要最小限度の実力」を保持することは，憲法に違反しないという見解にたっている。

	(1)	(2)
ア	誤	誤
イ	誤	正
ウ	正	誤
エ	正	正

問４　下線部ｄに関連して，日本国憲法では国民の義務が明記されている。憲法上の国民の三大義務として適当なものを，次のア～オのうちからすべて選び，記号で答えよ。

ア　勤労の義務　　イ　職業を選択する義務　　ウ　納税の義務

エ　普通教育を受けさせる義務　　オ　憲法を尊重し擁護する義務

問５　下線部ｅに関連して，新聞やテレビなどからの情報をさまざまな角度から読み取り，自分で考えて判断したり活用したりする能力のことを何というか答えよ。

問６　下線部ｆに関連して，私たちの暮らす地方公共団体において，住民には自らの意思を政治に反映できる直接請求権が認められている。次のＣ・Ｄにあてはまる組み合わせとして最も適当なものを，次のア～エのうちから１つ選び，記号で答えよ。

> 例えば，有権者30,000人のＵ市で条例を制定したい場合，有権者の（　Ｃ　）人以上の署名を集め，（　Ｄ　）に請求する。その後，議会で審議され，その結果を（　Ｄ　）が報告する。

	Ｃ	Ｄ
ア	600	選挙管理委員会
イ	600	首長
ウ	10,000	首長
エ	10,000	選挙管理委員会

問７　下線部ｇに関連して，日本の行政権は内閣に属している。その内閣についての説明として，最も適当なものを，次のア～エのうちから１つ選び，記号で答えよ。

ア　内閣総理大臣は，国会議員の中から国会の議決により指名される。

イ　内閣を構成する国務大臣は，全員，国会議員でなければならない。

ウ　内閣の仕事として，予算案の作成や政令の制定，条約の承認などがある。

エ　衆議院で内閣不信任の決議が可決されると，内閣は総辞職するか，30日以内に衆議院を解散して総選挙を行わなければならない。

【６】　経済分野に関する資料を参考に，次の各問いに答えよ。

問１　次のページの図１は，株式会社のしくみについてまとめたものである。次の問いに答えよ。

(1)　Ａ・Ｂにあてはまる，最も適する語句をそれぞれ漢字で答えよ。

(2)　図１中の下線部ａに関連して，消費生活に関する内容についての説明として適当なものを，次のア～エのうちからすべて選び，記号で答えよ。

ア　消費者行政を一元化するため，2009年，経済産業省が設置されている。

イ　クーリング・オフ制度とは，一定の期間内であれば違約金や取消料を支払うことなく契約を解除できる制度である。

ウ　契約とは，正式な文書によって売買が成立することのみをいう。

エ　消費者の権利を尊重し，消費者が自立して行動できるよう消費者基本法が制定されている。

＜株式会社のしくみと企業の社会的責任＞

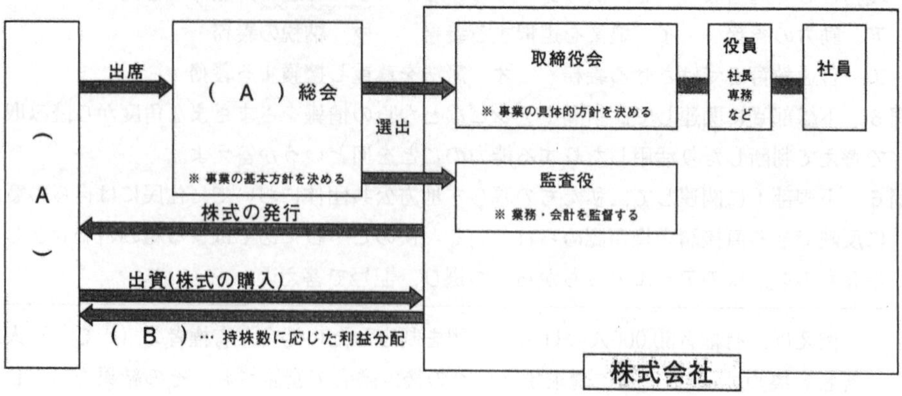

＜MEMO＞　現代において，企業は利潤の追求だけでなく，$_a$消費者の安全や$_b$労働環境への配慮など，社会的責任（CSR）を果たすべきだと考えられている。

図１

沖縄家の家計簿（令和２年度）

※予算額1,000億円＝家計100万円

収入		支出	
給料・貯金取崩し（県税・繰入金など）	275万円	食費（人件費）	207万円
親からの仕送り（地方交付税など）	232万円	借金返済（公債費）	65万円
親からの特別な仕送り（国庫支出金）	195万円	医療・介護保険料（扶助費）	33万円
銀行借入れ（県債）	49万円	教育費・子どもへの仕送り（市町村への補助金など）	230万円
		光熱水費・通信費（物件費）	51万円
		家・車などの買替え・修理など（投機的経費など）	165万円
合計	751万円	合計	751万円

※　支出項目についての説明（一部）
人件費：学校の先生，警察官，県庁職員などの給与にかかる費用
公債費：過去に借り入れた借金の返済にかかる費用
扶助費：生活困窮者，障がいを持った方などに対しその生活を維持するための費用

図２（沖縄県『沖縄県の財政2020』より作成。一部改変）

(3)　図１中の下線部bについて，豊かで健康な人生を送るために求められる「仕事と家庭生活の両立」を表す言葉を何というか，カタカナで答えよ。

問２　図２は，令和２年度における沖縄県の財政を１年間の家計に例えたものである。次の問いに答えよ。

(1)　「収入」項目における自主財源の金額はいくらか答えよ。

(2)　図２より読み取れる内容として適当でないものを，次のア～エのうちから１つ選び，記号で答えよ。

ア　「支出」項目にある，人件費の実際の金額は，2,070億円である。

イ　「収入」項目にある，地方交付税は，地方税の収入における地域間の格差を減らすためのものである。

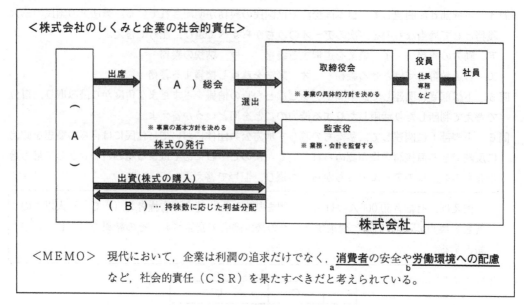

ウ　「収入」項目にある国庫支出金は，地方公共団体（沖縄県）が使い道を自主的に決定できるものである。

エ　支出合計に対する借金返済（公債費）の割合は，10％未満である。

問3　右の**図3**は，2024年度から使用予定である紙幣のデザインである。日本銀行は，日本の紙幣を発行することから，何とよばれるか。解答欄に合わせて漢字二字で答えよ。

図3（財務省ホームページより）

問4　次の説明は，不景気のときに政府と日本銀行がおこなう政策について説明したものである。説明中の**C**～**F**にあてはまる語句の組み合わせとして最も適当なものを，次の**ア**～**エ**のうちから1つ選び，記号で答えよ。

＜財政政策＞
不景気のとき，景気の回復をねらって，政府は（　C　）を実施し消費を促進しようとする。また，公共事業を（　D　）ことで，雇用を生み出そうとする。

＜金融政策＞
不景気のとき，景気の回復をねらって，日本銀行は一般の銀行が保有する国債などを（　E　）。すると，一般の銀行は保有する資金が（　F　）ため，企業へ積極的に貸し出そうとする。

	C	D	E	F
ア	減税	増やす	売る	減る
イ	増税	減らす	買う	減る
ウ	減税	増やす	買う	増える
エ	増税	減らす	売る	増える

〈条件〉

（1）Ⅰで指摘したことを踏まえて書くこと。

（2）次年度の発表をより良くするために①必要だと思うこと、②理由、③具体的な方法の三点について書くこと。

（3）一四〇字以上一六〇字以内の文章にすること。

注意点　解答する際、次のことに注意すること。

・一マス目から書き始め、改行はせずに書くこと。

・漢字や仮名遣い、句読点や記号などは適切に用いること。

・数字や記号を使う場合は、次の（例）のように書いてもよい。

（例）　令和3年度　9月

20パーセント　20%

問4　【資料B】5のスライドには、プレゼンテーションの締めくくりとして、本の貸出と返却についての基本情報を説明することにしました。5のスライドの空欄に当てはまるものとして最も適当なものを、次のア～エのうちから一つ選び記号で答えなさい。

ア　各クラス一人　図書委員の選出を
イ　貸し出し中の本は予約可能
ウ　生徒用パソコンではインターネットを利用できます
エ　図書館内は飲食禁止

問5　図書委員は「新入生を迎える会」の終了後に、「次年度の発表をより良くするために必要なこと」のレポートを書くことになりました。

【資料C】新入生アンケート（複数回答可）
「図書委員の発表の良かった点はどこですか？」
（自由記述欄あり）

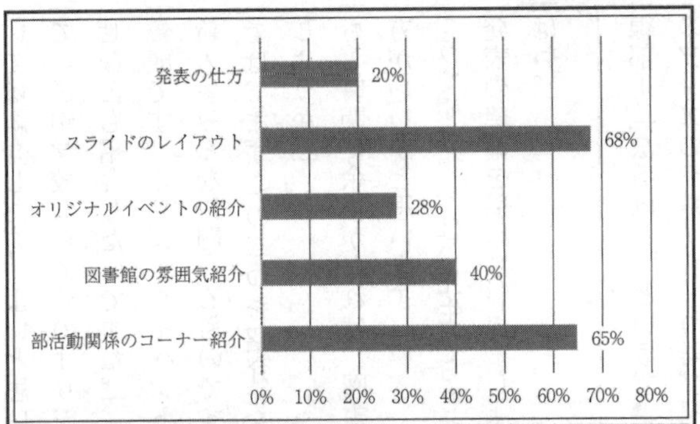

【自由記述欄】（特に多かった意見）
○スライドの色づかいが良かった。
○絵が大きくて図書館の雰囲気が伝わった。
○スポーツに関する専門的な本がいっぱいあるので行ってみたいと思った。
▲オリジナルイベントの様子がもっと知りたかった。
▲説明が速すぎて聞き逃してしまったところがあった。
▲スライドのどこに注目したらいいかわからないことがあった。
▲怪談話朗読会の説明が長くて、よくわからなかった。

【資料C】は、新入生アンケートの一部、【資料D】は、図書委員の事後アンケートの一部です。二つの資料を踏まえて、後の問いに答えなさい。

Ⅰ　【資料C・D】二つの資料を関連させて指摘できることを、次の〈条件〉に従って書きなさい。※次のページの 注意点 を参考にして答えること。

〈条件〉
（1）六〇字以上八〇字以内の文章にすること。

Ⅱ　「次年度の発表をより良くするために必要なこと」について、次の〈条件〉に従って文章を書きなさい。※次のページの 注意点 を参考にして答えること。

【資料D】図書委員　事後アンケート（複数回答可）
「発表に向けて工夫した点はどこですか？」
（自由記述欄あり）

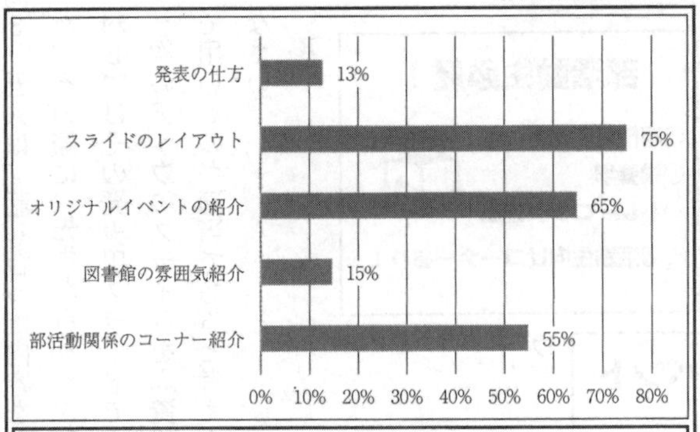

【自由記述欄】
○スライドのタイトル作成にこだわった。
○文字の大きさやイラストを工夫した。
○たくさんの部活動生に来てほしくて、特設コーナーについて説明した。
▲スライドの準備に時間がかかり、発表の予行演習ができなかった。
▲オリジナルイベントの紹介用原稿が長くなってしまった。
▲時間配分がうまくいかなかった。

いては紹介した方がよいと思います。」
正広「でいご中学校ならではのオリジナルイベントについては、ぜひとも紹介したいですね。」
拓哉「賛成です。オリジナルイベントは、部活動生だけでなく、新入生みんなに関わるものですからね。」
美穂「では、まずこの二つを紹介するということでよろしいでしょうか。」
りん「もし時間に余裕があれば、図書館の雰囲気も伝えておいた方がいいかと思います。」
美穂「そうですね。では、先生からもらった資料を参考にしつつ、発表の準備を進めていきましょう。」
全員「はい。」

問1　傍線部①「なるほど」という言葉の効果として最も適当なものを、次の**ア**～**エ**のうちから一つ選び記号で答えなさい。

ア　相手に自分の意見を押しつける効果。
イ　相手の意見に同意を示す効果。
ウ　それた話題を元に戻す効果。
エ　話題をより明確にする効果。

問2　傍線部②「では、もし他に意見が無ければ、何を紹介するか整理していきましょう」とあるが、この発言の働きとして最も適当なものを、次の**ア**～**エ**のうちから一つ選び記号で答えなさい。

ア　出された意見を受けて話を進行させる働き。
イ　それぞれの意見の矛盾点を指摘する働き。
ウ　目的に合ったさらなる意見を求める働き。
エ　視点の異なる新たな意見を生み出す働き。

問3　五人は、話し合った内容をもとに発表用スライドを作成しました。その際に、先生からもらった【資料A】を参考にしました。【資料B】はその発表用スライドです。
次の**ア**～**ウ**のスライドを【資料B】2～4に使うとき、どの順序で用いるのが適当であると考えられるか。最も適当な順に並び替えなさい。

ア

部活動生必見！
○専門月刊誌
○栄養学
○トレーニング理論
☆部活動生向けコーナーあり！

イ

涼しく静かな環境
読書にも
勉強にも

ウ

オリジナルイベント
1　俳句鑑賞会
2　怪談話朗読会
3　かるた大会

亜希「『でいご中学校の図書館はとても涼しく静かで、読書や勉強に集中できる』という意見があったので、それを紹介するのはどうでしょうか。」
正広「賛成ですが、それ以上にでいご中学校ならではの面を紹介して、まずは図書館に来てもらう工夫をする必要があると思います。」
拓哉「いいですね。私は季節ごとの様々なイベントを紹介したいです。私の調べたところによると、春の『俳句鑑賞会』や、夏の『怪談話朗読会』、お正月の『百人一首かるた大会』の三つは、でいご中学校ならではのイベントだそうです。それらをお知らせするのはどうでしょうか。」
美穂「なるほど。では、他にありませんか。りんさんはいかがでしょうか。」
りん「はい。ドラマや映画の原作本なども充実しているので、それらを紹介するのはどうでしょうか。」
亜希「ドラマを見た人が来てくれそうですね。美穂さんの案も聞かせてください。」
美穂「そうですね、私の友達は図書館から部活動関係の雑誌や本をよく借りると言っていたので、部活動関係の本や雑誌の特設コーナーを設置して紹介するというのはどうでしょうか。」
拓哉「①なるほど。そうすれば、部活動に入った人も図書館に来てくれるようになりそうですね。」
美穂「ありがとうございます。②では、もし他に意見が無ければ、何を紹介するか整理していきましょう。」
全員「わかりました。」
美穂「何を紹介したほうがいいと思いますか。」
亜希「部活動生の利用を促すために、部活動関係の本や雑誌につ

【資料A】先生からもらった資料

Ⅰ　スライド作成のポイント

1．伝えたいことから並べる。
・独特で、他にはなく特別なこと。
・よりたくさんの人に関係すること。
2．１枚のスライドの情報量は少なくする。
・興味を引きつけるタイトル設定。
・文字量は少なめに。
・伝えるポイントは３つ程度。
・体言止めでシンプルに。
3．視覚的にもわかりやすいように工夫する。
・写真や絵による提示。
・グラフや表による提示。
・文字の大きさや色づかいの工夫。

Ⅱ　プレゼンテーションの際の留意点

1．発表原稿を棒読みしない。
2．スライドには書いていない補足情報も加えて、印象深く伝わるよう工夫する。
3．声の大きさや話す速さに注意する。
4．強調したいことの前にあえて一拍あける。
5．資料のどこに注目すればよいかを、指さしや言葉で伝える。

【資料B】発表用スライド

1
でいご中学校　図書館
3つの推しポイント

2

3

4

5
本の貸出・返却について
○一人３冊／期間は１週間
○
○返却はカウンターかブックポストへ

〔B〕の選択肢　ア　天帝釈の姿　イ　兎の姿
ウ　よろづの人の姿　エ　猿の姿

【四】 次の文章を読んで後の問いに答えなさい。

（漢文の書き下し文）

※1宋《そう》人《ひと》ニ①有リ二耕スレ田ヲ者一。田中《でんちゅう》に株《かぶ》有り。兎《うさぎ》走りて株に触れ、頸《くび》を折りて死す。
田の中に切り株があった。（ある時）兎が走ってきて切り株にぶつかり、

②因《よ》りて其の※2耒《すき》を釈《す》てて株を守り、復《ま》た〔　A　〕を得んことを冀《こひねが》ふ。
そこで（宋の国の人は、持っていた）耒を捨てて切り株を見守り、再び〔　A　〕を手に入れることを待ち望んでいた。

〔　A　〕復た得《う》べからずして、身は宋国の笑ひと為《な》れり。
二度とは手に入れることはできず、国中の笑い者となった。

今先王《せんのう》の政《まつりごと》を以《もつ》て、当世《たうせい》の民を治めんと欲するは、③皆株を守るの類なり。
今、昔の王の政治のやり方で、今の時代の人民を治めようとするならば、切り株を見守るのと、まったく同じたぐいのことである。

※1　宋人《そうひと》…宋の国の人。　※2　耒《すき》…畑を耕す道具。

（『漢文名作選1思想』「韓非子」五蠹《ごと》より
設問の都合上、一部改変してある。）

問1　傍線部①「有リ二耕スレ田ヲ者一。」を書き下し文に直しなさい。

問2　傍線部②「因りて其の耒を釈てて株を守り」の理由について、最も適当なものを、次のア～エのうちから一つ選び記号で答えなさい。

ア　田を耕さなくても利益を手に入れられたから。
イ　田の切り株が自分の身を守ってくれたから。
ウ　田の切り株を他の人が狙っていたから。
エ　田を耕すのにこの切り株が邪魔《じゃま》だったから。

問3　空欄〔A〕にはどちらにも同じ語が入る。ここに入れる語として最も適当なものを、次のア～エのうちから一つ選び記号で答えなさい。

ア　田　イ　株　ウ　兎　エ　民

問4　傍線部③「皆株を守るの類なり」には、作者のどういう主張が込められているか。最も適当なものを、次のア～エのうちから一つ選び記号で答えなさい。

ア　古い習慣を変えないことは、現代に続く伝統を大切にすることと同じである。
イ　時代や社会の急な変化に応じようとすると、失ってしまうものも大きく残念である。
ウ　時代錯誤《さくご》に陥りがちな政治で、常に新しいことに挑戦し続けるのは難しいことだ。
エ　昔からのやり方にこだわって変化に富む今の世を治めようとするのは愚かなことだ。

【五】 美穂さんたち五人の図書委員は、「新入生を迎える会」で、新入生に対して図書館利用についてアピールすることになり、プレゼンテーション案を持ち寄ることになりました。次の【話し合い】は、持ち寄った案をもとに図書委員会で話し合っている場面です。これを読んで後の問いに答えなさい。

【話し合い】

美穂「では、これから『新入生を迎える会』で図書館利用についてどうアピールするか話し合いたいと思います。まずは亜希さんの意見からどうぞ。」

【三】　次の文章を読んで後の問いに答えなさい。

兎《うさぎ》と猿《さる》と狐《きつね》の三匹が共に暮らしながら、良い行いを積もうと修行に励んでいた。これを見た帝釈天《たいしやくてん》という神は、三匹の本心を確かめようと老人に変身し彼らの前に現れた。老人が三匹に食事を求めると、猿と狐はすぐに食べ物を探してふるまい、老人を満足させたが、兎だけは食べ物を見つけられないうえ、人間や猛獣に狙われることを思うと野山を駆け回ることが怖くてたまらない。そこで兎は、どうせ殺されるなら老人に食われてしまおう、とひそかに決意し、猿と狐に焚き火の準備を頼んで、再び食べ物を探しに出かける。だが、戻ってきた兎はまたもや手ぶらだった。

そのときに、猿・狐、これを見て言はく、「なんぢ何物をか持て来たるらむ《言うことには、おまえは何を持ってきたのか。》。これ、思ひつることなり《これは、思ったとおりだ。》。虚言《そらごと》をもつて《嘘をついて》人を謀《たばか》りて、木を拾はせ火を焚《た》かせて《火を起こさせて、》、なんぢ火を温まむとて《そこで暖まろうとは、》、①あな憎《にく》」と言へば、兎、「我、食物《じきもつ》を求めて持て来たるに力なし《食べ物を探して持って来る能力がない。》。されば《だから、》、ただ我が身を焼きて食らひ給《たま》ふべし《お食べになってください》」と言ひて、火の中に躍《をど》り入りて《飛んで入って》焼け死にぬ。

そのときに、天帝釈《てんたいしやく》《帝釈天は、》、もとの形に復《ぶく》して《もとの（神の）姿に戻って、》、この兎の火に入りたる形を月の中に移して、あまねく一切《いつさい》の衆生《しゆじやう》《命あるものすべてのものたちに》に見しめむ《見せる》がために、②月の中に籠《こ》め給ひつ《刻み込んだ。》。

しかれば《だから、》、月の面《おもて》に雲のやうなる物の有るは《ものがあるには、》、この兎の火に焼けたる煙なり。また、月の中に兎の有るといふは《兎がいるというのは、》、この兎の形なり。よろづの人《人間ならば誰しも、》、月を見むごとに《月を見るたびに》この兎のこと《この兎の行動を》思ひ出づべし《思い起こすだろう。》。

（ビギナーズ・クラシックス　日本の古典『今昔物語集』巻第五第十三話より　設問の都合上、一部改変してある。）

問1　二重傍線部「やうなる」を、現代仮名遣いに直し、**すべてひらがなで**書きなさい。

問2　傍線部①「あな憎」という猿と狐の気持ちは、兎に対するある思い込みから生じたものである。その説明として最も適当なものを、次の**ア**～**エ**のうちから一つ選び記号で答えなさい。

ア　兎が、見つけた食べ物を食べてしまったこと。
イ　兎が、自分の分だけ食べ物を探してきたこと。
ウ　兎が、怖がりなのを理由に何もしないこと。
エ　兎が、自分たちをだまして暖まろうとしたこと。

問3　傍線部②「月の中に籠め給ひつ」について、

（1）　なぜそのようなことをしたのか。その理由として最も適当なものを、次の**ア**～**エ**のうちから一つ選び記号で答えなさい。

ア　仲間に対してうそをついた罰を与えるため。
イ　火の中に飛び込んでいった勇気を称《たた》えるため。
ウ　尊い行動をすべての生き物たちに見せるため。
エ　伝説を人間たちに語り継いでもらうため。

（2）　月に見えるものは何であると本文では言っているのか。説明した次の文章の空欄〔A〕には、**本文中の漢字一字**を補い、空欄〔B〕には、当てはまるものとして最も適当なものを、後の**ア**～**エ**のうちから一つ選び記号で答えなさい。

・月の表面の、雲に見えるものは〔　A　〕であり、月の中に見えるものは〔　B　〕である。

問2　二重傍線部c「推測」と熟語の組み立て（構成）が同じものを、次のア～エのうちから一つ選び記号で答えなさい。

ア　砂丘　イ　縮小　ウ　問答　エ　帰宅

問3　傍線部①「『量』」の指す具体的な内容を【資料2】より二つ抜き出しなさい。

問4　傍線部②「聖海上人が涙まで流した」とあるが、その理由として最も適当なものを、次のア～エのうちから一つ選び記号で答えなさい。

ア　子どものいたずらによって、狛犬の本来のありがたさが損なわれてしまったため。

イ　普通ではない背中合わせの狛犬に、寺社それぞれの違いを感じたため。

ウ　出雲大社の神聖な場所に立ち、日ごろの修行の成果を実感したため。

エ　見たことのない狛犬の配置が神々しく見えて、特別なありがたさを感じたため。

問5　波線部Ⅰ「大切なことを私たちに提示してくれている」とあるが、提示している内容を最も簡潔に述べている一文を、【資料3】より抜き出し初めの五字で答えなさい。

問6　下の図は、学習のまとめとして【資料3】波線部Ⅱ「極めて人間的である」について【資料1】【資料2】と関連付け、ホワイトボードを使ってまとめたものである。空欄A・Bに当てはまる語句を【資料1】よりそれぞれ漢字二字で、空欄Cに当てはまる語を【資料2】より抜き出して答えなさい。

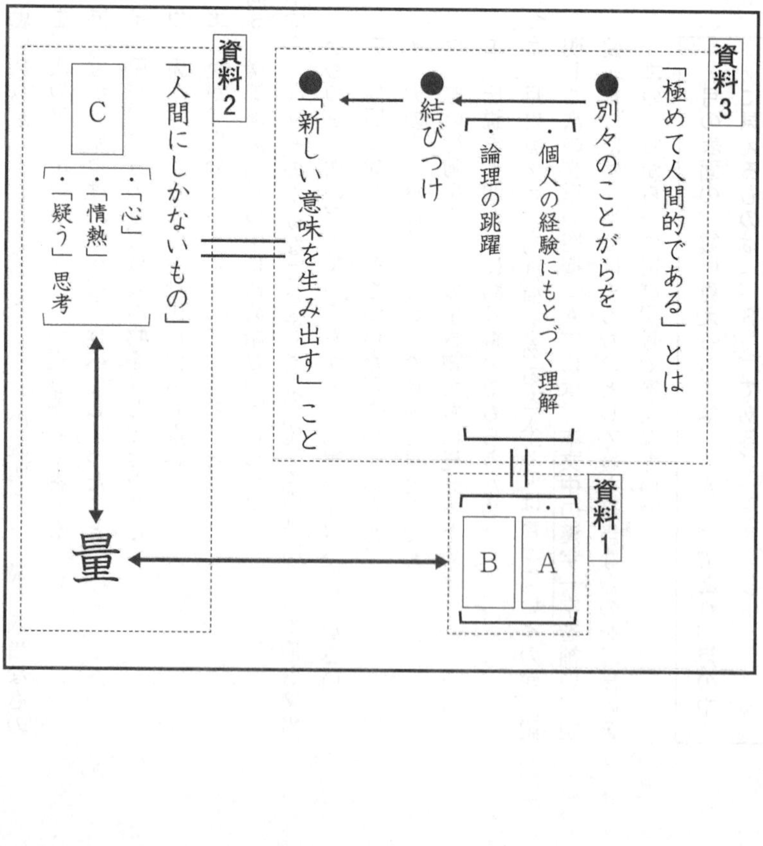

【資料3】

兼好法師の書いた『徒然草』には、身分の高い低いに関係なく実に人間味溢《あふ》れるキャラクターが登場する。その中の一人に「聖《しょう》海上人《かいしょうにん》」がいる。聖海上人は丹波《たんば》の出雲大社《いずもたいしゃ》にマネかれた際、普通は向かい合わせで立つべき狛犬《こまいぬ》がお互い背中合わせで立っているのを見て「何か深い理由があるに違いない」と独り合点をしてありがたがり、感激の涙さえ流した。しかし何のことはない、近所の悪ガキのいたずらであり、聖海上人の涙は行き所を失ってしまったというオチであるが、この話は単なる「失敗談をもとにした教訓」にとどまらない大切なことを私たちに提示してくれている。

確かにこの話における聖海上人の振る舞い（勘違い）は滑稽《こっけい》であるが、ある意味極めて人間的であるともいえる。

一般的に、狛犬は「阿吽《あうん》の呼吸《こきゅう》」として左右一対で向き合う形、または守るべき寺社に背を向けて置かれる事が多い。狛犬同士が背中合わせで配置されることはない。しかし出雲大社の分祀社《ぶんししゃ》という特別な場所で、普通ではない配置の狛犬が鎮座《ちんざ》している。その様子に聖海上人が涙まで流したのはなぜか。

「比喩」という表現技法がある。「物事A」をくわしく説明したりわかりやすく描写したりする時に、共通性のある別の「物事B」を持ってきてたとえることである。例えば「材木みたいに眠る」の場合、眠っている様子をぴくりとも動かない資材置き場の材木でたとえることで、睡眠の質感がうまく伝わってくる。しかし一歩論を進めて、「めがねのようなボールペン」「午後の時間が入ったコーヒーカップ」のような一見意味のない単語の並びにも私たちは詩的な意味を感じてしまう。いや、意味を作り出してしまうと言った方が適当かもしれない。これを可能にしているのは、別々のことがらを個人の経験にもとづいて理解し、論理の跳躍によって結びつける力なのである。

「背中合わせの狛犬」。聖海上人の涙は、その配置に自分がまだ知らないありがたい意味の存在を創造的に感じたからに違いない。それを可能にしたのは論理の跳躍によって意味を結びつけ新しい意味を生み出す力だったのである。たとえそれが意味のない子どものいたずらだったとしても、そこに意味を付与してしまうのが「人間」なのである。（残念ながら聖海上人は新しい意味を作り出すことはできず、推測しかできなかったが…）

人工知能はそうは考えない。めがねはめがね、ボールペンはボールペンであり、午後の時間というものはコーヒーカップに入らないし、狛犬は魔除けであり、向かい合って座るというデータしかなく、そこに事実はあるが意味はない。事実をくっつけて新しい意味を創造することもない。

昨今、人工知能が人間の能力を超えるという話が多く聞かれる。確かにパターン化された大量のデータを処理するということになると人工知能の方がはるかに優れているといえる。しかし、一見無意味なもの同士を結びつけ創造的に意味を作り出していくという領域においては、人間に遠く及ばない。

意味というのは、受け手側が創造的に作り出すものなのだ。

問1　二重傍線部aの漢字は読みをひらがなで書き、bのカタカナは漢字に直して書きなさい。（丁寧に書くこと）

a　内包　　b　マネかれた

【二】 次の【資料1】【資料2】【資料3】を読んで後の問いに答えなさい。

【資料1】

左は北海道大学調和系工学研究室が開発した人工知能が作った俳句と、俳人・大塚凱《おおつかがい》による選評の一部である。俳句は、人工知能が過去の俳人たちの作品七万件を教師データとして学習した言葉を、さもありえそうな組み合わせで出力して作られた。

A　**なかなかの母の声澄《す》む蕗《ふき》の薹《とう》**

選評 「なかなかの母の声」という引き締まった表現が心地いい。「母の声が澄んでいて、なかなかいい声だ」という意味内容だと解釈するが、それを「なかなかの」という句の入り方で支えたのが一興だ。「声」が「澄む」と清澄な空間を想像させてからの「蕗の薹※」という落とし方も、憎いほど達者だ。春の山路に蕗の薹が芽ぐんでいるというだけのささやかな瞬間だが、それはこの世界に対する賛歌に他ならない。

※　蕗の薹…キク科の植物。早春、ふきの根茎から生え出る若い花茎。

B　**逢引《あいびき》のこえのくらがりさくらんぼ**

選評 「さくらんぼ」はふたつでひとつに繋がっているイメージがa内包されているので、その観点からは「※1逢引《あいびき》」とかなり接近した言葉遣いであり、やや※2陳腐《ちんぷ》な印象がある。しかしながら、この句の見所は「こえのくらがり」である。この一語で、禁断の恋のような、ささめき声が思われる。それこそ、静かで薄暗い空間でさくらんぼをカクテルに沈めているような想像が読者を襲う。

※1　逢引…男女が人目を忍んで会うこと。
※2　陳腐…ありふれていて、つまらないこと。また、古くさいこと。

（『令和元年度版科学技術白書』 設問の都合上、一部改変してある。）

【資料2】

AIがこのまま進化すると人間の知性を超える日がくるという説が唱えられるなど、AIをめぐっては※かまびすしいほどの議論がされています。

ただし、AIが優秀だといっても、それは二進法をベースとする①「量」の計算においてです。現実世界の微妙に変化する「質」をAIはとらえることができません。

たとえば、人間の「心」や「情熱」といったものは、記憶力や分析力ではなく、人間の感情や感覚の世界に属します。ですからAIには「心」や「情熱」といったものは、いまの段階ではわからないわけです。

あるいは、人間の脳は「疑う」ことができますが、この「疑う」ということはAIにはできません。「疑う」という思考はとても重要なもので、「疑う」からこそ、人類はさまざまなものを発明したり、危険から身を守ったりできるわけです。デカルトが「我思う、ゆえに我あり」といったように、「疑う」ことは人間を人間たらしめるものです。

AIの進化は逆に人間にしかないもの、人間にしかできない可能性を大きく浮き彫りにしてくれるのではないでしょうか。人間が人間らしく生きていくにはどうすればいいか？　そんな根源的な問いをAIはわれわれに突き付けているのです。

※　かまびすしい…やかましい。

（丹羽宇一郎『人間の本性』 設問の都合上、一部改変してある。）

屈《くつ》を言うため。

エ　「パパ」は圭太の真意を理解したが、笑い方に関しては直してほしいと考えたため。

問3　傍線部②「笑顔はあっというまにしぼんでしまった」とあるが、その理由として最も適当なものを、次の**ア**～**エ**のうちから一つ選び記号で答えなさい。

ア　自然に笑ったが、この笑い方が自分の意に反し誤解を与えているのでは、とふと思ったため。

イ　キャンプにまで持って来た仕事の書類を見て、「パパ」に対して不愉快に感じたため。

ウ　逃げるように「パパ」の前から去り、誤解を解こうにも解けない自分に情けなさを感じたため。

エ　誤解されない笑い方をしようと笑ってみたがうまくできず、思い詰めてしまったため。

問4　傍線部③「なんとなくかなしい気分にもなった」とあるが、圭太がそのような気分になった理由として最も適当なものを、次の**ア**～**エ**のうちから一つ選び記号で答えなさい。

ア　「パパ」とのこれまでのすれ違いに対して謝りたいと思ったため。

イ　「パパ」が「いい子です」と言ってくれたことにみじめさを感じたため。

ウ　一般的な「いい子」らしさが自分にないことを「パパ」に対して申し訳なく感じたため。

エ　自分の気持ちを伝えきれなかったことを「パパ」に謝りたいと思ったため。

問5　傍線部④「うん！」とあるが、この表現からわかる圭太の心情として最も適当なものを、次の**ア**～**エ**のうちから一つ選び記号で答えなさい。

ア　「パパ」と二人で充実した生活を送ることができる期待。

イ　「パパ」が発した「いい子です」の意味が理解できたことへの安堵《あんど》。

ウ　「パパ」と二人になりたいという自分の意志が父に伝わったことへの感動。

エ　「パパ」があるがままの自分を認めてくれたと感じた喜び。

問6　次の文章は、本文の主題をまとめたものである。**空欄Ⅰ**に当てはまる表現を本文中より**十五字**で、**空欄Ⅱ**に当てはまる表現を本文中より**十字以上十五字以内**で抜き出しなさい。また、**空欄Ⅲ・Ⅳ**に入る登場人物名をそれぞれ本文中より抜き出しなさい。

文章1　で「パパ」は、圭太のことを信頼しつつも、友だちとの関係について少し心配になっている。

一方圭太は、「　Ⅰ　」「ちょっと寂しそうに見えた」という表現から、何かを伝えようにも答えが見つからず、やむなくやりとりを諦《あきら》めた「パパ」の様子を圭太なりにとらえていることが分かる。

文章2　で「パパ」は、「リッキーさん」からの息子に対する批判的な評価に反論する中で、息子を世間的な見方に当てはめる必要はないと気づき、気が楽になる。その様子が「　Ⅱ　」という表現で示される。

文章1　と　**文章2**　は　Ⅲ　の視点で語られているため、　Ⅲ　の心情の変化を中心に物語が展開しているが、　**文章1**・**文章2**　を通して　Ⅳ　の大きな変容が描かれていることが読み取れる。

テントから出ると、パパは夜空を見上げて「もう寝るか」と言った。あくびをする背中が、ちょっと寂しそうに見えた。

文章2 サマーキャンプのイベントの一つであるターザンごっこに参加した圭太は、ロープをつかんだ手を滑らせて腰を打ち、担架でログハウスの宿直室に運ばれた。その後圭太が休んでいる部屋の向こうで「パパ」と「リッキーさん」※が話している場面である。

「失礼ですが、圭太くん、東京でも友だちが少ないタイプじゃないんですか？ ちょっとね、学校でもあの調子でやってるんだとしたら、心配ですよねえ。お父さんも少し……」

言葉の途中で、大きな物音が響いた。机かなにかを思いきり叩《たた》いた、そんな音だった。

ぼくはドアをちょっとだけ開けた。正面はリッキーさんの背中、その脇《わき》から、机に両手をついて怖い顔をしたパパの姿が見えた。

ケンカになるんだろうか、とドアノブに手をかけたまま身を縮めた。でも、パパは静かに言った。

「圭太は、いい子です」

「いや……あの、ぼくらもですね、べつに……」

リッキーさんの言い訳をさえぎって、「誰になんと言われようと、あの子は、いい子です」と、今度はちょっと強い声で。

照れくさかった。嬉《うれ》しかった。でも、③なんとなくかなしい気分にもなった。「ありがとう」より「ごめんなさい」のほうをパパに言ってしまいそうな気がして、そんなのヘンだよと思って、「いい子」の意味がよくわからなくなって、困っていたら手に力が入ってドアノブが回ってしまった。

ドアといっしょに前のめりになって出てきたぼくを見て、リッキーさんは、まるでゴキブリを見つけたときのパパみたいに「うわわっ」とあとずさり、そばにいたジョー※さんやリンダさんも驚いた顔になった。

パパだけ、最初からぼくがそこにいるのを知っていたみたいに、肩から力を抜いて笑った。

「圭太、歩けるか？」

「……うん」

「帰ろう」

「④うん！」

リッキーさんは「ちょ、ちょっと待ってくださいよ、勝手な行動されると困るんですよ」と止めたけど、パパはその手を払いのけて、「レッドカード、出してください」と言った。

（重松清『サマーキャンプへようこそ』設問の都合上、一部改変してある。）

（注）※ リッキーさん、ジョーさん、リンダさん…「父と息子のふれあいサマーキャンプ」が行われた「わんぱく共和国」のスタッフ。

問1 二重傍線部a「気詰まりになって」の文中での意味として最も適当なものを、次の**ア**～**エ**のうちから一つ選び記号で答えなさい。

ア 驚き緊張《きんちょう》して　**イ** 追い詰められて
ウ 窮屈《きゅうくつ》に感じて　**エ** 憂鬱《ゆううつ》になって

問2 傍線部①「『そうだな』とは言ってくれなかった」とあるが、「パパ」が「そうだな」とは言ってくれなかった理由として最も適当なものを、次の**ア**～**エ**のうちから一つ選び記号で答えなさい。

ア 「パパ」も圭太に対する周囲の見方が妥当なものであると感じ始めたため。

イ 「パパ」は圭太をたしなめたにもかかわらず、圭太が反省せず困ったため。

ウ 圭太が「世の中にはいろんなひとがいるんだもん」などと屁理《へり》

＜国語＞

時間　五〇分　　満点　六〇点

【一】 次の文章を読んで後の問いに答えなさい。

圭太《けいた》は、「ママ」の強引な勧めで、「パパ」と二人きりで「父と息子のふれあいサマーキャンプ」に参加することになった。**文章1** はキャンプ初日の夜の場面で、**文章2** は、キャンプ二日目の場面である。

文章1

キャンプ初日。テントの組み立てや夕食の準備などもうまくいかず、売店で買った食パンを食べながら初めての二人きりの夜を迎える。

「圭太、ほんとに、キャンプ楽しいか?」

「うん……楽しいよ」

「じゃあ、もっと楽しそうな顔しろよ」

「笑ったじゃん」

「でもなあ、ちょっとおまえ、そういう笑い方やめたほうがいいぞ。なーんかパパ、バカにされたような気がしちゃうんだよ。友だちに言われたりしないか?　おまえに笑われたら傷つくって」

ぼくは黙って首を横に振った。嘘じゃないけど、ちょっとだけ嘘かもしれない。友だちは「傷つく」とは言わないけど、ときどき「むかつく」と言う。

でも、ぼくはパパをバカにして笑ったつもりはない。今日だって、いろんなことがあったけど、楽しかった。

一学期の通知表のことを思いだした。生活の記録に〈もっとがんばりましょう〉が二つあった。〈クラスのみんなと協力しあう〉と、〈明るく元気に学校生活をすごす〉が、どっちもだめだった。

個人面談につづいてショックを受けたママに、ぼくは「こんなの松原先生の主観なんだもん、関係ないよ」と、また先生の嫌いそうな言葉をつかって言った。「中学入試は内申点なんて関係ないんだし、世の中にはいろんなひとがいるんだもん、たまたま松原先生とは気が合わないだけだよ」とも言った。励ましてあげたつもりだったのに、ママはぽろぽろと涙を流してテーブルに突っ伏してしまった。パパはそのことを知らないはずだ。晩ごはんまでに立ち直ったママが「これ、まいっちゃった」と通知表を見せると、「圭太は誤解されやすいタイプなんだよなあ」と笑っていた。

そうだよ——と思った。パパだって、いま、ぼくのことを誤解してるんだ。

「ねえ、パパ」

「うん?」

「ぼくってさあ、誤解されやすいタイプなんだよ、きっと」

終業式の日にパパが言った言葉をそのまま返したのに、パパは困ったような顔で笑うだけで、①「そうだな」とは言ってくれなかった。急に[a]気詰まりになって、腕を虫に刺されたふりをして「スプレーしてくる」とテントに戻った。

パパのリュックをかたちだけ探っていたら、マジックテープで留めた内ポケットの中に、書類が入っているのを見つけた。グラフや表のぎっしり並んだ、よくわからないけれど仕事の書類のようだ。

こんなところで仕事なんかできるわけないのに。アウトドアをなめてるんだよなあ、パパって。

笑った。でも、この笑い方がだめなのかな、と気づくと、②笑顔はあっというまにしぼんでしまった。

MEMO

大切なことはメモしておこうネ！

2021年度

解 答 と 解 説

《2021年度の配点は解答用紙集に掲載してあります。》

＜数学解答＞

【1】 (1) -7 (2) -14 (3) 8 (4) $6\sqrt{3}$ (5) $18a^2b$ (6) $5x+y$

【2】 (1) $x=-3$ (2) $x=4,\ y=2$ (3) x^2-6x+9 (4) $(x+4)(x-2)$

(5) $x=\dfrac{-3\pm\sqrt{17}}{4}$ (6) $\dfrac{3}{2}\pi\,\mathrm{cm}^2$

(7) $4x-y>7$ (8) 7.5時間 (9) ウ

【3】 問1 6通り 問2 (1) $\dfrac{5}{36}$ (2) $\dfrac{7}{36}$

【4】 問1 右図 問2 (1) $\angle\mathrm{ACD}=35°$ (2) 4cm

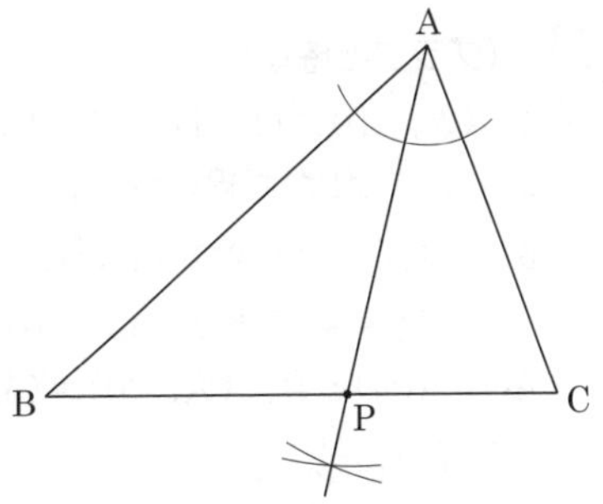

【5】 問1 ① 3 ② 10 ③ 5

問2 ④ $10a+b$ ⑤ $10b+a$ ⑥ $a+b$

問3 75，84，93

【6】 問1 $y=4$ 問2 $y=x^2$ 問3 イ

問4 4秒後と6.8秒後

【7】 問1 $\mathrm{A}(-4,\ 16)$ 問2 $y=-2x+8$ 問3 24 問4 $\mathrm{P}(2\sqrt{2},\ 8)$

【8】 問1 $\angle\mathrm{ABC}=108°$ 問2 解説参照 問3 $\dfrac{1+\sqrt{5}}{2}$cm

【9】 問1 3cm 問2 (1) 2cm (2) $\mathrm{OP}:\mathrm{PC}=1:2$ (3) $4\mathrm{cm}^3$

【10】 問1 4cm 問2 $n=35$ 問3 13cm

＜数学解説＞

【1】 (数・式の計算，平方根)

(1) $2+(-9)=2-9=-7$

(2) $\dfrac{7}{5}\times(-10)=-14$

(3) $6-4\div(-2)=6+2=8$

(4) $4\sqrt{3}+\sqrt{12}=4\sqrt{3}+\sqrt{2^2\times3}=4\sqrt{3}+2\sqrt{3}=6\sqrt{3}$

(5) $6ab^2\div b\times 3a=\dfrac{6ab^2\times 3a}{b}=18a^2b$

(6) $-(-3x+y)+2(x+y)=3x-y+2x+2y=5x+y$

【2】 (一次方程式，連立方程式，式の展開，因数分解，二次方程式，おうぎ形の面積，不等式，資料の活用，平方根)

(1) $4x+3=x-6$ $4x-x=-6-3$ $3x=-9$ $x=-3$

(2) $2x-3y=2$…①，$x+2y=8$…②とする。②×2－①より，$7y=14$ $y=2$ $y=2$を②に代入して，$x+2\times2=8$ $x=4$ よって，$x=4,\ y=2$

(3) $(x-3)^2=x^2-2\times3\times x+3^2=x^2-6x+9$

(4) $x^2+2x-8=x^2+(4-2)x+4\times(-2)=(x+4)(x-2)$

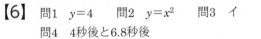

(5)　解の公式より，$x=\dfrac{-3\pm\sqrt{3^2-4\times2\times(-1)}}{2\times2}=\dfrac{-3\pm\sqrt{17}}{4}$

(6)　半径が3cm，中心角が60°のおうぎ形の面積だから，$\pi\times3^2\times\dfrac{60}{360}=\dfrac{3}{2}\pi\,(\mathrm{cm}^2)$

(7)　xの4倍からyをひいた数は，$4x-y$と表されるから，不等号>を用いて，$4x-y>7$

(8)　中央値は，睡眠時間の短い方から15番目と16番目の値の平均である。15番目と16番目の値は，ともに7時間以上8時間未満の階級に入っているから，求める階級値は，$\dfrac{7+8}{2}=\dfrac{15}{2}=7.5$(時間)

(9)　ア　$\sqrt{9}<\sqrt{10}<\sqrt{16}$より，$3<\sqrt{10}<4$　よって，$\sqrt{10}$は9より小さい。　イ　$(-\sqrt{6})^2=6$より，6の平方根は$\pm\sqrt{6}$　ウ　面積が2の正方形の1辺の長さをaとすると，$a^2=2$　$a=\pm\sqrt{2}$　$a>0$より，$a=\sqrt{2}$　よって，1辺の長さは$\sqrt{2}$である。　エ　$\sqrt{16}$は16の平方根のうち正の方だから，4である。したがって，正しいものは，ウ

【3】 (グラフと確率)

問1　(大，小)＝(1，1)，(2，2)，(3，3)，(4，4)，(5，5)，(6，6)の6通り。

問2　(1)　点Pが直線$y=x-1$上の点となるのは，(大，小)＝(2，1)，(3，2)，(4，3)，(5，4)，(6，5)の5通り。大小2つのさいころの目の出方の総数は36通りだから，求める確率は，$\dfrac{5}{36}$

(2)　OP＝APのとき，(大，小)＝(3，1)，(3，2)，(3，3)，(3，4)，(3，5)，(3，6)の6通り。AO＝APのとき，(大，小)＝(6，6)の1通り。よって，全部で，6＋1＝7(通り)あるから，求める確率は，$\dfrac{7}{36}$

【4】 (平面図形，作図，角度，線分の長さ)

問1　∠Aの二等分線をひけばよい。(手順)　①　点Aを中心とする円と半直線AB，ACとの交点をそれぞれD，Eとする。　②　2点D，Eをそれぞれ中心とする等しい半径の円をかき，その交点をFとする。　③　半直線AF(∠Aの二等分線)と辺BCとの交点をPとする。

問2　(1)　AP//DCより，平行線の錯角は等しいから，∠ACD＝∠CAP＝35°

(2)　AP//DCより，平行線の同位角は等しいから，∠ADC＝BAP＝35°　よって，∠ACD＝∠ADC＝35°より，△ACDはAC＝ADの二等辺三角形である。よって，AD＝AC＝4cm

【5】 (文字式の利用)

問1　$23=20+$①$\underline{3}=$②$\underline{10}\times2+\underline{3}$，$35=30+$③$\underline{5}=\underline{10}\times3+\underline{5}$より，2けたの自然数は，$\underline{10}\times$(十の位の数)＋(一の位の数)と表される。

問2　2けたの自然数の十の位の数をa，一の位の数をbとすると，2けたの自然数は④$\underline{10a+b}$，十の位の数と一の位の数を入れかえてできる数は⑤$\underline{10b+a}$と表される。$(\underline{10a+b})+(\underline{10b+a})=11a+11b=11($⑥$\underline{a+b})$　⑥$\underline{a+b}$は整数より，$11($⑥$\underline{a+b})$は11の倍数である。

問3　自然数Xの十の位の数をa，一の位の数をbとすると，$\mathrm{X}=10a+b$，$\mathrm{Y}=10b+a$と表される。$\mathrm{X}+\mathrm{Y}=132$のとき，$11(a+b)=132$　$a+b=12$　$a>b$より，これを満たすa，bの組み合わせは，$(a,\ b)=(7,\ 5)$，$(8,\ 4)$，$(9,\ 3)$　よって，Xは，75，84，93

【6】 (関数のグラフの利用)

問1　AP＝2×2＝4(cm)，BQ＝1×2＝2(cm)より，$y=\triangle\mathrm{APQ}=\dfrac{1}{2}\times\mathrm{AP}\times\mathrm{BQ}=\dfrac{1}{2}\times4\times2=4$

問2　$\mathrm{AP}=2\times x=2x$(cm)，$\mathrm{BQ}=1\times x=x$(cm)より，$y=\triangle\mathrm{APQ}=\dfrac{1}{2}\times\mathrm{AP}\times\mathrm{BQ}=\dfrac{1}{2}\times2x\times x=x^2$

問3　$0\leqq x\leqq5$のとき，$y=x^2$　$5\leqq x\leqq10$のとき，2点P，Qは辺BC上にあるから，$y=\dfrac{1}{2}\times\mathrm{PQ}\times\mathrm{AB}$

$=\frac{1}{2}\times\{x-(2x-10)\}\times10=5(-x+10)=-5x+50$　よって，最も適するグラフは，イ

問4　$0\leqq x\leqq5$…①のとき，$16=x^2$　$x=\pm4$　①より，$x=4$　$5\leqq x\leqq10$…②のとき，$16=-5x+50$　$x=\frac{34}{5}=6.8$　これは②を満たす。よって，4秒後と6.8秒後。

【7】（図形と関数・グラフ）

問1　$y=x^2$に$x=-4$を代入して，$y=(-4)^2=16$

問2　A$(-4,\ 16)$　点Bのy座標は，$y=x^2$に$x=2$を代入して，$y=2^2=4$　B$(2,\ 4)$　直線ABの式は，傾きが，$\frac{4-16}{2-(-4)}=-2$なので，$y=-2x+b$とおいて，$(2,\ 4)$を代入すると，$4=-2\times2+b$　$b=8$　よって，$y=-2x+8$

問3　直線ABとy軸との交点をCとすると，C$(0,\ 8)$　よって，$\triangle$OAB＝$\triangle$OAC＋$\triangle$OBC＝$\frac{1}{2}\times8\times4+\frac{1}{2}\times8\times2=24$

問4　$\triangle$OPAと$\triangle$OPQの底辺をそれぞれAP，PQとみると，高さが等しいから，$\triangle$OPA＝$\triangle$OPQのとき，点Pは線分AQの中点である。点Qの座標を$(t,\ 0)$とすると，点Pの座標は$\left(\frac{t-4}{2},\ 8\right)$　点Pは$y=x^2$のグラフ上の点だから，$y=x^2$に$\left(\frac{t-4}{2},\ 8\right)$を代入して，$8=\left(\frac{t-4}{2}\right)^2$　$\frac{(t-4)^2}{4}=8$　$(t-4)^2=32$　$t-4=\pm4\sqrt{2}$　$t=4\pm4\sqrt{2}$　点Pのx座標は正より，$t>4$だから，$t=4+4\sqrt{2}$　$\frac{(4+4\sqrt{2})-4}{2}=2\sqrt{2}$より，点Pの座標は，$(2\sqrt{2},\ 8)$

【8】（平面図形，多角形の内角，相似の証明，線分の長さ）

問1　正五角形の内角の和は，$180°\times(5-2)=540°$だから，$\angle$ABC＝$540°\div5=108°$

問2　$\triangle$ACDと$\triangle$AFEにおいて，$\overset{\frown}{CD}=\overset{\frown}{DE}$より，1つの円で等しい弧に対する円周角は等しいから，$\angle$CAD＝$\angle$FAE…①　$\overset{\frown}{AC}$に対する円周角は等しいから，$\angle$ADC＝$\angle$AEF…②　①，②より，2組の角がそれぞれ等しいから，$\triangle$ACD∽$\triangle$AFE

問3　AD＝$x$cmとする。2組の辺とその間の角がそれぞれ等しいから，$\triangle$ABC≡$\triangle$AED　よって，AC＝ADより，$\triangle$ACDはAC＝AD＝$x$cmの二等辺三角形である。また，$\triangle$ACDと$\triangle$CFDにおいて，$\angle$CAD＝$\angle$DAE＝$\angle$FCD（$\overset{\frown}{DE}$に対する円周角），$\angle$ADC＝$\angle$CDF（共通）より，2組の角がそれぞれ等しいから，$\triangle$ACD∽$\triangle$CFD　AC：CF＝CD：FD　ここで，$\triangle$CFDはCD＝CF＝1cmの二等辺三角形だから，$x:1=1:(x-1)$　$x(x-1)=1$　$x^2-x-1=0$　解の公式より，$x=\frac{-(-1)\pm\sqrt{(-1)^2-4\times1\times(-1)}}{2\times1}=\frac{1\pm\sqrt{5}}{2}$　$x>0$より，$x=\frac{1+\sqrt{5}}{2}$　よって，AD＝$\frac{1+\sqrt{5}}{2}$（cm）

【9】（空間図形，線分の長さ，体積）

問1　$\triangle$OBDで，2点M，Nはそれぞれ辺OB，ODの中点だから，**中点連結定理**により，MN＝$\frac{1}{2}$BD＝$\frac{1}{2}\times6=3$（cm）

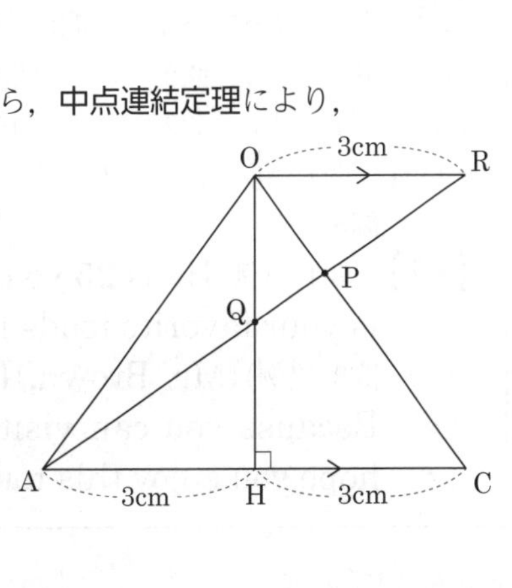

問2　(1)　点Qは平面OBDと平面AMNとの交線MN上にある。**中点連結定理**により，MN//BDより，QN//HD　よって，OQ：OH＝ON：OD＝1：2　OQ＝$\frac{1}{2}$OH＝$\frac{1}{2}\times4=2$（cm）

(2)　3点O，A，Cを通る平面を考える。点Oを通り直線ACに平行な直線と直線APとの交点をRとすると，OR//AC

なので，**三角形と比の定理**により，OP：PC＝OR：AC　ここで，OR：AH＝OQ：QH＝1：1より，OR＝AH＝6÷2＝3(cm)だから，OP：PC＝3：6＝1：2

(3)　$\triangle \mathrm{OMN}=\frac{1}{2}\times \mathrm{MN}\times \mathrm{OQ}=\frac{1}{2}\times 3\times 2=3(\mathrm{cm}^2)$　求める立体は，三角錐A－OMNと三角錐P－OMNを合わせたものである。点Pから線分OHに垂線PH′をひくと，PH′//CHより，PH′：CH＝OP：OC＝1：(1＋2)＝1：3　$\mathrm{PH}'=\frac{1}{3}\mathrm{CH}=\frac{1}{3}\times 3=1(\mathrm{cm})$　よって，求める体積は，$\frac{1}{3}\times\triangle \mathrm{OMN}\times \mathrm{AH}+\frac{1}{3}\times\triangle \mathrm{OMN}\times \mathrm{PH}'=\frac{1}{3}\times 3\times 3+\frac{1}{3}\times 3\times 1=4(\mathrm{cm}^3)$

【10】 (最大公約数)

問1　下の図1より，1辺の長さが4cmの正方形

問2　面積の関係より，$21\times n=7^2\times 15$　これを解いて，$n=35$

問3　図2より，1辺の長さが221cmの正方形を切り取ると，縦221cm，横78cmの長方形が残るから，次に，1辺の長さが78cmの正方形を2回切り取る。残った長方形から1辺の長さが65cmの正方形を切り取ると，最後に，1辺の長さが13cmの正方形が5個残る。よって，13cm

図1

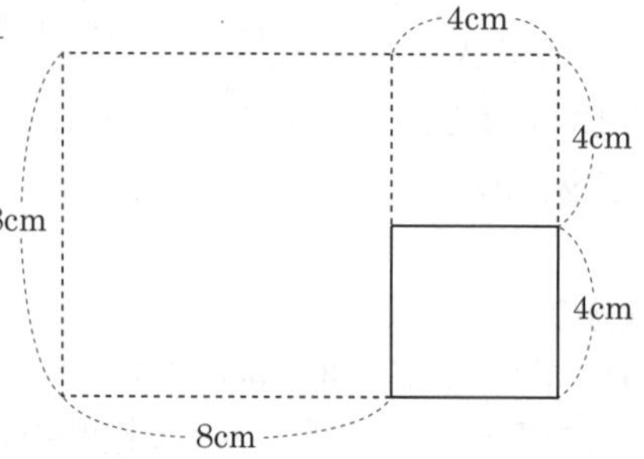

図2

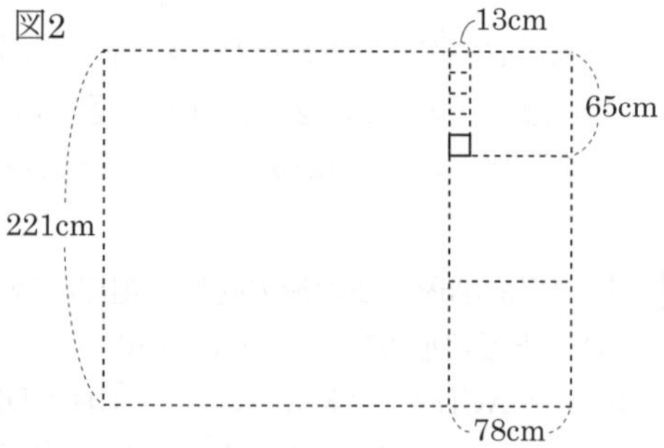

＜英語解答＞

【1】 問1　ア　　問2　イ　　問3　ア

【2】 問1　ウ　　問2　エ　　問3　ア

【3】 問1　イ　　問2　ウ　　問3　ウ→イ→ア→エ

【4】 問1　ア　　問2　ウ　　問3　エ

【5】 問1　oldest　　問2　written　　問3　inviting　　問4　heard

【6】 問1　ア→ウ→オ→イ→エ　　問2　イ→オ→ア→ウ→エ　　問3　エ→ウ→ア→オ→イ

【7】 問1　ウ→ア→イ　　問2　イ→ア→ウ　　問3　イ→ウ→ア

【8】 問1　ア　　問2　ウ　　問3　ウ　　問4　イ

【9】 問1　ウ　　問2　イ　　問3　ア　　問4　イ　　問5　(ウ)・(オ)

【10】 問1　①　ア　　②　イ　　③　エ　　問2　ア　　問3　(ア)・(オ)　　問4　ウ　問5　イ

【11】 問1　(例)He is 25 years old.　(例)He lives in Canada.　　問2　(例)What is your favorite foods in Japan?　(例)When did you come to Japan?
問3　(例)(Mr. Brown,)I think you should choose Okinawan Food Tour. Because you can visit farmer's market and try cooking in the tour.(I hope you enjoy this tour.)

＜英語解説＞

【1】・【2】・【3】 (リスニング)

放送台本の和訳は，70ページに掲載。

【4】 (文法問題：語句の問題，語句補充・選択，不定詞，代名詞，現在・過去・未来と進行形)

問1　A：手伝ってくれて，ありがとう。／B：どういたしまして。私はあなたを(助けること)ができてうれしい。　so happy to～で「～ができてとてもうれしい」という意味になるのでアが適当。to～は不定詞の(理由を表す)副詞用法。

問2　A：わあ，かっこいい自転車だ！　あれは，だれの自転車かな？／B：それは(ぼくの)だよ。先週買ったんだ。「だれのもの？」と聞いているので，空欄には「私のもの」という所有を表す意味の単語が入ると考えられるのでウが適当。

問3　A：きみには姉妹がいるの？／B：うん，この写真を見て！　ステージで踊っている女の子たちが私の姉妹(なの)。　選択肢からカッコには be 動詞が入ると考えられる。主語は「ステージで踊っている女の子たち」なので be 動詞は複数形になることからエが適当。

【5】 (文法問題：語句補充，語形変化，比較，形容詞・副詞，分詞の形容詞用法，動名詞，現在完了)

問1　A：私は三匹のねこを飼っているの。名前は，シロ，タマとミケ。／B：とてもかわいいね！全部同じ年なの？／A：いいえ，三匹の中では，シロが(最も年をとって)いるの。　三匹のねこの年を比べているので，語群では old が適当。カッコの前には the があることから，比較の最上級だと考えられるので oldest とする。

問2　A：店で何を買ったの？／B：英語で(書かれている)本を買った。　written in English で「英語で書かれた」となる。written はその前の book を説明する過去分詞の形容詞用法。

問3　A：私たちのパーティーへようこそ，リョウ！／B：こんにちは，ボブ。ぼくを(招待して)くれて，ありがとう。　invite は「招待する」。これを「招待すること」という意味にするために ing 形にして**動名詞** inviting とする。

問 4　A：このバンドが本当に気に入っているんだ。／B：ああ，私は彼らの音楽を以前に(聞いたこと)がない。　カッコの前は have never なので**現在完了形**だと考えられる。したがって，hear「聞く」の過去分詞形 heard が適当。

【6】 (文法問題：語句の並べ換え，助動詞，受け身)

問1　(ア we ウ don't オ have イ to エ clean) our classroom in America.　have to は must と同じ意味で「～しなければならない」。　A：サム，日本では生徒が自分たち自身で教室を掃除しなければならないんだ。／B：本当？　それは知らなかった。アメリカでは自分たちの教室を(私たちは掃除する必要がない)。

問2　Oh, how (イ long オ are ア you ウ going to エ stay) here?　how long～で，時間の長さを聞く疑問文になる。また be going to～は will～と同じ意味で未来を表す。　A：私はたった今京都に着きました。私は何でもみな見てみたい。／B：ああ，ここに(どれぐらい長く滞在するつもりなの)？／A：7 日間だよ。

問3　Did you know (エ English ウ and French ア are オ spoken in イ Canada)?　are spoken in～なので受け身の形。　A：あなたは，(カナダでは英語とフランス語が話されている)ことを知っていますか？／B：いいえ，知らない。それは興味があるね。

【7】 (会話文問題：文の並べ換え，動名詞，助動詞，現在・過去・未来と進行形)

問1 あの映画を，もう見た？ → ウ)いいえ，だけど見てみたい → ア)次の日曜日に，一緒にその映画を見るのはどうかな？ → イ)それはいいね。その時に会おう。 How about~? は，「～はどうですか？」と，相手の意見などを聞くときに使う言い方。

問2 もうすぐ昼だ。おなかがすいた。 イ)私も。この近くによいレストランがあるんだ。 → ア)そこへ行かない？ → ウ)よし，行こう！ Shall we~? で「～しませんか？」という誘いかけの表現になる。

問3 メアリー，何をやっているの？ → イ)私のペンを探しているの，おとうさん。 → ウ)机の下で見たよ。→ ア)ああ，あった。ありがとう。 look for~で，「～を探す」。

【8】 (会話文問題：絵・図・表・グラフなどを用いた問題，内容真偽，英問英答，動名詞)

～沖縄動物園へようこそ～

案内

・休園日：毎週火曜日

入場

	5才以下	6-12 歳	13-18 歳	19歳以上
日中 8:30-18:00	無料	¥300	¥500	¥700
夜間 18:00-21:00		¥100	¥300	¥500

イベント

・エサの時間　象　10:00-10:30/14:30-15:00
　カンガルー　17:00-17:30　ライオン　19:00-19:30

・赤ちゃんの動物と遊ぶ時間　猿　9:00-12:00　うさぎ　13:00-16:00

行き方

・バス：

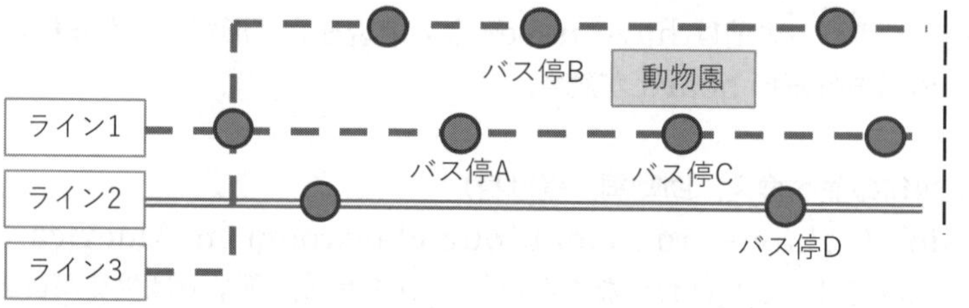

・自動車：駐車場には 200 台分の場所があります。

(全訳) 母：マットと浩太，私たちは今週末に動物園へ行きましょうか？／マット：それはいいね！ ぼくは動物が好き。／母：ここに，沖縄動物園の英語のパンフレットがあります。／マット：わあ，いいね！ ぼくは赤ちゃん動物と遊びたい。／浩太：先月猿の赤ちゃんがその動物園で生まれたんだ。ぼくはその赤ちゃんたちと遊びたい。ええと。ぼくたちは昼間の時間に動物園へ行った方がいいね。／母：わかりました。どうやって動物園へ行くのか，見てみましょう。おとうさんがこの週末に仕事で車を使うから，私たちはバスで行きましょう。バス停 C が一番近いバス停ですね。けれども，ライン1のバスはいつも混んでいます。ライン2は午後だけだから，ライン3に乗りましょう。／浩太：9:00に家を出よう！ 動物園までは，だいたい1時間かかるから。楽しみだ

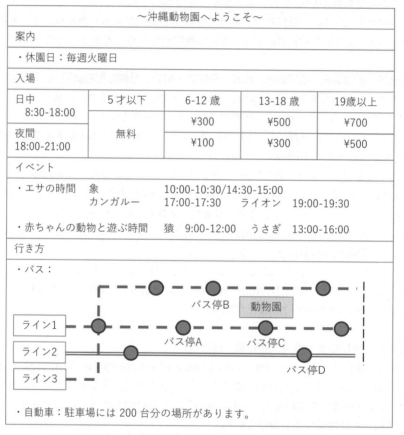

な。／マット：待てないね！

問1　パンフレットには「毎週火曜日が休園」と書いてあるのでアが適当。

問2　3人は昼の時間に動物園へ行くことになる。12歳の浩太の入場料は300円，13歳のマットは500円，おかあさんは700円なので合計1,500円となってウが適当。

問3　(問題文訳)彼らが動物園に着いた時，どの動物がエサを食べているところを見ることができますか？　ア　猿　イ　カンガルー　ウ　象　エ　ライオン　問題本文第7番目の浩太の発話Let's leave the～には，「9:00に家をでて，動物園まで行くのにだいたい1時間かかる」とあるので，動物園に着くのは10:00ごろになる。パンフレットでは，10:00から10:30は象がエサを食べている時間帯なので，ウが適当。

問4　問題本文第6番目の母の発話最後の文　Line 2 runs～から，三人はライン3のバスに乗ることになるので，ライン3のバス停のイが適当。

【9】（会話文問題：内容真偽，英問英答，語句の解釈・指示語，図を用いた問題，不定詞，動名詞）

(全訳)　アダム(以下A)：おもしろい話を聞いてみたくない？　昨日の晩にそれはぼくの身に起こったんだ。／桜(以下S)：それは何？　教えて。／A：ぼくはソファーで宿題をしていた。ぼくの三才の弟のジェームスが，ぼくにボールを投げ続けていたんだ。彼はぼくと遊びたかったようだ。母が彼にやめるように言ったけれど，彼はやめなかった。ついに，母は怒って彼に，「あなたの部屋へ行くか，タイムアウトしなさい」と言った。ジェームスは「タイムアウト」と言った。／S：“タイムアウト”とは何？／A：アメリカの文化の一部なんだ。子供たちが何か悪いことをしたり，両親に耳を貸さなかったりする時，ときどき両親は子供たちに部屋の隅に立つように言う。子供たちはタイムアウトの間は決して話をしてはいけない。子供たちは静かにしなければならない。なぜなら，子供たちにとって考える時間だからなんだ。／S：わあ，なんて面白いのでしょう。それで，次に何が起きたの？／A：ジェームスは隅へ行って，そして壁の方を向きながら立った。彼は床を見ていた。彼はおとなしくて悲しそうだった。ぼくたちは彼に話しかけなかった。少したってから，ぼくたちのペットの犬のリッキーが彼のとなりに座った。彼らはそこに一緒にいて，おとなしかった。ジェームスはまだ何も言わなかったけれども，リッキーの耳を優しくさわって，そしてそっとリッキーを彼へ引き寄せた。リッキーはタイムアウトが終わるまで，ジェームスと一緒にいた。／S：なんてすばらしい話なのでしょう！　彼らは仲の良い人間の友達のよう。／A：そうだね。その時にリッキーは，ジェームスが彼を必要としていることを知っていたんだと思う。なぜなら，彼らはいつも一緒に遊んでいたから。リッキーはよくジェームスの気持ちがわかるんだ。／S：彼らは本当によい友達なのね。すばらしい。／A：日本の友達がいないのが寂しくない？／S：時々そうだけれども，私が帰った時にみんなともう一度会えるし，話すことができる。私はそれを楽しみにしている。私はここで仲の良い友達ができると思うし，そして私が日本へ帰った後，インターネットで彼らと連絡を取り合うことができる。

問1　(問題文)　アダムの母は怒った。なぜなら…　ア　ジェームスが彼女へボールを投げることをやめなかったから。　イ　ジェームスは，アダムに宿題をすることをやめるように言った。　㋒　ジェームスが彼女に耳を貸さなかった。　エ　ジェームスが「タイムアウト」と言った。　問題本文第3番目のアダムの発話第4文 My mother told～と第5文 Finally, she got～によると，「ジェームスがアダムにボールを投げることをやめなかったから母親が怒った」とあるのでウが適当。選択肢イの doing は動名詞形で，stop doing は「することをやめる」となる。

問2　(問題文訳)ジェームスがタイムアウトの最中，ジェームスとリッキーは一緒にどこにいましたか？　ア　かべによりかかって。　㋑　部屋のすみに。　ウ　彼のベッドに。　エ　ソファーの上に。　問題本文の第7番目のアダムの発話最初の文 James went to～では，「ジェームスは部屋のすみへ行った」とあり，また第5文 After some time～では「リッキーがジェームスのとなりに座った」とあるのでイが適当。

問3　問題本文の第7番目のアダムの発話第7文 James still didn't～には，「リッキーの耳をやさしくさわって，そしてそっとリッキーを彼へ引き寄せた」とあるのでアが適当

問4　ア　日本の友達がいないので寂しい　㋑　彼女の友達に会って話をすること　ウ　アメリカで友達を作ること　エ　インターネットで彼女の友達と会話すること　下線部の前の文 I sometimes do～には，「日本へ帰った時に友達と会えて話すことができる」とあり，これを it が指していると考えられるのでイが適当。選択肢アの missing～は動名詞で「～がいなくて寂しいこと」となる。同様に選択肢ウの making も動名詞形。

問5　ア　昨日の晩，アダムはジェームスと一緒にボールを使って遊んだ。　イ　アメリカの両親はときどき彼らのペットにペットの部屋へ行くように言う。　㋒　アダムはタイムアウトの間ジェームスとは話をしなかった　エ　アダムは，リッキーが空腹だったのでジェームスのところへ行ったと考えた。　㋔　桜は，将来アメリカの彼女の友達と話をするためには，インターネットがよい方法だと考えている。　問題本文の第7番目のアダムの発話第4文 We didn't talk～では「ぼくたちはジェームスに話しかけなかった」とあるのでウが適当。また，問題本文の最後の文 I return to～では，桜は「インターネットでアメリカの友達と連絡を取り合うことができる」と言っているのでオが適当。

【10】(長文読解問題：語句の解釈，語句補充・選択，文の挿入・文の並べ替え，内容真偽，要約文を用いた問題，受け身，助動詞，付加疑問文)

(全訳)　私たちの学校では，全員の生徒が課題研究に取り組まなければなりません。課題研究では，私たちはどんな主題でも研究することができます。私はおもしろい経験の後に主題を決めました。今，そのことについてみなさんにお話をします。

ある日，私は英語の試験でよい成績をとりました。私は外国語指導助手(ALT)の先生のところへ行き，「ニック先生，ハイ・タッチ！」と言いました。最初，先生は私の言葉の意味を理解しませんでした。少したってから，先生は「ああ，ハイ・ファイブ！」と言いました。私は，「先生は何か別のことを言ったのかな？」と思いました。

その晩，私はそれをインターネットで検索して，答えを見つけました。ハイ・タッチは日本だけで言われています。ニック先生の国のイギリスでは，その言葉を使いません。イギリスの人たちは同じことを，ハイ・ファイブという別の呼び方で言います。私は父にそのことについて話をしました。父は，「私たちはたくさんの英語の言葉を使っている，けれどもそれらの中には日本でだけ使われているものがある。それらは和製英語と呼ばれている。私たちは，和製英語ではなく，正しい英語を使うべきだね」と言いました。「*ホット・ケーキはパン・ケーキ，クーラーはエアコン*」父は，私に別の例を話してくれました。

翌日，私は父と一緒にショッピング・センターへ行きました。私たちは，エレベーターの前でニック先生と先生の妻に偶然会いました。「ニック先生，私の父のヒロシです」「こんには，ヒロシ。初めまして。これは私の妻のエミリーです。わあ，あなたたちもたくさんのものを持っていますね。リフトを使いましょう」「リフト？」と私の父がたずねました。「ああ，①私はエレベーターという意味で言いました。イギリスで私たちはエレベーターをリフトと呼びます」とニック先生が言いました。

エレベーターの中でエミリーさんが「私はこれをエレベーターと呼びます。私はニューヨーク出

身なので，ニックと私はときどき同じものを，別の呼び方で言います。②私はフレンチ・フライが好きです，けれども彼はそれをチップスと呼びます」と説明しました。「日本で私たちはそれを，*フライド・ポテト*と呼びます」，と私が言いました。「おもしろいね！　それは知らなかった。ええと，ぼくたちはこの階で降りて，駐車場(car parking)へ行きます」とニック先生が言いました。「ではまた会いましょう，私たちは駐車場(parking lot)へ行きます」と，エミリーさんが言いました。彼女は私にほほ笑みかけました。

家に帰る途中，父と私はレストランへ行きました。私は“*フライド・ポテト*”をメニューに見つけました。私が父に，「ニック先生はこれをチップスと言って，エミリーさんはこれをフレンチ・フライと言う。どちらが正しい英語なの？」とたずねました。「両方ともに正しい英語だね。英語はそれぞれの国で違うんだ」「じゃあ，これを*フライド・ポテト*と呼んでもいいのでしょう？」と私は父にたずねました。父は笑って，そして「それはいい質問だね。恵子，私はきみから何か大切なことを学んだ。世界にはさまざまな種類の英語があって，そしてそれらはすべて適切なものだね。③私はきみが課題研究のよい主題を見つけたと思うよ」と言いました。私は「うん，それらのことについてもっと知りたい」と答えました。

問1　ア　ニック①　　イ　エミリー②　　ウ　恵子　　エ　ヒロシ③　　上記の問題文訳を参照し，適当な選択肢を確認したい。

問2　㋐　ハイ・ファイブ　　イ　リフト　　ウ　チップス　　エ　駐車場　　下線部は，「ニックとエミリーは，同じものを別の呼び方で言う」とある。選択肢のアは，二人の間で呼び方が違う例ではない。

問3　㋐　恵子の学校では，全員の生徒が課題研究をしなければならない。　イ　ニック先生は恵子へ，”ハイ・タッチ”が誤った英語であることを教えた。　ウ　恵子の父は恵子へ，”ハイ・タッチ”の意味を教えた。　エ　ヒロシは恵子をニック先生とエミリーさんへ紹介した。　㋔　エミリーは，”駐車場(car park)”を別の言葉で言ったあと，恵子にほほ笑みかけた。　問題本文の最初の文 In our school～では，「恵子の学校では，全員の生徒が課題研究をしなければならない」とあるのでアが適当。また，問題本文第5段落第3文 “Interesting! I～，第4文 “See you, we'll～では，駐車場という単語 car park と parking lot の違いを話題にして，その後の第5文 She smiled at～では，「エミリーが恵子にほほ笑みかけた」とあるのでオが適当。選択肢イとウは teach(taught)A B という形で目的語が二つあり「A に B を教える」となる。

問4　A　エミリーは，ニック先生と彼女がときどき異なった英語の言葉を使うことを説明した。　B　私は父と話をした後，“*フライド・ポテト*”は正しい英語かもしれないと考えた。　C　ニック先生は“*ハイ・タッチ*”の別の言葉を使った。　D　私は，父からいくつかの和製英語の言葉を学んだ。　順番 C→D→A→B が問題本文の流れに合うのでウが適当。

問5　(問題文訳)　ニック先生：恵子，あなたの課題研究の主題は決まりましたか？／恵子：はい，決まりました。それは，“(さまざま国でどのような種類の英語が話されているか？)”です。／ニック先生：それはよいものですね。さまざまな国からの外国語指導助手の仲間と私は，あなたを手伝うことができます。　ア　イギリスとニューヨークで話されている正しい英語を私たちはどのように学ぶべきか？　㋑　さまざま国でどのような種類の英語が話されているか？　ウ　なぜ人びとは毎日和製英語をよく使うのか？　エ　ニックまたはエミリー，どちらの外国語指導助手が正しい英語を話すことができるか？　問題本文の最後から1つ前の文 He laughed and～と最後の文 I answered, “Yes～を参照。課題研究の主題は「世界にはさまざまな種類の英語があって，そしてそれらはすべて適切なもの」だと考えられるのでイが適当。

【11】（条件英作文）

問1 （例）He is 25 years old.（彼は25歳です） He lives in Canada.（彼はカナダに住んでいます)。

問2 （例）What is your favorite foods in Japan?（あなたのお気に入りの日本の食べ物は何ですか？） When did you come to Japan?（あなたはいつ日本へ来たのですか？）

問3 （例）(Mr. Brown,) I think you should choose Okinawan Food Tour. Because you can visit farmer' s market and try cooking in the tour.(I hope you enjoy this tour.)（ブラウン先生,)私は先生が沖縄のフード・ツアーを選ぶべきだと思います。なぜなら，ツアーで先生は市場を訪問でき，料理をすることに挑戦できるからです。(私は，先生がこのツアーを楽しむと思います。)

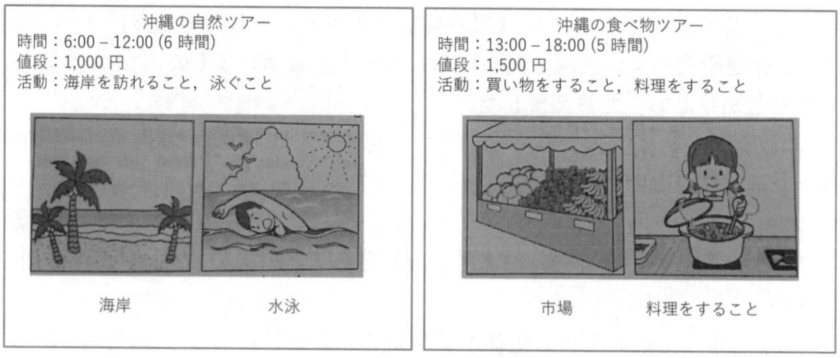

2021年度英語　リスニングテスト

〔放送台本〕

それでは聞き取り検査を始めます。

【1】 大問1は英文を聞いて答える問題です。それぞれの問いについて英文と質問が読まれます。質問の答えとして最も適切なものをア～エのうちから1つ選び，その記号を書きなさい。英文と質問はそれぞれ1度だけ読まれます。では，始めます。

問1 This is the picture of Sayaka's favorite animal. It is small and has long ears.
Question: Which is Sayaka's favorite animal?

ア　イ　ウ　エ

問2 Anna went to the beach on a beautiful Saturday morning. She saw some birds flying in the sky. She played with her brother on the beach.

Question:　Anna drew a picture of the weekend in her diary.　Which picture did she draw?

ア

イ

ウ

エ

問3　Ken did not walk his dog today because of bad weather.　So, he did his homework in the morning and watched TV in the evening.　If it's sunny tomorrow, he wants to go on a picnic.

Question:　What did Ken do today?

ア

イ

ウ

エ

〔英文の訳〕

問１　これは，サヤカのお気に入りの動物の絵です。小さくて，長い耳があります。

＜質問＞　どれがサヤカのお気に入りの動物ですか？

正解：ア

問 2　アンナは，すばらしい土曜日の朝，海岸へ行きました。彼女は空に何羽かの鳥が飛んでいるのを見ました。彼女は彼女の弟と一緒に海岸で遊びました。

＜質問＞　アンナは彼女の日記に週末の絵を描きました。彼女はどの絵を描きましたか？

正解：イ

問 3　天気が悪かったので，ケンは彼の犬を散歩させませんでした。だから，彼は午前中に宿題をやって，夕方にはテレビを見ました。もし明日が晴れならば，彼はピクニックへ行きたい。

＜質問＞　今日ケンは何をしましたか？

正解：ア

〔放送台本〕

【2】 大問2は会話を聞いて答える問題です。それぞれの会話の最後の文に対する応答として最も適切なものを，ア～エのうちから1つ選び，その記号を書きなさい。なお，会話の英文はそれぞれ1度だけ読まれます。選択肢ア～エの英文は読まれません。では，始めます。

問1　A:　Hi, Sarah. How was your day?

B:　It was fun! I went to a baseball game.

A:　That's great. How was the game?

B:　(　　　)

問2　A:　Excuse me, do you know how to get to the post office?

B:　Sure. Go two blocks that way, then turn right, and it will be on your left.

A:　Thank you so much! Do you know what time it will close?

B:　(　　　)

問3　A:　What are your plans for this weekend?

B:　I haven't decided yet. I want to go to the beach or go hiking.

A:　That sounds fun. Will the weather be good for those activities?

B:　(　　　)

〔英文の訳〕

問1　A：こんにちは，サラ。一日はどうでしたか？

B：楽しかった！　私は野球の試合に行きました。

A：それはよかった。試合はどうでしたか？

B：(選択肢)　(ア)　一緒に野球をしましょう。　(イ)　それは楽しいでしょう。

(ウ)　私のお気に入りのチームが勝った。(○)

(エ)　はい，私は野球をしたのは初めてでした。

問2　A：すみません，郵便局へどのように行けばいいか知っていますか？

B：もちろん。あの道を2ブロック行って，それから右に曲がり，すると左側にあります。

A：ありがとうございます！　郵便局が何時に閉まるのか，わかりますか？

B：(選択肢)　(ア)　10分かかります。　(イ)　私はそこへ自動車で行きました。

(ウ)　私は3時にそこにいました。　(エ)　午後5時です。(○)

問3　A：この週末のあなたの予定は何ですか？

B：まだ決めていません。私は海岸へ行くか，ハイキングへ行きたいのです。

A：楽しそうですね。それらの活動には天気はよさそうですか？
B：(選択肢)　(ア)　はい。晴れると思います。(○)
(イ)　そうですね，先週末は雨が降っていたと思っていました。
(ウ)　ああ，本当にハイキングへ行くことが好きなんです。
(エ)　はい，そうです。

〔放送台本〕

【3】 大問3は，アメリカからの留学生ローズとクラスメートの健太の会話を聞いて答える問題です。問1と問2については，会話に関する質問の答えとして最も適切なものをア～エのうちから1つずつ選び，その記号を答えなさい。問3は，会話の流れに合うようにア～エの絵を並べ替え，その順に記号を書きなさい。なお，会話と質問はそれぞれ2度読まれます。問1と問2の選択肢ア～エの英文は読まれません。では，始めます。

R: Hi, Kenta.
K: Hi, Rose. How's it going?
R: I am interested in joining a club activity. Are you part of any club?
K: Yes, I am a member of the soccer club. You are welcome to join.
R: Thank you, but I am not really good at sports. What other clubs do you have at your school?
K: We have many clubs; art club, brass band, photography club, science club, cooking club, computer science club, and more.
R: Cool! Do you have any Japanese culture clubs?
K: Sure, we have calligraphy club, Japanese dance club, and Japanese chess club.
R: Wow, all of them sound great. What does the calligraphy club do?
K: They practice writing Japanese words on special paper using a brush and ink.
R: I would like to try that. I am interested in Japanese letters, especially Kanji.
K: They are practicing today after school. I can go with you to the calligraphy room.
R: I would love that. Thanks.
K: You're welcome. Can you meet me in front of the teachers' office at 4:15?
R: Yes, I will see you there.

問1　What does Rose want to try?
問2　Where are they going to meet today after school?
問3　ア～エの絵を話された順に並べ替え，その順に記号を書きなさい。

〔英文の訳〕

R：こんちは，ケンタ。／K：こんにちは，ローズ。どうしているの？／R：私は，クラブ活動に参加することに興味があるの。あなたはどこかのクラブの一員なの？／K：うん，ぼくはサッカー・クラブの一員なんだ。ぜひ参加してみて。／R：ありがとう，でも，スポーツは本当に得意ではないの。あなたの学校では，別にどんなクラブがあるの？／K：たくさんのクラブがある。美術クラブ，ブラスバンド，写真クラブ，科学クラブ，料理クラブ，コンピューター科学クラブ，そしてもっと。／R：いいね！　日本文化クラブは何かあるの？／K：もちろん，書道クラブ，日本舞踊クラブ，そして将棋クラブ。／R：わあ，全部いいね。書道クラブは何をするの？／K：筆とインクを使って特別な紙に日本語の言葉を書く練習をしている。／R：それをやってみたいな。私は日本語の文字，特に漢字に興味があるの。／K：彼らは今日の放課後，練習をしている。書道室へきみと一緒に行くことができるよ。／R：それが大好きになるかもしれない。ありがとう。／K：どういたしまして。4:15 に職員室の前で会うことができる？／R：はい，そこで会いましょう。

問１　ローズは何をやりたいのですか？
　ア　将棋の練習。　イ　筆とインクを使って日本語の言葉を書く。(○)
　ウ　伝統的な日本の食べ物を料理する。エ　サッカーをする。

問２　彼らは今日の放課後どこで会うことになっていますか？
　ア　体育館の前で　　イ　コンピューター室の前で
　ウ　職員室の前で(○)　　エ　図書室の前で

問３　ウ→イ→ア→エ　の順が適当。

＜理科解答＞

【1】 問1　エ　問2　A→B→D→C→E　問3　ア　問4　原因　イ　解決方法　オ
問5　8本

【2】 問1　イ　問2　(1)　(P波)　8km/s　(S波)　4km/s　(2)　10時15分5秒
問3　エ　問4　ウ

【3】 問1　エ　問2　イ　問3　カ　問4　$2Ag_2O \rightarrow 4Ag + O_2$　問5　3.72g

【4】 問1　イ　問2　ウ　問3　振動数　単位　ヘルツ　問4　イ　問5　エ

【5】 問1　メスシリンダー　問2　密度　問3　$7.0g/cm^3$
問4　(1)　①　ウ　②　イ　(2)　エ

【6】 問1　イ　問2　オ　問3　ウ　問4　ウ　問5　ウ

【7】 問1　イ　問2　ウ　問3　露点　問4　72%　問5　エ

【8】 問1　自由落下　問2　右図　問3　ア　問4　76
問5　ウ

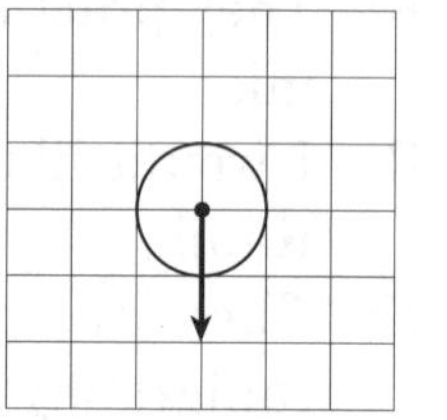

＜理科解説＞

【1】 (生物の成長と生殖―細胞分裂，観察の方法，染色体)

問1　根の先端に近い部分で，**細胞分裂**がさかんに行われて細胞の数が増える。根もとに近くなるほど細胞分裂は見られず，分裂した細胞のひとつひとつが大きくなり，根が伸びる。

問2　分裂の準備に入ると，それぞれの**染色体**が複製されて同じものが2本ずつになる。細胞分裂が始まると，2本の染色体がついたまま太く短くなり，これが2等分されて，それぞれが分裂後の細胞に入る。したがって，新しくできた細胞には，もとの細胞とまったく同じ数と内容の染色体がふくまれる。

問3　うすい塩酸や酢酸カーミン溶液が，細胞分裂を促進させるわけではない。また，酢酸カーミン溶液によって，染色体は赤色になる。根を上から押しつぶして，細胞どうしが重ならないようにすると，ひとつひとつの細胞が顕微鏡で観察しやすくなる。

問4　高倍率にすると，試料の見える範囲がせまくなるので，Eが視野の外に出てしまった。視野が暗くなるが，これはEが見えなくなった原因にはあたらない。解決方法のアとイはピントを合わせたりはっきり見えるようにするためで，レボルバーは対物レンズの交換，反射鏡は視野の明るさを調節する。

問5　生殖細胞がつくられるとき，**減数分裂**によって染色体の数が分裂前の半分になる。その結果，生殖細胞どうしが結びついてできる**受精卵**の染色体の数は，減数分裂前の細胞と同じになる。

【2】（地震―初期微動，主要動，地震の波，初期微動継続時間，震度とマグニチュード）

問1　**初期微動**を伝えるP波は，**主要動**を伝えるS波よりも伝わる速さが速い。地震が起こると，震源ではP波とS波が同時に発生するが，観測地点には先にP波が到着し，おくれてS波が到着する。この到着時刻の差が，**初期微動継続時間**にあたる。P波は波の伝わる方向に物質が振動する縦波で，S波は波の伝わる方向と直角方向に物質が振動する横波である。

問2　(1)　P波は(80－40)(km)÷(15－10)(s)＝8(km/s)，S波は(80－40)(km)÷(25－15)(s)＝4(km/s)　　(2)　初期微動継続時間は，震源からの距離に比例する。P波の伝わる速さの8km/sを使って求めると，震源からA地点までを伝わる時間は，40(km)÷8(km/s)＝5(s)なので，10時15分10秒の5秒前に地震が発生した。

問3　**緊急地震速報**は，P波とS波の速さのちがいを利用して，強いゆれがくることを事前に知らせる。

問4　**震度**は観測点における揺れの大きさを10段階で表したもので，**マグニチュード**は地震のエネルギーの大きさ(地震の規模)を表している。

【3】（化学変化―分解，金属の性質，気体の性質，化学反応式，化学変化と物質の質量）

問1　実験では，酸化銀が**分解**して銀が生じて，酸素が発生した。金属である銀は白色で金属光沢があり，たたくとうすく広がる展性やのびる延性を示す。また，金属には電流が流れる。

問2　加熱を始める前の試験管Aには，酸化銀とともに空気がふくまれており，加熱によってはじめに出てくる気体には，空気が多くふくまれている。

問3　アは二酸化炭素，イはアンモニアや塩素，ウは水素，エはアンモニア，オは二酸化炭素や塩素などの性質を述べている。

問4　$2Ag_2O$(酸化銀)→$4Ag$(銀)＋O_2(酸素)　　気体の酸素は**原子**が2個結びついた**分子**になっている。

問5　表1より，(銀の質量)：(酸素の質量)＝0.93：0.07となり，5.00－4.72＝0.28(g)の酸素が発生したとき，生じた酸化銀の質量は，$\frac{0.93\times0.28}{0.07}=3.72$(g)

【4】（光と音―焦点距離，光の進み方，振動数，音の高低）

〔Ⅰ〕　問1　物体が**焦点**より外側にあるとき，凸レンズを通った光は1点に集まり，スクリーン上に上下左右が物体と逆向きの**実像**ができる。凸レンズから**焦点距離**の2倍の位置に物体を置いたとき，凸レンズの反対側の焦点距離の2倍の位置にあるスクリーン上に，物体と同じ大きさの実像ができる。

問2　焦点の位置に置いた物体から出た光は，凸レンズで**屈折**した後は平行に直進し，実像も虚像もできない。

〔Ⅱ〕 問3　弦をはじいたとき，その振動の中心からの幅を**振幅**といい，弦が1秒間に振動する回数を**振動数**という。振動数の単位にはヘルツ(記号Hz)が使われる。

問4　オシロスコープでは，山(または谷)の大きさが振幅を表し，1秒間における山と谷の組み合わせの回数が振動数にあたる。

問5　弦の振動数が多くなるほど，高い音が出る。それには弦の長さを短くしたり，弦の張りを強くしたりすればよい。弦をはじく強さは弦の振幅に関係し，振幅が大きいほど大きい音になる。

【5】 (金属の見分け方─実験器具，密度)

問1　メスシリンダーの水面が上がった分の体積が，水の中に完全に入れた金属球Xの体積にあたる。

問2　単位体積あたりの質量をその物質の**密度**といい，ふつう1cm^3あたりの質量で表す。単位はg/cm^3。

問3　金属球Xの体積は，55.0−50.0＝5.0(cm^3)なので，密度は，35(g)÷5.0(cm^3)＝7.0(g/cm^3)になる。

問4　(1)　図2で，それぞれの点と(0，0)を結ぶ直線を引いたとき，傾きが大きい金属ほど密度が大きいことになる。　(2)あらゆる物質は固有の密度をもっているので，物質の質量と体積から求めた密度から，その物質が何であるかを予想することができる。図2で，密度が等しい物質の体積と質量を調べた結果を示す点は，(0，0)と結ぶ同じ直線上にある。

【6】 (生物と細胞─血液成分，動物の細胞と植物の細胞，細胞の呼吸，光合成)

問1　**赤血球**は酸素の運搬を行い，**血小板**は出血した血液を固めるはたらきをする。脂肪酸とモノグリセリドは小腸の**柔毛**で吸収された後，再び脂肪になってリンパ管に入り，心臓の近くで血管と合流する。

問2　細胞膜と核は，動物と植物の細胞に共通するつくりである。植物の細胞には細胞壁や葉緑体，液胞が見られる。

問3　動物や植物の細胞の呼吸で生じた二酸化炭素と水は，生物体の外に排出される。赤血球に含まれるヘモグロビンは，酸素の多いところ(肺)で酸素と結びつき，酸素の少ないところ(全身)で酸素をはなす。**血しょう**は毛細血管からしみ出て**組織液**になり，この組織液を通して養分や酸素が細胞に届けられる。ブドウ糖は小腸の柔毛で吸収されて，毛細血管に入る。

問4　**光合成**に使われる水は，根から吸収されて**道管**を通して運ばれる。

問5　**細胞による呼吸**は動物，植物ともに行うはたらきであるが，光合成は葉緑体を持つ植物が行うはたらきである。

【7】 (気象─季節風，気団，露点，湿度)

〔Ⅰ〕 問1　空気は，あたためられると膨張して密度が小さくなり，**上昇気流**が発生して気圧の低いところができる。風は，気圧の高いところから低いところへ向かってふく。水は，陸をつくる岩石などよりもあたたまりにくく，冷えにくいので，冬には大陸は急速に冷えるが，海水温は急に下がらない。そのため，大陸と海洋の間に温度差が生じ，冷たい方に高気圧，あたたかい方に低気圧が発生して，季節に特徴的な**季節風**がふく。

問2　小笠原気団はあたたかく湿った気団である。冬の時期にはユーラシア大陸が冷やされ，大陸上でシベリア高気圧が成長して，冷たく乾燥した大きな空気のかたまりであるシベリア気団ができる。

〔Ⅱ〕 問3　水蒸気をふくむ空気を冷やしていくと，ある温度でふくんでいる水蒸気の量と**飽和水**

蒸気量が等しくなり，さらに温度が下がると，水蒸気の一部が水滴に変わる。

問4　表1で，乾球温度計の示度19℃の欄を右に見ていき，乾球温度計と湿球温度計の示度の差(19－16)℃の値がこの時の**湿度**にあたる。

問5　室温11℃，湿度80％の空気中にふくまれる水蒸気量は，10.0(g)×8÷100＝0.8(g)　これが飽和水蒸気量の50％近くになる温度を表2から読みとる。

【8】 (物体の運動―自由落下，力の表し方，平均の速さ，慣性)

問1　物体が斜面を下るとき，物体にはたらく**重力**の斜面下向きの**分力**がはらき続けるため，物体の速さが増加する。斜面の傾きを大きくしていき，傾きが90°になると，力の大きさは重力の大きさに等しくなる。このときの運動を**自由落下**という。

問2　地球上にある全ての物体には，地球からその中心の向きに力を受けていて，この力を重力という。重力を図に示すとき，力の作用点は物体の中心で，そこから鉛直方向に矢印で示す。

問3　物体に一定の大きさの力がはたらき続けるとき，物体の速さは力のはたらく向きに一定の割合で増加する。

問4　(5.1―1.3)(cm)÷0.05(s)＝76(cm/s)

問5　物体に力がはたらいていないか，力がはたらいていても合力が0のとき，静止している物体は静止し続け，運動している物体はそのままの速さで**等速直線運動**を続ける。これを**慣性の法則**という。力がつり合っていれば，物体の運動の速さは変化しない。また，物体にはたらく重力の大きさは一定である。物体がもつ**力学的エネルギー**の大きさは一定に保たれる。

＜社会解答＞

【1】 問1　ア　問2　(建物から)出る熱が永久凍土をとかし(建物が傾くのを防ぐため)
問3　ウ　問4　ア　問5　イ　問6　エ　問7　ウ　問8　ア

【2】 問1　ウ　問2　イ　問3　ア　問4　(ア)→(ウ)→(イ)　問5　1970年代，排他的経済水域を設定して，水産資源の管理を強める国が増えたため(日本の遠洋漁業の漁獲量が減少した)。　問6　ウ　問7　エ

【3】 問1　仏教(の力で)国家(を守ろうと考えたため。)　問2　菅原道真　問3　イ
問4　エ　問5　ウ　問6　コロンブス　問7　ウ　問8　イ

【4】 問1　エ　問2　ウ　問3　イ　問4　エ　問5　中華民国　問6　ア
問7　アジア　問8　(旧首里城の建物が,)沖縄戦の時，米軍の攻撃でほぼ全て破壊された。

【5】 問1　ウ　問2　A　プライバシーの(権利)　B　知る(権利)　問3　エ
問4　ア・ウ・エ　問5　メディア・リテラシー　問6　イ　問7　ア

【6】 問1　(1)　A　株主　B　配当　(2)　イ・エ　(3)　ワーク・ライフ・バランス
問2　(1)　275万円　(2)　ウ　問3　発券(銀行)　問4　ウ

＜社会解説＞

【1】 (地理的分野－世界の国・地域に関する問題)

問1　**イギリスのロンドン郊外，旧グリニッジ天文台を通る経線**である。

問2　高床式にすることで，建物から出る熱が永久凍土に直接伝わることがなくなる点に注目して説明すれば良い。

問3　Qはアメリカ合衆国であることから判断すれば良い。アメリカ合衆国の人口割合は，2020年の推計で，**白人が約60%で最も多い**ことから，ウは誤りである。

問4　世界2位の信者数を誇るブラジルをはじめとして，南米大陸にはキリスト教信者が最も多い国が集まっていることと，アはキリスト教，イは仏教，ウはイスラム教に関係する写真であることを併せて判断すれば良い。

問5　S国がオーストラリアである。オーストラリアは，イギリス連邦の一員であることから，以前はイギリスとの貿易が盛んに行われていた。しかし近年になると，経済成長が著しい中国との貿易が盛んになっている点とを併せて判断すれば良い。

問6　**化石燃料の燃焼によって発生する物質は二酸化炭素**であることから，エは誤りである。

問7　地中海に面している国々が1位から3位を占めていることから，アはオリーブであると分かることに注目して判断すれば良い。Bはなつめやしで説明はア，Cはカカオ豆で説明はイである。

問8　全体に対する割合を示すには，円グラフが良い。イの折れ線グラフは，時間の経過に伴う数字の変化を表すのに適している。ウの棒グラフは，数字の大小を比較するのに適している。

【2】（地理的分野－日本の気候・産業・人口・地形図の読み取りなどに関する問題）

問1　日本に吹く季節風は，**夏は太平洋側から吹く南東の季節風，冬はユーラシア大陸から吹く北西の季節風**であることから判断すれば良い。

問2　愛媛県の県庁所在地である**松山市は，瀬戸内の気候**に該当する。瀬戸内の気候は，**温暖で降水量が少ない**ことから判断すれば良い。アは冬の降水量が多いことから日本海側の気候であることが分かるので，金沢となる。ウは夏の降水量が多いことから太平洋側の気候であることが分かるので，浜松となる。

問3　関東地方には首都東京があることから，**大都市周辺で行われる近郊農業**が盛んであることが分かる。冬場の積雪とあることから，イは北陸である。農家1戸あたりの耕地面積が広いとあることから，ウは北海道である。野菜の促成栽培とあることから，エは九州である。

問4　人口は多産多死から少産少死と変化することから判断すれば良い。

問5　**排他的経済水域とは，魚介類及び海底資源に対して沿岸国が権利を持つことができる水域**のことで，**沿岸から200カイリ(およそ370km)の範囲**が設定されている。1977年から導入されるようになった，魚介類に対する権利を沿岸国が持つことを認める漁業専管水域の考え方が，1982年から排他的経済水域に移行するようになったことから，遠洋漁業の漁獲量がより一層減少することになった点を説明すれば良い。

問6　図5には果樹園を表す○が描かれていないことから，ウは誤りである。

問7　**原子力発電所は若狭湾に多く建設**されている。ダムが川の上流に建設されることから，水力発電所は川の上流部に多く建設されている。これらを併せて判断すれば良い。

【3】（歴史的分野－8世紀から18世紀までの自然災害・伝染病を切口にした問題）

問1　国分寺・国分尼寺の建立や大仏の造立は，**聖武天皇が仏教の力で国を治めようとした鎮護国家**の考えに基づくものであることに注目すればよい。

問2　**遣唐使派遣停止の進言**を行った人物は，**菅原道真**である。

問3　禅宗は武士を中心に広まったことから，イは誤りである。

問4　資料1に**甲州**法度之次第とあることから，**甲斐を領国にしていた武田信玄**に注目すれば良い。

織田信長は尾張，上杉謙信は越後を本拠地としていた。足利義満は室町幕府3代将軍である。

問5　**祇園祭は毎年7月に京都で開かれ**，山鉾巡行でクライマックスを迎える祭りである。**ねぶた祭は青森，だんじり祭は大阪，よさこい祭りは高知**で開かれる祭りである。

問6　サンタマリア号など3隻の船でスペインを出発し，70日余りの航海でアメリカ大陸に到達した人物である。

問7　**老中松平定信による寛政の改革**の一つである，**囲い米の制**の内容である。**徳川吉宗が奨励したのはさつまいもの栽培**であることから，アは誤りである。**俵物は田沼時代の長崎貿易で輸出**されたものであることから，イは誤りである。**老中水野忠邦は株仲間の解散を実施**したことから，エは誤りである。

問8　1771年に八重山で巨大地震があったことから，地震で引き起こされる津波に注目すれば良い。

【4】（歴史的分野－2021年を起点とした日本・世界の各時代に関する問題）

問1　**1789年**に採択された**人権宣言**の中で，国民主権が示されていること，**1762年にフランスの哲学者であるルソー**が，「人々の契約によって社会は成立する」と**社会契約論**の中で主張したことがフランス革命に影響を与えたことを，併せて判断すれば良い。

問2　**福沢諭吉**が**「学問のすゝめ」**を発表したのは1872年(明治5年)である。

問3　一連の琉球処分の過程で，1872年に琉球藩が設置されたこと，それまでは琉球王国であったことを併せて判断すれば良い。なお，沖縄県の設置は1879年のことである。

問4　**1901年に福岡県で操業を開始**した製鉄所は，日清戦争の賠償金の一部を利用して建設された**八幡製鉄所**である。20世紀初めの頃，鉄鋼を製造するための原料である**鉄鉱石は中国から輸入，石炭(コークス)は近隣の筑豊炭田から入手**していたことから判断すれば良い。なお，石灰石は現在も国内で自給できる鉱産物資源であり，山口県はその中心となる産出地である。

問5　1912年から中華人民共和国が成立するまでの中国の国号であり，1949年に中国共産党との内戦に敗れた後，台湾に逃れた国民党政府が現在用いている名称である。

問6　1932年に建国された国が満州国であることから判断すれば良い。**満州国は，清朝最後の皇帝であった愛新覚羅溥儀を執政・皇帝として迎えて**，中国東北部の満州に建国された国である。

問7　戦争当時は大東亜戦争が公式名称であったが，GHQの指令により使用が禁止されたため，太平洋戦争という呼び方が広く使われるようになっていった。しかし，この名称は対米戦争のみを示すもので，対中国・東南アジアを含む戦争という状況を正しく示していないという指摘から，1980年代以降アジア・太平洋戦争という名称が使われるようになってきた。

問8　首里城の建物がなくなっている点に注目し，その原因が米軍との間の先頭である沖縄戦であることに触れれば良い。

【5】（公民的分野－日本国憲法・基本的人権・日本の政治などに関する問題）

問1　**憲法改正の発議**に関しては**日本国憲法第96条**，**法律案の議決**に関しては**日本国憲法第59条**に規定されている。法律案の議決に関して国民投票が実施されることはないことから，アは誤りである。**憲法改正の発議には，各議院の総議員の3分の2以上の賛成が必要**であることから，イは誤りである。憲法改正の発議にも法律案の議決にも裁判所の承認は不要であることから，エは誤りである

問2　A　個人の情報を守るとあることから，私生活上の事柄をみだりに公開されない権利であるプライバシーの権利であると判断できる。　B　国の活動に関する情報収集とあることから，民主主義社会における国民主権の基盤として必須とされる，国民が国政の動きを自由かつ十分に知

る権利であると判断できる。

問3　(1)　**日本国憲法第9条2項**の内容である。　(2)　1950年に警察予備隊として発足し1952年に保安隊となり，1954年から自衛隊となっていく中で，個別的自衛権は認められるという政府見解に従って示されるようになった見解である。

問4　**勤労の義務は日本国憲法第27条，納税の義務は日本国憲法第30条，普通教育を受けさせる義務は日本国憲法第26条**の規定であることから判断すれば良い。職業選択に関しては，日本国憲法第22条で職業選択の自由が権利として規定されている。**憲法擁護は，日本国憲法第99条に天皇・摂政・国務大臣・国会議員・裁判官・その他の公務員に対する義務として規定**されている。

問5　リテラシーとは「読み書き能力」のことで，新聞記事やテレビ番組などメディアからのメッセージを読み解く力のことを示す言葉である。

問6　**地方自治法第74条**の規定から，有権者の50分の1以上の署名を集め首長に提出することで請求が可能となることから判断すれば良い。

問7　**日本国憲法第67条**の規定である。日本国憲法第68条の規定により，国務大臣の過半数が国会議員であれば良いことから，イは誤りである。日本国憲法第61条の規定により，条約の承認は国会が行うことから，ウは誤りである。**日本国憲法第69条**の規定により，**内閣不信任案が可決された場合は10日以内に衆議院の解散か内閣総辞職を選択しなくてはならない**ことから，エは誤りである。

【6】　**(公民的分野－経済のしくみ・財政に関する問題)**

問1　(1)　A　株式を購入していることから判断すれば良い。　B　企業が持株数に応じて分配する利益のことである。　(2)　イは，消費者保護の点から導入された制度である。ただし，全ての契約が対象になる訳ではなく，申込者が商人である場合，または契約が開業準備行為である場合には適用されない。エは1968年に制定された法律で，消費者庁が所管している。消費者行政一元化のために**2009年に設置されたのは消費者庁**であることから，アは誤りである。**契約は口頭でも成立する**ことから，ウは誤りである。　(3)　仕事のために他の私生活の多くを犠牲にしてしまうワーカホリック(仕事中毒)状態となり，心身に溜め込んだ疲労が原因となりうつ病などの精神疾患を患ったり，家庭を顧みる時間がなくなることで家庭崩壊に陥るなどの事例が増加してきたことから，仕事と家庭生活の両立を目指す動きが強まってきたことから強調されるようになった考え方である。

問2　(1)　**自主財源とは税金**のことであるから，275万円が該当する。　(2)　**国庫支出金は使い道が限定されている**ものであることから，ウは誤りである。**使い道を自主的に決定できるのは，地方交付税交付金**である。

問3　日本の紙幣には，日本銀行券と印刷されていることから判断すれば良い。

問4　不景気の際，政府は国民の手元にあるお金を増やそうとすることから，Cは減税，Dは増加となることが分かる。日本銀行も同様に，市中に流通するお金の量を増やそうとするので，Eは買う，Fは増えるとなると判断できる。

<国語解答>

【一】　問1　ウ　　問2　ア　　問3　ア　　問4　ウ　　問5　エ　　問6　Ⅰ　パパは困ったような顔で笑うだけ　　Ⅱ　肩から力を抜いて笑った　　Ⅲ　圭太　　Ⅳ　パパ

【二】 問1 a ないほう　b 招　問2 イ　問3 記憶力，分析力　問4 エ
問5 意味という　問6 A 解釈　B 想像　C 質
【三】 問1 ようなる　問2 エ　問3 (1) ウ　(2) A 煙　B イ
【四】 問1 田を耕す者有り。　問2 ア　問3 ウ　問4 エ
【五】 問1 イ　問2 ア　問3 ウ→ア→イ　問4 イ
問5 Ⅰ (例)図書委員が工夫したスライドなど視覚的な点においては新入生に好評だったが，練習不足による発表の構成は時間配分や進行の面において，新入生の受け止め方もよくなかった。　Ⅱ (例)今回の発表は，発表の仕方が問題だった。だから発表の予行練習が必要だ。本番は一回しかなく失敗は許されないからだ。まず限られた時間を有効に活用するために時間配分を再考する。次に実際に発表してうまくいくかを試す。そして受け手の立場で発表を聞きたい。伝わりにくいところを確認して修正をすれば，発表が充実すると考える。

＜国語解説＞

【一】 (小説―情景・心情，内容吟味，脱文・脱語補充，語句の意味，ことわざ・慣用句，品詞・用法)

問1 「気詰まり」は，遠慮したり緊張したりして，**気持ちがのびのびしない**こと。ここでは「ぼく」はテントの中に居づらかったのだから，窮屈さを感じて気持ちがのびのびしなかったということだ。

問2 「誤解されやすいタイプ」だという言葉に対して「そうだな」と肯定しなかったのは，誤解されやすいわけではないと感じたからだ。つまり**周囲の見方が誤解ではなく妥当だと感じた**のである。

問3 「しぼんでしまった」とき，「ぼく」には気がついたことがある。「笑った。でも，この笑い方がだめなのかな」ということである。**「だめ」とは誤解される**ことで，普通に笑ったつもりでも，その笑い方のために誤解されるのかもしれないと思ったのである。

問4 周囲から誤解されやすいタイプで「いい子」とは思われない「ぼく」のことを，「パパ」は，いい子だと言ってくれた。**誤解されてもしかたない「ぼく」を自分自身が気づき始めていたので，リッキーさんに対して，パパに「いい子」だと言わせたことを申し訳なく感じた**のだ。

問5 パパが「誰になんと言われようと，あの子は，いい子です」と，**「ぼく」自身のことを認めてくれたことが，何よりうれしかった**のである。

問6 Ⅰ には「パパ」のやむなくやりとりを諦めた様子を補う。文章Ⅰ に「パパは困ったような顔で笑うだけ」とある。 Ⅱ には気が楽になった「パパ」の様子が入る。気が楽だと力まない。「肩から力を抜いて笑った」が適切だ。**この文章は一人称「ぼく」である圭太**(Ⅲ)(Ⅲ)**の視点**で語られている。しかし，「ぼく」の変化よりも，**「パパ」**(Ⅳ)(Ⅳ)**の「ぼく」に対する諦めの態度から受容する態度に変わっていく様子**を描いている。

【二】 (論説文―大意・要旨，内容吟味，文脈把握，脱文・脱語補充，漢字の読み書き，熟語)

問1 a 中に含んでいること。 b 「招」は，てへん。

問2 「推測」は，似た意味の漢字の組み合わせ。　ア 「砂丘」は，上の字が下の字を修飾する組み合わせ。　イ 「縮小」は，似た意味の漢字の組み合わせ。　ウ 「問答」は，反対の意味の漢字の組み合わせ。　エ 「帰宅」は，下の字が上の字を修飾する組み合わせ。

問3 「量」は，人間ではなくAIの秀でた特徴といえるもので，「記憶力」と「分析力」を指している。

問4 「『背中合わせの狛犬。』聖海上人の涙は，その配置に自分がまだ知らないありがたい意味の存在を創造的に感じたから。」とある。**意味は受け手が創造的に作り出すものであり，上人は見たことのない配列に何らかの有り難さという意味を見出して涙した**のだ。

問5 聖海上人の涙が私たちに提示している大切なことは，なにか。これを説明するために「比喩」について述べられている。ここからわかることは，**人間は論理の跳躍によって新しい意味を生み出す力を備えているということ**だ。これはAIにはない，人間の特有の優れた能力である。意味を作り出すのは人間という受け手であり，**人間だから創造的に作り出せる**のだ。これが聖海上人の話が提示する大切な内容であり，文章最後の一文で，まとめとして述べられているので抜き出す。

問6 資料1の**俳句鑑賞で行われている人間的なことは「解釈」と「想像」**である。これを A と B に補う。 C には，人間にしかないものを補うが， 資料2 に**「現実世界の微妙に変化する『質』をAIはとらえることができません」**とあるので「質」を抜き出す。

【三】 (古文―文脈把握，内容吟味，脱文・脱語補充，仮名遣い)

〔現代語訳〕 そのとき，猿と狐が，この様子を見て言うことには，「おまえは何を持ってきたのか。これは，思ったとおりだ。嘘をついて人をだまし，木を拾わせ火を起こさせて，自分がそこで暖まろうとは，なんと憎らしい。」と言うと，兎は，「私は，食べ物を探して持ってくる能力がない。だから，ただこの身を焼いてお食べになってください」と言って，火の中に飛んで入って焼け死んでしまった。

そのとき，帝釈天は，もとの(神の)姿に戻って，この兎の火に入った形を月の中に移し，命あるものすべてのものたちに見せるために，月の中に刻み込んだ。

だから，月の表面に雲のようなものがあるのは，この兎が火に焼けた煙である。また，月の中に兎がいるというのは，この兎の形である。人間ならば誰しも，月を見るたびにこの兎の行動を思い起こすだろう。

問1 **「アウ(―au)」は，現代仮名遣いにすると「オウ(―ou)」**となる。したがって，二重傍線「やうなる(yaunaru)」は younaru となり「ようなる」と読むことになる。

問2 猿と狐は「虚言をもつて……なんぢ火を温まむ」と考えたのだ。

問3 (1) 傍線②の行為の目的は直前に「あまねく一切の衆生に見せしめむがため」とある。

(2) 〔A〕は「この兎の火に焼けたる煙」から抜き出す。〔B〕は「月の中に兎の有るといふは，この兎の形なり」から，月に見えるのは兎の姿だとわかる。

【四】 (漢文―主題・表題，脱文・脱語補充，表現技法・その他)

問1 返り点をふまえると漢字の読む順番は，田→耕→者→有である。

問2 **田を耕さなくても兎が手に入った経験**から，田を耕すことをやめて，兎が切り株にぶつかってくるのを待つようになったのだ。

問3 以前に手に入れたのは「兎」である。

問4 **以前に上手くいった方法が，今もなお適切な方法ではない**という教訓を読み取ろう。無常の世の中において，変化しないものはないのだから，その状況に応じて適切な政治をするのがよいのだ。

【五】 (会話・議論・発表―文脈把握，脱文・脱語補充，作文)

問1 「なるほど」の後には，**「そうすれば……」と美穂さんの意見を取り入れた考え**が続く。従って，「なるほど」には，相手の意見に対する**同意**が込められている。

問2 傍線②は，他の意見を受ける幅を持たせたまま，**意見の収集から整理へと次段階に進んでいる**。

問3 **【話し合い】**では，でいご中学校ならではの面として**イベント紹介をお知らせする工夫**がいち推しだったので初めにウが来る。次に，紹介として**部活動生の利用を促す工夫が**話し合われたのでアが来る。そして時間に余裕があれば最後に**図書館の雰囲気**を伝えたいのでイを置く。

問4 本の貸出・返却に関するのはイだ。それ以外は図書館内の利用についての情報である。

問5 Ⅰ　読み取れることとしては，両者を比べた際の**変化や違いが大きい箇所に着目する**とよい。そこに問題点や論じるべき要素が含まれている。　Ⅱ　Ⅰで挙げた内容を論点に置いて，「必要なこと」を考えるとよい。設問にある三つの必須要素を含めるのを忘れないこと。Ⅰをふまえて，必要だと考えることを提示する。そして，その理由を説明しよう。最後に**解決策として具体的な方法を提案**すればよい。字数が限られているので，できるだけコンパクトに書きたい。必要なことだけに絞ってまとめよう。

MEMO

大切なことはメモしておこうネ！

沖縄県公立高等学校

2020年度

★★★★★★★★★★★★★★★★★★★★★★★

入　試　問　題

2020年度

●くわしい解説……61ページ

＜数学＞

時間　50分　　満点　60点

【注意】　1　答えは，最も簡単な形で表し，すべて別紙の解答用紙に記入しなさい。
　　　　　2　答えは，それ以上約分できない形にしなさい。
　　　　　3　答えに$\sqrt{\ }$が含まれるときは，$\sqrt{\ }$の中をできるだけ小さい自然数にしなさい。

【１】　次の計算をしなさい。

⑴　$-7+5$

⑵　$6\div\left(-\frac{2}{3}\right)$

⑶　$1-0.39$

⑷　$\sqrt{2}+\sqrt{18}$

⑸　$4a\times(-3a)^2$

⑹　$3(2x+y)-2(x-y)$

【２】　次の □ に最も適する数または式，記号を入れなさい。

⑴　一次方程式　$3x-5=x+3$　の解は，$x=$ □ である。

⑵　連立方程式　$\begin{cases}2x+y=11\\x+3y=3\end{cases}$　の解は，$x=$ □，$y=$ □ である。

⑶　$(x-6)(x+3)$　を展開して整理すると，□ である。

⑷　x^2-36 を因数分解すると，□ である。

⑸　二次方程式 $x^2+5x-1=0$　の解は，$x=$ □ である。

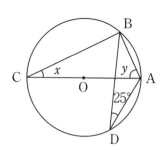

⑹　右の図において，４点A，B，C，Dは円Oの周上にあり，線分ACは円Oの直径である。∠ADB＝25°であるとき，∠x＝ □°，∠y＝ □°である。

(7) ある観光地で，５月の観光客数は４月に比べて５％増加し，8400人であった。このとき，4月の観光客数は □ 人である。

(8) 生徒９人を対象に10点満点のテストを行い，９人のテストの得点を小さい順に並べると以下のようになった。

2，4，6，7，8，8，9，9，10（点）

このとき，９人のテストの得点の平均値は □ 点，中央値は □ 点である。

(9) 次の**ア**～**エ**のうち，標本調査を行うのが**適当である**ものは □ である。**ア**～**エ**のうちから**すべて選び**，記号で答えなさい。

ア　けい光灯の寿命《じゅみょう》調査　　**イ**　学校での健康診断

ウ　新聞社などが行う世論調査　　**エ**　湖にすむ，ある魚の数の調査

【３】 袋の中に，[1]，[2]，[3]，[4]，[5] の５種類のカードが１枚ずつある。この袋の中からカードを１枚取り出し，取り出したカードはもとに戻さずにもう１枚カードを取り出す。取り出した２枚のカードのうち，１枚目に取り出したカードに書かれた数を十の位，２枚目に取り出したカードに書かれた数を一の位として２けたの整数をつくる。

このとき，次の各問いに答えなさい。

ただし，どのカードの取り出し方も，同様に確からしいとする。

問１　つくられる２けたの整数は，全部で何通りあるか求めなさい。

問２　つくられる２けたの整数が，偶数になる確率を求めなさい。

問３　つくられる２けたの整数について**正しい**ものを，次の**ア**～**ウ**のうちから**１つ選び**，記号で答えなさい。

ア　偶数よりも奇数になりやすい。

イ　奇数よりも偶数になりやすい。

ウ　奇数のなりやすさと偶数のなりやすさは同じである。

【４】 次の各問いに答えなさい。

問１　図１において，直線ℓに対して点Aと対称な点Pを，定規とコンパスを使って作図して示しなさい。

ただし，点を示す記号Pをかき入れ，作図に用いた線は消さずに残しておくこと。

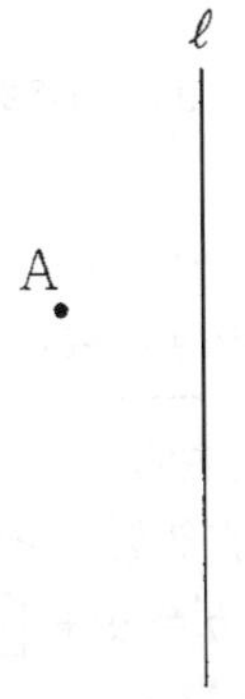

図１

問2 図2のように，直線ℓに対して点Aと同じ側に点Bをとる。また，直線ℓに対して点Aと対称な点をPとする。

線分BPと直線ℓとの交点をQとするとき，線分AQ，QB，BPの長さの関係について正しいものを，次のア～ウのうちから1つ選び，記号で答えなさい。

ア　AQ+QB はBPより大きい。
イ　AQ+QB はBPと等しい。
ウ　AQ+QB はBPより小さい。

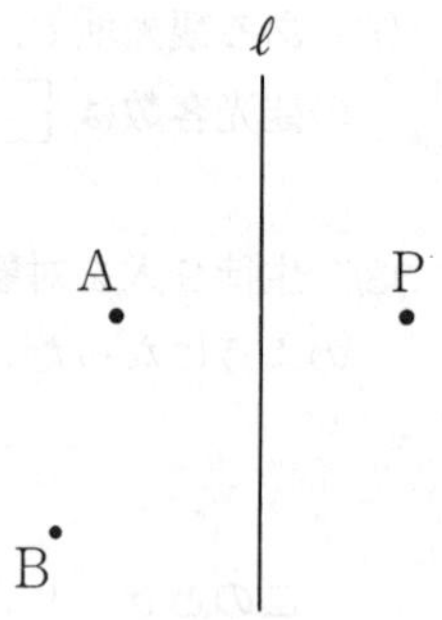

図2

【5】 図1のカレンダーにおいて，図2のように配置された5つの数は，小さい順にa，b，c，d，eとなる。図3は，図1において，$a=9$，$b=16$，$c=17$，$d=18$，$e=25$となる例である。

このとき，次の各問いに答えなさい。

ただし，a，b，c，d，eのすべてに数が入っている場合のみ考えるものとする。

2020年　3月

日	月	火	水	木	金	土
1	2	3	4	5	6	7
8	9	10	11	12	13	14
15	16	17	18	19	20	21
22	23	24	25	26	27	28
29	30	31				

図1

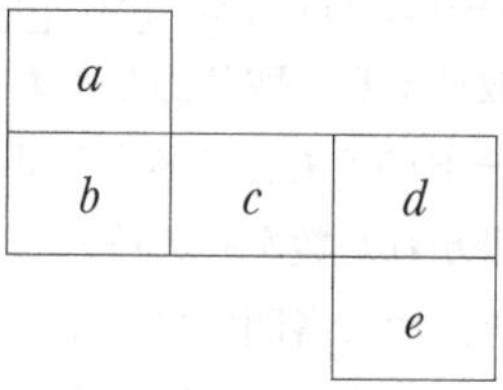

図2

2020年　3月

日	月	火	水	木	金	土
1	2	3	4	5	6	7
8	9	10	11	12	13	14
15	16	17	18	19	20	21
22	23	24	25	26	27	28
29	30	31				

図3

問1 $e=20$であるとき，aの値を求めなさい。

問2 $a+b+c+d+e$ は5の倍数であることを，次のように説明した。①～⑤に最も適する数を入れ，説明を完成させなさい。

［説明］
自然数aを用いて，b，c，d，eはそれぞれ
$b=a+$ ①，$c=a+$ ②，$d=a+$ ③，$e=a+$ ④ と表せる。

5つの数の和は
$a+b+c+d+e=a+(a+$ ［①］ $)+(a+$ ［②］ $)+(a+$ ［③］ $)+$
$(a+$ ［④］ $)=5(a+$ ［⑤］ $)$
$a+$ ［⑤］ は自然数であるから，$5(a+$ ［⑤］ $)$ は5の倍数である。
したがって，$a+b+c+d+e$ は5の倍数である。

問3　次のア～エのうちから<u>正しくない</u>ものを<u>1つ選び</u>，記号で答えなさい。
ア　$b+d$ は c の2倍と等しい。
イ　$a+c+e$ は c の3倍と等しい。
ウ　$a+b+c+d$ は c の4倍と等しい。
エ　$a+b+c+d+e$ は c の5倍と等しい。

【6】 右の図の△ABCは，AB=12㎝，BC=8㎝，∠B=90°の直角三角形である。点Pは，△ABCの辺上を，毎秒1㎝の速さで，AからBを通ってCまで動くとする。点PがAを出発してから x 秒後の△APCの面積を y ㎠とするとき，次の各問いに答えなさい。

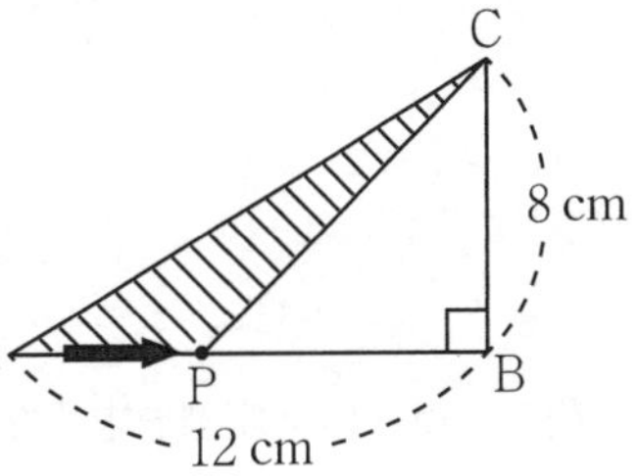

問1　点PがAを出発してから4秒後の y の値を求めなさい。

問2　点Pが辺AB上を動くとき，y を x の式で表しなさい。

問3　x と y の関係を表すグラフとして<u>最も適する</u>ものを，次のア～エのうちから<u>1つ選び</u>，記号で答えなさい。

ア
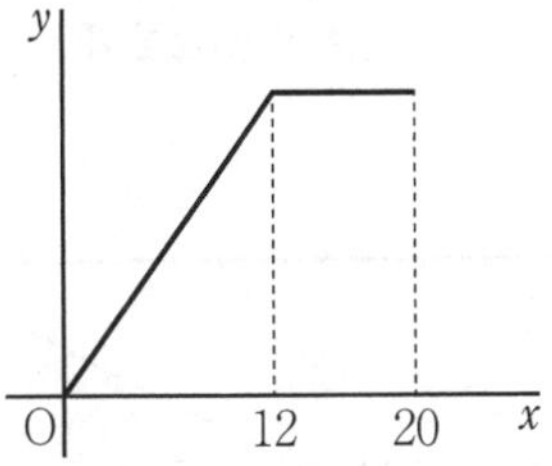

イ
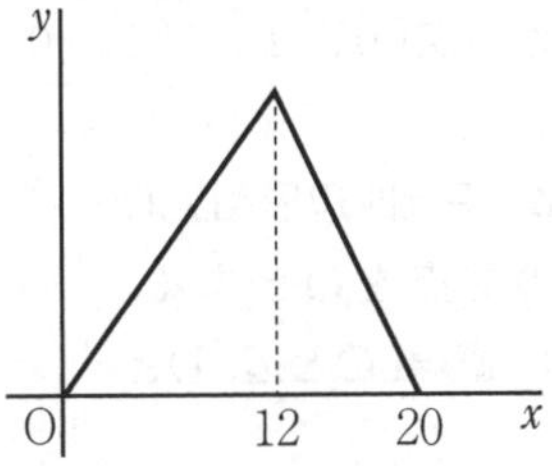

ウ
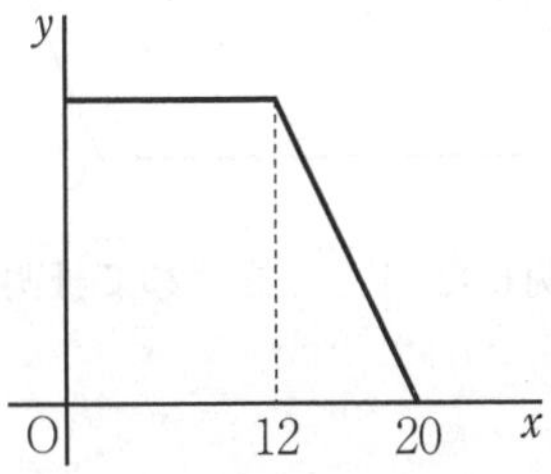

エ
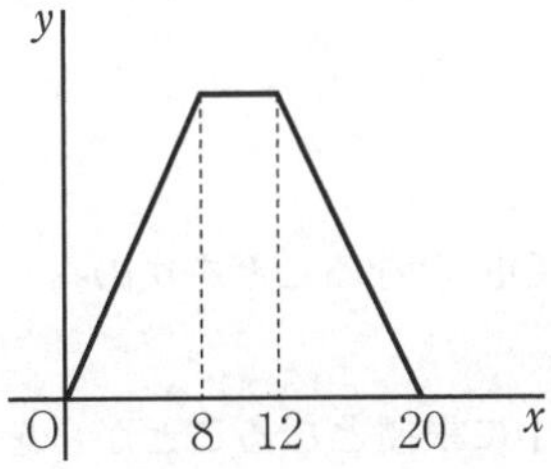

問4　△APCの面積が36㎠となるのは，点PがAを出発してから何秒後と何秒後であるか求めなさい。

【7】 関数 $y=\dfrac{4}{x}$ のグラフ上に2点A，Bがある。点Aの x 座標は－4である。点Bは，x 座標が正で，x 軸と y 軸の両方に接している円の中心である。

このとき，次の各問いに答えなさい。

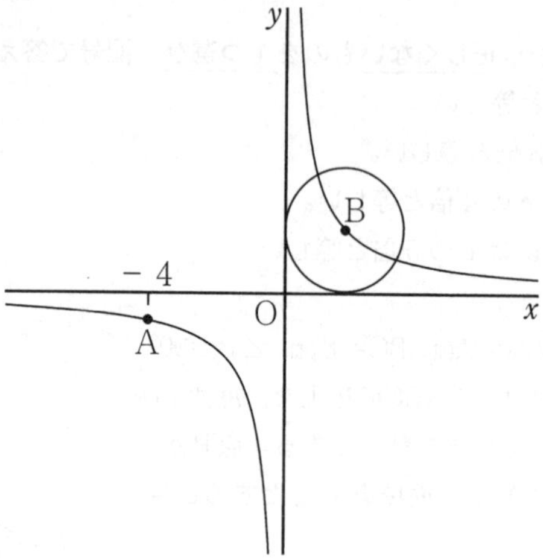

問1　点Aの y 座標を求めなさい。

問2　点Bの座標を求めなさい。

問3　2点A，Bを通る直線の式を求めなさい。

問4　点Bを中心として x 軸と y 軸の両方に接している円の周上の点で，点Aから最も離れた位置にある点をPとする。線分APの長さを求めなさい。

ただし，原点Oから点(0，1)，(1，0)までの長さを，それぞれ1㎝とする。

【8】 右の図のように，平行四辺形ABCDの対角線AC，BDの交点をOとする。辺AB上に点Eをとり，直線EOと辺CDとの交点をFとする。

このとき，次の各問いに答えなさい。

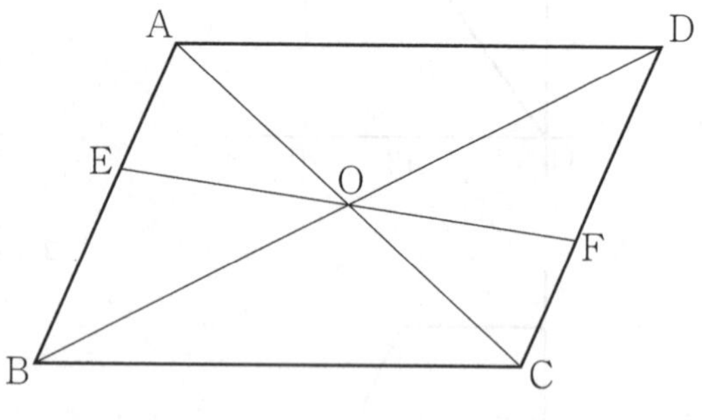

問1　△AOE≡△COF となることを次のページのように証明した。［　　］をうめて証明を完成させなさい。

ただし，証明の中に根拠となることがらを必ず書くこと。

【証明】
△AOEと△COFにおいて，
平行四辺形の対角線はそれぞれの中点で交わるから

AO＝CO　…①

平行線の［　　　　　　　　　　　　　　］から

∠OAE＝∠OCF　…②

［　　　　　　　　　　　　　　　　　　　　　　　　　　　　　　　　］…③

①，②，③より
□組の辺［　　　　　　　　　　　　　　　　］から
△AOE≡△COF

問2　次の**ア**～**エ**のうちから**正しくない**ものを**1つ選び**，記号で答えなさい。

ア　点Eを辺AB上のどこにとっても △AOE≡△COF である。

イ　点Eを辺AB上のどこにとっても ∠AEO＝∠CFO である。

ウ　点Eを辺AB上のどこにとっても OE＝OF である。

エ　点Eを辺AB上のどこにとってもOEの長さは変わらない。

問3　AE＝2㎝，EB＝3㎝ のとき，△AOEと△ABDの面積の比を求めなさい。

【9】　**図1**のように，底面の半径が$\sqrt{3}$㎝の円錐《えんすい》の内部で，半径が1㎝の球が円錐の側面と底面の中心Oにぴったりとくっついている。円錐の頂点をA，底面の周上のある1点をBとし，母線AB上で球と接している点をPとする。

このとき，次の各問いに答えなさい。
ただし，円周率はπとする。

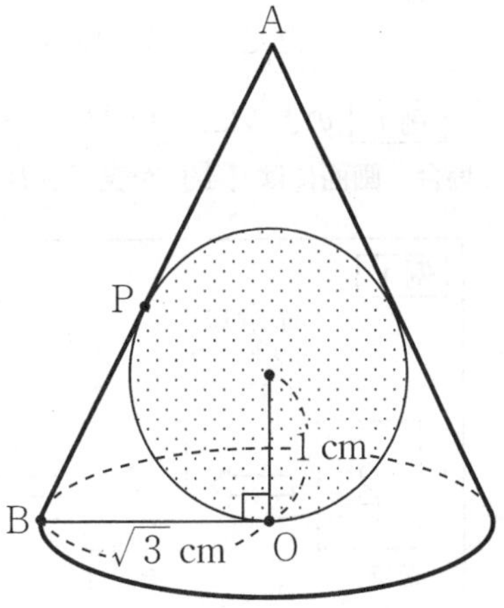

図1

問1　**図1**の円錐について，側面の展開図であるおうぎ形の弧の長さを求めなさい。

問2　線分BPの長さを求めなさい。

問3　**図2**（次のページ）のように，**図1**の円錐を，点Pを通り底面と平行な平面で切り，2つの立体に分ける。このとき，点Bを含む立体の体積を求めなさい。

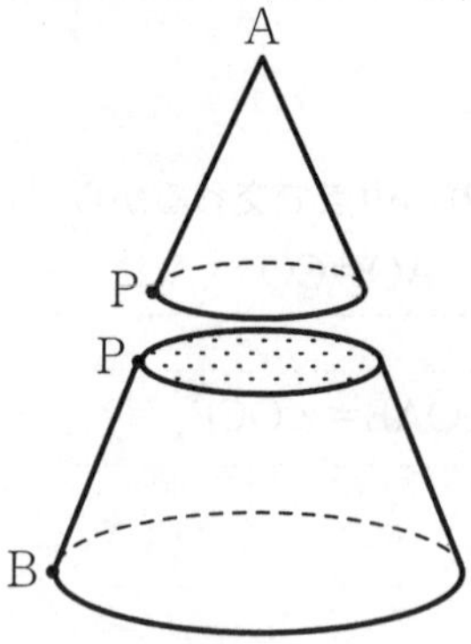

図２

【10】 数を１つ記憶し，命令Ｐ，Ｑ，Ｒを与えると，その命令通りに計算処理や画面表示ができるコンピュータがある。命令Ｐ，Ｑ，Ｒの内容は下の表の通りである。

ただし，このコンピュータは**数を１つしか記憶できない**ものとする。

命令	内　容
Ｐ	記憶している数を，画面に表示する。
Ｑ	記憶している数に５を加えて，その和を記憶する。
Ｒ	記憶している数を３で割ったときのあまりを記憶する。 ただし，３で割りきれるときは０を記憶する。

例１ のように，コンピュータが記憶している数が２のとき，「Ｑ，Ｒ，Ｐ」の順に命令した場合，画面には『１』が表示される。

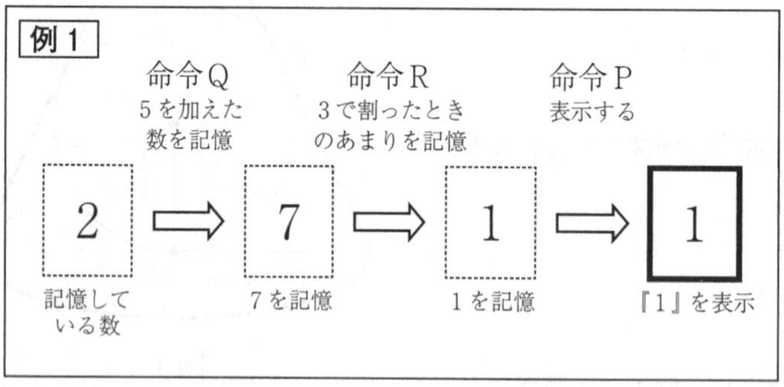

次のページの 例２ のように，コンピュータが記憶している数が２のとき，「Ｑ，Ｐ，Ｑ，Ｒ，Ｐ」の順に命令した場合，画面には，はじめに『７』，次に『０』と表示される。

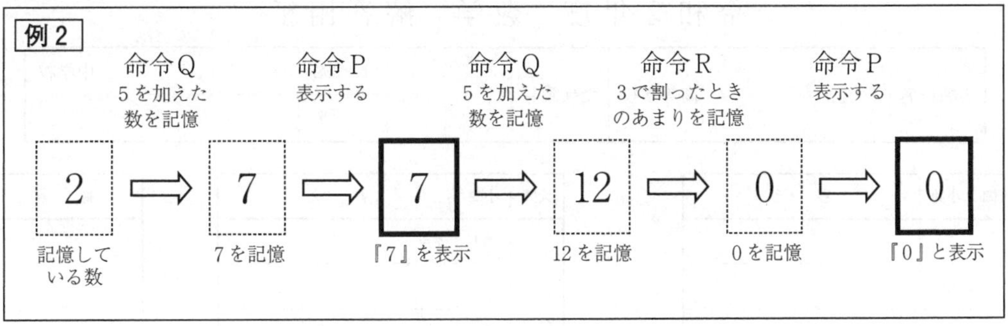

このとき，次の各問いに答えなさい。

問1　コンピュータが記憶している数が1のとき，「Q，Q，R，P」の順に命令した場合，画面に表示される数を求めなさい。

問2　次の □ は，コンピュータが記憶している数が1のとき，『0』と『1』を交互に画面に表示させるための命令である。□ の中にQ，Rのいずれかを1つずつ入れて命令を完成させなさい。

「□，□，P，□，□，□，P」を繰り返す。

問3　コンピュータが記憶している数が3のとき，「Q，R，Q，P」の順に命令することを32回繰り返す。このとき，これまで画面に表示された32個の数の和を求めなさい。

ただし，コンピュータが最初に記憶している数3は画面に表示されていない。

問4　コンピュータがある数を記憶しているとき，「Q，Q，R，Q，R，P」の順に命令すると，画面に『2』と表示された。コンピュータが最初に記憶していた数として考えられる10以下の自然数をすべて答えなさい。

令和２年度　数学　解答用紙

志願校名	高等学校	受検番号		出身校名	中学校
				氏　名	

大問	小問	答　え
【1】	(1)	
	(2)	
	(3)	
	(4)	
	(5)	
	(6)	
【2】	(1)	$x=$
	(2)	$x=$　　, $y=$
	(3)	
	(4)	
	(5)	$x=$
	(6)	$\angle x=$　　°
		$\angle y=$　　°
	(7)	人
	(8)	平均値　　点
		中央値　　点
	(9)	
【3】	問1	通り
	問2	
	問3	
【4】	問1	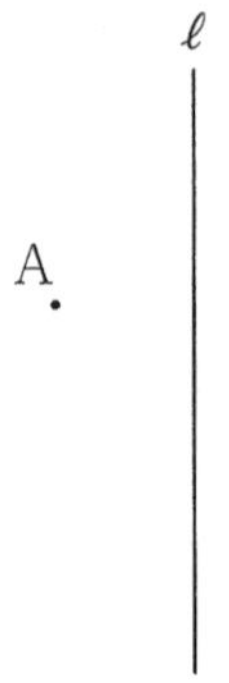
	問2	

大問	小問	答　え
【5】	問1	$a=$
	問2	①　　②　　③　　④　　⑤
	問3	
【6】	問1	$y=$
	問2	$y=$
	問3	
	問4	□秒後と□秒後
【7】	問1	A(　−4　,□)
	問2	B(□,□)
	問3	$y=$
	問4	cm
【8】	問1	△AOEと△COFにおいて, 平行四辺形の対角線はそれぞれの中点で交わるから AO＝CO　・・・① 平行線の□から ∠OAE＝∠OCF　・・・② □・・・③ ①,②,③より □組の辺□から △AOE≡△COF
	問2	
	問3	△AOE：△ABD=　　：
【9】	問1	cm
	問2	cm
	問3	cm^3
【10】	問1	
	問2	「□,□,P,□,□,□,P」を繰り返す。
	問3	
	問4	

得　点

※この解答用紙は167％に拡大していただきますと，実物大になります。

＜英語＞　時間　50分　満点　60点

【１】 大問１は英文を聞いて答える問題です。それぞれの問いについて英文と質問が読まれます。質問の答えとして最も適切なものを**ア**～**エ**のうちから１つ選び，その記号を書きなさい。英文と質問はそれぞれ１度だけ読まれます。

問１　ア　イ　ウ　エ

問２

ア

イ

ウ

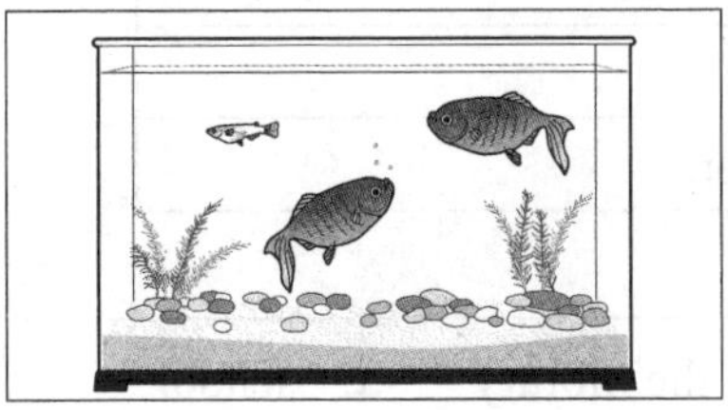

エ

問３

ア

イ

ウ

エ

【2】 大問2は会話を聞いて答える問題です。それぞれの会話の最後の文に対する応答として最も適切なものをア～エのうちから1つ選び，その記号を書きなさい。会話の英文はそれぞれ1度だけ読まれます。なお，ア～エの答えの英文は読まれません。

問1 ア I feel good. イ I like hamburgers.
ウ Just water please. エ Yes, I'm hungry.

問2 ア It was amazing! You should see it! イ We went there by bus.
ウ I ate a hotdog and it was delicious. エ I went there with Ken.

問3 ア I enjoyed the party last week. イ Oh, that's too bad.
ウ OK. I'll cook for you tomorrow. エ I like cheesecake.

【3】 大問3は，たけしとホストマザーの会話を聞いて次の表を完成させる問題です。表の（ ）に入る最も適切な語（句）を下の語群から選び，記号で答えなさい。ただし，同じ記号を用いても構いません。また，会話の中で，問いに関わる部分に「ピー」と鳴る箇所が1つあります。そこにあてはまる内容を推測しながら聞いてください。英文は続けて2度読まれます。

〈表〉

問1	First plan	Where?	Go to a shopping center
		Why?	To find some （ ）
問2	Second plan	Where?	Go to （ ）
		Why?	To enjoy seeing birds and nature
問3	Third plan	Where?	Go to （ ）
		Why?	To enjoy comics
問4	Takeshi's opinion	Where?	Go to （ ）
		Why?	To relax there

語群

ア a shopping center	イ a mountain	ウ the library	エ school
オ home	カ comics	キ books	ク presents

【4】 次の各問いの会話文について，（ ）に入る最も適切なものをア～エのうちから1つ選び，その記号を書きなさい。

問1 A：There （ ） a lot of children in the park. Why?
B：They have a summer festival today.
ア be イ am ウ are エ is

問2 A：Look at the cookies on the table! Can I eat them?
B：They are for Nancy's birthday. They are not （ ）.
ア you and me イ you ウ your エ yours

問３　A：I think young people should eat more vegetables.
B：(　　　). Having fruits is also good for them.
ア Thank you　イ I agree　ウ I'm sorry　エ Let's go

【５】次の各問いの会話文について，(　) に入る最も適切な１語を下の語群から選び，適切な形に変えて書きなさい。ただし，語群の単語はそれぞれ１度しか使えません。また，解答欄には１語のみ書きなさい。

問１　A：Is Jack your friend?
B：Yes. We have (　　　) each other for ten years.

問２　A：Okinawa soba looks very delicious.
B：I think this is the (　　　) food of all in Okinawa.

問３　A：Do you like sports?
B：Yes. I love (　　　) soccer with my friends very much!

問４　A：Can you say that again? You speak too fast.
B：OK. I'll try to speak more (　　　).

語群：　sing　slow　good　know　eat　play

【６】次の各問いの会話文について，(　) 内の語を正しく並べ替えて意味が通る文を完成させ，その並べ替えた順に記号をすべて書きなさい。

問１　A：Excuse me, (ア I　イ can　ウ many　エ books　オ how) borrow here?
B：Five. You can keep them for two weeks.
A：Thank you very much.

問２　A：Is this a birthday present from your parents?
B：Yes. They gave me (ア France　イ watch　ウ made　エ a　オ in).
A：Wow, it's cute!

問３　A：The math test was very difficult.
B：Really? It was (ア me　イ easy　ウ answer　エ to　オ for) all the questions.
A：Oh, I didn't have time to finish the test.

【７】次の各問いは，それぞれある場面での会話文です。２人の会話が交互に自然につながるようにア～ウの文を正しく並べ替え，その並べ替えた順に記号をすべて書きなさい。

問１　Who's that boy in your class?
ア I said Leonard. We always call him Leo.
イ That's Leonard.
ウ Sorry?

問2 Good morning. This is ABC Language School.

ア Please tell him to call me this afternoon.

イ He's out now. Can I take a message?

ウ May I speak to Mr. Jones?

問3 You look very tired.

ア Well, I have been sick since this morning.

イ OK. I will.

ウ Really? You can go home right now.

【8】 最近日本へ来たジャック（Jack）は，友人の直輝（Naoki）の家へ向かっています。その途中でジャックは道に迷ってしまい，直輝に電話をかけています。下の地図と会話文を見て，各問いに答えなさい。

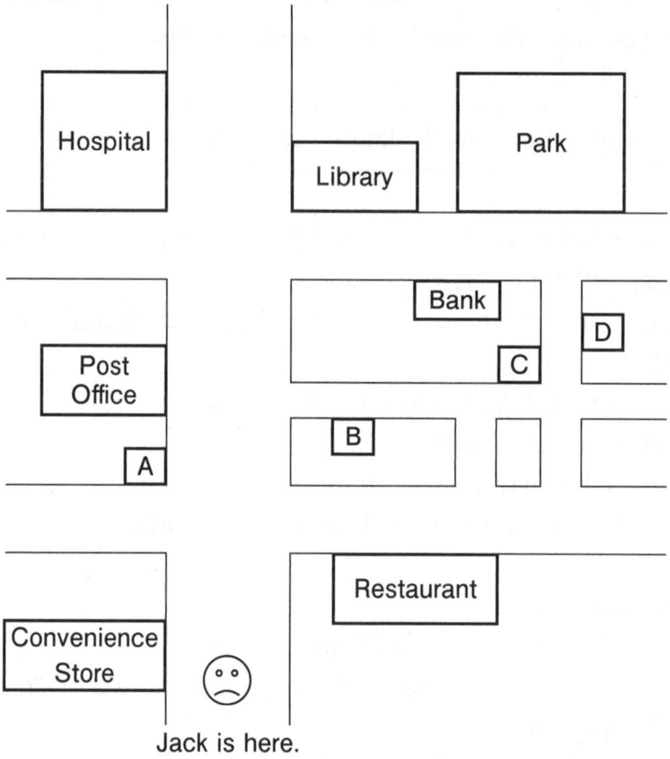

Jack : Hi, Naoki. This is Jack.

Naoki : Hi, Jack.

Jack : Where are you now?

Naoki : I'm walking a dog in the park. It's next to the library. I'll be back home soon. Is there anything wrong?

Jack : I need your help! You know, I'm a stranger here. Could you tell me the way to your house again? I'm (①) the convenience store.

Naoki : Listen carefully. Turn right at the first corner, then turn left at the second corner. Go straight, and you can see my house on your left.

Jack : Thank you. How long will it take to walk from here?

Naoki : (②), I think. Please call me if you have any problems.

Jack : OK. I'll see you later.

問1　会話文中の下線部 I'm a stranger here の意味として，最も適切なものをア～エのうちから１つ選び，その記号を書きなさい。

ア　I don't need a map of the place.

イ　I don't know the place very well.

ウ　I don't like the place very much.

エ　I can't decide the place to go.

問2　会話文中の（①）に入る最も適切なものをア～エのうちから１つ選び，その記号を書きなさい。

ア　free from　　イ　in front of　　ウ　far from　　エ　on top of

問3　次の問いに対する答えとして適切なものをア～エのうちから１つ選び，その記号を書きなさい。

Where is Naoki's house?

ア　A　　イ　B　　ウ　C　　エ　D

問4　会話文中の（②）に入る最も適切なものをア～エのうちから１つ選び，その記号を書きなさい。

ア　50 meters　　イ　10 times　　ウ　5 minutes　　エ　10 stores

【９】 中学３年生の桜（Sakura）と留学生のアレックス（Alex）が七夕《たなばた》に短冊《たんざく》に願いを書きながら会話をしています。次の英文を読み，各問いに答えなさい。

Sakura : What did you wish for during *Tanabata*?

Alex : I wished to be a good basketball player and play in *1the NBA League in the future.

Sakura : I know you practice very hard every day.

Alex : Yes, I will do my best. How about you, Sakura? What did you wish for?

Sakura : I wished to be a runner for the Tokyo 2020 *2Olympic Torch Relay. Have you heard of it?

Alex : Yes, I have. In this event, many people carry fire before the start of the Olympic games, right? Do you want to join?

Sakura : Yes! I *3applied for the event last month. So, I may have a chance to join.

Alex : Cool! That sounds fun. If you are chosen as a runner, when will you run?

Sakura : I will run in May of 2020 if I am chosen. The Tokyo 2020 Olympic games start two months after the event.

Alex : I hope that you can do it. Anyway, why do you want to run as a torch runner?

Sakura : Because my grandfather *4recommended that I should try running. He ran as a torch runner in 1964 in Okinawa when he was a high school student. Then in October, one month after he ran, the last Tokyo Olympics started.

Alex : What a nice story! Will he try again this time?

Sakura : Yes. He said he wants to do it with me because his experience was very exciting.

Alex : Tell me more!

Sakura : He told me that he didn't run by himself. Two *5sub-runners were running behind him. And there were four other runners behind the sub-runners. He had a torch with fire. The sub-runners had torches without fire. The four other runners had *6flags. And there were many people on both sides of the street to cheer for the runners with big smiles and flags.

Alex : Wow! I can understand why your grandfather wants you to have this experience. Now I also want to join the Olympic Torch Relay. Can foreign people join, too?

Sakura : Yes, of course! Anyone can be a runner. But Alex, I have bad news for you. The *7entry period has finished already.

Alex : Oh, no. I'm so sad.

*1the NBA League：全米プロバスケットボールリーグ

*2Olympic Torch Relay：オリンピック聖火リレー　*3applied for ～：～に応募した

*4recommended that ～：～することを勧めた　*5sub-runners：副走者　*6flags：旗

*7entry period：応募期間

問1 桜とアレックスが書いた短冊《たんざく》はどれか。本文の内容と合う最も適切なものを**ア**～**カ**のうちから1つずつ選び，その記号を書きなさい。

ア ○ I wish to run as a runner for the Tokyo 2020 Olympic Torch Relay!

イ ○ I wish to join the Olympic Torch Relay with Sakura!

ウ ○ I want to watch the basketball games at the NBA League!

エ ○ I hope my grandfather will join the Olympic Torch Relay!

オ ○ I will be a good basketball player and play in the Tokyo Olympics!

カ ○ I want to be good at basketball and play in the NBA League!

問2 次の問いに対する答えとして適切なものを**ア**～**エ**のうちから1つ選び，その記号を書きなさい。

Which month did Sakura's grandfather run in the Olympic Torch Relay in 1964?

ア　May　イ　July　ウ　September　エ　October

問3　下線部 to do it は何を指しているか。ア～エのうちから１つ選び，その記号を書きなさい。

ア　聖火リレーについて知ること　イ　聖火ランナーとして走ること

ウ　聖火リレーについて聞くこと　エ　聖火ランナーを見ること

問4　1964年の聖火リレーの様子を表す絵をア～エのうちから１つ選び，その記号を書きなさい。

問5　本文の内容と一致している文として適切なものをア～オのうちから２つ選び，その記号を書きなさい。

ア　Sakura knows that Alex practices basketball very hard.

イ　Sakura doesn't want to run with her grandfather in the Olympic Torch Relay.

ウ　Sakura's grandfather was a junior high school student in 1964.

エ　A lot of people cheered for the Olympic Torch Relay runners in 1964.

オ　Sakura and Alex will be able to run in the Olympic Torch Relay in 2020.

【10】 次の英文は，中学３年生の美樹（Miki）が英語の授業で行った発表の原稿です。これを読み，各問いに答えなさい。

Have you heard of [*1]SNS? It is ① a [*2]tool for communication on the Internet that people can use to send and receive information easily. I think a lot of junior and senior high school students enjoy it because they can use it to [*3]communicate with each other. For example, Twitter is very popular among young people. I use it every day. SNS is a very useful tool in life, but using it can also make problems.

Now, I am going to talk about why SNS is useful. First, it can be a good tool for communicating with our friends and many other people. We often take pictures, make funny videos, and put them on SNS. People who read and watch them can write comments, and that information can spread all over the world. Second, it can be a useful tool for [*4]business. Shopping on the Internet is becoming more popular these days. Big [*5]companies, small companies, and even one person can increase their chances of selling [*6]goods by using SNS.

Information and comments about goods can be spread and shared all over the world through SNS. Third, SNS is useful in *7emergencies. People can check SNS to know *8if their family and friends are safe. This happened when *9the Great East Japan Earthquake hit the Tohoku area in 2011.

(ア), we need to be careful when we use SNS. Have you ever heard of surprising news about SNS? I was shocked to hear that some young Japanese workers at a convenience store or a sushi restaurant took bad videos in their *10workplace and put them on Twitter. These videos quickly spread on the Internet and became big problems on the news. There are also some other problems with using SNS. One of them is health problems. For example, if you spend too much time using SNS at night, you cannot get enough sleep. It is not good for your health. Actually, some students are late for or cannot go to school because they are too tired. Another problem is *11bullies at school using SNS. It may be difficult for some students to come to school if they have troubles with bullies on the Internet.

SNS has become a very useful tool for communication these days. We can communicate with people all over the world by using SNS. We may have trouble with using SNS sometimes. However, if it is used in a good way, it will be a great tool to make life better. Thank you.

*1SNS：ソーシャルネットワーキングサービス（Twitter 等） *2tool：道具
*3communicate：（情報・意思等を）伝え合う *4business：商売 *5companies：会社
*6goods：商品 *7emergencies：緊急事態 *8if：～かどうか
*9the Great East Japan Earthquake：東日本大震災 *10workplace：職場 *11bullies：いじめ

問１ 下線部①が表しているものとして最も適切なものをア～エのうちから１つ選び，その記号を書きなさい。

ア students イ SNS ウ movie エ school

問２ 話の流れに合うように，本文中の（ア）に入る語（句）として最も適切なものをア～エのうちから１つ選び，その記号を書きなさい。

ア For example イ However ウ Because エ Since

問３ 美樹さんはスライドを使って発表をしています。発表全体の流れを示すスライドになるように次のＡ～Ｄの英文を内容に沿って順序良く並べたとき，最も適切な組み合わせをア～エのうちから１つ選び，その記号を書きなさい。

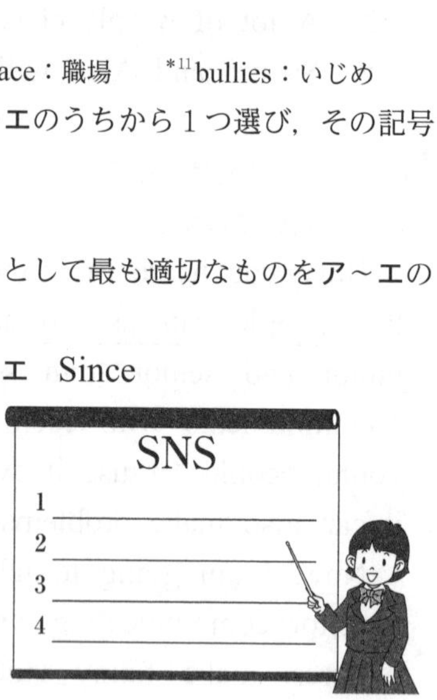

Ａ How SNS can be a useful tool
Ｂ Popular communication tool for young people
Ｃ What happens when SNS is used in bad ways
Ｄ How we can make life better with SNS

ア Ｃ→Ｄ→Ｂ→Ａ イ Ａ→Ｃ→Ｂ→Ｄ ウ Ｂ→Ａ→Ｃ→Ｄ エ Ｃ→Ｂ→Ｄ→Ａ

問4　本文の内容と一致している文として適切なものを**ア**～**オ**のうちから2つ選び，その記号を書きなさい。

ア　SNS helps people when they buy goods.
イ　SNS helps teachers when bullies happen in school.
ウ　Young people use SNS to watch animal movies.
エ　Shopping on the Internet is not popular among old people.
オ　Some young people put bad movies on the Internet.

問5　美樹さんの発表の後，ブラウン先生（Mr. Brown）がクラスの生徒に質問をしています。次の会話文中の（　）内に入る最も適切なものを**ア**～**エ**のうちから1つ選び，その記号を書きなさい。

Mr. Brown : What is the most important point of Miki's speech? Please say it in one sentence.
Student　 : (　　　　　　　　　　　　　　　　　　　　　　　　　　)
Mr. Brown : Right. That is the main point.

ア　SNS sometimes makes problems but can be very useful.
イ　Many students don't use SNS because they think it is a dangerous tool for communication.
ウ　SNS is a great tool for business because only big companies can get a chance to sell goods.
エ　Some students use SNS in a good way to get enough sleep.

【11】　次の各問いに英文で答えなさい。ただし，英文は**主語・動詞を含む文**であること。

〈場面設定〉今年の夏休み，賢二（Kenji）はアメリカに住むいとこのニック（Nick）に初めて会うことになりました。ニックは2週間後に沖縄へ来ますが，事前にメールで情報交換をしています。

以下は，ニックが初めて賢二に送ったメールです。

From　　: Nick Taylor < nick_from_ny@yagoo.com >
To　　　: Kenji Yamada < kenji2020@yagoo.co.jp >
Subject : Hi from New York!

Dear Kenji,
Hello. I'm Nick. My mom often tells me about you. She said you are very good at speaking English, right?
ア) Now I'll tell you about myself. 　①　. 　②　.
I'm very excited to see you this summer in Okinawa!
Nick

問1　次のページの日本語で示された内容から2つを選び，下線部**ア**）に続く自己紹介の英文を2つ書きなさい。

〈年齢：15才 / 住んでいる場所：ニューヨーク（New York） / 趣味：音楽鑑賞 / 好きな食べ物：寿司〉

ニックからのメールを読んだ後，賢二は家族の写真と一緒に質問のメールを送りました。

From　　: Kenji Yamada < kenji2020@yagoo.co.jp >
To　　　: Nick Taylor < nick_from_ny@yagoo.com >
Subject : Question

Dear Nick,
Hi.　Thank you for your e-mail.
イ) Last week I went to the beach with my family.　___①___.　___②___.　I hope we can go to the beach together in Okinawa.
I have a question.　ウ) What do you want to do in Okinawa?　I'm looking forward to your e-mail.
Kenji

問２　賢二や彼の家族がビーチでしたことやその感想について自由に考え，下線部イ）に続く英文を２つ書きなさい。**ただし，２つの文で同じ動詞を使わないこと**。

問３　メール内の下線部ウ）の質問について，あなたがニックならどのように答えますか。「私は母親から＿＿と聞いたので**私は＿＿したい**」という意味になるように，具体的な理由を含む英文で答えなさい。**ただし，太線部には “go to the beach” や問２で答えた内容は書かないこと**。

質問：What do you want to do in Okinawa?
答え：I ______ because I heard from my mom that ______.

令和2年度　英語　解答用紙

志願校名	高等学校	受験番号		出身校名	中学校
				氏　名	

大問	小問	答　え
【1】	問1	
	問2	
	問3	
【2】	問1	
	問2	
	問3	
【3】	問1	
	問2	
	問3	
	問4	
【4】	問1	
	問2	
	問3	
【5】	問1	
	問2	
	問3	
	問4	
【6】	問1	→ → → →
	問2	→ → → →
	問3	→ → → →
【7】	問1	→ →
	問2	→ →
	問3	→ →
【8】	問1	
	問2	
	問3	
	問4	

大問	小問	答　え	
【9】	問1	桜	
		アレックス	
	問2		
	問3		
	問4		
	問5		
【10】	問1		
	問2		
	問3		
	問4		
	問5		
【11】	問1	Now I'll tell you about myself.	
		① .	
		② .	
	問2	Last week I went to the beach with my family.	
		① .	
		② .	
	問3	I	
		because I heard from my mom that .	

得　点

※この解答用紙は167％に拡大していただきますと，実物大になります。

＜理科＞　時間　50分　満点　60点

【１】 理佳さんは，先生から「〈実験Ⅰ〉ばねののびと力の関係を調べる。」と，「〈実験Ⅱ〉浮力の大きさについて調べる。」という課題をもらい実験を行った。しかし，先生の指示とは異なり，ばねののびではなく，**ばね全体の長さ**を調べてしまった。ただし，**ばね全体の長さ**とは，**何もつるしていないときのばねの長さ**と，**ばねののび**を**あわせた長さ**とする。次の問いに答えなさい。なお，100ｇの物体にはたらく重力の大きさを１Ｎとする。また，糸の重さと体積は無視する。

〈実験Ⅰ〉

図１のような装置をつくった。150ｇの密閉容器に，１個25ｇのおもりを入れ実験を行った。おもりの個数が２個，６個，８個のとき，**ばね全体の長さ**がそれぞれ4.0㎝，5.0㎝，5.5㎝となった。

〈結果〉

表１

おもりの個数〔個〕	2	6	8
ばね全体の長さ〔cm〕	4.0	5.0	5.5

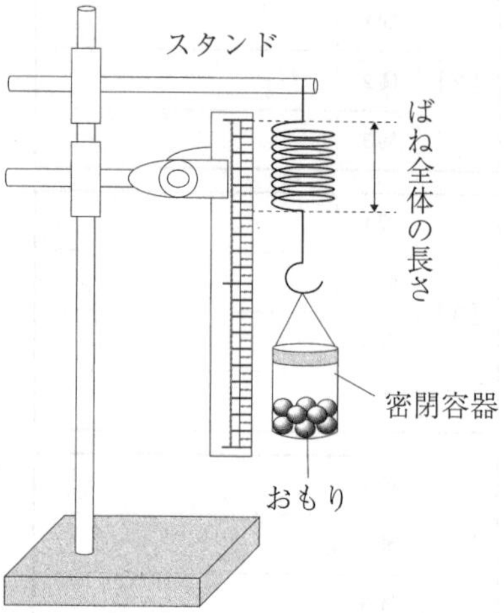

図１

問１　次の文は，ばねにはたらく力とばねののびに関する説明である。（　）に当てはまる語句を答えなさい。

ばねののびは，ばねを引く力の大きさに比例する。これを（　　　）の法則という。

問２　次の問いに答えなさい。

⑴ 〈実験Ⅰ〉の〈結果〉をもとに，グラフを作成しなさい。**グラフの縦軸は，ばね全体の長さ〔㎝〕，横軸は，ばねにはたらく力の大きさ〔Ｎ〕**とする。なお，ばねにはたらく力の大きさは，密閉容器とおもりをあわせた重さと等しい。

また，グラフは，**何もつるしていないときのばねの長さ〔㎝〕**まで分かるように作成すること。

⑵ **何もつるしていないときのばねの長さ**は，何㎝になるか答えなさい。

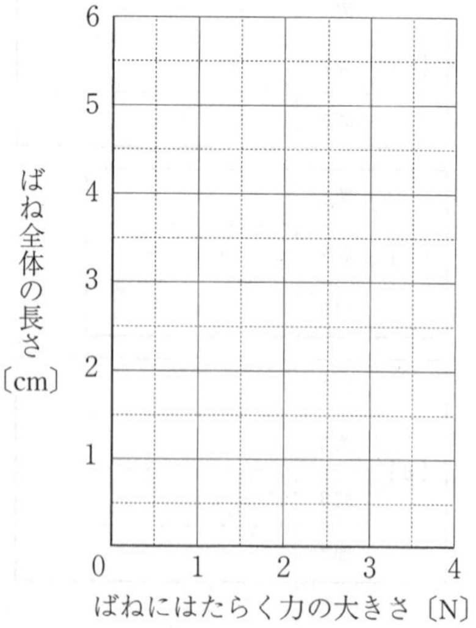

〈実験Ⅱ〉

図２のように，〈実験Ⅰ〉と同じ装置とおもりを使い，おもり８個を入れた密閉容器を水に沈ませて，浮力の大きさを調べた。実験はスタンドの高さを調整して，容器が（a）空気中にあるとき，（b）半分水中にあるとき，（c）全部水中にあるとき，（d）（c）の状態から容器をさらに深く沈ませたときの順序で操作を行った。なお，密閉容器内に水は入らず，傾くことなくゆっくり沈んだ。

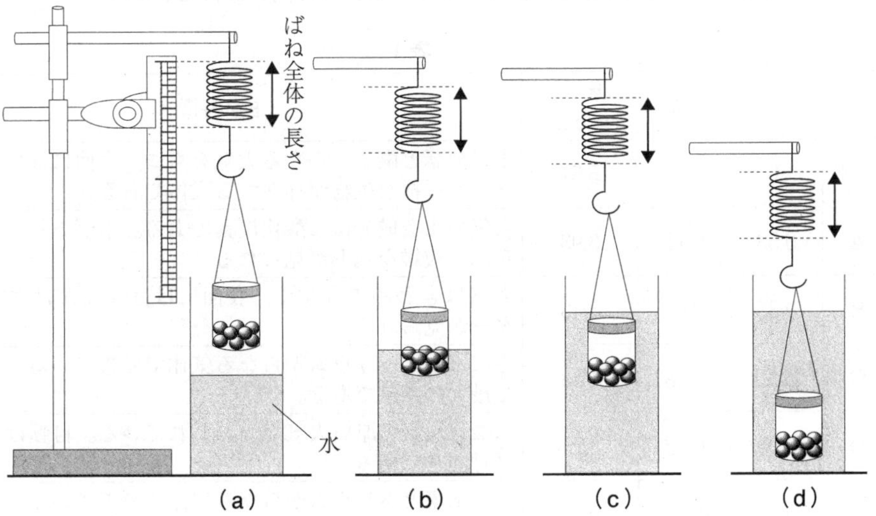

図２

問３　図２の（a）～（d）のばねにはたらく力の大きさの関係について正しく表したものを，次のア～カの中から１つ選び記号で答えなさい。

ア　a＜b＜c＜d　　イ　a＜b＜c＝d　　ウ　a＜b＝c＝d

エ　a＞b＞c＞d　　オ　a＞b＞c＝d　　カ　a＞b＝c＝d

問４　図２（c）のように容器が全部水中にあるとき，ばね全体の長さは3.5㎝であった。このときの浮力の大きさは何Nになるか答えなさい。

問５　実験で使われた密閉容器の体積は何cm^3だと考えられるか，次のアルキメデスの原理を参考に，整数で答えなさい。ただし，水の密度を1.0 g／cm^3とする。

アルキメデスの原理

水中の物体にはたらく浮力の大きさは，物体の水中にある部分の体積と同じ体積の水にはたらく重力の大きさに等しい。

【２】　太陽系の天体について，次の問いに答えなさい。

〔Ⅰ〕　次の図１は，太陽系の惑星を太陽に近い惑星から順に並べたものである。次のページの問いに答えなさい。

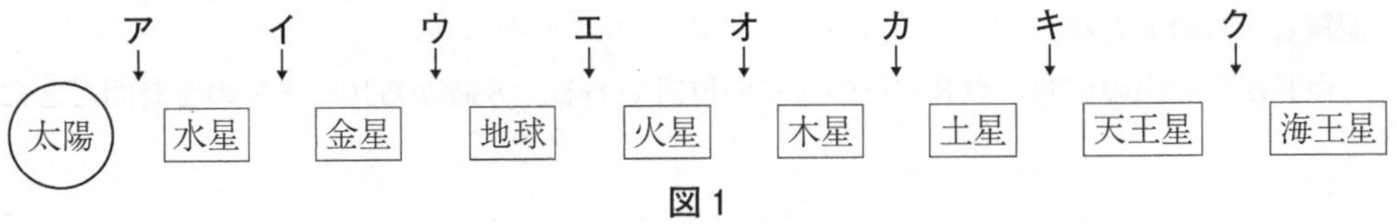

図１

問1 これらの惑星を地球型惑星と木星型惑星に分ける場合，どこで区分したらよいか。**図1**の**ア**～**ク**の中から1つ選び記号で答えなさい。

問2 **図1**の**ア**～**ク**の中で，小惑星が最も多く存在するところはどこか。1つ選び記号で答えなさい。

〔Ⅱ〕 **表1**は，太陽系の惑星のうち，地球と5つの惑星についてまとめたものである。なお，直径と質量は地球を1としたときの比で表している。次の問いに答えなさい。

表1

惑星	直径	質量	密度〔g/cm^3〕	主な特徴
地球	1	1	5.51	主に窒素と酸素からなる大気をもつ。表面に液体の水があり，多様な生物が存在する天体である。
A	0.53	0.11	3.93	大気の主な成分は二酸化炭素である。水があったと考えられる複雑な地形が見られる。
B	0.38	0.06	5.43	大気はきわめてうすく，表面には巨大ながけやクレーターが見られる。
C	11.21	317.83	1.33	主に水素とヘリウムからなる気体でできている。太陽系で最大の惑星である。
D	0.95	0.82	5.24	二酸化炭素の厚い大気でおおわれている。自転は地球と反対向きである。
E	9.45	95.16	0.69	主に水素とヘリウムからなる気体でできている。氷の粒でできた巨大な環（リング）をもつ。

問3 **表1**の**A**～**E**に当てはまる惑星の正しい組み合わせはどれか。次の**ア**～**エ**の中から1つ選び記号で答えなさい。

	A	B	C	D	E
ア	水星	金星	土星	火星	天王星
イ	水星	金星	木星	火星	土星
ウ	火星	水星	木星	金星	土星
エ	火星	水星	土星	金星	天王星

問4 **表1**の惑星について正しく述べている文はどれか。次の**ア**～**エ**の中から1つ選び記号で答えなさい。

ア A～Eの惑星は全て，ほぼ同じ平面上で太陽のまわりを公転している。

イ A～Eの惑星は全て，太陽からの平均距離が5天文単位以内に存在する。

ウ A～Eの惑星は全て，地球から真夜中に見ることができる。

エ A～Eの惑星は全て，星座を形づくる星のひとつである。

〔Ⅲ〕 **図2**は，沖縄市のある地点において，12月のある1日の太陽の動きを観測し，透明半球に記録したものである。

点Pが日の出の位置，点Rが日の入りの位置である。8時から16時までの2時間ごとに，太陽の位置を×印で５回記録したものをなめらかな線で結び，太陽の高度が最も高くなる位置を点Qとした。

図３は，図２の透明半球に記録したものに，紙テープを当て写し取ったものである。次の問いに答えなさい。

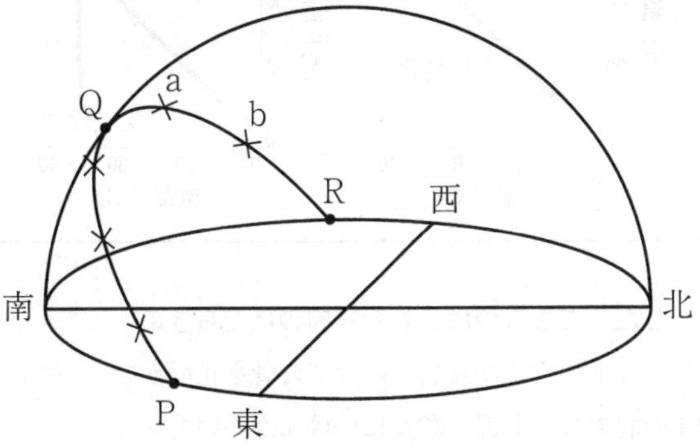

図２

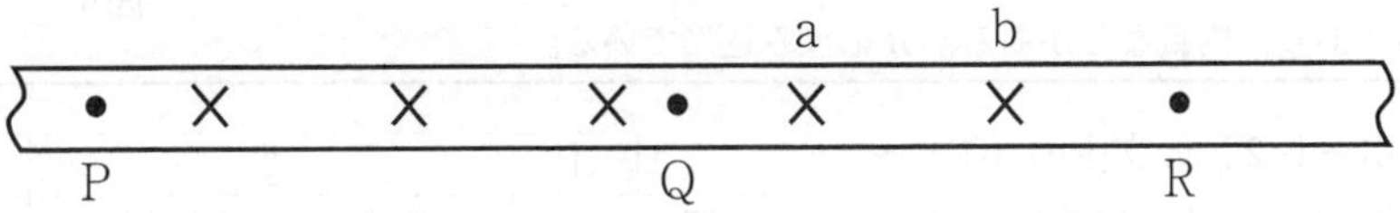

図３

問５　観測の結果から，太陽が南中する時刻を求めるために必要なものはどれか。次の**ア**～**エ**の中から**２つ選び**記号で答えなさい。

ア　日の出の時刻　　**イ**　ＰＱの長さ　　**ウ**　Ｑａの長さ　　**エ**　ａｂの長さ

問６　沖縄市内の東経127°の場所で観測を行った。太陽の南中時刻が12時30分だった日に，久米島町内の東経126°にある観測地では太陽の南中時刻は何時何分だと考えられるか。

【３】　動物は，外界の環境変化の情報を刺激として受けとり，それに対して反応するしくみがある。動物のからだのしくみについての**〈レポート１～３〉**を参考にして，次の問いに答えなさい。

〈レポート１〉

セキツイ動物のなかまは，環境の温度変化に対する体温変化をもとに，恒温動物と変温動物の２つになかま分けができる。

問１　**〈レポート１〉**の文中の恒温動物と変温動物に当てはまる動物のなかまの組み合わせとして，最も適当なものを次の**ア**～**エ**の中から１つ選び記号で答えなさい。

	恒温動物	変温動物
ア	魚類，両生類，ハチュウ類	ホニュウ類，鳥類
イ	魚類，両生類，ハチュウ類，鳥類	ホニュウ類
ウ	ホニュウ類，鳥類	魚類，両生類，ハチュウ類
エ	ホニュウ類	魚類，両生類，ハチュウ類，鳥類

問2 〈レポート1〉の文中の恒温動物と変温動物について，気温と体温の変化をグラフで表したとき，その例として最も適当なものを次の**ア**～**エ**の中から1つ選び記号で答えなさい。

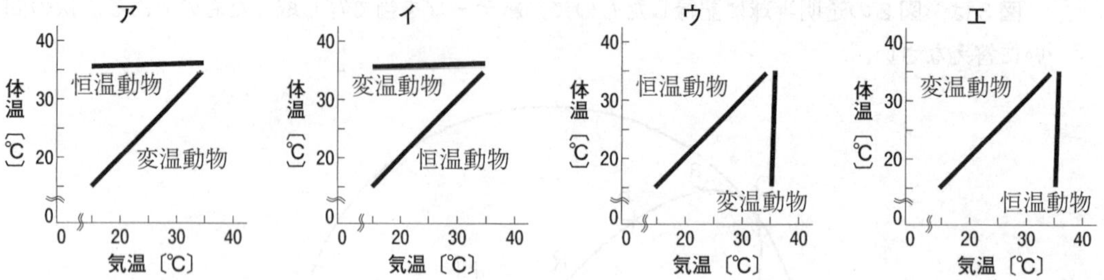

〈レポート2〉

うでを曲げたりのばしたりできるのは，骨と筋肉のはたらきのおかげである。**図1**は，ヒトのうでから肩にかけての骨を正面から見た図である。**図1**の肩の骨の上部（◎）に，けんがついている筋肉は，もう一方のけんが**図1**の（ ① ）についており，この筋肉は<u>うでを曲げるとき</u>に（ ② ）筋肉である。

一方，イカなどの軟体動物は，（ ③ ）とよばれる筋肉でできた構造があり，内臓などがある部分を包み込んでいる。

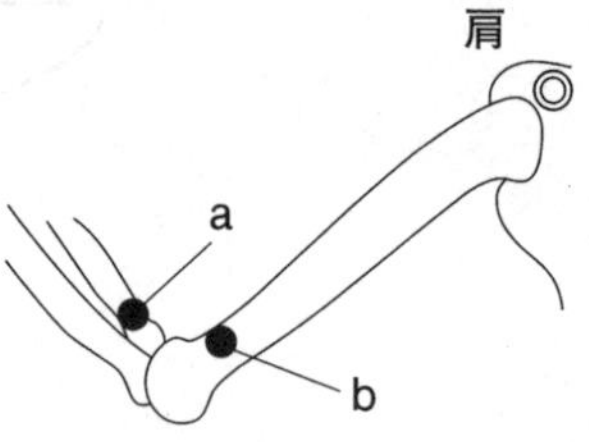

図1

問3 〈レポート2〉の文中の（①）～（③）に当てはまる語句の組み合わせとして，最も適当なものを右の**ア**～**ク**の中から1つ選び記号で答えなさい。

	①	②	③
ア	a	縮む（収縮する）	外骨格
イ	a	縮む（収縮する）	外とう膜
ウ	a	のばされる（ゆるむ）	外骨格
エ	a	のばされる（ゆるむ）	外とう膜
オ	b	縮む（収縮する）	外骨格
カ	b	縮む（収縮する）	外とう膜
キ	b	のばされる（ゆるむ）	外骨格
ク	b	のばされる（ゆるむ）	外とう膜

〈レポート3〉

ヒトが刺激を受けとってから反応するまでには，次に表される経路で信号が伝わる。

刺激 → **A感覚器官** → **B感覚神経** → **<u>C中枢神経</u>** → **D運動神経** → **E運動器官** → **反応**

Aから**E**へと信号が伝わる時間を調べるために実験を行った。その方法と結果を下にまとめた。

1．方法

(1) **図2**のように**<u>11人</u>**が外を向くように手をつないで輪をつくり，目を閉じる。

(2) ストップウォッチを持った最初の人が右手で<u>ストップウォッチをスタートさせると同時に</u>，左手でとなりの人の右手をにぎる。

(3) 右手をにぎられた人はさらにとなりの人の右手を左手でにぎる。(これを次々に行う。)

(4)　最後の人は，自分の右手がにぎられたら，左手でストップウォッチを止め，かかった時間を記録する。

ストップウォッチは，最初の人と最後の人が一緒に持っており，それぞれの操作に影響はないものとする。

(5)　(1)〜(4)を３回繰り返し，かかった時間を表にまとめる。

図２

２．結果

回数	１回目	２回目	３回目
実験結果〔秒〕	2.9	2.4	2.5

問４　「熱いものにふれて，とっさに手を引っこめる」という反射の反応において，**〈レポート３〉**の**C中枢神経**の中では信号が伝わる部分と伝わらない部分がある。**信号が伝わる部分**の名称を答えなさい。

問５　右手をにぎられてから左手をにぎるという反応経路（**A→E**）にかかる時間は，**１人あたり何秒になるか**。**〈レポート３〉**の実験をもとに計算しなさい。ただし，かかった時間は３回の実験結果の平均値を使い，答えは小数第２位まで答えなさい。

問６　**〈レポート３〉**の実験結果から考えられることをまとめた。次の文中の（④）〜（⑥）に当てはまる語句の組み合わせとして，最も適当なものを次の**ア**〜**カ**の中から１つ選び記号で答えなさい。ただし，ヒトの**B感覚神経**や**D運動神経**を伝わる信号の速さは，およそ50〔m／秒〕とする。

> 右手から左手までの経路（**A→E**）は１人あたり**2.0m**として考え，ヒトが刺激を受けとってから反応するという現象を，信号が伝わる現象としてとらえる。**問５**の数値をもとに計算によって求められる信号が伝わる速さは，ヒトの**B感覚神経**や**D運動神経**を信号の伝わる速さよりも（　④　）なっていた。これは，（　⑤　）が（　⑥　）ための時間が影響したと考えられる。

	④	⑤	⑥
ア	おそく	**A**	反射を行う
イ	おそく	**C**	判断や命令を行う
ウ	おそく	**E**	反射を行う
エ	はやく	**A**	感覚を生じる（感じる）
オ	はやく	**C**	感覚を生じる（感じる）
カ	はやく	**E**	判断や命令を行う

【４】　電熱線を用いた実験について次の問いに答えなさい。ただし，電熱線１から電熱線３のうち，**電熱線１と電熱線２は同じ電気抵抗である**ことがわかっている。

問１　**図１**において端子ｂと端子ｃを導線で接続して，電源装置の電圧を6.0Vに調整し，スイッチを入れた。

このときの電流計と電圧計は**図２**のようになった。電流計に流れる電流は何Ａか。また，電圧計にかかる電圧は何Ｖか。それぞれ答えなさい。　（**図１**，**図２**は次のページにあります。）

問２　**図１**において端子ａと端子ｃおよび，端子ｂと端子ｄを導線で接続して，電源装置の電圧を6.0Vに調整し，スイッチを入れた。電流計に流れる電流は何Ａか答えなさい。

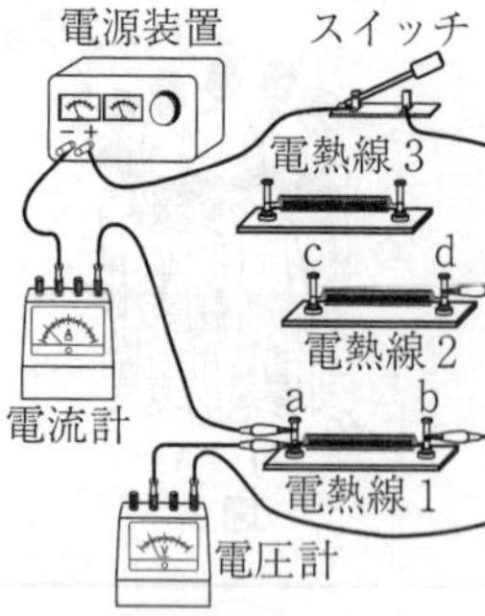

図1

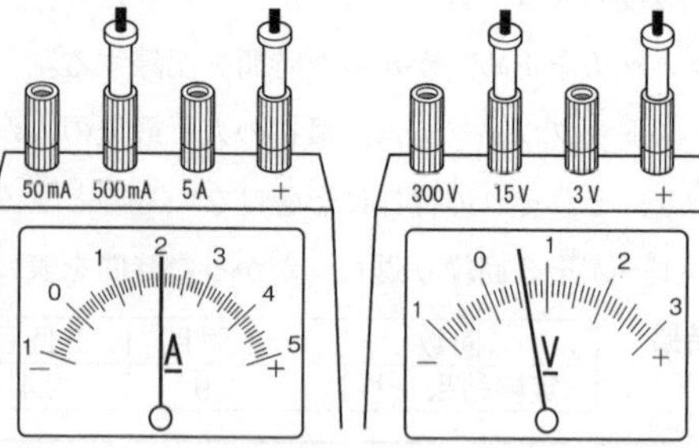

図2

問3 図1において電熱線1，電熱線2，電熱線3を並列に接続して，電源装置の電圧を6.0Vに調整し，スイッチを入れたとき，電流計が示す電流の大きさは，問2で求めた値と比べてどうなることが予想されるか。次のア～ウの中から1つ選び記号で答えなさい。

ア 大きくなる　イ 小さくなる　ウ 変化しない

問4 次の文で，①に当てはまるものをアまたはイのどちらか1つ選び記号で答えなさい。また，②に当てはまる数値を答えなさい。

> 実験で使用した電熱線を，家庭で使用する電気器具に例えて考えてみる。
>
> 家庭では交流100Vのコンセントに電気器具のプラグを差し込むと並列に接続される。しばしばコンセントの数を増やそうとテーブルタップを利用することがある。
>
> そこで気を付けなくてはならないのが，テーブルタップに多数の電気器具をつなぐいわゆる「たこ足配線」である（図3）。
>
> この配線が危険な理由は，接続したすべての電気器具に同じ大きさの①（ア 電流が流れる・イ 電圧がかかる）ため，電気器具の数が増えるほどテーブルタップの導線を流れる電流が大きくなり，発熱して火災が発生する恐れがあるからだ。
>
> テーブルタップに「合計1500Wまで」と表示されていたら，100Vの家庭用電源で使用するとき，（ ② ）Aより大きな電流を流してはいけないということになる。

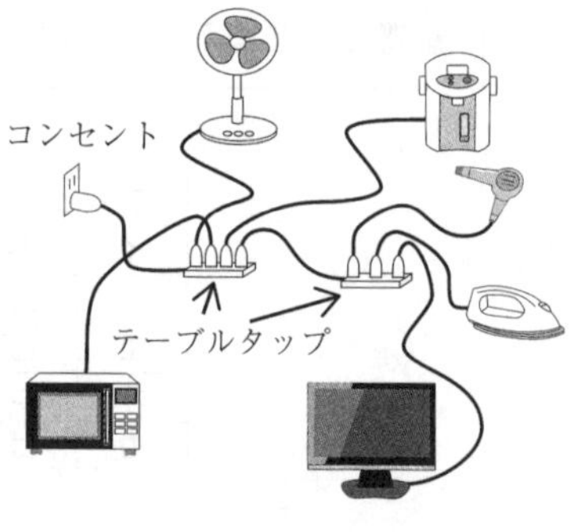

図3

問5 「100V 50W」と表示がある扇風機と，「100V 1200W」と表示があるドライヤーを，100Vの家庭用電源に接続した。ドライヤーを5分間使用したときと同じ電気料金になる扇風機の使用時間を次のア～カの中から1つ選び記号で答えなさい。ただし，電気料金は電力量に比例するものとする。

ア 60分　イ 72分　ウ 108分　エ 120分　オ 180分　カ 720分

【5】 図1のように，うすい塩酸の電気分解実験を簡易的に行った。次の問いに答えなさい。

〈実験〉

手順1．図1のような装置をつくり，うすい塩酸に6Vの電圧を加えて，2分間，電流を流す。

手順2．電流を流しているときの，陽極や陰極の様子を観察する。

〈結果〉

1．陽極側からは気体Xが発生した。

2．陰極側からは気体Yが発生した。

3．発生する気体の見た目の量は，気体Yに比べて気体Xが少なかった。

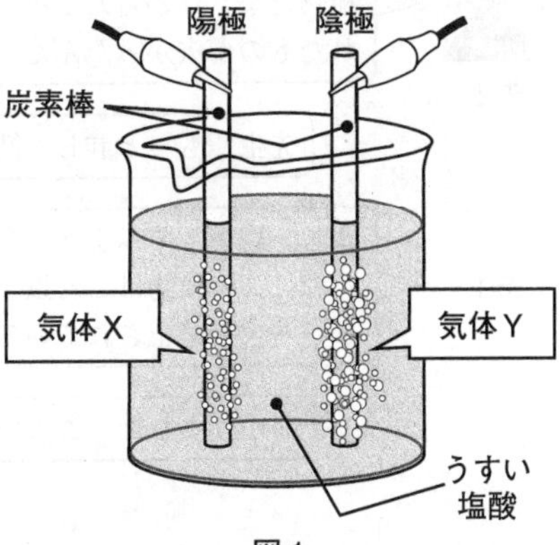

図1

問1　陽極から発生した気体Xと，陰極から発生した気体Yは何か。それぞれ**化学式**で答えなさい。化学式は，アルファベットの大文字，小文字，数字を書く位置や大きさに気をつけて書きなさい。

問2　次の文は気体Xの性質についてまとめたものである。文中の（①）～（④）に当てはまる語句の組み合わせとして，最も適当なものを次の**ア**～**エ**の中から1つ選び記号で答えなさい。

〈結果〉の3は気体Xの（　①　）という性質が影響している。また，陽極側の水溶液を取り出し，その液を赤インクで着色したろ紙につけると，ろ紙の色は（　②　）。これは気体Xが（　③　）作用を持っているからである。また，気体Xは消毒（殺菌）作用も持っており，（　④　）等で利用されている。

	①	②	③	④
ア	水にとけやすい	青くなる	変色	温泉
イ	水にとけやすい	消える（薄くなる）	漂白	プール
ウ	水にとけにくい	消える（薄くなる）	漂白	温泉
エ	水にとけにくい	青くなる	変色	プール

問3　塩酸の溶質は何か。**名称**を答えなさい。

問4　**塩酸の溶質**は，水にとけるとどのように**電離**するか。その電離のようすを表す式を**化学式とイオン式を使って**答えなさい。化学式とイオン式は，アルファベットの大文字，小文字，数字を書く位置や大きさに気をつけて書きなさい。

【6】 沖縄県のある学校の科学クラブのみんなで，近くのダムへ観察に出かけました。そのときの会話文を読み，次の問いに答えなさい。

先生，ダムの水面がかくれるぐらい，浮いて広がっている，あの植物は何でしょうか？

理佳

先生：よく気づいたね。あれは，ボタンウキクサといってアフリカ原産の植物だよ。今からおよそ 100 年前に，観賞用として沖縄に持ち込まれたものが広がったんだ。こういう生物を（ ① ）といったね。

理佳：先生，もっと詳しく観察してもいいですか？

先生：よし，観察してみよう。今日は残念だけど，花が咲いていないようだね。この植物はこれ以上生息地を広げてはいけないため，持ち運びが法律で禁止されているので，注意が必要だよ。

理佳：わかりました。ここで，しっかり観察していきます。

図 1

理佳：先生，スケッチ描けました。

紗和：先生，ボタンウキクサどうしをつないでいる茎のようなものは何でしょうか？

先生：その茎のようなものは，ほふく茎といって，オランダイチゴのように，そこで分かれると別々の個体になるんだよ。

紗和：でも先生，なぜ生息地を広げてはいけないのですか？

先生：実は，この植物は増えすぎると生態系に悪影響を与えることが知られているんだ。ダムの水面を眺めて，どんな影響があるのか，みんなで考えてみよう。

玲央：これだけびっしりと生えていると，**水中に光が届きそうにない**ですね。

先生：いいところに気づいたね。そうすると，水中の生物の食べる・食べられるの関係にも影響がありそうだね。
ボタンウキクサは，沖縄県外の寒い地域では越冬できないそうだよ。冬場にいっせいに枯れて，悪臭を放つことも問題になっているんだ。春になると，発芽してまた広がり，同じことが繰り返されるそうだよ。

問１　会話文の（①）に当てはまる語句と，その生物の例の組み合わせとして，最も適当なものを次のア～エの中から１つ選び記号で答えなさい。

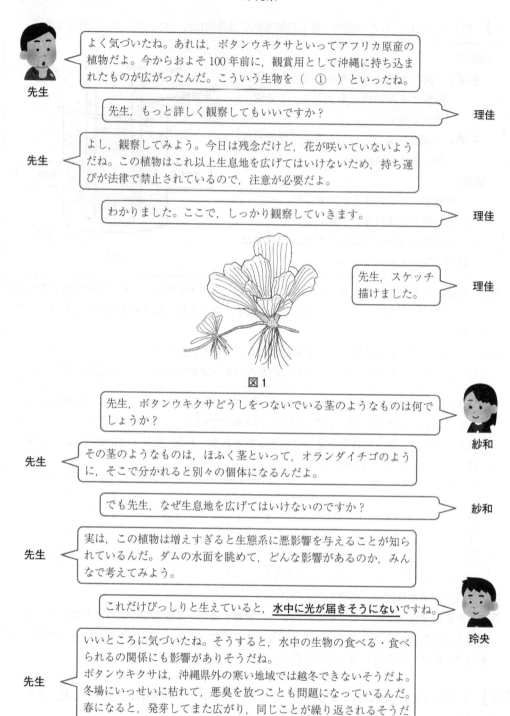

	①	生物の例
ア	外来種（外来生物）	ノグチゲラ，カンムリワシ
イ	外来種（外来生物）	グリーンアノール，オオクチバス
ウ	在来種（在来生物）	ノグチゲラ，カンムリワシ
エ	在来種（在来生物）	グリーンアノール，オオクチバス

問2　**図1**は，**理佳さん**の描いた観察スケッチです。この観察スケッチと会話文をもとに植物の分類を行ったとき，最も適当なものを次の**ア**～**エ**の中から1つ選び記号で答えなさい。

ア　根・茎・葉の区別があり，オオタニワタリのように胞子でふえるので，シダ植物。

イ　上から見たとき，ソテツのような葉の並び方になっているので，裸子植物。

ウ　葉の幅は太いが葉脈が平行で，テッポウユリのようにひげ根をもっているので，単子葉類。

エ　ハスやスイレンと同様に水上に花をつけるので，双子葉類。

問3　**会話文中の下線部**による，ボタンウキクサがダムの水中の生物へ与える影響として考えられることについて，適当なものを次の**ア**～**エ**の中から**2つ選び**記号で答えなさい。

ア　水中で光合成を行う生物が少なくなるため，水中に溶け込んでいる酸素が減少し，魚類などの生育環境が悪化する。

イ　生産者であるボタンウキクサが増えるため，水中の魚類が増える。

ウ　水中に届く光の量が減るので，寒い地方の水中で生息する生物が数多く見られるようになる。

エ　ボタンウキクサが水面を覆うので，水中に届く光の量が減り，植物プランクトンが少なくなる。

問4　ボタンウキクサの生殖について，最も適当なものを次の**ア**～**エ**の中から1つ選び記号で答えなさい。

ア　受精による有性生殖のみを行う。

イ　ほふく茎をのばして分かれる無性生殖のみを行う。

ウ　ほふく茎をのばして分かれる無性生殖と，受精による有性生殖の両方を行う。

エ　暖かい地方ではほふく茎をのばして分かれる無性生殖を，寒い地方では胞子による無性生殖を行う。

問5　ダムの水中生物の食べる・食べられるの関係は，何種類もの生物どうしが複雑な網の目のようにつながりあっている。この関係の名称を**漢字**で答えなさい。

問6　このダムでは，**問3**で示されたボタンウキクサの影響が，そこに生息する生物の個体数の変化として現れていると考えられます。その影響を調べるため，調査を行うことにしました。調査に先立ち情報収集を行うとき，集める情報としてより適当なものを，次の**ア**～**エ**の中から**2つ選び**記号で答えなさい。

ア　ダム管理者が定期的に調査している，水質調査のデータ。

イ　気象庁が同じ市町村内の別の場所にある観測所で観測している，気温や降水量のデータ。

ウ　気象庁が県内の別の島で観測している，毎年の二酸化炭素濃度の変化のデータ。

エ　科学クラブの先輩方が，このダムでボタンウキクサが広がる前に調査した，過去の水中の生物のデータ。

【7】 岩石と地層について，次の問いに答えなさい。

〔Ⅰ〕 図1，図2は，２つの火成岩をルーペで観察しスケッチしたものである。次の問いに答えなさい。

問1 次の文は，図1，図2について説明している。(①)～(③)に当てはまる語句の組み合わせとして，最も適当なものを次の**ア**～**エ**の中から１つ選び記号で答えなさい。

> ・図1は，肉眼で見分けられるぐらいの大きさの鉱物のみが集まってできている。このようなつくりを（ ① ）組織という。
> ・図2の**a**は，比較的大きな鉱物で（ ② ）とよばれ，**b**は形がわからないほどの小さな鉱物などで（ ③ ）とよばれる。

	①	②	③
ア	等粒状	斑晶	石基
イ	等粒状	石基	斑晶
ウ	斑状	斑晶	石基
エ	斑状	石基	斑晶

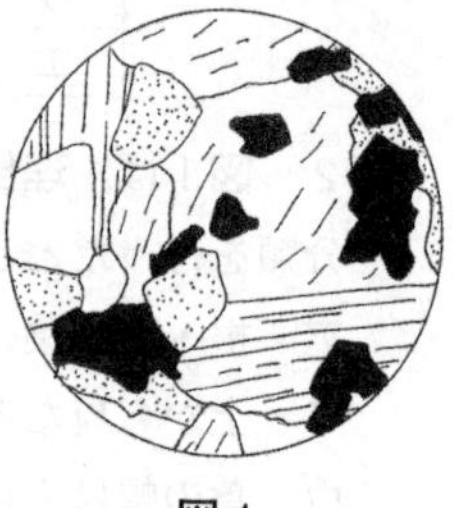

図1

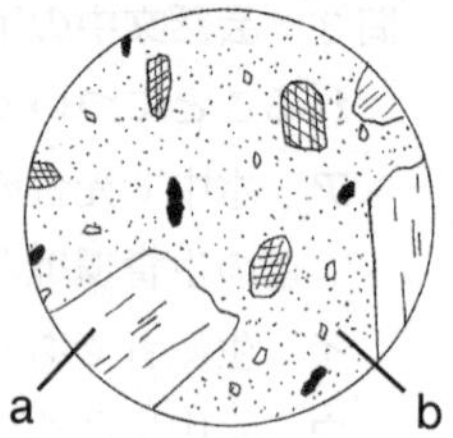

図2

問2 図1のような組織をつくる火成岩には，花こう岩，せん緑岩，斑れい岩などがある。これらをまとめて（　　）岩という。（　）に入る最も適当な語句を漢字２文字で答えなさい。

〔Ⅱ〕 ある地域の**地点A～E**でボーリング調査を行った。図3はこの地域の地形図であり，図中の線は等高線，数値は標高を表している。また，**図4**は**地点A～D**の柱状図である。次の問いに答えなさい。

ただし，この地域の地層はある一定の傾きをもって平行に積み重なっており，上の層ほど新しく，しゅう曲や断層はないものとする。また，この地域の凝灰岩層はひとつしかないものとする。

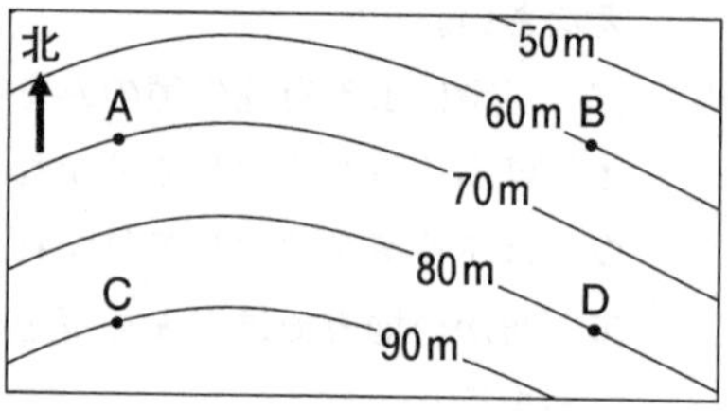

図3

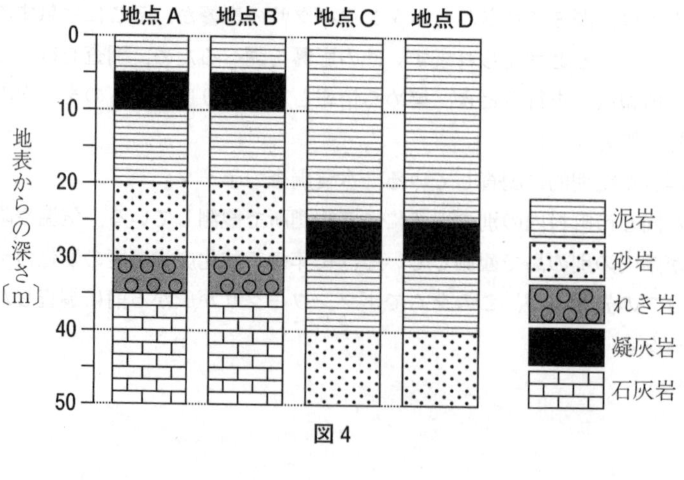

図4

問３　この地域の砂岩の中に，図５のビカリアの化石が見つかり，この層が堆積した地質年代がわかった。次の⑴，⑵が示す語句の組み合わせとして，最も適当なものを次のア～カの中から１つ選び記号で答えなさい。

図５　ビカリア

⑴　地層が堆積した地質年代を推定することができる化石の名称

⑵　この砂岩が堆積した地質年代

	⑴	⑵
ア	示相化石	古生代
イ	示相化石	中生代
ウ	示相化石	新生代
エ	示準化石	古生代
オ	示準化石	中生代
カ	示準化石	新生代

問４　図４の地点Ａを見て，石灰岩が堆積したあと凝灰岩が堆積するまでの地層の重なり方からわかる海の深さについて，最も適当なものを次のア～ウの中から１つ選び記号で答えなさい。

ア　深くなっていった　　イ　浅くなっていった　　ウ　変化しなかった

問５　図３について，この地域の地層はある方向に低くなるように傾いている。どの方向に向かって低くなっているか。最も適当なものを次のア～エの中から１つ選び記号で答えなさい。

ア 北　　イ 南　　ウ 西　　エ 東

【８】 玲央さんと紗和さんは，ホットケーキがふくらむことや，断面にすきまがたくさんできることに興味を持っていた。そこで先生から「ホットケーキがふくらむ理由は，原材料に含まれる炭酸水素ナトリウムの加熱で起こる化学変化」というアドバイスを受け，次の〈実験Ⅰ〉を行った。

〈実験Ⅰ〉

炭酸水素ナトリウム約２ｇを試験管に入れ，図１の装置で加熱した。

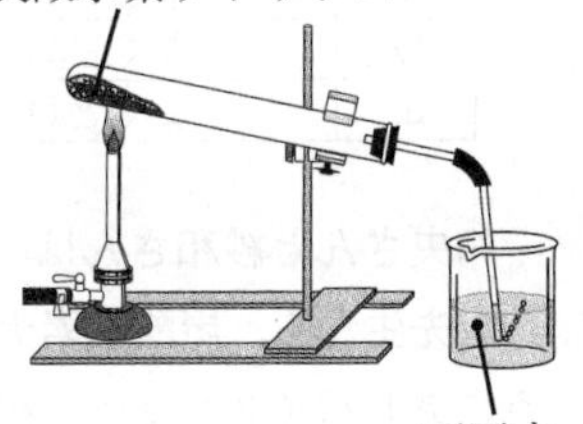

図１

〈結果Ⅰ〉

１．発生した気体Ａがビーカーに入った石灰水を白くにごらせた。

２．加熱後，気体が発生しなくなって，試験管には白い固体Ｂが残った。

３．加熱していた試験管の口の内側には無色の液体Ｃが付着していた。

〈考察Ⅰ〉

１．石灰水が白くにごったことから，発生した気体Ａは（　①　）であることがわかった。この気体が発生することでホットケーキがふくらむことがわかった。

２．炭酸水素ナトリウムと白い固体Ｂを比較したところ，水へのとけ方やフェノールフタレイン溶液との反応で違いがみられたため，炭酸水素ナトリウムは違う物質に変化したことがわかった。

３．無色の液体Ｃに，青色の（　②　）を反応させると，うすい赤色（桃色）に変わったことから，無色の液体Ｃは（　③　）であることがわかった。

問1　(①) に当てはまる**物質名**を答えなさい。

問2　**気体A**についての説明文として**誤っているもの**を，次の**ア**～**エ**の中から１つ選び記号で答えなさい。

ア　ペットボトルに水を半分入れ，**気体A**をペットボトルの水の入っていない空間に十分に入れた。ふたを閉め，よく振ったところ，ペットボトルが大きくへこんだ。

イ　**気体A**を入れた集気びんに，点火したマグネシウムリボンを入れると，激しく燃えて，びんの中に黒い物質がところどころ付着していた。

ウ　化石燃料の使用により放出される**気体A**は，地球温暖化の原因の１つである。化石燃料の使用を減らす取り組みとして，再生可能エネルギーの利用や省エネルギー技術の開発が進められている。

エ　**気体A**のとけた水溶液にpH試験紙をつけると，pH７より大きくなり酸性を示す。また，大気中の**気体A**は，雨にとけ強い酸性を示す酸性雨となる。

問3　次の問いに答えなさい。

⑴　(②) に当てはまる語句を，次の**ア**～**エ**の中から１つ選び記号で答えなさい。

ア　ベネジクト液　　**イ**　BTB溶液　　**ウ**　塩化コバルト紙　　**エ**　ヨウ素溶液

⑵　(③) に当てはまる物質を**化学式**で答えなさい。化学式はアルファベットの大文字，小文字，数字を書く位置や大きさに気をつけて答えなさい。

問4　**〈考察Ⅰ〉下線部**の結果で，最も適当なものを次の**ア**～**エ**の中から１つ選び記号で答えなさい。

	水へのとけ方		フェノールフタレイン溶液との反応	
	炭酸水素ナトリウム	**固体B**	炭酸水素ナトリウム	**固体B**
ア	少しとける	よくとける	赤色	うすい赤色
イ	少しとける	よくとける	うすい赤色	赤色
ウ	よくとける	少しとける	赤色	うすい赤色
エ	よくとける	少しとける	うすい赤色	赤色

玲央さんと**紗和さん**は，**〈実験Ⅰ〉**より炭酸水素ナトリウムはアルカリ性であることがわかった。**先生**から，炭酸水素ナトリウムを塩酸と反応させたときの質量の関係について調べてみるようにアドバイスを受け，次の**〈実験Ⅱ〉**を行った。

〈実験Ⅱ〉

図2のように，うすい塩酸25.00ｇに，炭酸水素ナトリウムを加え，反応前後の質量をはかった。これを，炭酸水素ナトリウムの質量を変えて６回おこなった。

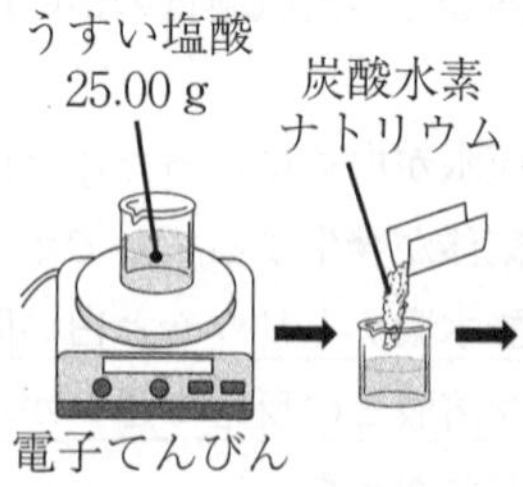

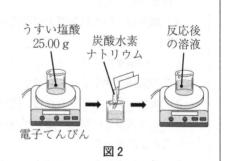

図2

〈結果Ⅱ〉

1．塩酸に炭酸水素ナトリウムを加えたところ，気体が発生した。

2．それぞれの反応前後の質量は次のページの**表1**のとおりであった。

表1

回数	1回目	2回目	3回目	4回目	5回目	6回目
うすい塩酸 25.00 g を入れたビーカー全体の質量〔g〕	85.50	85.50	85.50	85.50	85.50	85.50
加えた炭酸水素ナトリウムの質量〔g〕	1.00	2.00	3.00	4.00	5.00	6.00
反応後のビーカー全体の質量〔g〕	86.00	86.50	87.00	87.75	88.75	89.75

問5　次の文は**玲央さん**と**紗和さん**が**〈結果Ⅱ〉**をふまえて**〈考察〉**を行ったときの会話の一部である。なお，反応によって発生した気体はすべて空気中に出ていったものとする。

玲央　反応後のビーカー全体の質量は，うすい塩酸25.00 g を入れたビーカー全体の質量と炭酸水素ナトリウムを合わせた質量に比べると，減っているよ。

紗和　発生した気体がビーカーの外に出ていったから，反応後の質量は減っているんだね。

玲央　炭酸水素ナトリウムの質量を変えると，発生する気体の質量も変わることがわかるね。

紗和　炭酸水素ナトリウムの質量と，発生した気体の質量の関係を表す**グラフ**を作成してみるね。**グラフ**では炭酸水素ナトリウムの質量と，発生した気体の質量は，途中まで比例しているよ。

玲央　今回は実験しなかったけど，もし，炭酸水素ナトリウム7.00 g をすべて反応させるとしたら，同じ濃度のうすい塩酸が**最低**　□　**g 以上**必要ってことが計算でわかるね。

(1)　会話文中の**グラフ**として，最も適当なものを次の**ア**～**エ**の中から１つ選び記号で答えなさい。

ア

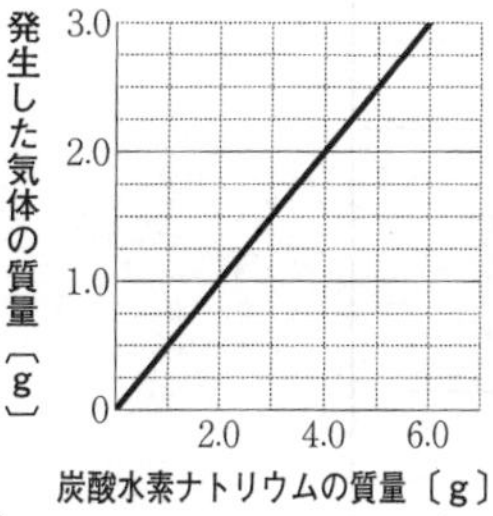

イ

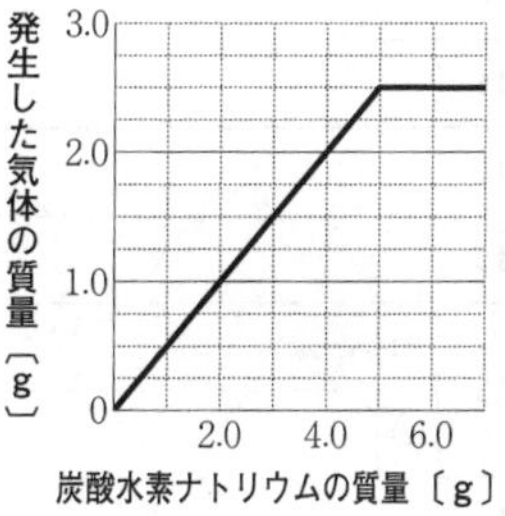

ウ

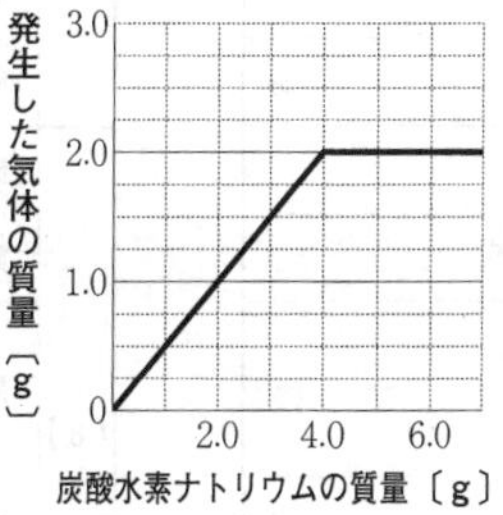

エ

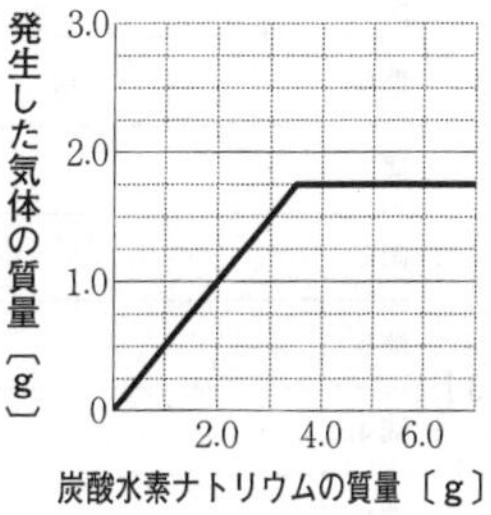

(2)　会話文中の　□　に入る適切な数値を，次の**ア**～**ク**の中から１つ選び記号で答えなさい。

ア　25.00　　**イ**　30.00　　**ウ**　35.00　　**エ**　40.00

オ　45.00　　**カ**　50.00　　**キ**　55.00　　**ク**　60.00

令和２年度　理科　解答用紙

志願校名	高等学校	受検番号		出身校名	中学校
				氏　名	

大問	小問	答　え		
【1】	問1	の法則		
	問2	(1)	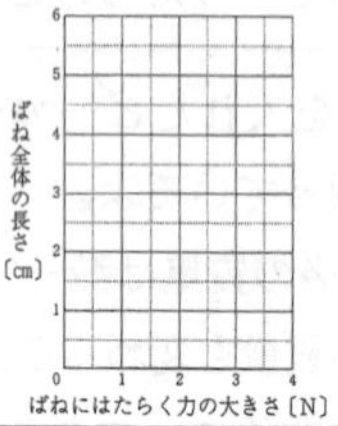	
		(2)	cm	
	問3			
	問4	N		
	問5	cm^3		
【2】	問1			
	問2			
	問3			
	問4			
	問5			
	問6	時	分	
【3】	問1			
	問2			
	問3			
	問4			
	問5	秒		
	問6			
【4】	問1	電流	A	電圧	V
	問2	A		
	問3			
	問4	①		②	
	問5			

大問	小問	答　え		
【5】	問1	気体X		気体Y
	問2			
	問3			
	問4			
【6】	問1			
	問2			
	問3			
	問4			
	問5			
	問6			
【7】	問1			
	問2	岩		
	問3			
	問4			
	問5			
【8】	問1			
	問2			
	問3	(1)		
		(2)		
	問4			
	問5	(1)		
		(2)		

得　点

※この解答用紙は172％に拡大していただきますと，実物大になります。

＜社会＞

時間　50分　　満点　60点

【1】 世界の様々な地域について，次の各問いに答えよ。

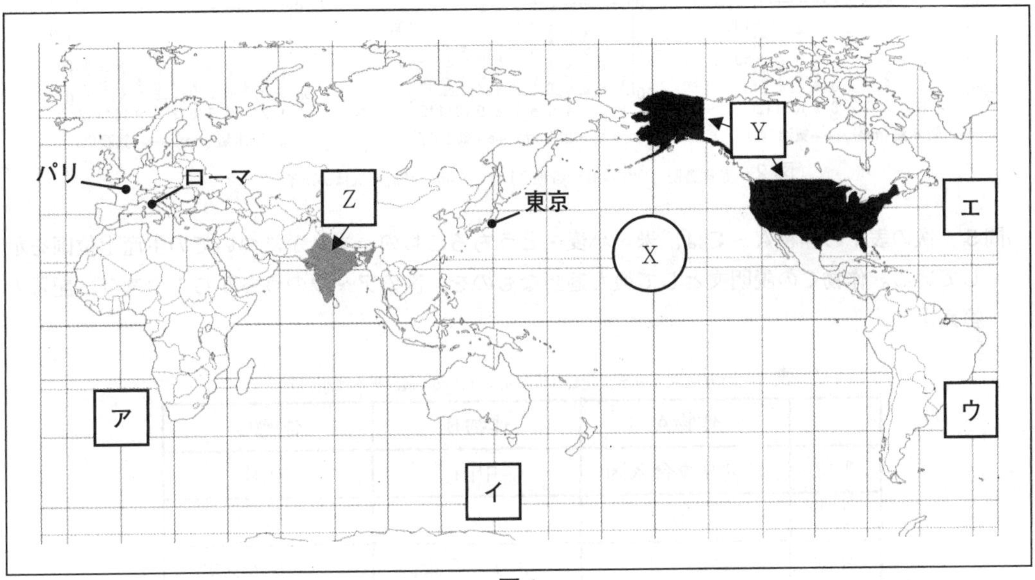

図１

問１　図１中の Ⓧ の付近の大洋を何というか。**漢字**で答えよ。

問２　図１中の東京に対して，地球の中心を通った反対側の地点を含む範囲として最も適当なものを，図１中の ア ～ エ のうちから１つ選び，記号で答えよ。

問３　図１中の Y 国では， Z など世界中から研究者や技術者が集まり，情報通信技術（ＩＣＴ）関連産業が発達している。図１中の Z に入る国名を答えよ。また，次の説明文の（①）に入る語句を**漢字２字**で答えよ。

> Z 出身者が Y 国で情報通信技術（ＩＣＴ）関連産業において活躍している理由は， Z での数学の教育水準が高いことや，（　①　）を話せる技術者が多いことなどがあげられる。

問４　図１中の**パリ**，**ローマ**，**東京**について，次のページの**図２**の**ア～ウ**の雨温図はいずれかのものである。**ローマ**にあてはまるものを**ア～ウ**のうちから１つ選び，記号で答えよ。

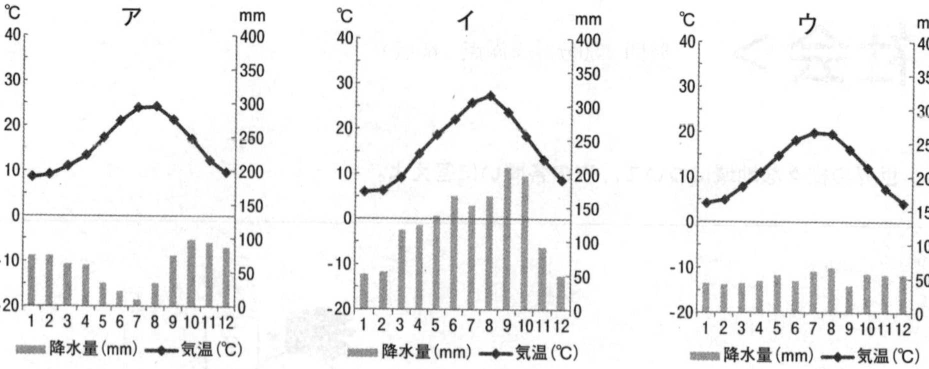

図2（帝国書院『中学校社会科地図』より作成。統計年次は2015年）

問5　次の**表1**の**作物A～C**は，**米・小麦・とうもろこし**のいずれかについての生産上位国を示している。**作物C**の説明文として最も適当なものを，次の**ア～ウ**のうちから1つ選び，記号で答えよ。

表1（帝国書院「中学校社会科地図」より作成。統計年次は2012年）

	作物A	作物B	作物C
1位	アメリカ合衆国	中国	中国
2位	中国	インド	インド
3位	ブラジル	アメリカ合衆国	インドネシア
4位	インド	フランス	バングラデシュ
5位	メキシコ	ロシア	ベトナム

ア　パンやめん類などに加工され，世界各地で主食としている国が多い。
イ　アジア州の国で多く生産され，この地域で主食としている国が多い。
ウ　食用以外に，植物油の原料や家畜の飼料としている国が多い。

問6　次の**図3**はアジア州の**マレーシア**における**輸出品**と**輸出総額**を示している。**図3**から読み取れる内容として最も適当なものを，次の**ア～エ**のうちから1つ選び，記号で答えよ。

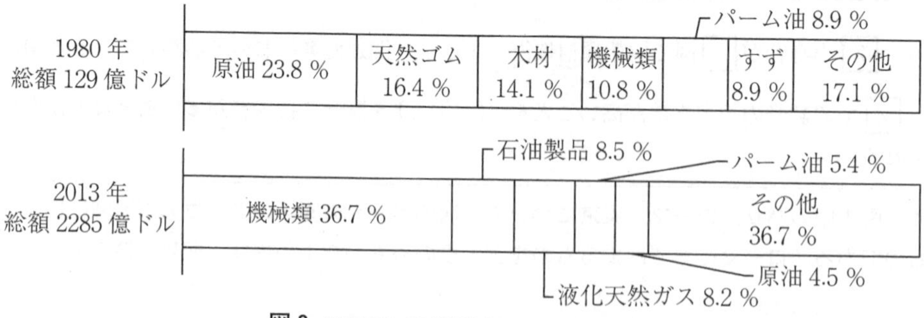

図3（帝国書院「中学校社会科地図」より作成）

ア　1980年は，天然ゴムの輸出額が約16億ドルであることがわかる。
イ　1980年は，鉱産資源だけで輸出総額の60％以上をしめていることがわかる。

ウ　2013年は，輸出総額が1980年の約10倍になっていることがわかる。

エ　2013年は，1980年に比べ輸出総額に占める工業製品の割合が増加していることがわかる。

問7　次の**ア**～**エ**は**アフリカ州**について述べている。**誤っているもの**を**ア**～**エ**のうちから1つ選び，記号で答えよ。

ア　サハラ砂漠とその北部は，アフリカの他地域に比べイスラム教を信仰している人が特に少ない地域である。

イ　複数の民族が暮らす国では，民族のまとまりを無視した植民地時代の境界線が国境線となったところが多く，民族間の争いがみられる地域がある。

ウ　多くの国では，特定の生産物の輸出にたよったモノカルチャー経済がみられる。

エ　日本などの先進国は，アフリカの国々の自立に向けた技術支援や開発援助を行っている。

問8　次の**表2**は，説明文の中の［Ⅰ］の作物生産量について世界の国別および日本の都道府県別の上位を示している。［Ⅰ］に入る作物名を答えよ。また，説明文の［Ⅱ］に入る［Ⅰ］と関連する最も適当な語句を**カタカナ**で答えよ。

表2（帝国書院「中学校社会科地図」より作成）

	世界（2012年）	日本（2013年）
1位	ブラジル	沖縄県
2位	インド	鹿児島県
3位	中国	

ブラジルでは，［Ⅰ］から［Ⅱ］**燃料**を生産している。［Ⅱ］**燃料**は，おもに植物を原料とするため，燃やしても大気中の二酸化炭素を増やさないとされている。

【2】 日本の様々な地域について，次の各問いに答えよ。

問1　次の説明文は，日本各地の農業の特徴について述べている。文中の①～③に入る語句の組み合わせとして，正しいものを次の**ア**～**エ**のうちから1つ選び記号で答えよ。

・宮崎県や高知県では，温暖な気候を利用して（　①　）が行われており，きゅうり，ピーマンの生産がさかんである。
・茨城県や千葉県では，人口の多い大消費地の近くという利点を生かして（　②　）が行われており，野菜の生産がさかんである。
・愛知県や沖縄県では，夜間に電灯の光をあてて生長を調整する（　③　）が行われており，菊の生産がさかんである。

ア　①近郊農業　②促成栽培　③抑制栽培　　**イ**　①促成栽培　②近郊農業　③抑制栽培

ウ　①促成栽培　②抑制栽培　③近郊農業　　**エ**　①抑制栽培　②近郊農業　③促成栽培

問2　次の**ア**～**オ**は，日本の工業の特徴について述べている。**誤っているもの**を**ア**～**オ**のうちから1つ選び，記号で答えよ。

ア　日本の工業は，原料や燃料を輸入して製品を輸出する加工貿易で発展してきた。

イ　北九州工業地帯は，明治時代につくられた製鉄所を中心として発達した地域である。

ウ　阪神工業地帯では，近年，臨海部の工場跡地に太陽光関連産業の工場が建設されている。

エ　中京工業地帯では，愛知県の豊田市を中心に自動車関連工業がさかんである。

オ　京浜工業地帯は，日本の工業地帯の中で工業出荷額が最も低く，停滞している。

問３　次の図４は，コンビニエンスストア・デパート（百貨店）・大型スーパーマーケットの販売額の変化を示している。

コンビニエンスストアに当てはまるものを，図４のア～ウのうちから１つ選び，記号で答えよ。

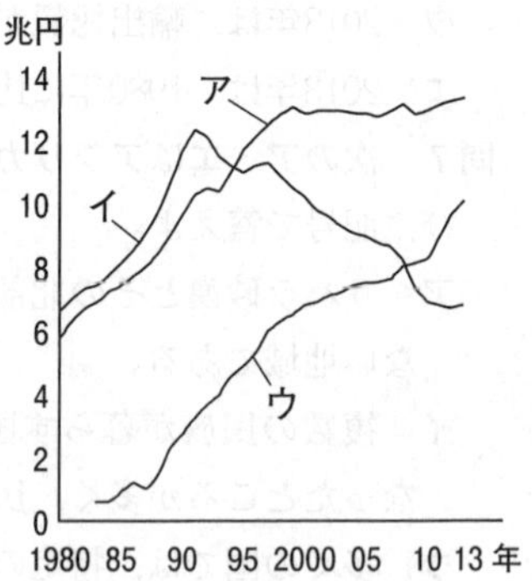

図４（商業動態統計調査ほか）

問４　次の図５の地図を見て，次の各問いに答えよ。

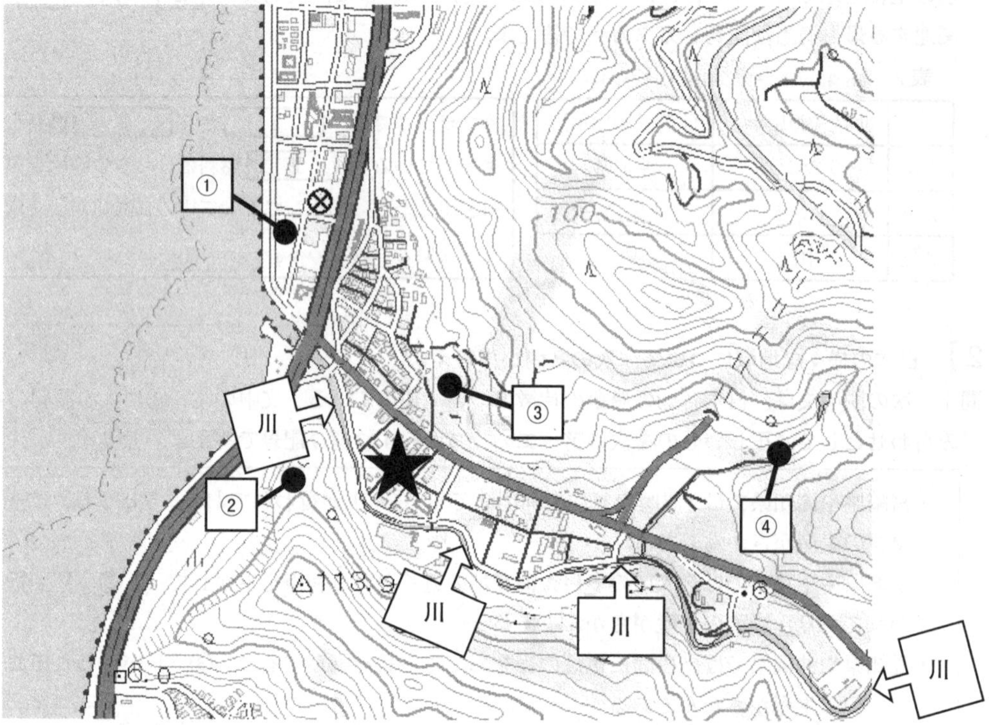

図５（国土地理院電子地形図２万５千分の１「沖縄県内某所の地形図」を拡大して作成，一部改変）

⑴　次のア～エは，図５に見られる海岸や河川周辺の地形について説明している。ここから読み取れる内容として，最も適当なものをア～エのうちから１つ選べ。

ア　海岸線を見ると，埋め立て等で直線的に整備された人工の海岸があることがわかる。

イ　河川が，谷に土砂を堆積させた典型的な扇状地であり，中央部には果樹園があることがわかる。

ウ　張り出した岸壁が複雑な海岸線をつくるリアス海岸であり，いくつも港があることがわかる。

エ　河川の河口部に土砂が堆積し，大規模な三角州になっていることがわかる。

⑵　あなたは，クラス30名の避難訓練で，避難場所を選ぶ係を任されている。図５の範囲には，自治体のハザードマップで，以下の危険が示されている場所が複数ある。

斜面や谷があるところ	→	土砂災害の危険（警戒区域や危険箇所）
標高10m以下の低地のところ	→	高潮・洪水の危険

訓練の条件は，台風接近や大雨で，自治体から「警戒レベル４（避難勧告）」が出されている状況とする。あなたの役割は，土砂災害および高潮・洪水の危険を避けることのできる場所・経路を選ぶことである。**図５の★印から全員を避難させる訓練を行う場合**，図中①～④のいずれの地点に移動するのが最も適当であると考えられるか。解答欄の【　】に適当な地点の番号を記入し，その判断の理由を**「標高」および「川」の２つの要素に必ずふれて**説明せよ。

問５　近年，災害への心がまえとして自ら備えを積極的に行い，被害を**できる限り少なく**することが重視されている。この考え方を何というか。**「防災」とは異なる言葉で**「（　）災」となるように答えよ。

【３】 次の表１は，世界と関係するできごとが日本にあたえた影響をまとめたものである。次の各問いに答えよ。

表１

世　紀	できごと	日本にあたえた影響
紀元前４世紀頃までに	a**稲作の伝来**	土地や水の利用をめぐる争いから戦いがおこり，やがて周辺のムラをまとめる有力なクニ（国）が現れた。
８世紀	b**遣唐使の派遣**	唐から進んだ制度や文化を取り入れ，c**律令国家**の形成につながった。
13世紀	蒙古襲来（元寇）	北条氏に権力が集中し，生活が苦しくなったd**御家人**たちの不満が高まった。
15世紀	e**琉球王国**の成立	中国・日本・朝鮮・東南アジア諸国とさかんに交易を行った。
16世紀	ヨーロッパ諸国とのf**南蛮貿易**	鉄砲とg**キリスト教**が伝来し，戦国大名のなかには貿易の利益を期待して信者になる者が現れた。
17世紀	島原・天草一揆	h**江戸幕府**は日本人の海外への行き来を禁止し，さらに外国との貿易を制限した。

問１　下線部**a**について，弥生時代の人々の生活について述べた文章として，正しいものを次の**ア**～**エ**のうちから１つ選び，記号で答えよ。

ア　渡来人が仏教や儒教を伝え，その後の信仰や文化に大きな影響をあたえた。

イ　祭りの道具として，銅鐸などの青銅器がつくられるようになった。

ウ　前方後円墳をはじめとする大きな古墳が，さかんにつくられるようになった。

エ　京の東西におかれた市では，各地の品物が売り買いされるようになった。

問2　下線部bについて，図1は正倉院と宝物である。正倉院に納められているこの宝物は，遣唐使などによってもたらされたものである。この時代の国際色豊かな文化を何文化というか，漢字2字で答えよ。

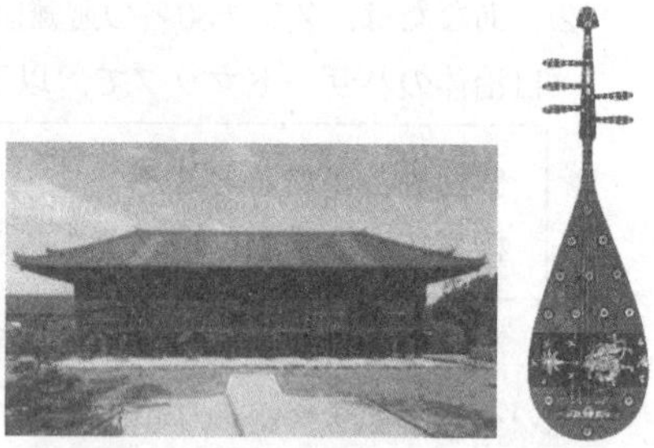
図1

問3　下線部cについて，成立した律令国家はその後の時代も変化しながら続いていった。次のア～ウを，年代の古い順に並べ替えよ。

ア　平安京に都を移した。

イ　大宝律令が定められた。

ウ　墾田永年私財法が定められた。

問4　下線部dについて，図2は元軍と戦う御家人を描いたものである。図3で示した将軍と御家人の関係を参考にして，説明文のA・Bに入る語句を，それぞれ漢字2字で答えよ。

図2

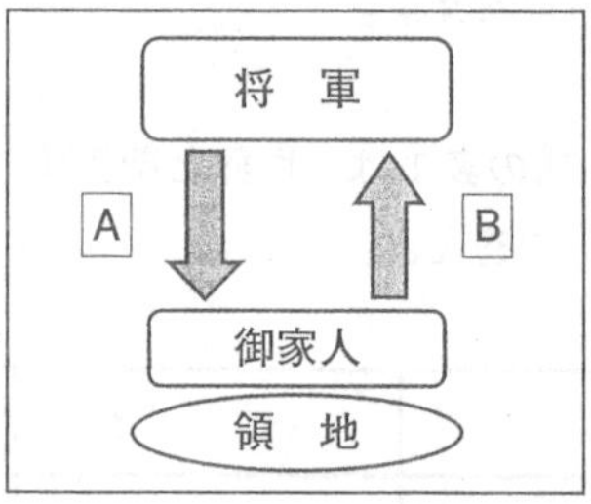

図3

> 御家人は，将軍から先祖伝来の領地の支配をみとめられたり，新たな領地や役職を与えられるなどした。これを［　A　］という。そのかわりに戦いがあれば鎌倉幕府のために一族を率いて命がけで戦ったり，京都や鎌倉の警備をするなどの義務を負った。これを［　B　］という。

問5　下線部eについて，琉球王国や琉球藩について述べた文章として誤っているものを，次のア～エのうちから1つ選び，記号で答えよ。

ア　15世紀，尚巴志は3つに分かれていた勢力を統一し，琉球王国が成立した。

イ　1609年，琉球王国は薩摩藩に征服され，それ以後中国への朝貢は禁止された。

ウ　琉球の三線が日本に伝わり三味線がつくられ，近世の音楽を支える楽器となった。

エ　1879年，明治政府は，軍隊や警察の力を背景に琉球藩を廃止し，沖縄県を設置した。

問6　下線部fについて，南蛮貿易について述べた文章として正しいものを，次のア～エのうちから1つ選び，記号で答えよ。

ア　南蛮貿易は，蝦夷地（北海道）南部を領地とした松前藩を中心におこなわれた。

イ　南蛮貿易を通して，西洋の学問をオランダ語で研究する蘭学がさかんになった。

ウ　南蛮貿易は，ポルトガル人やスペイン人を貿易相手としておこなわれた。

エ　南蛮貿易の結果，多くの日本人がメキシコに移り住み，各地に日本町ができた。

問7　下線部gについて，日本とキリスト教のかかわりについて述べた文章として正しいものを，次のア～エのうちから１つ選び，記号で答えよ。

ア　イエズス会の宣教師ザビエルが，日本に来てキリスト教を布教した。

イ　織田信長は，宣教師の国外追放を命じてキリスト教を禁止した。

ウ　豊臣秀吉は，仏教勢力への対抗策としてキリスト教を保護した。

エ　江戸幕府は，キリスト教を布教しない中国・イギリスとのみ貿易を行った。

問８　下線部ｈについて，資料１は３代将軍の徳川家光の時代に定められた法令である。幕府は大名に何をさせるために，このような制度を設けたのか。経済的影響に着目して述べよ。

大名が自分の領地と江戸とを交代で住むように定める。毎年４月に江戸へ参勤せよ。

資料１　（『武家諸法度』より一部要約）

【４】　次のカードＡ～Ｆは，日本の歴史に関わる食べ物についてまとめたものである。これを見て，それぞれのカードの下線部に関する次の各問いに答えよ。また図１・図２についての各問いに答えよ。

【カード Ａ】ペリーと琉球料理

ペリーは条約調印直前，幕府から伝統料理をご馳走されたが，味も量も満足しなかったらしい。一方，前年の琉球での料理は気に入ったと書いている。豚肉を使っていたからかも知れない。

【カード Ｂ】あんパンの誕生

和洋が結びついたあんパンは明治初期，元武士の木村安兵衛らによって生み出された。安兵衛の友人の紹介で明治天皇や徳川慶喜にも献上され，どちらも大好物になったらしい。

【カード Ｃ】日本式カレー

じゃがいも・にんじん・たまねぎが入ったシチュー風の日本式カレーが登場したのは明治末ごろ。明治41年に発表された夏目漱石の小説『三四郎』には主人公がカレーをおごってもらう話がある。

【カード Ｄ】南洋節と沖縄

1930年代，マリアナ諸島などで作られた「南洋節」が日本のかつお節市場で大きな割合を占めた。現地のかつお漁やかつお節工場では多数の沖縄県出身者が働いていた。

【カード Ｅ】餃子の普及

本場とは違い，日本の餃子は主食というよりおかずであり，焼くのが一般的。中国大陸から帰国した軍人などが1945年以後，各地で作り始め，日本風が定着したという。

【カード Ｆ】焼肉の起源

目の前で焼く形式の焼肉は，日本統治下のソウルで1930年代末に出現したらしい。その後，日本では戦後，韓国では1950年代半ば以降に普及し，相互に影響を与えている。

問１　カードＡについて，ペリーが幕府と日米和親条約を調印した年に最も年代の近い歴史上のできごとを次のア～エのうちから１つ選び，記号で答えよ。

ア　キューバ危機　　イ　インド大反乱　　ウ　ロシア革命　　エ　辛亥革命

問２　カードＢについて，歴史上の天皇と武家政権との関係を説明した次のア～ウの文章について，時代の古いものから順番に並べ替えよ。

ア　吉野に逃れた南朝の天皇に対し，幕府は北朝の天皇を立て，たがいに自らが正統だと主張した。

イ　幕府は，天皇・貴族を監視するために京都所司代を置き，独自の法令を定めて統制した。

ウ　幕府は反乱を起こした上皇を島流しにし，朝廷の監視等のため六波羅探題を設置した。

問３　カードCについて，夏目漱石は明治後半から大正初めにかけて作品を発表した文学者である。同じく明治時代以降に活躍した人物とその分野の組合せが最も適当なものを，次のア～エのうちから１つ選び，記号で答えよ。

ア　北里柴三郎…医学　　イ　樋口一葉…美術

ウ　黒田清輝…文学　　エ　高村光雲…音楽

問４　カードDのマリアナ諸島などの南洋群島はベルサイユ条約によって日本がドイツから継承し，事実上の植民地支配を行っていた。第一次世界大戦後，こうした列強の支配に対して各地で行われた抵抗運動の説明として適当でないものを次のア～エのうちから１つ選び，記号で答えよ。

ア　朝鮮で三・一独立運動が起こった。　　イ　中国で五・四運動が起こった。

ウ　インドで非暴力・不服従運動が広がった。　　エ　フランスでレジスタンスが広がった。

問５　カードEについて，各地で戦争をした日本の軍人たちの中には敗戦後，罪に問われる者もいた。特に，首相や軍の上層部など戦争をする上で指導的な地位にあった28名の人物は，連合国によって1946年から1948年まで日本で裁判にかけられた。この裁判を何というか。「(　　) 裁判」となるようにすべて漢字（６字または２字）で答えよ。

問６　カードFについて，日本と朝鮮半島の国家・人々とのかかわりについて述べた次の文章のうち，誤っているものを次のア～エのうちから１つ選び，記号で答えよ。

ア　豊臣秀吉の侵攻後，朝鮮半島から連行された技術者によって高度な陶磁器づくりが伝わった。

イ　関東大震災の際，日本人の一部が朝鮮半島出身者を襲って殺害する事件が起きた。

ウ　湾岸戦争時，韓国にいた米軍が物資を大量に発注したため，日本国内は特需景気になった。

エ　日韓基本条約によって日韓の外交関係は正常化したが，領土などをめぐる対立が残っている。

問７　下の図１・図２はいずれも現在は実用されていない鉄道駅である。これに関連して，次の各問いに答えよ。

図１

図２

⑴　**図１**は，世界で最初に鉄道の営業運転が行われたイギリスの旧マンチェスター駅である。この都市は18～19世紀，機械による綿織物の生産地として大きく発展したことで知られている。蒸気機関などの新技術によって生産力が増大し，工業中心の社会へ移り変わったことを表現する最も適当な語句を**漢字４字**で答えよ。

⑵　**図２**は，復元された与那原駅の駅舎（国の登録記念物）である。この駅は，かつて県内を走っていた沖縄県鉄道（通称「軽便鉄道」）の終着駅としてにぎわった。日本史上の鉄道にかかわるできごとを述べた次の**ア**～**オ**の文章について，**下線部が**最も適当なものを１つ選び，記号で答えよ。

ア　1872年，初の鉄道が**新橋・横浜間**で開通し，式典には天皇や上京中の琉球藩高官が参加した。

イ　19世紀末，ロシアは**アラスカ鉄道**の建設を進め，イギリスが日本との同盟を探る一因となった。

ウ　1931年，日本の関東軍は**チベット鉄道**を爆破し，これを口実に中国東北部全域の占領を進めた。

エ　1964年，東京オリンピックに合わせて**リニアモーターカー**が開通し，高速道路の整備も進んだ。

オ　2003年に首里～那覇空港間で開業した沖縄都市モノレールは2019年，**名護まで**延長された。

【５】　次の**資料１**は，人権の保障に関連する年表である。これについて，次の各問いに答えよ。

問１　下線部ａでは主に自由権が保障された。これに関連して，日本国憲法で保障されている自由権の種類と具体的な権利の組み合わせとして最も適当なものを次の**ア**～**ウ**のうちから１つ選び，記号で答えよ。

ア　精神の自由　－　奴隷的拘束や苦役からの自由

イ　生命・身体の自由　－　表現の自由

ウ　経済活動の自由　－　職業選択の自由

人権の保障に関連する年表

1215年	ａ**マグナカルタ（イギリス）**
1689年	権利の章典（イギリス）
1776年	ｂ**アメリカ独立宣言**
1789年	フランス人権宣言
1919年	ｃ**ワイマール憲法（ドイツ）**
1946年	日本国憲法
1948年	ｄ**世界人権宣言**

資料１

問２　人権は，自分の権利と他人の権利が衝突するとき制限されることがある。これに関連して，日本国憲法ではどのような場合に人権が制限されるとしているか。**資料２**の〇〇と△△に当てはまる語句を**それぞれ漢字２字**で答えよ。

> 日本国憲法　第13条
> 　すべて国民は，個人として尊重される。生命，自由及び幸福追求に対する国民の権利については，〇〇の△△に反しない限り，立法その他の国政の上で，最大の尊重を必要とする。

資料２

問3　下線部bの宣言に大きな影響を与えた人物に，フランスの思想家**モンテスキュー**がいる。彼の思想として最も適当なものを次の**ア**～**エ**のうちから1つ選び，記号で答えよ。

ア　人はみな生命や自由，抵抗権などの自然権を持っているとし，民主政治の大切さを説いた。

イ　国の権力を立法・司法・行政に分ける，権力分立（三権分立）を主張した。

ウ　自由で平等な社会をつくるために，人民主権が必要だと説いた。

エ　王による政治ではなく，人民の人民による人民のための政治を主張した。

問4　下線部cの憲法は世界で初めて社会権を保障した憲法だといわれる。社会権は，自由権や平等権だけでは人間らしい生活を保障するには不十分だったために登場したが，なぜ不十分だったのか。その理由を，**当時の人々が困っていた経済的な問題に触れて，**解答欄に合わせて文を完成させよ。

問5　下線部dについて，次の問いに答えよ。

(1)　この宣言が採択された国際的な組織を何というか。**漢字**で答えよ。

(2)　この宣言を具体化し人権保障を実現するため，1966年に同じ組織で採択されたものは何か。最も適当なものを次の**ア**～**エ**のうちから1つ選び，記号で答えよ。

ア　国際人権規約　　**イ**　人種差別撤廃条約

ウ　京都議定書　　**エ**　児童（子ども）の権利条約

問6　近年，社会の変化にともなって，日本国憲法に直接は規定されていない人権も認められるようになってきた。そのような権利として最も適当なものを次の**ア**～**エ**のうちから1つ選び，記号で答えよ。

ア　請願権　　**イ**　裁判を受ける権利

ウ　環境権　　**エ**　教育を受ける権利

問7　日本国憲法では，基本的人権を守るための権利として参政権を保障している。これに関連して，参議院議員選挙および参議院の特徴として適当なものを次の**ア**～**オ**のうちから**すべて選び，**記号で答えよ。

ア　任期は6年　　**イ**　解散がある　　**ウ**　被選挙権は30歳以上

エ　議員の数は衆議院よりも少ない　　**オ**　沖縄県選挙区からは一度に4人が選ばれる

【6】 次の会話文を読み，次の各問いに答えよ。

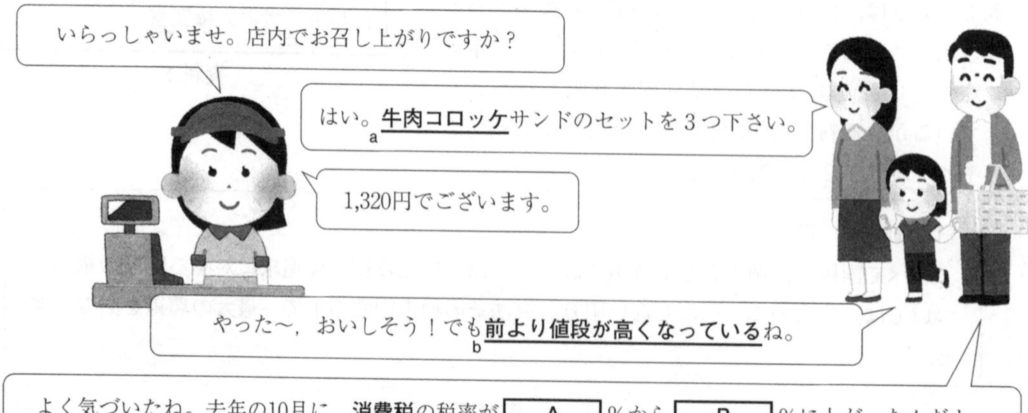
いらっしゃいませ。店内でお召し上がりですか？
はい。a牛肉コロッケサンドのセットを3つ下さい。
1,320円でございます。
よく気づいたね。去年の10月に，c消費税の税率が［A］%から［B］%に上がったんだよ。

問1　会話文中の２つの空欄 A ・ B に入る数字を，それぞれ答えよ。

問2　下線部aに使用されている牛肉を，アメリカから日本に輸入する時，この店では１kgあたり10ドルで輸入している。このとき，為替相場（為替レート）は１ドル＝100円であった。その後，為替相場が１ドル＝80円に変化した場合，牛肉の輸入価格はどのように変化するか。下の文の空欄 C ～ F に入る語句の組み合わせとして最も適当なものを次のア～エのうちから１つ選び，記号で答えよ。

> １ドル＝100円の時，牛肉を１kg輸入するときの価格は C 円だったが，１ドル＝80円になると価格は D 円になる。これを E といい， F するのに有利である。

ア	C － 800	D －1000	E －円高	F －輸出
イ	C －1000	D － 800	E －円安	F －輸入
ウ	C － 800	D －1000	E －円安	F －輸出
エ	C －1000	D － 800	E －円高	F －輸入

問3　下線部bの「前より値段が高くなっている」ことに関連して，好況（好景気）時に起こりやすいとされる，物価が上がり続ける現象を何というか。カタカナで答えよ。

問4　下線部cの消費税は，負担する人と納める人が異なる。このような税を，負担する人と納める人が同じ税に対して何というか。漢字で答えよ。

問5　消費税などの税金は図１・図２に示すように，国が行う経済活動（財政活動）に使われている。これについて，次の問いに答えよ。

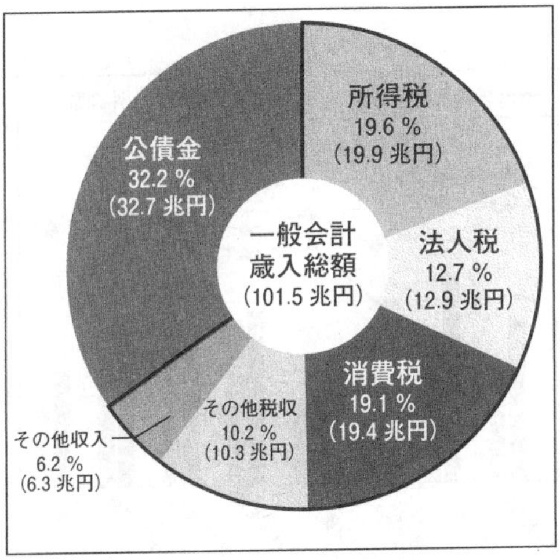

図１　国の歳入（収入）

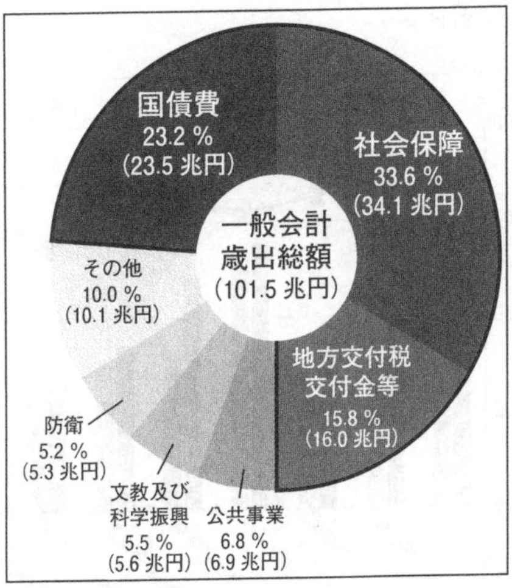

図２　国の歳出（支出）

『これからの日本のために財政を考える』（財務省令和元年６月）より（2019年度予算）

(1)　図２からは，歳出（支出）で最も割合が高いのは社会保障であることがわかる。これに関連して，日本の社会保障の種類とその内容の組み合わせとして最も適当なものを次のア～エのうちから１つ選び，記号で答えよ。

ア　社会保険　－　支払われた保険料をもとに，病気やケガ，失業者などに給付をする。

イ　公的扶助　－　予防接種や下水道整備など，病気の予防や生活の基盤を整える。

ウ 社会福祉 － 生活が苦しい人に生活保護の援助を行う。

エ 公衆衛生 － 高齢者や障がいのある人などの保護や援助を行う。

⑵ 図1と図2からは，「**公債金**」が「**国債費**」を上回っていることがわかる。近年この状況が続き，日本の財政は大きな問題をかかえている。その問題とは何か。**「公債金」と「国債費」の差に注目して**述べよ。

問6 右の図3は，経済のしくみ（経済の循環）を表したものである。**図中の①に当てはまる説明文**として最も適当なものを次の**ア**～**カ**のうちから1つ選び，記号で答えよ。

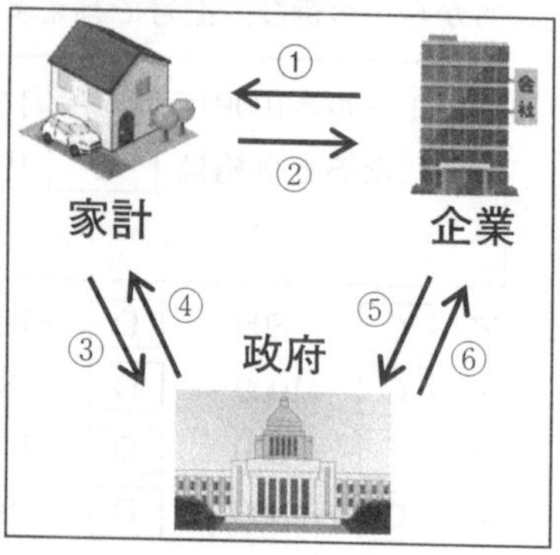

図3

ア 財（モノ）やサービスの代金を支払う。労働力を提供する。

イ 公共施設や公共サービスを提供する。給料を支払う。

ウ 財（モノ）やサービスの代金を支払う。公共施設や公共サービスを提供する。

エ 税金を納める。労働力を提供する。

オ 財（モノ）やサービスを提供する。給料を支払う。

カ 財（モノ）やサービスを提供する。税金を納める。

問7 下の図4は，全国と沖縄県を比較した，1か月平均賃金と労働時間を業種別に表したものである。図4から読み取れる内容として最も適当なものを次の**ア**～**エ**のうちから1つ選び，記号で答えよ。

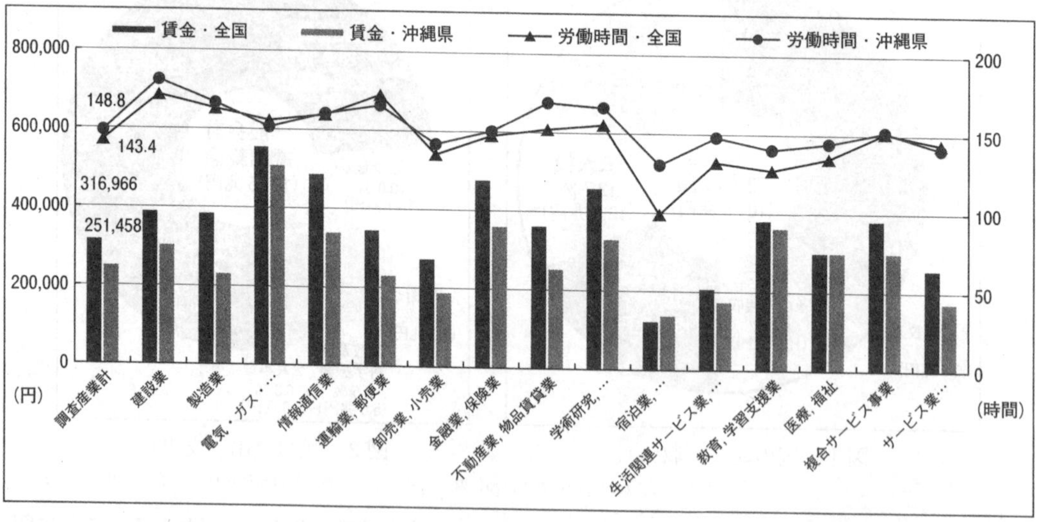

図4

常用労働者の月間平均賃金・月間平均労働時間の比較（事業所規模5人以上）（平成29年平均）

『平成31年　沖縄県勢要覧』（沖縄県企画部統計課2019年3月）より

ア 宿泊業の賃金は，沖縄県よりも全国の方が高いことがわかる。

イ 労働時間は，すべての業種で全国よりも沖縄県の方が長いことがわかる。

ウ 賃金が月40万円を超える業種は，全国では4つあるが，沖縄県は1つしかないことがわかる。

エ 全国でも沖縄県でも，労働時間が最も長い業種は，賃金が最も高いことがわかる。

令和２年度　社会　解答用紙

志願校名	高等学校	受検番号		出身校名	中学校
				氏　名	

大問	小問		答　え
【１】	問１		
	問２		
	問３	Z	
		①	
	問４		
	問５		
	問６		
	問７		
	問８	Ⅰ	
		Ⅱ	
【２】	問１		
	問２		
	問３		
	問４	(1)	
		(2)	【　　】の場所は★の地点から見て　　　から
	問５		（　　）災
【３】	問１		
	問２		文化
	問３		→　　→
	問４	A	
		B	
	問５		
	問６		
	問７		
	問８		幕府は大名に　　　ため

大問	小問		答　え
【４】	問１		
	問２		→　　→
	問３		
	問４		
	問５		（　　　）裁判
	問６		
	問７	(1)	
		(2)	
【５】	問１		
	問２		の
	問３		
	問４		自由権や平等権の保障だけでは　　　ことができなかったから。
	問５	(1)	
		(2)	
	問６		
	問７		
【６】	問１	A	%
		B	%
	問２		
	問３		
	問４		
	問５	(1)	
		(2)	
	問６		
	問７		

得　点

※この解答用紙は154％に拡大していただきますと，実物大になります。

令和二年度　国語　解答用紙

志願校名	高等学校	受検番号		出身校名	中学校
				氏名	

得点

【一】
問1 a
問1 b （ったり）
問2
問3
問4
問5
問6
問7
問8

【二】
問1 a （て）
問1 b
問2 Ⅰ
問2 Ⅱ
問3
問4
問5
問6 A
問6 B
問7
45
ことが必要であるため。

【三】
問1
問2
問3
問4

【四】
問1
問2
問3 （1） A
問3 （2） B

【五】
問1
問2
問3
問4
Ⅰ 問5
60
80
Ⅱ 問5
140
160

※この解答用紙は172％に拡大していただきますと、実物大になります。

I　**二つの資料を関連させて**読み取れることを**六〇字以上八〇字以内**で書きなさい。※下の 注意点 を参考にして答えること。

II　**Iで読み取ったことを踏まえて**、「次年度の文化祭をより良くするために必要なこと」というテーマで、次の〈条件〉に従って文章を書きなさい。

〈条件〉

（1）次年度の文化祭をより良くするために①**必要だと思うこと**、②**理由**、③**具体的な方法**の三点について書くこと。

（2）**一四〇字以上一六〇字以内**の文章にすること。

（3）題名や氏名は書かずに書き始めること。

【資料C】来場者アンケート（複数回答可）
「文化祭の取り組みで特に評価できることは何ですか」

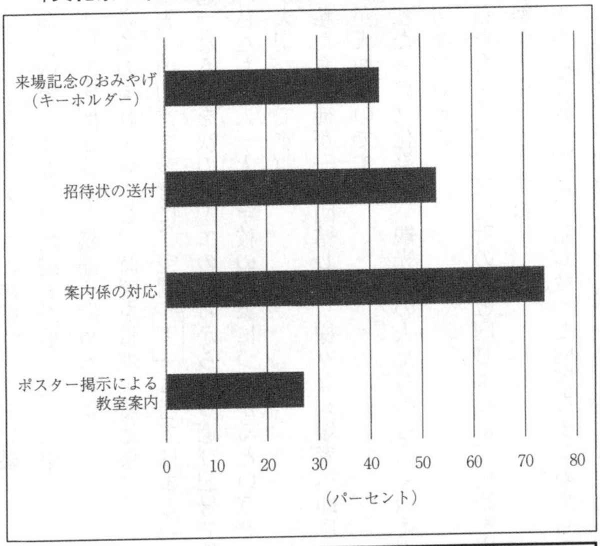

自由記述（特に多かった意見）
・案内係に声をかけるとすぐに対応してくれた
・招待状があったので開催日が事前に分かった
・ポスターを見ても教室の場所が分からなかった

注意点　**解答する際、次のことに注意すること。**
・**一マス目から書き始め、改行はせずに**書くこと。
・漢字や仮名遣い、句読点や記号などは適切に用いること。
・数字や記号を使う場合は、次のように書いてもよい。

（例）令和3年度　9月　20パーセント　20%

【資料D】文化祭実行委員　事後アンケート（複数回答可）
「特に時間をかけて工夫したことは何ですか」

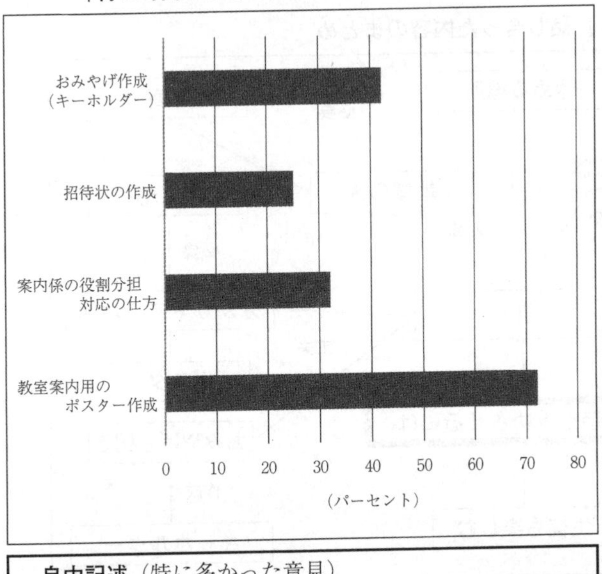

自由記述（特に多かった意見）
・ポスターを大量に作成できた
・案内係なのに積極的に声をかけられなかった
・招待状にプログラムを添付するべきだった

ア　議論を中断し、テーマの再確認をする効果。
イ　発言内容を整理し、議論を進展させる効果。
ウ　互いの質問を促し、議論を深める効果。
エ　議論の流れを修正し、時間を管理する効果。

問2　先生の助言を参考に、空欄 Ⅰ に当てはまる内容として、最も適当なものを次の**ア**～**エ**のうちから一つ選び記号で答えなさい。

ア　私たち一人一人が学校の印象につながるという意識を持つことが大切なのですね
イ　私たち生徒が一致団結して、様々な来場者へ即座に対応することが大切なのですね
ウ　私たちの文化祭を、観光客の人たちへも広く伝えていくことが大切なのですね
エ　私たち生徒が、来場者の方と同じように文化祭を楽しむという姿勢が大切なのですね

問3　下の【資料A】は、話し合った内容をまとめたものです。空欄 Ⅱ に当てはまるものとして最も適当な語句を、本文中より**九字**で抜き出しなさい。

問4　【資料B】は、近隣の保育園へ出した招待状です。空欄 Ⅲ に当てはまるものとして最も適当な語句を、次の**ア**～**エ**のうちから一つ選び記号で答えなさい。

ア　以上　**イ**　草々　**ウ**　前略　**エ**　敬具

問5　文化祭の終了後に「次年度の文化祭をより良くするために必要なこと」についてレポートを書くことになりました。【資料C】は、来場者アンケートの一部です。【資料D】は、文化祭実行委員を対象にした事後アンケートの一部です。二つの資料を踏まえて、後の問いに答えなさい。

【資料A】話し合った内容のまとめ

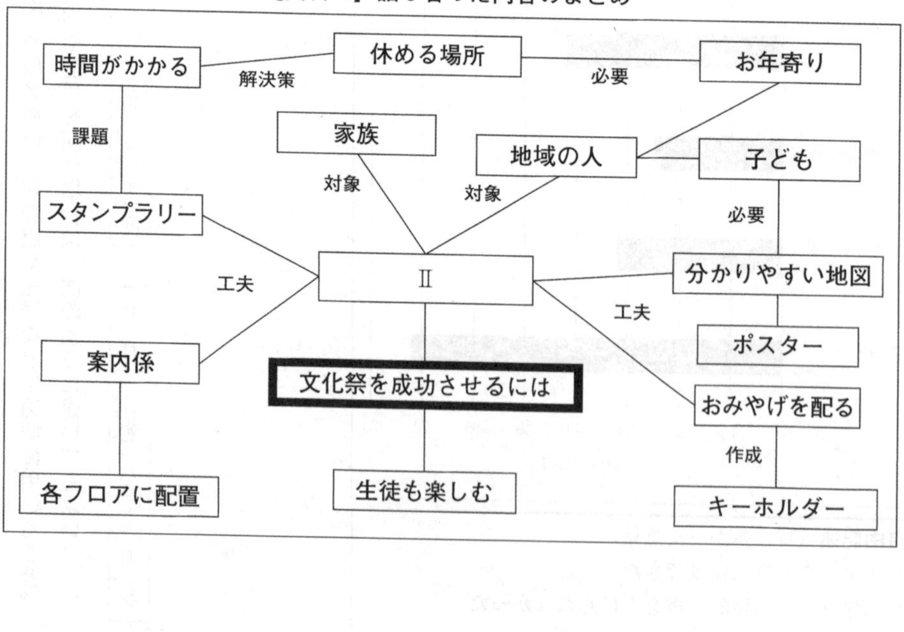

わたる　例えば、介護施設のお年寄りや保育園の子どもたちなどかな。

みゆき　それでは、それぞれの人達を対象とした工夫について、もう一度考えてみましょう。

わたる　スタンプラリーをするなら、小さな子ども達でも分かるような教室の地図が必要だね。

悟　僕も賛成です。それと、お年寄りの方に付き添う案内係を各クラスから出すのはどうでしょう。

夕子　案内係もいいね。ただ、初めて会う人に対して、どのように接していいのか分からなくて不安な生徒もいると思います。

先生　夕子さん、沖縄県には、国内外からの観光客を温かく迎え入れる「ウェルカムんちゅ」という考え方があります。それは、観光客にとって沖縄の全ての人が沖縄の印象になるということを前提におもてなしをすることです。だから、温かい沖縄の人々とのふれあいを通して、観光客はもっと沖縄を好きになり、また来たいと思ってくれるようになるのです。この考えをもとに、文化祭でのおもてなしを考えてみてはどうですか。

夕子　なるほど、つまり、［　Ⅰ　］。そのためには真心を込めて来場者のおもてなしをすることが必要ですね。

みゆき　それでは、このおもてなしの心を、目に見える具体的な行動として考えてみたいと思います。皆さん、何か意見はありませんか。

わたる　はい、各クラスの出し物を大きなポスターにして校舎の入り口に貼り出すのはどうですか。絵を使うことで子どもでも理解しやすいと思います。

悟　同じポスターを教室の入り口にも貼るとさらに分かりやすいね。地図が読めなくても同じポスターを探せばいいからね。

夕子　はい、案内係も必要な人だけではなく、各フロアに配置すれば、困っている人にすぐに対応できると思います。

みゆき　いいですね。さらに、案内係が積極的にあいさつをすれば、来場者との温かなふれあいも自然と増えますね。

【資料B】　近隣の保育園へ出した招待状

拝啓

　暑さが日毎に増し夏本番を迎えました。海の子保育園の皆様、いかがお過ごしでしょうか。

　さて、本校では来る九月十九日（土）に、令和二年度おきなわ中学校文化祭を行うことになりました。現在、生徒一丸となって当日の成功に向けて準備を進めています。当日は、子どもから大人まで楽しめる催し物を企画しています。学習成果の発表を行うと同時に、地域との絆をより一層強めたいと思います。お忙しい折ですが、皆様のご来場を心よりお待ちしています。

　夏の暑さで体力を奪われがちですが、皆様お体を大切になさってください。　［　Ⅲ　］

令和二年七月十七日

おきなわ中学校　文化祭実行委員一同

海の子保育園御中

問1　傍線部のみゆきさんの発言にはどのような効果があるか。その説明として最も適当なものを次の**ア**～**エ**のうちから一つ選び記号で答えなさい。

言うほど評価していたとは知らなかったなあ。」

明子「そうね。特に、三句目と四句目の『清新なるは～』、『俊逸なるは～』が印象的ね。比喩と、形の似ている二つの句を並べた A という表現方法によって、 B がより強調されているように感じるね。この表現からも、李白の詩に対する杜甫の思いを知ることが出来るね。」

(1) 空欄 A に当てはまる語句を漢字二字で答えなさい。

(2) 空欄 B に当てはまる語句として最も適当なものを、次のア～エのうちから一つ選び記号で答えなさい。

ア 李白の生き方への憧《あこが》れ　イ 李白との別離の悲しさ

ウ 李白の詩のすばらしさ　エ 二人で詩を論じた思い出

【五】 中学二年生のみゆきさん達は、文化祭実行委員として九月に実施する文化祭について、成功させるにはどのような工夫が必要かを話し合っています。次に示す文章は、みゆきさん達の話し合いの一部です。これを読んで後の問いに答えなさい。

みゆき　今日の実行委員会では、今年の九月に行う文化祭を成功させるには、どうすればいいかを話し合いたいと思います。意見のある人は挙手してください。

わたる　はい、まずは、各クラスの発表や展示の完成度を上げることが最重要課題だと思います。

悟　そうだよね。でも、各クラスが自分たちの発表や展示を充実させるのはもちろん大切だけど、来場者に楽しんでもらうということを強く意識した文化祭にするのはどうでしょうか。

わたる　なるほどね。それでは、スタンプラリーをしながらクラスの出し物を見ていただき、ゲーム感覚で楽しんでもらうのはどうかな。

夕子　それいいね。ただ、スタンプラリーで全てのクラスを見るのは時間がかかるね。それに、うちのおばあちゃんとかは大変かもしれないわ。

悟　それでは、各フロアに休める場所も設置する必要があるね。それと、今年の文化祭の来場記念におみやげを配るのはどうですか。

みゆき　おみやげとは、どのようなものですか。

悟　例えば、手作りのキーホルダーなど、自分たちで準備できる物です。

わたる　おみやげを配るのもいいね。

みゆき　スタンプラリー、休める場所、おみやげなどの意見が出ました。他にも何かありますか。

夕子　はい、来場者に喜んでもらうことも大切だけど、まずは自分たちが楽しむことが重要だと思います。

わたる　そうだね、自分たちの文化祭なので、自分たちが楽しんでいないと、他の人も楽しくないよね。

悟　たしかにそうかもしれないね。ただ、自分たちが楽しんでいる姿も文化祭の一つだと考えると、同じような楽しさを来場者にも感じてもらいたいですね。だから、来場者を中心に考えてもいいのかと思います。

みゆき　分かりました。それでは、来場者のおもてなしを中心にもう一度考えてみましょう。ところで、どのような人たちが来場者として考えられますか。

悟　はい、自分達の家族の他に、地域の人達なども考えられます。

みゆき　地域の人達とは具体的にどのような人達ですか。

【四】　次の漢詩を読んで後の問いに答えなさい。

春日憶《おも》フ二李白一ヲ　杜甫

白《はく》也《や》詩ニ無シレ敵

※1飄《ひょう》然《ぜん》トシテ①思ヒ不レ群ナラ

清《せい》新《しん》ナルハ※2庾《ゆ》開《かい》府《ふ》

俊《しゅん》逸《いつ》ナルハ※3鮑《ほう》参《さん》軍《ぐん》

※4渭《い》北《ほく》春《しゅん》天《てん》ノ樹《き》

※5江《こう》東《とう》日《にち》暮《ぼ》ノ雲

何《いず》レノ時カ一《いっ》樽《そん》ノ酒

重ネテ与《とも》ニ細《こま》ヤカニ論ゼンレ文ヲ

（書き下し文）春日　李白を憶《おも》ふ　杜甫

白《はく》や　詩に敵無し

飄然《ひょうぜん》として（　①　）

清新《せいしん》なるは庾開府《ゆかいふ》

俊逸《しゅんいつ》なるは鮑参軍《ほうさんぐん》

渭北《いほく》　春天《しゅんてん》の樹《き》

江東《こうとう》　日暮《にちぼ》の雲

何《いず》れの時か一樽《いっそん》の酒

重ねて与《とも》に細《こま》やかに文を論ぜん

（現代語訳）春の日、李白のことを思う　杜甫

李白よ　君の詩に
かなうものはない

飄然《ひょうぜん》とした発想は　ほかに
並ぶものがない

その詩の新鮮さは
かの開府《かいふ》の庾信《ゆしん》のようである

その才能の非凡さは
かの参軍《さんぐん》の鮑照《ほうしょう》のようである

渭水《いすい》の北で春の木々を見る私

江東《こうとう》の地で日暮れの雲を見る君

いつの日か　酒樽《さかだる》を前に

二人で　また詩について
語ることができるだろうか

（注）
※1　飄然……風があらゆるものを吹きぬけるように、平凡な発想を飛躍すること。
※2　庾開府…中国の高名な詩人、庾信。開府は中国の官位。
※3　鮑参軍…中国の高名な詩人、鮑照。参軍は中国の官位。
※4　渭北……黄河の支流である渭水の北側。
※5　江東……長江の下流にある地方。

（『新編　中国名詩選【中】』より　設問の都合上、一部改変してある。）

問1　傍線部①「思ヒ不レ群ナラ」を書き下し文に直しなさい。

問2　この漢詩の形式を、次の**ア**～**エ**のうちから一つ選び記号で答えなさい。

ア　五言絶句　**イ**　五言律詩
ウ　七言絶句　**エ**　七言律詩

問3　次の文章は、古典の授業でこの漢詩について鑑賞文を書いた時の、健太さんと明子さんのやりとりです。この文章を読んで次の問いに答えなさい。

健太　「杜甫と李白は唐を代表する詩人だけど、杜甫が李白の詩を『敵無し』と

こで老女は、格別に大きくないくつかの瓢《ひさご》の中身を取り除き、ぶらさげて乾燥させ、水や酒を入れるための容器にすることにした。

（注）※1 瓢《ひさご》…ウリ科の植物。現在では瓢箪《ひょうたん》と呼ばれることが多い。（下の図を参照）

さて月比《つきごろ》へて、「今はよくなりぬらん」《それから幾月かして、「（瓢は乾燥して）もうよい具合になっただろう」》とて見れば、よくなりにけり。取りおろして口あけんとするに、《（瓢の）口を開けようとすると、》少し重し。①あやしけれども切りあけて見れば、物一《ひと》はた《何やらいっぱい》入りたり。「何《なに》にかあるらん」《「何だろう」》とて移して見れば、白米の入りたるなり。思ひかけずあさましと思ひて、《思いもかけずこれは驚いたと思って、》大《おほ》きなる物《大きな入れ物》に皆を移したるに、《に全部の米を移してみたが、》同《おな》じやうに入れてあれば、《白米が入っているので、》「ただ事にはあらざりけり。雀のしたるにこそ」と、あさましく《驚き》うれしければ、物に入れて《（その瓢を別の）》隠し置きて、《物に入れて大切にしまっておいて、》残りの瓢《ひさご》どもを見れば、同じやうに《（最初の瓢と）》入れてあり。《みな白米が入っている。》これを移し移し使へば、せん方《かた》なく多かり。《（入れ物に）移し移し使ってみるが、食べきれないほど沢山ある。》さてまことに②頼もしき人に《金持ちに》ぞなりにける。隣里《となりざと》の人も見あさみ、《見てびっくりし、》いみじきことに《たいしたものだと》③羨《うらや》みけり。

（日本の古典をよむ15『宇治拾遺物語・十訓抄』巻三ノ一六話より
設問の都合上、一部改変してある。）

問1 二重傍線部「同《おな》じやうに」を、現代仮名遣いに直し、**すべてひらがな**で書きなさい。

問2 傍線部①「あやしけれども」とあるが、老女はどうしてそう思ったのか。その理由として最も適当なものを、次の**ア**～**エ**のうちから一つ選び記号で答えなさい。

ア 瓢《ひさご》がまだ十分に乾燥していなかったから。
イ 乾燥しているはずの瓢《ひさご》が少し重かったから。
ウ 瓢《ひさご》の中に何かがたくさん入っていたから。
エ 瓢《ひさご》の中の白米は雀の贈り物だと気づいたから。

問3 傍線部②「頼もしき人にぞなりにける」について、文中の「ぞ」はどのようなことを強調しているか。その説明として最も適当なものを、次の**ア**～**エ**のうちから一つ選び記号で答えなさい。

ア 雀が不思議な種を持ってきたこと。
イ 瓢《ひさご》の中の白米が増え続けること。
ウ 老女が非常に裕福になったこと。
エ 周囲の人が老女の様子に驚いたこと。

問4 傍線部③「羨《うらや》みけり」は、（1）**誰が**、（2）**何について思ったこと**を表しているか。その組み合わせとして最も適当なものを、次の**ア**～**エ**のうちから一つ選び記号で答えなさい。

ア （1）老女 （2）雀の予想外の恩返しについて
イ （1）老女 （2）自分の寛大な行為について
ウ （1）隣里の人 （2）老女の親切さについて
エ （1）隣里の人 （2）老女の境遇の変化について

エのうちから一つ選び記号で答えなさい。

ア　まさか　**イ**　どうか　**ウ**　ほとんど　**エ**　おそらく

問5　傍線部①「涙があふれてしまいそうだった」のはなぜか。その理由として最も適当なものを、次の**ア～エ**のうちから一つ選び記号で答えなさい。

ア　胸の奥にしまい込んでいた思いを、父に対して初めて言葉にして、感情が高ぶってきたから。

イ　伯父に気持ちを認めてもらいたいが、同じ言葉を繰り返すことしかできずに、悔しかったから。

ウ　自分のことを否定する母親に対して、納得する返答ができずに、自信を無くしたから。

エ　覚悟を決めて自分の気持ちを正直に打ち明けたが、周りの反応に戸惑ってしまったから。

問6　傍線部②「望み通りの言葉」と対照的な会話文として最も適当なものを本文中より抜き出し、**はじめの五字**を答えなさい。（かぎかっこは字数に含めない。）

問7　傍線部③「お札は心のなかで、何度も何度も謝った」のはなぜか。その理由として最も適当なものを、次の**ア～エ**のうちから一つ選び記号で答えなさい。

ア　何でも受け入れるやさしい父親が、今回も無理をして自分を応援していることに気付いたから。

イ　島の外の生活を求めることが、はからずも父親の生き方を否定することになると気付いたから。

ウ　自分の浅はかな発言が、島の伝統を受け継いできた漁師たちを馬鹿にすることだと気付いたから。

エ　自分一人だけ東京に行くことが、家族の絆を失わせてしまうことになると気付いたから。

問8　本文の内容を説明しているものとして、最も適当なものを、次の**ア～エ**のうちから一つ選び記号で答えなさい。

ア　島で生きることを選んだ父親とは違い、島を出ることを選んだ伯父になら、夢を支えてもらえるかもしれないという征人の希望が描かれている。

イ　父親の生き方を尊敬している母親に、言葉をさえぎられたことを疎ましく思いながらも、母親と分かり合いたい征人の内面が描かれている。

ウ　父親を理解できず隔たりを感じていたが、父の気持ちの一端に触れ思いを理解し、愛情の深さと自立の狭間で揺れ動く征人の姿が描かれている。

エ　島の人達との付き合いは少ないが、島の芸能を守り続ける父親を尊敬しながらも、自分の夢も追い求めたいという征人の葛藤が描かれている。

【二】　※問題に使用された作品の著作権者が二次使用の許可を出していないため、問題を掲載しておりません。

【三】　次の文章を読んで後の問いに答えなさい。

ある日、一人の老女が、けがをして動けずにいた雀《すずめ》を助け介抱《かいほう》した。老女のおかげで元気になった雀は、やがて飛び立っていったが、二十日ほどして再び老女の前に姿を現した。そして口から小さな※1瓢《ひさご》の種を落とし、去っていった。不思議に思った老女がその種を植えると、秋にはたくさんの実《み》が実《みの》った。老女が村中に瓢《ひさご》を分け与えた後も実《み》は更に生《な》り続けた。そ

「おれ、東京行きたい。東京の大学に行きたいさ」

なんの前ぶれもなく、おれの口から言葉が勝手に出ていた。みんなが一斉にこっちを見る。言った自分が、今いちばん驚いている。

「おお、そうか。東京の大学か。いいじゃないか。なあ、政直。末は大臣だぞ」

父ちゃんはなにも言わないで、お酒を口に含む。

「また、おだてんでくださいよ。大学なんて行ったって、たかが知れてる」

母ちゃんがまた口を挟んだ。

「おれ、いっぱい勉強して国立大学を目指す。だからいいでしょ。東京に行っても」

「征人は将来、なんになりたいのか」

伯父さんの問いにすぐには答えられなかった。なににになりたいかなんて、わからない。将来の夢なんてまだなにもない。今のおれの夢は、東京に行くことだ。

黙ってしまったおれに、

「目的もないくせに、東京に行きたいなんて」

と、母ちゃんが不満げに言う。

「……おれ、東京に行きたいさ」

もう一度そう言ったら、なんだか胸がいっぱいになってしまった。これ以上言葉を口にしたら、①涙があふれてしまいそうだった。

「征人が行きたいところに行けばいい。先のことは、行ってから考えればいいさ」

これまで黙っていた父ちゃんが口を開いた。おれは父ちゃんの顔を見た。やさしい顔をしていた。うれしいはずなのに、その顔を見たら、どういうわけかもっと泣きたくなってしまった。

「……あ、ありがと」

それだけ言うのが精一杯だった。目の前がふいにぼやける。おれは慌てて立ち上がって、後ろ手にふすまを閉めた。

隣の部屋に入ったとたん、こらえきれずにぶわっと涙が出た。涙はあとからあとからどんどん出てきた。Tシャツの肩部分だけでは足りなくて、お腹の生地をめくって涙をぬぐった。

父ちゃんが、②望み通りの言葉を言ってくれたというのに、なにかに負けたような気分だった。父ちゃんを傷つけたと思った。

ごめんなさい、ごめんなさい。③おれは心のなかで、何度も何度も謝ったのだった。

（椰月美智子『14歳の水平線』設問の都合上、一部改変してある。）

（注）※1　サバニ…沖縄地方で古くから使われている小型漁船の名称。

※2　櫂…船をこぐ道具。

※3　寡黙…言葉数が少ないこと。

※4　由真…征人の妹。

※5　饒舌…口数が多いこと。

問1　二重傍線部aのカタカナは漢字に直し、bの漢字は読みをひらがなで書きなさい。

a　シュリュウ　　b　狙ったり　（丁寧に書くこと。）

問2　二重傍線部c「おれの目をしずかに見て、それきりもう何も言わないのだった」の中に、動詞はいくつあるか。数字で答えなさい。

問3　二重傍線部d「目を細めた」の文中での意味として、最も適当なものを、次の**ア**～**エ**のうちから一つ選び記号で答えなさい。

ア　照れた　　**イ**　まぶしそうにした

ウ　うつむいた　　**エ**　ほほえんだ

問4　空欄 Ⅰ に当てはまる語として最も適当なものを、次の**ア**～

＜国語＞

時間　五〇分　満点　六〇点

【一】　次の文章を読んで後の問いに答えなさい。

征人《ゆきと》は、天徳島《てんとくじま》に住む14歳の少年で、この小さな島を早く出たいと思いながらも、父親に自分の気持ちを話せずにいた。同時に、父親に島を出たいと思ったことがないのか、聞いてみたいと思っていた。

父ちゃんは※1サバニの漁師だ。今はエンジン付きがaシュリュウだけど、昔は※2櫂《かい》一本で荒波に挑んでいたという。波を切り開いてゆくサバニ。エンジン付きとはいえ、小さな船に乗って広大な海に一人で繰《く》り出してゆく父ちゃんは、たくましい海の男だ。自分にはとても真似できない。

毎日、夜明けまでずいぶんとある、まだ暗い時間に家を出る。もとから口数が少ない人だけど、最近はさらに話すことが減った。小さい頃だって、遊んでくれた思い出はあまりない。小学生のとき、クラブ活動でバドミントンをやりはじめた頃に、何度か一緒に練習してくれたのが、数少ない思い出のうちのひとつだ。打ち負かそうと強く打ち込んだり、左右をb狙ったりすると、決まって父ちゃんは、

「相手の打ちやすいところに返せ」

と言った。

「それじゃ、負けるさー」

と言うと、cおれの目をしずかに見て、それきりもう何も言わないのだった。

父ちゃんとは生活の時間帯も違うし、自分も友達と遊ぶことに忙しくて、［Ｉ］話すことはない。＊3寡黙《かもく》でなにを考えているかわからない父ちゃんを、近寄りがたいと感じることも多い。家では新聞を読んでいるか、テレビを見ているかのどちらかだ。

テレビは将棋や囲碁の番組が好きで、他人がやっているのをみてどこがたのしいんだろうと思う。島のおじいたちと指せばいいのに、仕事から帰ってきたらほとんどずっと家にいる。なにがおもしろくて生きているんだろうか。なんにもないこの島で、誰ともつるまずに、ただ魚を獲《と》ってくる毎日。

ー　中略　ー　数日後、県外で生活している伯父（征人の父親の兄）が、お盆のために帰省してきた。

花火のあと、疲れたのか、※4由真《ゆま》は早々に寝てしまった。父ちゃんと伯父さんは昨日と同じように飲んでいる。父ちゃんは普段飲まないけれど、実は強いほうだと思う。たまに飲んでも、酔ったところを見たことがない。伯父さんは、ほろ酔い加減で少し※5饒舌《じょうぜつ》になっている。

「征人と酒飲める日が待ち遠しいなあ、政直《まさなお》」

伯父さんが父ちゃんに言い、そうだなあ、と父ちゃんがd目を細めた。

「征人が高校生になったら、さみしくなるな」

高校は本島にしかないから、高校生になったら寮生活となる。

「征人は賢いから、医者にでもなるか？　それか、弁護士先生か」

たのしそうに伯父さんが言う。

「そんな頭、あるわけないさー」

母ちゃんが口を出し、おれはまたちょっとムッとした。

「父ちゃん」

「ん？」

MEMO

大切なことはメモしておこうネ！

2020年度

解 答 と 解 説

《2020年度の配点は解答用紙集に掲載してあります。》

＜数学解答＞

【1】 (1) -2　(2) -9　(3) 0.61　(4) $4\sqrt{2}$
(5) $36a^3$　(6) $4x+5y$

【2】 (1) $x=4$　(2) $x=6,\ y=-1$　(3) $x^2-3x-18$
(4) $(x+6)(x-6)$　(5) $x=\dfrac{-5\pm\sqrt{29}}{2}$
(6) $\angle x=25^\circ$　$\angle y=65^\circ$　(7) 8000人
(8) (平均値) 7点　(中央値) 8点　(9) ア，ウ，エ

【3】 問1 20通り　問2 $\dfrac{2}{5}$　問3 ア

【4】 問1 右図　問2 イ

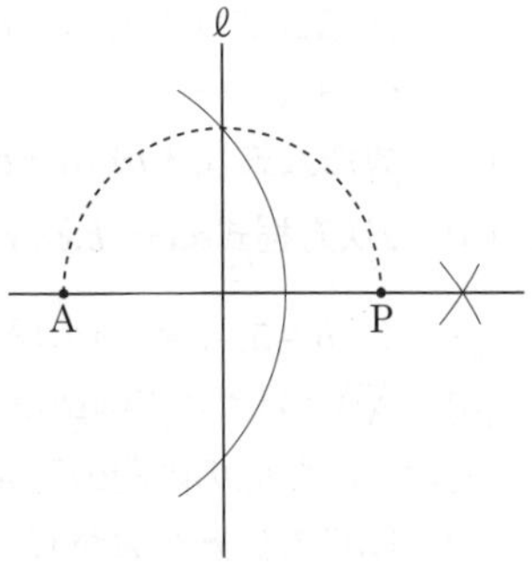

【5】 問1 $a=4$　問2 ① 7　② 8　③ 9　④ 16
⑤ 8　問3 ウ

【6】 問1 $y=16$　問2 $y=4x$　問3 イ　問4 9秒後と14秒後

【7】 問1 A$(-4,\ -1)$　問2 B$(2,\ 2)$　問3 $y=\dfrac{1}{2}x+1$　問4 $3\sqrt{5}+2$cm

【8】 問1 解説参照　問2 エ　問3 △AOE：△ABD＝1：5

【9】 問1 $2\sqrt{3}\,\pi$ cm　問2 $\sqrt{3}$ cm　問3 $\dfrac{21}{8}\pi$ cm^3

【10】 問1 2　問2 「Q，R，P，Q，Q，R，P」を繰り返す。　問3 192　問4 2，5，8

＜数学解説＞

【1】 (数・式の計算，平方根)

(1) 異符号の2数の和の符号は絶対値の大きい方の符号で，絶対値は2数の絶対値の大きい方から小さい方をひいた差だから，$-7+5=(-7)+(+5)=-(7-5)=-2$

(2) 異符号の2数の商の符号は負で，絶対値は2数の絶対値の商だから，$6\div\left(-\dfrac{2}{3}\right)=-\left(6\div\dfrac{2}{3}\right)=-\left(6\times\dfrac{3}{2}\right)=-9$

(3) 1は0.01を100個集めた数，0.39は0.01を39個集めた数だから，$1-0.39$は0.01を$100-39=61$個集めた数と考えて，$1-0.39=0.61$

(4) $\sqrt{18}=\sqrt{2\times3^2}=3\sqrt{2}$　だから，$\sqrt{2}+\sqrt{18}=\sqrt{2}+3\sqrt{2}=(1+3)\sqrt{2}=4\sqrt{2}$

(5) $(-3a)^2=(-3a)\times(-3a)=9a^2$　だから，$4a\times(-3a)^2=4a\times9a^2=(4\times a)\times(9\times a\times a)=4\times a\times9\times a\times a=4\times9\times a\times a\times a=36a^3$

(6) 分配法則を使って，$3(2x+y)=3\times2x+3\times y=6x+3y$，$2(x-y)=2\times x-2\times y=2x-2y$　だから，$3(2x+y)-2(x-y)=(6x+3y)-(2x-2y)=6x+3y-2x+2y=6x-2x+3y+2y=(6-2)x+(3+2)y=4x+5y$

【2】 (一次方程式，連立方程式，式の展開，因数分解，二次方程式，角度，割合，資料の散らばり・代表値，標本調査)

(1)　一次方程式は，次の①～③のような手順で解くとよい。　①　xをふくむ項を左辺に，数の項を右辺に移項する。　②　$ax=b$　の形にする。　③　両辺をxの係数aでわる。$3x-5=x+3$の-5を右辺に，xを左辺にそれぞれ移項して　$3x-x=+3+5$　整理して　$2x=8$　両辺をxの係数2でわって　$x=8\div2=4$

(2)　$\begin{cases} 2x+y=11\cdots① \\ x+3y=3\cdots② \end{cases}$　とする。②をxについて解いて，$x=3-3y\cdots③$　③を①に代入して，$2(3-3y)+y=11$　$6-6y+y=11$　$-5y=5$　$y=-1$　これを③に代入して，$x=3-3\times(-1)=6$　よって，連立方程式の解は，$x=6$，$y=-1$

(3)　**乗法公式$(x+a)(x+b)=x^2+(a+b)x+ab$**より，$(x-6)(x+3)=\{x+(-6)\}(x+3)=x^2+(-6+3)x+(-6)\times3=x^2-3x-18$

(4)　**乗法公式$(a+b)(a-b)=a^2-b^2$**より，$x^2-36=x^2-6^2=(x+6)(x-6)$

(5)　**2次方程式$ax^2+bx+c=0$の解は，$x=\dfrac{-b\pm\sqrt{b^2-4ac}}{2a}$**で求められる。問題の2次方程式は，$a=1$，$b=5$，$c=-1$の場合だから，$x=\dfrac{-5\pm\sqrt{5^2-4\times1\times(-1)}}{2\times1}=\dfrac{-5\pm\sqrt{25+4}}{2}=\dfrac{-5\pm\sqrt{29}}{2}$

(6)　$\overset{\frown}{\mathrm{AB}}$に対する**円周角**なので，$\angle x=\angle\mathrm{ADB}=25^\circ$　**直径に対する円周角は90°**だから，$\angle\mathrm{ABC}=90^\circ$　**△ABCの内角の和は180°**だから，$\angle y=180^\circ-\angle x-\angle\mathrm{ABC}=180^\circ-25^\circ-90^\circ=65^\circ$

(7)　「5月の観光客数が4月に比べて5％増加した」ということは，「5月の観光客数8400人は4月の観光客数の100＋5＝105％」ということだから，(4月の観光客数)$\times\dfrac{105}{100}=8400$　より，(4月の観光客数)$=8400\div\dfrac{105}{100}=8400\times\dfrac{100}{105}=8000$人である。

(8)　9人のテストの得点の**平均値**は，(2点＋4点＋6点＋7点＋8点×2人＋9点×2人＋10点)÷9人＝63点÷9人＝7点　**中央値**は資料の値を大きさの順に並べたときの中央の値。生徒の人数は9人だから，得点の小さい方から5番目の8点が中央値。

(9)　**標本調査**は，**全数調査**を行うと多くの手間や時間，費用などがかかる場合や，工場の製品の良否を調べるのに製品をこわすおそれがある場合で，集団全体の傾向が把握できればいい場合に行う。アのけい光灯の寿命調査は，全部のけい光灯について調べると，売る製品がなくなってしまうので標本調査。イの学校での健康診断は，生徒全員の健康状況を調べるので全数調査。ウの新聞社などが行う世論調査は，調査の対象とする集団全体の傾向が推測できればよく，全数調査を行うと多くの手間や時間，費用などがかかるので標本調査。エの湖にすむ，ある魚の数の調査は，ある魚の数がおおまかに推測できればよく，全数調査を行うと多くの手間や時間，費用などがかかるので標本調査。

【3】 (場合の数，確率)

問1　つくられる2けたの整数は，全部で，12，13，14，15，21，23，24，25，31，32，34，35，41，42，43，45，51，52，53，54の20通りある。

問2　つくられる2けたの整数が，**偶数**になるのは，問1で～～を付けた8通りだから，求める確率は　$\dfrac{8}{20}=\dfrac{2}{5}$

問3　(つくられる2けたの整数が偶数になる確率)＋(つくられる2けたの整数が**奇数**になる確率)＝1より，(つくられる2けたの整数が奇数になる確率)＝1－(つくられる2けたの整数が偶数になる確率)$=1-\dfrac{2}{5}=\dfrac{3}{5}$　だから，つくられる2けたの整数は偶数よりも奇数になりやすい。

【4】 (作図，線分の長さの和)

問1　(作図例1)(着眼点)　**対称移動**では，対応する点を結んだ線分は，**対称の軸**と垂直に交わり，その交点で2等分される。(作図手順)　次の①～③の手順で作図する。　①　点Aを中心とした円を描き，直線ℓ上に交点を作る。　②　①で作ったそれぞれの交点を中心として，交わるように半径の等しい円を描き，その交点と点Aを通る直線(点Aから直線ℓに引いた垂線)を引く。　③　直線ℓと，点Aから直線ℓに引いた垂線との交点を中心とした点Aを通る円を描き，点Aから直線ℓに引いた垂線との交点をPとする。　(作図例2)(着眼点)　ひし形は対角線を対称の軸とする線対称な図形である。　(作図手順)　次の①～②の手順で作図する。　①　点Aを中心とした円を描き，直線ℓとの交点をQ，Rとする。　②　点Q，Rをそれぞれ中心として，点Aを通る円を描き，点Aとは異なる方の交点をPとする。(四角形QARPはひし形)(ただし，解答用紙には点Q，Rの表記は不要である。)　(作図例3)(着眼点)　線対称な図形は対称の軸により2つの合同な図形に分けられる。(作図手順)　次の①～②の手順で作図する。　①　直線ℓ上に，適当な2点Q，Rをとる。　②　点Q，Rをそれぞれ中心として，点Aを通る円を描き，点Aとは異なる方の交点をPとする。($\triangle AQR \equiv \triangle PQR$)(ただし，解答用紙には点Q，Rの表記は不要である。)

例1

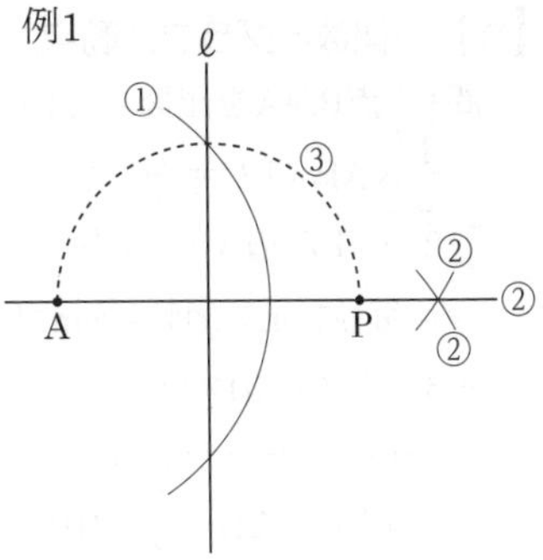

例2

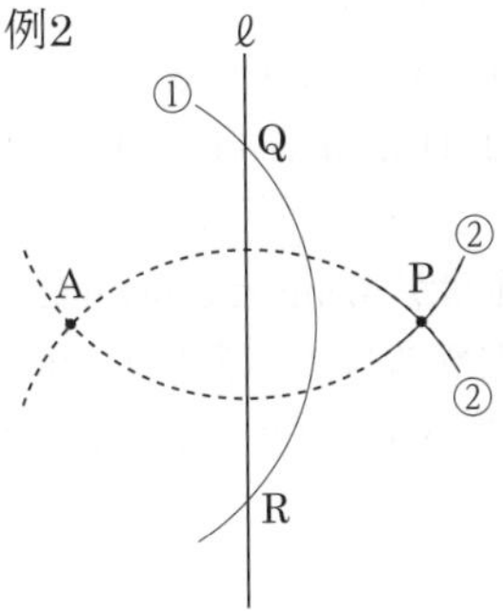

例3

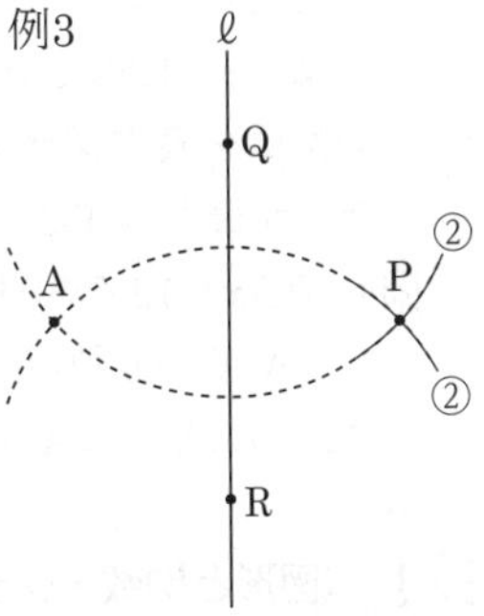

問2　直線ℓに対して点Aと対称な点をPとするということは，$\triangle APQ$は直線ℓを対称の軸とする線対称な図形であり，よって，$AQ=PQ$だから，$AQ+QB=PQ+QB=BP$より，$AQ+QB$はBPと等しい。(右図)

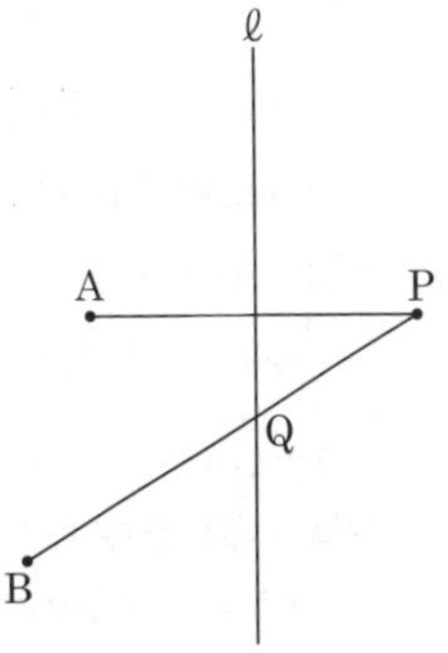

【5】 (式による証明)

問1　カレンダーの規則性から，$d=e-7$…㋐　$b=d-2$…㋑　$a=b-7$…㋒　㋐，㋑を㋒に代入して，$a=(d-2)-7=d-9=(e-7)-9=e-16$　よって，$e=20$であるとき，aの値は　$a=20-16=4$

問2　カレンダーの規則性から，**自然数**aを用いて，b，c，d，eはそれぞれ　$b=a+7$(①)，$c=b+1=(a+7)+1=a+8$(②)，$d=b+2=(a+7)+2=a+9$(③)，$e=d+7=(a+9)+7=a+16$(④)と表せる。これより，5つの数の和は　$a+b+c+d+e=a+(a+7)+(a+8)+(a+9)+(a+16)=5a+40=5(a+8$(⑤)$)$　$a+8$は自然数であるから，$5(a+8)$は言葉の式で　5×自然数　と表せるから，5の倍数である。したがって，$a+b+c+d+e$は5の倍数である。

問3　$b+d=(a+7)+(a+9)=2a+16=2(a+8)=2c$　より，$b+d$はcの2倍と等しいから，アは正しい。$a+c+e=a+(a+8)+(a+16)=3a+24=3(a+8)=3c$　より，$a+c+e$はcの3倍と等しいから，イは正しい。$a+b+c+d=a+(a+7)+(a+8)+(a+9)=4a+24=4(a+6)$　これはcの4倍の$4c=4(a+8)$とは等しくないから，ウは正しくない。問2の結果より，$a+b+c+d+e=5(a+8)=5c$　だから，$a+b+c+d+e$はcの5倍と等しい。エは正しい。

【6】（関数とグラフ，動点，面積）

問1　点PがAを出発してから4秒後，点Pは辺AB上にあり，AP＝毎秒1cm×4秒＝4cmだから，$y=\frac{1}{2}\times \mathrm{AP}\times \mathrm{BC}=\frac{1}{2}\times 4\times 8=16$　である。

問2　点Pが辺AB上を動くとき，つまり，$0\leqq x\leqq 12$であるとき，点PがAを出発してからx秒後，AP＝毎秒1cm×x秒＝$x$cmだから，$y=\frac{1}{2}\times \mathrm{AP}\times \mathrm{BC}=\frac{1}{2}\times x\times 8=4x$…①　である。

問3　点Pが辺BC上を動くとき，つまり，$12\leqq x\leqq 20$であるとき，点PがAを出発してからx秒後，AB＋BP＝毎秒1cm×x秒＝$x$cmだから，BP＝x－AB＝$(x-12)$cmであり，$y=\triangle \mathrm{ABC}-\triangle \mathrm{ABP}=\frac{1}{2}\times \mathrm{BC}\times \mathrm{AB}-\frac{1}{2}\times \mathrm{BP}\times \mathrm{AB}=\frac{1}{2}\times \mathrm{AB}\times (\mathrm{BC}-\mathrm{BP})=\frac{1}{2}\times 12\times \{8-(x-12)\}=-6x+120$…②　である。①のグラフは，$x=0$のとき$y=4\times 0=0$，$x=12$のとき$y=4\times 12=48$であり，②のグラフは，$x=12$のとき$y=-6\times 12+120=48$，$x=20$のとき$y=-6\times 20+120=0$であるから，$x$と$y$の関係を表すグラフは，3点(0，0)，(12，48)，(20，0)を直線で結んだグラフであり，イのグラフが最も適する。

問4　$0\leqq x\leqq 12$で△APCの面積が36cm^{2}となるのは，①より　$36=4x$　$x=9$…③　また，$12\leqq x\leqq 20$で△APCの面積が36cm^{2}となるのは，②より　$36=-6x+120$　$6x=120-36=84$　$x=14$…④　③，④より，△APCの面積が36cm^{2}となるのは，点PがAを出発してから9秒後と14秒後である。

【7】（図形と関数・グラフ）

問1　点Aは$y=\frac{4}{x}$上にあるから，そのy座標は　$y=\frac{4}{(-4)}=-1$　よって，A$(-4,\ -1)$

問2　点Bのx座標をtとすると，点Bはx軸とy軸の両方に接している円の中心であることから，y座標もtであり，B$(t,\ t)$と表せる。点Bは$y=\frac{4}{x}$上にあるから，$t=\frac{4}{t}$　両辺にtをかけて　$t^2=4$　点Bのx座標は正であることから，$t>0$より$t=\sqrt{4}=2$　よって，B(2，2)である。

問3　A$(-4,\ -1)$，B(2，2)より，直線ABの傾きは　$\frac{2-(-1)}{2-(-4)}=\frac{1}{2}$　なので，直線ABの式を　$y=\frac{1}{2}x+b$　とおくと，点Bを通るから，$2=\frac{1}{2}\times 2+b$　$2=1+b$　$b=1$　よって，直線ABの式は　$y=\frac{1}{2}x+1$

問4　点Bを中心としてx軸とy軸の両方に接している円を円Bとする。直線ABと円Bの周との交点のうち，点Bの右側にある交点をPとすると，点Pは円Bの周上の点で，点Aから最も離れた位置にある点であり，このとき　AP＝AB＋BP…①　が成り立つ。**三平方の定理**を用いて，線分ABの長さ＝2点A，B間の距離＝$\sqrt{(-4-2)^2+(-1-2)^2}=3\sqrt{5}$ cm　また，問2より円Bの半径BPは2cmだから，①より　AP＝AB＋BP＝$3\sqrt{5}+2$cm

【8】（合同の証明，面積の比）

問1　【証明】△AOEと△COFにおいて，**平行四辺形の対角線はそれぞれの中点で交わる**から　AO＝CO…①　**平行線の錯角は等しい**から　∠OAE＝∠OCF…②　**対頂角は等しい**から　∠AOE＝∠COF…③　①，②，③より，**1組の辺とその両端の角がそれぞれ等しい**から　△AOE≡△COF

問2　点Eを辺AB上のどこにとっても，問1の①，②，③がいえるから，△AOE≡△COFである。アは正しい。これより，**合同な図形では，対応する辺の長さや角の大きさは等しい**から，点Eを辺AB上のどこにとっても，∠AEO＝∠CFO，OE＝OFである。イとウは正しい。しかし，辺AB上の点Eの位置によって，OEの長さは変わる。エは正しくない。

問3　△ABDと△ABOで，**高さが等しい三角形の面積比は，底辺の長さの比に等しい**から，△ABD：△ABO＝BD：BO＝2：1　△ABD＝2△ABO…④　△ABOと△AOEで，高さが等しい三角形

の面積比は，底辺の長さの比に等しいから，△ABO：△AOE＝AB：AE＝(2＋3)：2＝5：2
△AOE＝$\frac{2}{5}$△ABO…⑤　④，⑤より，△AOE：△ABD＝$\frac{2}{5}$△ABO：2△ABO＝1：5

【9】 (おうぎ形の弧の長さ，線分の長さ，円錐の切断と体積)

問1　側面の展開図であるおうぎ形の弧の長さは，底面の円の周の長さに等しいから，$2\pi \times \sqrt{3} = 2\sqrt{3}\,\pi$ cm

問2　右図は問題図1の円錐を，3点A，B，Oを通る平面で切ったときの断面を表す。球の中心をCとする。△ABOと△ACPで，∠AOB＝90°…①　また，**接線と接点を通る半径は垂直に交わる**ので，∠APC＝90°…②　①，②より，∠AOB＝∠APC…③　共通な角より，∠BAO＝∠CAP…④　③，④より，2組の角がそれぞれ等しいから，△ABO∽△ACPで，**相似比**は，BO：CP＝$\sqrt{3}$：1である。これより，AC＝$s$cmとすると，AO：AP＝$\sqrt{3}$：1より，AP＝$\frac{AO}{\sqrt{3}}=\frac{s+1}{\sqrt{3}}$　△ACPで三平方の定理を用いると，$AC^2=AP^2+CP^2$　より，$s^2=\left(\frac{s+1}{\sqrt{3}}\right)^2+1^2$　整理して，

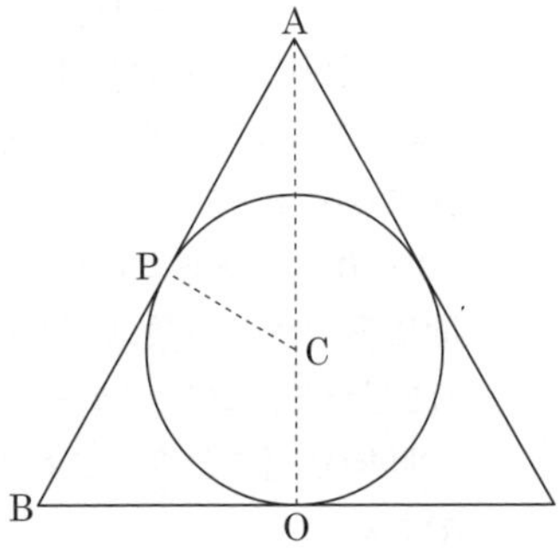

$s^2-s-2=0$　$(s+1)(s-2)=0$　$s>0$だから，$s=2$　よって，△ACPは，AC＝2cm，CP＝1cm，AP＝$\frac{2+1}{\sqrt{3}}=\sqrt{3}$ cmで，3辺の比が2：1：$\sqrt{3}$の直角三角形だから，△ABOも3辺の比が2：1：$\sqrt{3}$の直角三角形である。以上より，AB＝2BO＝$2\times\sqrt{3}=2\sqrt{3}$ cmだから，BP＝AB－AP＝$2\sqrt{3}-\sqrt{3}=\sqrt{3}$ cmである。

問3　問題図1の円錐を円錐Ⅰ，問題図2で，点Pを通り円錐Ⅰの底面と平行な平面で切り分けられた小さい円錐を円錐Ⅱとする。**角錐や円錐などの錐体を底面に平行な平面で切断すると，切断によってできた錐体ともとの錐体は相似になる。**よって，円錐Ⅰ∽円錐Ⅱであり，相似比はAB：AP＝$2\sqrt{3}$：$\sqrt{3}$＝2：1である。相似な立体では**体積比**は相似比の3乗に等しいから，(円錐Ⅰの体積)：(円錐Ⅱの体積)＝2^3：1^3＝8：1。ここで，問2の結果より，AO＝AC＋CO＝2＋1＝3cmだから，(円錐Ⅰの体積)＝$\frac{1}{3}\times\pi\times BO^2\times AO=\frac{1}{3}\times\pi\times(\sqrt{3})^2\times3=3\pi$ cm^3　よって，(円錐Ⅱの体積)＝$\frac{1}{8}$(円錐Ⅰの体積)＝$\frac{1}{8}\times3\pi=\frac{3}{8}\pi$ cm^3　以上より，求める立体の体積は，(円錐Ⅰの体積)－(円錐Ⅱの体積)＝$3\pi-\frac{3}{8}\pi=\frac{21}{8}\pi$ cm^3

【10】 (規則性，数の性質)

問1　コンピュータが記憶している数が1のとき，命令Qの1＋5＝6より，6を記憶する。続いて，命令Qの6＋5＝11より，11を記憶する。続いて，命令Rの11÷3＝3あまり2より，2を記憶する。続いて，命令Pにより，画面に2が表示される。

問2　命令Q，Rが入る5つの□を，左から順に㋐，㋑，㋒，㋓，㋔とする。命令Qは記憶している数に5を加えて，その和を記憶することと，命令Rは記憶している数を3で割ったときのあまり，つまり，0か1か2のいずれかを記憶することを考慮すると，㋑は命令Rに決定する。よって，(㋐，㋑)の組み合わせとして，(Q，R)，(R，R)の2通りがある。(Q，R)のとき，最初の命令Pで画面に表示される数は，1＋5＝6，6÷3＝2あまり0より0である。(R，R)のとき，最初の命令Pで画面に表示される数は，1÷3＝0あまり1，1÷3＝0あまり1より1である。以上より，(㋐，㋑)＝(Q，R)である。同様に考えると，㋔は命令Rに決定するから，(㋒，㋓，㋔)の組み合わせとして，(Q，Q，R)，(Q，R，R)，(R，Q，R)，(R，R，R)の4通りがある。(Q，Q，R)のとき，最後

の命令Pで画面に表示される数は，$0+5=5$，$5+5=10$，$10\div3=3$あまり1より1である。(Q，R，R)のとき，最後の命令Pで画面に表示される数は，$0+5=5$，$5\div3=1$あまり2，$2\div3=0$あまり2より2である。(R，Q，R)のとき，最後の命令Pで画面に表示される数は，$0\div3=0$あまり0，$0+5=5$，$5\div3-1$あまり2より2である。(R，R，R)のとき，最後の命令Pで画面に表示される数は，$0\div3=0$あまり0，$0\div3=0$あまり0，$0\div3=0$あまり0より0である。以上より，(㋒，㋓，㋔)＝(Q，Q，R)であり，コンピュータが記憶している数が1のとき，『0』と『1』を交互に画面に表示させるための命令は「Q，R，P，Q，Q，R，P」である。

問3　1回目の命令「Q，R，Q，P」で画面に表示される数は，$3+5=8$，$8\div3=2$あまり2，$2+5=7$より7である。2回目の命令「Q，R，Q，P」で画面に表示される数は，$7+5=12$，$12\div3=4$あまり0，$0+5=5$より5である。3回目の命令「Q，R，Q，P」で画面に表示される数は，$5+5=10$，$10\div3=3$あまり1，$1+5=6$より6である。よって，命令「Q，R，Q，P」を繰り返すと，画面に表示される数は「7→5→6→7→…」と「7→5→6」を繰り返す。以上より，$32\div3=10$あまり2だから，コンピュータが記憶している数が3のとき，「Q，R，Q，P」の順に命令することを32回繰り返すとき，これまで画面に表示された32個の数の和は　$(7+5+6)\times10+(7+5)=192$である。

問4　命令Rは記憶している数を3で割ったときのあまり，つまり，0か1か2のいずれかを記憶するから，最初の命令Rが0を記憶したとするとき，画面に表示される数は，$0+5=5$，$5\div3=1$あまり2より，2である。最初の命令Rが1を記憶したとするとき，画面に表示される数は，$1+5=6$，$6\div3=2$あまり0より，0である。最初の命令Rが2を記憶したとするとき，画面に表示される数は，$2+5=7$，$7\div3=2$あまり1より，1である。よって，最初の命令Rが記憶した数は0であることがわかり，左から2番目の命令Qが記憶した数は3の倍数であることがわかる。コンピュータが最初に記憶していた数をaとしたとき，左から2番目の命令Qが記憶した数は$(a+5)+5=a+10$と表される。$a+10$が3の倍数になるような10以下の自然数aは，2，5，8の3つである。

<英語解答>

【1】 問1　イ　問2　ア　問3　ウ
【2】 問1　ウ　問2　ア　問3　イ
【3】 問1　ク　問2　イ　問3　ウ　問4　イ
【4】 問1　ウ　問2　エ　問3　イ
【5】 問1　known　問2　best　問3　playing　問4　slowly
【6】 問1　オ→ウ→エ→イ→ア　問2　エ→イ→ウ→オ→ア　問3　イ→オ→ア→エ→ウ
【7】 問1　イ→ウ→ア　問2　ウ→イ→ア　問3　ア→ウ→イ
【8】 問1　イ　問2　イ　問3　ウ　問4　ウ
【9】 問1　桜　ア　アレックス　カ　問2　ウ　問3　イ　問4　ウ　問5　ア　エ
【10】 問1　イ　問2　イ　問3　ウ　問4　ア　オ　問5　ア
【11】 問1　(例)I'm 15 years old.　(例)I live in New York.
問2　(例)We enjoyed BBQ at the beach.　(例)We had a good time.
問3　(例)(I)want to have a beach party　(例)(because I heard from my mom that)the sea is very beautiful

＜英語解説＞

【1】・【2】・【3】 (リスニング)

放送台本の和訳は，72ページに掲載。

【4】 (文法問題：語句補充・選択，現在・過去・未来と進行形，名詞・冠詞・代名詞，語形変化)

問1　A：公園にたくさんの子供たちがいるね。なぜだろう？／B：今日は夏祭りがあるからだよ。目の前で起きていることを会話していて，children と child の複数形となっていることから，現在形複数のウが適当。

問2　A：テーブルの上のクッキーを見て！　食べてもいいのかな？／B：Nancy の誕生日のためのものなの。(あなたのもの)ではありません。「あなたのもの」という意味の所有を表す代名詞なのでエが適当。

問3　A：私は，若い人たちはもっと野菜を食べるべきだと思う。／B：(その通り)。フルーツを食べることも，若い人たちにとっていいことですね。　ア　ありがとう　㋑　その通り　ウ　すみません　エ　さあ行きましょう　文脈からイが適当。agree は，「同意する，賛成する」という意味。

【5】 (文法問題：語句補充，語形変化，現在完了，比較，動名詞，形容詞・副詞)

問1　A：Jack は，きみの友達？　B：そう。お互いに 10 年は(知り合い)なの。know each other で「知り合いである」。カッコの前に have があることから現在完了形と考えられ，know の過去分詞 known とする。

問2　A：沖縄そばは，とてもおいしそう。／B：沖縄のすべての中で(一番の)食べ物だと思う。カッコにはその後の food of all を説明する語が入るので good が当てはまる。「すべての」とあり，またカッコの前は the となっていることから good は最上級である best とするのが適当。

問3　A：スポーツは好きですか？／B：はい，友達とサッカーを(すること)が，とても好きです！ play soccer で「サッカーをする」。カッコの前は動詞 love なので，「サッカーをすることがとても好き」として playing soccer とするのが適当。この playing は動名詞。

問 4　A：それをもう一度言ってくれますか？　あなたはとても早口だから。／B：わかりました。(もっとゆっくりと)話してみます。Aは「早口だからもう一度言って」といっているので，これに対する B は「ゆっくり話す」が適当。slow は more に続くので slowly (副詞)とする。ここでは more slowly than～ の than～が省略されている。

【6】 (文法問題：語句の並べ換え，受け身，不定詞)

問1　Excuse me,(オhow ウmany エbooks イcan アI)borrow here?　How many books～?　で「何冊の本？」。疑問文なので can I borrow とする。　A：すみません，ここで(何冊の本を)，借りることができますか？／B：5 冊です。二週間持っていられます。／A：ありがとう。

問2　They gave me(エa イwatch ウmade オin アFrance).　made in ～ で，「～で作られた」。この問題で～には，国を示す語がおかれている。　A：これは，あなたの両親からの誕生日プレゼント？／B：そう。(フランス製の時計)をくれたの。／A：わあ，かわいいね！

問3　It was(イeasy オfor アme エto ウanswer)all the questions.　**It is … to ～ 構文。** to ～は to 不定詞。意味上の主語がある場合，to 不定詞の前に for ～ を置いて表す。　A：数学の試験はとても難しかった。／B：本当？　私には，全部の問題を解くのは簡単だった。／

A：ああ，私は試験を終わらせる時間がなかった。

【7】 **(会話文問題：文の並べ換え，助動詞、不定詞，現在完了)**

問1 あなたのクラスのあの男子はだれ？ → イ) Leonard だよ。→ ウ) 何て言ったの？ → ア) Leonard と言ったの。私たちは，いつも彼を Leo と呼んでいる。call A B で，「A を B と呼ぶ」。sorry は，相手の言葉を聞き取れなかったときの尋ね方の一つ。

問2 おはようございます。こちらは，ABC ランゲージ・スクールです。 ウ) Jones さんをお願いできますか？ → イ) 彼は今外出中です。何かお伝えしておきましょうか？ → ア) 今日の午後に私へ電話をかけるように，彼に伝えてください。 May I speak to ～ は，電話をかけた時，話したい相手(～)に電話をかわってもらいたい場合に使う。call は「電話をかける」。

問3 あなたは疲れているようね。 → ア) ええ，今朝からずっと具合が悪いの。 → ウ) 本当？ 今すぐに帰っていいよ。 → イ) わかった。そうする。 **I have been～は，継続を表す現在完了形。**

【8】 **(会話文問題：語句の解釈，語句補充・選択，語句の問題，形容詞・副詞，前置詞)**

(全訳) ジャック(以下J)：やあ，直輝。ジャックだよ。／直輝(以下N)：やあ，ジャック。／J：今どこにいるの？／N：公園で犬の散歩をしている。図書館のとなりだよ。すぐに家へ戻るけど。何か困ったことでもある？／J：助けてほしいんだ！ 知っているように，ぼくはここが初めてなので。きみの家へ行く道を，もう一度教えてくれる？ ぼくはコンビニエンス・ストアの(①前に)いるから。／N：よく聞いて。最初の角を右へ曲がって，それから，二つ目の角を左へ曲がる。まっすぐ行って，そして左側にぼくの家が見える。／J：ありがとう。ここから歩いてどのぐらいかかる？／N：(②5分)だと思う。何か問題があれば，ぼくに電話をして。／J：わかった。またあとで。

問1 ア 私は，その場所の地図は必要ない。 ㋑ 私は，その場所ことはよく知らない。 ウ 私はここの場所がそれほど好きではない。 エ 私は行く場所が決められない。下線を含む発話では，ジャックは道を尋ねているので，イが適当。選択肢エの the place to go は「行くべき場所」という意味になる。

問2 ア ～から自由な ㋑ ～の前に ウ ～から遠くの エ ～の上に 問題の図から Jack がコンビニエンス・ストアの前にいるとわかるので，イが適当。in front of ～は「～前に」となる。～には，場所，人，物などの語が置かれる。

問3 (問題文訳)直輝の家はどこですか？ 第 6 番目の直輝の発話に，ジャックがいる場所からの道順が説明されていて，この説明からするとウ(図中のC)が適当。

問4 ア 50メートル イ 10回 ㋒ 5分 エ 10軒の店 カッコ②の前の文でジャックは，家まで行くためにかかる時間を聞いているのでウが適当。時間を聞くために How long～を使う。選択肢イの time(s) は，回数を表す単位に使われる。

【9】 **(会話文問題：内容真偽，英問英答，語句の解釈・指示語，図を用いた問題，不定詞，助動詞，現在完了)**

(全訳) 桜(以下S)：七夕では，何をお願いしたの？／アレックス(以下A)：上手なバスケットボール選手になって，そして将来全米プロバスケットボールリーグでプレーしたいとお願いした。／S：あなたが毎日一生懸命練習していることを知っている。／S：そう，ベストを尽くすつもり。きみはどう，桜？ 何をお願いしたの？／S：東京 2020 オリンピック聖火リレーの走者になれるようにお願いした。聖火リレーのことを聞いたことがある？／A：ああ，きいたことがあるよ。このイベントは，オリンピックのゲームが始まる前に，たくさんの人たちが火を運ぶのでしょう？　参加したいの？／S：そう！　先月そのイベントに応募した。だから，参加できるチャンスがあるかもしれないの。／A：すごいね！　それは楽しそうだ。もし走者に選ばれたら，いつ走るの？／S：もし選ばれたなら，2020 年の 5月に走ることになるでしょう。東京 2020 オリンピックのゲームは，そのイベントの 2 カ月後に始まる。／A：きみが走ることができるように願っているよ。どちらにしても，なぜ聖火走者として走りたいの？／S：私のおじいさんが，走ることに挑戦したほうがいいと勧めてくれたから。おじいさんは高校生の時，1964 年に沖縄で聖火走者として走ったの。それから，おじいさんが走った 1 カ月後の 10 月に，前の東京オリンピックが始まった。／A：なんてすてきな話なんだ！　今回おじいさんはもう一度挑戦するの？／S：ええ。おじいさんは，私といっしょにそれをやってみたい，なぜなら，おじいさんの経験はとてもワクワクしたからと言ったの。／A：もっと教えて！／S：おじいさんは私に，おじいさん一人だけでは走っていないと話してくれたの。二人の副走者が，おじいさんの後を走っていた。そして，副走者のあとには 4 人の別の走者がいた。おじいさんは，火のついた聖火を持っていた。副走者は火がついていない聖火を持っていた。その別の 4 人の走者は旗を持っていた。そして，道の両側にはたくさんの人たちがいて，満面の笑みと旗で走者に声援を送っていた。／A：わあ！　おじいさんが，なぜきみにこの経験をしてほしいのかわかった。ぼくもオリンピック聖火リレーをやってみたい。外国人も参加ができるの？／S：ええ，もちろん。走者にはだれでもなれる。けれど，アレックス，あなたにはよくないニュースがあるの。応募期間はもう終わってしまった。／A：いやいや。とても残念だよ。

問1　㋐　私は，東京 2020 オリンピック聖火リレーの走者として走りたい！（桜が書いた短冊）　イ　私は桜といっしょに，オリンピック聖火リレーに参加したい！　ウ　私は，全米プロバスケットボールリーグのバスケットボールの試合を見たい！　エ　私はおじいさんに，オリンピック聖火リレーに参加してほしい！　オ　私は上手なバスケットボールの選手になって，東京オリンピックでプレーしたい！　㋕　私は，バスケットボールが上手になって，全米プロバスケットボールリーグでプレーをしたい！（アレックスが書いた短冊）　第5番目の桜の発話で，「東京2020オリンピック聖火リレーの走者になれるようにお願いした」とあるので，桜の書いた短冊はア が適当。第2番目のアレックスの発話では，「上手なバスケットボールの選手になって，そして将来全米プロバスケットボールリーグでプレーしたいとお願いした」と言っているので，アレックスの書いた短冊はカが適当。選択肢カの to be ～は，「～になる」という意味。to 不定詞なので動詞は be と原形になる。

問2　(質問文訳)桜のおじいさんは，1964 年のオリンピック聖火リレーでは何月に走りましたか？　ア　5月　イ　6月　㋒　9月　エ　10月　第11番目の桜の発話で「リレーの1カ月後の10月にオリンピックが始まった」とあるので，リレーで走ったのは9月になる。

問3　下線部の文の he は，桜のおじいさんのことだと考えられ，桜と一緒にやりたいとあることから，イが適当。

問4　聖火リレーの様子は，第15番目の桜の発話で説明されている。ここには，「おじいさんは，先頭を走り，火のついた聖火を持っていた。その後には二人の副走者がいて，火がついていない聖火を持っていた。副走者のあとには4人の走者がいて，旗を持っていた」とあるので，ウが適当。

問5　㋐　桜は，アレックスが一生懸命バスケットボールを練習していることを知っている。　イ　桜は，オリンピック聖火リレーで，おじいさんといっしょに走りたくない。　ウ　桜のおじいさんは，1964年には中学生だった。 ㋓ 1964 年には，たくさんの人たちがオリンピック聖火リレーの走者に声援を送った。 オ 桜とアレックスは，2020 年のオリンピック聖火リレーで走ることができるだろう。第3番目の桜の発話には，「アレックスが毎日バスケットボールを一生懸命に練習していることを知っている」とあるので，アが適当。また，第15番目の桜の発話に，1964年当時の聖火リレーの様子が書かれている。これによると，エが正しいと判断できる。

【10】 (長文読解問題：語句の解釈，語句補充・選択，文の挿入・文の並べ替え，内容真偽，接続詞，不定詞，動名詞，助動詞，受け身，分詞の形容詞的用法，関係代名詞)

(全訳) SNS(ソーシャルネットワークサービス)のことを聞いたことがありますか？ ①インターネット上で伝え合う道具で，人びとは情報を簡単に送ったり受け取ったりするために使えます。私は，多くの中学生と高校生が SNS を楽しんでいると思います，なぜなら，中高生がお互いに伝え合うために SNS を使うことができるからです。たとえば，ツイッターは若い人たちの間で，とても人気があります。私はツイッターを毎日使っています。SNS は生活の中ではとても便利な道具です，しかし，それを使うことはまた問題を起こすこともあり得ます。

これから，SNS がなぜ便利なのか，お話しします。第一に，私たちの友達や他のたくさんの人たちと伝え合うための，優れたものになり得ます。私たちは，よく写真を撮ったり，楽しいビデオを作ったりして，それらを SNS に置きます。それを読んだり見たりした人たちは，コメントを書くことができ，また，その情報は世界中へ広がる可能性があります。第二に，商売にとって便利な道具になり得ます。インターネットでショッピングすることは，最近さらに人気がでてきています。大きな会社，小さな会社，そして一人でさえも，SNS を使うことで商品を売る機会を増やすことができます。商品についての情報とコメントは，SNS を通して世界中に広がって共有することができます。第三に，SNS は，緊急事態のときに役に立ちます。人びとは，家族や友達が無事かどうか知るために，SNS を使って確認できます。これは，2011 年の東北地方を襲った東日本大震災のときに起きました。

(アしかし)，私たちは SNS を使う時に，気を付ける必要があります。SNS について驚くニュースを聞いたことがありますか？ コンビニエンス・ストアや寿司屋で働いている若い日本人の何人かの人たちが，彼らの職場でよくないビデオを撮り，それをツイッターへ置いたと聞いて，私はショックを受けました。それらのビデオは，すぐにインターネット上に広がって，そしてニュースで大きな問題になりました。SNS を使うことでの別のいくつかの問題もあります。健康問題がその一つです。たとえば，もし夜に SNS を使って過度の時間を過ごすとすると，十分な睡眠をとることができません。これは，あなたの健康に良くありません。実際，学校に遅れたり，学校へ行くことができない生徒もいます，なぜなら，とても疲れているからです。もう一つの問題は，SNS を使った学校でのいじめです。もし，インターネット上のいじめで苦しみがあれば，学校へ来ることが困難になる生徒もいるでしょう。

最近 SNS は伝え合うためのとても便利な道具になりました。私たちは，SNS を使うことで，世界中の人々と伝え合うことができます。私たちは，SNS を使うことで，ときどき苦痛を感じるかもしれません。しかし，もし SNS を正しい方法で使うのならば，SNS は生活をよりよくするためのすばらしい道具になることでしょう。ありがとうございました。

問1　下線部の文では，その前の文の SNS が何であるかを言っていることからイが適当。下線部の that 以下は tool を説明している。

問2　ア たとえば　㋑ しかし　ウ なぜなら　エ ～なので　カッコの前の第二段落の全

体では，SNS は便利な道具だと言っている。カッコのある文では，「SNSを使うときには，気を付けなければならない」とあるので，文脈からイが適当。

問3　A　どのように SNS が便利な道具になり得るか　B　若い人たちにとって人気のある伝え合う道具　C　SNS を間違った方法で使うときに何が起きるか　D　私たちはどのように SNS を使ってよりよい生活を作ることができるか　問題文全体の流れから考えるとウが適当。

問4　㋐　SNS は，人びとが商品を買うときに助けてくれる。　イ　SNS は，学校でいじめが起きたときに，先生を助けてくれる。　ウ　若い人たちは，動物映画を見るために SNS を使う。　エ　インターネット上での商売は，年配の人たちの間では人気がない。　㋔　若い人たちの中には，インターネット上によくない映画を置く人たちがいる。第二段落第7文 Big companies, small～と，第8文 Information and comments～には，「SNS を使って商品を売ることができ，また商品についての情報やコメントを共有できる」とあることからアが適当。また，第3段落第3文 I was shocked～には「若い日本人の人たちが，職場でよくないビデオを撮ってツイッターへ置いた」とあることからオが適当。選択肢ウの to watch は不定詞で，「みるために」となる。

問5　(問題文訳)ブラウン先生：美樹のスピーチで最も大切な点は何ですか？　一文で言ってください。／生徒：(　　)／ブラウン先生：そうですね。それが要点ですね。　㋐　SNS はときどき問題を起こしますが，とても役に立つものになり得ます。　イ　多くの生徒たちは SNS を使いません，なぜなら，生徒たちは伝え合うための危険な道具だと考えているからです。　ウ　SNS は商売のためにすばらしい道具です，なぜなら，大きな会社だけが商品を売る機会を得ることができるからです。　エ　十分な睡眠を得るための良い方法として SNS を使っている生徒もいます。最後の段落の第1文 SNS has become～では「SNS は便利」だとあり，第3文 We may have～では「SNS で苦痛を感じることがある」とあることから，アが適当。選択肢エの good way to～は「～するにはよい方法」となる。to～は不定詞なので～には動詞の原形を置く。

【11】 (条件英作文)

(メール本文の訳) 「賢二，こんにちは。ニックです。母がよく君のことをぼくに話をしてくれます。母は，きみは英語を話すことがとても得意だと言いました，そうですね？ ア)では，自己紹介をします。　①　②　沖縄のビーチでこの夏にきみに会うことを，とても楽しみにしています！

問1　解答例　①　I'm 15 years old.(私は15才です。)　②　I live in New York.(私はニューヨークに住んでいます)　本文中の be good at～は「～が上手である。～が得意である」となる。

(メール本文の訳) 「ニック，イーメールをありがとう。イ)先週，家族といっしょにビーチへ行きました。　①　②　私たちは沖縄で一緒にビーチへ行くことができたらと思っています。質問があります。ウ)あなたは沖縄で何がしたいですか？　あなたのイーメールを楽しみにしています。

問2　解答例　①　We enjoyed BBQ at the beach.(私たちはビーチでバーベキューを楽しみました。)　②　We had a good time.(私たちは楽しい時間を過ごしました。)　本文中の be looking forward to～は「～を楽しみにしている。～を心待ちにしている」となる。

問3　(質問)あなたは沖縄で何がしたいですか？　(答え)私は，_____，なぜなら，___だと母から聞いたからです。　(解答例)I want to have a beach party.(私は，ビーチパーティーをしたい。)　because I heard from my mom that the sea is very beautiful.(なぜな

ら，海がとてもきれいだと母から聞いたからです。)

2020年度英語　リスニングテスト

〔放送台本〕

それでは聞き取り検査を始めます。

【1】 大問1は英文を聞いて答える問題です。それぞれの問いについて英文と質問が読まれます。質問の答えとして最も適切なものをア～エのうちから1つ選び，その記号を書きなさい。英文と質問はそれぞれ1度だけ読まれます。では，始めます。

問1 This is a person who helps sick people at a hospital.

Question: Which person is it?

ア

イ

ウ

エ

問2 Tom is watching a fish tank. There are three big fish and two small ones.

Question: Which fish tank is Tom watching?

ア

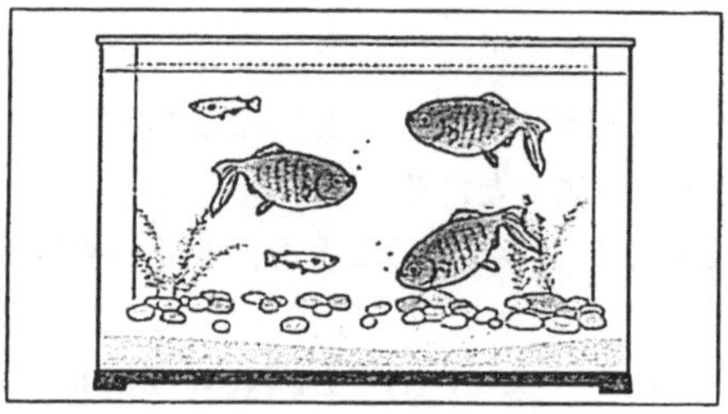

イ

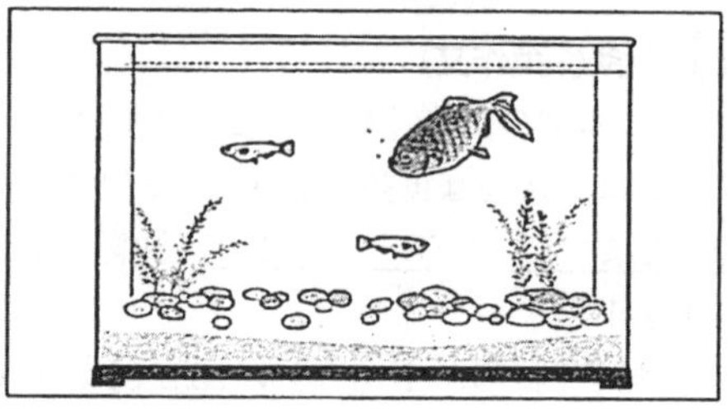

ウ

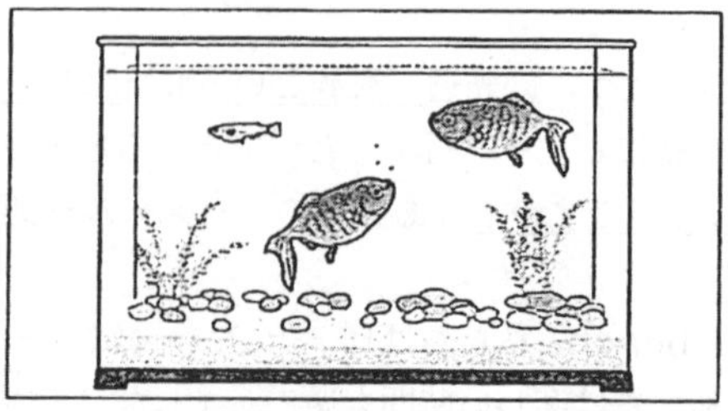

エ

問3 Ken wanted to watch TV after dinner, but he didn't. He was too tired, so he went to bed soon after dinner.

Question: What did Ken do that night?

ア

イ

ウ

エ

〔英文の訳〕

問1　これは，病院で病気の人たちを助ける人です。

＜質問＞　それはどの人ですか？

正解：　イ

問2　Tom は魚の水槽を見ています。三匹の大きな魚と二匹の小さなものがいます。

＜質問＞　Tom はどの魚の水槽を見ていますか？

正解：　ア

問3　Ken は夕食の後にテレビを見たかった，しかし，彼は見ませんでした。彼は，とても疲れていたので，夕食の後すぐにベッドに入りました。

＜質問＞　その晩，Ken は何をしましたか？

正解：　ウ

〔放送台本〕

【2】 大問2は会話を聞いて答える問題です。それぞれの会話の最後の文に対する応答として最も適切なものを，ア～エのうちから1つ選び，その記号を書きなさい。会話の英文はそれぞれ1度だけ読まれます。なお，ア～エの答えの英文は読まれません。では，始めます。

問1　A:　Hello, what can I get for you today?

B:　Well, I'll have two cheeseburgers and one French fries.

A:　Anything to drink?

B:　(　　　).

問2　A:　Where did you go with Ken today?

B:　We went to see a new movie, *The Fire Dragon*.

A:　Wow, that's nice.　How did you like it?

B:　(　　　).

問3　A:　Happy birthday, Lisa.

B: Thanks.
A: I look forward to your birthday party today. How many guests did you invite for the party?
B: Well, I invited five friends, but Nana can't come because she has a cold.
A: (　　).

〔英文の訳〕

問1 A：こんにちは，今日のご注文は何にしますか？
B：ええと，チーズバーガーを二つとフレンチフライを一つください。
A：何かお飲み物は？
B：(選択肢) (ア) 快適です。 (イ) ハンバーガーが好きです。
(ウ) 水だけください。(○) (エ) はい，おなかが空いています。

問2 A：今日は Ken といっしょにどこへ行ったの？
B：*The Fire Dragon* という新しい映画を見に行った。
A：わあ，それはいいね。どうだった？
B：(選択肢) (ア) すばらしかった！ 君も見れば！(○)
(イ) そこにはバスで行った。
(ウ) ぼくはホットドッグを食べて，おいしかった。
(エ) Ken といっしょにそこへ行った。

問3 A：お誕生日おめでとう，Lisa。
B：ありがとう。
A：今日の誕生日パーティーを楽しみにしているよ。パーティーには，何人の人たちを招待したの？
B：そう，5人の友達を招待したけど，Nana が来られないの，カゼをひいたから。
A：(選択肢) (ア) 先週，私はパーティーを楽しんだ。
(イ) ああ，それは残念。(○)
(ウ) わかった。明日，料理を作っていく。
(エ) 私はチーズケーキが好きなの。

〔放送台本〕

【3】 大問3はたけしとホストマザーの会話を聞いて次の表を完成させる問題です。表の(　　)に入る最も適切な語(句)を下の語群から選び，記号で答えなさい。ただし，同じ記号を用いても構いません。また，会話の中で，問いに関わる部分に「ピー」と鳴る箇所が1つあります。そこにあてはまる内容を推測しながら聞いてください。英文は続けて2度読まれます。では，始めます。

M: Takeshi, I have three plans for the weekend, and you can choose one of them. The first plan is to go to a big shopping center which just opened last month. I'm sure you can find some good gifts for your family in Japan. The second plan is to go to a mountain. While we are walking there, we can enjoy seeing many kinds of birds and beautiful nature. And the final plan is to go to the library. I know you like comic books very much, and that library has a lot of Japanese comic books. I hope you will have a great time there, but, of course, they are all written in English.

T: Thank you for your wonderful plans. All three plans sound nice, but I want to go to (ブザー音) because I want to go outside for fresh air. These days, I'm studying very hard at school and at home. So I want to relax and enjoy nature there.

〈表〉

問1	First plan	Where?	Go to a shopping center
		Why?	To find some (　　　)
問2	Second plan	Where?	Go to (　　　)
		Why?	To enjoy seeing birds and nature
問3	Third plan	Where?	Go to (　　　)
		Why?	To enjoy comics
問4	Takeshi's opinion	Where?	Go to (　　　)
		Why?	To relax there

語群

ア a shopping center　イ a mountain　ウ the library　エ school
オ home　カ comics　キ books　ク presents

〔英文の訳〕

問3 M: たけし，週末には三つの計画があります，そして，それから一つを選んでください。最初の計画は，先月オープンしたばかりの大きなショッピングセンターへ行くこと。日本の家族にいい贈り物がきっと見つかるはずです。二つ目の計画は，山へ行くこと。そこを歩いている間に，たくさんの種類の鳥と美しい自然を見て楽しむことができます。そして，最後の計画は，図書館へ行くこと。あなたが漫画の本がとても好きなことを知っています，そして，その図書館にはたくさんの日本の漫画の本があります。そこではとても楽しい時間を過ごすことができることでしょう，けれども，もちろん，すべての漫画の本は英語で書かれています。

T：すてきな計画をありがとうございます。三つの計画ともよさそうだけれど，私は(ブザー音)へ行きたいです，なぜなら，新鮮な空気のために外へ出たいからです。最近は，学校と家で一生懸命勉強しています。だから，そこでリラックスして，そして自然を楽しみたいです。

<表>

問 1	最初の計画	どこへ？	ショッピングセンターへ行く
		なぜ？	(ク　プレゼント)を見つけるため
問 2	二つ目の計画	どこへ？	(イ　山)へ行く
		なぜ？	鳥を見ることと自然を楽しむため
問 3	三つ目の計画	どこへ？	(ウ　図書館)へ行く
		なぜ？	漫画の本を楽しむため
問 4	たけしの意見	どこへ？	(イ　山)へ行く
		なぜ？	そこでリラックスするため

【語群】 ア　ショッピングセンター　　イ　山　　ウ　図書館　　エ　学校　　オ　家
カ　漫画の本　　キ　本　　ク　プレゼント

これで，聞き取り検査を終わります。

＜理科解答＞

【1】 問1　フックの法則　　問2　(1)　右図　　(2)　2cm
問3　オ　　問4　2N　　問5　$200cm^3$

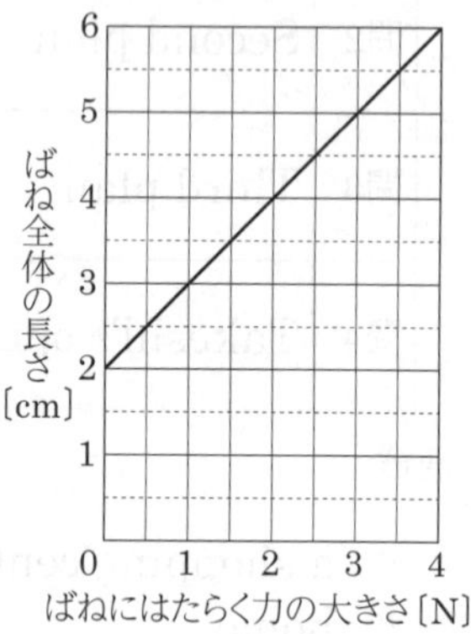

【2】 問1　オ　　問2　オ　　問3　ウ　　問4　ア
問5　ウ，エ　　問6　12時34分

【3】 問1　ウ　　問2　ア　　問3　イ　　問4　せきずい
問5　0.26秒　　問6　イ

【4】 問1　電流　0.2A　　電圧　3V　　問2　0.8A　　問3　ア
問4　①　イ　　②　15　　問5　エ

【5】 問1　気体X　Cl_2　　気体Y　H_2　　問2　イ
問3　塩化水素　　問4　$HCl \rightarrow H^+ + Cl^-$

【6】 問1　イ　　問2　ウ　　問3　ア，エ　　問4　ウ　　問5　食物網　　問6　ア，エ

【7】 問1　ア　　問2　深成岩　　問3　カ　　問4　ア　　問5　エ

【8】 問1　二酸化炭素　　問2　エ　　問3　(1)　ウ　　(2)　H_2O　　問4　イ
問5　(1)　エ　　(2)　カ

＜理科解説＞

【1】 (力と圧力—力の大きさとばねののび，浮力)

問1　ばねなど弾性のある物体が力を受けたときの変形の大きさは，加えた力の大きさに比例する。

問2　(1)　表1より，おもりの個数が2個，6個，8個のとき，それぞれでばねにはたらく力の大きさは，$\frac{(25 \times 2 + 150)}{100}$(N)，$\frac{(25 \times 6 + 150)}{100}$(N)，$\frac{(25 \times 8 + 150)}{100}$(N)になる。
これらを図に記録して直線で結ぶ。　(2)　グラフで，ばねにはたらく力の大きさが0Nのとき，ばね全体の長さは2cmであることがわかる。

問3　水にも**重力**がはたらくため，水中の物体には水による**圧力**である水圧がはたらく。水圧の大きさは，深いところほど大きい。水中の物体の上面と底面のそれぞれにはたらく水圧の大きさには差があり，これが**浮力**となって物体に上向きにはたらく。図2の(c)と(d)ではいずれも密閉容器はすべて水中にあるので，浮力の大きさは等しく，ばねにはたらく力の大きさも等しい。

問4　グラフより，このばねは1Nの力がはたらくとき，1cmのびることがわかる。(a)と(c)でのばね全体の長さの差が，密閉容器にはたらく浮力によるのびの減少にあたるので，浮力の大きさは，5.5－3.5＝2.0(cm)より，1(N)×2.0(cm)＝2(N)

問5　200(g)÷1.0(g/cm^3)＝200(cm^3)

【2】 (天体―太陽系，惑星，太陽の動き)

〔Ⅰ〕 問1　太陽系の8つの**惑星**は，小型でおもに岩石からなるため密度が大きい**地球型惑星**(水星，金星，地球，火星)と，大型でおもに気体からなるため**密度**が小さい**木星型惑星**(木星，土星，天王星，海王星)に分けられる。

問2　太陽系には惑星のほかに惑星のまわりを公転する**衛星**，氷と細かなちりでできた**すい星**，氷でおおわれた**太陽系外縁天体**などがある。火星と木星の軌道の間には岩石でできた**小惑星**がある。

〔Ⅱ〕 問3　Aは二酸化炭素の大気があり，水があった痕跡《こんせき》が見つかっている火星，Bは表面が月面のように多数のクレーターでおおわれている水星，Cは太陽系で最大の木星，Dは自転が公転と反対向きの金星，Eは小さな岩や氷のかたまりが多数連なって回る円盤のように見える環をもつ土星である。

問4　地球と太陽の平均距離(約1億5000万km)のことを1天文単位という。E(土星)は太陽から5天文単位以上の距離がある。地球より内側を**公転**している**内惑星**である水星と金星は，地球から真夜中には見ることはできない。太陽のように自ら光を出している天体を**恒星**といい，夜空の星座をつくる星は恒星である。

〔Ⅲ〕 問5　2時間に移動する長さにあたるabの長さと，14：00の記録の点aと点Qの間の長さがわかれば，点aから何分前に**南中**したのかを求めることができる。

問6　24(時間)×60(分)×$\frac{1}{360°}$＝4(分)　12時30分の4分後に東経126°の観測地で南中した。

【3】 (動物の体のつくり―動物の分類，骨と筋肉，刺激と反応)

問1　外界の温度が変わっても体温が一定に保たれる動物を**恒温動物**といい，体温を一定に保つしくみがないために，外界の温度が変わるにつれて体温も変わる動物を**変温動物**という。

問2　恒温動物の体温はほとんど変化せず，変温動物の体温は気温とともに上昇するグラフがあてはまる。

問3　筋肉の両端は別の骨にそれぞれついており，その部分は「けん」というじょうぶなつくりになっている。ひじで腕が曲がるとき，関節を越えてついている内側の筋肉が縮んで，外側の筋肉がゆるむ。無セキツイ動物の中の**軟体動物**の体には，内臓を包みこむ**外とう膜**と，節のないやわらかいあしがある。

問4　刺激に対して，意識と関係なく起こる反応を**反射**という。反射では，感覚細胞からの信号が感覚神経を通って**せきずい**に伝えられる。その信号は，せきずいを通って脳に伝えられると同時に，筋肉につながる運動神経にも直接伝わり，意識とは無関係に反射が起こる。

問5　11人に伝わるのにかかった時間は，(2.9＋2.4＋2.5)÷3＝2.6(秒)　11人目は右手がにぎられたら左手でストップウォッチを止めるので，1人あたりの時間は2.6(秒)÷10＝0.26(秒)

問6　結果より，A→Eにかかる時間は1人あたり0.26秒なので，この間を信号が伝わる速さは，2.0(m)÷0.26(秒)≒7.7(m/秒)　これはヒトのB感覚神経やD運動神経を信号の伝わる速さ50m/秒よりおそい。

【4】 (電流―電流回路，電流と電圧，電力)

問1　端子bと端子cを接続したので，電熱線1，2の**直列回路**になっている。図2で，電流計は500mAの－端子に接続しているので，5の目もりの位置が500mAになる。針が示しているのは，200mA＝0.2A　また，電圧計は15Vの－端子に接続しているので，3の目もりの位置が15Vで，

1の目もりが5Vになる。

問2　電熱線1の**抵抗**は，3(V)÷0.2(A)＝15(Ω)　端子aと端子c，端子bと端子dを接続すると，それぞれ15Ωの電熱線1と電熱線2の**並列回路**になる。それぞれに流れる電流は，6(V)÷15(Ω)＝0.4(A)なので，電流計は，0.4(A)×2＝0.8(A)を示す。

問3　電熱線1，2，3のそれぞれの両端に6.0Vの電圧がかかるので，電熱線3に流れる電流の分だけ電流計が示す電流は大きくなる。

問4　①　並列回路の全体に流れる電流の大きさは，それぞれの電気器具に流れる電流の和になるので，たこ足配線をするとコンセントに大きな電流が流れて発熱し，発火することがある。

②　1500(W)÷100(V)＝15(A)

問5　ドライヤーを5分間使用したときの電力量は，1200(W)×300(秒)＝360000(J)　したがって，360000(J)÷50(W)＝7200(秒)＝120(分)

【5】 (水溶液とイオン―電気分解，電離，気体の性質)

問1　うすい塩酸の**電気分解**では陽極から塩素，陰極から水素が発生する。それぞれの気体は，原子が2個ずつ結びついた**分子**になっている。

問2　塩素は水にとけやすいため，〈結果〉の3で水にとけにくい水素に比べて見た目の発生量が少なかった。また，塩素には漂白作用や殺菌作用がある。

問3　水溶液にとけている物質を**溶質**，水のようにとかしている液体を**溶媒**という。塩酸は気体である塩化水素(HCl)がとけた水溶液である。

問4　水素原子は電子1個を放出して**陽イオン**である水素イオン(H^+)になり，塩素原子は電子1個を受けとって**陰イオン**である塩化物イオン(Cl^-)になる。原子を表す記号を組み合わせて物質を表した記号を**化学式**，同様にイオンを記号で表したものを**イオン式**という。

【6】 (自然界のつり合い―外来種，植物の分類，生殖，食物連鎖)

問1　人間の行いがもとになって，ある地域に本来はいなかった生物がほかの地域から持ちこまれ，そこに定着したものを**外来種**という。

問2　ボタンウキクサは花が咲くので種子植物であるが，水上に花をつけるから**双子葉類**ということではない。葉脈が平行でひげ根があるのは，**単子葉類**の特徴である。

問3　水中に光が届かないと光合成を行えないので，水中の酸素が減少するし，水中の生物も減少する。

問4　花が咲くので**有性生殖**を行い，ほふく茎《けい》による**無性生殖**も行う。

問5　生態系の中での生物どうしの「食べる・食べられる」のつながりを**食物連鎖**という。自然界では，この食物連鎖の関係は複雑に入りくんだ網目のようになっており，これを**食物網**という。

問6　ダムに生息する生物の個体数について調べることが目的なので，ダムに関する情報が必要。

【7】 (地層―火成岩，地層の重なり，化石)

〔Ⅰ〕 問1　地下のマグマが長い時間をかけてゆっくりと冷え固まると，マグマの中の鉱物はすべて大きな結晶に成長して**等粒状組織**になる。一方，マグマが地下のマグマだまりでゆっくり冷やされ，鉱物が大きく成長して**斑晶**ができたあと，このマグマが地表付近に上がって急速に冷やされて，小さな結晶やガラスの**石基**になって**斑状組織**になる。

問2　マグマが冷え固まってできた岩石を**火成岩**とよぶが，でき方によって等粒状組織をもつ**深成岩**と，斑状組織をもつ**火山岩**に分けられる。

〔Ⅱ〕 問3　ある限られた時代に広い地域で栄えた生物は，離れた地域の堆積岩の地層が，同時代にできたかどうかを調べるための手がかりになる。これを**示準化石**という。また，生物の生活環境が限られていると，化石と同じなかまの生物が現在どのような環境で生活しているかがわかれば，化石を含む地層が堆積した当時の環境を推定できる。これを**示相化石**という。

問4　川の流れによって運搬された土砂《どしゃ》は，粒の大きいものほど早く沈むため，河口の近くにはれきや砂が堆積する。また，泥は河口から離れた沖合にまで運ばれて堆積する。地点Aでは，れき岩→砂岩→泥岩と堆積している。

問5　地点Aと地点Bの**柱状図**を**標高**を合わせて並べると，それぞれの層はA→Bと下がり，同様に地点Cと地点Dの柱状図を標高を合わせて並べると，C→Dと下がっていることが分かる。

【8】 (化学変化—分解，気体の性質，化学変化と物質の質量)

問1　実験Ⅰでは，炭酸水素ナトリウムが**熱分解**して，二酸化炭素と水が生じ，試験管には炭酸ナトリウムが残った。二酸化炭素は石灰水を白くにごらせるので，この性質を利用して気体の確認をすることができる。

問2　二酸化炭素は水に少しとける。マグネシウムは酸素と結びつきやすく，二酸化炭素の酸素をうばって酸化マグネシウムになり，炭素が残る。pHは7が中性で，値が小さいほど酸性が強く，大きいほどアルカリ性が強い。二酸化硫黄や窒素酸化物がとけこんで，酸性を示すようになった雨を**酸性雨**という。

問3　(1)　青色の塩化コバルト紙に水をつけると，赤(桃)色に変わる。　(2)　$2NaHCO_3 \rightarrow Na_2CO_3 + CO_2 + H_2O$

問4　フェノールフタレイン溶液は，アルカリ性の水溶液に加えると赤色を示す。炭酸ナトリウム(固体B)は炭酸水素ナトリウムよりも水によくとけて，水溶液は強いアルカリ性を示す。

問5　(1)　1回目で発生した気体の質量は，$85.50 + 1.00 - 86.00 = 0.5$(g)　同様にしてそれぞれの質量を求めると，4回目～6回目は1.75gで一定になる。　(2)　グラフより，うすい塩酸25.00gと過不足なくちょうど反応する炭酸水素ナトリウムの質量は3.50gである。求めるうすい塩酸の質量をxgとすると，$25.00 : 3.50 = x : 7.00$，$x = 50.00$(g)

<社会解答>

【1】 問1　太平洋　問2　ウ　問3　Z　インド　①　英語　問4　ア　問5　イ　問6　エ　問7　ア　問8　Ⅰ　さとうきび　Ⅱ　バイオ

【2】 問1　イ　問2　オ　問3　ウ　問4　(1)　ア　(2)　(【③】の場所は★の地点から見て)　標高が高くなっていて川から離れることができる(から)　問5　減災

【3】 問1　イ　問2　天平　文化　問3　イ→ウ→ア　問4　A　御恩　B　奉公　問5　イ　問6　ウ　問7　ア　問8　(幕府は大名に)　江戸での生活費や領地との往復費用を負担させる(ため)

【4】 問1　イ　問2　ウ→ア→イ　問3　ア　問4　エ　問5　極東国際軍事裁判[東京裁判]　問6　ウ　問7　(1)　産業革命　(2)　ア

【5】 問1　ウ　問2　公共の福祉　問3　イ　問4　自由権や平等権の保障だけでは貧困や失業を改善する　ことができなかったから。　問5　(1)　国際連合　(2)　ア　問6　ウ　問7　ア・ウ・エ

【6】　問1　A　8%　　B　10%　　問2　エ　　問3　インフレーション　　問4　間接税
問5　(1)　ア　　(2)　国の借金が増える　　問6　オ　　問7　ウ

＜社会解説＞

【1】（地理的分野－世界の地形・資源・気候・産業・などに関する問題）

問1　日本の東に広がる，**世界一広い大洋**である。

問2　東京都庁のおよその緯度・経度は，北緯36度，東経140度である。したがって，反対側の地点は，南緯36度，西経40度となる。Xのすぐ西側の経線が東経180度＝西経180度であり，ウ・エの間の緯線の内，南アメリカ大陸北部を通るのが赤道である。これらを併せて判断すれば良い。

問3　Zはユーラシア大陸の南に突き出た部分，すなわち，インド半島であることから判断すれば良い。Y国はアメリカ合衆国で，公用語は英語である。Z国，すなわち，**インドは**19世紀末から20世紀半ばまで**イギリスの植民地であったことから，英語も公用語のひとつ**とされている。これらを併せて判断すれば良い。

問4　ローマの気候が温暖で降水量が少ない地中海式気候であることから判断すれば良い。イは東京，ウはパリの雨温図である。

問5　**インドネシア・ベトナムといったモンスーン気候の国**が含まれていることから，作物Cは米であることが分かることから判断すれば良い。作物Aはウのとうもろこし，作物Bはアの小麦である。

問6　1980年と2013年の工業製品にあたる機械類の割合が10.8%から36.7%になっていることから判断すれば良い。1980年の天然ゴムの輸出額は129億ドル×16.4%＝約21.2億ドルであることから，アは誤りである。1980年の鉱産物資源にあたるものは，23.8%の原油と8.9%のすずであり合計32.7%であることから，イは誤りである。輸出総額は1980年が129億ドル，2013年が2285億ドルであり，2285億ドル÷129億ドル＝約17.7倍であることから，ウは誤りである。

問7　サハラ砂漠が広がる**エジプト・リビア**には**イスラム教徒が多い**ことから，アは誤りである。

問8　Ⅰ　日本では沖縄県と鹿児島県でしか作っていない農作物であることから判断すれば良い。生産量に注目すると，全国の60%が沖縄県，40%が鹿児島県である。　Ⅱ　植物は成長過程で光合成をおこなうことから，二酸化炭素を吸収して酸素を排出しているので，燃やした時に発生する二酸化炭素は成長過程で吸収したものであることから，増加したことにはならないものとされている。

【2】（地理的分野－日本の産業・地形図の読み取りなどに関する問題）

問1　①は温暖な気候の下，**ビニールハウスを利用して夏野菜を冬場に出荷する栽培方法は促成栽培**である。②は**大都市周辺の地域で行われる農業**は，新鮮な物を出荷できる**近郊農業**である。③は愛知県渥美半島で行われている電照菊のように日照時間を長くして**出荷時期を後ろへずらす農業は，抑制栽培**である。これらを併せて判断すれば良い。

問2　日本の工業地帯の中で**工業出荷額が最も少ないのは北九州工業地帯**であることから，オは誤りである。

問3　コンビニエンスストアは，1990年代以降急成長した新しい業態であることから判断すれば良い。アはスーパーマーケット，イはデパートである。

問4　(1)　地形図の西側の海岸線が直線になっていることから判断すれば良い。地形図の中央部に果樹園の地図記号である♁は見られないことから，イは誤りである。地形図の西側の海岸線は人工海岸であり，また港の地図記号である⚓は見られないことから，ウは誤りである。河口部に三角州を示す中州は見られないことから，エは誤りである。　(2)　③の地点は海や川から離れた，標高10mを超える平坦な場所であることから避難場所に適していることが分かるので，その内容をまとめれば良い。①は海に近く標高も低いので，高潮・洪水の危険があることから適さないことが分かる。②は標高は高いが，★地点から避難する際に増水した川を渡るという危険があることから適さないことが分かる。④は谷に位置していることから適さないことが分かる。

問5　日本における災害への備えは，元々は**被害を出さないようにする「防災」**を目指してきた。しかし，**阪神淡路大震災**や**東日本大震災**を経験して，想定以上の災害が発生する可能性はゼロでなく，完全に被害を抑えることが困難であることが明らかになった。その流れの中で，**被害をできる限り少なくするという「減災」**という考え方が広まってきていることに注目すれば良い。

【3】 (歴史的分野－紀元前から17世紀までの日本・世界の各時代に関する問題)

問1　**日本独自の青銅器である銅鐸**は，神を祀るための道具として使われたものであることから判断すれば良い。渡来人は大和政権で活躍した人たちであり，仏教・儒教ともに6世紀に伝来したものであることから，アは誤りである。古墳時代は3世紀半ば過ぎから7世紀頃であることから，ウは誤りである。商業は座が始まる鎌倉時代以降盛んになったことから，エは誤りである。

問2　**東大寺造立・大仏建立**などで文化に大きな影響を与えた**聖武天皇**の時代の元号から名づけられた文化である。

問3　アは794年，イは701年，ウは743年であることから判断すれば良い。

問4　図3は鎌倉時代の仕組みであり，Aは将軍が御家人に対して行うこと，Bは御家人が将軍に対して行うことであることから判断すれば良い。

問5　琉球王国は薩摩藩に征服された後も中国への朝貢は継続し，1879年に琉球藩が廃止され沖縄県が設置されたことで中国との関係が正式になくなったことから，イは誤りである。

問6　**ポルトガル人・スペイン人が南蛮人**と呼ばれていたことから判断すれば良い。蝦夷地における交易相手はアイヌの人たちであったことから，アは誤りである。オランダが貿易の中心となるのは江戸時代になって鎖国が行われた後のことであるので，イは誤りである。**日本町**は安土桃山時代から江戸時代初めにかけての**朱印船貿易の拠点として東南アジア各地につくられた**ものであることから，エは誤りである。

問7　イスパニアで結成された，カトリックの修道会であるイエズス会の創立者の一人である**フランシスコ・ザビエルが，1549年に鹿児島に上陸し，日本にキリスト教が伝えられた**ことから判断すれば良い。**織田信長はイエズス会宣教師ルイス・フロイスにキリスト教布教を許可**していることから，イは誤りである。**豊臣秀吉は1587年にバテレン追放令を出してキリスト教を弾圧し**たことから，ウは誤りである。**江戸幕府が貿易をした相手は，中国とオランダ**であることから，エは誤りである。

問8　経済的な影響とあることから，大名は生活の拠点が2か所になることで生活にかかる費用が増加し，移動の費用も増大することに注目してまとめれば良い。

【4】 (歴史的分野－江戸時代末期から昭和時代までの日本・世界の各時代に関する問題)

問1　**日米和親条約の締結が1854年**であることから判断すれば良い。アは1962年，イは1857~1858年，ウは1917年，エは1911~1912年のことである。

問2　アは1336~1392年のできごと，イは1600年に設置されたもの，ウは1221年に設置されたものであることから判断すれば良い。

問3　**北里柴三郎は「日本の細菌学の父」と呼ばれ，ペスト菌の発見，破傷風の治療法の開発**などで医学発展に貢献した人物である。

問4　**レジスタンスは第二次世界大戦時のフランスでナチスに対して行われた抵抗運動**のことであることから，エは誤りである。

問5　オーストラリアのウェッブを裁判長とする11か国の11名が裁判官となり，アメリカのキーナンを首席とする検事団が，東条英機をはじめとする28名をA級戦犯として起訴した裁判のことである。1946年5月に審理が開始され，1948年11月に判決が下されている。

問6　**日本が特需景気になったのは，1950年からの朝鮮戦争時**であることから，ウは誤りである。

問7　(1)　原料供給地及び市場としての植民地を持ち，清教徒革命・名誉革命による社会的・経済的な環境整備，蓄積された資本，農業革命によってもたらされた労働力などの存在が原因となってもたらされたものである。　(2)　1872年に新橋・横浜間を蒸気機関車が走ったことから判断すれば良い。イはアラスカ鉄道ではなくシベリア鉄道，ウはチベット鉄道ではなく南満州鉄道，エはリニアモーターカーではなく東海道新幹線，オは名護ではなく浦添市である。

【5】　(公民的分野－人権の保障に関する問題)

問1　ア・イの具体例が逆になっていることに注目すれば良い。

問2　社会一般に共通する幸福や利益のことである。

問3　**フランスのモンテスキューが「法の精神」を1748年に発表**したことから判断すれば良い。抵抗権はイギリスのジョン・ロックが主張したものであることから，アは誤りである。人民主権はフランスのルソーが主張しものであることから，ウは誤りである。人民の人民による人民のための政治はアメリカのリンカーン大統領が主張したものであることから，エは誤りである。

問4　社会権には福祉の考え方が反映されており，当時問題となっていた貧困・失業などは自由権・平等権だけでは解決が困難な問題であったことに注目し，その内容をまとめれば良い。

問5　(1)　**1945年4月のサンフランシスコ会議で調印された内容に基づき，1945年10月にアメリカ合衆国のニューヨークに本部を置く形で発足した国際機関**である。　(2)　1948年の世界人権宣言の内容を条約化したもので，国際人権法の中で最も基本的かつ包括的なものである。イは1965年に採択され1969年に発効した条約，ウは1997年に採択され2005年に発効した条約，エは1989年に採択され1990年に発効した条約である。

問6　環境権という考え方は日本国憲法には規定されていないが，**日本国憲法第25条の生存権**の考え方などを適用することで認められてきた考え方である。アは日本国憲法第16条，イは日本国憲法第32条，エは日本国憲法第26条の内容である。

問7　**任期は衆議院議員が4年，参議院議員が6年**であることから，アは正しい。**被選挙権は衆議院議員が25歳以上，参議院議員が30歳以上**であることから，ウは正しい。**議員定数は衆議院議員が465名，参議院議員が248名**であることから，エは正しい。**任期途中の解散は衆議院にしかない**ことから，イは誤りである。沖縄県選挙区の定数は2名で3年ごとに1名を改選することから，オは誤りである。

【6】　(公民的分野－経済のしくみ・財政に関する問題)

問1　日本の消費税は**1989年4月に税率3％で導入**され，1997年4月に5％，2014年4月に8％，**2019年10月に10％**と税率が高くなってきたことから判断すれば良い。

問2　1kg＝10ドルの牛肉を輸入していることから，1ドル＝100円のときは10×100＝1000円，1

ドル＝80円のときは10×80＝800円となることが分かる。この時，少ない円で1ドルを手にいれることができるようになったので，ドルに対する円の価値が高くなったことが分かる。また，少ない円の支払いで外国から商品を購入できようになったことから，**円高は輸入**に有利であることが分かる。これらを併せて判断すれば良い。

問3　通貨の発行量が財貨の取引量を超えていることで貨幣価値が下がり，物価の上昇が続く現象のことである。

問4　全員が同じ税率で負担することから，**収入の少ない人ほど負担する税金の金額が収入に占める割合が高くなる**，**逆進性**という問題点がある税金でもある。

問5　(1)　社会保険は医療保険や年金保険のように，加入者が広く保険料を負担することで，いざという時に安価でサービスを受けることができる仕組みのことである。公的扶助は生活が苦しい人に生活保護の援助を行うこと，社会福祉は高齢者や障がいのある人などの保護や援助を行うこと，公衆衛生は予防接種や下水道整備など，病気の予防や生活の基盤を整えることである。

(2)　**公債金は借金**のことで，**国債費は借金返済**にあてる費用のことである。図1・2から，公債金の方が国債費より多いことが読み取れるので，国の借金は増えていることが分かる。この内容をまとめれば良い。

問6　企業から家計に支払われるものが何であるかを考えれば良い。給料は無条件で支払われるものではないことから，何の対価にあたるのかも考えれば良い。これらを併せて判断すれば良い。

問7　賃金が40万円を超えている業種は，全国では電気・ガス，情報通信業，金融業・保険業，学術研究の4業種であり，沖縄県では電気・ガスだけであることから判断すれば良い。宿泊業の賃金は沖縄県の方が高いことが読み取れるので，アは誤りである。電気・ガス，運輸業・郵便業は沖縄県の方が労働時間は短いことが読み取れるので，イは誤りである。労働時間が最も長い建設業の賃金は40万円に届いていないことが読み取れるので，エは誤りである。

＜国語解答＞

【一】　問1　a　主流　　b　ねら　　問2　2　　問3　エ　　問4　ウ　　問5　ア
問6　目的もない　　問7　イ　　問8　ウ

【二】　問1　a　経　　b　ひくつ　　問2　Ⅰ　ア　　Ⅱ　オ　　問3　両者ともに変わる
問4　エ　　問5　とことん　　問6　A　表現しない部分を読み手に委ねる　　B　感性
問7　(例)新たな社会では，異なる価値観を持った人と出会って議論を重ねることで，新しい概念を生み出す

【三】　問1　おなじように　　問2　イ　　問3　ウ　　問4　エ

【四】　問1　思ひ群ならず　　問2　イ　　問3　(1)　A　対句　　(2)　B　ウ

【五】　問1　イ　　問2　ア　　問3　来場者のおもてなし　　問4　エ
問5　Ⅰ　(例)案内係の対応という項目とポスターに関する項目において，来場者の感想と，主催者である実行委員との感想とは必ずしも一致するわけではないことがわかる。
Ⅱ　(例)次年度に向けて，ポスターに関わる作業を充実させる必要があると思う。来場者はポスターによる教室案内が不十分だと感じているからだ。実行委員側が最も時間をかけて取り組んだというのに，来場者の役に立っていないのであれば，意味がない。来場者が求めている事柄を調査するなど，来場者側の立場を考慮したポスターを作ればよい。

＜国語解説＞

【一】（小説―情景・心情，文脈把握，内容吟味，脱文・脱語補充，漢字の書き取り，ことわざ・慣用句，品詞）

問1　aさまざまな考えや説の中で，その時の中心となるもの。b「狙」は，けものへん。

問2　単語に区切って考える。「見て」の「見」が基本形「見る」，「言わ」の基本形が「言う」だ。

問3　「目を細める」は，可愛らしいものを見たり，うれしかったりして，思わず笑みを浮かべること。

問4　ここは，**話す機会が少ないことを表現したい**のだから，「ほとんど～ない」とするのが適切だ。

問5　ここは，今まで黙っていた自分の本心を初めて父親に打ち明けた場面だ。その言葉を発した時**「自分が，今いちばん驚いている」と言って，興奮している。感情の高ぶり**を読み取れよう。

問6　対照的な言葉の内容は，**征人の考えを否定する内容**だ。東京に行きたいという征人の考えを否定するのは，母親の「目的もないくせに，東京に行きたいなんて」という言葉である。

問7　父は「なんにもないこの島で，誰ともつるまずに，ただ魚を獲ってくる毎日」を送って生きてきた。そんな父に対して征人は「なにがおもしろくて生きているんだろう」と疑問を持っている。父の生き方とは違って，島の外に出たいという考えは，**ずっと島で生きている父とは相反した生き方であり，父の生き方を否定している**と捉えられよう。

問8　問7で見てきたように，征人は父の生き方を理解できずにいた。しかし，父は「征人の行きたいところに行けばいい」と征人に理解を示してくれた。親の言いなりになりたくないと感じたり，自分のやりたいことをしたいというのは自立の表れだ。**自分なりの生き方をしたいという自立心と，父が見せた愛情の深さの間で揺れ動く，征人の心情を表した文章**だと言える。

【二】（論説文―大意・要旨，内容吟味，文脈把握，接続語の問題，脱文・脱語補充，漢字の読み）

問1　a目的に達するまでの段階や過程として，通ること。　b自分の能力を信じる気力にかけ，必要以上に他にへつらうなどして，いじけている様子。

問2　［Ⅰ］の前段落には，「対話」は両者の論ともに変わるという前提で話を始める，という内容が書かれていて，それを受けて，「こういった議論の形にも日本人は少し苦手だ」と続く。前提があって話を始め**ても**苦手なのだ，という文脈になるので，**逆接の接続詞**が適切だ。また，［Ⅱ］は，その**前後で同じ内容を述べているので，「もしくは」や「あるいは」などの他の選択肢を示す接続詞**を補えばよい。

問3　「対話」と「対論」を，意見の変化をポイントにしての比較だ。「『対話』は，AとBという異なる……いずれにしても，両者ともに変わるのだということ」と記述があり，ここから抜き出せる。

問4　「『対話』は，AとBという異なる二つの論理が摺りあわさり，Cという新しい概念を生み出す」とあり，**新しい概念を生み出す**というポイントが，選択肢エの「互いが理解し合える点を探り続ける」という内容に一致する。

問5　傍線③「やたらと議論になる」の具体例が「三〇分ほどの……」から始まっている。この具体例を総括しているのが「とことん話し合い，二人で結論を出すことが，何より重要なプロセスなのだ」である。ここから，**こうしたプロセスを経ることが望ましいという考えがあるから議論になる**ことがわかる。

問6　［A］に入るのは，相手の理解力を信頼していないとできないことである。それは**古典で大事だと考えられていたこと**で，資料1に「表現しない部分を読み手に委ねること」とある。［B］には，日本人が持っているものが入る。**日本人が持っているもの，日本人に合ったものを探す**と「その面白さを見出す感性があった」とある。**こうした感性があったから文化の短編化も可能にしたし，詳しい説明がなくても理解できるようになった**のだ。

問7　傍線⑤「対話の基礎体力」とは，異なる価値観を持った人に出会った時に，物おじせず粘り強く対話をして，共有できる部分を見つけ出していく力である。これが求められている理由は，資料2をふまえると，**社会が変化を続けているから**だ。社会が変化して行けば価値観も変わらざるをえない。したがって，**異なる価値観を持った人と議論を粘り強く続けて新しい概念を生み出すことが必要**なのだとまとめることができる。

【三】（古文―文脈把握，内容吟味，仮名遣い，表現技巧・形式）

〔現代語訳〕　それから幾月かして「(瓢は乾燥して)もうよい具合になっただろう」と思って見てみると，ちょうど良い感じであった。取り下ろして，(瓢の)口を開けようとすると，少し重い。不思議に思ったけれども切り開けて見たら，なにやらいっぱい入っている。「何だろう」と，移してみると，白米が入っていた。思いもかけずこれは驚いたと思って，大きな入れ物に全部の米を移してみたが，移しても移してもまだ同じように白米が入っているので，「尋常ではないことだ。雀のしわざだな。」と驚き嬉しく思い，(その瓢を別の)物に入れて大切にしまっておいて，残りの瓢などを見ると，(最初の瓢と)同じようにみな白米が入っている。これを(入れ物に)移し移し使ってみるが，食べきれないほどたくさんある。

そうして大変な金持ちになった。近隣の人々も見てびっくりし，たいしたものだと羨ましがった。

問1　**「アウ(―au)」は，現代仮名遣いにすると「オウ(―ou)」**となる。したがって，二重傍線「やうに(yauni)」はyouniとなり「ように」と読むことになる。

問2　傍線①「あやしけれども」の理由は，直前の「少し重し」である。乾燥した瓢は軽いはずだから不思議に思ったのだ。

問3「ぞ」は直前の内容を強調する。したがってここでは「頼もしき人」になる。老女が裕福になったことを強調しているのだ。

問4　傍線③「羨みけり」という述語の主語は，「隣里の人も」である。目的語は「いみじきこと」で，それが(2)に該当する。これは，老女がたいへんな金持ちになったという境遇の変化のことだ。

【四】（漢文―脱文・脱語補充，表現技巧）

問1　レ点をふまえると漢字の読む順番は，思→群→不。**助動詞「不」は「ず」と平仮名**で書き下す。

問2　一行に五字だと五言，七字だと七言である。また，絶句は四行，律詩は八行で書かれたものを言う。

問3　(1)「形の似ている二つの句を並べる」という前置きから，「対句」が補える。　(2)　杜甫は，冒頭で「君の詩にかなうものはない」と，李白の詩を称賛していることをおさえる。

【五】（会話・議論・発表―文脈把握，脱文・脱語補充，作文）

問1　みゆきさんの発言の前半は，**みんなの発言した内容を整理**している。後半は，**他の意見を求めて，議論を進めよう**としている。

問2　先生の発言の中の「それは，観光客にとって沖縄の全ての人が沖縄の印象になるということを前提におもてなしをする」という部分に注目する。これを学校の文化祭に置き換えると，**来校者にとって生徒一人ひとりがその学校全体の印象になるということ**だ。これをふまえて選択肢を選ぶ。

問3　Ⅱ　は，文化祭を成功させるための中心テーマだ。何を中心に考えていたかというと，みゆきさんの発言に「来場者のおもてなしを中心にもう一度考えてみましょう」とある。

問4　手紙の書き方で，「拝啓」に対応する結句は「敬具」である。

問5Ⅰ　読み取れることとしては、両者を比べた際の**変化や違いが大きい箇所に着目する**とよい。そこに問題点や論じるべき要素が含まれている

Ⅱ　Ⅰで挙げた内容を論点に置いて，「必要なこと」を考えるとよい。設問にある三つの必須要素を含めるのを忘れないこと。Ⅰをふまえて，必要だと考えることを提示する。そして，その理由を説明しよう。最後に**解決策として具体的な方法を提案**すればよい。字数が限られているので，できるだけコンパクトに書きたい。必要なことだけに絞ってまとめよう。

沖縄県公立高等学校

2019年度

★★★★★★★★★★★★★★★★★★★★★★★★

入　試　問　題

●くわしい解説……61ページ

＜数学＞

時間　50分　　満点　60点

【注意】　1　答えは，最も簡単な形で表し，すべて別紙の解答用紙に記入しなさい。

2　答えは，それ以上約分できない形にしなさい。

3　答えに$\sqrt{\ }$が含まれるときは，$\sqrt{\ }$の中をできるだけ小さい自然数にしなさい。

【1】　次の計算をしなさい。

⑴　$4\times(-3)$

⑵　$\dfrac{4}{3}-2$

⑶　$3.8\div4$

⑷　$\sqrt{2}\times2\sqrt{6}$

⑸　$(-5a)^2$

⑹　$2(x+1)-(1-x)$

【2】　次の □ に最も適する数または式，記号を入れなさい。

⑴　一次方程式　$2(3x+2)=-8$　の解は，$x=$ □ である。

⑵　連立方程式　$\begin{cases}5x-3y=9\\y=2x-5\end{cases}$　の解は，$x=$ □ ，$y=$ □ である。

⑶　$(x+4)^2$　を展開して整理すると，□ である。

⑷　$x^2-8x+15$　を因数分解すると，□ である。

⑸　二次方程式　$2x(5x-8)=3x^2+5x$　を右のように解いたが，正しくない変形が１つある。

　このとき，正しくない変形は □ である。次のア～エのうちから１つ選び，記号で答えなさい。

ア　①から②への変形　　イ　②から③への変形

ウ　③から④への変形　　エ　④から⑤への変形

$2x(5x-8)=3x^2+5x$

$10x^2-16x=3x^2+5x$　…①

$7x^2-21x=0$　…②

$x^2-3x=0$　…③

$x-3=0$　…④

$x=3$　…⑤

⑹　$\sqrt{45}$に最も近い自然数は，□ である。

⑺　yはxに反比例し，$x=3$　のとき　$y=6$　である。$x=2$　のとき$y=$ □ である。

⑻　右の図１のように３直線が１点で交わっているとき，$\angle x=$ □ °である。

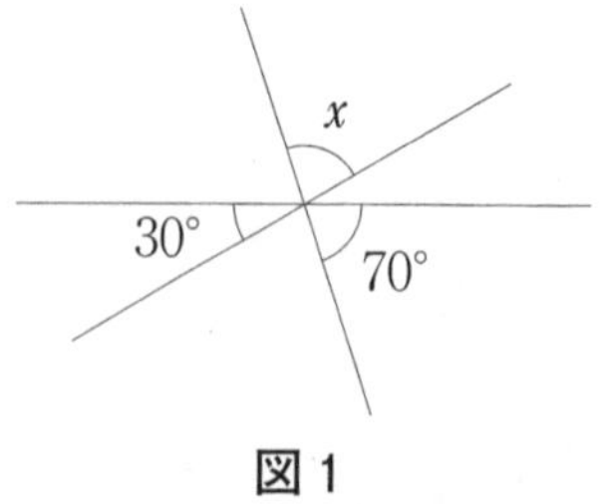

図１

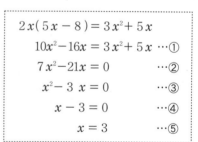

(9)　次の**ア**～**オ**のうち，絶対値が２より大きいものは［　　］である。**ア**～**オ**のうちから**すべて選び**，記号で答えなさい。

ア　-2　**イ**　$-\frac{5}{2}$　**ウ**　0　**エ**　3　**オ**　$\frac{5}{3}$

【３】 次の各問いに答えなさい。

問１　次の**ア**～**エ**は，ある学校の１年生160人が４月から７月に図書館で借りた本の冊数をひと月ごとにまとめ，それをグラフに表したものである。借りた本の冊数について，ある月では平均値が最頻値よりも小さくなった。その月のグラフを**ア**～**エ**のうちから**１つ選び**，記号で答えなさい。

ただし，ひと月に本を９冊以上借りた生徒はいないものとする。

ア

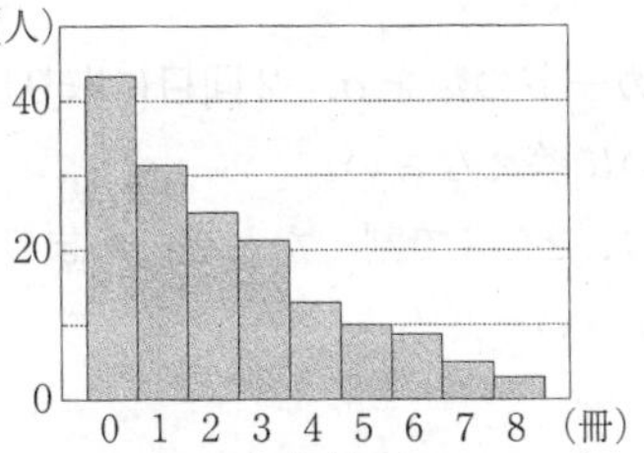

４月

イ

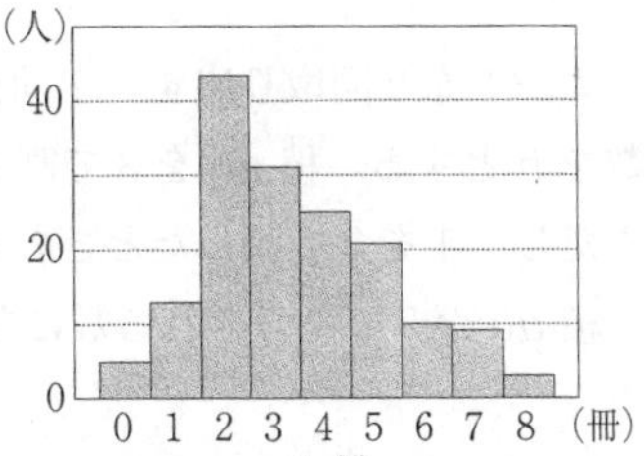

５月

ウ

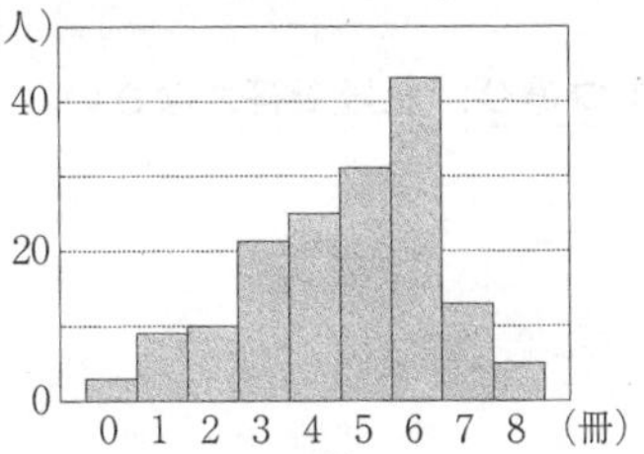

６月

エ

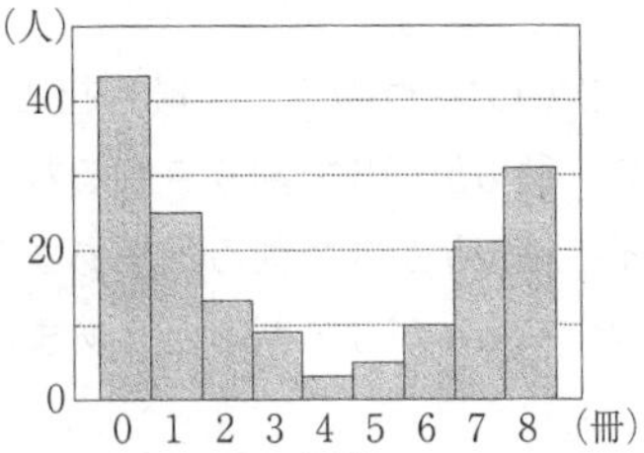

７月

問２　生徒数33人のクラスで，欠席者２人をのぞく31人の生徒に数学のテストを行ったところ，得点の中央値は60点，平均値はちょうど65点であった。欠席していた２人について，次の日にテストを行い，２人の得点63点とx点を加えて中央値と平均値を計算しなおすと，加える前と比べて中央値は大きくなり，平均値は小さくなった。

このとき，考えられるxの値として，最も小さい値は［ ① ］点，最も大きい値は［ ② ］点である。［ ① ］，［ ② ］にあてはまる整数を求めなさい。

【４】 右の図において，直線ℓ上にあって，２点A，Bからの距離が等しい点Pを，定規とコンパスを使って作図して示しなさい。

ただし，点を示す記号Pをかき入れ，**作図に用いた線は消さずに残しておくこと**。

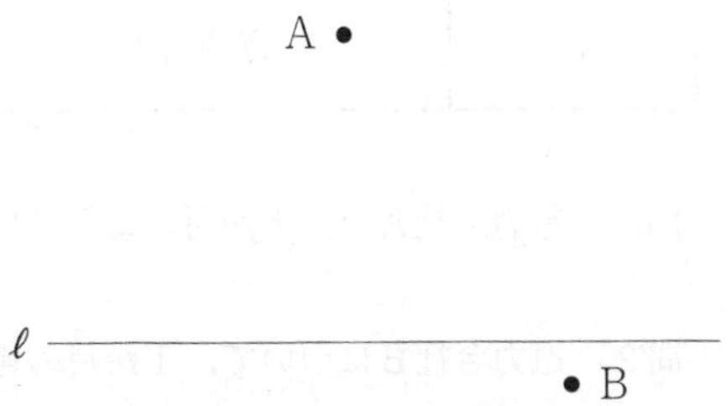

【5】 袋の中に，$\boxed{1}$，$\boxed{2}$，$\boxed{3}$，$\boxed{4}$，$\boxed{5}$の５枚のカードがある。この袋の中からカードを１枚取り出し，数を確認して，**袋の中にもどす**。このことを何回か行うとき，次の各問いに答えなさい。

ただし，どのカードの取り出し方も，同様に確からしいとする。

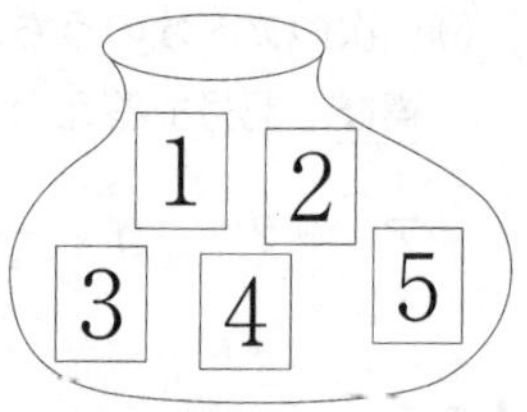

問１ 次の**ア**～**オ**のうち，正しく述べたものを**すべて選び**，記号で答えなさい。

ア カードを１回取り出したとき，どの数が出ることも同じ程度に期待される。

イ カードを４回取り出したとき，$\boxed{1}$が１回も出なかったとすれば，５回目は必ず$\boxed{1}$が出る。

ウ カードを50回取り出したとき，どの数も必ず10回ずつ出る。

エ カードを取り出す回数に関係なく，$\boxed{1}$を取り出す相対度数はつねに0.2である。

オ カードを取り出す回数が多くなるにつれて，$\boxed{1}$を取り出す相対度数は0.2に近づいていく。

問２ カードを２回取り出す。１回目に取り出したカードの数を a，２回目に取り出したカードの数を b とする。積 ab を３で割るとき，次の問いに答えなさい。

ただし，１を３で割ったときのあまりは１であり，2を３で割ったときのあまりは２である。

⑴ 積 ab が３で割りきれる数になる確率を求めなさい。

⑵ 積 ab が３で割ると１あまる数になる確率を求めなさい。

⑶ 次の**ア**～**ウ**のうち，最も起こりやすいものを**１つ選び**，記号で答えなさい。

ア 積 ab が３で割りきれる数になる

イ 積 ab が３で割ると１あまる数になる

ウ 積 ab が３で割ると２あまる数になる

【6】 下の表は，電力会社Ａと電力会社Ｂの１か月の電気料金についてまとめたものである。このとき，次の各問いに答えなさい。

ただし，電気料金とは基本料金と使用料金を合わせた料金とする。

電力会社	基本料金 （電気使用量に関係なく支払う一定の料金）	使用料金 （電気使用量に応じて支払う料金）
A	500 円	1 kWh あたり 25 円
B	3000 円	最初の 200 kWh までは　1 kWh あたり 15 円， 200 kWh を超える分からは　1 kWh あたり 20 円

（電気使用量の単位は kWh で表す）

問１ 電力会社Ａで，１か月の電気使用量が80kWhのときの電気料金を求めなさい。

問２ 電力会社Ｂについて，１か月の電気使用量を x kWh，電気料金を y 円とする。x の変域が $100 \leqq x \leqq 250$ のときの y の変域を求めなさい。

問３　電力会社Ａと電力会社Ｂの電気料金が等しくなるのは，１か月の電気使用量が何kWhのときか求めなさい。

【７】　関数 $y=ax^2$ のグラフ上に２点Ａ，Ｂがある。点Ａの座標は $(-2,\ 2)$，点Ｂの x 座標は６である。

このとき，次の各問いに答えなさい。

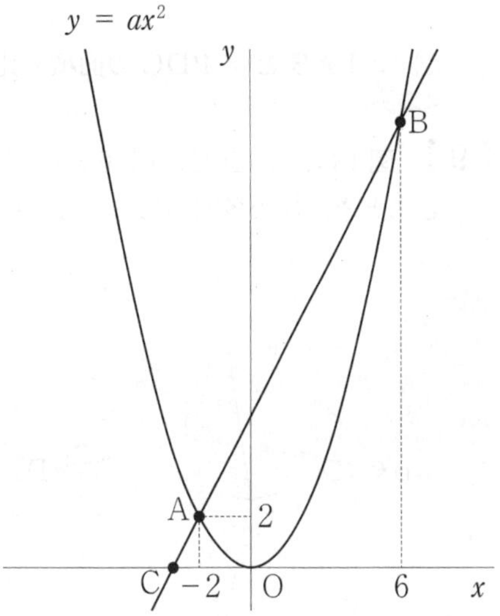

問１　a の値を求めなさい。

問２　点Ｂの y 座標を求めなさい。

問３　直線ＡＢの式を求めなさい。

問４　直線ＡＢと x 軸との交点をＣとする。線分ＡＢ上に点Ｐをとると，△ＣＯＰの面積は△ＡＯＢの面積と等しくなった。

このとき，点Ｐの座標を求めなさい。

【８】　右の図のように，円周上に４点Ａ，Ｂ，Ｃ，Ｄをとり，線分ＡＣとＢＤの交点をＰとする。

このとき，次の各問いに答えなさい。

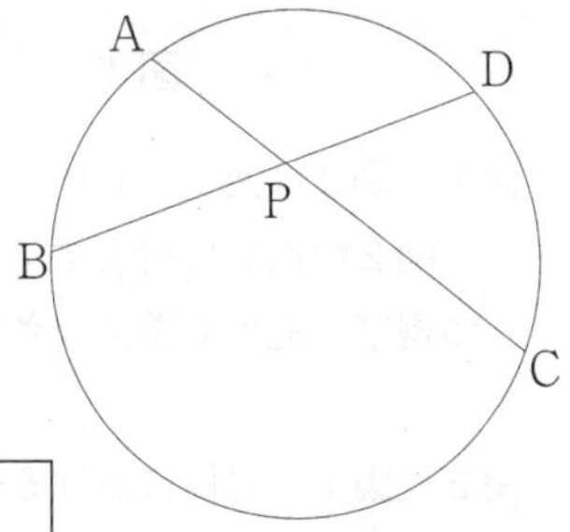

問１　PA：PD＝PB：PC であることを次のように証明した。空らんをうめて証明を完成させなさい。

ただし，証明の中に根拠となることがらを必ず書くこと。

【証明】

△PABと△PDCにおいて

$\overset{\frown}{BC}$ に対する円周角は等しいから

∠PAB＝∠PDC…①

　　　　　　　　　　…②

①，②より

　　　　　　　　　　

△PAB∽△PDC

相似である２つの三角形の対応する　　　　は等しいから

PA：PD＝PB：PC

問2 線分PCの長さは線分PAの長さの2倍である。PB＝6㎝，PD＝5㎝のとき，次の問いに答えなさい。

(1) PA：PD＝PB：PC を用いて，線分PAの長さを求めなさい。

(2) △PAB と △PDC の面積の比を求めなさい。

【9】 図1は，1辺の長さが6㎝の正八面体である。
このとき，次の各問いに答えなさい。

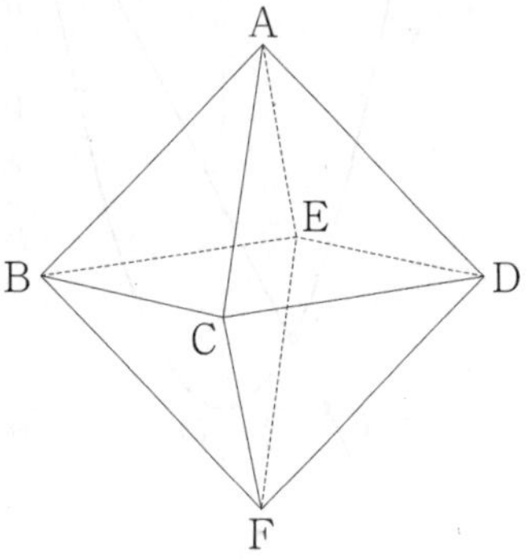

図1

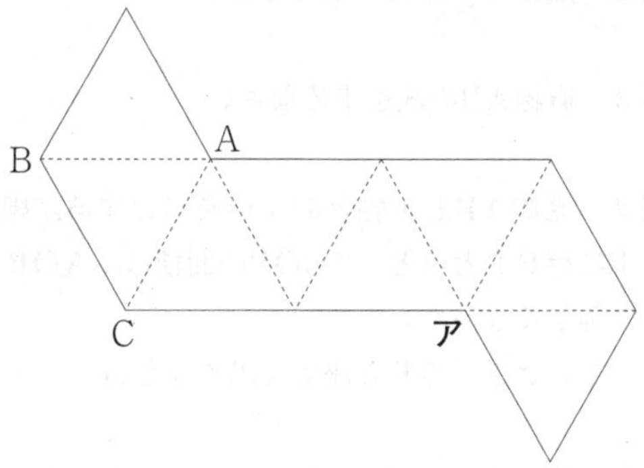

図2

問1 図2は図1の立体の展開図である。
図2の点アに対応する頂点を図1のA～Fのうちから1つ選び，記号で答えなさい。

問2 図1の立体における線分AFの長さを求めなさい。

問3 図3のように，図1の立体の内部ですべての面に接している球がある。この球の体積を求めなさい。
ただし，円周率はπとする。

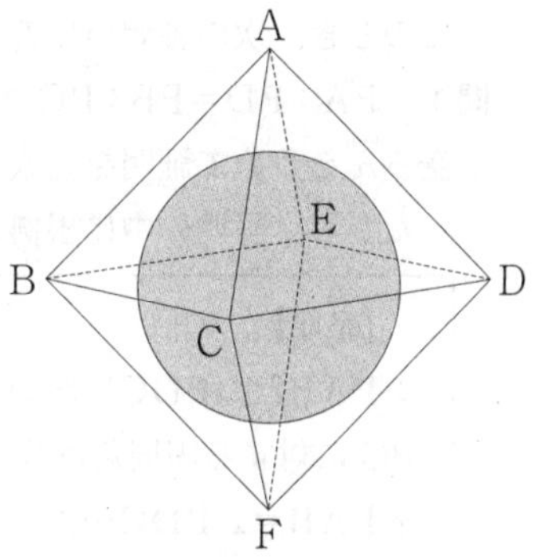

図3

【10】 片面が白，もう一方の面が黒である円形の駒《こま》を，表がすべて白になるように円状に並べる。
このとき，次の各問いに答えなさい。

問1 次のページの図1のように8個の駒を円状に並べ，順にA，B，C，D，E，F，G，Hとする。1回目にAの駒を裏返し，2回目にD，3回目にG，4回目にB，…と時計回りに2個とばしで裏返していく。
たとえば，駒を3回目まで裏返すと図2のようになる。
このとき，あとの問いに答えなさい。

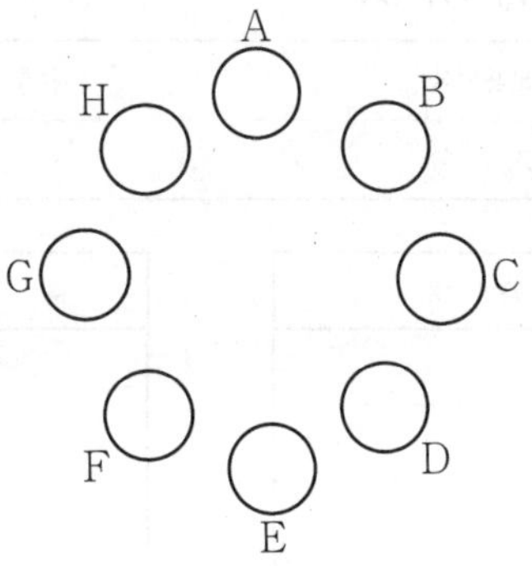

図１

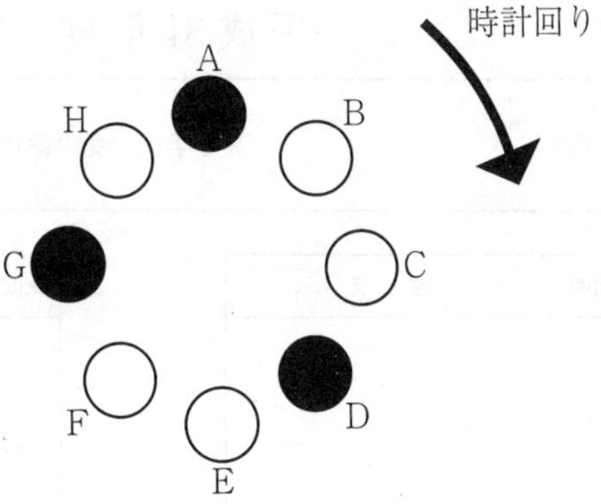

図２

⑴　図１の配置から駒を６回目まで裏返したとき，表が白である駒はA～Hのうちどれか。すべて答えなさい。

⑵　図１の配置から駒を何回か裏返していき，初めて図１の配置に戻るのは駒を何回目まで裏返したときか求めなさい。

⑶　図１の配置から駒を100回目まで裏返したとき，表が白である駒はA～Hのうちどれか。すべて答えなさい。

問２　今度は図３のように10個の駒を円状に並べ，順にA，B，C，D，E，F，G，H，I，Jとする。問１と同じように時計回りに２個とばしでA，D，G，J，…と裏返していく。駒を2019回目まで裏返したとき，表が白である駒の個数を求めなさい。

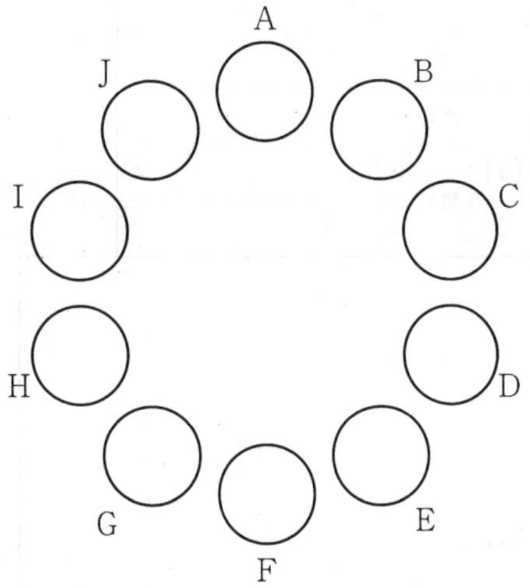

図３

平成31年度　数学　解答用紙

志願校名	高等学校	受検番号		出身校名	中学校
				氏　名	

大問	小問	答　え
【1】	(1)	
	(2)	
	(3)	
	(4)	
	(5)	
	(6)	
【2】	(1)	$x=$
	(2)	$x=$　　　, $y=$
	(3)	
	(4)	
	(5)	
	(6)	
	(7)	$y=$
	(8)	$\angle x=$　　　°
	(9)	
【3】	問1	
	問2 ①	点
	問2 ②	点
【4】		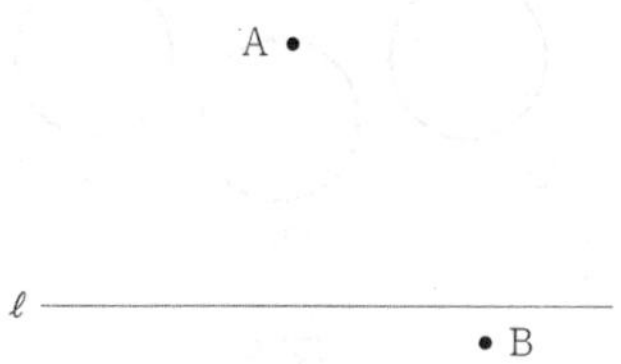

大問	小問	答　え
【5】	問1	
	問2 (1)	
	問2 (2)	
	問2 (3)	
【6】	問1	円
	問2	$\leqq y \leqq$
	問3	kWh
【7】	問1	$a=$
	問2	B(6, □)
	問3	$y=$
	問4	P(□, □)
【8】	問1	△PABと△PDCにおいて $\overset{\frown}{BC}$に対する円周角は等しいから ∠PAB＝∠PDC　・・・① [　　　　]　・・・② ①,②より [　　　　] △PAB∽△PDC 相似である２つの三角形の対応する[　　]は等しいから PA：PD＝PB：PC
	問2 (1)	cm
	問2 (2)	△PAB：△PDC=　　：
【9】	問1	
	問2	cm
	問3	cm^3
【10】	問1 (1)	
	問1 (2)	回目まで
	問1 (3)	
	問2	個

得　点

※この解答用紙は164%に拡大していただきますと，実物大になります。

＜英語＞

時間　50分　　満点　60点

【1】 大問1は英文を聞いて答える問題です。それぞれの場面の英文と質問が読まれます。質問の答えとして最も適切なものを**ア**～**エ**のうちから1つ選び，その記号を書きなさい。英文と質問はそれぞれ1度だけ読まれます。

問1　　ア　　　　イ　　　　ウ　　　　エ

問2

ア

イ

ウ

エ

問3　　ア　　　　イ　　　　ウ　　　　エ

【2】 大問２は会話を聞いて答える問題です。それぞれの会話の最後の文に対する応答として最も適切なものをア～エのうちから１つ選び，その記号を書きなさい。会話の英文は問題ごとに２度読まれます。なお，ア～エの答えの英文は読まれません。

問１ ア Thank you very much. イ Sure.
ウ Me, too. エ Here you are.

問２ ア Yes. I will call you back later.
イ Let's go on Sunday.
ウ I am free now.
エ How about you?

問３ ア I'm going to the post office.
イ I am from Sydney.
ウ I'm afraid I may have a cold.
エ Thanks! Have a good time there.

【3】 大問３は，ミカのニュージーランド留学についてのスピーチを聞いて，表を完成させる問題です。それぞれの（ ）に入る最も適切な数字，又は日本語を書きなさい。英文は続けて２度読まれます。

問１	学校が始まる時間	午前（ ）
問２	毎朝，生徒が授業前にしなければならないこと	（ を ）しなければならない
問３	フィッシュ＆チップスの値段	（ ）ドル
問４	アフタヌーンティータイムのある曜日	（ ）曜日

【4】 次の各問いの会話文について，（ ）に入る最も適切なものをア～エのうちから１つ選び，その記号を書きなさい。

問１ A： Do you know the new students from America?
B： Yes. Sam and Andy ( ) in my class.
ア be イ am ウ is エ are

問２ A： This is a great picture!
B： I ( ) this picture.
A： Did you? I like it very much.
ア heard イ wrote ウ drew エ understood

問３ A： Whose pencil is this?
B： It's not mine but I think it's ( ).
ア he イ his ウ she エ her

【5】 次の各問いの会話文について，(　) に入る最も適切な1語を下の語群から選び，適切な形に変えて書きなさい。ただし，語群の単語はそれぞれ1度しか使いません。また，解答欄には1語のみ書きなさい。

問1 A : Excuse me. I'm looking for a book. Its name is "History of Okinawan Food."
B : Wait a minute... Well, someone (　　) the book yesterday.
A : O.K. Thank you.

問2 A : Oh, you are not late for the soccer practice today!
B : I tried to get up 30 minutes (　　) than usual today.
A : Good! Let's begin the practice!

問3 A : What are you doing, Dad?
B : Look at this baby (　　) milk in this picture.
A : Oh! That's me. So cute!

問4 A : Where did you go today?
B : I went shopping and watched a movie.
A : I see. But have you (　　) your homework?

語群： early come hard borrow do drink

【6】 次の各問いの会話文について，(　) 内の語を正しく並べ替えて意味が通る文を完成させ，その並べ替えた順に記号をすべて書きなさい。

問1 A : I think I've seen that man before.
B : Who are you talking about?
A : The (ア care イ man ウ is エ who オ taking) of the dog over there.
B : Oh, he is Mr. Higa. He is my science teacher.

問2 A : Who runs the fastest in your soccer club?
B : Keisuke does.
A : What about Yuto?
B : He runs fast, too. But he (ア run イ fast ウ not エ can オ as) as Keisuke.

問3 A : How was school today?
B : P.E. class was so fun. But it was too cold outside. I still feel cold now.
A : Do you (ア hot イ drink ウ something エ want オ to)?
B : Yes! Thank you.

【7】 次の各問いは，それぞれある場面での会話文です。2人の会話が交互に自然につながるようにア～ウの文を正しく並べ替え，その並べ替えた順に記号をすべて書きなさい。

問1 When is your birthday, Ken?

ア Yes. That's right.

イ It's November 25th.

ウ Wow, it's just one month before Christmas!

問2 Hi. Can I help you?

ア Sounds good. Can I try them on?

イ Well, we have three kinds of white ones.

ウ Yes, please. I'm looking for white tennis shoes.

問3 Mike, don't go outside. It'll rain soon.

ア No! You should stay inside. You can't go out.

イ Well, may I play video games then?

ウ But it's not raining now. Mom, can I go out, please?

【8】 駿（Shun）と駿の父はホームステイに来たジェイソン（Jason）と広告を見ながら家族のバーベキューの計画を立てています。以下の広告と会話文を見て各問いに答えなさい。

BEACH PARTY PLAN

～Chura Moon Beach～

		BBQ Plan A	BBQ Plan B	BBQ Plan C
Food		beef (100g) *1 chicken (100g) vegetable set (50g)	beef (130g) *2 pork (130g) chicken (130g) vegetable set (80g)	beef (150g) pork (150g) chicken (150g) vegetable set (80g) *yakisoba* (100g)
*3 Price each person	Monday – Friday	¥1,000	¥1,500	¥1,800
	Weekends & Holidays	¥1,500	¥2,000	¥2,300
Present		1 Banana / person	1 *4 Watermelon / group	2 Watermelons / group

Opening hours → 9:00 am – 5:30 pm

・You'll get a present(presents) when you have 5 people or more.

・Everyone in the same group must choose the same plan.

For more information, please call us. (TEL ○○○-○○○-○○○○)

*1 chicken 鶏肉 *2 pork 豚肉 *3 price 料金 *4 watermelon スイカ

Shun　:　Look at this! I want to go to this beach to have a BBQ!

Father :　Wow! It looks very good! Let's go there to have a BBQ next month. When is a good time for you to go?

Shun　:　How about (A)? It's the first Sunday of the month.

Father :　Sorry. I'll be busy until April 12th. How about the last Sunday in April?

Shun　:　O.K!

Father :　Then, which BBQ plan do you like, Jason? Do you want to eat a lot?

Jason　:　No, I don't need *yakisoba*. But I want to eat all kinds of *5 meat and watermelon!

Father :　O.K! Let's choose this plan and enjoy the BBQ together!

*5 meat　肉

APRIL 2019

Sunday	Monday	Tuesday	Wednesday	Thursday	Friday	Saturday
	1	2	3	4	5	6
7	8	9	10	11	12	13
14	15	16	17	18	19	20
21	22	23	24	25	26	27
28	29	30				

問1　(A) にあてはまるものを１つ選び，その記号を書きなさい。

ア　April 1st　　イ　April 6th　　ウ　April 7th　　エ　April 28th

問2　Shun's family is going to stay at the BBQ party from twelve o'clock until the beach closes. How long are they going to stay at the beach?

ア　two hours　　イ　five and a half hours

ウ　eight and a half hours　　エ　twelve hours

問3　Which BBQ plan is Shun's family going to choose?

BBQ Plan (　　　)

問4　There will be 5 people when Shun's family is going to the BBQ party. How much are they going to pay for the BBQ?

【９】 以下は，和也 (Kazuya) と留学生のリック (Rick) が学校から帰る途中での会話です。次の英文を読み，各問いに答えなさい。

Rick : Thank you for taking me to your *karate dojo* yesterday.

Kazuya : I hope you enjoyed practicing *karate* together with me.

Rick : ① Of course I did! How often do you practice *karate*?

Kazuya : I join practice every Tuesday, Friday and Saturday. I always have a three-hour training on each day.

Rick : Wow, you practice *karate* very hard. I want to know more about *karate*!

Kazuya : O.K. *Karate* was born in Okinawa through *1 cultural exchanges with China and other Asian countries. Today, it is loved all over the world.

Rick : I heard that October 25th is Karate Day.

Kazuya : Yes. Karate Day was made in Okinawa in March 2005. In 2016, two days before Karate Day, a *2 group "*kata*" performance on Kokusai Street made a new *3 Guinness World Record. A lot of men and women of all ages performed the *4 *Fukyu-gata ichi* ② simultaneously. Everyone in this challenge tried to move together without any mistakes. A perfect performance of 3,973 people *5 contributed to breaking the old record made in India. I joined this special event with my *dojo* members and teacher then. It was a wonderful experience. However, my *dojo* teacher told me yesterday that our world record was broken in India in March 2018.

Rick : Really?

Kazuya : Yes, but I want to break their record again in Okinawa!

Rick : I hope you can do it! So, what do you like most about *karate*?

Kazuya : My *dojo* teacher always says, "There is no first attack in *karate*" and "Know yourself first, then you can know other people." I really like both of them. *Karate* should not be used to fight against anyone. When I practice with my *dojo* members, I can understand my mistakes and bad points. Also, through the *dojo* training, I can learn about the importance of showing respect for other people.

Rick : Great! I have one more question. Can you tell me how to write *karate* in *kanji*?

Kazuya : Sure. It is interesting to know that the *kanji* for *karate* is "empty hand." People only use their own hands, not *6 tools or weapons, to protect themselves. Oh, have you ever seen a *kata* performance before?

Rick : Never.

Kazuya : I'm sure that you can feel the power of our traditional *kata* performance.

Rick　: Thank you so much. Now I can't wait to see *karate* in the Tokyo Olympic Games in 2020!

Kazuya : Me, too!

*1 cultural exchanges　文化交流　*2 group "*kata*" performance　型の集団演武
*3 Guinness World Record　ギネス世界記録
*4 *Fukyu-gata ichi*　普及型Ⅰ（空手の型の種類の１つ）　*5 contributed to ～　～に貢献した
*6 tools or weapons　道具や武器

問１　下線部① Of course I did! について，I did とはどういうことか，20字以内の日本語で具体的に説明しなさい。

リックが ＿＿＿＿＿＿＿＿＿＿＿＿＿＿＿＿＿＿＿＿ こと。

問２　和也の空手の練習について，空欄に入る語をそれぞれ答えなさい。ただし，（１）は英語１語，（２）は英語２語で書きなさい。

Kazuya takes（　１　）in the practice at a *karate dojo*（　２　）a week for three hours each.

問３　沖縄で作られたギネス世界記録は2016年のいつか，空欄に数字を書き入れなさい。

2016年【　　】月【　　】日

問４　下線部② simultaneously とはどういう意味か，本文の内容をふまえて最も適切なものをア～エのうちから１つ選び，その記号を書きなさい。

ア　at the same concert　　イ　at the same size
ウ　at the same interview　　エ　at the same time

問５　本文の内容と一致している文として最も適切なものをア～エのうちから１つ選び，その記号を書きなさい。

ア　Kazuya practices *karate* because he was born in Okinawa.
イ　Okinawa is the first place to make the Guinness World Record in *karate*.
ウ　Kazuya teaches his favorite words and the meaning of *karate* to Rick.
エ　Rick can't see the Tokyo Olympic Games because he is going to leave Okinawa soon.

【10】 次の英文を読み，各問いに答えなさい。

On a late Sunday afternoon, my two little children are making a video like YouTubers. While watching them, I am thinking about their future.

There was ① surprising news on the Internet. It said "YouTuber" was one of the most popular jobs among boys in junior high schools in Japan. A YouTuber is a person who can make money by making original videos and putting them on the Internet. Why do many young Japanese people want to become YouTubers? One student says, "It sounds fun because they can do their favorite things every day." Another student says, "I can become both famous and rich." But I think there are some *1 risks to become YouTubers. First, it may be difficult to keep YouTubers' *2 privacy because their faces and everyday lives are shown on their programs. Also, some *3 viewers may try to find where their favorite YouTuber lives. Second, if you can become famous as a YouTuber, you may have bad *4 rumors that are not true. There are the risks to become YouTubers; however, I think they have gotten much attention from many young people in Japan.

Many people now know the word YouTuber, but I think people around the world did not know much about it more than ten years ago. Technology is changing the world. In the future, it will make new jobs like *5 earthquake forecasters, *6 space tour guides, *7 trash engineers, and so on. However, we must remember that it cannot make the world a better place all the time. That means we have the risk of losing many jobs. For example, because of technology, taxi and *8 truck drivers may lose their jobs, and many companies may stop *9 hiring clerks at many places.

It is said that so many jobs will be lost and new jobs will be born by 2030. That means it will be difficult for many *10 adults to give advice to children about what jobs are good for them. Can we use our experiences to think about jobs in the future? No, I don't think so. Our life is becoming more *11 convenient than before because of technology, and it may be true that we cannot live without it. So, I am sure that children will need to learn about technology and get *12 skills that will be useful in the changing world. Also, adults will need to do so for children and for themselves.

Now, my children have stopped making their video and are taking a rest on the sofa. I am worried about their future, but I am looking forward to seeing it, too.

*1 risks 危険性　*2 privacy プライバシー　*3 viewers 視聴者　*4 rumors うわさ
*5 earthquake forecasters 地震予報士　*6 space tour guides 宇宙観光ガイド
*7 trash engineers ごみエンジニア（技師）　*8 truck トラック
*9 hiring ～ ～を雇用すること　*10 adults 大人　*11 convenient 便利な　*16 skills 技術

問1　下線部①の内容として最も適切なものをア～エのうちから１つ選び，その記号を書きなさい。

ア　YouTuber is a very popular job all over the world.
イ　Many boys in junior high schools in Japan want to be YouTubers.
ウ　YouTuber is a good job for Japanese people.
エ　Becoming a YouTuber is difficult because of many reasons.

問2　筆者はYouTuberをどういう人と説明していますか。本文に述べられているものをア～エのうちから１つ選び，その記号を書きなさい。

ア　A YouTuber is someone who makes money through their videos that anyone can see on the Internet.

イ　A YouTuber is someone who is very famous and rich, and everyone wants to become one.

ウ　A YouTuber is someone who has a very popular job, but it is difficult to become one.

エ　A YouTuber is someone who can make money by making technology.

問3　科学技術が社会に及ぼす影響として本文に述べられているものを**ア**～**エ**のうちから1つ選び，その記号を書きなさい。

ア　YouTuber will be the most popular job soon.

イ　There will be many people who want to be a taxi driver or a clerk.

ウ　Many people will be happy because of new jobs.

エ　Many iobs people have now may be lost in the future.

問4　子どもと大人が今後必要となるものとして本文に述べられているものを**ア**～**エ**のうちから1つ選び，その記号を書きなさい。

ア　to learn a lot of things that will be needed in the future

イ　to think about the jobs of taxi and truck drivers

ウ　to think about the future of YouTubers

エ　to learn the risk of becoming YouTubers

問5　次の英文は本文の要約です。（1）～（3）に入る最も適切な語を本文から1語抜き出し，その単語を書きなさい。ただし，本文の単語の形を変えないといけない語もあります。

The writer was (1) to hear the news that YouTuber became a popular job among the boys in junior high schools in Japan. People say many kinds of jobs will be born and (2) in the near future. To live in the changing world, the writer thinks that people have to know much about (3) that will be important in the future.

【11】　各問いに英文で答えなさい。ただし，英文は**主語・動詞を含む文**であること。

問1　下の表はある学校のALTであるNickの情報です。あなたはクラスでNickの紹介を英語ですることになりました。次の情報を用いて，右のメモを完成させなさい。

出身国	カナダ
誕生日	12月14日
好きな教科	理科
趣味	読書
日本で行きたい場所	京都

Nick is an English teacher.
① ______________________.
His birthday is December 14th.
His favorite subject is science.
② ______________________.
He wants to visit Kyoto someday.

問2　次のページの絵は，ある日曜日の公園の様子です。絵の中から**2人を選び**，何をしているところか英語で説明しなさい。ただし，後の条件1～3をすべて満たすこと。

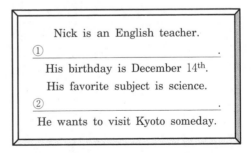

〈条件１〉 現在進行形（～しているところ）で表すこと
〈条件２〉 誰を説明しているのか分かるよう，それぞれ名前を使用すること
〈条件３〉 ２つの文が同じ内容にならないこと

問３ 友達があなたに高校入学後に部活動に加入するかどうかをたずねています。あなたは部活動加入に対してどう思いますか。[want / don't want]のいずれかを○で囲み，その理由を含めた英文を２文それぞれ４語以上で表しなさい。語群中の語句を使用してよいものとする。

語群：	health / relationship / study / cram school（塾）/ university（大学）/ part-time job（アルバイト）/ for example / also

〈確認事項〉 ① I'm, don't などの短縮形は１語と数える。
② コンマ，ピリオドなどは語数に数えない。
③ want / don't want のいずれかを○で囲んでいない場合は採点対象外とする。

あなたの意見を○で囲む→ I want / don't want to belong to a club.

______________________________.

______________________________.

This is my idea.

平成31年度　英語　解答用紙

志願校名	高等学校	受検番号		出身校名	中学校
				氏　名	

大問	小問	答　え
【1】	問1	
	問2	
	問3	
【2】	問1	
	問2	
	問3	
【3】	問1	午前
	問2	（　　を　　）
	問3	ドル
	問4	曜日
【4】	問1	
	問2	
	問3	
【5】	問1	
	問2	
	問3	
	問4	
【6】	問1	→ → → →
	問2	→ → → →
	問3	→ → → →
【7】	問1	→ →
	問2	→ →
	問3	→ →
【8】	問1	
	問2	
	問3	BBQ Plan（　　）
	問4	¥

大問	小問	答　え
【9】	問1	リックが……こと。 (5, 10, 15, 20)
	問2	(1)（　　）
		(2)（　　）（　　）（　　）
	問3	2016年【　】月【　】日
	問4	
	問5	
【10】	問1	
	問2	
	問3	
	問4	
	問5	(1)
		(2)
		(3)
【11】	問1	①
		②
	問2	1文目
		2文目
	問3	○で囲む →　I［want / don't want］to belong to a club. 1文目
		2文目
		This is my idea.

得　点

※この解答用紙は169%に拡大していただきますと，実物大になります。

<理科>　時間　50分　　満点　60点

【1】 下の文は**実加**さんと**恵里**さんの会話である。次の問いに答えなさい。

実加　この夏休みに，おじいちゃんが庭にホウライカガミという植物を植えたよ。オオゴマダラの幼虫のエサになる植物なんだって。

恵里　オオゴマダラって，あの大きくて白と黒のまだら模様の**チョウ**だよね。

実加　そう。来年は庭でヒラヒラと飛んでいるかもしれないんだ。
沖縄県のチョウ《県蝶》の候補にもなったんだよ。

恵里　県のチョウって決まってなかったんだね。

実加　県の木や花は決まってるんだけどね。県木は**リュウキュウマツ**で県花は**デイゴ**なんだよ。
デイゴって，大きな木になるけど**マメ科**なんだよ。

恵里　植物以外にもあるのかな。

実加　動物にも指定があるよ。県**鳥**はノグチゲラで，県魚は※タカサゴなんだよ。

（※　タカサゴの方言名はグルクン）

〔Ⅰ〕 生物の分類に関する次の問いに答えなさい。

問1　下の図は，陸上に分布する植物の分類を表している。**リュウキュウマツ**はどれにあたるか。**ア**～**カ**から1つ選び記号で答えなさい。

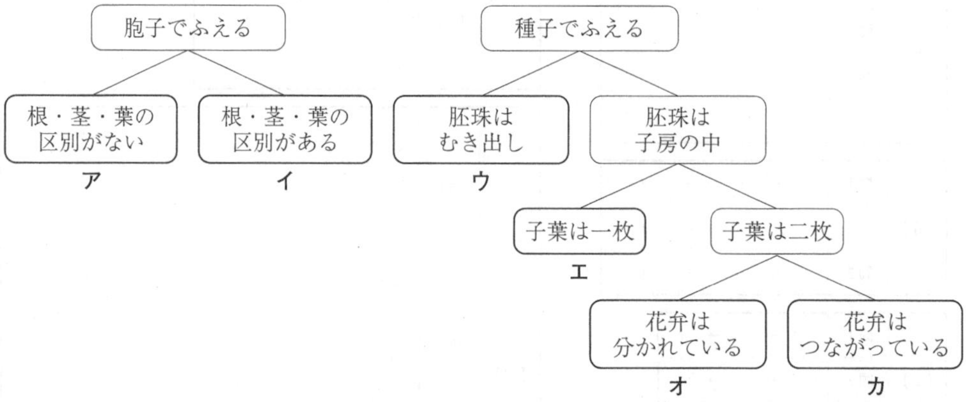

問2　次のページの植物の特徴をあらわした組み合わせのうち，**デイゴ**を含む双子葉類の特徴をあらわした組み合わせはどれか。最も適当なものをあとの**ア**～**ク**から1つ選び記号で答えなさい。

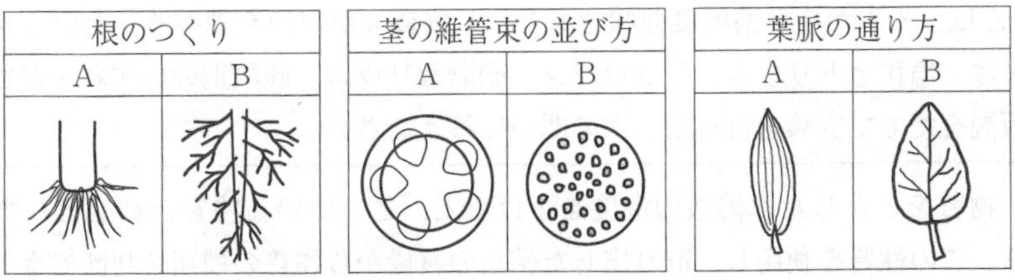

	ア	イ	ウ	エ	オ	カ	キ	ク
根のつくり	A	A	A	A	B	B	B	B
茎の維管束の並び方	A	A	B	B	A	A	B	B
葉脈の通り方	A	B	A	B	A	B	A	B

問3　チョウと鳥の特徴について書いた次の文のうち，誤りを含むものはどれか。ア～オから1つ選び記号で答えなさい。

ア　チョウは変温動物で，鳥は恒温動物である。

イ　チョウも鳥も多細胞生物であり，細胞の多くは核を持つ。

ウ　鳥は鳥類で，チョウは節足動物である。

エ　鳥は背骨を持つセキツイ動物であり，チョウは外骨格を持つセキツイ動物である。

オ　チョウも鳥も子の生まれ方は卵生である。

〔Ⅱ〕　生物の遺伝の規則性に関する下の文章を読み，次の問いに答えなさい。

マメ科のエンドウの種子には丸粒としわ粒があり，丸粒の種子を作る遺伝子がしわ粒の種子をつくる遺伝子に対して優性であることが分かっている。丸粒のエンドウとしわ粒のエンドウを使って下のような実験を行った。ただし，丸粒の遺伝子をR，しわ粒の遺伝子をrとする。

〈実験〉
いつも丸粒の種子を作るエンドウと，いつもしわ粒の種子を作るエンドウでかけ合わせを行ったところ，得られた子の形質はすべて丸粒だった。得られた子を育て自家受粉させたところ，940個の種子が得られ，そのうち705個が丸粒，235個がしわ粒だった。

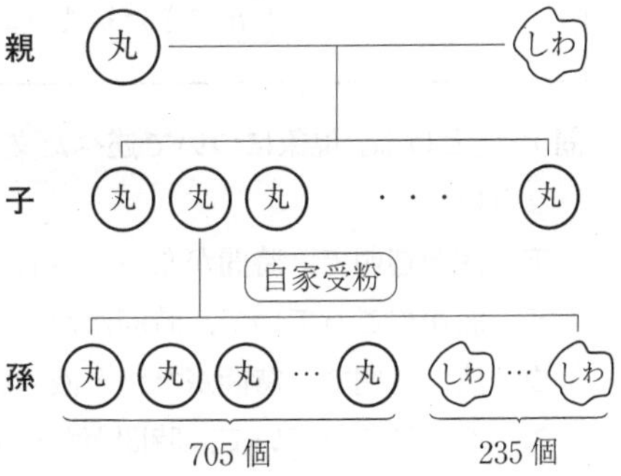

図

問4　子が作る花粉について，遺伝子Rを持つものと遺伝子rを持つものの割合はどのようになるか。最も簡単な整数比で答えなさい。

問5　図における孫の種子のうち，遺伝子Rとrを両方持つ種子は何個あると考えられるか。

問6　孫の丸粒の種子を1つ取りだし，丸粒〔X〕とした。遺伝子の組み合わせを確かめるために，しわ粒とかけ合わせをしたい。〔X〕がもつ遺伝子がRrなら，かけ合わせの結果はどのような形質をもった種子がどのような割合で生じると考えられるか。次の2つの言葉を用いて説明しなさい。

丸粒　　しわ粒

【2】 修さんは，先生から「溶解度曲線をもとに，**物質X**が何かを調べる」という課題をもらった。**物質X**は，塩化ナトリウム，ミョウバン，硝酸カリウム，硫酸銅のいずれかだという。そこで，次の仮説をたてて実験を行った。次の問いに答えなさい。

〈仮説〉 物質をとかした水溶液の温度を下げると，とけている物質が結晶として取り出せる。この性質を利用し，取り出した結晶の質量から物質の種類を判断できるだろう。

〈実験〉 図１のように70℃の水100ｇを入れたビーカーを用意し，「**物質X 50ｇ**」を加えると，すべてとかすことができた。次に，温度を50℃まで下げたところ，結晶が出てきた。その結晶をろ過で取り出し，じゅうぶんに乾燥させて質量をはかった。

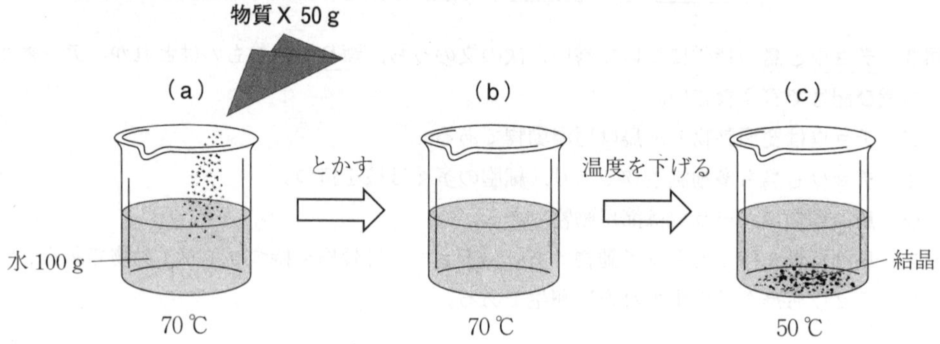

図１

冷却する温度を 30 ℃，10 ℃に変えて，同様に実験を行い，その結果を**表１**にまとめた。

表１ 実験結果

冷却した温度〔℃〕	50 ℃	30 ℃	10 ℃
出てきた結晶の質量〔g〕	14	35	42

問１ 『とける』現象について述べた文として，正しいものを下の**ア**～**エ**から１つ選び記号で答えなさい。

ア 液が透明で，時間がたっても液のこさはどの部分も同じである。

イ 液がにごっていて，時間がたつと底に物質が沈んでいる。

ウ 液が透明で，時間がたつと液の底がこくなっている。

エ 液がにごっていて，時間がたっても同じようににごっている。

問２ 図１(b)の水溶液の質量パーセント濃度を求めなさい。ただし，小数第１位を四捨五入し，整数で答えなさい。

問３ 図１(c)のように，溶液の温度を下げることで結晶を取り出す操作を何というか答えなさい。

問４ 修さんは，次のページの**図２**を参考に，**表１**の実験結果と照らし合わせて下のように考察した。(　)に当てはまる物質名を答えなさい。

〈考察〉 「**物質X 50ｇ**」から「出てきた結晶の質量〔g〕」の数値を差し引いた値は，溶解度に等しい。よって，実験結果と溶解度曲線より**物質X**は（　　）と判断できる。

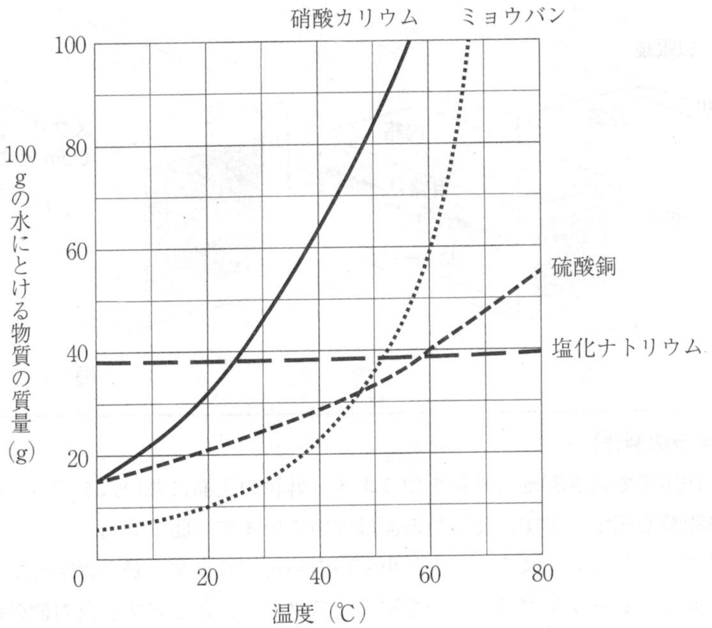

図2 溶解度曲線

問5 図2をもとに，次の問いに答えなさい。

(1) 60℃の水100gを入れたビーカーを2つ用意し，1つには硝酸カリウム30gを，もう1つには硫酸銅30gを入れてとかした。それぞれの水溶液を20℃まで温度を下げたとき，**結晶が出てこない物質**はどちらか。また，その物質は20℃の水溶液にさらに何g溶かすことができるか。最も適切な答えの組み合わせを，下の**ア**～**エ**から1つ選び記号で答えなさい。

	結晶が出てこない物質	質量
ア	硝酸カリウム	9g
イ	硝酸カリウム	2g
ウ	硫酸銅	9g
エ	硫酸銅	2g

(2) 60℃の水50gに硝酸カリウム23gをとかした水溶液に，少量の塩化ナトリウムがとけている。温度を下げて硝酸カリウムのみを結晶として取り出したい。硝酸カリウムの結晶が出はじめる温度は約何℃か。下の**ア**～**エ**から1つ選び記号で答えなさい。ただし，溶質は互いに影響しないものとする。

ア 約10℃　**イ** 約20℃　**ウ** 約30℃　**エ** 約40℃

【3】 次の文は，**先生**と**生徒**が凸レンズのはたらきと仕組みについて実験したときの会話である。あとの問いに答えなさい。

先生 身近にある凸レンズに虫眼鏡等があります。今日は，焦点距離が10㎝の虫眼鏡を使って簡易カメラを作り，どのような像がうつるのか観察をしていきます。では，カメラの作り方を説明します。

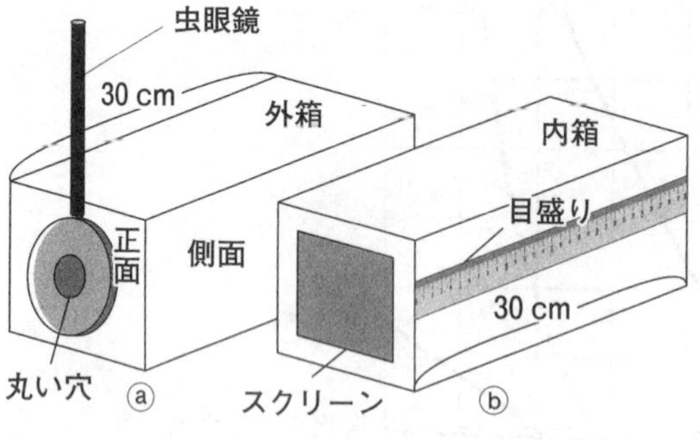

図1

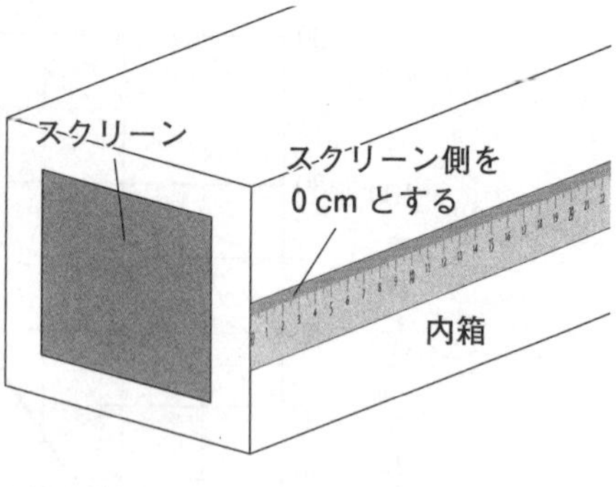

図2

〈簡易カメラの製作〉

外箱　工作用紙で長さ30㎝の外箱を作ります。外箱の正面に丸い穴を開け，その外側に虫眼鏡を固定します。反対側の面は開いています（図1ⓐ）。

内箱　外箱に差し込めるように，少し小さい内箱を作ります。長さは30㎝です。内箱の正面にトレーシングペーパーを貼り，スクリーンとします。反対側の側面は開いています。側面に目盛りを貼り，スクリーン側を0㎝とします。（図1ⓑ，図2）

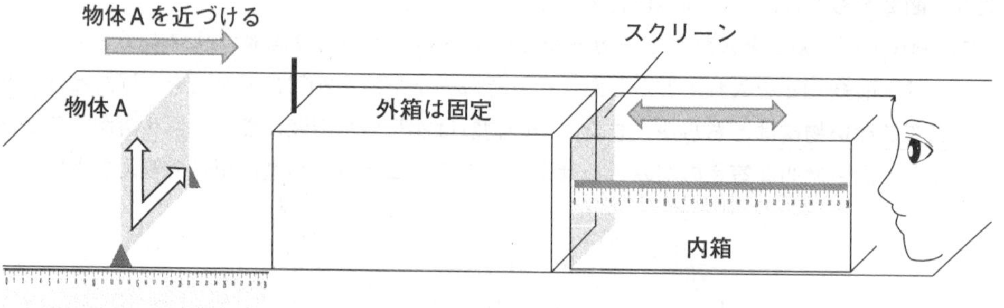

図3

先生　外箱に，内箱をスクリーン側から差し込みます。内箱の開いている方からスクリーンをのぞくと，外箱の虫眼鏡から入った光により，スクリーンにうつる像を観察することができます。そして，内箱を差し込んだ長さを目盛りで読み取ると，虫眼鏡とスクリーンの距離を求めることができます（図3）。

〈実験〉

先生　外箱を固定し，物体Aを虫眼鏡に25㎝，20㎝，15㎝，10㎝，5㎝と近づけます。そのたびにスクリーンにはっきりとした像がうつるように，内箱の差し込む長さを調整します。はっきりとした像がうつるところで，スクリーンにできる像の大きさ，像の向き，内箱を差し込んだ長さを調べます。

生徒　物体Aを25㎝から虫眼鏡に近づけていき，像がきれいにうつるように内箱を調整すると，内箱の目盛りの値は（　①　），像の大きさは（　②　）なっていきます。スクリーンにうつる像を（　③　）と呼ぶのですね。さらに物体Aを虫眼鏡に近づけると，スクリーンに像がうつらなくなりました。

先生　物体Aと虫眼鏡の距離が5㎝のところで，内箱を抜いて，虫眼鏡を直接観察して下さい。虫眼鏡を通して像が見えるのが分かります。

問1　（①），（②）に当てはまる語句を**ア**～**カ**から1つ選び記号で答えなさい。

	①	②		①	②
ア	変わらず	大きく	**イ**	変わらず	小さく
ウ	大きくなり	大きく	**エ**	大きくなり	小さく
オ	小さくなり	大きく	**カ**	小さくなり	小さく

問2　（③）に当てはまる語句を漢字で答えなさい。

問3　スクリーンにうつる像が，物体Aと同じ大きさになるようにしたい。次の問いに答えなさい。

(1)　物体Aと虫眼鏡との間の距離を何㎝にしたらよいか，整数で答えなさい。

(2)　内箱の差し込んだ目盛りの値は何㎝になるか，整数で答えなさい。

(3)　スクリーン後方から観察できる像はどれになるか。**ア**～**エ**から1つ選び記号で答えなさい。

ア　　**イ**　　**ウ**　　**エ**

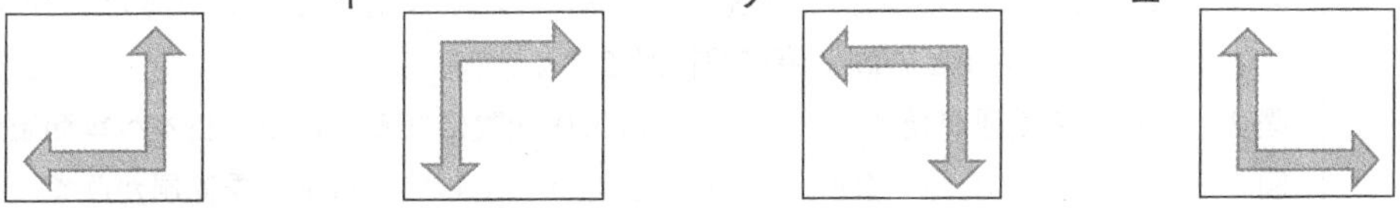

問4　同じ虫眼鏡を使い，下図のように物体Bを虫眼鏡から5㎝の位置に置いたとき，虫眼鏡をのぞくと実物より大きな像が見えた。下図は物体Bと虫眼鏡の模式図である。**物体Bの先端**からでる光のうち，**凸レンズの軸（光軸）に平行な光の道すじ**と**レンズの中心を通る光の道すじ**について作図しなさい。また，**虫眼鏡を通して見える像**についても作図しなさい。ただし，**像を求めるために描いた線**は残しておくこと。（※1目盛り2.5㎝とする。）

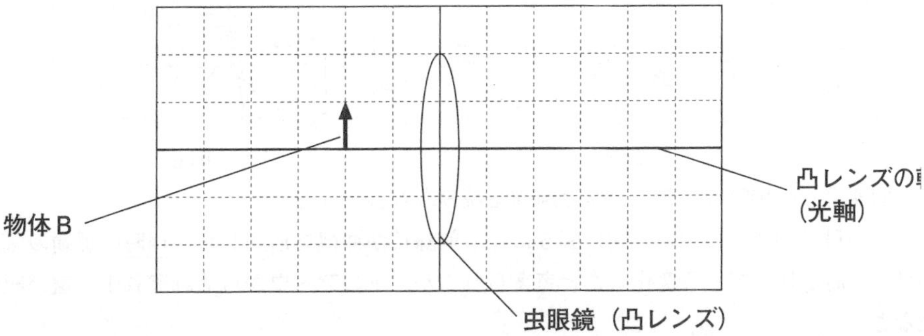

【4】 日本の気象について，次の問いに答えなさい。

〔Ⅰ〕 **図1**，**図2**，**図3**は，日本の季節に見られる特徴的な天気図である。

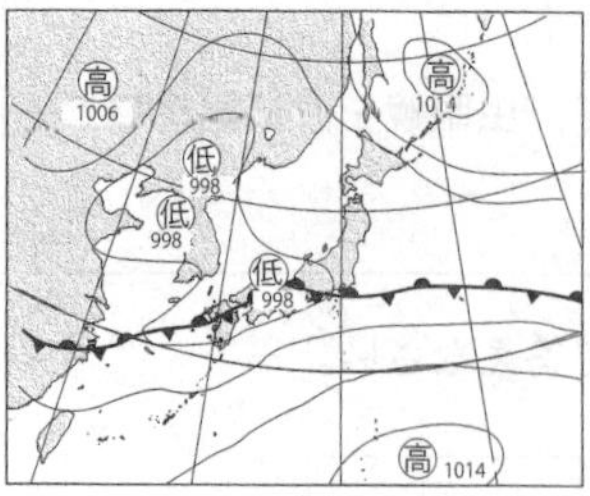

図1

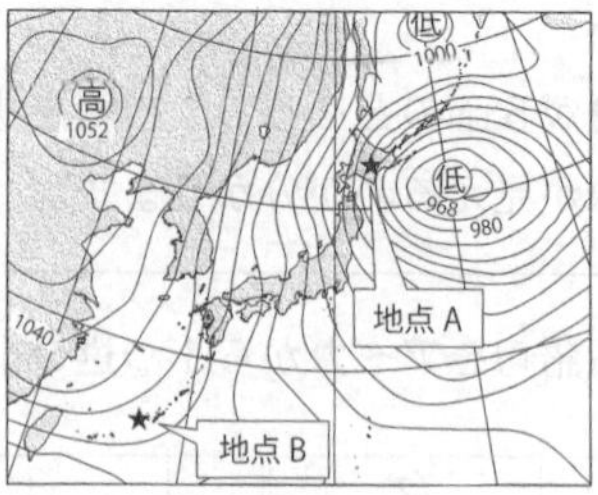

図2

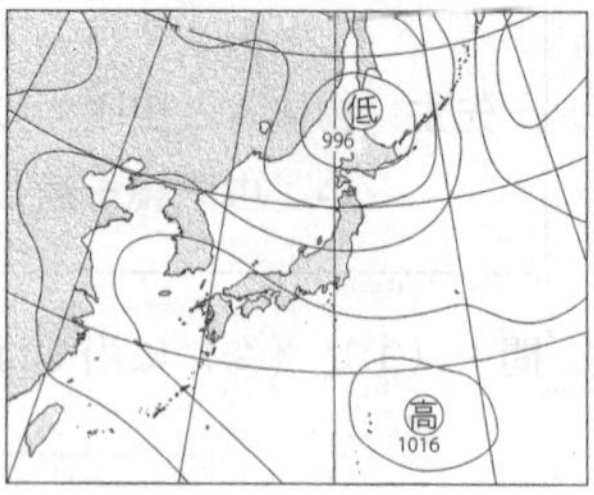

図3

問1 **図1**～**図3**の天気図はそれぞれどの季節のものか。下の**ア**～**カ**から1つ選び記号で答えなさい。

	図1	図2	図3		図1	図2	図3
ア	春	夏	梅雨	**イ**	冬	秋	春
ウ	梅雨	冬	夏	**エ**	春	冬	梅雨
オ	冬	秋	夏	**カ**	梅雨	夏	冬

問2 **図2**の**地点A**と**地点B**の2地点のうち，強い風が吹くのはどちらか答えなさい。

問3 次の文は**図1**～**図3**の説明をしている。(①)(②)に当てはまる語句を答えなさい。ただし，(②)は**漢字4文字**で答えること。

> **図1** 日本付近で，北の冷たく湿ったオホーツク海気団と，南のあたたかく湿った(①)気団との間に停滞前線ができる。
>
> **図2** シベリア気団が発達し(②)の気圧配置になることで，日本へ季節風が吹く。
>
> **図3** 海上の(①)気団が南から大きくはり出して，日本へ季節風が吹く。

〔Ⅱ〕 **図4**は那覇で観測したある日の13時までの気温等の記録，**図5**は同じ日の14時の天気図である。

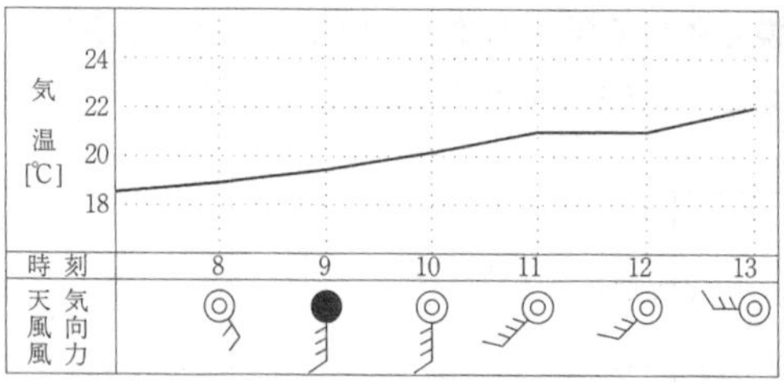

図4

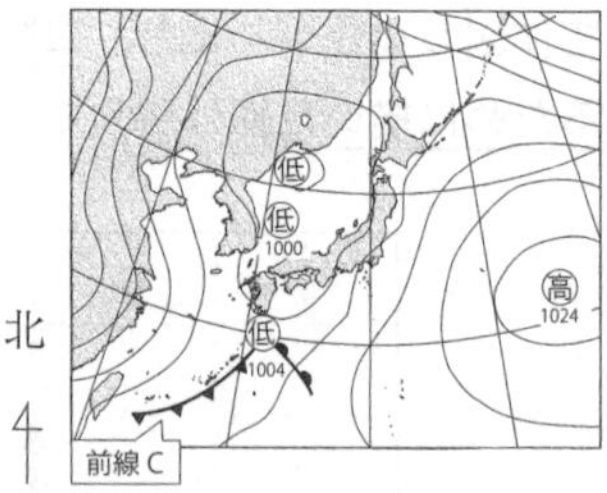

図5

問4 **図4**より，**10時**の那覇の天気と風向を読み取り答えなさい。

問5 この日は13時から14時の間に**図5**にある**前線C**が沖縄を通過した。**14時**の那覇の気温と風向は，13時と比べてどう変化したと考えられるか。下の**ア**～**ウ**からそれぞれ1つ選び記号で答えなさい。

気温：	**ア** 上昇した	**イ** 低下した	**ウ** 変化しなかった
風向：	**ア** 北西の風	**イ** 南西の風	**ウ** 北東の風

【5】 図1はヒトの血液の循環の様子を模式的に表している。ただし①～④は肺，小腸，肝臓，じん臓のいずれかの器官を，A～Kは血管を，矢印は血流の方向をそれぞれ表している。次の問いに答えなさい。

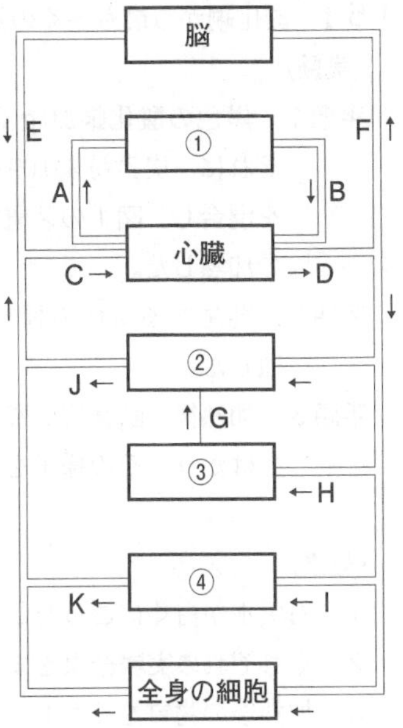

図1

問1　動脈の特徴について述べた文として正しいものを下のア～エから1つ選び記号で答えなさい。

ア　逆流を防ぐ弁がある。

イ　血管のかべはうすく，弾力性はあまりない。

ウ　血管内を流れる血液はすべて動脈血である。

エ　血管のかべは厚い。

問2　図1の心臓につながる血管A～Dのうち，静脈血が流れているものを**すべて選び**記号で答えなさい。

問3　アンモニアが尿素にかえられ，尿をつくる器官に運ばれる経路はどれか。最も適当なものを次のア～カから1つ選び記号で答えなさい。

ア　G→J→C→A→B→D→F　　イ　J→C→A→B→D→I

ウ　K→C→A→B→D→H　　エ　J→C→D→I

オ　K→C→D→H　　カ　G→J→C→D→F

問4　次の文は消化と吸収について述べたものである。図1をもとに，次の（a）～（d）に当てはまる語句の組み合わせを，次のア～カから1つ選び記号で答えなさい。

食物は消化され，栄養分の多くは図1の（　a　）で吸収される。その後（　b　）は図1の（　c　）へ運ばれ，一部が（　d　）に変えられ，たくわえられる。

	a	b	c	d
ア	②	脂肪	③	脂肪酸
イ	②	たんぱく質	③	アミノ酸
ウ	③	ブドウ糖	②	グリコーゲン
エ	③	脂肪	②	脂肪酸
オ	④	たんぱく質	②	アミノ酸
カ	④	ブドウ糖	③	グリコーゲン

問5　脂肪の消化を助ける胆汁はどこでつくられるか。**器官名**を答えなさい。

問6　心臓のはたらきについて調べるため，次の実験を行った。

〈実験〉

琉太さんはおとうさんに協力してもらい，成人の1分間の心臓のはく動数を測定した。測定は安静時に3回おこなった。

〈結果〉　表1

1回目	2回目	3回目
78回	83回	79回

表1をもとにして考えると，心臓が体内の全血液を送り出すのにかかる時間はおよそ**何秒**になるか。ただし，成人の体内には血液が6000mLあり，1回のはく動により心臓から75mLの血液が送り出されるものと仮定して求めなさい。

【6】 酸化銅から最も多くの銅を取り出すために必要な炭素の質量を調べる実験を行った。

〈実験〉

手順1．黒色の酸化銅2.0 g を入れた4本の試験管それぞれに，炭素粉末0.09 g，0.12 g，0.15 g，0.18 g を混合し，図1の装置で気体が発生しなくなるまで加熱した。

手順2．発生する気体の種類を調べるために石灰水に通した。

手順3．加熱後，試験管に残った物質を取り出して質量をはかり，その様子を確認した。

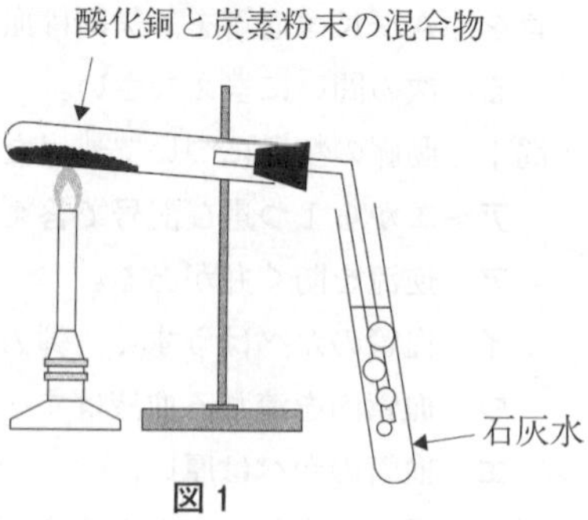

図1

〈結果〉

1．石灰水が白くにごったことから，発生した気体は二酸化炭素であることが確認された。

2．それぞれの実験結果をまとめると次のページの表1のとおりであった。

3．加熱後の物質をくわしく観察したところ，4本の試験管すべてに赤色の粉末が見られた。また，炭素粉末の質量0.09 g，0.12 g，0.18 g では黒色の粉末が混ざっており，炭素粉末の質量0.15 g では黒色の粉末が見られず赤色の粉末のみであった。

表1 混合した炭素粉末の質量と加熱後の結果

酸化銅の質量	2.0 g			
混合した炭素粉末の質量	0.09 g	0.12 g	0.15 g	0.18 g
加熱後の物質の質量	1.76 g	1.68 g	1.60 g	(　　) g
加熱後の物質の様子	赤色と黒色の粉末	赤色と黒色の粉末	赤色の粉末のみ	赤色と黒色の粉末

〈考察〉

1．この反応では，酸化銅は炭素に（ ① ）を奪われて銅に変化したと考えられる。よって酸化銅は（ ② ）されて，炭素は（ ③ ）されたといえる。

2．この化学変化を〔銅原子を◎，酸素原子を○，炭素原子を●〕としてそれぞれの物質をモデルで表すと図2のようになる。

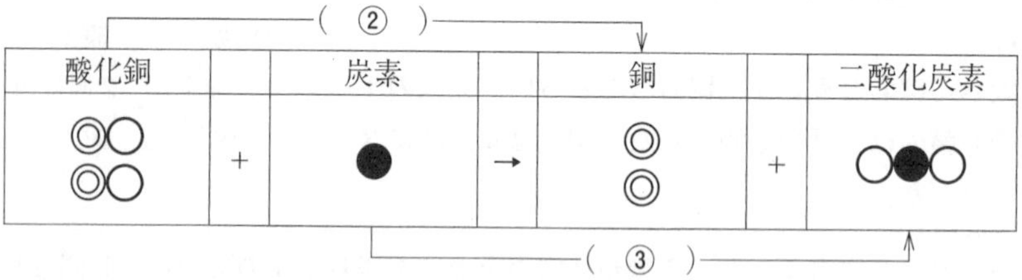

図2

3．結果3において，炭素粉末の質量0.15 g では黒色の粉末が見られないということは，酸化銅と炭素粉末のどちらもすべて反応したといえる。よって，酸化銅2.0 g に含まれる銅を最も多く取り出すために必要な炭素の質量（最小量）は0.15 g だと考えられる。

問１　考察１，２の空欄（①）～（③）に当てはまる語句の組み合わせを，右の**ア**～**カ**から１つ選び記号で答えなさい。

	①	②	③
ア	酸素	酸化	還元
イ	酸素	還元	酸化
ウ	水素	酸化	還元
エ	水素	還元	酸化
オ	銅	酸化	還元
カ	銅	還元	酸化

問２　図２を参考に，この化学変化を化学反応式で表しなさい。化学式はアルファベットの大文字・小文字，数字を書く位置や大きさに気を付けて答えなさい。

問３　この実験より酸化銅2.0ｇに含まれる銅と酸素の質量がわかる。酸化銅に含まれる銅と酸素の**質量の比**を最も簡単な整数比で答えなさい。

問４　銅は電線など様々なところで使われる金属であり，その原料である「銅鉱石」から得ることができる。銅鉱石１kgから得られる銅は**最大何ｇ**であるか答えなさい。ただし，銅鉱石の成分はすべて酸化銅であるものとする。

問５　表１の（　）に入る値を説明した文として最も適当なものを下の**ア**～**オ**から１つ選び記号で答えなさい。

ア　炭素粉末の質量が0.15ｇのとき，酸化銅と炭素粉末はすべて反応したので0.18ｇとなる。

イ　混合した炭素粉末の質量が0.03ｇ増えるにつれて加熱後の物質の質量が0.08ｇずつ減少してきたので，1.52ｇとなる。

ウ　炭素粉末の質量0.15ｇとの反応において酸化銅に含まれる銅1.60ｇをすべて取り出せたので，1.60ｇとなる。

エ　酸化銅2.0ｇに含まれる酸素をすべて反応させる炭素粉末の質量は0.15ｇなので，得られた銅1.60ｇに，反応せずに残る炭素粉末0.03ｇを加えて1.63ｇとなる。

オ　酸化銅2.0ｇと炭素粉末0.18ｇを混合したので，2.18ｇとなる。

【７】　下の文は，ある生徒が地震について考えたことをまとめた文の一部です。次の問いに答えなさい。

先日，夕食時にかすかな地震のゆれを感じた。そばにいた家族にきいてみたが，自分以外に誰もゆれを感じていなかった。気になったので気象庁のホームページで確認してみると，以下のことがわかった。

> 19時35分　気象庁発表
>
> 19時30分ころ，地震がありました。
>
> (a)**震源地**は沖縄本島近海で，震源の深さは約30km，地震の規模（マグニチュード）は3.3と推定されます。この地震による津波の心配はありません。
>
> この地震により観測された最大震度は１です。各地の震度，(b)**震度１はＡ市**，Ｂ町…。

確かに地震があったことがわかった。同時に，速報の速さに改めて感心させられた。さらに驚いたことに，私が感じた地震のほかに今日だけで数件もあり，毎日のように日本のどこかで地震が発生しているということだ。

(c)**日本列島には４枚のプレートが集まっており，これらのプレートは互いに少しずつ動いて**

いる。そのため日本は地震が多い。以前，理科の授業で習ったことを思い出した。地震の多さに不安になったので，防災についても少し調べてみた。

> 震源では，速さのちがうＰ波とＳ波が同時に発生し岩石中を伝わっていく。そして，波が到達した地表の地点でゆれを感じる。このＰ波とＳ波の速さのちがいを利用して，各地に大きなゆれ（主要動）がくることを事前に知らせるシステムとして，**緊急地震速報**がある。

問１　下線部(a)について，図１は震源地の模式図である。図中の点×を何というか答えなさい。

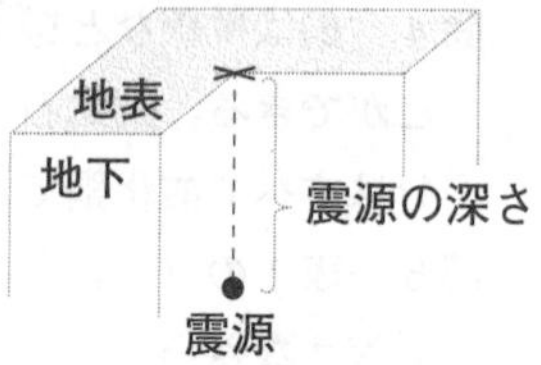

図１

問２　下線部(b)について，数日後に別の地震が発生しＡ市では震度３を記録した。この地震について説明した，下の文の空欄①と②に当てはまる語句をそれぞれ選び答えなさい。

> 下線部(b)の地震と比べて，地震の規模が①（小さ・大き）かった。または，震源からの距離が②（近・遠）かったと考えられる。

問３　下線部(c)について，図２は日本付近のプレート分布図，図３は図２のＹ－Ｚ断面の模式図である。日本付近の震源分布を表した図として，最も適切なものを下のア～エから１つ選び記号で答えなさい。

図２

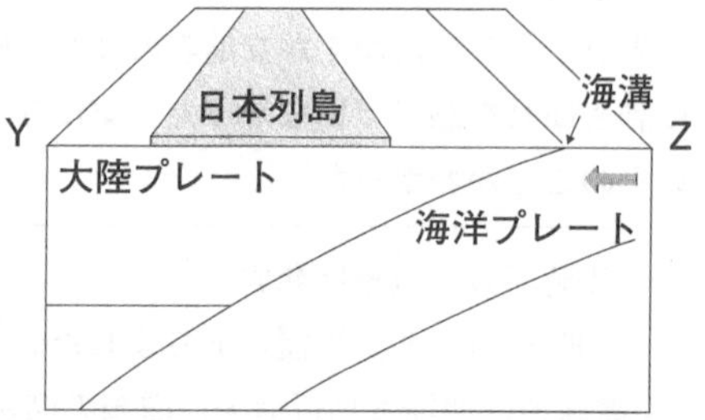

図３

ア

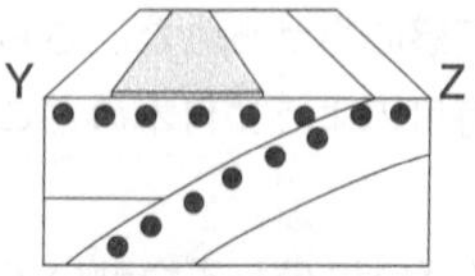

イ

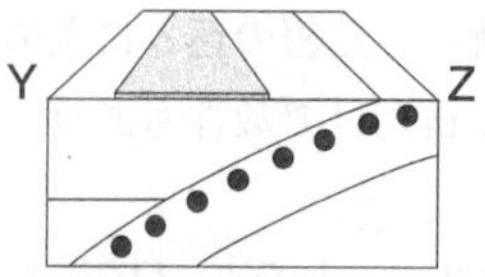

ウ

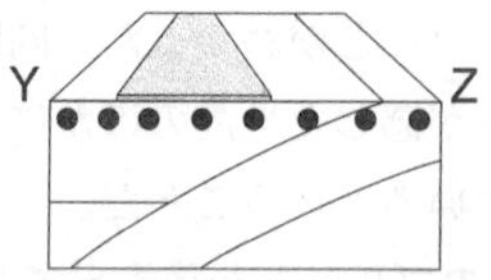

エ

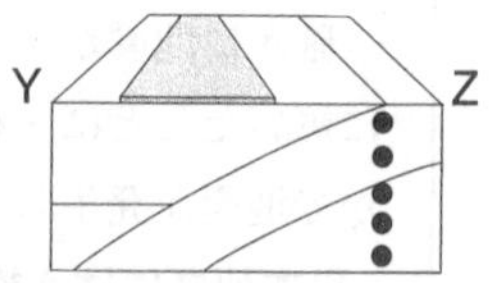

図中の●は震源を表している

問４　表１は，ある地震の**P波**のデータである。次の(1)～(3)の問いに答えなさい。ただし，地震波は一定の速さで伝わるものとする。

表１

震源からの距離	P波の届いた時刻
30 km	7時30分15秒
90 km	7時30分25秒
150 km	7時30分35秒

(1)　表１をもとに，**震源からの距離**と**P波の届いた時刻**の関係を表すグラフを作成しなさい。

(2)　震源から60km離れた地点で，初期微動継続時間が５秒であった。このことから**S波**の速さを求めなさい。

(3)　震源から60km離れた地点で，地震発生から12秒後に緊急地震速報を受信した。この地点では，**受信から何秒後**に大きなゆれ（主要動）がくるか答えなさい。

【8】　手回し発電機のハンドルの部分を滑車(プーリー)に替え，豆電球を光らせる実験を行った。

図１のように手回し発電機をスタンドに固定し，豆電球１個と電流計と電圧計を接続した回路を作成した。水の入った500 gのペットボトルを滑車に固定してつり下げ，ペットボトルを落下させることで滑車を回転させ，電気を発生させた。

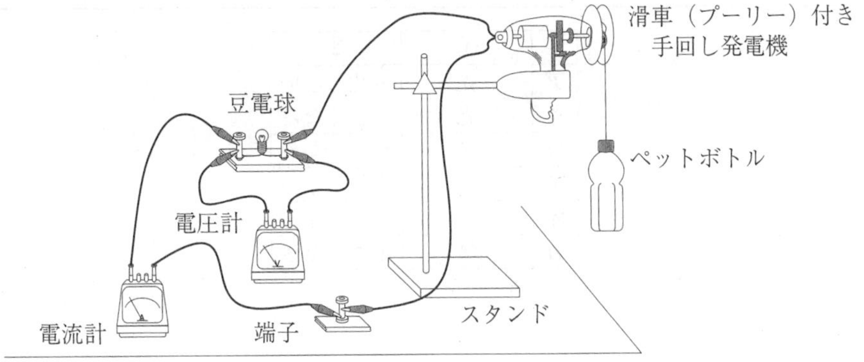

図１

〈実験〉

地面より１mの高さからペットボトルを落下させたとき，豆電球に流れる電流と電圧の大きさ及びペットボトルが地面に着地するまでにかかる時間を測定した。ただし，電流と電圧は，滑車（プーリー）の回転が一定のときの値を読み取った。表１は，実験を10回行った結果の平均の値である。

表１　実験結果（平均の値）

電圧	電流	時間
0.25 V	0.2 A	8秒

問１　下の文は，この実験をまとめた文である。(①)～(③)に当てはまる言葉や数値を答えなさい。ただし，100 gの物体にはたらく重力の大きさを１Nとする。

ペットボトルを持ち上げるのに必要な最小限の力の大きさは（　①　）Nである。その際，ペットボトルを１m持ち上げた仕事の大きさは（　②　）Jである。これは，地面から１mの高さにあるペットボトルが持っている（　③　）エネルギーと等しい。そして，その高さからペットボトルを落下させ，手回し発電機を回転させることで（　③　）エネルギーから運動エネルギーに，さらに電気エネルギーに変換され豆電球が光る。

問2　表1の実験結果より**電力**と**電気エネルギー**を求めなさい。ただし，電気エネルギーは電力量と同じである。

問3　ペットボトルが持っているエネルギーは，すべて電気エネルギーへ変換されるわけではない。また，はじめのエネルギーから目的のエネルギーに変換する割合を変換効率という。次の問いに答えなさい。

(1)　変換効率は，下の式で求めることができる。この実験でペットボトルが持っていたエネルギーから電気エネルギーへの変換効率は何％か答えなさい。

$$\text{変換効率〔\%〕} = \frac{\text{目的のエネルギー〔J〕}}{\text{はじめのエネルギー〔J〕}} \times 100$$

(2)　下の文の（①），（②）に当てはまる語句の組み合わせとして，最も適当なものを**ア**～**カ**から１つ選び記号で答えなさい。

> ペットボトルが持っていたエネルギーから，目的の電気エネルギーに変換されなかったエネルギーの多くは（　①　）エネルギーや音エネルギーに変換される。変換前と比べて，変換後のエネルギーの総和は（　②　）。

	①	②
ア	光	変化しない
イ	光	大きくなる
ウ	光	小さくなる
エ	熱	変化しない
オ	熱	大きくなる
カ	熱	小さくなる

平成31年度　理科　解答用紙

志願校名	高等学校	受検番号		出身校名	中学校
				氏　名	

大問	小問	答　え	
【1】	問1		
	問2		
	問3		
	問4	R：r＝　　：	
	問5	個	
	問6		
【2】	問1		
	問2	%	
	問3		
	問4		
	問5	(1)	
		(2)	
【3】	問1		
	問2		
	問3	(1)	cm
		(2)	cm
		(3)	
	問4	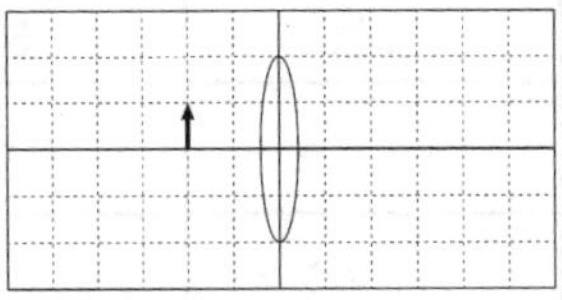	
【4】	問1		
	問2		
	問3	①	
		②	
	問4	天気	風向
	問5	気温	
		風向	

大問	小問	答　え	
【5】	問1		
	問2		
	問3		
	問4		
	問5		
	問6	秒	
【6】	問1		
	問2	2_____＋_____→ 2_____＋_____	
	問3	銅：酸素＝　　：	
	問4	g	
	問5		
【7】	問1		
	問2	①	②
	問3		
	問4	(1) 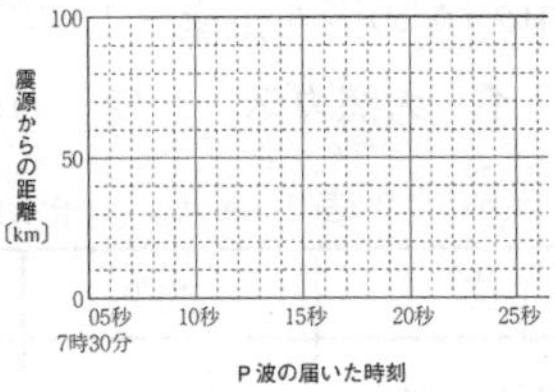	
		(2)	km/s
		(3)	秒後
【8】	問1	①	N
		②	J
		③	
	問2	電力	W
		電気エネルギー	J
	問3	(1)	%
		(2)	

得　点

※この解答用紙は172%に拡大していただきますと，実物大になります。

＜社会＞

時間　50分　　満点　60点

【１】 世界の様々な地域について，次の各問いに答えよ。

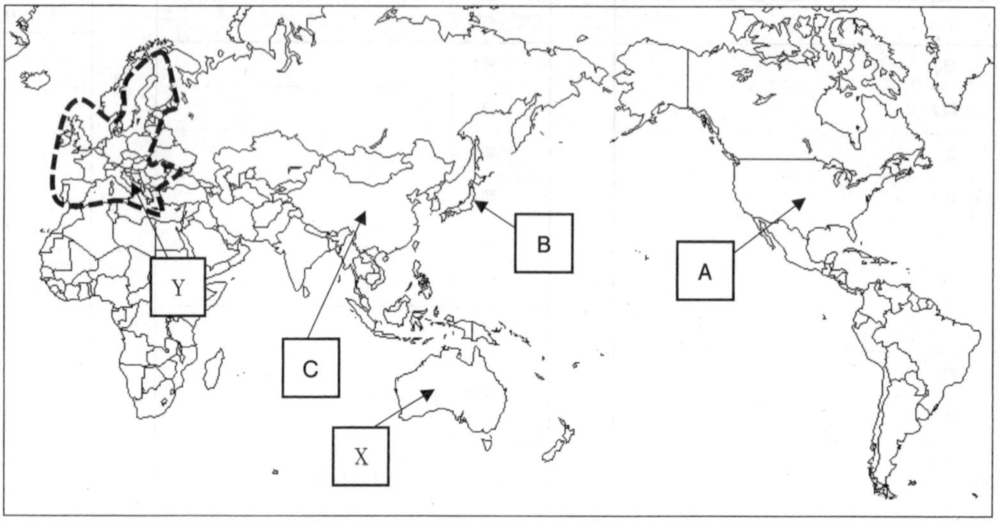

図１　（ただし，Y の地域を示す破線内にはＥＵに加盟していない国も含む）

問１　世界の大陸や島々は６つの州に分けられる。図１中のXの大陸は何という州にあたるか答えよ。

問２　表１は各国の資源生産量の世界順位である。資源①～③は次のア～ウのいずれかに対応している。図１中のAの国が生産量１位の資源名をア～ウのうちから１つ選び，記号で答えよ。

ア　銅鉱石　　**イ**　天然ガス　　**ウ**　石炭

表１（帝国書院『中学校社会科地図』より作成　2011・2013年）

	１位	２位	３位	４位	５位
資源① (2013)	アメリカ合衆国	ロシア	イラン	カタール	カナダ
資源② (2011)	中国	インド	アメリカ合衆国	インドネシア	オーストラリア
資源③ (2013)	チリ	中国	ペルー	アメリカ合衆国	オーストラリア

問３　図１中のYの地域では，ヨーロッパ連合（EU）を結成し幅広い分野での協力を進めている。次のページの**表２**は，EUとA～CのGDP，人口，面積の組み合わせを表したものである。EUにあてはまるものをあとの**ア～エ**のうちから１つ選び，記号で答えよ。

表2（帝国書院『中学生の地理』より作成　2012年）

	GDP（兆ドル）	人口（億人）	面積（万㎢）
ア	8.2	13.8	959.8
イ	15.7	3.1	962.9
ウ	16.6	5.1	447.2
エ	6.0	1.3	37.8

問4　次の**図2**のⅠ～Ⅲはヨーロッパ州の特徴的な農業分布の模式図である。Ⅰ～Ⅲの地域と，農業の説明文①～③の組み合わせとして適当なものを**表3**の**ア**～**エ**のうちから1つ選び，記号で答えよ。

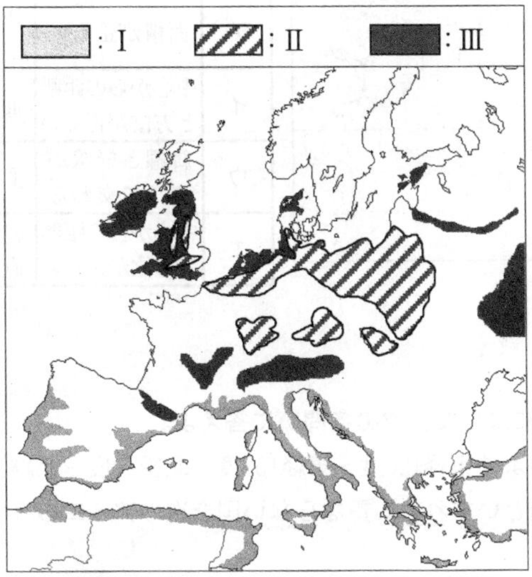

図2（帝国書院『中学校社会科地図』より作成）

①　小麦などの穀物栽培と，豚などの家畜の飼育を行う混合農業

②　乳牛を飼育し，乳製品の生産を行う酪農

③　夏の乾燥に強いオリーブなどの果樹や，冬の降水を利用した小麦の栽培を行っている地中海式農業

表3

	Ⅰ	Ⅱ	Ⅲ
ア	①	②	③
イ	③	②	①
ウ	③	①	②
エ	②	③	①

問5　次の文章は，イギリスの気候について述べている。文章中の［①］，［②］に入る適当な語句を［①］は漢字四文字，［②］は漢字二文字でそれぞれ答えよ。

> イギリスは日本に比べて高緯度に位置しているが，気候は温暖である。その理由は，暖流の［　①　］海流と［　②　］風が寒さをやわらげているからである。

問6　世界地図は，使う目的に応じて様々な地図がつくられてきた。次のページのⅠ～Ⅲの地図について，地図の特徴の組み合わせとして正しいものを**表4**の**ア**～**エ**のうちから1つ選び，記号で答えよ。

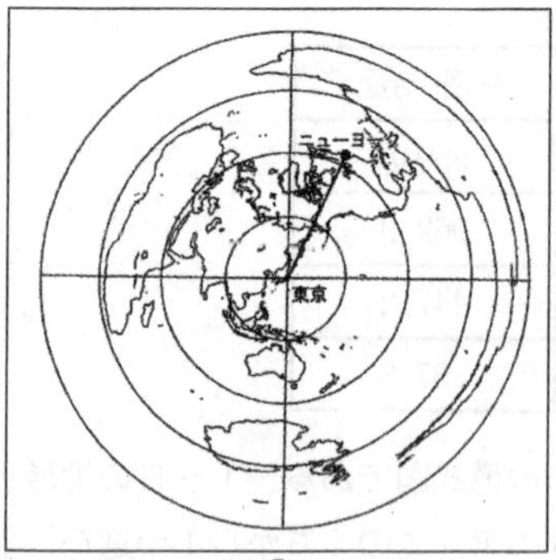

Ⅰ

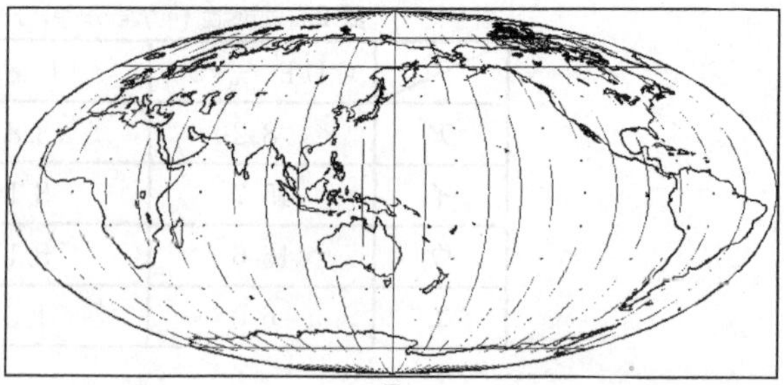

Ⅱ

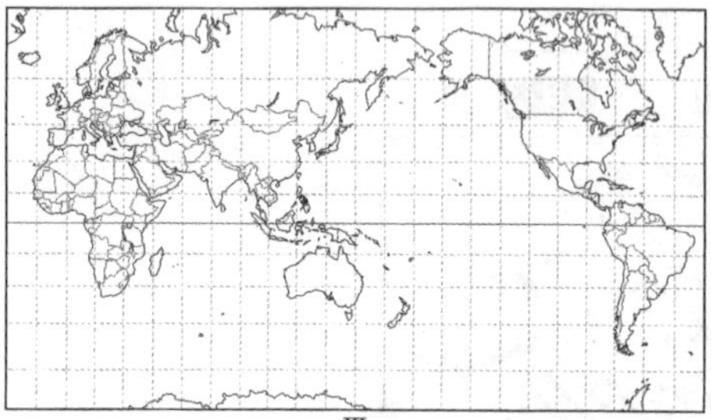

Ⅲ

表4

	Ⅰ	Ⅱ	Ⅲ
ア	面積が正しい	中心からの距離と方位が正しい	緯線と経線が直角に交わる
イ	中心からの距離と方位が正しい	面積が正しい	緯線と経線が直角に交わる
ウ	緯線と経線が直角に交わる	面積が正しい	中心からの距離と方位が正しい
エ	中心からの距離と方位が正しい	緯線と経線が直角に交わる	面積が正しい

【2】 日本の様々な地域について，次の各問いに答えよ。

問1 日本の国土は，およそ東経120度～東経155度，北緯20度～北緯50度に位置する。国土が日本の経度，緯度の範囲と**いずれとも重ならない**国を次の**ア**～**エ**のうちから1つ選び，記号で答えよ。

ア イラン　**イ** オーストラリア　**ウ** ブラジル　**エ** アメリカ合衆国

問2 図1の①～③は，2014年の日本の老年人口率（65歳以上人口比率），2014年の人口密度，2010年の産業別人口に占める第3次産業の割合のいずれかである。これらの組み合わせとして正しいものを次のページの**表1**の**ア**～**エ**のうちから1つ選び，記号で答えよ。

①　②　③

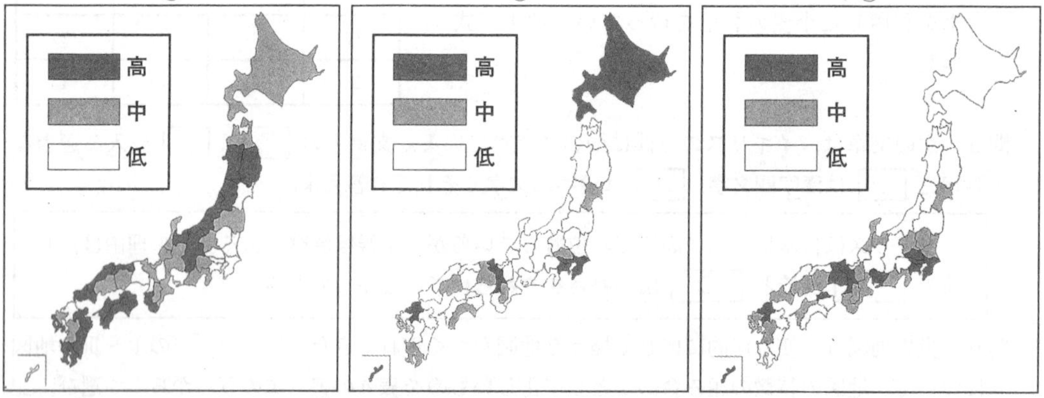

図1（帝国書院『中学校社会科地図』より作成　2015年）

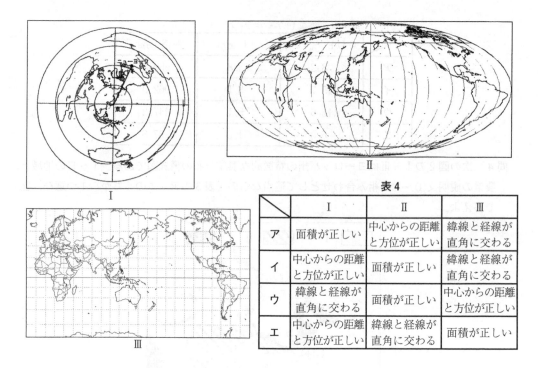

表1

	①	②	③
ア	老年人口率	人口密度	第３次産業の割合
イ	老年人口率	第３次産業の割合	人口密度
ウ	人口密度	第３次産業の割合	老年人口率
エ	第３次産業の割合	老年人口率	人口密度

問3　図2は日本（2010年），日本（2012年），フランス（2012年）の発電量の内訳（％）を表している。図2中の**C**に当てはまるものを次の**ア**～**エ**のうちから１つ選び，記号で答えよ。

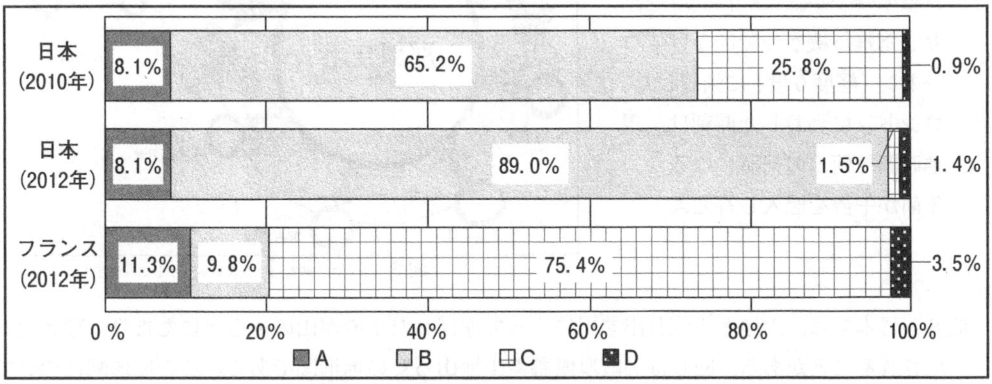

図2（東京書籍『新しい社会地理』より作成　2015年）

ア　原子力発電　　**イ**　水力発電　　**ウ**　太陽光発電　　**エ**　火力発電

問4　日本は世界有数の水産国で，各地に大きな漁港が発展してきた。暖流と寒流がぶつかる場所は潮目とよばれ，海底の栄養分がまき上げられてプランクトンが集まるため，豊かな漁場となっている。図3中で潮目の場所として最も適当なものを**ア**～**エ**のうちから１つ選び，記号で答えよ。

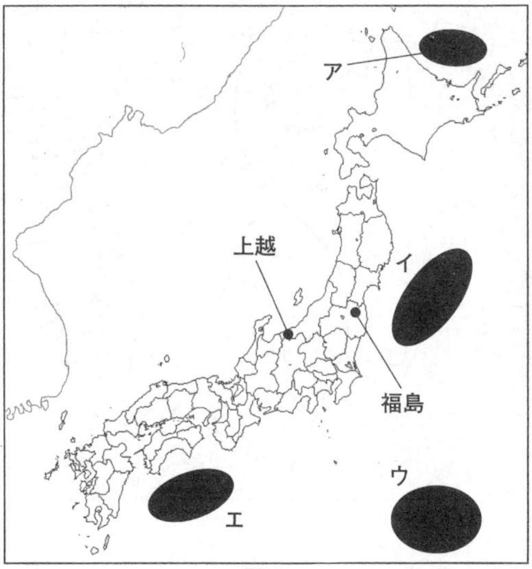

図3

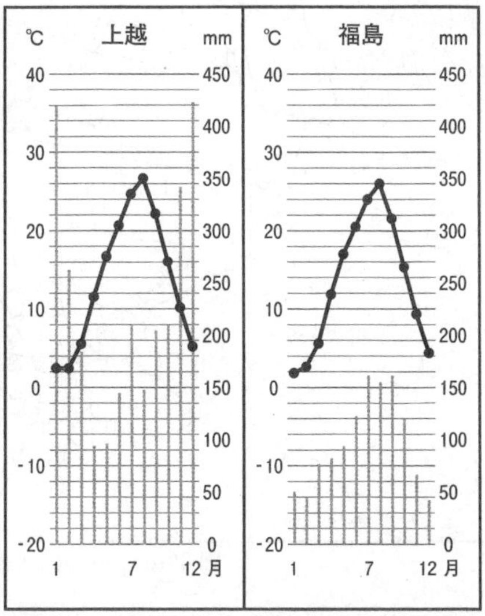

図4（帝国書院『中学校社会科地図』より作成　2015年）

問5　図4は，図3中の上越と福島の雨温図を示したものである。２つを比べると，ほぼ同緯度で，気温の変化も類似しているが，冬の降水量に大きな違いがある。上越の冬の降水量が多い理由について風向がわかる言葉と，「湿った空気」という言葉を両方使用して，解答用紙にある文を完成させよ。

問６　図５は那覇空港の模式図である。航空路が放射状にのびる拠点の空港を何と呼んでいるか。カタカナ二文字で答えよ。

問７　10月10日午前８時に東京（標準時子午線東経135度）を出発した飛行機が12時間かけてロンドン（経度０度）に到着した。ロンドンに到着した時刻は，現地時間で何日の何時になるか，午前か午後を記入し答えよ。

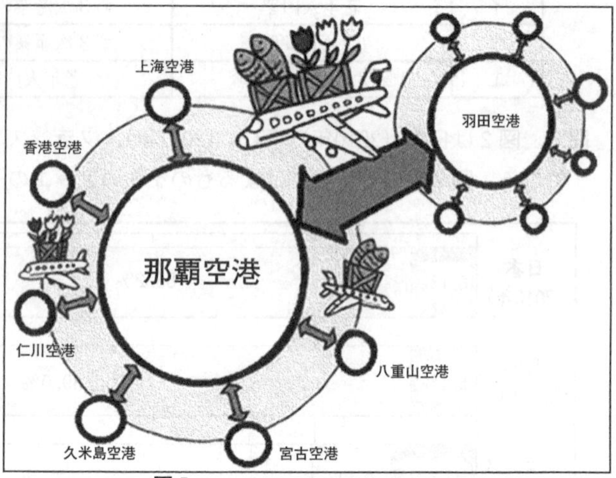

図５（ＩＰＡ　教育用画像素材集サイトより加工）

問８　日本では，山地から流れ出す川によって運ばれた土砂が山のふもとにたまり，扇状地が形成されることがある。図６は，岐阜県養老山地山ろくの地形図である。この地形図について述べた文として誤っているものを後のア～エのうちから１つ選び，記号で答えよ。

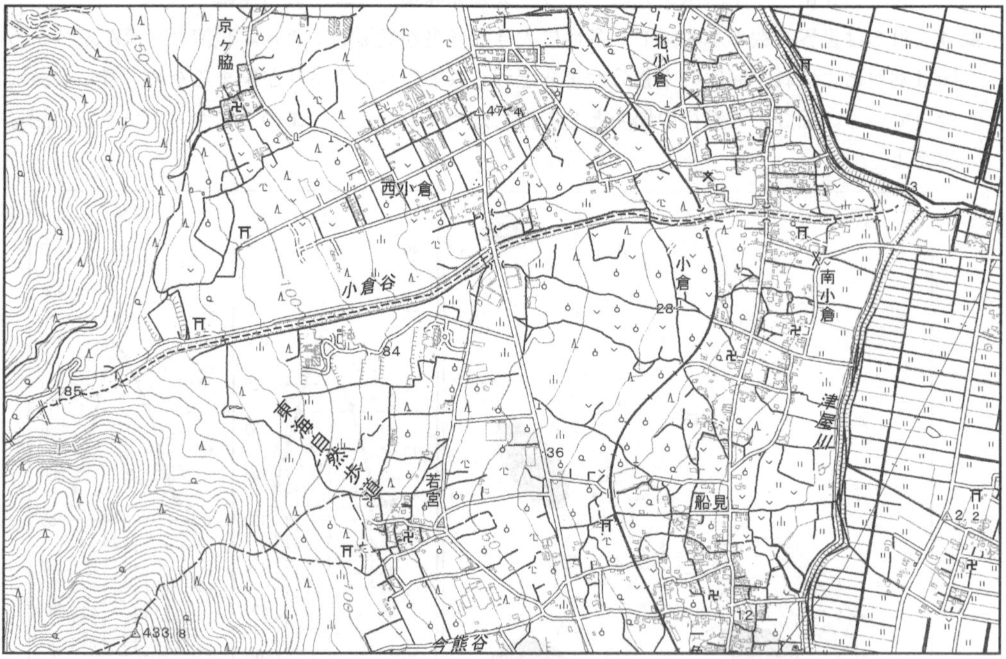

図６（『国土地理院』より作成　便宜上実際の縮尺より大きく表示している）

ア　扇状地の末端は水が湧き出るため，水田や集落が見られる。

イ　この地形図には複数の神社や寺院がみられる。

ウ　扇状地の中央は果樹園や畑などに利用されていることがわかる。

エ　50mの計曲線が見えるので，この地形図は５万分の１の地形図だということがわかる。

【３】 表１をみて，次の各問いに答えよ。

表１

世紀	日本のおもなできごと	世界のおもなできごと
紀元前	狩りと漁，採集の生活	**古代文明**$_a$がおこる
７世紀	聖徳太子が十七条の憲法を定める	ムハンマドが**イスラム教**$_b$をおこす
８世紀	**大宝律令**$_c$が定められる 都を平城京に移す	イスラム帝国ができる
14世紀	**足利尊氏が征夷大将軍となる**$_d$ 南北朝が統一される	X イタリアでルネサンスが始まる 明が中国を統一する
15世紀	**琉球王国の成立**$_e$ 下剋上の風潮が全国に広まる	アジアに向けた新航路の開拓が始まる
16世紀	**織田信長**$_f$が室町幕府を滅ぼす	ルターの宗教改革が始まる
17世紀	**徳川家康が江戸で幕府を開く**$_g$	イギリスでピューリタン革命がおこる

問１　下線部aについて，図１中の記号A～Dと古代文明の名称の組み合わせとして正しいものを次のア～エのうちから１つ選び，記号で答えよ。

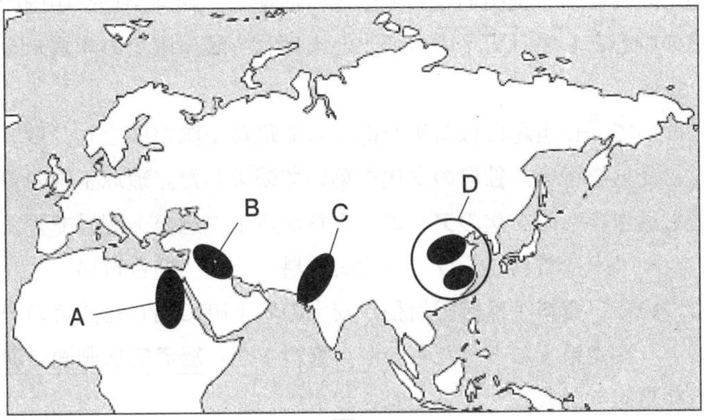

図１

ア　A－メソポタミア　B－エジプト　C－インダス　D－中国

イ　A－インダス　B－エジプト　C－中国　D－メソポタミア

ウ　A－エジプト　B－メソポタミア　C－インダス　D－中国

エ　A－エジプト　B－メソポタミア　C－中国　D－インダス

問２　下線部bについて，この宗教に関する説明として最も適当なものを次のア～エのうちから１つ選び，記号で答えよ。

ア　人は身分に関わらずみな平等であり，さとりを開けばだれでも苦しみから救われる。

イ　神の前ではみな平等であり，神を信じる者はだれでも救われると説き，『新約聖書』を聖典とする。

ウ　思いやりの心で行いを正し，親子・兄弟などの秩序を重んじ，道徳を中心とする政治で国は治まる。

エ　唯一神を信じ，互いに助け合うなど正しい行いをすることの大切さを説き，『コーラン』を聖典とする。

問３　下線部**c**について，律令制のもとでの農民の暮らしについて述べた文として，最も適当なものを次の**ア**～**エ**のうちから１つ選び，記号で答えよ。

ア　農民たちから刀・やりなどの武器を取り上げ，武士と農民を区別する兵農分離が進められた。

イ　農民たちは６年ごとに戸籍に登録され，６歳以上の男女に口分田が与えられた。

ウ　村の有力者が自治にあたり，年貢を納める本百姓と農地をもたない水呑百姓などに分かれていた。

エ　農民たちは惣（惣村）を組織し，寄合を開いて自治を行い，村単位で共同して領主に年貢を納めた。

問４　下線部**d**について，平安時代末期から戦国時代までを中世という。中世の様子について述べたものとして，**適当でないもの**を次の**ア**～**エ**のうちから１つ選び，記号で答えよ。

ア　農業では二毛作が広まり，年貢などの物資を運ぶ馬借や問（問丸）といった運送業者が活躍し，商品を交換する市が定期的に開かれた。

イ　土倉や酒屋と呼ばれる高利貸しが富を蓄え，幕府は彼らに税を課すことで重要な財源とした。

ウ　倭寇が松浦や対馬などを根拠地として活発に活動し，朝鮮半島や中国の沿岸を襲った。

エ　大阪は商業の中心として「天下の台所」とよばれ，蔵屋敷での年貢米や特産物の取引で発展した。

問５　下線部**e**について，15世紀には首里を都として琉球王国が成立し，東アジアや東南アジアの国々とさかんに交易を行い，独自の文化を築いて繁栄した。琉球王国の貿易の形態をあらわす名称として最も適当なものを次の**ア**～**エ**のうちから１つ選び，記号で答えよ。

ア　中継貿易　　**イ**　南蛮貿易　　**ウ**　朱印船貿易　　**エ**　勘合貿易

問６　下線部**f**について，**資料１**は織田信長が安土の城下町に出した法令の一部である。信長のこの法令はどのような効果をねらったものか。**資料１**から**経済的な側面に着目して**，解答用紙に合わせて適当な語句を記入し，文を完成させよ。

> 一、この安土の町は楽市としたので，いろいろな座は廃止し，さまざまな税や労役は免除する。
>
> 一、京都に行き来する商人は，安土を通っていない街道（のちの中山道）の通行を禁止する。必ず安土に寄って泊まるようにせよ。

資料１

問７　下線部**g**について，次のページの**資料２**は江戸幕府が大名を統制するために出した法令の一部である。この法令の名称を**漢字五文字**で答えよ。

> 一、文武弓馬の道（学問と武道）に常にはげむこと。
> 一、城を修理するときは，必ず幕府に届けること。新たに城を築くことは固く禁止する。
> 一、幕府の許可なく，結婚してはならない。

資料２

問８　下線部ｇに関連して，図２は鎌倉時代・室町時代・江戸時代いずれかの幕府のしくみの一部をあらわした略図である。Ⅰ・Ⅱ・Ⅲにあてはまる語句の組み合わせとして正しいものを次のア～エのうちから１つ選び，記号で答えよ。

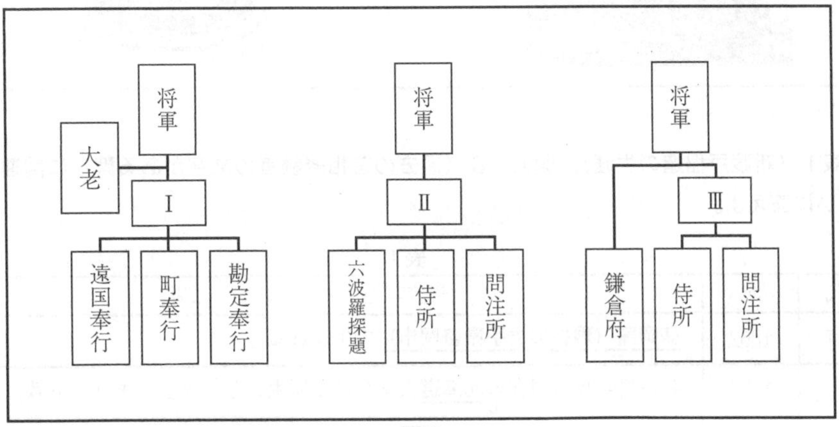

図２

ア　Ⅰ－老中　Ⅱ－執権　Ⅲ－管領
イ　Ⅰ－老中　Ⅱ－管領　Ⅲ－執権
ウ　Ⅰ－執権　Ⅱ－老中　Ⅲ－管領
エ　Ⅰ－管領　Ⅱ－執権　Ⅲ－老中

問９　表１中[X]の期間の文化を代表するものとして適当でないものを資料３中のア～エのうちから１つ選び，記号で答えよ。

資料３

ア　「金閣」

イ　「春」（ボッティチェリ作）

ウ 「東大寺の大仏」

エ 「万国津梁の鐘」

【４】 表１（新渡戸稲造の生涯），図Ａ・Ｂ（過去の首相経験者の文字がある碑）に関連して，次の各問いに答えよ。

表１

時代	年	新渡戸稲造の生涯のできごと
江戸	1862	$_a$**盛岡藩（現在の岩手県盛岡市）**で生まれる
明治	1877	札幌農学校（現在の$_b$**北海道**大学）に２期生として入学。キリスト教に入信
	1884	アメリカ留学。後のアメリカ大統領$_c$**ウィルソン**と同時期に同じ大学に在籍
	1887	帰国。札幌農学校の教師を経て，ドイツ留学
	1900	療養先のアメリカで英語にて$_d$**『ＢＵＳＨＩＤＯ（武士道）』**を発表
	1901	$_e$**台湾総督府**に技師として赴任
大正	1920	国際連盟の事務次長としてジュネーブに赴任
	1922	知的協力国際委員会（ＵＮＥＳＣＯの前身）会議のために尽力
昭和	1926	国際連盟事務次長を退任。翌年の帰国後$_f$**女子校の校長**を務める
	1933	カナダでの太平洋会議に日本首席代表として出席後，アメリカで客死

問１　下線部ａについて，この藩を含む東北地方は1860年代後半，旧幕府側と新政府側との内戦の舞台となった。この戦争の名称として最も適当なものを次のア～エのうちから１つ選び，記号で答えよ。

ア　戊辰戦争　　イ　薩英戦争　　ウ　西南戦争　　エ　南北戦争

問２　下線部ｂについて，近世から近代にかけての蝦夷地・北海道に関する次のア～エの記述のうち，誤っているものを１つ選び，記号で答えよ。

ア　幕府はロシアの南下に備えるため，間宮林蔵らに蝦夷地などの調査を命じた。

イ　1875年の交換条約によって日本は，千島全域をロシア領とするかわりに，樺太を獲得した。

ウ　明治政府は旧土人保護法を定めたが，伝統的なアイヌ文化は次第に失われていった。

エ　北海道の行政と開発のために開拓使が置かれ，農業と防衛を担う屯田兵として，各地から移住する者もいた。

問３　下線部ｃの大統領の業績として最も適当なものを次のア～エのうちから１つ選び，記号で答えよ。

ア　植民地軍の総司令官としてイギリス軍と戦い，独立戦争を勝利に導いた。

イ　アメリカ合衆国の統一を維持するため，奴隷の解放を掲げて内戦を戦い，勝利した。

ウ　第一次世界大戦末期に，民族自決や国際平和機関の創設などを提唱した。

エ　世界恐慌後の不況に対し，積極的な公共事業など政府主導の新たな政策を実施した。

問４　下線部ｄについて，江戸時代から明治時代にかけての「武士」に関することがらを述べた次の文章中の下線部（ア）～（エ）のうち誤っているものを記号で選び，前後の文章につながるよう適当な表現に改めよ。

> 江戸時代を通して，武士は支配的身分と位置づけられ，全人口に対する比率は約７％程度であったとみられる。武士の教育では，(ア)主従関係などの秩序を重視する朱子学が正しい学問とされ，各地の藩は，(イ)武士の子弟の教育のため藩校を設置した。幕末になると，一部の武士には，朝廷（天皇）を中心とする新たな政治をめざし，(ウ)外国人との協力を求める尊王攘夷運動が広がった。明治時代になると，(エ)武士身分はおもに「士族」とされ，次第に平民に対する特権は失われていった。

問５　下線部ｅについて，総督府は植民地支配の拠点であった。台湾が日本の植民地支配の下に置かれた国際的な取り決めとして，最も適当なものを次のア～エのうちから１つ選び，記号で答えよ。

ア　南京条約　　イ　下関条約　　ウ　ポーツマス条約　　エ　二十一か条の要求

問６　下線部ｆについて，新渡戸は教育を通じ，女性の自立促進にも尽力した。明治時代以降の日本の女子教育・女性の地位について述べた次のア～エの記述のうち，誤っているものを１つ選び，記号で答えよ。

ア　明治初期に派遣された岩倉使節団に同行した津田梅子は，長期のアメリカ生活から帰国後，女子のための英学塾を設立した。

イ　大正時代，外国の大衆文化の影響で，洋服を着て短く切った髪で街を歩く「モガ（モダンガール)」とよばれる女性たちも見られた。

ウ　平塚らいてうは雑誌『青鞜』の発刊などで女性の地位向上のための運動を行ったが，1925年の普通選挙法では女性の参政権は認められなかった。

エ　1872年の学制が適用されないままであった沖縄では，女子が学校で教育を受けることがなかったため，沖縄戦で動員され亡くなった女子学生はいない。

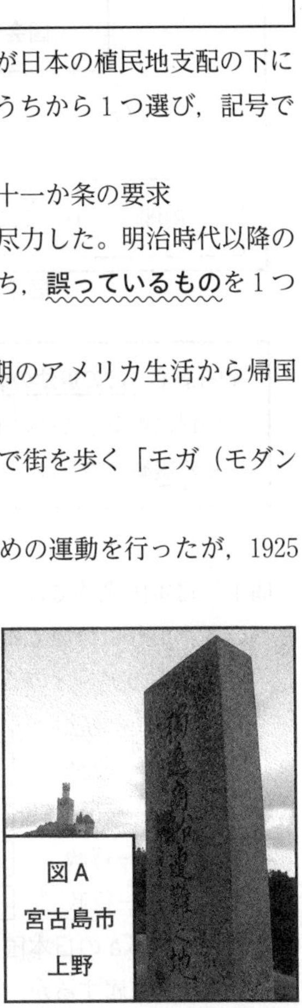

図Ａ
宮古島市
上野

問７　図Ａの碑（1936年建立）の文字は近衛文麿によって書かれたもので，座礁したある国の船の船員を島民が救助した明治時代のできごとを記念している。この国に関する次のア～ウの文章を読み，年代の古い順に記号で並べ替えよ。

ア　東西に国家が分裂し，首都であった中心都市にはのちに東西を分断する壁が建設された。

イ　ロシア・フランスとともに三国干渉に加わり，遼東半島を中国に返還させた。
ウ　帝国から共和国になり，ワイマール憲法が制定された。

問８　図Ｂの碑（1966年建立）の文字は，吉田茂によって書かれたものである。彼が首相時に調印したサンフランシスコ平和条約の後も，沖縄は引き続きアメリカの統治下に置かれた。この条約以降のできごとの中で，沖縄がアメリカ統治下にあった時期のものとして適当でないものを次のア～エのうちから１つ選び，記号で答えよ。

図Ｂ　八重瀬町具志頭

ア　バブル経済の崩壊
イ　東京オリンピックの開催
ウ　ベトナム戦争の開始
エ　自由民主党の結成

【５】　図１および資料1，資料２の日本国憲法の条文を参考に，次の各問いに答えよ。

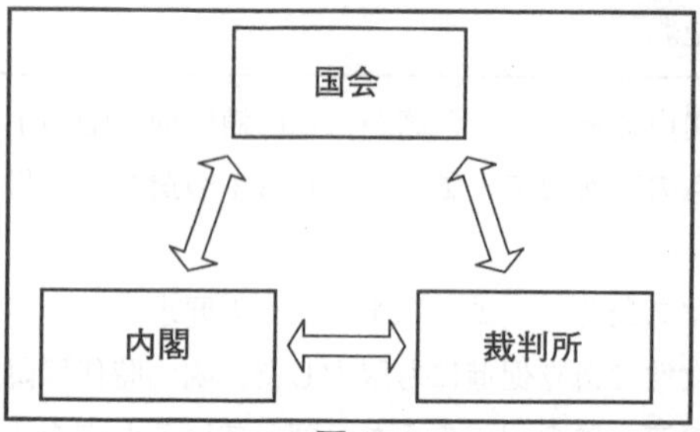

図１

a日本国憲法
第41条　国会は，国権の最高機関であって，国の唯一の［A］機関である。
第65条　［B］権は，内閣に属する。
第76条①　すべて［C］権は，b最高裁判所及び法律の定めるところにより設置するc下級裁判所に属する。

資料１

第96条①　dこの憲法の改正は，各議院の総議員の［D］の賛成で，国会が，これを発議し，国民に提案してその承認を経なければならない。この承認には，特別のe国民投票又は国会の定めるf選挙の際行はれる投票において，その［E］の賛成を必要とする。

資料２

問１　日本国憲法では，図１のように，国の権力を三つの組織に分けて政治を行うことを定めている。これについて資料１中の［A］・［B］・［C］に入る語句の組み合わせとして正しいものを次のア～オのうちから１つ選び，記号で答えよ。

ア　［A］－立法　［B］－行政　［C］－司法
イ　［A］－立法　［B］－司法　［C］－行政
ウ　［A］－司法　［B］－立法　［C］－行政
エ　［A］－行政　［B］－立法　［C］－司法
オ　［A］－行政　［B］－司法　［C］－立法

問２　下線部ａの日本国憲法は日本の領域すべてに適用される。次のページのうち，日本の領域で沖縄県に属するが，中国なども自国の領域だと主張し侵入をくり返している場所はどこか。

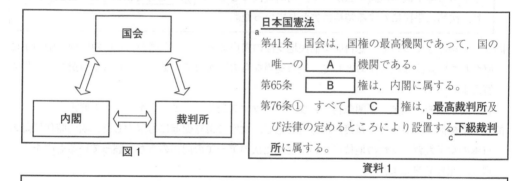

次のア～エのうちから１つ選び，記号で答えよ。

ア　歯舞群島　　イ　小笠原諸島　　ウ　尖閣諸島　　エ　慶良間諸島

問３　下線部ｂに関連して，右の**写真１**に写る人物は最高裁判所で有罪が確定したが，その後やり直しの裁判で無罪となり，釈放された。この事例のように，有罪判決が確定した後に裁判のやり直しを請求できる制度を何というか答えよ。

写真１

問４　下線部ｃに関連して，右の**写真２**は裁判員裁判が行われている法廷を表したものである。裁判員制度について述べた文Ｘ・Ｙ・Ｚの正誤の組み合わせとして適当なものをア～オのうちから１つ選び，記号で答えよ。

> Ｘ　裁判員制度は原則として，裁判官３人と，国民から選ばれた裁判員６人が裁判に参加するものである。
> Ｙ　裁判員制度は民事裁判で適用され，私人（個人）間の争いを解決に導く。
> Ｚ　裁判員制度は刑事裁判で適用され，殺人などの重大な犯罪だけでなく，すべての刑事事件が対象となる。

写真２

ア　Ｘ－正　Ｙ－正　Ｚ－誤　　イ　Ｘ－正　Ｙ－誤　Ｚ－正

ウ　Ｘ－正　Ｙ－誤　Ｚ－誤　　エ　Ｘ－誤　Ｙ－正　Ｚ－誤

オ　Ｘ－誤　Ｙ－誤　Ｚ－正

問５　下線部ｄについて，**資料２**中の［Ｄ］・［Ｅ］に入る語句の組み合わせとして正しいものを次のア～エのうちから１つ選び，記号で答えよ。

ア　［Ｄ］－過半数　　　　［Ｅ］－４分の３以上

イ　［Ｄ］－３分の２以上　［Ｅ］－過半数

ウ　［Ｄ］－過半数　　　　［Ｅ］－３分の２以上

エ　［Ｄ］－４分の３以上　［Ｅ］－過半数

問６　下線部ｅについて，日本国憲法を改正する際に国民投票が必要なのはなぜか。解答欄に合わせて，日本国憲法の三つの基本原理（三大原則）いずれか１つを答えよ。

問７　下線部ｅに関連して，イギリスでは2016年に国民投票が実施され，その結果それまで加盟していた，ある組織から脱退することが決まった。その組織の略称として適当なものを次のア～エのうちから１つ選び，記号で答えよ。

ア　UNESCO　　イ　PKO　　ウ　TPP　　エ　EU

問８　下線部ｆに関連して，国民または住民の直接選挙によって選ばれる役職として正しいものをア～オのうちからすべて選び，記号で答えよ。

ア　内閣総理大臣　　イ　衆議院議員　　ウ　沖縄県の知事

エ　沖縄県の副知事　オ　沖縄県の県議会議員

【6】 中学生のおさむ君と，新社会人となったお姉さんとの会話を読み，次の各問いに答えよ。

おさむ君：お姉ちゃん，お仕事って楽しい？
お姉さん：大変なこともあるけど，会社から給料をいただいて，必要なものを**自分の給料で買える**$_a$から，なんか大人になった実感が湧いてうれしいわよ。
おさむ君：「大変なこと」って，もしかして，お姉ちゃんの会社はブラック企業なの⁉
お姉さん：そんなことないわよ。お姉ちゃんの会社は**労働者の権利**$_b$がしっかりと守られているのよ。**残業**$_c$も少ないでしょ。
おさむ君：それなら安心だね。

問1　下線部aに関して，1968年に消費者の保護を目的として制定され，その後2004年に自立した消費生活をめざして改正された法律名を漢字六文字で答えよ。

問2　下線部bに関して，労働者の権利を守るため，働く時間や休日，賃金の支払い方法などを定めた法律名を漢字五文字で答えよ。

問3　下線部bに関して，図1は日本の正規労働者・非正規労働者それぞれの男女別割合を，図2では非正規労働者の男女比を示している。図1，図2からわかることとして正しい文を次のア～エのうちから1つ選び，記号で答えよ。

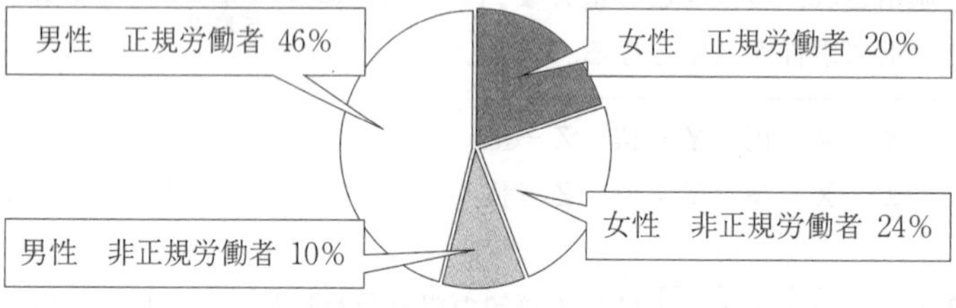

図1　雇用形態の男女別割合

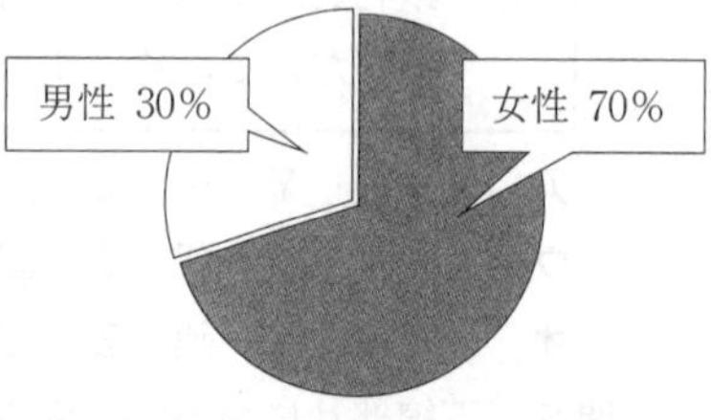

図2　非正規労働者の男女比

(図1・2総務省統計局「～男女・年齢階級別で著しく違う正規・非正規の割合～詳細集計2012年平均結果から」より作成)

ア　女性の正規労働者の割合は，女性労働者全体の2割程度である。
イ　男性の非正規労働者の割合は，男性労働者全体の1割程度である。
ウ　全非正規労働者のなかで，女性が占める割合は7割である。
エ　全非正規労働者のなかで，男性が占める割合は，ほぼ1割である。

問4　下線部cに関して，労働環境の変化について書かれた次の文中の空欄 [A] ～ [C] に入る語句の組み合わせとして，最も適当なものを次のア～エのうちから1つ選び，記号で答えよ。

> かつては日本企業の多くが，一つの企業で定年まで働く [A] や，年齢とともに賃金が上がる [B] 賃金を採用していたが，不況や海外の企業との競争などに対応するため，年齢にかかわらず仕事の結果に応じて賃金を支払う [C] 主義など，新たな制度を採用する企業もある。

ア　[A] －契約社員制　[B] －年俸制　[C] －同一賃金
イ　[A] －終身雇用制　[B] －年俸制　[C] －成果
ウ　[A] －契約社員制　[B] －年功序列型　[C] －同一賃金
エ　[A] －終身雇用制　[B] －年功序列型　[C] －成果

問5　おさむ君のクラスは沖縄の観光について調べた。各班の発表内容を読み，次の各問いに答えよ。

１班：沖縄県への観光客数がハワイを上回った一方で，訪れた観光客へのアンケート調査では，観光立県としての課題もみられた。(あ)交通渋滞もそのひとつになっている。

２班：沖縄には豚肉を食べる文化があるが，(い)**世界には宗教上，豚肉を食べない人々がいる**。そのような人々の文化も理解していくことは，沖縄の観光にも必要だろう。

３班：沖縄県内ではしかが流行したことにより，来県をキャンセルする観光客がいた。そのほか，国内外の政治や経済の状況が，沖縄への観光に影響を与えることがあるようだ。

(1)　下線部(あ)に関して，次の文を読み，空欄［A］～［C］に入る語句の組み合わせとして最も適当なものを，次の**ア**～**エ**のうちから１つ選び，記号で答えよ。

> 沖縄県は，交通渋滞の緩和や車以外の交通手段の整備として，沖縄本島を縦断する鉄軌道の整備を検討している。このような社会資本の整備を行う政府(国や地方公共団体)の仕事は［A］といわれる。
> ［A］に必要な費用は，国民や県民などが納める［B］が使われる。これをもとに国民に財やサービスを提供するはたらきを［C］という。

ア　［A］－社会保障　［B］－税金　［C］－金融
イ　［A］－公共事業　［B］－公共料金　［C］－金融
ウ　［A］－社会保障　［B］－公共料金　［C］－財政
エ　［A］－公共事業　［B］－税金　［C］－財政

(2)　下線部(い)のように，異なる文化を持つ人々と出会う機会がふえ，国境をこえてモノ，お金，情報などが自由に行き交う世界の一体化の傾向を示す外来語を何というか。解答欄に適する語句を**カタカナ**で答えよ。

(3)　３班の発表内容に関して，海外からの観光客が増加する要因として，**適当でないもの**を**すべて**選び記号で答えよ。

ア　外国通貨に対して，円高が進む。
イ　沖縄の文化や自然が世界遺産に登録される。
ウ　沖縄付近で台風などによる自然災害が多くなる。
エ　海外と沖縄をむすぶ格安航空会社（LCC）の直行便が増える。

問6　広く沖縄県民に敬愛され，県民に明るい希望と活力を与える顕著な功績があった者に対して贈られる「県民栄誉賞」の2018年受賞者と，「国民栄誉賞」の同年受賞者との正しい組み合わせを**ア**～**エ**のうちから１つ選び，記号で答えよ。

	県民栄誉賞	国民栄誉賞
ア	安室　奈美恵	羽生　結弦
イ	宮里　藍	羽生　善治
ウ	安室　奈美恵	伊調　馨
エ	宮里　藍	吉田　沙保里

平成31年度 社会 解答用紙

志願校名		高等学校	受検番号		出身校名	中学校
					氏名	

大問	小問	答え				
【1】	問1	州				
	問2					
	問3					
	問4					
	問5	①				海流
		②			風	
	問6					

【2】	問1		
	問2		
	問3		
	問4		
	問5	上越では， ため，冬に降水量が多い。	
	問6		空港
	問7	日	時
	問8		

【3】	問1							
	問2							
	問3							
	問4							
	問5							
	問6	信長は，楽市・楽座を行うことで をうながした。						
	問7							
	問8							
	問9							

大問	小問	答え
【4】	問1	
	問2	
	問3	
	問4	<記号>
		<適当な表現>
	問5	
	問6	
	問7	→　→
	問8	

【5】	問1	
	問2	
	問3	
	問4	
	問5	
	問6	日本国憲法は最高法規なので， 改正の際に国民投票をすることで の原理を反映させている。
	問7	
	問8	

【6】	問1					法
	問2				法	
	問3					
	問4					
	問5	(1)				
		(2)				化
		(3)				
	問6					

得点

※この解答用紙は159％に拡大していただきますと，実物大になります。

平成三十一年度　国語　解答用紙

志願校名	高等学校	受検番号		出身校名	中学校
				氏名	

得点

【一】

問1

問2　b　／　c　げた

問3

問4

問5　A　／　B

問6　20

問7

【二】

問1　a　く　／　c

問2

問3　10

問4

問5　(1)　／　(2)

問6

問7　し合う力

【三】

問1

問2

問3

問4　a　／　b

問5　(1)

(2)　孔子は　ということを、決めることができなかった。

問6

問7

【四】

問1

問2

問3　15　20　です。

問4

問5　60　80

問6　140　160

※この解答用紙は179％に拡大していただきますと、実物大になります。

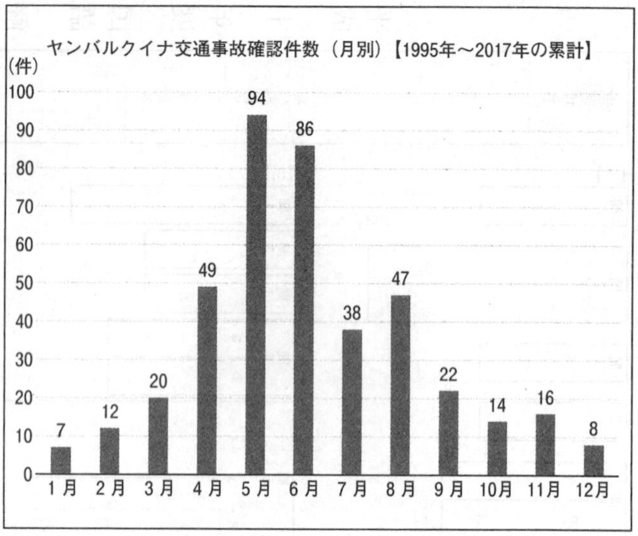

【資料Ｂ】「ヤンバルクイナ交通事故確認件数（月別）」

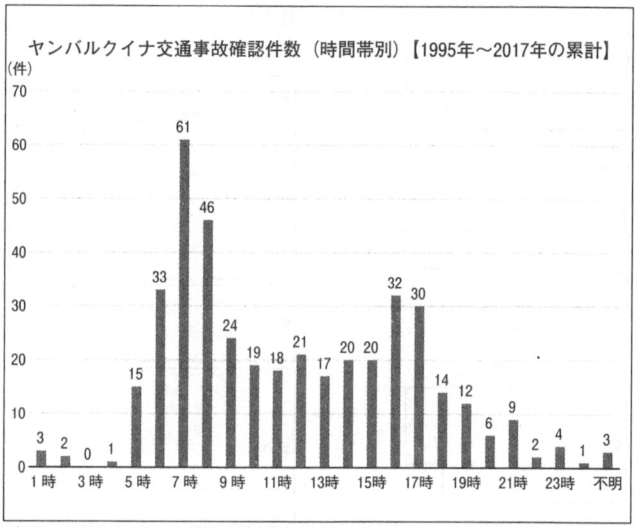

【資料Ｃ】「ヤンバルクイナ交通事故確認件数（時間帯別）」

※上記の資料Ｂ、Ｃの資料は「やんばる野生生物保護センター」ホームページを基に作成したものである。

問６　「沖縄の希少な野生生物を守るために必要なこと」というテーマで、次の〈条件〉に従って文章を書きなさい。

〈条件〉

（１）　沖縄の希少な野生生物を守るために①**必要だと思うこと**、②**理由**、③**対策**の三点について書くこと。

（２）　**一四〇字以上一六〇字以内**の文章にすること。

（３）　題名や氏名は書かず、**一段落**で書くこと。

注意点　**問５、問６を解答する際、次のことに注意すること。**

①原稿用紙の適切な使い方をすること。

②漢字や仮名遣い、句読点や記号などは適切に用い、文法的なきまりを守って書くこと。

③数字や記号を使う場合は、次のように書いてもよい。

（例）　平成30年　2017年　30件　4月　17時

問1　電話のやりとりの中にある空欄 Ⅰ の部分に入れるのに適当な語を次の**ア**～**エ**のうちから一つ選び記号で答えなさい。

ア　二月　**イ**　七月　**ウ**　九月　**エ**　十二月

問2　傍線部①「聞け」とありますが、これをこの場面にふさわしい敬語に改めるとどうなりますか。次の**ア**～**エ**のうちから一つ選び記号で答えなさい。

ア　お問い合わせれ
イ　お尋ねになれ
ウ　おっしゃれ
エ　お聞きすれ

問3　はるかさんの会話の空欄 Ⅱ に入るふさわしい内容を、金城さんとのやりとりや「資料A」を参考に、**十五字以上二十五字以内**で考えて答えなさい。

問4　はるかさんは金城さんと電話でやりとりをしたあと【事前確認・打ち合わせメモ】（下段）を作りました。空欄 Ⅲ に入る語句を上記の電話でのやりとりの本文中より**過不足なく抜き出し**なさい。

※「、」や「／」等で語句の区切りを明確にして答えること

【事前確認・打ち合わせメモ】

実習先との打ち合わせ	
実習場所	やんばる野生生物保護センター
実習時期	Ⅰ
担当者	金城さん
緊急連絡先	(○○○) －△△△－□□□□
服装	体育着（上）、長ズボン（下）
準備する物	Ⅲ 昼食は各自持参
その他	・台風時　→　ホームページ要確認 ・ヤンバルクイナについて調べる。

問5　次のページの【資料B】【資料C】は、はるかさんが自然体験学習を通して学んだ「ヤンバルクイナ交通事故確認件数（月別）」の資料と「ヤンバルクイナ交通事故確認件数（時間帯別）」の資料です。**二つの資料から**読み取れることを**六〇字以上八〇字以内**で書きなさい。ただし、**一段落**で書くこと。

※後の 注意点 を参考にして答えること。

はるか　この度は、私たちの自然体験学習を快く引き受けてくださりありがとうございます。早速ですが、自然体験学習を受け入れてくださる時期は、いつ頃がよろしいでしょうか。

金城　そうですね。ヤンバルクイナの生息状況調査にも協力して欲しいので、ヤンバルクイナを刺激しないためにも繁殖時期の四月から八月の間は避けたほうがいいですね。九月以降であれば、自然体験学習の受け入れは可能です。

はるか　はい。分かりました。私たちの中学校では六月と八月、そして十一月に定期テストがあります。十一月には文化祭があるのでその時期を外した［ Ⅰ ］ではどうでしょうか。

金城　はい。［ Ⅰ ］ですね。その時期であれば、受け入れ可能です。まだまだ暑さが厳しい時期なので、熱中症対策のために帽子と飲み物は必ず持参して下さいね。

はるか　はい。分かりました。他に準備する物や注意することはありますか。

金城　そうですね。中学校の生徒さんだとスタッフが分かるように、上着は体育着がいいですね。下は、虫さされやけが防止のため、長ズボンをはいてきて下さい。森に入ることもあるので、けがをしないように軍手と運動靴も準備しておいて下さい。昼食も各自で持参して下さい。

はるか　分かりました。台風などで当日の実習が中止になる場合は、どこへ①聞けばいいでしょうか。

金城　当日の朝七時までにホームページに掲載するようにしているので、それで確認して下さい。その他、緊急の連絡があるような場合は、この電話番号に連絡して下さい。それでは、受け入れ時期は決まったので、詳しい日時はこちらが調整次第連絡しますね。

はるか　はい。分かりました。

金城　ところで、今回の自然体験学習で特に学びたいことは何ですか。

はるか　［　　Ⅱ　　］です。新聞で、その記事を読んだ時から、私たちにできることは何かないのかと考えていたので、自然体験学習では、その原因と対策について特に学びたいと思っています。

金城　明確な目的意識があることはとても良いことです。より充実した自然体験学習になるように、ヤンバルクイナについて事前に調べてきて欲しいです。

はるか　はい。わかりました。しっかり調べ学習をして自然体験学習に臨みたいと思います。ありがとうございました。

【資料A】はるかさんが読んだ新聞記事
(『沖縄毎日新報』2018年４月)

今年６件、昨年を上回るペース

クイナの被害増加

専門家、警鐘鳴らす

【国頭】４月20日午前７時ごろ、国頭村辺戸の国道58号線で、車にひかれたヤンバルクイナを通行人が見つけた。通報を受けた環境省やんばる野生生物保護センターの職員が国頭動物病院に搬送した。

同センターは「危機的な状況であり、対策が迫られている」と現状に対する警戒感をあらわにした。

道路を渡ろうとするヤンバルクイナ＝2018年4月、国頭村（写真と本文は関係ありません）

※上記の【資料A】は架空の記事である。

問2　文章A　傍線部②「かしこき童なり」とありますが、孔子がこのように感じた理由として最も適当なものを、次のア～エのうちから一つ選び記号で答えなさい。

ア　童の機知に富んだ答えに、感心したから。
イ　童の分かりやすいたとえに、驚いたから。
ウ　童のあどけない疑問に、嬉しくなったから。
エ　童の鋭い問いかけに、言葉を失ったから。

問3　文章A　傍線部③「ただ者にはあらぬ」とありますが、人々がこのように述べた理由として最も適当なものを、次のア～エのうちから一つ選び記号で答えなさい。

ア　理にかなった主張をして、才徳ある孔子をやりこめてしまったから。
イ　物怖《お》じすることなく、才徳ある孔子に議論を持ちかけたから。
ウ　大人顔負けの知識を披露して、才徳ある孔子に考えを主張したから。
エ　礼儀をわきまえずに、才徳ある孔子に減らず口をたたいたから。

問4　文章B　空欄［a］と空欄［b］に入る適当な語を漢字一字でそれぞれ答えなさい。

問5　文章B　傍線部④「孔子不能決。」について、次の問いに答えなさい。

(1)　書き下し文に直しなさい。

孔子不《ず》レ能ハレ決スルコト。

(2)　「孔子不能決。」は、「孔子は決めることができなかった。」と現代語訳をします。孔子は、何を決めることができなかったのでしょうか。次の空欄［　］に合うように、十字以上十五字以内で現代語で答えなさい。

孔子は［　　］ということを、決めることができなかった。

問6　文章Aと文章Bを読み比べ、その違いをまとめました。次のア～エのうちから最も適当なものを一つ選び記号で答えなさい。

ア　童（児）の主張について、文章Aは目視できるかを、文章Bは時間帯を根拠としている。
イ　孔子の主張について、文章Aは常識的な事実を、文章Bは科学的な事実を根拠としている。
ウ　孔子に対して、文章Aでは敬意が払われているが、文章Bではからかいの対象となっている。
エ　童（児）に対して、文章Aでは称賛しているが、文章Bでは無知であることを批判している。

問7　次のア～エの傍線部の行書体の漢字について、楷《かい》書で書いた場合と筆順の変わるものを、一つ選び記号で答えなさい。

ア　給ふ（給ふ）　イ　則ち（則ち）
ウ　車蓋（車蓋）　エ　及ぶ（及ぶ）

【四】　中学二年生のはるかさんは、自然体験学習の実習先が決まり、事前確認・打ち合わせのため、実習先に電話をかけることにしました。次に示す文章は、はるかさんが実習先である「やんばる野生生物保護センター」の金城さんと電話でやりとりをした際の記録の一部です。これを読んで後の問いに答えなさい。

【三】 次の文章A、文章Bは、どちらも古代中国の思想家孔子《こうし》と、子どもたちとのやりとりについて書かれた文章です。文章Aでは、孔子と一人の子どもとのやりとりが、文章Bでは孔子と二人の子どものやりとりが書かれています。それぞれの文章を読んで、後の問いに答えなさい。

文章A 八歳の子どもと孔子の問答

今は昔、唐に、孔子、道を行き給《たま》ふに（歩いて行かれると、）、八つばかりなる童《わらは》あひぬ。孔子に問ひ①まうすやう、「日の入《い》る所と洛陽《らくやう》※1と、いづれか遠き。（どちらが遠いですか。）」と。孔子いらへ給ふやう（お答えになるには、）、「日の入る所は遠し。洛陽は近し。」童のまうすやう、「日の出《い》で入る（出たり入ったりする）所は見ゆ（見える。）。洛陽はまだ見ず。されば（だから）日の出づる所は近し。洛陽は遠しと思ふ。」とまうしければ（答えたので、）、孔子、②かしこき童なりと感じ給ひける（お感じになった。）。「孔子には、かく物問ひかくる人（こうして意見を求める人）もなきに、かく（このように）問ひけるは、③ただ者にはあらぬなりけり（ではなかったのだ）。」とぞ人いひける（人々は言いあった。）。

（注）※1 洛陽……地名

（『宇治拾遺物語』巻第十二 十六 八歳の童孔子問答の事）

文章B 二人の子どもと孔子の問答

孔子が東の方に旅行をした時のこと、二人の子どもが盛んに言い争っているのを見かけた。それで、「どうしたのだ。」とその理由を聞いた。すると一人の子どもが言った。「僕はお日様が出始めた時が、僕らから一番近くて、真昼時になると一番遠いんだと思うよ。」もう一人の子どもが言った。「いや、僕はお日様が出始めた時が一番遠くて、真昼時になると一番近いんだと思うよ。」

（以下左の文章に続く）

一児曰く、「日初めて出づれば、大いさ車蓋《しやがい》のごとく（大きさは、車の上の傘《かさ》ぐらいだけれど、）、日の中するに（真昼時に）及びては（なると、）、則《すなは》ち盤盂《ばんう》のごとし（お皿みたいだからね。）。此《こ》れ（これは） a き者（ⓐくのものは小さく見えて、）小にして、 b き者（ⓑくのものは大きく見えるためではないだろうか。）大なるが為《ため》ならずや。」と。

一児曰く、「日初めて出づれば、滄滄涼涼《さうさうりやうりやう》たり（涼しい、）、其《そ》の日の中するに及びては、湯を探るがごとし（熱湯に手をつっこんだみたいだよ。）。此れ近き者熱くして、遠き者涼なるが為ならずや。」と。

④孔子不能決。

両小児、笑ひて曰く、「誰か汝《なんじ》を多知と為すや。」と。（二人の子どもが笑って言った。「誰があなたを物知りだなんて言うの。」と。）

『大漢和辞典』巻十 車部 車

（『列子』湯問 第五 七 設問の都合上、一部改変してある。）

問1 文章A 傍線部①「まうす」を、現代仮名遣いに直しなさい。

のを、次のア～エに含まれる「ない」のうちから一つ選び記号で答えなさい。

ア　あっけない終わり方　　イ　知らない

ウ　少しもつらくない　　エ　時間がない

問3　傍線部①「コミュニケーションとは何か。」とあるが、その内容を本文中より十四字で抜き出しなさい。

問4　傍線部②「情報のやりとり」の具体例として最も適当なものを、次のア～エのうちから一つ選び記号で答えなさい。

ア　新聞記事を読んだりテレビのニュースを見たりして、情報を受け取ること。

イ　一日の出来事を日記に記録し、後日振り返ることができるようにすること。

ウ　学級委員全員で集まって学園祭の仕事の内容を何度も確認し合うこと。

エ　一晩じっくり考えて書いたラブレターを恋人に贈ること。

問5　【資料1】はA・Bの和歌について整理した表です。次の問いに答えなさい。

(1)　空欄 a に入る言葉を、和歌の中より五字で抜き出しなさい。

(2)　空欄 b ・ c にはこの歌に込められた感情（思い）が入ります。その組み合わせとして最も適当なものを、次のア～エのうちから一つ選び記号で答えなさい。

ア　b　別れはつらい　　c　おわびを伝えたい

イ　b　もう会いたくない　　c　便りを待っていた

ウ　b　待ち疲れた　　c　私も待っていた

エ　b　会えなくて寂しい　　c　側にいたかった

問6　本文中の「和歌のやりとり」は、本文全体の中でどのような働きをしているのか、その説明として最も適当なものを次のア～エのうちから一つ選び記号で答えなさい。

ア　相互性のあるやりとりを、具体的に説明する働きがある。

イ　効果的な情報の伝え方を、論理的に説明する働きがある。

ウ　感情を伝え合う大切さを、抽象的な言葉に置きかえて説明する働きがある。

エ　信頼関係を作ることの難しさを、客観的に説明する働きがある。

問7　次の二つの文章は、本文を読んだ後、ひかるさんが発表した感想の原稿に、クラスメイトが付箋でアドバイスを張り付けたものです。クラスメイトのアドバイスの空欄□に当てはまる内容を、本文中の語句を用い、「～を…」の形で、五字で答えなさい。

【ひかるさんの感想】

私は本文を読んで、コミュニケーション力とは誤解をまねかないように言葉を伝え、その意味をきちんと受け止める力だと思いました。この力があれば、日常生活の中でトラブルになることはないと思いました。

【クラスメイトのアドバイス】

ひかるさんが捉えているように、コミュニケーション力とは、言葉を伝える力と、意味を受け止める力もあると思いますが、本文からはそれだけではなく、□し合う力も読み取ることができると思います。

りだけではなく、感情的にも共感できる部分を増やし、少々の行き違いがあってもそれを修復できるだけの信頼関係をコミュニケーションによって築いておくべきであった、ということである。

意味と感情——この二つの要素をつかまえておけば、コミュニケーションの中心を外すことはない。情報という言葉は、感情の次元をあまり含んでいない言葉だ。情報伝達としてのみコミュニケーションを捉えると、肝心の感情理解がおろそかになる。人と人との関係を心地よく濃密にしていくことが、コミュニケーションの大きなねらいの一つだ。したがって感情をお互いに理解することを抜きにすると、トラブルのもとになる。

コミュニケーションの日本的な形態として、和歌のやりとりがある。五・七・五・七・七の型の中に、あふれる感情を込める。すべてを言い切るわけではない。言葉の象徴※2性をフル活用する。受け取った相手も、言葉の意味するところを深く読み込む。その読み取りの力が、そのまま恋愛力にもなっていた。恋する相手に歌を贈る。その歌の意味を理解した受け手が、また歌を返す。この和歌のやりとりによる感情の響き合いは、日本が世界に誇るべきコミュニケーションの型であった。

『万葉集』の有名な歌のやりとりを見てみよう。

A **あしひきの山のしづくに妹《いも》待つとわれ立ち濡《ぬ》れぬ山のしづくに**
（大津皇子《おおつのみこ》）

【歌意 山の水のしたたりで、君を一人待ち続けて私は濡れて冷たくなってしまったよ。山の水のしたたりで。】

B **吾《あ》を待つと君が濡《ぬ》れけむあしひきの山のしづくに成らましものを**
（石川郎女《いしかわのいらつめ》）

【歌意 私を待ってあなたがしっとりとお濡れになったという山の水のしたたりに、私もなりたいものです。】

ここではっきりしているのは、思いを言葉に「託す※3」というやり方だ。言葉に込められたエネルギーを読み手は感じ取る。相手の歌の中の言葉を、自分の歌にアレンジして組み込む。相手の使ったキーワードを用いて話す、という技が和歌のやりとりでは基本技としてc駆使されている。思いを込めて使った言葉を相手がしっかり受け取り、使って返してくれる。そのことで心がつながり合う。ただそのままの形で返すわけではない。意味を少しずらして別の文脈に発展させて使う。そうすることによって二人の間に文脈の糸がつながる。

（齋藤孝『コミュニケーション力』一部改変してある。
和歌A・Bの歌意は作問者で作成。）

（注）※1 とみに……急に、にわかに。
※2 象徴……形のないものを具体的な事物などで表現すること。本文では「和歌のやりとりの中で、言葉が連想させる力を持つこと」を意味している。
※3 託す……頼んで任せること。

【資料1】

	Aの歌（大津皇子）	Bの歌（石川郎女）
キーワード	a（五字）	
象徴（連想）	冷たく濡らすもの・孤独など	包むように濡らすもの・しっとりなど
感情（思い）	b	c

問1 二重傍線部aのカタカナを漢字に直し、cの漢字は読みをひらがなで書きなさい。（丁寧に書くこと。）

a マネく　c 駆使

問2 二重傍線部b「呼ばない」に含まれる「ない」と同じ用法のも

ア　半年間は先輩について調律を覚えるという決まりを破ったことで、店を辞めさせられるのではないかと焦りを感じている。

イ　自分の判断で行った調律が失敗したことで、それまであまり評価していなかった先輩からも怒られるのではないかと心配している。

ウ　自分の未熟さによって調律が失敗したことで、どんなに努力しても理想の調律師にはなれないかもしれないという不安を抱いている。

エ　自分の未熟さによって調律が失敗に終わったことで、板鳥さんに見捨てられるのではないかという心細さを感じている。

問5　次の文は、傍線部②「森は深い。それでも引き返すつもりはないのだとはっきり気づいた。」について説明したものである。空欄 A ・ B に当てはまる最も適当な語句を、本文中よりそれぞれ**三字**で抜き出しなさい。

> 板鳥さんのつくる音に A ことがどんなに困難だとしても、それをつくり出せる調律師になることこそ、自分が B いる道なのだと自覚した。

問6　傍線部③「こんなタイミング」を別の表現で言い表した部分を、本文中より**二十字以上二十五字以内**で抜き出しなさい。（句読点も字数に含める。）

問7　次の文は、四人の生徒が作成したこの作品の「読書案内」の中で、「作品の特徴」について書いたものです。本文の内容を最も適切に表現しているものを、次の**ア**～**エ**のうちから一つ選び記号で答えなさい。

ア　この文章は神話を用いることで、登場人物の人柄の違いを効果的に表現しています。

イ　三人称で描かれたこの文章は、登場人物の心の動きが繊細に表現され、想像力が膨らみます。

ウ　登場人物の会話を主体にしたこの文章は、読者の共感を得やすいという点で際立っています。

エ　主人公の心情が丁寧に表現されたこの文章は、比喩が効果的に用いられている点が印象的です。

【二】　次の文章を読んで後の問いに答えなさい。

コミュニケーションという言葉は、現代日本にあふれている。コミュニケーション力が重要だという認識は、とみに※1高まっている。プライベートな人間関係でも仕事でも、コミュニケーション力の欠如からトラブルをaマネくことが多い。仕事に就く力として第一にあげられるのも、コミュニケーション力である。

では、①コミュニケーションとは何か。それは、端的に言って、意味や感情をやりとりする行為である。一方通行で情報が流れるだけでは、コミュニケーションとはb呼ばない。テレビのニュースを見ている行為をコミュニケーションとは言わないだろう。やりとりする相互性があるからこそコミュニケーションといえる。

やりとりするのは、主に意味と感情だ。情報伝達＝コミュニケーション、というわけではない。情報を伝達するだけではなく、感情を伝え合い分かち合うこともまたコミュニケーションの重要な役割である。何かトラブルが起きたときに、「コミュニケーションを事前に十分とるべきであった」という言葉がよく使われる。一つには、細やかな状況説明をし、前提となる事柄について共通認識をたくさんつくっておくべきであったという意味である。もう一つは、②情報のやりとら少しも近づいてはいない。もしかしたら、これからもずっと近づくことはできないのかもしれない。①初めて、怖いと思った。鬱蒼《うっそう》とした森へ足を踏み入れてしまった怖さだった。

「いったいどうしたら」

僕が言いかけると、

「もしよかったら」

板鳥さんがチューニングハンマーを差し出した。チューニングピンを締めたり緩めたりするときに使うハンマーだ。

「これ、使ってみませんか」

差し出されたまま柄を握った。持ってみると、ずしりと重いのに手にひたっとなじんだ。

「お祝いです」

お祝いという言葉の意味を計りかねて、怪訝《けげん》そうな顔をしていたのだろう。

「ハンマーは要りませんか」

聞かれて、思わず、要ります、と答えていた。②森は深い。それでも引き返すつもりはないのだとはっきり気づいた。

「すごく使いやすそうです」

「すごく使いやすそうなだけでなく、実はすごく使いやすいのです。よかったらどうぞ。私からのお祝いです」

板鳥さんは穏やかに言った。

「何のお祝いですか」

こんな日に。記憶にある限り、僕の人生でいちばんだめだった日に。

「なんとなく、外村くんの顔を見ていたらね。きっとここから始まるんですよ。お祝いしてもいいでしょう」

「ありがとうございます」

お礼の語尾が震えた。板鳥さんは僕を励まそうとしてくれているのだ。森の入り口に立った僕に、そこから歩いてくればいいと言ってくれているのだ。

板鳥さんの使っているハンマーを、一度手に持ってみたいと願っていた。道具の手入れをしているところを何度もこっそり見た。どんな道具を使っているのか、どう使えばあの音をつくり出せるのか、知りたくてしょうがなかった。まさか、③こんなタイミングでもらうことになるとは思わなかった。

（宮下奈都『羊と鋼の森』設問の都合上、一部改変してある。）

（注）※1 柳　2 秋野さん……共に同じ店で働く先輩の調律師。
※3 冥界……あの世、冥土《めいど》。

問1 二重傍線部a「唇を噛《か》む」という慣用句の使い方として最も適当なものを、次のア～エのうちから一つ選び記号で答えなさい。

ア 彼のピアノの演奏は、唇を噛むほどつまらない。
イ いつも同じ相手に負け、何度唇を噛んだことだろう。
ウ 試合には負けたものの、彼のホームランでようやく唇を噛んだ。
エ なんと言われようと、勝てば唇を噛むというよい例だ。

問2 二重傍線部bのカタカナを漢字に直し、cの漢字は読みをひらがなで書きなさい。（丁寧に書くこと。）

b キュウゲキ　c 提げた

問3 空欄 I に入る語として最も適当なものを、次のア～エのうちから一つ選び記号で答えなさい。

ア ゆったり　イ とぼとぼ　ウ そそくさ　エ のろのろ

問4 傍線部①「初めて、怖いと思った。」とあるが、この表現から読み取れる「僕」の気持ちを説明したものとして最も適当なものを、次のア～エのうちから一つ選び記号で答えなさい。

＜国語＞

時間　五〇分　満点　六〇点

【一】　次の文章を読んで後の問いに答えなさい。

ピアノの調律師である板鳥さんに憧れて調律師として働き始めた「僕」（外村《とむら》）は、ある日、自分の判断のみで大切な顧客のピアノを調律し、失敗してしまう。以下はそれに続く文章である。

僕は何に挑戦しようとしたのだろう。a唇を噛《か》むしかない。挑戦などしていない。ただの身の程知らずだった。

「申し訳なかったです」

頭を下げたとき、思いがけず涙が滲みそうになった。

「明日の朝、※1柳《やなぎ》が——いつもの調律師が、来ます。ほんとうにすみませんでした」

「いいえ、無理に頼んだのはこっちですから」

もう一度謝ってから、部屋を出た。鞄《かばん》がやけに重かった。ぜんぜんだめだ、と思った。※2秋野《あきの》さんのことをとやかく思うのは僕には百年早かった。

マンションを出て、駐車場へ向かう。

夜になって、bキュウゲキに気温が下がっていた。フロントガラスが曇る。［　Ⅰ　］と運転して、クラクションを何度も鳴らされながら帰った。

店に戻ると、一階のシャッターは下りているものの、二階にはまだ電気がついていた。そう遅い時間ではないが、ピアノ教室が入っていない曜日には、六時半に店を閉めてしまう。人が残っていないといいと思った。

通用口から入って、二階へ上る。二つc提げた鞄が重い。誰もいないことを期待してドアを開けると、今日に限って板鳥さんがいた。出先から戻ったばかりなのか、外出用のジャケットを着ている。まともに顔を見ることができなかった。あんなに憧れたのに。板鳥さんから学びたいことがたくさんあったはずだったのに。僕の技術は未熟などという域にさえ達していない。板鳥さんに教われることなど何ひとつないだろう。

「お疲れさまでした」

穏やかな声をかけられて、いえ、としか言えなかった。それ以上口を開くと気持ちが崩れてしまいそうだった。

「どうかしましたか」

「板鳥さん」

震えそうになる声を抑える。

「調律って、どうしたらうまくできるようになるんですか」

聞いてから、ばかな質問だと思った。うまくどころか、調律の基本さえできなかった。半年間は先輩について見て覚える。そういう決まりなのに、勝手に破ったのは自分だ。もう少しのところでふりかえって、亡き妻が※3冥界《めいかい》へ戻ってしまったオルフェウスの神話を思い出した。ほんとうにもう少しだったんだろうか。近くに見えて、きっとほんとうは果てしなく遠かったのだろうと思う。

「そうですねえ」

板鳥さんは考え込むような顔をしてみせたが、実際に考えていたのかどうかはわからない。板鳥さんのつくる音が、ふっと脳裏を掠《かす》めた。初めて聴いたピアノの音。僕はそれを求めてここへきた。あれか

MEMO

大切なことはメモしておこうネ！

2019年度

解 答 と 解 説

《2019年度の配点は解答用紙集に掲載してあります。》

<数学解答>

【1】 (1) -12　(2) $-\frac{2}{3}$　(3) 0.95　(4) $4\sqrt{3}$　(5) $25a^2$　(6) $3x+1$

【2】 (1) $x=-2$　(2) $x=6$, $y=7$　(3) $x^2+8x+16$　(4) $(x-3)(x-5)$

(5) ウ　(6) 7　(7) $y=9$　(8) $\angle x=80°$　(9) イ，エ

【3】 問1 ウ　問2 ① 61点　② 66点

【4】 右図

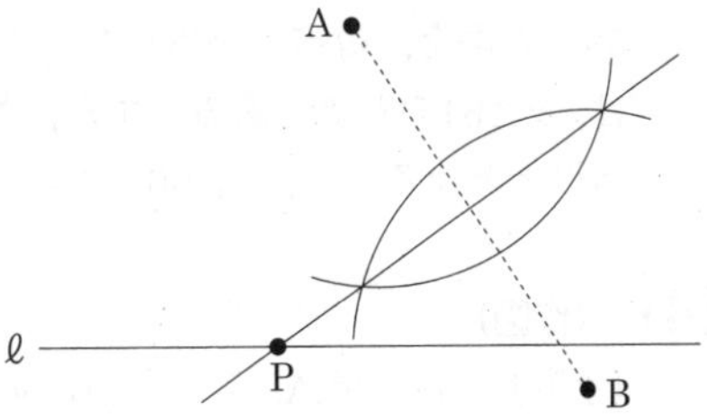

【5】 問1 ア，オ　問2 (1) $\frac{9}{25}$　(2) $\frac{8}{25}$

(3) ア

【6】 問1 2500円　問2 $4500 \leqq y \leqq 7000$

問3 300kWh

【7】 問1 $a=\frac{1}{2}$　問2 B(6, 18)　問3 $y=2x+6$

問4 P(5, 16)

【8】 問1 解説参照　問2 (1) $\sqrt{15}$cm　(2) $\triangle$PAB：$\triangle$PDC＝3：5

【9】 問1 F　問2 $6\sqrt{2}$ cm　問3 $8\sqrt{6}\,\pi$ cm^3

【10】 問1 (1) C，F　(2) 16回目まで　(3) C，E，F，H　問2 9個

<数学解説>

【1】 (数・式の計算，平方根)

(1) $4\times(-3)=-12$

(2) $\frac{4}{3}-2=\frac{4}{3}-\frac{6}{3}=-\frac{2}{3}$

(3) $3.8\div4=\frac{38}{10}\times\frac{1}{4}=\frac{19}{5}\times\frac{1}{4}=\frac{19}{20}=0.95$

(4) $\sqrt{2}\times2\sqrt{6}=2\times\sqrt{2}\times\sqrt{2\times3}=2\times2\times\sqrt{3}=4\sqrt{3}$

(5) $(-5a)^2=(-5a)\times(-5a)=25a^2$

(6) $2(x+1)-(1-x)=2x+2-1+x=3x+1$

【2】 (一次方程式，式の展開，因数分解，二次方程式，平方根の大小，比例関数，角度，絶対値)

(1) $2(3x+2)=-8$　$6x+4=-8$　$6x=-12$　$x=-2$

(2) $5x-3y=9$…①，$y=2x-5$…②とする。②を①に代入して，$5x-3(2x-5)=9$　$5x-6x+15=9$　$-x=-6$　$x=6$　$x=6$を②に代入して，$y=2\times6-5=7$　よって，$x=6$，$y=7$

(3) $(x+4)^2=x^2+2\times4\times x+4^2=x^2+8x+16$

(4) $x^2-8x+15=x^2-(3+5)x+3\times5=(x-3)(x-5)$

(5) $2x(5x-8)=3x^2+5x$　$10x^2-16x=3x^2+5x$…①　$7x^2-21x=0$…②　$x^2-3x=0$…③　$x(x-3)=0$…④　$x=0$, 3…⑤　よって，正しくない変形は，ウ　③から④への変形。

(6)　$\sqrt{\frac{169}{4}}<\sqrt{45}<\sqrt{49}$より，$\frac{13}{2}<\sqrt{45}<7$　$6.5<\sqrt{45}<7$　よって，最も近い自然数は，7。

(7)　yはxに反比例するから，$xy=a$(aは比例定数)とおいて，$x=3$，$y=6$を代入すると，$3\times6=a$　$a=18$　$xy=18$に$x=2$を代入して，$2y=18$　$y=9$

(8)　対頂角は等しいから，$30°+\angle x+70°=180°$　$\angle x+100°=180°$　$\angle x=80°$

(9)　それぞれの絶対値は，ア　2，イ　$\frac{5}{2}$，ウ　0，エ　3，オ　$\frac{5}{3}$　よって，絶対値が2より大きいものは，イとエ。

【3】(資料の活用，代表値)

問1　それぞれの最頻値は，ア　0冊，イ　2冊，ウ　6冊，エ　0冊だから，平均値が最頻値よりも小さい月は，ウ　6月。

問2　31人の生徒が行った数学のテストについて，得点の小さい方から16番目の値が60点である。33人の場合，得点の小さい方から17番目の値が中央値だから，中央値が60点より大きくなるのは，$x\geqq61$のときである。また，欠席した生徒1人の得点が63点より，$x\geqq67$のときは平均値が65点以上となるから，$x\leqq66$である。よって，xの範囲は，$61\leqq x\leqq66$より，①61，②66

【4】(作図)

(手順)　①　2点A，Bを中心とする等しい半径の円をかく。②　①の2つの円の交点をM，Nとする。③　2点M，Nを通る直線をひく。(線分ABの垂直二等分線)　④　③の直線と直線ℓとの交点をPとする。

【5】(確率)

問1　カードを1回1回袋の中にもどすので，毎回，どの数が出ることも同じ程度であると考えられる。また，回数が多くなるにつれて，[1]を取り出す相対度数のばらつきは小さくなり，その値は，$\frac{1}{5}=0.2$に近づく。よって，正しいものは，アとオ。

問2　(1)　右の表より，取り出し方の総数は，$5\times5=25$(通り)　そのうち，積abが3で割りきれる数(3の倍数)になるのは，○印をつけた9通り。よって，確率は，$\frac{9}{25}$

(2)　積abが3で割ると1あまる数になるのは，□印をつけた8通り。よって，確率は，$\frac{8}{25}$

(3)　積abが3で割ると2あまる数になる確率は，$1-\left(\frac{9}{25}+\frac{8}{25}\right)=\frac{8}{25}$

よって，最も起こりやすいものは，ア　積abが3で割りきれる数になる場合である。

a＼b	1	2	3	4	5
1	[1]	2	③	[4]	5
2	2	[4]	⑥	8	[10]
3	③	⑥	⑨	⑫	⑮
4	[4]	8	⑫	[16]	20
5	5	[10]	⑮	20	[25]

【6】(一次関数の利用)

問1　$500+25\times80=2500$(円)

問2　電力会社Bについて，xとyの関係をグラフに表すと，右図のようになる。$x=100$のとき，$y=4500$　$x=250$のとき，$y=3000+15\times200+20\times50=7000$だから，$y$の変域は，$4500\leqq y\leqq7000$

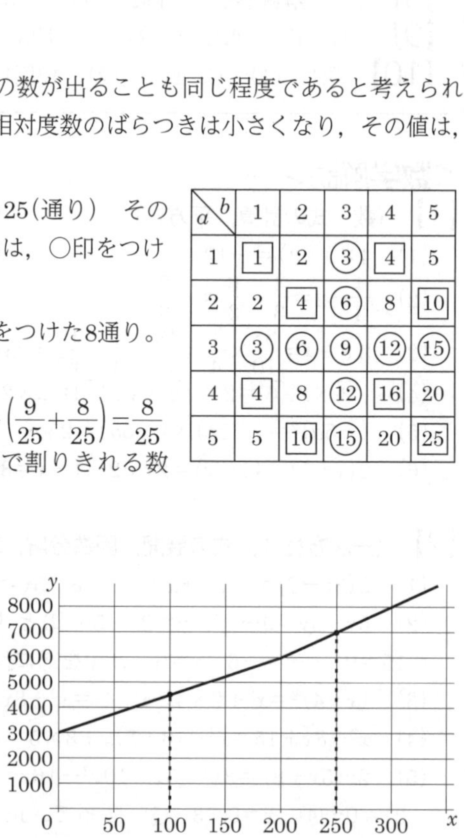

問3　電力会社Bのグラフに，電力会社Aのグラフをかき加え，2つのグラフの交点のx座標を求めればよ

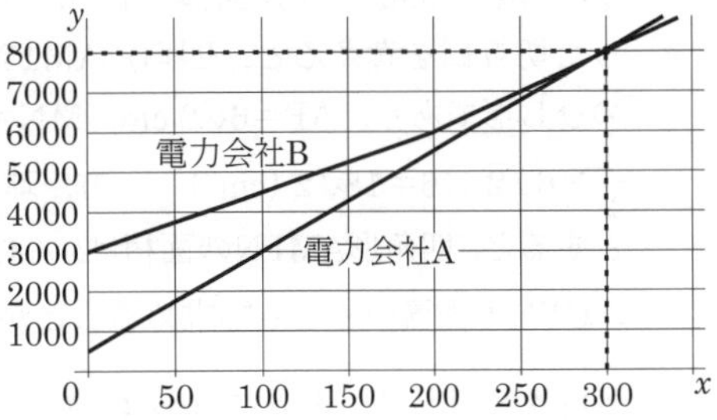

い。電力会社Aについて，yをxの式で表すと，比例定数が25で，$x=0$のとき，$y=500$だから，$y=25x+500$…①　電力会社Bについて，yをxの式で表すと，比例定数が20で，$x=200$のとき，$y=3000+15\times200=6000$だから，$y=20x+b$とおいて，$x=200$，$y=6000$を代入すると，$6000=20\times200+b$　$4000+b=6000$　$b=2000$　よって，$y=20x+2000$…②　①，②を連立方程式として解く。①を②に代入して，$25x+500=20x+2000$　$5x=1500$　$x=300$　$x=300$を②に代入して，$y=20\times300+2000=8000$　よって，$x=300$，$y=8000$　したがって，電力料金が等しくなるのは，300kWhのとき。

【7】（関数のグラフと図形）

問1　点Aは関数$y=ax^2$のグラフ上の点だから，$y=ax^2$に$x=-2$，$y=2$を代入して，$2=a\times(-2)^2$　$4a=2$　$a=\frac{1}{2}$

問2　点Bは関数$y=\frac{1}{2}x^2$のグラフ上の点で，そのx座標は6だから，y座標は，$y=\frac{1}{2}\times6^2=18$

問3　A$(-2,\ 2)$，B$(6,\ 18)$より，直線ABの式は，傾きが，$\frac{18-2}{6-(-2)}=2$なので，$y=2x+b$とおいて，$(-2,\ 2)$を代入すると，$2=2\times(-2)+b$　$b=6$　よって，直線ABの式は，$y=2x+6$

問4　点Cのx座標は，$y=2x+6$に$y=0$を代入して，$0=2x+6$　$-2x=6$　$x=-3$　よって，C$(-3,\ 0)$　直線ABとy軸との交点をDとすると，D$(0,\ 6)$より，△AOBの面積は，△AOB＝△AOD＋△BOD$=\frac{1}{2}\times6\times2+\frac{1}{2}\times6\times6=24$　点Pの座標を$(t,\ 2t+6)$とおくと，△COPの面積は，△COP$=\frac{1}{2}\times3\times(2t+6)=3t+9$　△COP＝△AOBのとき，$3t+9=24$　$3t=15$　$t=5$　よって，P$(5,\ 16)$

【8】（平面図形，証明，線分の長さ，面積の比）

問1　(例)△PABと△PDCにおいて，$\overset{\frown}{\mathrm{BC}}$に対する円周角は等しいから，∠PAB＝∠PDC…①　対頂角は等しいから，∠APB＝∠DPC…②　①，②より，2組の角がそれぞれ等しいから，△PAB∽△PDC　相似である2つの三角形の対応する辺の比は等しいから，PA：PD＝PB：PC

問2　(1)　PA＝$x$cmとおくと，PC＝$2x$cmと表される。PA：PD＝PB：PCより，$x:5=6:2x$　$2x^2=30$　$x^2=15$　$x=\pm\sqrt{15}$　$x>0$より，$x=\sqrt{15}$(cm)

(2)　相似な図形の面積の比は相似比の2乗に等しい。△PABと△PDCの相似比は，PA：PD＝$\sqrt{15}:5$　よって，面積の比は，$(\sqrt{15})^2:5^2=15:25=3:5$

【9】（空間図形，展開図，線分の長さ，内接する球の体積）

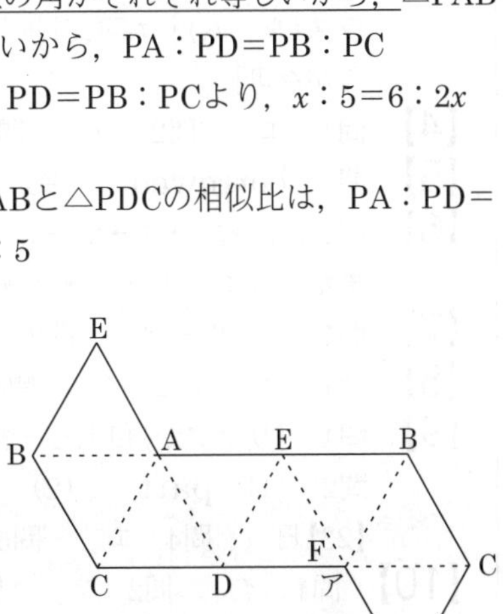

問1　右図より，点アに対応する頂点は，F。

問2　四角形ACFEは1辺の長さが6cmの正方形より，AC：AF＝$1:\sqrt{2}$　$6:\mathrm{AF}=1:\sqrt{2}$　AF＝$6\sqrt{2}$(cm)

問3　辺BC，DEの中点をそれぞれM，Nとする。△ACMは，内角の大きさが30°，60°，90°の直角三角形だから，AC：AM＝$2:\sqrt{3}$　$6:\mathrm{AM}=2:\sqrt{3}$　$2\mathrm{AM}=6\sqrt{3}$

AM$=3\sqrt{3}$ (cm) 正八面体を4点A, M, N, Fを通る平面で切った切り口を考えると, 四角形AMFNは1辺の長さが$3\sqrt{3}$ cmのひし形であり, AF$=6\sqrt{2}$ cm, MN$=6$cmより, その面積は, $\frac{1}{2}\times6\sqrt{2}\times6=18\sqrt{2}$ (cm^2) 一方, 球の中心をO, 半径を$r$cmとすると, 四角形AMFNの面積は, △OAM, △OAN, △OFM, △OFNの面積の和として求めることができるから, $\left(\frac{1}{2}\times3\sqrt{3}\times r\right)\times4=18\sqrt{2}$ $6\sqrt{3}r=18\sqrt{2}$ $r=\frac{3\sqrt{2}}{\sqrt{3}}=\frac{3\sqrt{2}\times\sqrt{3}}{\sqrt{3}\times\sqrt{3}}=\frac{3\sqrt{6}}{3}=\sqrt{6}$ (cm) よって, 求める球の体積は, $\frac{4}{3}\pi\times(\sqrt{6})^3=\frac{4}{3}\pi\times6\sqrt{6}=8\sqrt{6}\pi$ (cm^3)

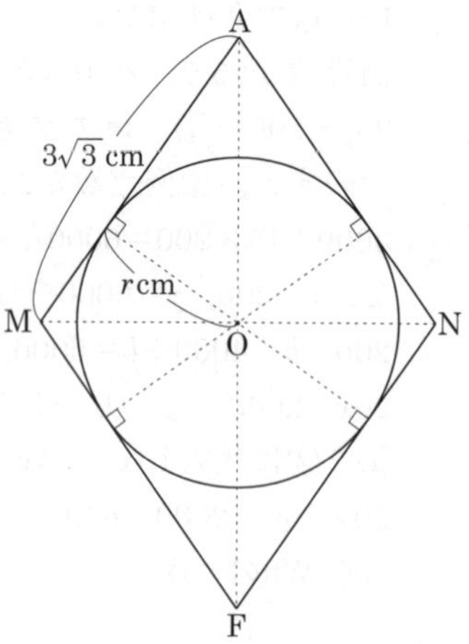

【10】 (規則性)

問1 (1) A→D→G→B→E→Hの順に駒を裏返すから, 表が白である駒は, CとF。

(2) 8回目まで行うと, A→D→G→B→E→H→C→Fの順に駒を裏返すから, すべての駒が黒になる。よって, これを2回繰り返す(8×2=16(回目)まで裏返す)と図1の配置に戻る。

(3) 100=16×6+4より, 4回目まで裏返した配置と同じになる。4回目まで行うと, A→D→G→Bの順に駒を裏返すから, 表が白である駒は, C, E, F, H。

問2 10回目まで行うと, A→D→G→J→C→F→I→B→E→Hの順に駒を裏返すから, すべての駒が黒になる。よって, これを2回繰り返す(10×2=20(回目)まで裏返す)と図3の配置に戻る。2019=20×100+19より, 19回目まで裏返した配置と同じになる。つまり, Hの駒だけ黒であるから, 表が白である駒の個数は9個。

<英語解答>

【1】 問1 イ 問2 ウ 問3 ウ

【2】 問1 イ 問2 ア 問3 エ

【3】 問1 7:30[「7時半」可,「7時30分」可] 問2 教室(を)掃除[ひらがな可,「教室」は「クラス(ルーム)」も可,「掃除」は「清掃」でも可] 問3 5(ドル) 問4 金(曜日)[ひらがな可]

【4】 問1 エ 問2 ウ 問3 イ

【5】 問1 borrowed 問2 earlier 問3 drinking 問4 done

【6】 問1 イ→エ→ウ→オ→ア 問2 エ→ウ→ア→オ→イ 問3 エ→ウ→ア→オ→イ または, エ→オ→イ→ウ→ア[問3は2つのうちどちらでも正解]

【7】 問1 イ→ウ→ア 問2 ウ→イ→ア 問3 ウ→ア→イ

【8】 問1 ウ 問2 イ 問3 BBQ plan(B) 問4 (¥)10,000[「1万円」,「いちまん」可]

【9】 問1 (リックが)和也と一緒に道場で空手の練習を楽しんだ(こと。)
問2 (1) part (2) three days[daysはtimesでも可] 問3 2016年【10】月【23】日 問4 エ 問5 ウ

【10】 問1 イ 問2 ア 問3 エ 問4 ア 問5 (1) surprised (2) lost (3) technology[skills可]

【11】 問1 (例)① He is from Canada. He comes(came)from Canada. など

② His hobby is reading(a book / books). He likes(reading / to read).など
問2 (例) Junko is playing the guitar. Haruko is drinking water. Hiroshi is sitting on the bench. Yoko is eating ice cream. Kenji is walking a dog. Jiro is sleeping.　問3 (例)(I [want/don’t want] to belong to a club.) Playing baseball is very fun for me. Also, I want to make a lot of friends.(This is my idea.)

＜英語解説＞

【1】・【2】・【3】 (リスニング)

放送台本の和訳は，70ページに掲載。

【4】 (文法問題：語句補充・選択，代名詞)

問1 A：あなたはアメリカからの新しい生徒を知っていますか？／B：はい。サムとアンディは私のクラスにいます。主語がサムとアンディの2人なのでbe動詞の複数形areを選ぶ。

問2 A：これはすてきな絵だ！／B：私がこの絵を<u>描きました</u>。／A：あなたが？私はそれをとても気に入っています。 ア 聞いた　イ 書いた　㋒ 描いた　エ 理解した
文脈からウが適当。

問3 A：これは誰のペンですか？／B：それは私のではないけれど，私はそれが<u>彼のもの</u>だと思います。 ア 彼が　㋑ 彼の／彼のもの　ウ 彼女が　エ 彼女の。カッコには「～のもの」という**所有代名詞**が入る。

【5】 (文法問題：語句補充，語形変化，過去・現在完了，比較，分詞の形容詞的用法)

問1 A：すみません。私は本を探しています。その名前はHistory of Okinawan Foodです。／B：少々お待ちください… そうですね，昨日誰かがその本を，<u>借りました</u>。／A：わかりました。ありがとう。カッコには動詞が入り，「本を～」なのでborrow(借りる)が適当。昨日の出来事なので borrowed 過去形にする。

問2 A：おや，あなたは今日のサッカーの練習に遅れませんでしたね！／B：今日はいつもより30分<u>早く</u>起きようとしました／A：いいですね！さあ，練習を始めましょう！ いつもよりも than usualなので，語群の中では「早く」が適当。**thanが続くので比較級**とする。get up はここでは「起床する」。

問3 A：お父さん，何をしているの？／B：この写真でミルクを<u>飲んでいる</u>この赤ちゃんを見てごらん。／A：ああ，それは私です。とてもかわいい！ 語群ではdrinkを使って「ミルクを飲んでいる赤ちゃん」が適当。赤ちゃん(名詞)のことを説明(修飾)しているので**ingを付けた現在分詞**とする。

問4 A：今日あなたはどこへ行きましたか？／B：ショッピングへ行って，映画を見ました。／A：わかりました。しかし，あなたはあなたの宿題をもう<u>済ませました</u>か？ do homework で宿題をやる。問題はhave you ～?であり完了形の疑問文なので，動詞は**過去分詞**とする。

【6】 (文法問題：語句の並べ換え、関係代名詞，比較，不定詞)

問1 The (イman エwho ウis オtaking アcare) of the dog over there. take care of ～「～の世話をする」。**whoは関係代名詞で man が先行詞**になる。 A：私はあの男の人を

以前見たことがあると思います。／B：だれについて話をしていますか？／A：向こうで犬の世話をしている男の人です。／B：ああ，彼はヒガさんです。彼は私の理科の先生です。

問2　But he(エcan ウnot アrun オas イfast)as Keisuke.　**as ～ as…「…と同じぐらい～」**。問題の文はcanの**否定形**なので，**「…ほど～できない」**となる。

A：あなたのサッカー部で，最も早く走るのは誰ですか？／B：ケイスケです。／A：ユウトはどうですか？／B：彼も早く走ります。しかし，彼はケイスケほど早く走ることができません。

問3　Do you(エwant ウsomething アhot オto イdrink)?　<want＋物＋to不定詞(形容詞用法)>の形で「飲むための何か温かいものがほしいですか？」という意味。または，Do you(エwant オto イdrink ウsomething アhot)?　want to ～(動詞の原形)は「～したい」なので，「何か温かいものが飲みたい」となる。A：今日学校はどうでしたか？／B：体育の授業がとてもおもしろかった。しかし，外は寒すぎた。今私はまだ寒く感じます。／A：あなたは何か温かいものが飲みたいですか？／B：はい！ありがとう。

【7】(会話文問題：文の並べ換え，助動詞、未来形・進行形)

問1　ケン，あなたの誕生日はいつですか？　→　イ)11月25日です。　→　ウ)ああ，クリスマスのちょうど一カ月前ですね！　→　ア)はい。その通りです。justは「ちょうど，まさに」という意味。

問2　こんにちは。何かお手伝いしましょうか？　ウ)はい，お願いします。私は白い色のテニス・シューズを探しています。　→　イ)そうですね。3種類の白い色のものがあります。　→　ア)お願いします。これを履いてみてもいいですか？　try ～ onで「～を着てみる／履いてみる」。be looking for ～で「～を探している」。

問3　マイク，外へ行ってはいけません。もうすぐ雨が降るでしょうから。　→ウ)だけど，今雨は降っていないよ，ママ。お願い，外へ行っていいでしょ？　→　ア)いいえ！あなたは中に居るべきです。外へ行くことはできません。　→　イ)ええと，じゃあテレビ・ゲームをやってもいい？　it'll=it will。should ～は「～するべき」。**May I ～は許可を求める**ときに使う。

【8】(資料読解問題：英問英答・選択)

(全訳)

ビーチ・パーティー・プラン

～ちゅら・ムーン・ビーチ～

		BBQプランA	BBQプランB	BBQプランC
食べ物		牛肉(100g) 鶏肉(100g) 野菜セット(50g)	牛肉(130g) 豚肉(130g) 鶏肉(130g) 野菜セット(80g)	牛肉(150g) 豚肉(150g) 鶏肉(150g) 野菜セット(80g) 焼きそば(100g)
1人あたりの料金	月曜日～金曜日	1,000円	1,500円	1,800円
	週末と休日	1,500円	2,000円	2,300円
プレゼント		1人にバナナ1本	1グループにスイカ1個	1グループにスイカ2個

営業時間→午前9：00～午後5：30
・5名以上がいれば，プレゼントがもらえます。
・同じグループのすべての人は，同じプランを選んでください。
詳しいことは，私たちに電話してください(電話○○○－○○○－○○○○)

(全訳)　駿(以下S)：これを見て！ぼくは，バーベキューを食べにこのビーチへ行きたい！／父(以下F)：わあ！すごくよさそうだね！来月，バーベキューを食べに，そこへ行こう。いつ行くのが君は都合がいい？／S：(A)はどう？その月の最初の日曜日。／F：ごめん。4月12日まで忙しそうだ。4月の最後の日曜日はどうかな？／S：いいよ！／F：それで，君はどのバーベキューのプランがいいかな，ジェイソン？君はたくさん食べたい？／ジェイソン：いいえ，焼きそばはいりません。けれども，私は全部の種類の肉とスイカを食べたい！／F：わかった！このプランを選んで，そして一緒にバーベキューを楽しもうか！

問1　ア　4月1日　　イ　4月6日　　㋒　4月7日　　オ　4月28日　(A)のあとの文で「来月の最初の日曜」と言っているので，4月7日が正解。

問2　(問題文訳)　駿の家族は12時からビーチが閉まるまで，バーベキュー・パーティーを続けるつもりです。彼らはビーチにどれぐらい滞在することになりますか？
ア　2時間　　㋑　5時間半　　ウ　8時間半　　エ　12時間　パーティーは12時に始まって，午後5：30にビーチが閉まるので，5時間30分滞在することになる。**How long ～？(時間・長さを尋ねる表現)**。a half hoursで一時間の半分(30分)。

問3　(問題文訳)　どのバーベキュー・プランを駿の家族は選ぶことになりますか？　BBQ Plan (B)　焼きそばが無く，全部の種類の肉が入っているプランを選ぶ。

問4　(問題文訳)　駿の家族がバーベキュー・パーティーへ行くときに5人になります。バーベキューに，いくら払うことになりますか？　家族は最後の日曜日(週末)にバーベキューへ行くことになっている。また，プランBを選ぶことから，一人あたり2,000円を払うことになって，5人の合計は10,000円となる。

【9】 (会話文問題：日本語で答える問題，語句補充，語句読解，内容真偽)

(全訳)　リック(以下R)：昨日は 僕を君の空手道場へ連れて行ってくれてありがとう。／和也(以下K)：僕と一緒に空手の練習を楽しんでくれたと思っている。／R：①もちろんそうしました！君は，どのくらいよく空手の練習をしているの？／K：僕はいつも火曜日，金曜日と土曜日に練習に参加している。それぞれの日には訓練をいつも3時間している。／R：わあ，君はとても一生懸命に空手を練習している。僕は，もっと空手のことを知りたい！／K：いいよ。空手は，中国と他のアジアの国々の文化の交流を通して，沖縄で生まれた。今では，世界中で愛されている。／R：僕は，10月25日が空手の日だと聞いた。／K：そうだよ。空手の日は沖縄で2005年3月にできた。2016年の空手の日の2日前，国際通りの型の集団演武が新しいギネス世界記録を作った。すべての年齢の多くの男の人たちと女の人たちが，普及型Iを②同時に演武した。この挑戦で誰もが，何の間違いも無く一緒に動くように努力した。3,973人の人たちの全部そろった演武は，インドで作られた古い記録を破ることに貢献した。それから，僕の道場の仲間と先生と一緒に，この特別なイベントに参加した。それは，すてきな経験だった。けれども，僕の道場の先生は昨日，2018年3月にインドで僕たちの世界記録が破られたと話してくれた。／R：本当？／K：そう，けれども，僕は沖縄でもう一度彼らの記録を破りたい。／R：僕は，あなたがそれをできると願います！それで，君は空手について，何が一番気に入っているの？／K：僕の道場の先生は，「空手では先手はない」

と「自分自身をまず知ること，そうすれば他の人たちを知ることができる」といつも言っている。僕は本当にこれら両方が好きだ。空手は，他人に対する攻撃に使うべきではない。僕が道場の仲間と練習するとき，僕は自分の間違いや悪いところを理解することができる。また，道場の練習を通して，僕は他の人たちに敬意を示すことの大切さについて学ぶことができる。／R：すばらしい！もう一つ質問があります。空手を漢字でどう書くか教えてくれる？／K：いいよ。空手の漢字は，「何も持っていない手」であることは興味深い。人々は自身の手を使うだけで，自身を守るために道具や武器は使わない。ああ，今までに空手の演武を見たことがある？／R：まったくありません。／K：僕たちの伝統的な型の演武の力を，あなたは感じることができると，僕は確信する。／R：どうもありがとう。今，2020年の東京オリンピックの試合で空手を見ることを待てません！／K：僕も！

問1　答「リックが和也と一緒に道場で空手の練習を楽しんだこと。」 直前の文で和也が「僕と一緒に空手の練習を楽しんでくれたと思っている」と言っている。didは動詞doの過去形。

問2　答「Kazuya takes (1)part in the practice at a *karate dojo* (2)three days／times a week for three hours each.」 和也は，週に3日／回それぞれ3時間空手道場で練習に参加している。(1)は，take part in ～で「～に参加(出場)する」。(2)は，和也の2つ目の発話「I join practice ~ on each day.」がヒント。~ day(s)a weekで「週に～日」。

問3　答「2016年【10】月【23】日」リックの4つ目の発話「I heard that ~ Karate Day」と次の和也の発話「Yes. Karate Day ~ Guinness World Record」を参照。世界記録は空手の日10月25日の2日前にできた。

問4　(ア)　同じコンサートで　(イ)　同じ大きさで　(ウ)　同じインタビューで　㋓　同じ時に　単語が使われている文は「多くの男の人たちと女の人たちが演武した」なので，語群の中では「同じ時に」が適当。

問5　(ア)　和也は沖縄で生まれたので，空手を練習している。　(イ)　沖縄は空手のギネス世界記録を作った最初の場所だ。　㋒　和也は，彼のお気に入りの空手の言葉と意味をリックに教える。(エ)　リックは，すぐに沖縄から去ろうとしているので，東京オリンピックの試合を見ることができない。和也の6つ目の発話「My *dojo* teacher always ~」で，リックにお気に入りの言葉と意味を話している。

【10】 (長文読解問題・論説文：内容真偽，語句補充，動名詞，関係代名詞，受け身，不定詞)

(全訳)　日曜日の午後遅く，私の二人の小さな子供たちは，ユーチューバーのようにビデオを作っている。子供たちを見ている間，私は子供たちの将来について考えている。

インターネットに驚きのニュースがあった。それは，日本の中学校の男の子たちの間で，ユーチューバーがもっとも人気のある仕事の一つだと言っていた。ユーチューバーは，独創的なビデオを作って，それらをインターネット上に置くことで，お金を得られる人のことだ。なぜ多くの若い日本の人たちが，ユーチューバーになりたいのか？ある生徒は，「毎日彼らは好きなことができるから，おもしろそうだ」と言う。別の生徒は，「私は，有名とお金持ちの両方になることができる」と言う。しかし，私はユーチューバーになることに，いくつかの危険性があると思う。初めに，彼らの顔と毎日の生活が番組に表されるので，ユーチューバーのプライバシーを守ることが難しいかもしれない。また，何人かの視聴者は，お気に入りのユーチューバーが住む場所を探し当てようとするかもしれない。次に，もしあなたがユーチューバーのように有名になれるならば，あなたは本当ではない悪いうわさを経験するかもしれない。ユーチューバーになるというリスクがあるが，彼らは日本の多くの若い人たちからたくさんの注目を得てきたと思う。

多くの人たちが今，ユーチューバーという言葉を知っているが，10年以上前には世界中の人たちはそのことについてあまり知らなかったのだと私は思う。科学技術は世界を変えている。将来，それは地震予報士，宇宙観光ガイド，ごみエンジニアなどのような新たな仕事を作るだろう。しかし，いつも世界をよりよい場所にするわけではないことを，私たちは記憶にとどめるべきである。これは，私たちが多くの仕事を失うリスクを持っていることを意味する。たとえば，科学技術のために，タクシーとトラックの運転手が，彼らの仕事を失うかもしれず，そして多くの会社が多くの場所で事務員を雇用することを止めるかもしれない。

2030年までに，とても多くの仕事が失われ，そして新たな仕事が生まれると言われている。これは，どのような仕事が子供たちにとってよいのかについて，子供たちにアドバイスを与えることが，多くの大人たちにとって難しくなるだろうということを意味する。私たちは，将来の仕事について考えるために，私たちの経験を使うことができるのか？いいえ，そうは思えない。私たちの生活は，科学技術のために以前より便利なものになっていて，そして私たちはそれ無くしては生活できないということが本当なのかもしれない。だから，私は子供たちが科学技術について学ぶこと，そして変化する世界で役に立つことになる技術を得ることが，必要になるだろうと確信する。また，大人たちは，子供たちにそして自分自身のために，そうすることが必要になるだろう。

今，私の子供たちはビデオを作ることは止めてしまって，ソファーでひと休みしている。私は子供たちの将来が心配だが，しかし将来を見ることを楽しみにもしている。

問1 (ア) ユーチューバーは，世界中でとても人気のある仕事だ。 ㋑日本の中学校の多くの男の子たちが，ユーチューバーになりたがっている。 (ウ) ユーチューバーは，日本の人たちにとってよい仕事だ。 (エ) 多くの理由があるので，ユーチューバーになることは難しい。下線①の「驚きのニュース」は，その後の文「It said “YouTuber” was ~」に書いてあるので，正解はイとなる。Itはニュースのこと。

問2 ㋐ユーチューバーは，インターネット上に誰でも見ることができる彼らのビデオを使って，お金を得る人。 (イ) ユーチューバーは，とても有名でお金持ちの人で，そして誰もがそれになりたがっている。 (ウ) ユーチューバーは，とても人気のある仕事についている人だが，しかしそれになることは難しい。 (エ) ユーチューバーは，科学技術を作ることでお金を得ることができる人。 第2段落の第3文「A YouTuber is a person ~」を参照すると，正解はアだとわかる。

問3 (ア) ユーチューバーは，もうすぐ最も人気のある仕事になるだろう。 (イ) 多くの人たちが，タクシーの運転手または事務員になりたがるだろう。 (ウ) 新たな仕事のために，多くの人たちが幸せになるだろう。 ㋓今人々が持っている多くの仕事が将来なくなるかもしれない。 第3段落第3文「In the future, it ~」では，「将来新しい仕事が現れる」とあり，第3段落第5文「That means we ~」では，「多くの仕事が失われる危険性がある」と書かれていることから，正解はエとなる。

問4 ㋐将来必要になるだろう多くの事を学ぶこと。 (イ) タクシーとトラックの運転手の仕事について考えること。 (ウ) ユーチューバーの将来について考えること。 (エ) ユーチューバーになる危険性を学ぶこと。 第4段落の最後から第2文「So, I am sure that ~」では，「変化する世界で役に立つ科学技術を学ぶべき」とあるので，正解はアとなる。

問5 (全訳) 筆者は，日本の中学校の男の子たちの間で，ユーチューバーが人気のある仕事になったというニュースを聞いて(1)驚いた。人々は，近い将来に多くの種類の仕事が生まれて，そして(2)失われていくだろうという。変化する世界で生活するために，筆者は将来大切になるだろう(3)科学技術について，人々は多く知る必要があると考える。(1)はユーチューバーのニュースを聞いた時の事であり，第2段落の最初の文「There was surprising ～」の「驚きのニュース」が参考になる。空欄は be surprised to ～「～して驚いた」とする。(2)では，「仕事が生まれ，そして…」となっている。第4段落の最初の文「It is said that ～」には，「仕事が失われ，そして新しい仕事が生まれる」とある。したがって，空欄は動詞 lose(失う)が適当で，カッコの前の will be に続くので lost と過去分詞とする。(3)はカッコのあとの「that will be ～」がカッコの語を説明しているので，カッコの語は「将来役に立つ大切なこと」。第4段落の最後から第2文「So, I am sure that ～」で，「科学技術を学ぶことは，変化する世界で役に立つだろう」と書いてあることから technology「科学技術」が適当。

【11】 (条件英作文)

問1　他人の自己紹介文を，メモから完成させる問題。(問題文と模範解答訳)「ニックは英語の先生です。①彼はカナダの出身です。彼の誕生日は，12月14日です。彼の好きな科目は理科です。②彼の趣味は本を読むことです／彼は読むことが好きです。彼はいつか京都を訪れたい。」 is from ~/come from ~で「～の出身」。

問2　人の動作を説明する問題。
(模範解答訳)「ジュンコはギターを弾いている。ハルコは水を飲んでいる。ヒロシはベンチに座っている。ヨウコはアイスクリームを食べている。ケンジは犬を散歩させている。ジローは眠っている。」 条件1は現在進行形なので，＜be＋動詞ing型＞を使う。play a guitarで「ギターを弾く／演奏する」。sit on ～で「～に座る」。walk a dogで「犬を散歩させる／運動させる」。

問3　高校の部活動に加入するか・しないかを決め，その理由を2文で書く問題。
(模範解答訳)「私は部活動に加入したい。私にとって野球をすることはとても楽しい。また，私は多くの友達を作りたい。これが私の考えだ。」 playing baseballは「野球をすること」で動名詞。

2019年度英語　リスニングテスト

〔放送台本〕

それでは聞き取り検査を始めます。

【1】 大問1は英文を聞いて答える問題です。それぞれの 場面の英文と質問が読まれます。質問の答えとして最も適切なものをア～エのうちから1つ選び，その記号を書きなさい。英文と質問はそれぞれ1度だけ読まれます。では，始めます。

問1　This is a picture. It tells you “You cannot swim here.”
Question: Which picture is it?

ア　　　　イ　　　　ウ　　　　エ

問2 Ken went to the park yesterday. Two boys were playing with a ball and a girl was reading a book by the tree.
Question: Which park did Ken go to?

ア

イ

ウ

エ

問3 Aya was busy last Sunday because she had to help her mother with cooking, washing dishes, and giving water to plants.
Question: Which picture is NOT true about Aya's job last Sunday?

ア　イ　ウ　エ

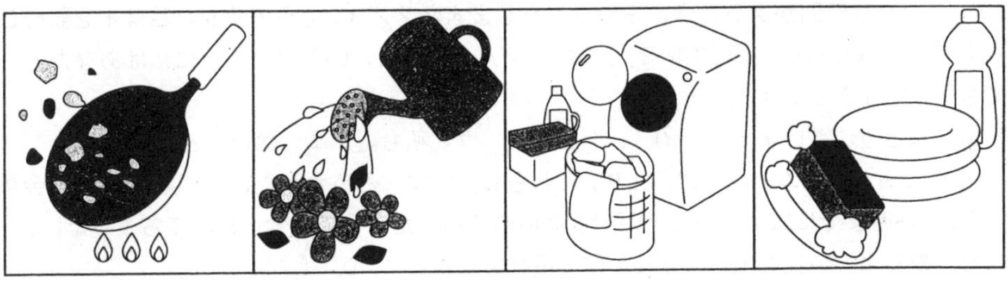

〔英文の訳〕

問1 これは絵です。「ここで泳ぐことはできません」と伝えています。

＜質問＞それはどの絵ですか？ 正解は，水泳をしているイラストに×印があるイ。

問2 昨日ケンは公園へ行った。二人の男の子がボールで遊んでいて，一人の女の子が木の近くで本を読んでいた。

＜質問＞ケンはどの公園へ行きましたか？ 正解は，二人の男の子がボールで遊び，一人の女の子が木の近くで本を読んでいるウ。

問3 先週の日曜日アヤは忙しかった，なぜなら彼女は料理を作り，皿を洗い，そして植物に水をやって，彼女の母を助けなければならなかったからだ。

<質問>どの絵が先週の日曜日のアヤの仕事について，事実ではないですか？　正解は，洗濯機と洗濯物のウ。

〔放送台本〕

【2】 大問2は会話を聞いて答える問題です。それぞれの会話の最後の文に対する応答として最も適切なものを，ア～エのうちから1つ選び，その記号を書きなさい。会話の英文は問題ごとに2度読まれます。なお，ア～エの答えの英文は読まれません。では，始めます。

問1　A:　What do you usually do in your free time?
　　B:　Well, I like reading books, so I often go to the city library.
　　A:　That's nice! Can I go with you next time?
　　B:　(　　)

問2　A:　Hi, Sam. This is Mom.
　　B:　Hi, Mom. What's wrong?
　　A:　I have a meeting from seven o'clock, so I cannot get home by eight o'clock. Please make dinner by yourself.
　　B:　OK. I will. Can you give me a call when you leave your office?
　　A:　(　　)

問3　A:　How will you spend this summer, Tetsu?
　　B:　I am going to go to Australia! My aunt lives in Sydney.
　　A:　That's so cool! I have never been there.
　　B:　I plan to go to see kangaroos and koalas. They are cute, aren't they? I'll send you a postcard from Sydney.
　　A:　(　　)

〔英文の訳〕

問1　A：あなたは時間があるときにふつう何をしますか？／B：そうですね。私は本を読むことが好きなので，しばしば市立図書館へ行きます。／A：それはいい！次のときに私はあなたと一緒に行ってもいいですか？／B：(　)

ア　ありがとうございます。　㋑　いいとも。　ウ　私も。　エ　はい，どうぞ。

問2　A：もしもし，サム。ママよ。／B：もしもし，ママ。どうかしたの？／A：7時から会議があって，だから8時までに家に帰ることができないの。あなた自分で夕食を作ってちょうだい。／B：わかった。やるよ。会社を出るときに，僕に電話をくれる？／A：(　)

㋐　ええ，あとで電話かけなおすわね。　イ　日曜日に行きましょう。

ウ　今時間があります。　エ　あなたはどうなの？

問3　A：テツ，この夏はどうやって過ごしますか？／B：オーストラリアへ行くつもりです！僕のおばさんが，シドニーに住んでいます。／A：とても素敵ですね！私はそこへ行ったことがありません。／B：僕はコアラとカンガルーを見に行こうと計画しています。彼らは，とてもかわいいでしょ？僕はあなたにシドニーからはがきを送ります。／A：(　)

ア　私は郵便局へ行きます。

イ　私はシドニーの出身です。

ウ　私はカゼをひくかもしれないと心配しています。

㋓ ありがとう！そこで楽しい時間を過ごして。

〔放送台本〕

【3】 大問3はミカのニュージーランド留学についてのスピーチを聞いて，表を完成させる問題です。それぞれの(　　)に入る最も適切な数字，又は日本語を書きなさい。英文は続けて2度読まれます。では，始めます。

Hi, everyone. I am Mika. I studied abroad in New Zealand for ten months and I made a lot of happy memories. Today, I am going to talk about my experience there. There are some differences between our school and the school I went to. My school in New Zealand usually started from 7:30 a.m. and finished 3 p.m. Every morning, the students had to clean up their classroom before lessons started.

The students also had to move to each class because teachers had their own classrooms and stayed there. So they had fifteen-minute breaks between classes. Around lunch time, I often went down to the cafeteria. My favorite food was "Fish and Chips." It was a big fried fish and potatoes which was five dollars. It is a very popular and traditional food in New Zealand. On Fridays after school, there was afternoon tea time. I loved that time. All teachers were very kind and friendly. I made many good friends from other countries. I miss them so much. Why don't you visit New Zealand someday? I think you will love it.

〔英文の訳〕

こんにちは，みなさん。私はミカです。私は10カ月間ニュージーランドに留学して，たくさんの楽しい思い出を作りました。今日は，そこでの私の経験について，お話しするつもりです。私たちの学校と私が通った学校とでは，いくつか違った点があります。ニュージーランドの私の学校は，ふつうは午前 7:30 から始まって，午後3 時に終わりました。毎朝，生徒たちは授業が始まる前に，彼らの教室を掃除しなければなりませんでした。

生徒たちはまた，それぞれ教室を移動しなければならず，それは先生たちが先生自身の教室を持っていて，そこにいたからです。だから，授業の間に 15 分間の休憩がありました。昼食の時間の近くになると，私はよくカフェテリアへ降りて行きました。私の大好きな食べ物は，「フィッシュ & チップス」でした。それは，大きな魚のフライとポテトで，5 ドルでした。ニュージーランドでは，それはとても人気があって，昔ながらの食べ物です。金曜日の放課後はアフタヌーンティータイムでした。私はその時間がとても好きでした。先生は全員とても親切で友好的でした。私は他の国々からの多くの仲の良い友達を作りました。私はその友達に会えなくてとても寂しいです。いつかニュージーランドを訪れませんか？私はあなたたちがそこをとても気に入るだろうと思います。

問1　学校が始まる時間　　午前(7:30)
問2　毎朝，生徒が授業前にしなければならないこと　(教室を掃除)しなければならない
問3　フィッシュ & チップスの値段　(5)ドル
問4　アフタヌーンティータイムのある曜日　(金)曜日
これで，聞き取り検査を終わります。

＜理科解答＞

【1】 問1　ウ　　問2　カ　　問3　エ　　問4　R：r＝1：1　　問5　470個
問6　丸粒としわ粒が1：1の割合で生じる

【2】 問1　ア　　問2　33%　　問3　再結晶　　問4　ミョウバン　　問5　(1)　イ　　(2)　ウ

【3】 問1　オ　　問2　実像　　問3　(1)　20cm
(2)　10cm　　(3)　ウ　　問4　右図

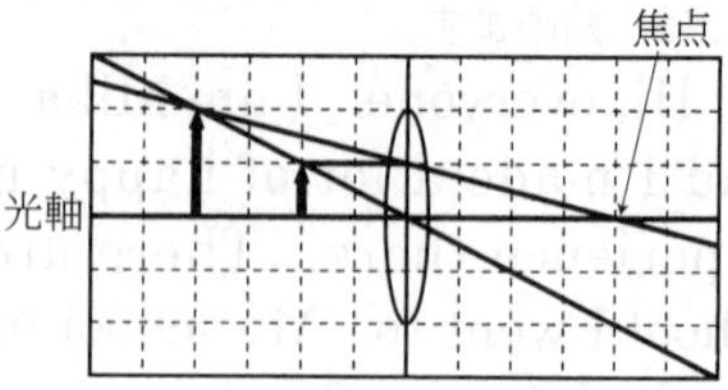

【4】 問1　ウ　　問2　地点A　　問3　①　小笠原
②　西高東低　　問4　天気　くもり　　風向　南
問5　気温　イ　　風向　ア

【5】 問1　エ　　問2　A，C　　問3　イ　　問4　ウ
問5　肝臓　　問6　60秒

【6】 問1　イ　　問2　$2CuO + C \rightarrow 2Cu + CO_2$
問3　銅：酸素＝4：1　　問4　800g　　問5　エ

【7】 問1　震央　　問2　①　大き　　②　近
問3　ア　　問4　(1)　右図　　(2)　4km/s
(3)　3秒後

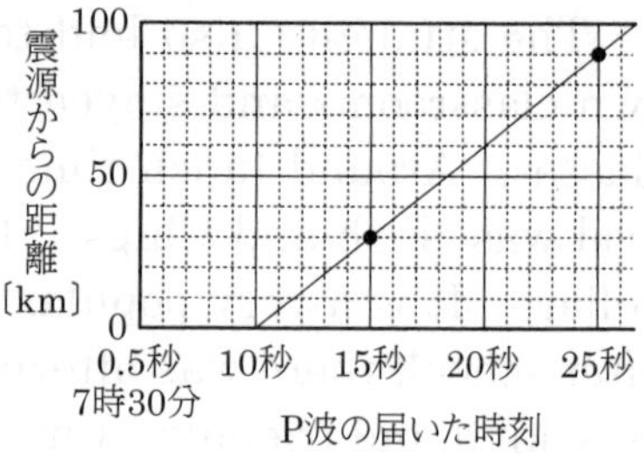

【8】 問1　①　5N　　②　5J　　③　位置
問2　電力　0.05W　　電気エネルギー　0.4J
問3　(1)　8%　　(2)　エ

＜理科解説＞

【1】 (植物の分類，動物の分類，遺伝)

問1　マツは，種子植物の中の**裸子植物**に分類される。子房はなく，胚珠は雌花のりん片にむき出しでついている。ア：コケ植物，イ：シダ植物，ウ：裸子植物，エ：**被子植物**の中の**単子葉類**，オ：被子植物の中の**双子葉類**のうちの離弁花類，カ：双子葉類の中の合弁花類。

問2　双子葉類の根は**主根**と**側根**からなり，茎の維管束は輪になって並んでいる。また，葉脈は網目状に広がっている。

問3　チョウは，無セキツイ動物の中の**節足動物**のうちの昆虫類。鳥は背骨をもつセキツイ動物の中の鳥類で，ホニュウ類と同じ恒温動物である。

問4　純系の親のもつ**遺伝子**は丸粒がRR，しわ粒がrr。これらをかけ合わせると，子のもつ遺伝子の組み合わせはすべてRrになり，子はすべてが丸粒だった。花粉の中の**精細胞**は，**減数分裂**によって遺伝子をR：r＝1：1の割合でもつ。

問5　Rrを自家受粉させたので，孫のもつ遺伝子の組み合わせはRR，Rr，rrの3種類で，その割合はRR：Rr：rr＝1：2：1になる。Rをもつ種子はすべて丸粒になるので，rrの組み合わせの種子だけがしわ粒になる。705－235＝470がRrの組み合わせの種子である。

問6　Rrとrrをかけ合わせると，その子がもつ遺伝子の組み合わせはRr，Rr，rr，rrとなり、Rr(丸粒)とrr(しわ粒)の種子の割合は1：1になる。

【2】 (水溶液－濃度，溶解度，再結晶)

問1　物質が液体に『とける』とは，物質が目に見えないくらい小さな粒になって，**溶媒**と均一に混じり合うことである。このとき溶液は色がついていたとしても透明で，粒子は溶液中でつねに動き回っているのでこさはどの部分でも同じである。

問2　(b)では物質Xがすべてとけている。質量パーセント濃度(%)＝溶質の質量(g)÷溶液の質量(g)×100＝溶質の質量(g)÷(溶質の質量＋溶媒の質量)(g)×100より，50(g)÷(50＋100)(g)×100＝33(%)

問3　物質が水にとけることができる質量は，水の温度によって変わる。(b)→(c)で溶液の温度が70℃→50℃に下がったことで，とけきれなくなった**溶質**が**結晶**になってあらわれた。

問4　その温度の水100gにとけることができる物質の限度の質量を**溶解度**という。(c)では50℃の水100gに溶解度にあたる質量の物質Xがとけている。その質量は，50－14＝36(g)図2で，50℃の溶解度がおよそ36gの物質があてはまる。

問5　(1)　60℃では，硝酸カリウム30gと硫酸銅30gはいずれも水100gに完全にとける。それぞれの水溶液の温度を20℃まで下げると，図2より，20℃の溶解度は硝酸カリウムが32g，硫酸銅が22gなので，硫酸銅ではとけきれない分が結晶になる。硝酸カリウムのほうは，さらに32－30＝2(g)をとかすことができる。　(2)　溶質は互いに影響しないので，硝酸カリウム(23×2)gが溶解度にあたる温度を図2から読みとる。

【3】 (光－凸レンズ)

問1　物体Aを凸レンズの**焦点距離**より外側の位置から凸レンズに近づけていくと，スクリーンにはっきりした像がうつる位置は，凸レンズから次第に遠ざかる。図3では，内箱を矢印の右向きに動かしたことになり，内箱の目盛りの値は小さくなる。一方，はっきりした像は凸レンズの右側の焦点から遠ざかるので，像は大きくなる。

問2　凸レンズを通った光が集まって，スクリーン上に像を結ぶとき，この像を**実像**という。

問3　(1)　焦点距離の2倍の位置にある物体Aから出た光は，凸レンズを通って，焦点距離の2倍の位置に実物と同じ大きさの実像を結ぶ。　(2)　30(cm)－20(cm)＝10(cm)　(3)　スクリーン上のには，物体Aと上下，左右が逆になった実像がうつる。

問4　物体Bの先端から出た光軸に平行な光は，凸レンズで**屈折**して直進し，凸レンズに向かって右側にある**焦点**を通って進む。また，同時に物体Bの先端から出て凸レンズの中心を通った光は，そのまま直進する。これらの光を，凸レンズの左側に伸ばしていくと，凸レンズをのぞいて見えた物体Bの**虚像**の位置をもとめることができる。

【4】 (日本の気象－気象観測，天気の変化)

問1　図1は，オホーツク海気団(低温・湿潤)と小笠原気団(高温・湿潤)がぶつかって，東西に長く**停滞前線**(梅雨前線)が伸びている。図2は，シベリア高気圧が発達し，西高東低の冬型の気圧配置。図3は，日本列島が小笠原高気圧におおわれ，南東の季節風がふく夏の天気図。

問2　大気は，気圧の高いところから低いところへ流れる，また，風が強く吹いているところほど，**等圧線**の間隔はせまい。

問3　寒気団と暖気団の勢力がほぼ同じで，上空の風の向きが**前線**と平行になっていると，前線は動かずに停滞前線になる。図2は北西の季節風，図3では南東の季節風が吹く。

問4　◎はくもり，●は雨を表す。風向は，風の吹いてくる方向に矢羽根を向けて，羽根の本数で風力を表す。

問5　前線Cは**寒冷前線**。この前線の通過後は風向が南寄りから西または北寄りに変化し，寒気におおわれて気温が下がる。

【5】 (動物の体のつくりとはたらき－血液循環，消化と吸収，心臓)

問1 心臓から押し出される血液が流れる血管が**動脈**。圧力にたえられるように血管のかべは厚く，弾力性がある。逆流を防ぐ弁は**静脈**にある。また，心臓から肺へ向かう血液が流れる肺動脈には，二酸化炭素を多く含む静脈血が流れている。

問2 全身をめぐって不要物である二酸化炭素をとり込んだ静脈血は，血管Cを通って心臓に入り，肺動脈Aを通って肺(①)に入る。

問3 タンパク質の分解によって生じたアンモニアは有害な物質で，肝臓(②)で害のない尿素に変えられる。その後，心臓から肺(①)を通って二酸化炭素と酸素の交換を行い，再び心臓にもどり，大動脈(D)から全身に向かうが，一部はじん臓(④)を通って尿に変わる。

問4 食物は消化管を通る間にそれぞれの器官で**消化**されて，吸収されやすい大きさの物質になる。小腸(③)の**柔毛**ではアミノ酸とブドウ糖が毛細血管に，脂肪酸とモノグリセリドはリンパ管に吸収されるが，このうちブドウ糖は肝臓(②)へ運ばれ，一部がグリコーゲンとして貯えられる。

問5 胆汁は肝臓でつくられ，たんのうに貯えられる。食物を消化することはできないが，脂肪の消化をたすけるはたらきがある。

問6 表1より，1分間のはく動数の平均は，$(78+83+79)\div 3=80$(回) $6000(\text{mL})\div 75(\text{mL})=80$より，心臓は1分間(60秒)で全血液を送り出す。

【6】 (化学変化－化学反応式，化学変化と物質の質量)

問1 酸化銅は，銅と酸素が結びついた**化合物**。炭素は銅よりも酸素と結びつきやすいため，酸化銅の酸素を奪ってしまう。このように，酸化物から酸素が奪われる化学変化を**還元**という。このとき，炭素は酸素と結びついて酸化物になる。

問2 酸化銅と炭素の化学変化に関わる物質の**化学式**は，酸化銅(CuO)，炭素(C)，銅(Cu)，二酸化炭素(CO_2)。化学反応式では，反応の前後(→の左右)で原子の種類と数は一致する。

問3 酸化銅2.0gに含まれる銅は1.60gなので，(銅の質量)：(酸素の質量)＝1.60(g)：(2.0－1.60)(g)＝1.60：0.4＝4：1

問4 (銅の質量)：(酸化銅の質量)＝4：5より，$1000(\text{g})\times\frac{4}{5}=800(\text{g})$

問5 加熱後の物質は，赤色の銅と反応に使われずに残った黒色の炭素粉末の混合物である。炭素粉末は(0.18－0.15)g残ったので，加熱後の物質の質量は，$1.60+0.03=1.63$(g)

【7】 (地震－地球内部，震央，地震の波の伝わり方)

問1 地下で地震が発生した点を**震源**といい，その真上にある地表の点を**震央**という。

問2 同じ震源で発生した地震を同一の観測地点で記録すると，地震の規模(地震発生のエネルギー)が大きいほど**震度**が大きく記録される。また，震源で発生した地震によるゆれを各地で記録したとき，震源からの距離が遠くなるほど震度は小さく記録される。

問3 日本付近では4枚の**プレート**が押し合っており，海のプレートが陸のプレートの下に沈みこんでいる。プレートの境界で起こる地震の震源は，プレートの沈みこみにそって，太平洋側で浅く，日本海側にいくにつれて深くなる。

問4 (1) 地震のP波とS波はそれぞれ一定の速さで伝わるので，地震が発生してからP波が到着するまでの時間は，震源からの距離に比例する。 (2) 表1より，P波の速さを求めると，$(90-30)(\text{km})\div(25-15)(\text{s})=6(\text{km/s})$ 震源から60km離れた地点にS波が到着するのは，60

(km)÷6(km/s)＋5(s)＝15(s)より，地震が発生してから15秒後である。したがって，S波の速さは，60(km)÷15(s)＝4(km/s)　(3)　震源から60km離れた地点にS波が到着するのは，地震発生から15秒後。緊急地震速報を受信したのは地震発生から12秒後なので，15－12＝3(s)より，受信から3秒後にS波が到着して**主要動**を感じる。

【8】　(仕事とエネルギー－仕事，位置エネルギー，運動エネルギー，エネルギーの変換)

問1　500gのペットボトルには，5Nの**重力**がはたらいている。これを1m持ち上げた**仕事**の大きさは，5(N)×1(m)＝5(J)。基準面からある高さにある物体は，**位置エネルギー**を持っている。その高さから物体が落下すると，位置エネルギーが**運動エネルギー**に変換される。

問2　電力(W)＝電圧(V)×電流(A)より，0.25(V)×0.2(A)＝0.05(W)　電気エネルギーは電力量と等しいので，0.05(W)×8(s)＝0.4(J)

問3　(1)　最初に500gのペットボトルが1mの高さで持っていた位置エネルギーが5Jである。問2より，電気エネルギーは0.4Jなので，$\frac{0.4(\mathrm{J})}{5(\mathrm{J})}\times 100=8(\%)$　(2)　ペットボトルが持っていた位置エネルギーは，電気エネルギー，熱エネルギー，などに変換されるが，**エネルギー保存の法則**により，変換前と変換後のエネルギーの総和は等しい。

＜社会解答＞

【1】　問1　オセアニア(州)　問2　イ　問3　ウ　問4　ウ　問5　①　北大西洋(海流)　②　偏西風　問6　イ

【2】　問1　ウ　問2　イ　問3　ア　問4　イ　問5　(上越では,)北西(北・北北西・西・西北西)からの季節風が湿った空気を運んでくる(ため，冬に降水量が多い。)＊方角の代わりに「日本海」「大陸」も可。＊風向を示していないと不可。＊湿った空気未使用は不可。＊部分点なし。　問6　ハブ(空港)　問7　10(日)午前11(時)　問8　エ

【3】　問1　ウ　問2　エ　問3　イ　問4　エ　問5　ア　問6　(信長は，楽市・楽座を行うことで)商工業の発展(をうながした。)＊商工業の発展など「効果」について述べたものは2点，関所の廃止など「手段」について述べたものは部分点(1点)。＊「経済の発展」など経済活動の活性化に類する表現は可。＊正答と誤答が混在する場合，もしくは不十分な場合は部分点(1点)とする。　問7　武家諸法度(漢字のみ)　問8　ア　問9　ウ

【4】　問1　ア　問2　イ　問3　ウ　問4　＜記号＞　ウ　＜適当な表現＞　外国人の排除を求める＊完全解，部分点なし。＊外国人の影響力を積極的に排除するニュアンスがあれば可(イギリス等特定の欧米の国名を挙げて限定していても許容。)＊「外国人の排除」のみは不可(後続の文章につながらないため。)＊朝廷(天皇)の尊重にも触れたものは不可(先行する文章と重複するため。)　問5　イ　問6　エ　問7　イ→ウ→ア　問8　ア

【5】　問1　ア　問2　ウ　問3　再審＊ひらがな可。「再審請求」「再審制度」など「再審」という文言があれば可。ただし「再審」部分の漢字ミスは不可。部分点なし。　問4　ウ　問5　イ　問6　(日本国憲法は最高法規なので，改正の際に国民投票をすることで)国民主権(の原理を反映させている。)＊ひらがなは可。＊漢字ミスは不可。「人民主権」「主権在民」「主権が国民にあること」などは可。部分点なし。　問7　エ　問8　イ・ウ・オ

【6】 問1　消費者基本法　　問2　労働基準法　　問3　ウ　　問4　エ　　問5　(1)　エ
(2)　グローバル(化)＊カタカナのみ。＊「ボーダレス」「グローバリズム」可。
(3)　ア・ウ　　問6　ア

<社会解説>

【1】 (地理的分野－世界の地形・資源・人口・産業・などに関する問題)

問1　**Xがオーストラリア大陸**であることから判断すれば良い。オセアニア州は，オーストラリア大陸，ニュージーランドを含むポリネシア，ニューギニアを含むメラネシア，ミクロネシア全体のことである。

問2　Aがアメリカ合衆国であることから判断すれば良い。②は石炭，③は銅鉱石である。

問3　アメリカに対抗する市場を目指した点から，GDPが大きいことに注目して判断すれば良い。また,人口に注目すると，アが🄲の中国，イが🄰のアメリカ，エが🄱の日本であることが分かる。

問4　地中海の場所に注目すると，Ⅰの地域が地中海式農業であることが分かる。ヨーロッパ北部やアルプス山脈周辺は冷涼な気候であることに注目すると，Ⅱの地域が酪農が盛んな地域であることが分かる。これらをまとめて判断すれば良い。

問5　①　**メキシコ湾流から延長して，ヨーロッパ西岸に向かって流れる暖流**である。　②　北緯または南緯30度から60度付近の中緯度地域の上空に見られる西寄りの風のことである。

問6　Ⅰは中心からの距離と方位が正しい**正距方位図法**である。Ⅱは地図上の面積が正しい**モルワイデ図法**である。Ⅲは緯線と経線が直角に交わる**メルカトル図法**である。

【2】 (地理的分野－日本の国土・人口・エネルギー・交通・地形図などに関する問題)

問1　ブラジルは，北部のアマゾンの一部が赤道直下にあるほかは，西経・南緯に位置していることから判断すれば良い。

問2　**過疎が進んでいる東北・山陰・南四国**の数値が高くなっていることに注目すれば，①が老年人口率であることが分かる。**情報の集積地である首都東京**の他，**観光業が盛んな北海道・沖縄**に注目すれば，②が第3次産業人口であることが分かる。**三大都市圏である，東京圏・名古屋圏・大阪圏**に人口が集中していることに注目すれば，③が人口密度であることが分かる。

問3　フランスの発電の中心であることから判断すれば良い。また，日本では2010年には全体の4分の1を占めていたが，2011年の東日本大震災で発生した津波による，福島県の原子力発電所の事故の影響で，日本国内の原子力発電所の稼働が停止したために，2012年にはその割合が大きく減っている点からも判断できる。

問4　日本近海の潮目は，**暖流の日本海流と寒流の千島海流がぶつかる三陸沖**に位置している。

問5　上越が日本海側にある点に注目すれば良い。冬の季節風は，ユーラシア大陸から吹いてくる北西の季節風である。その風が，日本海を越えるときに，暖流の対馬海流から蒸発した水分を吸収して湿った風となり，山沿いを中心に雪を降らせるのである。

問6　車輪の中心のハブにスポークが集まっているように見えるところからつけられた名称である。

問7　東京とロンドンの経度差は135度－0度＝135(度)である。地球は24時間1周の自転をしているので，**1時間を経度に直すと，360÷24＝15(度)**となる。したがって，2地点間の時差は135÷15＝9(時間)となる。日本の方がロンドンより日付変更線に近いことから，日本の10月10日午前8時はロンドンでは－9時間の10月9日午後11時となる。飛行時間は12時間なので，到着時は12時間後の10月10日午前11時となる。

問8　**主曲線が10mごと**に描かれていることが読み取れることから，**地形図の縮尺は25000分の1**であることが分かるので，エは誤りである。

【3】 (歴史的分野－紀元前から17世紀までの日本・世界の各時代に関する問題)

問1　Aは**ナイル川**流域に発達したエジプト文明，Bは**チグリス川・ユーフラテス川**流域に発達したメソポタミア文明，Cは**インダス川**流域に発達したインダス文明，Dは**黄河・長江**流域に発達した中国文明である。

問2　預言者であるムハンマドが610年にメッカ近郊で天使ジブリール(ガブリエル)の声を聞いたことから始まった宗教である。アは仏教，イはキリスト教，ウは儒教のことである。

問3　律令制度の根幹をなす，**班田収授**の法のことである。アは安土桃山時代，ウは江戸時代，エは室町時代のことである。

問4　**大阪が「天下の台所」と称されるのは江戸時代**のことであるから，エは誤りである。

問5　日本・中国・東南アジアの三地点の中間辺りに位置していた琉球王国の地理的な特徴を活かした貿易である。イは16世紀半ばから17世紀初頭にかけて，**ポルトガル・スペインとの間で行われた貿易**である。ウは豊臣秀吉が1592年に貿易の許可証である朱印状を発行して始め，徳川家康の時代に最盛期を迎えた**東南アジア地域との貿易**である。エは1404年に足利義満が海賊である倭寇と区別するための合札(勘合)を用いて朝貢形式で始めた，**明との貿易**である。

問6　安土に人を集め，税や労役を免除することで経済活動の活性化を目指した点に注目してまとめれば良い。

問7　資料2が，1615年に2代将軍徳川秀忠の名において出された元和の武家諸法度の内容であることから判断すれば良い。

問8　**大老**が示されていることから，Ⅰは江戸時代の政治実務の中心である老中であることが分かる。**六波羅探題**とあることから，Ⅱは鎌倉幕府の将軍の補佐役である執権であることが分かる。**鎌倉府**とあることから，Ⅲは室町幕府の将軍の補佐役である管領であることが分かる。

問9　東大寺の大仏は8世紀にあたる752年に開眼供養会が行われていることから，ウは誤りである。アは，1398年に完成，イは1478年に完成，エは1458年完成したものである。

【4】 (歴史的分野－江戸時代末期から昭和時代までの日本・世界の各時代に関する問題)

問1　**1868年から1869年**にかけて，**薩摩・長州・土佐などの各藩の中心に構成された新政府軍**が，**旧幕府軍・奥羽越列藩同盟などの勢力との間で繰り広げられた戦い**である。イは1863年に薩摩藩とイギリスの間で行われた戦い，ウは1877年に西郷隆盛が率いる士族勢力と明治政府軍の間で行われた戦い，エは1861年から1865年にかけて，アメリカ合衆国の北部諸州とアメリカ連合国と称した南部諸州の間で行われた戦いである。

問2　**1875年の樺太・千島交換条約**では，**樺太をロシア領とし千島列島全域を日本領とする**ことになったので，イは誤りである。

問3　1913年から2期，8年間を務めた第28代アメリカ合衆国大統領である。国際連盟創立に力を尽くした功績により，1919年にノーベル平和賞を受賞している。アはワシントン大統領，イはリンカーン大統領，エはフランクリン・ルーズベルト大統領のことである。

問4　尊王攘夷とは，天皇を尊び外国人を打ち払おうという考え方であることから判断すれば良い。天皇中心に関しては資料に書かれているので，外国人に関する部分だけを記述することに注意する必要がある。

問5　1895年に締結された日清戦争の講和条約である下関条約で，台湾が日本領とされたことに注目すれば良い。アは1842年にイギリスと清の間で結ばれた条約，ウは1905年に日本とロシアの間で結ばれた条約，エは1915年に日本が中華民国に対して出した要求である。

問6　1944年に沖縄県でつくられたひめゆり学徒隊は沖縄師範学校女子部と沖縄県立第一高等女学校の師範・生徒で構成されていたが，太平洋戦争末期の沖縄での地上戦時に動員され，その多くが命を落としていることから，エは誤りである。アは津田梅子，イは大正時代の風俗，ウは普通選挙運動のことである。

問7　Aは1873年にドイツ商船が遭難した際に宮古島の人たちが遭難者を救助し，帰国を実現させたことを記念した石碑である。アは1961年，イは1895年，ウは1919年のことである。

問8　沖縄返還が1972年に実現したことから判断すれば良い。バブル経済崩壊は，1991年から1993年にかけてのことなので，アは誤りである。

【5】（公民的分野－日本国憲法に関する問題）

問1　国会が立法権，内閣が行政権，裁判所が司法権を持つことから判断すれば良い。

問2　石垣島の北約170km，沖縄本島の西約410kmの東シナ海上に位置する島々である。魚釣島・北小島・南小島・久場島・大正島などから構成されている。アはロシアとの間で懸案となっている北方領土，イは東京都に属する島々，エは沖縄県に属する島々である。

問3　有罪判決を受けた者の利益となる新たな証拠が発見された時など，一定の要件を満たす重要な理由がある場合に再審理が認められる制度である。

問4　Xは正しい。Yは刑事裁判が対象であることから，誤りである。Zは強盗・殺人・放火などの重大事件が対象であることから，誤りである。

問5　日本国憲法第96条の条文から判断すれば良い。

問6　日本国憲法の三原則が，国民主権・基本的人権の尊重・平和主義であることから判断すれば良い。最高法規である憲法の改正に必要な要件は，主権者である国民の判断であることが分かるはずである。

問7　イギリスが離脱を決定したのはヨーロッパ連合(EU)である。アは国連教育科学文化機関，イは国連平和維持活動，ウは環太平洋戦略的経済連携協定のことである。

問8　アは国会が指名することから誤りである。エは沖縄県知事が指名することから誤りである。

【6】（公民的分野－経済のしくみ・沖縄の社会に関する問題）

問1　消費者の権利の尊重と消費者の自立支援を基本理念として，1968年に制定された消費者保護基本法を改正し制定したものである。

問2　日本国憲法第27条の規定に基づき，1947年に制定されたものである。

問3　図2の内容を正しく読み取っていることから，ウが正しい内容である。図1から，女性正規労働者の割合は労働者全体の2割であると分かることから，アは誤りである。図1から，男性非正規労働者の割合は労働者全体の1割であると分かることから，イは誤りである。図2から，非正規労働者に占める男性の割合は3割であると分かることから，エは誤りである。

問4　問われている語句の前にある説明に注目すれば良い。一つの企業で定年まで働くとあることから，Aは終身雇用制となる。年齢とともに賃金が上がるとあることから，Bは年功序列型となる。仕事の結果に応じて賃金を支払うとあることから，Cは成果となる。

問5　(1)　問われている語句の前にある説明に注目すれば良い。国や地方公共団体の仕事とあることから，Aは公共事業となる。国民や県民が納めるとあることから，Bは税金となる。国民に財やサービスを提供とあることから，Cは財政となる。 (2) **地球規模で資本や情報のやり取りが行われ，国内市場と海外市場の境目がなくなり地球規模の市場が形成される**ことである。
(3) 海外からの観光客にとってマイナスの状況が発生すると観光客は減少することに注目すれば良い。円高になると1ドルで手にできる円が少なくなり，海外からの観光客は日本国内で使える円が少なくなってしまうことから，アは誤りである。自然災害が多くなると，海外からの観光客は航空機の欠航などで旅行の予定変更を余儀なくされることから，ウは誤りである。

問6 安室奈美恵さんは，長年の芸能活動で幅広いファンを獲得したことを評価されて沖縄県民栄誉賞を受賞した。羽生結弦さんは，2018年平昌オリンピックフィギュアスケートで男子シングル種目で66年ぶりとなる2連覇を達成したことを評価されて，国民栄誉賞を受賞している。**宮里藍**さんは女子プロゴルファーとして**2010年に沖縄県民栄誉賞を受賞**している。**伊調馨**さんは**2016年，吉田沙保里**さんは**2012年**にそれぞれ**国民栄誉賞を受賞**している。

<国語解答>

【一】 問1 イ　問2 b 急激　c さ　問3 エ　問4 ウ　問5 A 近づく　B 求めて　問6 記憶にある限り，僕の人生でいちばんだめだった日　問7 エ

【二】 問1 a 招　c くし　問2 イ　問3 意味や感情をやりとりする行為　問4 ウ　問5 (1) 山のしづく　(2) エ　問6 ア　問7 (例)感情を理解

【三】 問1 もうす　問2 ア　問3 イ　問4 a 遠　b 近　問5 (1) 孔子決すること能はず。　(2) (例)どちらの子の意見が正しいのか　問6 ウ　問7 ア

【四】 問1 ウ　問2 エ　問3 (例)ヤンバルクイナの交通事故の被害増加について　問4 帽子　飲み物　軍手　運動靴　問5 (例)ヤンバルクイナが事故に遭いやすい時間帯は朝と夕方の通勤通学などで交通量が増える時間帯だ。さらに繁殖時期に当たる5月から6月に増えていることもわかる。　問6 (例)沖縄の希少な野生動物を守るためには，人間が意識を変えることが必要だ。社会は自分たちだけのものではなく，野生動物のものでもあるという思いやりのある意識を持たなくてはならない。人が外で活動する時間帯に野生動物の交通事故が増えているのは，人間が自分本位で行動しがちだからだ。常に，ゆとりをもって共存する気持ちを持とう。

<国語解説>

【一】 (小説－情景・心情，文脈把握，内容吟味，脱文・脱語補充，漢字の書き取り，ことわざ・慣用句，表現技巧)

問1 「唇を噛む」は，**残念がる**という意味の慣用句だ。残念がる原因としては負けることが挙げられる。

問2 b 「激」はさんずいである。また，「方」の部分と(「万」にしない。)，右の部分も(「又」にしやすいので)注意が必要だ。 c 「提」は訓読みが「さ・げる」で音読みが「テイ」である。

問3 「クラクションを何度も鳴らされ」るような運転なのだから，ゆっくりであることがわかる。

問4 傍線①で「怖いと思った」のは，その直前にあるように，**憧れの板鳥さんに「もしかしたら，これからもずっと近づくことはできないのかもしれない」という不安を抱いた**からだ。

問5 今の僕にとって困難なことが A に入る。傍線①の前に「これからもずっと近づくことは

できないのかもしれない」とあるところから，困難なのは板鳥さんに「近づく」ことだとわかる。また，調律師になることが夢で，板鳥さんが調律した「初めて聴いたピアノの音」こそ自分にとって「求めて」いることなので，これを［　B　］に補えばよい。

問6　傍線③「こんなタイミング」とは，失敗して自信も何もかもなくなってしまっている状態のことを指している。「タイミング」という語から時間的な要素もふまえると，この時のことを「記憶のある限り，僕の人生でいちばんだめだった日」としている記述を抜き出せばよい。

問7　本文は**失敗して落ち込んでいる主人公の心情**を詳しく描いている。地の文にも主人公の心中が述べられていることも特徴的だ。さらに，**不安でいっぱいの心を「鬱蒼とした森」に例えたり神話を例えに挙げたりと比喩表現の効果**も出ている。

【二】（論説文－大意・要旨，文脈把握，脱文・脱語補充，漢字の読み，品詞・用法）

問1　a「招く」は，てへん。手で“おいでおいで”とするイメージを持つと間違えにくい。　c　そのものの持つ機能を十分に発揮させて，自分の思い通りに使いこなすこと。

問2　傍線b「呼ばない」の「ない」は打消しの助動詞だ。アは形容詞「あっけない」の一部，イは打消しの助動詞，ウとエは形容詞「ない」である。**助動詞と形容詞の違いは，「ない」だけで文節を作れる(形容詞)か作れない(助動詞)かということ**で見極める。

問3　傍線①の直後に「意味や感情をやりとりする行為」と，端的に述べられている。

問4　傍線②「情報のやりとり」には同段落内にあるように**「感情を伝え合い分かち合う」「共通認識をたくさんつくっておく」ことが欠かせない**。この要素を含むのは「全員で集まって……確認し合う」という選択肢である。

問5　(1)　キーワードは二つの和歌に共通する語だ。したがって「山のしづく」である。　(2)　Aの和歌は**一人で待ち続けることの孤独や寂しさ**を詠んでいる。Bが相手の手を濡らす山のしずくになりたいということから，**相手のそばにいたい気持ち**が読み取れる。

問6　本文は第二段落の「やりとりする相互性があるからこそコミュニケーションといえる」ことを説明している文章だ。日本が世界に誇るべきコミュニケーションの型である和歌を用いて，相互性あるやりとりについて述べているのだ。

問7　コミュニケーションの役割を，「情報を伝達するだけではなく，感情を伝え合い分かち合うこと」と筆者は述べている。ひかるさんの感想では，「言葉を伝え，その意味をきちんと受け止める力」としかおさえていないので，それだけではなく**「感情を伝え合い分かち合う」という要素**も提案するとよい。したがって「［　］し合う力」には，理解し合う力や共感し合う力が適切だ。

【三】（古文・漢文－内容吟味，脱文・脱語補充，筆順・画数・部首，仮名遣い，表現技巧・形式）

〔文章Aの口語訳〕

今となっては昔のことだが，唐で，孔子が，道を歩いて行かれると，八歳ぐらいである子どもに出会った。孔子に質問して申しあげることには，「太陽が沈むところと洛陽では，どちらが遠いですか。」と。孔子がお答えになるには，「太陽が沈むところは遠いよ。洛陽は近い。」と。子どもが申しあげるには，「太陽が出たり入ったりするところは見えるよ。洛陽はまだ見たことがない。だから太陽の出るところは近い。洛陽は遠いと思うな。」と答えたので，孔子は，賢い子どもだとお感じになった。「孔子には，こうして意見を求める人もいないのに，このように質問するとは，(その子どもは)ただ者ではなかった。」と人々は言いあった。

〔文章Bの口語訳〕

一人の子どもが言うことには，「太陽が初めて出たときは，大きさは車の上の傘ぐらいだけれど，真昼時になると，(大きさが)お皿みたいだからね。これは遠くのものは小さく見えて，近くのものは大きく見えるためではないだろうか。」と。もう一人の子どもが言うことには，「太陽が初めて出たときは，涼しくて，太陽が真昼時になると，熱湯に手をつっこんだみたいだよ。これは近くものは熱くて，遠くのものは涼しいからではないだろうか。」と。孔子は，どちらの子どもの意見が正しいのかということを，決めることができなかった。二人の子どもが笑って言った。「誰があなたを物知りだなんて言うの。」と。

問1　「アウ(−au)」は，現代仮名遣いにすると「オウ(−ou)」となる。したがって，傍線①「まうす(m**au**su)」は**mou**suとなり「もうす」と読むことになる。

問2　子どもは**見えるか見えないか**で，その場所への距離を感じとり，**太陽であっても日の出日の入りの様子を見ることの出来る場所は近く，見たこともない洛陽は遠いと判断**した。その**頭の回転の良さに感心した**のである。

問3　子どもの考えは信ぴょう性もなく，決して真実ではない。しかし，**自分とは異なる答えを示した孔子に対して，引くことなく自分の意見を主張したこと**は普通では考えられないことである。子どもは自分の考えを主張したに過ぎず，孔子をやり込めようなどとは考えていないことに注意する。

問4　日の出と真昼時の太陽との距離について，**日の出の方が近く，真昼の高く上った方が遠い**と感じている。「車蓋」と「盤盂」を比べると，**「車蓋」の方が「盤盂」よりも大きい**。これらをふまえて「遠」と「近」をそれぞれ補う。

問5　(1)　レ点をふまえると漢字の読む順番は，孔→子→決→能→不となる。**「不」は助動詞なので「ず」と平仮名**で書き下す。　(2)　ここで，孔子は二人の子どもの**どちらの考えが正しいのかどうか**を決められなかったのだ。二人は日の出と真昼時のどちらが，**自分たちと太陽との距離があるかどうか**を議論している。

問6　文章Aにおいて，**孔子は「かく物問ひかくる人もなき」ほどに敬られている存在**として描かれている。偉大過ぎてなかなか気やすく質問などすべきでないと思われているのだ。文章Bでは**子どもが孔子を「誰か汝を多知と為すや。」と馬鹿にしてからかい**の言葉をかけている。

問7　いとへんは，楷書と行書では書き順が変わる。楷書で4～6画の部分は真ん中→左→右の順で書くが，**行書の場合は三つの点を左から順に書き記す**ことになる。

【四】　**(会話・議論・発表－文脈把握，脱文・脱語補充，作文，敬語)**

問1　金城さんは「まだまだ暑さが厳しい時期」と言っているので，九月が適切だ。

問2　ここは謙譲語を用いるのが適切な場面である。**謙譲語は「お～する」で作る**ことができる。

問3　［Ⅱ］の後で**「新聞で，その記事を読んだ時から」と述べている部分から「その」に当たる内容を空欄に補えばよい**ことがわかる。新聞の記事の見出しは「クイナの被害増加」である。さらに交通事故による被害であることも加えてまとめると適切な字数になる。

問4　金城さんの「はい。」で始まる言葉の中に「熱中症対策のために**帽子と飲み物**」の持参がある。また，「そうですね。」で始まる言葉の中には，**軍手と運動靴**が挙げられている。

問5　読み取れることとしては，**変化の大きい箇所に着目する**とよい。そこに問題点や論じるべき要素が含まれているからである。

問6　(1)に挙げられた三つの必須要素を忘れずに含めること。事故の多い部分を見て，事故の原因をまず考えてみるとよい。**事故を減らすための方法が「必要だと思うこと」や「対策」**として書くことが出来よう。そして，**そう考えた理由を説得力のある根拠を示して説明**すればよいのだ。

MEMO

大切なことはメモしておこうネ！

解答用紙集

○月×日　△曜日　天気（合格日和）

◆ご利用のみなさまへ
＊解答用紙の公表を行っていない学校につきましては、弊社の責任において、解答用紙を制作いたしました。
＊編集上の理由により一部縮小掲載した解答用紙がございます。
＊編集上の理由により一部実物と異なる形式の解答用紙がございます。

人間の最も偉大な力とは、その一番の弱点を克服したところから生まれてくるものである。 ――カール・ヒルティ――

※データのダウンロードは 2024 年 3 月末日まで。

東京学参株式会社

※ 156％に拡大していただくと，解答欄は実物大になります。

令和５年度　数学　解答用紙

志願校名	高等学校	受検番号		出身校名	中学校
				氏　名	

大問	小問	答　え		
【1】	(1)		(2)	
	(3)		(4)	
	(5)		(6)	
【2】	(1)	$x=$		
	(2)	$x=$　　　，$y=$		
	(3)			
	(4)			
	(5)	$x=$		
	(6)	$n=$		
	(7)	$\angle x=$　　　°		
	(8)	円		
	(9)			
【3】	問1			
	問2	℃		
	問3			
【4】	問1	通り		
	問2			
	問3			
【5】	問1	$y=$		
	問2	円		
	問3	分から　　　分までの間		
【6】		解答欄は，この用紙の右下にあります。		
【7】		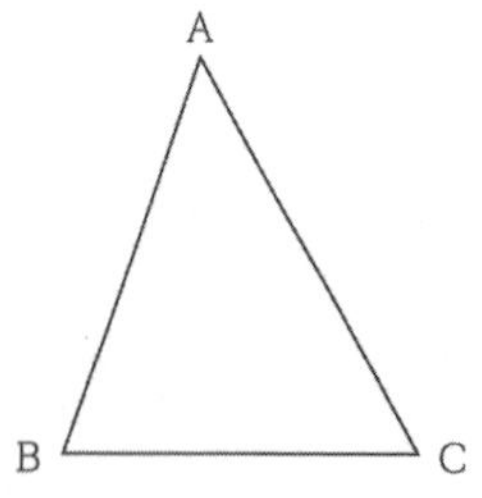		

大問	小問	答　え		
【8】	問1	①	②	
	問2	$y=$		
	問3			
	問4	P（　　，　　）		
【9】	問1	∠EPR=　　　°		
	問2	解答欄は，この用紙の右下にあります。		
	問3	OQ：QE =　　：		
【10】	問1	cm		
	問2			
	問3	cm^3		
	問4	cm		
【11】	問1	個	問2	個
	問3	正　　　角形		

得　点

小計

小計＊

＊

大問	小問	答　え
【6】	問1	
	問2	（証明）
【9】	問2	（証明）△REP と △RBD において，

※ 156％に拡大していただくと，解答欄は実物大になります。

令和5年度　英語　解答用紙

志願校名	高等学校	受検番号		出身校名	中学校
				氏　名	

大問	小問	答　え
【1】	問1	
	問2	
	問3	
【2】	問1	
	問2	
	問3	
【3】	問1	
	問2	
	問3	
【4】	①	
	②	
	③	
【5】	問1	
	問2	
	問3	
	問4	
【6】	問1	→　→　→　→
	問2	→　→　→　→
	問3	→　→　→　→
【7】	①	
	②	
	③	
【8】	問1	
	問2	
	問3	

大問	小問	答　え
【9】	問1	
	問2	(1)
		(2)
	問3	
	問4	
【10】	問1	
	問2	
	問3	
	問4	(1)
		(2)
		(3)
	問5	

【10】問6＊

I think the (　first　/　second　/　third　) idea will be helpful because

.... 5

.... 10

.... 15

.... 20

.... 25

【11】＊

I (　agree　/　disagree　) with Ms. Naomi Brown's idea.

.... 5

.... 10

.... 15

.... 20

.... 25

.... 30

.... 35

得　点

小　計
小 計 ＊

※ 164％に拡大していただくと，解答欄は実物大になります。

令和５年度　理科　解答用紙

志願校名	高等学校	受検番号		出身校名	中学校
				氏　名	

大問	小問	答　え			
【1】	問1	①			
		②			
		③			
	問2				
	問3				
	問4	g			
【2】	問1				
	問2				
	問3	①		②	
	問4				
	問5				
【3】	問1				
	問2				
	問3				
	問4				
	問5	⑤			
		⑥			
【4】	問1	度			
	問2				
	問3				
	問4				
	問5	解答欄は，この用紙の右下にあります。			
【5】	問1	水星		土星	
	問2				
	問3	①			
		②			
		③			
	問4				
	問5	日			

大問	小問	答　え	
【6】	問1		
	問2	あ	
		い	
	問3		
	問4		
	問5		
【7】	問1		
	問2		
	問3		
	問4	解答欄は，この用紙の右下にあります。	
【8】	問1	→　→　→	
	問2	Pa	
	問3		
	問4		
	問5	解答欄は，この用紙の右下にあります。	

得　点

小　計
小 計 ＊

＊

【4】 問5

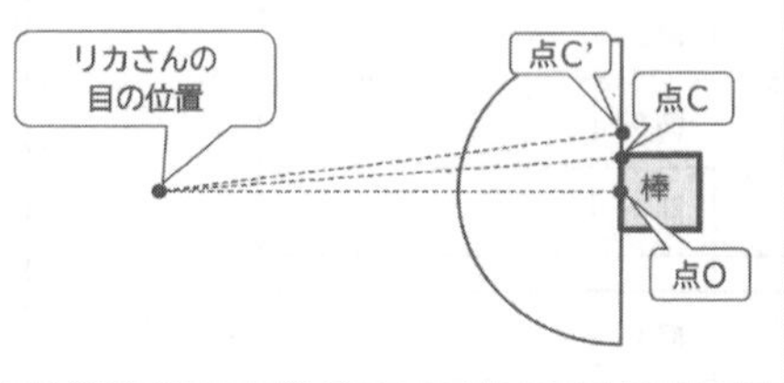

【7】 問4

(1)

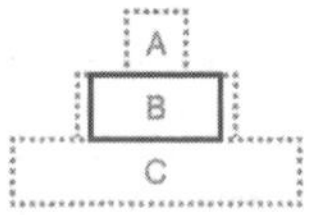

(2)

【8】 問5

鼓膜の内側の気圧

※ 156％に拡大していただくと，解答欄は実物大になります。

令和５年度　社会　解答用紙

志願校名	高等学校	受検番号		出身校名	中学校
				氏　名	

大問	小問		答　え
【1】	問１		
	問２		
	問３		
	問４	a	
		b	
	問５		
	問６		
	問７	(1)	
		(2)	

【2】	問１		台地
	問２		
	問３		
	問４	(1)	
		(2)	
		(3)	解答欄は，この用紙の右下にあります。
	問５		

【3】	問１		
	問２	(1)	解答欄は，この用紙の右下にあります。
		(2)	
	問３		Ａ群　　　Ｂ群
	問４		
	問５	(1)	
		(2)	好意的に受け止めた・否定的に受け止めた

【4】	問１	
	問２	津田梅子（　　）北里柴三郎（　　）
	問３	
	問４	（　　）→（　　）→（　　）
	問５	解答欄は，この用紙の右下にあります。
	問６	

大問	小問		答　え
【5】	問１	(1)	
		(2)	
	問２	(1)	
		(2)	
	問３	(1)	
		(2)	
	問４	(1)	
		(2)	解答欄は，この用紙の右下にあります。

【6】	問１		
	問２		権
	問３		
	問４		
	問５		
	問６	(1)	
		(2)	解答欄は，この用紙の右下にあります。

得　点

小　計
小　計＊

＊

【2】	問４ (3)		・良い点は，資源を自給できることや
【3】	問２ (1)		武士団の中でも （　　　　　　　　　　　　） である平氏が有力な存在となり，平清盛は （　　　　　　　　　　）政治の実権を握った。
【4】	問５		日本は（　　　　　　　　　　　　） 沖縄や小笠原諸島などは （　　　　　　　　　　　　）
【5】	問４ (2)		「より慎重に （　　　　　　　　　　　　） を防ぐために」
【6】	問６ (2)	Ｙ	
		Ｚ	

※156%に拡大していただくと，解答欄は実物大になります。

令和五年度　国語　解答用紙

志願校名	高等学校	受検番号		出身校名	中学校
				氏名	

【一】
- 問1　a　c
- 問2
- 問3　という考え
- 問4
- 問5
- 問6
- 問7　Ⅰ　Ⅱ　Ⅲ

【二】
- 問1　(1)　(2)　なくなり
- 問2
- 問3
- 問4
- 問5
- 問6
- 問7
- 問8＊　ことが必要である。　35

【三】
- 問1
- 問2
- 問3
- 問4
- 問5　Ⅰ　Ⅱ

【四】
- 問1
- 問2
- 問3　(1)　(2)　Ⅱ　Ⅲ
- 問4

【五】
- 問1
- 問2
- 問3
- 問4
- 問5＊　150　180

得点

小計	小計＊

2023年度入試配点表(沖縄県)

数学	【1】	【2】	【3】	【4】	【5】	【6】	計
	各1点×6	各2点×9	各1点×3	各1点×3	各1点×3 (問3完答)	問1　2点 問2　4点	60点
	【7】	【8】	【9】	【10】	【11】	—	
	1点	問4　2点(完答) 他　各1点×3 (問1完答)	問2　4点 各1点×2	問4　2点 他　各1点×3	問3　2点 他　各1点×2		

英語	【1】	【2】	【3】	【4】	【5】	【6】	計
	各1点×3	各1点×3	各1点×3	各1点×3	各2点×4	各2点×3 (各完答)	60点
	【7】	【8】	【9】	【10】	【11】	—	
	各1点×3	各1点×4	問1,問2(2) 各1点×2 他　各2点×3	問2,問5 各2点×2 問6　4点 他　各1点×5	6点		

理科	【1】	【2】	【3】	【4】	計
	問4　2点 他　各1点×5	問3,問5　各2点×2 他　各1点×3 (問3完答)	問4　2点 他　各1点×5	問2,問5　各2点×2 他　各1点×3	60点
	【5】	【6】	【7】	【8】	
	問5　2点 他　各1点×6 (問1完答)	問4,問5　各2点×2 他　各1点×4	問4(1)　2点 問4(2)　3点 他　各1点×3	問1　2点(完答) 問5　3点 他　各1点×3	

社会	【1】	【2】	【3】	【4】	【5】	【6】	計
	問3　2点 他　各1点×8	問4(1)・(3),問5 各2点×3 他　各1点×4	問1,問2(2) 各1点×2 他　各2点×4 (問3・問5各完答)	問1,問3 各1点×2 他　各2点×4 (問2・問4各完答)	問2(1),問4(2) 各2点×2 他　各1点×6	問2,問5,問6(2) 各2点×3 他　各1点×4	60点

国語	【一】	【二】	【三】	【四】	【五】	計
	問3～問6 各2点×4 他　各1点×6	問1,問2,問6 各1点×4 問8　4点 他　各2点×4	問3,問4 各2点×2 他　各1点×4	問1,問3(1) 各1点×2 他　各2点×3	問5　6点 他　各2点×4	60点

※ 156%に拡大していただくと，解答欄は実物大になります。

令和４年度　数学　解答用紙

志願校名	高等学校	受検番号		出身校名	中学校
				氏　名	

大問	小問	答　え
【1】	(1)	
	(2)	
	(3)	
	(4)	
	(5)	
	(6)	
【2】	(1)	$x=$
	(2)	
	(3)	
	(4)	$\angle x=$ °
	(5)	
	(6)	
	(7)	$x=$
	(8)	
	(9)	冊
【3】	問1	通り
	問2	
	問3	
【4】	問1	①　　②
	問2	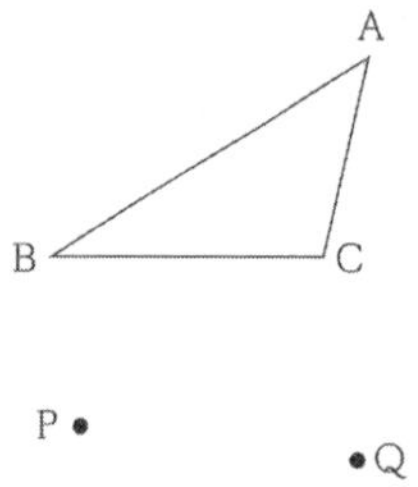

大問	小問	答　え
【5】	問1	①　　②
		③
		④　　⑤
	問2	$m=$　　，　$n=$
【6】	問1	円
	問2	$y=$
	問3	枚以下
【7】	問1	$a=$
	問2	$\leqq y \leqq$
	問3	
	問4	$a=$
【8】	問1	QR＝　　cm
	問2	△APQと△ABRにおいて， ∠　　　は共通　・・・① 平行線の　　　　は等しいから ∠AQP＝∠ARB　・・・② ①，②より 　　　　　　　　から △APQ∽△ABR
	問3	AB：PB＝　　：
	問4	cm^2
【9】	問1	cm^2
	問2	cm^3
	問3	
	問4	cm
【10】	問1	
	問2	
	問3	$x=$
	問4	，　，

得　点

※ 167％に拡大していただくと，解答欄は実物大になります。

令和4年度　英語　解答用紙

志願校名	高等学校	受検番号		出身校名	中学校
				氏　名	

大問	小問	答　え
【1】	問1	
	問2	
	問3	
【2】	問1	
	問2	
	問3	
【3】	問1	
	問2	
	問3	
【4】	問1	
	問2	
	問3	
【5】	問1	
	問2	
	問3	
	問4	
【6】	問1	→ → → →
	問2	→ → → →
	問3	→ → → →
【7】	問1	→ →
	問2	→ →
	問3	→ →
【8】	問1	
	問2	
	問3	
	問4	

大問	小問	答　え	
【9】	問1		
	問2		
	問3		
	問4	I	II
	問5		
【10】	問1		
	問2		
	問3	①	
		②	
		③	
	問4		
	問5		
	問6	Dear Kathy, Hello. Thank you very much for your answer. I read it in the newspaper two weeks ago. ………… 4 ………… 8 ………… 12 ………… 16 ………… 20 ………… 24 ………… 28 ………… 32 Thank you again. Your fan, Tom	
【11】		Mr. Josh, I would like to give you advice for your trip. ………… ………… ………… ………… ………… I hope you have fun on your trip!	

得　点

※ 164％に拡大していただくと，解答欄は実物大になります。

令和４年度　理科　解答用紙

志願校名	高等学校	受検番号		出身校名	中学校
				氏　名	

大問	小問		答　え		
【1】	問1				
	問2				
	問3				
	問4	HCl + NaOH → ＿＿＿ + ＿＿＿			
	問5	モデル			
		pH			
【2】	問1				
	問2				
	問3				
	問4	時間後			
	問5	(1)		(2)	
【3】	問1				
	問2				
	問3	(1)			
		(2)			
		(3)			
	問4	Y		Z	
【4】	問1	J			
	問2				
	問3				
	問4				
	問5				

大問	小問		答　え		
【5】	問1				
	問2				
	問3				
	問4				
	問5	デンプン	薬品：	反応：	
		麦芽糖	薬品：	反応：	
【6】	問1				
	問2				
	問3	(1)		(2)	
	問4	g			
	問5				
	問6				
【7】	問1	運動			
	問2				
	問3				
	問4				
	問5				
【8】	問1	a			
		b			
	問2				
	問3	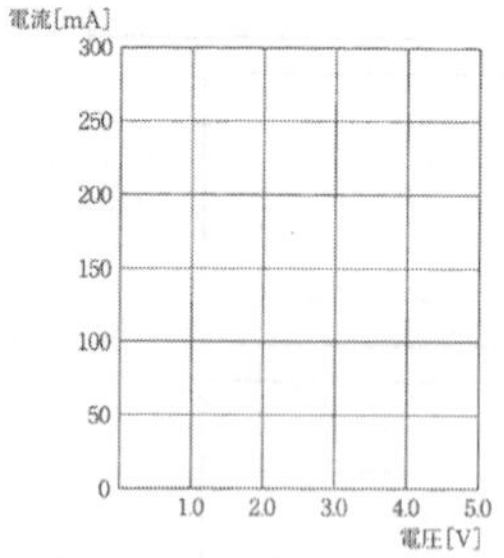			
	問4				
	問5	③	Ω		
		④			

得　点

※149％に拡大していただくと，解答欄は実物大になります。

令和４年度　社会　解答用紙

志願校名	高等学校	受検番号		出身校名	中学校
				氏　名	

大問	小問	答　え
【1】	問１	
	問２	
	問３	
	問４	
	問５	
	問６	
	問７	
	問８	

【2】	問１		
	問２		
	問３		
	問４	→ →	
	問５	(1)	
		(2)	
		(3) 観光客が，（Y　　）ことができるようにしながら，観光客によって，（Z　　）ことを防ぐため。	

【3】	問１	A		B
		C	以上２つのことから，弥生時代になると（　　）が多く起こるようになった。	
	問２			
	問３			
	問４			

大問	小問	答　え
【3】	問５	
	問６	
	問７	→ →
	問８	

【4】	問１		
	問２		
	問３	民族	
	問４		
	問５		
	問６	(1)	年　月　日
		(2)	

【5】	問１			
	問２	(1)		
		(2)		
	問３	(1)		
		(2)	Y	衆議院 ・ 参議院
			Z	図４を見ると，　ことがわかるからである。
		(3)		
	問４			

【6】	問１		
	問２	(1)	
		(2)	
	問３		
	問４		
	問５		
	問６		

得　点

沖縄県公立高校　２０２２年度

※１６１％に拡大していただくと、解答欄は実物大になります。

令和四年度　国語　解答用紙

志願校名	高等学校	受検番号		出身校名	中学校
				氏名	

【一】
問1
問2　b　c
問3
問4
問5　②　④
問6
問7　Ⅰ　Ⅱ　Ⅲ　Ⅳ

【二】
問1　(1)　(2)
問2
問3
問4
問5
問6
問7
問8

【三】
問1
問2
問3
問4
問5
問6
問7
問8
問9

【四】
問1
問2
問3
問4　(1)　(2)
問5　60　80
問6　140　160

得点

2022年度入試配点表(沖縄県)

数学	【1】	【2】	【3】	【4】	【5】	計
	各1点×6	各2点×9	各1点×3	問1　2点(完答) 問2　1点	各1点×4 (問1①②・④⑤,問2 各完答)	60点
	【6】	【7】	【8】	【9】	【10】	
	問1　1点 他　各2点×2	問4　2点 他　各1点×3 (問2完答)	問2　3点 他　各1点×3 (問3完答)	問4　2点 他　各1点×3	問4　2点 他　各1点×3 (問3・問4各完答)	

英語	【1】	【2】	【3】	【4】	【5】	【6】	計
	各1点×3	各1点×3	各1点×3	各1点×3	各2点×4	各2点×3 (問1~問3各完答)	60点
	【7】	【8】	【9】	【10】	【11】	—	
	各1点×3 (問1~問3各完答)	問4　2点 他　各1点×3	各1点×7	問4,問5　各2点×2 問6　4点 他　各1点×5	6点		

理科	【1】	【2】	【3】	【4】	計
	問3, 問4　各2点×2 他　各1点×4	問4,問5　各2点×2 他　各1点×3 (問5完答)	問2,問4　各2点×2 他　各1点×4 (問4完答)	問3,問5　各2点×2 他　各1点×3	60点
	【5】	【6】	【7】	【8】	
	問1　2点 他　各1点×5 (問5完答)	問4　2点 他　各1点×5 (問3完答)	問1,問2　各1点×2 他　各2点×3	問3　2点 他　各1点×6	

社会	【1】	【2】	【3】	【4】	【5】	【6】	計
	問4,問6 各2点×2 他　各1点×6 (問6完答)	問4,問5(1)・(3) 各2点×3 他　各1点×4	問1,問8 各2点×2 他　各1点×6	問1,問3,問6(1) 各2点×3 他　各1点×4	問2(1),問3(1)・(2) 各2点×3 他　各1点×4 (問3(1)完答)	問1,問5,問6 各2点×3 他　各1点×4 (問5完答)	60点

国語	【一】	【二】	【三】	【四】	計
	問4,問6,問7Ⅲ・Ⅳ 各2点×4 他　各1点×8	問1,問2,問4 各1点×4 他　各2点×5	問1,問4,問6,問8 各1点×4 他　各2点×5	問4(2)　2点 問5　4点 問6　6点 他　各1点×4	60点

※ 164％に拡大していただくと，解答欄は実物大になります。

令和３年度　数学　解答用紙

志願校名	高等学校	受検番号		出身校名	中学校
				氏　名	

大問	小問		答え
【1】	(1)		
	(2)		
	(3)		
	(4)		
	(5)		
	(6)		
【2】	(1)		$x=$
	(2)		$x=$　，$y=$
	(3)		
	(4)		
	(5)		$x=$
	(6)		cm^2
	(7)		
	(8)		時間
	(9)		
【3】	問1		通り
	問2	(1)	
		(2)	
【4】	問1		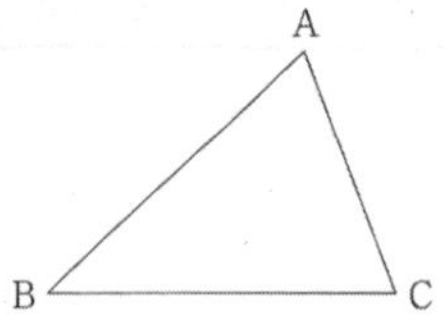
	問2	(1)	∠ACD＝　°
		(2)	cm

大問	小問		答え
【5】	問1		①　②　③
	問2		④　⑤
			⑥
	問3		
【6】	問1		$y=$
	問2		$y=$
	問3		
	問4		□秒後と□秒後
【7】	問1		A(　－4　，□)
	問2		$y=$
	問3		
	問4		P(□，□)
【8】	問1		∠ABC＝　°
	問2		△ACDと△AFEにおいて， $\overset{\frown}{CD}=\overset{\frown}{DE}$より，１つの円で等しい弧に対する□は等しいから ∠CAD＝∠FAE　・・・① □　・・・② ①,②より □から △ACD∽△AFE
	問3		cm
【9】	問1		cm
	問2	(1)	cm
		(2)	OP：PC＝　：
		(3)	cm^3
【10】	問1		cm
	問2		$n=$
	問3		cm

得　点

※ 164%に拡大していただくと，解答欄は実物大になります。

令和3年度　英語　解答用紙

志願校名	高等学校	受検番号		出身校名	中学校
				氏　名	

大問	小問	答　え
【1】	問1	
	問2	
	問3	
【2】	問1	
	問2	
	問3	
【3】	問1	
	問2	
	問3	→ → →
【4】	問1	
	問2	
	問3	
【5】	問1	
	問2	
	問3	
	問4	
【6】	問1	→ → → →
	問2	→ → → →
	問3	→ → → →
【7】	問1	→ →
	問2	→ →
	問3	→ →
【8】	問1	
	問2	
	問3	
	問4	

大問	小問	答　え	
【9】	問1		
	問2		
	問3		
	問4		
	問5		
【10】	問1	①	
		②	
		③	
	問2		
	問3		
	問4		
	問5		
【11】	問1	①	
		②	
	問2	①	
		②	
	問3	Mr. Brown, I hope you enjoy this tour.	

得　点

※ 167%に拡大していただくと，解答欄は実物大になります。

令和３年度　理科　解答用紙

志願校名	高等学校	受検番号		出身校名	中学校
				氏　名	

大問	小問	答　え
【1】	問1	
	問2	A → 　→ 　→ 　→
	問3	
	問4	原因　　　解決方法
	問5	本
【2】	問1	
	問2	(1) P波　km/s
		(1) S波　km/s
		(2)　時　分　秒
	問3	
	問4	
【3】	問1	
	問2	
	問3	
	問4	$2Ag_2O$ →
	問5	g
【4】	問1	
	問2	
	問3	単位
	問4	
	問5	

大問	小問	答　え
【5】	問1	
	問2	
	問3	g / cm³
	問4	(1) ①　　②
		(2)
【6】	問1	
	問2	
	問3	
	問4	
	問5	
【7】	問1	
	問2	
	問3	
	問4	%
	問5	
【8】	問1	
	問2	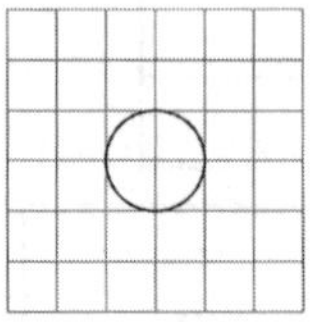
	問3	
	問4	
	問5	

得　点

※ 152%に拡大していただくと，解答欄は実物大になります。

令和３年度　社会　解答用紙

志願校名	高等学校	受検番号		出身校名	中学校
				氏　名	

大問	小問	答　え
【1】	問1	
	問2	建物から　　建物が傾くのを防ぐため
	問3	
	問4	
	問5	
	問6	
	問7	
	問8	
【2】	問1	
	問2	
	問3	
	問4	
	問5	
	問6	
	問7	
【3】	問1	(　　　　　)の力で (　　　　　)を 守ろうと考えたため。
	問2	
	問3	
	問4	
	問5	
	問6	
	問7	
	問8	

大問	小問			答　え
【4】	問1			
	問2			
	問3			
	問4			
	問5			
	問6			
	問7			
	問8			旧首里城の建物が
【5】	問1			
	問2	A		(　　　　　)権利
		B		(　　　　　)権利
	問3			
	問4			
	問5			
	問6			
	問7			
【6】	問1	(1)	A	
			B	
		(2)		
		(3)		
	問2	(1)		万円
		(2)		
	問3			銀行
	問4			

得　点

※169%に拡大していただくと、解答欄は実物大になります。

令和三年度　国語　解答用紙

志願校名	高等学校	受検番号		出身校名	中学校
				氏名	

得点

【一】
問1
問2
問3
問4
問5
問6　Ⅰ　Ⅱ　15　10　15　Ⅲ　Ⅳ

【二】
問1　a　b　かれた
問2
問3
問4
問5
問6　A　B　C

【三】
問1
問2
問3　(1)　(2)　A　B

【四】
問1
問2
問3
問4

【五】
問1
問2
問3　→　→
問4
Ⅰ　問5　60　80
Ⅱ　問5　140　160

2021年度入試配点表(沖縄県)

数学	【1】	【2】	【3】	【4】	【5】	計
	各1点×6	各2点×9 ((2)完答)	各1点×3	各1点×3	各1点×4 (問1,問2④・⑤,問3 各完答)	60点
	【6】	【7】	【8】	【9】	【10】	
	各1点×5	問4　2点 他　各1点×3	問3　2点 他　各1点×4	問2(3)　2点 他　各1点×3	問1　1点 他　各2点×2	

英語	【1】	【2】	【3】	【4】	【5】	【6】	計
	各1点×3	各1点×3	問3　2点 他　各1点×2	各1点×3	各2点×4	各2点×3	60点
	【7】	【8】	【9】	【10】	【11】	—	
	各1点×3	各1点×4	各1点×6	問4,問5 各2点×2 他　各1点×6	10点		

理科	【1】	【2】	【3】	【4】	計
	問3,問4　各2点×2 他　各1点×3 (問4完答)	問2(2),問4 各2点×2 他　各1点×4	問1,問2　各1点×2 他　各2点×3	問2,問5　各2点×2 他　各1点×3	60点
	【5】	【6】	【7】	【8】	
	問4　各2点×2 他　各1点×3 (問4(1)完答)	問1,問2　各1点×2 他　各2点×3	問4,問5　各2点×2 他　各1点×3	問1,問2　各1点×2 他　各2点×3	

社会	【1】	【2】	【3】	【4】	【5】	【6】	計
	問2,問5 各2点×2 他　各1点×6	問4,問5,問7 各2点×3 他　各1点×4	問1,問7 各2点×2 他　各1点×6	問3,問8 各2点×2 他　各1点×6	問4,問5 各2点×2 (問4完答) 他　各1点×6	問1(2),問4 各2点×2 他　各1点×6	60点

国語	【一】	【二】	【三】	【四】	【五】	計
	問1,問6Ⅲ・Ⅳ 各1点×3 他　各2点×6	問1,問2 各1点×3 他　各2点×6	問2,問3(1) 各2点×2 他　各1点×3	問1,問3 各1点×2 他　各2点×2	問4　1点 問5Ⅰ　4点 問5Ⅱ　6点 他　各2点×3	60点

令和２年度　数学　解答用紙

志願校名	高等学校	受検番号		出身校名　　中学校
				氏　名

大問	小問	答　え
【1】	(1)	
	(2)	
	(3)	
	(4)	
	(5)	
	(6)	
【2】	(1)	$x=$
	(2)	$x=$　　, $y=$
	(3)	
	(4)	
	(5)	$x=$
	(6)	$\angle x=$　　°
		$\angle y=$　　°
	(7)	人
	(8)	平均値　　点
		中央値　　点
	(9)	
【3】	問１	通り
	問２	
	問３	
【4】	問１	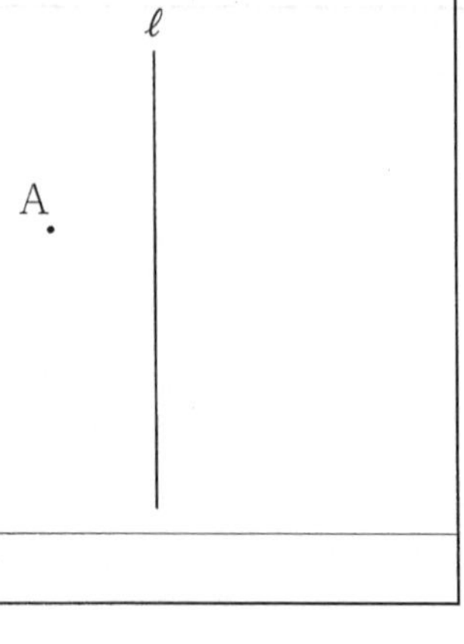
	問２	

大問	小問	答　え
【5】	問１	$a=$
	問２	①　　②　　③　　④　　⑤
	問３	
【6】	問１	$y=$
	問２	$y=$
	問３	
	問４	□秒後と□秒後
【7】	問１	A(−4 , □)
	問２	B(□ , □)
	問３	$y=$
	問４	cm
【8】	問１	△AOEと△COFにおいて， 平行四辺形の対角線はそれぞれの中点で交わるから AO＝CO　　・・・① 平行線の□から ∠OAE＝∠OCF　　・・・② □　　・・・③ ①,②,③より □組の辺□から △AOE≡△COF
	問２	
	問３	△AOE：△ABD＝　　：
【9】	問１	cm
	問２	cm
	問３	cm³
【10】	問１	
	問２	「□,□,P,□,□,□,P」を繰り返す。
	問３	
	問４	

得　点

※この解答用紙は167％に拡大していただきますと，実物大になります。

令和2年度　英語　解答用紙

志願校名	高等学校	受験番号		出身校名	中学校
				氏　名	

大問	小問	答　え
【1】	問1	
	問2	
	問3	
【2】	問1	
	問2	
	問3	
【3】	問1	
	問2	
	問3	
	問4	
【4】	問1	
	問2	
	問3	
【5】	問1	
	問2	
	問3	
	問4	
【6】	問1	→ → → →
	問2	→ → → →
	問3	→ → → →
【7】	問1	→ →
	問2	→ →
	問3	→ →
【8】	問1	
	問2	
	問3	
	問4	

大問	小問	答　え	
【9】	問1	桜	
		アレックス	
	問2		
	問3		
	問4		
	問5		
【10】	問1		
	問2		
	問3		
	問4		
	問5		
【11】	問1	Now I'll tell you about myself.	
		① .	
		② .	
	問2	Last week I went to the beach with my family.	
		① .	
		② .	
	問3	I	
		because I heard from my mom that .	

得　点

※この解答用紙は167%に拡大していただきますと，実物大になります。

令和２年度　理科　解答用紙

志願校名	高等学校	受検番号		出身校名	中学校
				氏　名	

大問	小問		答　え		
【１】	問１		の法則		
	問２	(1)	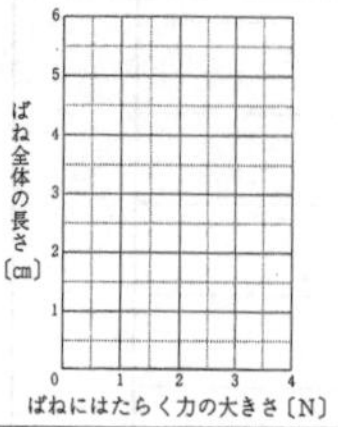		
		(2)	cm		
	問３				
	問４		N		
	問５		cm^3		
【２】	問１				
	問２				
	問３				
	問４				
	問５				
	問６		時	分	
【３】	問１				
	問２				
	問３				
	問４				
	問５		秒		
	問６				
【４】	問１	電流	A	電圧	V
	問２		A		
	問３				
	問４	①		②	
	問５				

大問	小問		答　え		
【５】	問１	気体X		気体Y	
	問２				
	問３				
	問４				
【６】	問１				
	問２				
	問３				
	問４				
	問５				
	問６				
【７】	問１				
	問２		岩		
	問３				
	問４				
	問５				
【８】	問１				
	問２				
	問３	(1)			
		(2)			
	問４				
	問５	(1)			
		(2)			

得　点

※この解答用紙は172％に拡大していただきますと，実物大になります。

令和２年度　社会　解答用紙

志願校名	高等学校	受検番号		出身校名	中学校
				氏　名	

大問	小問		答　え
【1】	問1		
	問2		
	問3	Z	
		①	
	問4		
	問5		
	問6		
	問7		
	問8	Ⅰ	
		Ⅱ	

【2】	問1		
	問2		
	問3		
	問4	(1)	
		(2)【　　】の場所は★の地点から見て　　　から	
	問5	(　　)災	

【3】	問1		
	問2		文化
	問3	→ →	
	問4	A	
		B	
	問5		
	問6		
	問7		
	問8	幕府は大名に　　　ため	

大問	小問		答　え
【4】	問1		
	問2	→ →	
	問3		
	問4		
	問5	(　　)裁判	
	問6		
	問7	(1)	
		(2)	

【5】	問1		
	問2	の	
	問3		
	問4	自由権や平等権の保障だけでは　　　ことができなかったから。	
	問5	(1)	
		(2)	
	問6		
	問7		

【6】	問1	A	%
		B	%
	問2		
	問3		
	問4		
	問5	(1)	
		(2)	
	問6		
	問7		

得　点

※この解答用紙は154％に拡大していただきますと，実物大になります。

令和二年度　国語　解答用紙

志願校名	高等学校	受検番号		出身校名	中学校
				氏名	

得点

【一】
問1 a
問1 b （ったり）
問2
問3
問4
問5
問6
問7
問8

【二】
問1 a （て）
問1 b
問2 Ⅰ
問2 Ⅱ
問3
問4
問5
問6 A
問6 B
問7 ことが必要であるため。（45）

【三】
問1
問2
問3
問4

【四】
問1
問2
問3 （1） A
問3 （2） B

【五】
問1
問2
問3
問4
Ⅰ 問5 （60）（80）
Ⅱ 問5 （140）（160）

※この解答用紙は172％に拡大していただきますと、実物大になります。

2020年度入試配点表(沖縄県)

数学	【1】	【2】	【3】	【4】	【5】	計
	各1点×6	(6)・(8)　各1点×4 他　各2点×7 ((9)完答)	各1点×3	問1　1点 問2　2点	各1点×4 (問2①～④完答)	60点
	【6】	【7】	【8】	【9】	【10】	
	問4　2点 他　各1点×3	問4　2点 他　各1点×3 (問2完答)	問1　3点 問2　1点 問3　2点	問1　1点 他　各2点×2	問2　2点 他　各1点×3 (問4完答)	

英語	【1】	【2】	【3】	【4】	【5】	【6】	計
	各1点×3	各1点×3	各1点×4	各1点×3	各2点×4	各2点×3	60点
	【7】	【8】	【9】	【10】	【11】	—	
	各1点×3	各1点×4	各1点×7	問3～問5 各2点×4 他　各1点×2	9点		

理科	【1】	【2】	【3】	【4】	計
	問4, 問5　各2点×2 他　各1点×4	問6　2点 他　各1点×5 (問5完答)	問5,問6　各2点×2 他　各1点×4	問1,問5　各2点×2 他　各1点×3 (問1,問4各完答)	60点
	【5】	【6】	【7】	【8】	
	問1　1点(完答) 他　各2点×3	問6　2点 他　各1点×5 (問3,問6各完答)	問1,問4 各1点×2 他　各2点×3	問5(1)　2点 他　各1点×6	

社会	【1】	【2】	【3】	【4】	【5】	【6】	計
	問6　2点 他　各1点×9	問1,問4(2) 各2点×2 他　各1点×4	問8　2点 他　各1点×8	問2,問5 各2点×2 他　各1点×6	問2,問4,問7 各2点×3 他　各1点×5	問2,問5(2) 各2点×2 他　各1点×6	60点

国語	【一】	【二】	【三】	【四】	【五】	計
	問1～問4 各1点×5 他　各2点×4	問1,問2　各1点×4 問7　3点 他　各2点×5	問1　1点 他　各2点×3	問2,問3(1) 各1点×2 他　各2点×2	問4　1点 問5Ⅰ　4点 問5Ⅱ　6点 他　各2点×3	60点

平成31年度　数学　解答用紙

志願校名	高等学校	受検番号		出身校名	中学校
				氏　名	

大問	小問	答　え
【1】	(1)	
	(2)	
	(3)	
	(4)	
	(5)	
	(6)	
【2】	(1)	$x=$
	(2)	$x=$　　, $y=$
	(3)	
	(4)	
	(5)	
	(6)	
	(7)	$y=$
	(8)	$\angle x=$　　°
	(9)	
【3】	問1	
	問2 ①	点
	問2 ②	点
【4】		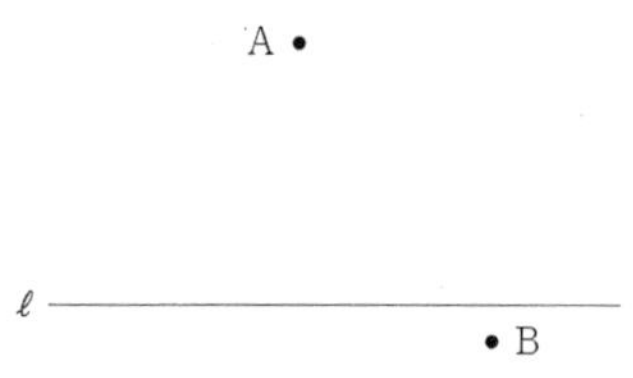

大問	小問	答　え
【5】	問1	
	問2 (1)	
	問2 (2)	
	問2 (3)	
【6】	問1	円
	問2	$\leqq y \leqq$
	問3	kWh
【7】	問1	$a=$
	問2	B(6 , □)
	問3	$y=$
	問4	P(□, □)
【8】	問1	△PABと△PDCにおいて $\overset{\frown}{BC}$に対する円周角は等しいから ∠PAB＝∠PDC　・・・① 　　　　　　・・・② ①,②より △PAB∽△PDC 相似である２つの三角形の対応する□は等しいから PA：PD＝PB：PC
	問2 (1)	cm
	問2 (2)	△PAB：△PDC=　　：
【9】	問1	
	問2	cm
	問3	cm^3
【10】	問1 (1)	
	問1 (2)	回目まで
	問1 (3)	
	問2	個

得　点

※この解答用紙は164%に拡大していただきますと，実物大になります。

平成31年度　英語　解答用紙

志願校名	高等学校	受検番号		出身校名	中学校
				氏　名	

大問	小問	答　え
【1】	問1	
	問2	
	問3	
【2】	問1	
	問2	
	問3	
【3】	問1	午前
	問2	(　　　を　　　)
	問3	ドル
	問4	曜日
【4】	問1	
	問2	
	問3	
【5】	問1	
	問2	
	問3	
	問4	
【6】	問1	→ → → →
	問2	→ → → →
	問3	→ → → →
【7】	問1	→ →
	問2	→ →
	問3	→ →
【8】	問1	
	問2	
	問3	BBQ Plan (　　　)
	問4	¥

大問	小問		答　え
【9】	問1		リックが　5　10　15　20　こと。
	問2	(1)	(　　　)
		(2)	(　　　) (　　　)
	問3		2016年【　】月【　】日
	問4		
	問5		
【10】	問1		
	問2		
	問3		
	問4		
	問5	(1)	
		(2)	
		(3)	
【11】	問1	①	
		②	
	問2		1文目 2文目
	問3		○で囲む→　I［want / don't want］to belong to a club. 1文目 2文目 This is my idea.

得　点

※この解答用紙は169%に拡大していただきますと，実物大になります。

平成31年度　理科　解答用紙

志願校名	高等学校	受検番号		出身校名	中学校
				氏　名	

大問	小問	答　え
【1】	問1	
	問2	
	問3	
	問4	R：r＝　　　：
	問5	個
	問6	

大問	小問		答　え
【2】	問1		
	問2		%
	問3		
	問4		
	問5	(1)	
		(2)	

大問	小問		答　え
【3】	問1		
	問2		
	問3	(1)	cm
		(2)	cm
		(3)	
	問4		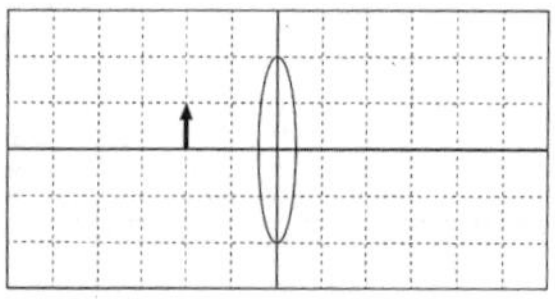

大問	小問		答　え		
【4】	問1				
	問2				
	問3	①			
		②			
	問4	天気		風向	
	問5	気温			
		風向			

大問	小問	答　え
【5】	問1	
	問2	
	問3	
	問4	
	問5	
	問6	秒

大問	小問	答　え
【6】	問1	
	問2	2＿＿＿＋＿＿＿→ 2＿＿＿＋＿＿＿
	問3	銅：酸素＝　　　：
	問4	g
	問5	

大問	小問		答　え		
【7】	問1				
	問2	①		②	
	問3				
	問4	(1)	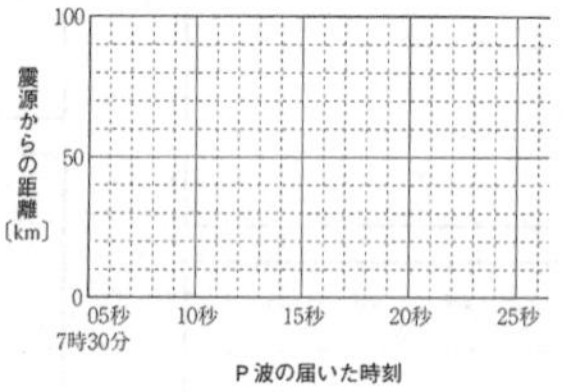		
		(2)	km/s		
		(3)	秒後		

大問	小問		答　え
【8】	問1	①	N
		②	J
		③	
	問2	電力	W
		電気エネルギー	J
	問3	(1)	%
		(2)	

得　点

※この解答用紙は172%に拡大していただきますと，実物大になります。

平成31年度 社会 解答用紙

志願校名	高等学校	受検番号		出身校名	中学校
				氏 名	

大問	小問	答 え
【1】	問1	州
	問2	
	問3	
	問4	
	問5	① 海流
		② 風
	問6	
【2】	問1	
	問2	
	問3	
	問4	
	問5	上越では, ため，冬に降水量が多い。
	問6	空港
	問7	日 時
	問8	
【3】	問1	
	問2	
	問3	
	問4	
	問5	
	問6	信長は,楽市・楽座を行うことで をうながした。
	問7	
	問8	
	問9	

大問	小問	答 え
【4】	問1	
	問2	
	問3	
	問4	＜記号＞
		＜適当な表現＞
	問5	
	問6	
	問7	→ →
	問8	
【5】	問1	
	問2	
	問3	
	問4	
	問5	
	問6	日本国憲法は最高法規なので, 改正の際に国民投票をすることで の原理を反映させている。
	問7	
	問8	
【6】	問1	法
	問2	法
	問3	
	問4	
	問5	⑴
		⑵ 化
		⑶
	問6	

得 点

※この解答用紙は159%に拡大していただきますと，実物大になります。

平成三十一年度　国語　解答用紙

志願校名	高等学校	受検番号		出身校名	中学校
				氏名	

【一】
問1
問2　b　c　げた
問3
問4
問5　A　B
問6　20
問7

【二】
問1　a　く　c
問2
問3　10
問4
問5　(1)　(2)
問6
問7　し合う力

【三】
問1
問2
問3
問4　a　b
問5　(1)　(2)　孔子は　ということを、決めることができなかった。
問6
問7

【四】
問1
問2
問3　15　20　です。
問4
問5　60　80
問6　140　160

得点

※この解答用紙は179％に拡大していただきますと、実物大になります。

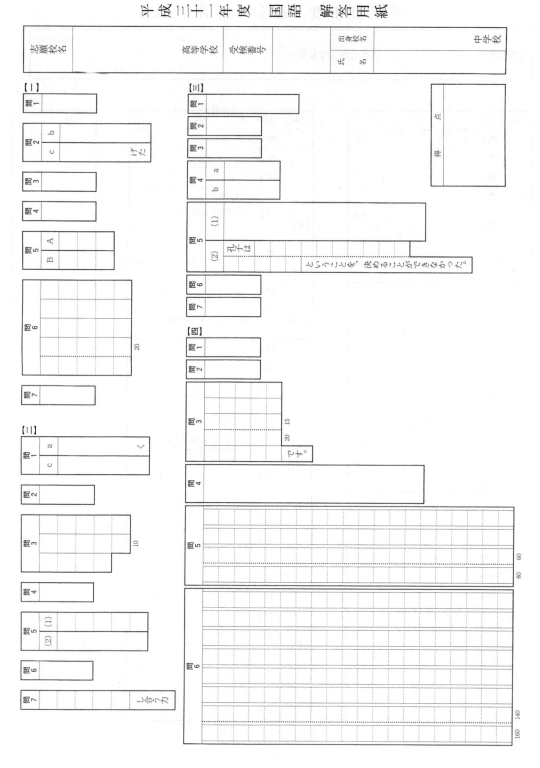

2019年度入試配点表(沖縄県)

	【1】	【2】	【3】	【4】	【5】	計
数学	各1点×6	各2点×9	問1　2点 問2　各1点×2	2点	各1点×4	60点
	【6】	【7】	【8】	【9】	【10】	
	問1　1点 他　各2点×2	問4　2点 他　各1点×3	問2(2)　2点 他　各1点×4	問1　1点 他　各2点×2	問1　各1点×3 問2　2点	

	【1】	【2】	【3】	【4】	【5】	【6】	計
英語	各1点×3	各1点×3	各1点×4	各1点×3	各2点×4	各2点×3 (各完答)	60点
	【7】	【8】	【9】	【10】	【11】	—	
	各1点×3 (各完答)	各1点×4	問1　2点 他　各1点×5	問5　各2点×3 他　各1点×4	9点		

	【1】	【2】	【3】	【4】	計
理科	問5, 問6　各2点×2 他　各1点×4	問2, 問5(1)　各2点×2 他　各1点×4	問4　2点 他　各1点×5	各1点×7(問4完答)	60点
	【5】	【6】	【7】	【8】	
	問6　2点 他　各1点×5	問2, 問3　各2点×2 他　各1点×3	問4(2)・(3) 各2点×2 他　各1点×4	問3(1)　2点 他　各1点×6	

	【1】	【2】	【3】	【4】	【5】	【6】	計
社会	問2, 問6 各2点×2 他　各1点×5	問2, 問5, 問7 各2点×3 他　各1点×5	問6, 問7 各2点×2 他　各1点×7	問4　2点 他　各1点×7	問3, 問6, 問8 各2点×3 他　各1点×5	問3　2点 他　各1点×7	60点

	【一】	【二】	【三】	【四】	計
国語	問1, 問2, 問3 各1点×4 他　各2点×5	問1　各1点×2 他　各2点×7	問1, 問4, 問7 各1点×4 他　各2点×5	問1, 問2　各1点×2 問5　4点　問6　6点 他　各2点×2	60点

公立高校入試シリーズ

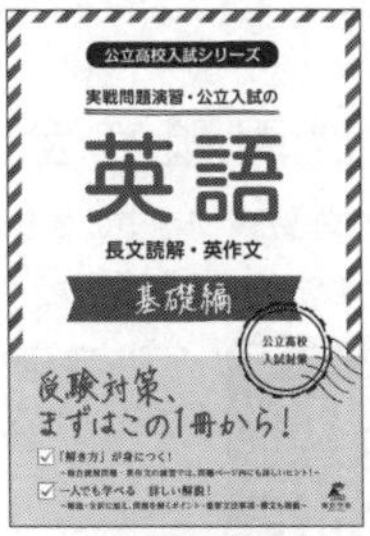

NEW

長文読解・英作文　公立高校入試対策

実戦問題演習・公立入試の英語　基礎編

- ヒント入りの問題文で「解き方」がわかるように
- 総合読解・英作文問題へのアプローチ手法を出題ジャンル形式別に丁寧に解説
- 全国の公立高校入試から問題を厳選
- 文法・構文・表現の最重要基本事項もしっかりチェック

定価：1,100 円（本体 1,000 円 + 税 10%）／ISBN：978-4-8141-2123-6　C6300

NEW

旧版『公立入試の英語』を
リニューアル！

長文読解・英作文　公立難関・上位校入試対策

実戦問題演習・公立入試の英語　実力錬成編

- 総合読解・英作文問題へのアプローチ手法を出題ジャンル形式別に徹底解説
- 全国の公立高校入試、学校別独自入試から問題を厳選
- 出題形式に合わせた英作文問題の攻略方法で「あと１点」を手にする
- 文法・構文・表現の最重要基本事項もしっかりチェック

定価：1,320 円（本体 1,200 円 + 税 10%）／ISBN：978-4-8141-2169-4　C6300

脱０点から満点ねらいまでステップアップ構成

目標得点別・公立入試の数学

- 全国の都道府県から選び抜かれた入試問題と詳しくわかりやすい解説
- ステージ問題で実力判定⇒リカバリーコースでテーマごとに復習⇒コースクリア問題で確認⇒ 次のステージへ
- ステージをクリアして確実な得点アップを目指そう
- 実力判定　公立入試対策模擬テスト付き

定価：1,045 円（本体 950 円 + 税 10%）／ISBN：978-4-8080-6118-0　C6300

解き方がわかる・得点力を上げる分野別トレーニング

実戦問題演習・公立入試の理科

- 全国の公立高校入試過去問からよく出る問題を厳選
- 基本問題から思考・表現を問う問題まで重要項目を実戦学習
- 豊富なヒントで解き方のコツがつかめる
- 弱点補強、総仕上げ……短期間で効果を上げる

定価：1,045 円（本体 950 円 + 税 10%）／ISBN：978-4-8141-0454-3　C6300

弱点を補強し総合力をつける分野別トレーニング

実戦問題演習・公立入試の社会

- 都道府県公立高校入試から重要問題を精選
- 分野別総合問題、分野複合の融合問題・横断型問題など
- 幅広い出題形式を実戦演習
- 豊富なヒントを手がかりに弱点を確実に補強

定価：1,045 円（本体 950 円 + 税 10%）／ISBN：978-4-8141-0455-0　C6300

解法＋得点力が身につく出題形式別トレーニング

形式別演習・公立入試の国語

- 全国の都道府県入試から頻出の問題形式を集約
- 基本～標準レベルの問題が中心⇒基礎力の充実により得点力をアップ
- 問題のあとに解法のポイントや考え方を掲載しわかりやすさ、取り組みやすさを重視
- 巻末には総合テスト、基本事項のポイント集を収録

定価：1,045 円（本体 950 円 + 税 10%）／ISBN：978-4-8141-0453-6　C6300

〈リスニング問題の音声について〉

本問題集掲載のリスニング問題の音声は、弊社ホームページでデータ配信しております。

現在お聞きいただけるのは「2024年度受験用」に対応した音声で、2024年3月末日までダウンロード可能です。弊社ホームページにアクセスの上、ご利用ください。

※本問題集を中古品として購入された場合など、配信期間の終了によりお聞きいただけない年度がございますのでご了承ください。

沖縄県公立高校　2024年度

ISBN978-4-8141-2889-1

発行所　東京学参株式会社
〒153-0043　東京都目黒区東山2-6-4
URL　https://www.gakusan.co.jp

編集部　E-mail　hensyu@gakusan.co.jp
※本書の編集責任はすべて弊社にあります。内容に関するお問い合わせ等は、編集部まで、メールにてお願い致します。なお、回答にはしばらくお時間をいただく場合がございます。何卒ご了承くださいませ。

営業部　TEL　03 (3794) 3154
FAX　03 (3794) 3164
E-mail　shoten@gakusan.co.jp
※ご注文・出版予定のお問い合わせ等は営業部までお願い致します。

2023年7月5日　初版